Carsten Colpe
Weltdeutungen im Widerstreit

1749
Walter de Gruyter
250
Berlin · New York
1999

Theologische Bibliothek Töpelmann

Herausgegeben von
O. Bayer · W. Härle · H.-P. Müller

Band 100

Walter de Gruyter · Berlin · New York

1999

Carsten Colpe

Weltdeutungen im Widerstreit

Walter de Gruyter · Berlin · New York
1999

∞ Gedruckt auf säurefreiem Papier,
das die US-ANSI-Norm über Haltbarkeit erfüllt.

Die Deutsche Bibliothek – Cataloging-in-Publication Data

Colpe, Carsten:
Weltdeutungen im Widerstreit / Carsten Colpe. – Berlin ; New York :
de Gruyter, 1999
   (Theologische Bibliothek Töpelmann ; Bd. 100)
   ISBN 3-11-015712-8

Printed in Germany
Textkonvertierung: Ready Made, Berlin
Druck: Werner Hildebrand, Berlin
Buchbinderische Verarbeitung: Lüderitz & Bauer-GmbH, Berlin

Hans Jonas

(10.Mai 1903 - 5. Februar 1993)

Seinem Denken und Andenken
bleibend aufmerksam
verpflichtet und verbunden

Vorwort

Mit dem vorliegenden Buch verwirkliche ich die Ankündigung, die ich im Jahre 1990 für einen Titel „Weltdeutungen der Neuzeit" im Anhang zum Schriftenverzeichnis der mir zum 60. Geburtstag gewidmeten Festschrift riskiert habe. Ich war damit mehreren informellen Vereinbarungen unter Freunden und Kollegen verschiedener Fach- und Hochschulzugehörigkeit gefolgt; wir hielten es für besser, bei solchen Anlässen von den Betreffenden direkt eine, möglichst öffentliche, Information über noch zu erwartende Publikationen zu erhalten oder einzuholen, als Gerüchten Vorschub zu leisten, die sonst immer aufkommen und bei Verbreitung unter Umständen gar in offiziösen Planungen eine Rolle mitspielen. Da Alle wissen, was in des Menschen Macht steht und was nicht, habe ich Bedenken, daß ein solches Verfahren auch mißverstanden werden und man sich zumal persönlich damit belasten könne, zurückgestellt und am angegebenen Orte sieben Aufsätze und Vorträge, dazu in einem Privatdruck noch einen achten genannt. Davon sind somit heute die drei ungedruckten als Vorarbeiten und vier von den fünf gedruckten als Grundstock für ein Buch deklariert, dessen Titel die Worte „im Widerstreit" statt „der Neuzeit" enthält. Gegen ein Vorwort, das sich nach acht Jahren wie zu einem Detail auf die Feststellung „Weltdeutungen im Widerstreit sind gerade für die Neuzeit typisch; man kann nach Ermessen den einen oder den andern Charakterzug hervorheben" beschränkt hätte, wäre wohl kaum etwas eingewandt worden. Aber ich halte an dieser Stelle eine Erklärung für lehrreich, wie ein solcher Wechsel zu einem neuen Projekt geschehen kann und zu verstehen ist, für dessen eine Hälfte Titel übernommen sind, die für ein anderes Vorhaben bestimmt gewesen waren. Außerdem habe ich einen persönlichen Grund für eine Auskunft gleichen Inhalts: ich möchte Menschen aller Altersstufen, Berufe und Personenstände ein Zeugnis für die Wirkung ihrer herzlichen und verständigen, reichen, häufig Mühe und Geduld erfordernden Zuwendung vorlegen. Denn sie haben alle, die meisten in den letzten zwölf Jahren, mit einer schier unglaublichen Selbstverständlichkeit gewisse, von mir dem Augenschein überlassene Krankheitssymptome niemals als Vorzeichen einer alsbald eintretenden, neurologisch bedingten Arbeitsunfähigkeit hingenommen, sondern sie stets zu Bestandteilen eines unverzüglich herzustellenden Gegenzustandes umgewandelt. Mit diesem Einsatz, zu dem Studenten am häufigsten Gelegenheit bekamen und wahrnahmen, hat jeder das denkbar Hilfreichste dazu beigetragen, daß ich überhaupt wieder zur Sache dieses Buches kommen konnte. Die mei-

sten der hiermit – leider nur kollektiv – Erwähnten wünschen sich, darüber
Näheres zu erfahren. Wie gern teile ich es mit!

Die Arbeit über „Mythos und Messianismus in der nachchristlichen Religion" (1967, jetzt Kap. VI; vollständige Titel und genauere Angaben über Pla-
nung und Erstpublikation in den „Nachworten und Nachweisen" am Schluß
des Bandes) war in Verabredung mit dem Vorstand des Evangelischen Theologen-Kongresses, der das Thema in Wien (26.-30.09.1966) durch einem Ple-
numsvortrag behandelt wissen wollte, unternommen worden, weil es nötig
schien, die Aufmerksamkeit und die Arbeitsweise der Allgemeinen Religionsgeschichte auf etwas wichtiges Gegenwärtiges zu übertragen. In der ersten Hälfte
der 60-er Jahre war über die „Neuen Religionen", „messianischen Bewegungen", „nativistischen Revolutionen", und wie man sie sonst noch nennen moch-
te, durch die verdienstvollen Publikationen der ersten Spezialisten einschließlich der Journalisten und Filmemacher so viel bekannt geworden, und das
öffentliche Interesse daran hatte dermaßen zugenommen, daß man sich an
Interpretationen gewisser Gesamtaspekte herantasten konnte. Damit begann
die Suche nach einem Modell, wie es für heute zu machen sei. Außerdem
forderte die „nachchristliche Religion" natürlich von der Theologie besondere
Aufmerksamkeit. Es war nicht unbedingt zu erwarten, daß dies bis heute an-
dauern würde, aber es ist so geschehen. Ein winziges, vorausweisendes Indiz
dafür könnte schon früher darin bestanden haben, daß keine Arbeit mir jemals
wieder so viele Stellungnahmen eingebracht hat wie diese. Oft war damit die
Anregung verbunden, daraus eine Monographie zu machen. Damit war zwar,
so empfand ich es, der Wert der Sache stark überschätzt, aber es bewog mich
schließlich, in der üblichen Weise ein Buch zu konzipieren. Es sollte durchaus
auf der Linie jener Initialarbeit liegen, sie fortsetzen und ergänzen. Mit dem
von mir vorgesehenen Titel: „Weltdeutungen der Neuzeit" sollte die Aufmerksamkeit auf zwei Umstände gelenkt werden: erstens, daß auch die nicht-euro-
päischen und -nordamerikanischen Völker gegenwärtig ihre besondere Epoche
haben, für die noch geklärt werden müsse, ob sie im europäischen Sinn gleichfalls „Neuzeit" zu nennen sei (beim „Mittelalter" besteht bekanntlich ein ähnliches Problem); zweitens, daß ein Epochenbewußtsein für jene Gemeinsamkeit der Nationen, die in der – das Zeitalter der Entdeckungen einschließenden
– „frühen Neuzeit" (16. bis 18. Jahrhundert) zur Universalgeschichtsschreibung
geführt hat, nicht mehr besteht. Denn die vielen Dinge, die im 20. Jahrhundert
zu vermelden waren und sind, hängen noch ganz in den zerfransten Perspektiven der Zeitgeschichte, und das 19. Jahrhundert demonstriert weiterhin die
Verlegenheit, eine bessere Epochenbenennung für dasselbe zu finden als eben
„Das 19. Jahrhundert".

Die wichtigsten formalen unter den konzeptionellen Gedanken, die mir
immer wieder durch den Kopf gingen, waren die folgenden. *(a)* Es sollte sich
wirklich um „Deutungen der *Welt* „ und nicht von etwas Kleinerem handeln.

„Welt" sollte in Relation zum Weltbild der Deutenden als Symbol für das jeweils Größte oder Umfassendste verstanden werden, selbst wenn dem Geringeren praktisch eine größere Bedeutung zukam. „Welt" sollte also, zum Beispiel, für den in ausschließlich soziologischen Kategorien Denkenden nicht seine Nation, sondern die Menschheit sein, für den Astrologen nicht der Aszendent im inneren Horoskop, sondern das aus Gestirnen bestehende Universum. Das Essentiale „Welt" sollte Vorrang vor der Alternative haben, ob die religiöse Deutung einer andersartigen vorzuziehen sei oder nicht. Fände sich bei einem Physiker, einem Schriftsteller, in einer politischen Partei, oder wo auch immer, eine Weltdeutung, welche die virtuelle Omnipotenz der religiösen Deutung überzeugend in Frage stellt, bzw. de facto die Funktion der letzteren übernimmt, so hätte das zugleich Ansätze für eine Untersuchung ergeben, ob nicht in dem Bereich, den man herkömmlich „Natürliche Theologie" nennt, das Natürliche heute einen vorwiegend sozialen Sinn erhalten hat. Die Deutung mußte nicht unbedingt eine explizite, sie durfte auch eine implizite sein, wie es sich z. B. aus dem ganzen Weltverhalten einer Gemeinschaft ergibt. (b) Der eurozentrische, bzw. der westlich, atlantisch oder anderswo zentrierte Standpunkt des Betrachters sollte aufgegeben werden. Die ehemaligen Kolonialvölker müssen immer und grundsätzlich befragt werden und mitbestimmen, was die Neuzeit ist, und wie sie weiterhin aussehen soll. Dieser Gesichtspunkt sollte nicht zuletzt die Stoffauswahl leiten; sie würde in den klassisch gewordenen Bereichen der europäisch-asiatischen Religionsgeschichte schon aus Proportionsgründen sehr rigide ausfallen müssen. (c) Ältere und neuere Verhältnisse sollten, falls in ihnen unerwartete Probleme begegnen, jeweils an Hand von Entwicklungslinien, die vom einen zum anderen führen, analysiert werden. (d) Es war auf eine These hin zu arbeiten, die aussagte, von etwa welchem Zeitpunkt an von einer Religionsgeschichte der Neuzeit gesprochen, und wie ihre Periodisierung, ihr demographisches Ausmaß und ihr Verhältnis zur allgemeinen Geschichte genauer gefaßt werden könne. (e) Es sollten nicht einzelne kürzere Epochen im Ganzen behandelt werden, sondern möglichst Einzelgebiete, die sich durch mehrere neuzeitliche Epochen hindurchziehen. (f) Der Genitiv „der Neuzeit" sollte als objektiver und als subjektiver verstanden werden. Das erstere besagt, daß nur die Neuzeit Gegenstand der Darstellung ist. Das letztere besagt, daß jede Zeit Gegenstand der Darstellung sein kann, aber aus einer Sicht, welche klar als spezifisch neuzeitliche zu erkennen ist. Hierfür wollte ich ohne Ausnahme Wissenschaftler gewinnen, die eindeutig als *Repräsentanten* der Neuzeit gelten, und deren Können, so hoffte ich, den in der Neuzeit recht klein gewordenen Bestand an kritischen Darstellungen von Weltdeutungen aufwiegen würde. Ihre Qualifikation sollte sich nicht auf die Fähigkeit beschränken, theoretisch einen neuzeitlichen Standpunkt einnehmen zu können. Gegebenenfalls hätten entweder eine(r) von ihnen und ich gemeinsam, je nach Charakter des Bandes, einen Aufsatz oder ein Kapitel verfaßt, oder

Einzelbeiträge repräsentativer Provenienz hätten einen von mir nur herauszu-
gebenden zweiten Band erbracht.

Es hätte mir aber zuviel neue Lebensplanung abverlangt, mich nach Abschluß der 1967 laufenden Arbeiten auf die Religionsgeschichte der Neuzeit zu
spezialisieren und nach angemessener Zeit eine Monographie vorzulegen. Die
Erwartungen richteten sich eindeutig auf eine Ergänzung zu denjenigen Gegenständen, die sich als immer wieder fällige Themen der Neuzeit-Forschung
einzubürgern begannen. Dazu ein Gegengewicht zu schaffen, bedeutete für
mich, daß dieses Buch nur im Intermissionsverfahren herzustellen sei, zumal
der Sache aus anderen, dann leichter beizubehaltenden Arbeitsgebieten vielleicht manches noch nicht Vorhersehbare zugute kommen konnte. So durfte
ich mir wohl vornehmen, immer dann, wenn sich eine Aufgabe aus der Neuzeit
stellte und meine Arbeitssituation es erlaubte, eine Studie zu einem weiteren
neuzeitlichen Thema zu verfassen, und zwar von Anbeginn mit Blick auf den
konzipierten Band. Aber schon wenige Jahre später schien die wissenschaftliche
und die öffentliche Diskussion anzuzeigen, daß auch eine eher kompendiöse
Zusammenfassung der Dinge schon willkommen sein würde. In diesem Sinne
wurde die Arbeit „Synkretismus, Renaissance, Säkularisation und Neubildung
von Religionen in der Gegenwart" konzipiert (1974, jetzt Kap. V). Ohnehin
hatte sich gezeigt, daß zu dem eben besprochenen unbedingt ein Kapitel hinzukommen mußte, das mehr von den wichtigsten Tatsachen enthielt und sich
nicht auf nachchristliche Religion und auf außereuropäische Verhältnisse be-
schränkte. Ohne solchen Bezug galt dasselbe für das vom Verlag Vandenhoeck
& Ruprecht geplante, großenteils aus dem Dänischen zu übersetzende „Handbuch der Religionsgeschichte": es sollte ein Kapitel über die „Neuzeit" hin-
zubekommen, da in der dänischen Ausgabe eine entsprechende Bearbeitung
fehlte. Unter dem Gesichtspunkt dieses Doppelzweckes hatte ich bei der Ausarbeitung besonders interessante Gespräche und Korrespondenz mit dem Ver-
leger Günther Ruprecht, der sich als letzte Aufgabe in seinem langen Berufs-
leben imponierender Weise eine handwerkliche ausgesucht hatte und das
Handbuch einschließlich meines Schlußkapitels lektorierte.

Was den jetzigen Wiederabdruck anlangt, so habe ich zuerst um Verständ-
nis dafür zu werben, daß das V. Kapitel nicht ergänzt oder überarbeitet ist.
Schon ein erster Versuch in diese Richtung drohte aus dem jetzigen Text ein
Faß ohne Boden zu machen, und dies Verfahren um der Gleichberechtigung
der Themen willen auf die anderen Kapitel auszudehnen, hätte jeden geistigen
Gewinn ertötet, den man trotz der durch Zeitablauf noch rigider nicht nur
anmutenden, sondern wirklich gewordenen Auswahl immer noch haben kann.
Die Fortschreibung z. B. der Geschichte bestimmter „Sekten" bringt nur an
Details ein wenig, an Einsicht aber gar nichts Neues. Wer nur um der Fakten
willen Berücksichtigung von Einzelheiten wünscht, kann sich in neueren Handbüchern und Lexika leicht informieren. Konsequenter Weise habe ich auch

kleine Retouchen unterlassen, mit denen ich relativ einfach bei einigen Interpretationen gewisse Nuancen, in einigen Fällen auch regelrechte Fehlurteile hätte beseitigen können, deren ich mich heute geniere. Ich wünsche den Lesern, daß die Darstellungsweise dieses Kapitels ihnen den Zugang zu dem folgenden erleichtert. Wer es deswegen nicht gebrauchen will, der möge es, bitte, nur als Dokument eines Informationsstandes von 1973/74 betrachten.

Das Kap. VI hingegen wurde von Grund auf neu- und umgearbeitet, damit es jetzt eine andere Aufgabe erfüllen kann. Es wurde wenigstens die wichtigste neuere Literatur einbezogen und manchem Wechsel in der Diskussion oder des Standpunktes eines Forschers Rechnung getragen. Das Kapitel wurde den anderen Kapiteln parallel gegliedert und möglichst paßgenau in den Aufriß des Ganzen gefügt. Die im Hintergrund der früheren Zerlegung in möglichst kleine Sinneinheiten stehende, wohlmeinende Absicht, sie dem Leser so zur Verfügung zu stellen, daß er sie auch anders zueinander ordnen könnte, hatte ihren Zweck nicht erfüllt, sondern das Ganze auch nach dem Urteil Wohlwollender schwer lesbar gemacht. Diese Präsentationsart wurde geändert. Vor allem aber war der pseudo-mathematische Anspruch herauszublasen, den ich damals noch an mich stellte. Mein Hauptgesprächspartner für dieses Thema, der Göttinger Mathematiker Kurt Reidemeister, schrieb mir einmal dazu: „Was gehen Sie Zahlen an?" Es war damit noch mehr gemeint. Ich habe in diesem Sinne manches umformuliert. Vier Stücke habe ich ganz herausgenommen und in einen Anhang verwiesen.

In der Einleitung hatte ich damals auch etwas über den Standpunktwechsel des Betrachters geschrieben, was manchen befremdet haben mag. Aber ich halte es für nützlich – nicht zuletzt, weil es dem Geschichtsfundamentalismus vorbeugt –, daß die damit konform gehenden Neugruppierungen des Materials manchmal Grenzen verschwimmen lassen, wo vorher welche sichtbar gewesen waren. So können sich neue Abgrenzungen zwischen den Kategorien ergeben, die von anderen Blickpunkten aus nicht möglich zu sein schienen. Manchmal ist es angesichts einer verschwimmenden Grenze in der Tat aufschlußreicher, zu begreifen, warum man sie schärfer nicht ziehen kann, als das letztere mit Gewalt dennoch zu tun. Damit bleiben zwar zahlreiche Prozesse außer Betracht, mit denen es die Geschichtswissenschaft zu tun hat, aber dafür wird die Geschichte so phänomenologisch gleichsam durchlüftet, daß man die Phänomene auch von einer Seite zu sehen bekommt, die sonst im Dunkel geblieben wäre. Es handelt sich hier um Ansätze für eine historische Religionsphänomenologie, nicht für die Religionsgeschichte. Es werden also wohl in die Analyse eines gegenwärtig vorliegenden Sachverhaltes historische Gegebenheiten aufgenommen, die diesen Sachverhalt bestimmen; aber eben auch nur, soweit sie das tun, d. h. ohne Zurückverfolgung ihrer Geschichte hinter den Punkt, wo ihre Prägekraft erkennbar einsetzt. Als ich mich nach einiger Zeit zu einem wiederholten Male an diesen Punkt herangearbeitet hatte, wurde es mit solcher

Heftigkeit rätselhaft, ob ein bestimmtes Späteres aus einem bestimmten Früheren entstanden oder gerade nicht entstanden sei, daß ich endlich merkte, wie beklemmend viel mehr dahinter steckt als die klassischen Fragen nach einem zureichenden Grunde. Im WS 1976/77 und im SS 1977 – zehn Jahre nach jenem denkwürdigen Theologentag – hielt ich deshalb eine zweisemestrige Vorlesung „Religionsbildung und Religionserneuerung in der Geschichte". Da kamen mehr neue Probleme solcher Art auf, als aus dem Kreis der früher traktierten gelöst worden waren. Die historische Religionsphänomenologie würde sich noch vieler Dinge mehr anzunehmen haben als bisher, allemal derer, die man „religiöse Phänomene" nennt. Was an ihre Stelle oder neben sie treten muß, das richtet sich, so möchte ich heute fast sagen, nach dem Bedarf. Und Bedarf wird entstehen. Er darf nicht zu früh gesiebt werden. Natürlich kann sich jeder nur mit soviel Dingen beschäftigen, wie seine Kapazität hergibt. Und natürlich darf jeder seine Wissenschaft für die wichtigste halten. Die Phänomenologie der Religion(en) und des Religiösen ist wohl nicht die wichtigste, aber sie ist kraft der nur ihr zufallenden Aufgabe sicher eine der ganz privilegierten: Sie muß auch die bisher verborgenen Phänomene – in möglichst allen Seins- und Gesellschaftsbereichen – sichtbar machen, sie zu erkennen lehren, durch Erkennen ihre Anerkennung vorbereiten, notfalls sogar durch blinde Anerkennung sie überhaupt erkennbar machen. Es sind alles Maßnahmen, Handlungen, die irgendwann den Auftrag auszuführen haben, in einem ganz anderen Sinn, als ihn die Wissenschaften in der Antike schon entwickeln konnten, „die Phänomene zu retten."

Ich weiß heute nicht mehr genau, wann mir bewußt wurde, daß ich mich mit der größeren Menge dieser Gedanken erneut auf den Spuren von Hans Jonas bewegte (denn wer sich mit Gnosis befaßt hat, befindet sich von Natur und immer darauf). Ich meine ihn damit noch nicht in seiner Eigenschaft als Ethiker der technologischen Zivilisation von heute und morgen, sondern bildlich als auf einer Stufe davor stehend: als den Denker, der alles vollständig beieinander hält (jeder über eine kollektive Bezeichnung hinaus wollende Ganzheitsbegriff ist von Übel), was aus Geschichte, Gesellschaften, Kulturen, Sprachen und Religionen, der für den Krieg und der für den Frieden erfundenen Technik, aus der Wirtschaft, der Ökonomie, der Finanzwelt, der Produktion von allem und jedem entweder einmal dazu gehört hat, oder was alles erst pervertiert werden mußte, damit die Katastrophe eintrat, die heute am Tage liegt. Und: Was derjenige Mensch präzise ebenso kennen muß, der etwas dagegen unternehmen will. (Dies sind Worte für mein eigenes Ideal. Daß ich es nicht verwirkliche, ist ohnehin klar. Ob es das von Hans Jonas war, weiß ich nicht, aber sehr weit daneben kann es nicht liegen.) In Fragen der Gnosis hatten wir früher miteinander zu tun gehabt. Jeder, der denselben Vorzug hatte, weiß, wer der Meister war. Als aber im September 1978 der Gnosis-Kongreß an der Yale University anstand, war Jonas durch sein Buch „Organismus und Freiheit", das englisch bereits zehn Jahre früher erschienen war (deutsch dann Göttingen 1973), mit einem anderem Können berühmter geworden als früher durch „Gnosis und spätantiker Geist" in der Religions- und Philosophiegeschichte. Gerade damals muß er intensiv an der Fertigstellung von „Das Prinzip Verantwortung" gearbeitet haben, das, gleich auf deutsch, im Jahre 1979 erschien. Nur so kann man es sich erklären, daß er sich dem allgemeinen Kopfschütteln in seiner Umgebung aussetzte, das anhob, als er auf Anfrage erklärte, einen der Plenumsvorträge auf diesem Kongreß nicht halten zu können, da er vom Thema nicht mehr genug verstehe und keine Zeit habe, sich neu einzuarbeiten, insbesondere das Koptische zu erlernen. Er ließ sich nur zur Nominierung einer Person zum Ersatz erweichen und benannte mich. Für mich war es eine Ehrenpflicht – es gibt dies Wort, obwohl Ehre, die etwas Angenehmes ist, und Pflicht, die etwas Unangenehmes ist, überhaupt nicht zusammenpassen –, die Einladung anzunehmen. Zum Überfluß bestand das Kongreßkomitee auf einer erkennbaren Fachzugehörigkeit der vier Plenumsredner, so daß es mir zufiel, den Philosophen zu spielen. Das machte mir genau so schwer zu schaffen wie die Tatsache, daß ein weiterer Plenumsredner der Literaturkritiker Harold Bloom war. Denn ich fühlte mich in jenen Jahren mit schweren Zweifeln an der nachgerade erforderlich scheinenden Allmacht der Wissenschaft von der Religionsgeschichte belastet. War ihr wichtigstes Medium, das Schreiben, nicht viel besser bei engagierten Schriftstellern aufgehoben? Waren es nicht sie oder ihre Interpreten, die Literaturwissenschaftler, die man hauptsächlich zitierte, wenn sich einmal die öffentliche Meinung zu einer umfassenden zeitkritischen Bestandsaufnahme anschickte? Es ist so, aber ich bin kein Schriftsteller. Wollte ich irgendwie mithalten, konnte ich nur an Thomas Mann und an Lion Feuchtwanger festmachen, was ein politisches Engagement indirekt sagen oder sein kann. Neuere Schriftsteller, von denen einige das von mir Gesuchte vertraten – man merkte es sofort, wenn einer von ihnen z. B. bei einer Preisverleihung über das Fernsehen direkt in unser Zimmer sprach –, hätte ich persönlich kennen müssen, wenn ich bei Unternehmungen mitmachen wollte, zu denen ich mich allein zu unbegabt und zu schwach fühlte. Akut wurde dies Problem indessen diesmal nicht, zumal Bloom nicht in Deutschland lebte. Zunächst war ich froh über die Möglichkeit, das Gnosis-Thema so angehen zu können, daß für das Neuzeitbuch endlich wieder etwas herauskam. Ohnehin stellte Jakob Taubes im Einvernehmen mit Hans Blumenberg in regelmäßigen Abständen die Frage, ob es auch in der Gegenwart „Gnosis" gebe, und falls ja, woran sowieso niemand ernstlich zweifeln könne, ob es sich um ein Rezidiv handele, das den Neuzeitgenius rückfällig heimsuche, nachdem es lange so schien, als sei er durch gewisse schon im Mittelalter anhebende Aufklärungen gegen diesen Virus definitiv immunisiert worden. Diese klugen Thesen nahm ich ernst, doch waren mir zwei neue „approaches" zuviel, und ich begnügte mich mit Bemerkungen über die Schriftsteller. Meinen Beitrag teilte ich später für das Neuzeitbuch in die (heute am einfachsten anachronistisch zu zählenden) Kapitel II und VII, arbeitete das erstere um und erweiterte das letztere.

Nach meinem Vortrag wurde ich in Gesprächen mit dem aufmerksamen Zuhörer Jonas überwältigt, welche Einsichten über das Verhältnis zwischen vorneuzeitlichen Geschichtsepochen und der Neuzeit bei ihm als erarbeitet vorauszusetzen sind, damit die neuen, neuzeitlichen Probleme, mit denen er sich fürwahr beschäftigt, bei aller Explosivkraft, die sie haben, doch erst einmal an der richtigen historischen Stelle stehen. Mir dämmerte, daß ich wohl über die formalen Fähigkeiten verfügte, ein Neuzeitbuch zusammenzubringen, daß mir aber die Substanz, die einem solchen Werk doch vor allem mitgegeben werden mußte, ganz und gar fehlte. Zu viele von den Ereignissen, die man einmal als die entscheidenden unseres Jahrhunderts betrachten wird, waren an mir vorübergegangen. Zu viel der wissenschaftlichen Grundlagendiskussion hatte mich gar nicht betroffen. Zu vielen Personen, die das zu sagen hatten, was heute von Fall zu Fall gesagt oder geschrieben werden muß, war ich ausgewichen. Zu viele Ereignisse, denen man ihre Bedeutsamkeit schon anmerkte, als sie stattfanden, waren mir unbekannt geblieben. Kurz: Hans Jonas war ein Repräsentant der Neuzeit, und ich war es nicht. Nach meinen eigenen Leitgedanken brauchte ich zwar für das, was mein Part sein sollte, auch keiner zu sein, aber so groß, wie ich dessen jetzt inne geworden war, wollte ich den Abstand zwischen mir und einem Neuzeitinterpreten fortan nicht mehr haben. Natürlich hatte ich mir längst vorgenommen, Hans Jonas nach einem Beitrag für mein Neuzeitbuch zu fragen. Aber das hatte er ja, meine Anwesenheit bewies es, schon abgelehnt, ohne es zu wissen. Mit einer gemischten Bilanz im Kopf fuhr ich wieder nach Hause.

Aus den vierzehn Jahren zwischen 1978 und 1992 sind dann ein halbes Dutzend normaler Begebenheiten zu erwähnen, die für mich wichtig wurden. Hans Jonas erhielt 1987 den Friedenspreis des Deutschen Buchhandels (es gab in anderen Jahren weitere ehrenvolle Gründe für sein öffentliches Auftreten). Und: Es wurden mir von zwei Freunden „Hermen gesetzt" (Erläuterung folgt), die ich in meiner damaligen Verfassung gar nicht als Schutz und Sicherung des von mir begangenen Weges empfinden konnte, sondern nur als eine Erinnerung daran, daß es so etwas wie einen Weg überhaupt gibt. Jonas sah ich nur bei seinen Ansprachen im Fernsehen, denn ich war in jenem Jahr zu krank, um irgendwohin reisen und ihn persönlich begrüßen zu können. Was ich sah, erinnerte mich daran, daß ein Vertreter unserer Wissenschaft notwendig über einen Hintergrund verfügen muß, wie Jonas und die Schriftsteller ihn haben, wenn er politisch irgendwas bewirken will. Bei mir hatten sich mit Macht neue Fragen der Legitimation und der Kompetenz erhoben, nicht nur für meine Wissenschaft, sondern erst recht z. B. für Mathematik, Ökonomie, Biologie. Zu allem gehörte, das wußte meine Generation inzwischen, ein dezidiertes politisches Engagement, eine Praxis, die ein Teil jener Wissenschaft ist, die der

Engagierte betreibt. Dem von mir genau hier empfundenen, objektiven Ungenügen war mit einem wie auch immer beschaffenen Buchplan nicht beizukommen. Aber was soll der Religionshistoriker tun, dem nun einmal seine Wissenschaft nicht die Legitimationsmittel in die Schublade gelegt hat, über die etwa der Soziologe, der Politologe, der Erziehungswissenschaftler, der theologische Systematiker ohne weiteres verfügt? Kann sich derjenige, zu dessen Wissenschaft keinerlei ethisch oder politisch anwendbares Praxisprinzip gehört, immer nur irgendwo anschließen, z. B. durch Unterschreiben einer Erklärung oder Teilnahme an einer Demonstration? Sinnvoll, so schien es mir, waren nur indirekte Stellungnahmen. Sie folgen aus dem Beruf des Stellungnehmenden und dürfen diese Professionalität nicht verleugnen, indem z.B. ein Fachaufsatz unvermittelt in einer bestimmten These gipfelt, gestern zum Aufzwingen von Monokulturen und heute zu Waffenlieferungen in ein Entwicklungsland. Unabhängig davon, ob meine diesbezüglichen Beiträge gelingen oder nicht, schien mir das, was ich über sie und weitere indirekt leisten konnte, allmählich wichtiger als die Befassung mit „vordergründigen", aktuellen politischen Aufgaben (denen ich mich in Göttingen und Hamburg für die Deutsche Friedens-Union pflichtgemäß gewidmet hatte, ohne daß ich später sagen konnte, was größer war, der Zeitaufwand oder der persönliche Mißerfolg; nicht zuletzt deshalb war das Neuzeitbuch wohl auch die für mich gültige Variante direkter gesellschaftlicher Arbeit geworden). So sah es in meinem öffentlichkeitsbezogenen Gemüt aus, als ich Jonas reden sah und hörte. Über die politische Bedeutung seiner früheren Wissenschaft, die die meinige geblieben ist, waren und sind damit, das versichere ich hier, die Akten noch nicht geschlossen. Dafür mußte mir bis auf weiteres genügen, daß sie am Leben blieb. Und sie blieb es, auch für mich.

Die vorhin beiläufig genannten Hermen der Freunde waren mit ihren Steinchen noch so klein und flach, daß ich mich auf sie stellen und auf einen Vortrag vorausblicken konnte, den ich von diesem bröckeligen Podest aus vielleicht einmal halten würde. Im Jahre 1980 stellte mir Richard Faber die Aufgabe, Feuchtwangers Josephus-Trilogie als ein Stück Antiken-Rezeption zu untersuchen. Bis die Ringvorlesung stattfand, in der ich meine Lösung vortragen konnte, sollten noch zehn Jahre vergehen (WS 1990/91). Andere Interessen hatten Burkhard Gladigow und mich zusammengeführt. Jetzt kam hinzu, daß er das Thema „Religionsgeschichte naturwissenschaftlicher Entwicklungen" in seinem Programm hatte. Ich lernte viel von ihm. Er ermutigte mich zu zwei Vorträgen und organisierte sie auch. Mit den Themen hingen weitere Fragen zusammen: (a) Die Religionsgeschichte naturwissenschaftlicher Entwicklungen – war sie ein Teil der europäischen Religionsgeschichte? (b) Wann fängt die Religionsgeschichte der Neuzeit an? Gegen das 17. Jahrhundert war zwar nichts einzuwenden, aber irgendwie scheint die Epoche, in die man sich damit begibt, mehr als andere ihren Tribut an Berücksichtigung von Vorstufen aller Art und

jeden Alters zu fordern. Nach Vertiefung in die Lichtmetaphysik jener Zeit
(Jakob Böhme und andere, über die ich von Wilhelm Schmidt-Biggemann viel
lernte), die mich zugleich mit der Frage narrte, ob sie nicht gerade da (nur oder
wieder?) lediglich eine Lichtmetaphorik sei, akzeptierte ich eine Einladung der
Berliner Physiologen, Neurologen, Gehirn- und Wahrnehmungsforscher, deren treibender Geist in dieser Angelegenheit Otto-Joachim Grüsser war, in
einer von ihnen veranstalteten Ringvorlesung im SS 1988 einen Vortrag über
Rollen des Lichtes in religiösen Vorstellungen zu halten. Ich machte daraus:
„Von der religiösen Lichterfahrung zur allgemeinen Lichtsymbolik". Erst beim
Reden merkte ich, daß das Thema wenigstens eine kleine zeitliche Erstreckung
in sich hatte und sich mit dieser auf einer Entwicklungslinie mit großer Erstrek-
kung gleichsam hin- und her schieben ließ: Lichterfahrungen werden nicht nur
in einer erd- oder menschheitsgeschichtlichen Epoche gemacht; sie werden noch
in der Gegenwart nach ihrer Art einschließlich der Symbole ausgebildet. Damit
schien es mir fast grundsätzlich beliebig geworden zu sein, welche „weltanschaulichen" Gehalte man der Neuzeit als typisch zuordnen soll. Zu den Zweifeln an meiner Eignung für die Bearbeitung des größer werdenden Problems
gesellte sich die Einsicht, daß ich nicht einmal für die elementarsten Verfahren
Kriterien hatte. Die Unsicherheit hat in den folgenden Jahren wohl untergrün-
dig noch öfter Nahrung erhalten. So erkläre ich mir, daß ich das Projekt schon
ein Jahr, nachdem ich es preisgegeben hatte, einfach aufgab.

Ich konnte das nur verkraften, indem ich mich sehr bald nach einem Thema
von einer politischen Wertigkeit umsah, die der bisher verbindlichen möglichst
nahe blieb. Ich sah mich um. Viele arbeiten heute in der „Konfliktforschung".
Ich gehöre nicht professionell zu ihnen, habe aber öfter mit sehr interessanten
Kollegen aus diesem Gebiet zu tun, und ihre Methoden und Ziele spielen mehr
und mehr eine Rolle für mich. Besonders angesichts meiner Hellenismus-Studien wurden die Dinge wichtig. Ich arbeitete an einem Aufsatzband, der jetzt
den endgültigen Titel „Von der heidnisch-christlichen Konkurrenz zur nach-
hellenistischen Diffusion der Kulturen" trägt. Hier handelt es sich um drei
methodische bzw. vergleichende oder geschichtstheoretische Kapitel, die wohl
eine Auswertung des Folgenden voraussetzen, aber selbst dieselbe nicht sind,
sodann um je sechs Untersuchungen zur Zweiwertigkeit früh- und altkirchlicher
Soziokultur, zur Selbstgewißheit spätantik-heidnischer Theologie zu einer Zeit,
da es auch schon christliche Theologie gab, und zu Chronologie und Geographie der Enthellenisierung. Der letztgenannte Prozeß wird in der Geschichte
Zentralasiens und Nordindiens bis weit ins islamische „Mittelalter" hinein verfolgt. Und ob ich es wahrhaben wollte oder nicht: Ich dachte immer wieder
auch an eine Qualität von Jonas' Werk, über die in der öffentlichen Diskussion
nichts zu vernehmen ist: nämlich welch eine universalhistorische Komponente
sein ganzes Denken hat. Es ist ein Umgang mit der Geschichte, der gegen
negative Seiten des Historismus völlig gefeit zu sein scheint.

Als der 90. Geburtstag von Hans Jonas (10. Mai 1993) näher rückte, initiierte Dietrich Böhler eine Ehrenpromotion an der Freien Universität Berlin und eine Festschrift. Die Promotion fand am 11. Juni 1992 statt. Hans Jonas und Frau Jonas waren da, und keinen von uns überkam eine Ahnung, daß wir ihn zum letzten Mal sähen. Den Geburtstag sollte er nicht mehr erleben. Böhler erwies mir die Ehre, bei der Promotion den Festvortrag – der etwas anderes als die laudatio sein sollte – halten zu dürfen. Wieder gab es Gespräche, dazu mehrere öffentliche Veranstaltungen, und unwiderleglich zeigte sich: Hans Jonas ist einer der ganz wenigen wirklich großen Repräsentanten der Neuzeit. Aber ich wußte inzwischen ein wenig besser, was „deuten" ist und was nicht, und daß man vor Mißverständnissen auf der Hut sein muß, wenn man jemanden nur als den authentischen Deuter der Welt seiner Zeit bezeichnet. Man muß mitsagen, wo dabei der Wissenschaftler bleibt. Bei Jonas war das einfach. Aus festen oder gebrechlichen, eindeutig religiösen Überlieferungen kann er gewisse Elemente herauslösen, ohne daß Bedenken von der Art, hier werde ja etwas aus dem Zusammenhang gerissen, bei den „Zuschauern" auch nur blaß am geistigen Horizont erscheinen. Und welch eine Bedeutung bekommen derart behandelte Phänomene aus dem Bereich der Religionen und Philosophien der Antike einschließlich ihres Ausgangs dann als ökologische Beispiele! Das setzt eine so neuartige Modernität voraus, daß noch manches Neuzeitbild wird revidiert werden müssen. Einen solchen Mann kann und soll man ehren, aber nicht nachahmen (denn darauf liefe das Zum-Vorbild-Nehmen hinaus).

Was meine sonstigen Studien anlangt, so konnte ich mich auf Grund der neuen Richtung, die meine Hellenismus-Studien gefunden hatten, nur denjenigen anschließen, welche die Kategorie der Konkurrenz für außerordentlich ergiebig halten. Sie wurde mir nun auch hinter Weltdeutungsentwürfen deutlich, die mit Konflikten im Zusammenhang stehen oder solche als zu untersuchenden Gegenstand haben. Motive solcher Art bewegten mich nach und nach, gewisse Weltdeutungen einmal unter dem Aspekt vorzustellen, wie sie von Konkurrenz, Spannung, Rivalität, Streit entweder theoretisch handeln oder tatsächlich betroffen sind. So gewann ich schließlich einen substantiellen Anhaltspunkt, unter dem ich prüfen konnte, was von mir für dieses Thema vorlag. Ich tat es mittels meiner eigenen Leitgedanken für das aufgegebene Projekt, die ich notfalls zu ausschließenden Bewertungskriterien umdachte.

(a) Zu denjenigen Weltdeutungen, die in einem bestimmten Spannungs-, Konflikts- oder einem ähnlichen Verhältnis zu irgend etwas Anderem stehen, einerlei ob tatsächlich oder potentiell, gehören religiöse Weltdeutungen geradezu per definitionem, und zwar schon aus dem allereinfachsten Grunde, daß sie das Verhältnis der Religion, die Religion ist, zur Welt, die nicht Religion ist, repräsentieren. Nahm man das als Kriterium, so durften unbedenklich stehen bleiben die jetzigen *Kapitel II, V* und *VI.* Die Lichtvorstellungen gehören dann auch hierher, nicht weil sie „stehenbleiben durften", sondern weil sie erst hier

überhaupt in Betracht kam. Ich hatte sie als Einleitung für das Neuzeit-Thema vorgesehen, weil ich an etwas dachte, das auf der Linie von Goethe's *Beiträgen zur Optik* lag. Es wäre nicht gegangen, ich hätte in meinem Privatdruck das Thema gar nicht nur in den Neuzeit-Rahmen stellen dürfen. Aber nach allem, was ich inzwischen über die Lichtvorstellungen wußte, würden sie am ergiebigsten befragt, wenn man sie wegen ihrer Erkenntniskomponente als Grundlage oder Prolegomena für jede andere Weltdeutung nahm. Das war am besten möglich, wenn man von den letzteren möglichst die älteste wählte, weil dann beide Potenzen, die geschichtliche und die grundsätzliche, zusammen genutzt werden konnten. So empfahlen sich die Lichtvorstellungen für das neue Konzept als *Kapitel I*, aber mit einer schweren geschichts-, erkenntnis- und allgemein wissenschaftstheoretischen Zusatzaufgabe.

Von Anfang an mußten es auch im neuen Thema nicht nur religiöse, es konnten auch philosophische, naturwissenschaftliche, literarische, weltanschauliche oder ideologische Deutungen sein, die in irgendeiner Art von Spannung zu benachbarten Bemühungen und ähnlichen Absichten stehen. Ein Indikator ist der Konformist. In den Wissenschaften wird auch er immer noch als Dazugehöriger geführt, in den Religionen ist ein solcher Typ, wenn man von einem Spezialinteresse am Urheber von Stagnation, Rückgängigmachen und innerer Aushöhlung absieht, gar nicht vorhanden, weil das, was er außer in jener Konstellation tut (eigentlich müßte man wohl sagen: unterläßt), garnicht Religion sein *kann*. Sieht man das als einen Widerstreit-Tatbestand an, dann ist der Titel des Buches von Paul Ricoeur, *Le conflit des interprétations. Essais d'herméneutique,* Paris/ Editions du Seuil 1969 (deutsche Übersetzung in zwei Bänden von Johannes Rütscher, München/Kösel 1973 und 1974; englische Übersetzung hsg. von Don Ihde, Evanston/Northwestern University Press 1974) dem Titel des vorliegenden Buches so parallel – und seiner Aufgabe so sinnverwandt –, wie man es sich nur denken kann. Ricoeur zeigt, daß Konflikte nicht nur *innerhalb* der Interpretationsbereiche bestehen, sondern ebenso *zwischen* denen, um die es jeweils geht; bei ihm sind es die strukturalistischen und die psychoanalytischen. Das bestätigte meine Ordnung der Überlieferungen in vier Gruppen, die sich mittlerweile herausgebildet hatte, und ihr Benennungsprinzip. Dabei wurde erkennbar, daß sich *auch* innerhalb der Gruppen noch enorm viel abspielte. Das bedeutete die Zulassung der Hermetik-/Alchemie-/Astrologie-Themen, von denen ich bisher nicht geahnt hatte, daß sie noch einmal einen Widerstreit anzeigen würden. Burkhard Gladigow hatte ich nun zu danken, daß er mir keine Herme, sondern einen Meilenstein gesetzt hatte. Über die Besprechung der Vorträge verdankt ihm *Kapitel III*, das daraus entstehen sollte, mittelbar viel. Dieselbe Eintrittskarte ins Widerstreitbuch bekamen die Jahrhundertromane in *Kapitel VII*. Denn die großen Romanciers hätten das, was sie geschrieben haben, nicht zu schreiben brauchen, wenn sie nicht, jeder auf seine Weise, in dutzenderlei Hinsicht eine andere Weltsicht vertraten als ihre Zeitgenossen und Nachbarn.

(b) Welche Themen sind so ausschließlich an einzelne oder wenige verwandte Merkmale, Prämissen, Kriterien gebunden, daß es nicht mehr interessant ist, ob sie in mehr als nur ein Projekt passen? Korrespondierend dazu lautet die Frage: Welche Merkmale sind so stabil, umfassend und eindeutig, daß man sich mit einem einzigen begnügen würde, wenn man ein Projekt präsentiert bekäme, das nur dieses eine Merkmal hat? Antwort: Der Aufsatz „Syncretism and Secularization: Complementary and Antithetical Trends in Modern Religious Movements?" (1967) bestätigt so ausschließlich die Vermeidung des Eurozentrismus, daß er für das Widerstreit-Thema nicht in Frage kommt. Umgekehrt ist der Leitsatz „Vermeidung des Eurozentrismus" auch auf andere Widerstreit-Themen nicht anwendbar.

Wenn ein einzelner Leitsatz nur ein Widersrteit-Thema bezeichnen und legitimieren sollte, so müßte es die „Alt-Neu"-Kontrapunktik sein. Zu ihr gehört, daß sie zugleich Bestandteil einer ebensolchen, nur zeitlich-imaginär übergreifenderen Dimension ist. Steht dann noch die richtige Überlieferung widerstreitend daneben, dann bekommt man ein Merkmal, das so durchschlägt, daß es ganz allein für eine religiöse Widerstreit-Thematik gutsagen könnte; denn nur in Religionen ist das Alte eine absolute und unbezweifelte, unerschütterliche Legitimationsinstanz – was nicht ausschließt, daß es als solche aus religiösen Gründen auch bekämpft werden kann. Ganz unerwartet kam dieses Kriterium dem Feuchtwanger-Josephus-Thema zugute, und zwar so stark und eindeutig, daß es keine weitere Bestätigung mehr brauchte. Auch Richard Faber's Herme hatte sich als ein Meilenstein auf dem Wege zu diesem Buch erwiesen. Das *Kapitel VIII* ist mit klugen Bemerkungen von ihm angereichert. – Unter dem neuen Thema entfielen das Kriterium *d* ganz und von *e* und *f* die Einschränkungen auf die Neuzeit. Weltdeutungen im Widerstreit können in jede Geschichtsepoche gehören, also auch in die Neuzeit. Weltdeutungen der Neuzeit sind von vielerlei Art, nicht selten auch „im Widerstreit" befindlich.

Dies waren die Grundsatzentscheidungen. Sie besagten, daß die Sache inhaltlich zu machen sei. Denn höchstens die Hälfte der gemusterten Themen hatte nicht einen erst umzuinterpretierenden Doppelsinn, sondern einfach zwei Dimensionen, eine chronologische und eine qualitative. Das käme noch deutlicher heraus, wenn ich hier mitteilen würde, welche Nachprüfungen anderer Arbeiten von mir eine Fehlanzeige ergeben hatten. Für Zeiteinteilung und weitere Praxis sah das Resultat für *I, II, V* und *VI* aus, wie sich aus dem bisher über sie Mitgeteilten ergibt. Ein Aufsatz lag gedruckt vor und war unverändert brauchbar, nämlich *VIII* (Faber). Ein mehrdeutiges Traktat war zu unbekümmert voll an die Gnosis angehängt worden, seine Stücke mußten in Richtung auf ihr eigenes, je neues Thema – Widerstreit, aber nicht qua Gnosis! – erweitert und zum Sprechen gebracht werden *(VII)*. Schließlich gab es zwei ganz neue unveröffentlichte, die noch geschrieben werden mußten, nämlich *III* (Gladigow) und *IV* (mein Finalgeheimnis). Aus dem ganzen Ensemble sollten noch I (Großteil), II/VII (Grundstock) und IV auf Grund älterer Vereinbarungen im Jahre 1994 erscheinen, zwei Jahre später hatte ich verlagsrechtlich freie Bahn. Abgesehen von den Redaktionsarbeiten war der in meiner Herstellung letzte Beitrag das Kapitel IV, von vornherein nicht gesucht, sondern gleich als Musterthema angelegt. Es befriedigte mich, daß es von A bis Z ein Jonas-Kapitel war, eine Art Siegel auf den „Weltdeutungen im Widerstreit"

Zurückblickend schätze ich mich über die im ersten Absatz angesprochenen Verhältnisse hinaus glücklich, daß nichts in der Isolation entstanden ist, die in diesem zur Vereinfachung gezwungenen Vorwort irreführend am Rande erscheint. So wie ich hier alles als meine eigene Geschichte berichtet habe, könnte ich es auch als die Geschichte derer schreiben, die mir Aufgaben gestellt, mir gut zugesprochen, mir auf vielerlei Weise geholfen haben. Das waren immer meine Frau Gisela Colpe – sie war für mich auch *die* Person in der im ersten Absatz beschriebenen Gruppe – und für die einzelnen Kapitel die Freunde, die genannt wurden. Voller Interesse an der Sache engagierten sich Bert Sommer mit dem überaus langweiligen Skannen der beiden ältesten Beiträge, dazu Benedicta Hirsch, Bogdan Burtea und Wolfhard Pentz, die die Korrekturen mitlasen. Hasko von Bassi setzte sich spontan für die Annahme durch den de Gruyter-Verlag ein. Der Kreis, den er damit zum Ende meiner amtlichen Berufszeit schloß, lies mich vielfach an dessen Eröffnung vor 30 Jahren denken, als die älteste der hier vereinigten Arbeiten in einer Zeitschrift desselben Verlages erschien. Besonders erwähnen möchte ich die Umsicht der Mitarbeiter des Verlages und der Herstellungswerkstatt, die mir zeitweise insbesondere über gesundheitliche Schwierigkeiten hinweghalfen, denen nachzugeben das Scheitern der ganzen Veröffentlichung hätte nach sich ziehen können. Daß die Herausgeber das Manuskript sofort für ihre Reihe akzeptierten, befreite mich von manchen Skrupeln, die die Gattung des Werkes und die Definition der Disziplin betrafen, für die es stehen soll. Der Dank, den ich allen Genannten zusammen gezwungenermaßen in einem einzigen Satze aussprechen muß, kann überhaupt kein pauschaler sein.

Carsten Colpe   Berlin, im November 1998

Inhalt

Inhaltsstudien

1. Gruppe: Lichtgedanke – Metaphysik – Erhellung   45

Vorbemerkungen zur Forschungslage und zur Aufgabe

Die folgenden Studien nehmen sich für ihr Erscheinen drei halböffentliche Interessen zum Anlaß. „Halböffentlich" heißt: Sie gehören nicht zu denen, die in der Öffentlichkeit auffällig in Erscheinung treten, aber ihr Fehlen würde man gegebenen Falles doch bemerken. Es sind die seit einiger Zeit von der Interpretation gespielte disziplinübergreifende Rolle, die wieder aufgelebte Weltanschauungsdebatte, und das Bedürfnis nach einem neuen Zugang zur Universalgeschichte.

„Die Interpretation" stellt in einer Reihe sehr bestimmter Formen, mit für die verschiedensten Gegenstände ausgearbeiteten Methoden und als Ensemble von überraschend vielen Arten der Mitteilung ihrer Resultate ein Erkenntnisinstrument dar, dessen Handhabung längst auf dem Niveau geschieht, wo über die Zulässigkeit und Zuverlässigkeit des Materials, an dem gearbeitet wird, nicht mehr gesprochen zu werden braucht. Nahezu überall ist man in dem glücklichen Stande, die verfügbare intellektuelle Kraft der Bildung von Theorien widmen zu können. Gerade dabei aber hat sich ein Defizit herausgestellt, das auf der früheren Forschungsstufe, derjenigen der Sicherung von interpretanda wie Text, Gesetz, Tradition, noch stehengeblieben ist. Es handelt sich um das Reich jener Phänomene, deren Gegebenheit sich mit derjenigen von Wörtern oder Fremdwörtern, Gewohnheitsbezeichnungen, Bildern, Gleichnissen, Vergleichen, Metaphern und Analogien nicht deckt. Ihnen steht deshalb auch kein Repertoire von Zeichen nahe, die man in Namen für sie umsetzen könnte.

Diejenigen, denen mit besonderem Recht z. B. an der Aufnahme von Max Scheler's Werk in die Literaturtheorie gelegen ist, verstehen sich indessen nicht als Phänomenologen, die ihre Aufgabe im weiteren Betreiben der Namengebung sehen. Und die überall nur willkommen zu heißenden Rezeptoren von Cassirer's Symboltheorie sind gleichfalls für dergleichen nicht zu befragen – sie brauchen Gleichgesinnte neben sich, die das Nötige in den Wissenschaften tun, in die sie hineingewachsen sind. Doch im gegenseitigen Austausch mischen sich überraschend manchmal noch, als stehe man allenthalben erst ganz am Anfang, die Bemühungen um die wissenschaftliche Terminologie mit denen um die Gegenstände, wegen deren Klärung und Verdeutlichung man sich doch nur für die Terminologie interessiert.

Die Resultate, die ganz subtil sich abzuzeichnen beginnen, werden auch, wenn sie ausgereift sind, noch lange Zeit brauchen, bis man sie ohne Verlust oder Verfalschung ihres Sinnes den Prozeduren weiterer Interpretation, die ja zuweilen bis zur Rigidität gehen können, unterziehen darf. Es ist nicht ausgeschlossen, daß es früher einmal die Autorität von Vertretern der Religionen gewesen ist, die diese Einstellung zu den Dingen herbeigeführt hat. Vielleicht konnte es, nur scheinbar paradoxer Weise, so kommen, weil man Konsistenz und Identitätswahrung in der Geschichte der Religion eher als etwa in der Geschichte des Rechts oder der Literatur eben durch den hohen Rang der Interpretation gewährleistet sah. Tatsächlich ging ja die Begründung mehrerer auf Interpretation gegründeter Disziplinen von der Annahme aus, daß das, was man wolle, in den Religionen für deren Zwecke bereits vollbracht worden sei und in Einzelheiten zum Vorbild genommen werden könne. Der tatsächliche Umgang mit religiösen Texten, heiligen Schriften und autoritativen Kommentaren läßt diese Voraussetzung verständlich erscheinen. Doch wie immer dem sei – indem die jüngeren vornehmlich interpretierenden Wissenschaften von dieser Voraussetzung aus weiterarbeiteten, haben sie die älteren Disziplinen, denen die wissenschaftliche Interpretation ihr Dasein verdankt, aufs Altenteil gesetzt. Wir möchten sie dort gern wieder herunter holen und wissen bereits, daß das nicht zu machen ist, indem man Affirmation auf Affirmation häuft, etwa um die heiligen Schriften immer noch ein wenig heiliger zu machen. Wie soll man dann verfahren?

Hier lauert eine als Methode getarnte Verführung. Der Stellenwert, ja die Berechtigung und die Existenz der – hauptsächlich, aber nicht ausschließlich von der Exegese getragenen – *Deutung* liegt vom Standpunkt der Religion, und damit auch von Theologie und Religionswissenschaft aus betrachtet, unerschütterlich fest. Was immer aus dem Munde eines legitimen Sprechers der Religion – eines Propheten, eines Priesters, eines Theologen – kommt, kann man als religiöse Deutung derjenigen Sache verstehen, über die er spricht. Baut man aber darauf seine Wissenschaft auf, verfilzt man sich rasch in semantischen Antinomien. Was Deutung ist, darf deshalb nicht die Antwort auf eine Frage sein, es muß vielmehr selber eine Frage stellen, und zwar eine möglichst grundsätzliche. Das einzige, was aus der umgekehrten Fragestellung als hilfreich stehenbleiben kann, ist die Versicherung, daß die neue gleich berechtigt ist, und daß es sinnvoll ist, „hoch" anzusetzen, also nicht bei dem Traum, dem Text oder dem Glauben, sondern bei der „Welt". Es scheint nicht überflüssig, hier zu bemerken, daß man es, wenn man gerade zu einer Grundgegebenheit wie der „Welt" Merkmale und Charakteristika finden muß, nicht mit dem über die Wörter „Basis" und „Überbau" zusammenhängenden Problem zu tun hat. Dieses besteht vielmehr in der Alternative, ob zwischen den beiden Seinsschichten ein Bestimmungs- oder ein Bedingungsverhältnis waltet. Es taucht in dieser Arbeit kaum in einem ontologischen Zusammenhang auf und wird dann im Sinne der marxistischen Variante des Neukantianismus[1] behandelt. Man erin-

---

[1]   Etwa wie bei MAX ADLER, *Lehrbuch der materialistischen Geschichtsauffassung*, Berlin 1930

nert sich erst heute wieder, daß sich von dieser streckenweise eine Art philosophischer opinio communis, die nicht marxistisch war, kaum unterscheiden wollte.[2] Die durch den Einsatz bei der „Welt" eröffnete Dimension der Deutung ist davon nicht betroffen. Sie soll, so ist die Meinung, ohne selbst eine religiöse zu sein, nachweislich an Umfang und Bedeutung derjenigen Deutung gleichkommen, die von vornherein religiös ist.[3]

Eine „Weltanschauungsdebatte" – dieses Stichwort liegt nunmehr in der Luft. Doch es zeigt sich, daß nicht von hier aus etwaige „Weltdeutungen im Widerstreit" assoziiert werden, sondern daß sich diesmal in erstere Linie allgemeinere bildungspolitische Probleme neueren Datums geltend machen. Wer sich hier als Einzelgänger zu Worte meldet, geht, was seinen wissenschaftlichen Ruf betrifft, ein gewisses Risiko ein – wenn er es nicht mit dem Selbstbewußtsein tut, selber zur Lösung gewisser Probleme beitragen zu können, von der er viel lieber schon Gebrauch gemacht hätte. Denn mit der Handhabung der Prinzipien jenes besonderen hermeneutischen Aktes mit außergewöhnlichem Gegenstand, dem hier nachgegangen werden soll, ist besonders der Religionshistoriker auf die Einsichten angewiesen, die auf dem weiten Felde heranreifen, dessen Grenzpunkte auf vielfache Weise zu bezeichnen sind: vor allem durch die Zuweisung richtiger Kennzeichnungen an die zugehörigen, in den Religionen sonst kaum zu identifizierenden Gegenstände, aber auch mit einer Interpretation der Magie religiöser Eigennamen, und nicht zuletzt kraft der Aufstellung benennbarer Vergleichs- und Ähnlichkeitsbeziehungen zwischen alten Überlieferungen und ganz besonderen, nach neuartiger Verifikation verlangenden Zeugnissen transpersonaler Psychologie aus unseren Tagen.

Damit ist ungewollt auch etwas Grundsätzliches gesagt. Jede Leserin und jeder Leser, die sich schon allgemeiner mit der alten Deutung, der Weis- und der Wahrsagung beschäftigt haben, werden erwarten, daß im folgenden immer eine Option für den Methodenpluralismus im Hintergrund steht. Sie tun recht daran, und das besagt in diesem Falle: Für Pluralismus kann nur eintreten, wer die Wahrheit und die Moral für teilbar hält. Und nur, wo letzteres vorausgesetzt wird, ist es sinnvoll, auch von einem Streit der Meinungen o. ä., wozu der

---

[2] Wenn man als Vertreter der letzteren z. B. NICOLAI HARTMANN nehmen darf, man vergleiche seine Auseinandersetzung mit der „materialistischen Geschichtsphilosophie" und allem, was damit zusammenhängt, in *Das Problem des geistigen Seins. Untersuchungen zur Grundlegung der Geschichtsphilososphie und der Geisteswissenschaften*, Berlin 1933 (= Nachdruck oder 3. Aufl. 1962), S. 9-47.

[3] Das von der letzteren Möglichkeit absehende Verfahren, das das schwierigere ist, bietet übrigens die Chance, noch über einige kleinere Dinge ins Klare zu kommen, z. B. welch verdächtigen teutonischen Hintersinn das deutsche Wort „deuten" haben könnte, den die Benutzer romanischer und angelsächsischer Wissenschaftsterminologie, die mit ihrer „Interpretation" mehr als zufrieden sind, an uns nicht recht mögen.

Widerstreit der Weltdeutungen natürlich gehört, zu reden. Gleichermaßen kann man nur unter dieser Voraussetzung ein Historiker sein, der nicht die Geschichte des immer Gleichen erforschen, sondern sich stets die Möglichkeit offenhalten will, es mit etwas ganz Anderem oder Neuem zu tun zu bekommen.[4] Damit nicht schon bei dem Versuch, die Bedingungen herauszufinden, unter denen sich dem Ausverkauf des für den Historiker Selbstverständlichen ein Ende machen läßt, zuviel von der kostbaren Zeit verloren geht, die eventuell für das Einhalten der Bedingungen selber benötigt wird, soll das Weltanschauungsthema aufgenommen werden, jedoch in einer Form, die als Maskierung mißverstanden werden könnte.

Nicht jeder ist sich ja darüber im klaren, daß wir uns mitten in einer Weltanschauungsdebatte befinden, wenn auch mit anderen Namen und Erscheinungsformen als in der Weimarer Republik. Sich in den Geist derselben zurückzuversetzen, um zum kritischen Zeitpunkt etwas Richtigeres zu tun, als es damals eine Mehrheit tat, geht nicht an – der Überdruß würde uns eher eine Falle für noch größere Fehlleistungen stellen. Man muß versuchen, es von einer Aufarbeitung historischer Inhalte von der Art her zu machen, die zur Weimarer Zeit wahrscheinlich von irgendeiner Weltanschauung reklamiert und verbraucht worden wäre. Wie müßte eine Auffindung und kritische Aufbereitung einschlägiger Stichwörter heute aussehen?

Ein „neuer Zugang zur Universalgeschichte" – wer nicht sofort daran denkt, wird es tun, wenn er im folgenden liest, wie selbstverständlich und ahnungslos zugleich bei diesem Thema die großen Selbstbedienungen vorgenommen werden, wenn man sich mit der Welt beschäftigt. Worum geht es nur? Die Wort- und Redewendung „Weltdeutungen im Widerstreit" besteht aus zwei zusammengesetzten Substantiven, deren Sinn weder im ganzen noch in seinen Teilen irgend jemandem erklärt zu werden braucht. Vielen ist gar ein professioneller Gebrauch dieser Wörter in Fleisch und Blut übergegangen, wenn auch vielleicht nicht in dieser Zusammenstellung. Gerade deshalb könnte ihnen vielleicht nicht sogleich gegenwärtig sein, wem sie dieses gute kleine Mittel zur Verständigung verdanken. Präzise läßt sich das wahrscheinlich gar nicht mehr feststellen. Aber in WILHELM DILTHEY's nachgelassenen „Abhandlungen zur Philosophie der Philosophie", für die er wohl selber den Titel „Weltanschauungslehre" vorgesehen hatte, steht sinngemäß bis auf den Ausdruck „Weltdeutungen" alles beisammen, sogar einschließlich eines Kapiteltitels „Über den Widerstreit der Systeme".[5] Daß es der lebensphilosophischen Schule, die

---

[4]   Sehr viel Aufschluß, wo und inwiefern überhaupt ein Problem empfunden wird, geben W. KERBER, L. SAMSON und die REDAKTION, „Pluralismus", in: *HistWbPhilos* Bd. 7, Basel 1989, Sp. 988–995.

[5]   *Gesammelte Schriften*, VIII. Band, hsg. von BERNHARD GROETHUYSEN, Stuttgart/Göttingen 1960.

DILTHEY wie kein zweiter repräsentierte, immer um das Verstehen der geschichtlichen Welt ging, liegt hier, natürlich ohne den in andere Richtung weisenden
terminus „deuten", wie überall in seiner Schule klar zutage So mag es kaum
aufgefallen sein, daß immer nur das von KANT geprägte Wort „Weltanschauung" benutzt wurde, wenn bezeichnet werden sollte, welch eine Art von Einsicht sich durch Interpretieren und Auslegen gewinnen ließ. Mit eben der Selbstverständlichkeit, in der das geschah, blieb das Deuten als eine Möglichkeit,
Fremdes zu verstehen, unbeachtet. Das Wort „anschauen" lief ihm den Rang
ab. Es bekam in dieser Debatte nach und nach einen so qualifizierten Sinn, daß,
so scheint es mir, kein Unterschied zu „deuten" mehr bestehen blieb – und
umgekehrt. Beide intentionalen Akte trafen gleichermaßen, einfach und spontan das Wesentliche. Das ist heute aber auch interpretationsbedürftig und
scheint sogar eine Reaktion hervorgerufen zu haben. Mit Respekt lesen wir
folgende Sätze: „Die Schule kann die soziale und moralische Lebenswelt von
Kindern und Jugendlichen nicht ersetzen. Sie kann sie aber deuten und erschließen und zur Gewissensbildung als ethischer Erfahrungs- und Sprachfähigkeit
beitragen. Grundlage jeder Wertvermittlung ist immer eine Weltdeutung. Die
Aufgabe der Schule liegt darin, zum geistigen Prozeß der Weltdeutung beizu-
tragen und die ethische Dimension der verschiedenen Lebenswelten der Kinder
kognitiv zu erschließen." Aber dann fragen wir, ob hier das Deuten nicht über-
fordert ist – und ob klar ist, was man mit „Weltdeutung" meint.

Wir wollen jedenfalls nicht beim Vollzug des Erklärens oder Verstehens
ansetzen, zumal das erfordern würde, das ganze damit verbundene Antiquariat
der Weltanschauungen zu sieben, um zu prüfen, was einer weiteren Beschäftigung mit ihm wert sei, sondern die *Weltdeutung* an seine Stelle setzen. Wer in
einem guten Aufsatz[6] den Satz gelesen hat: „Die Entwicklung des Wortes (sc.
„Weltanschauung") zur Bedeutung ‚Gesamtdeutung der Welt, philosophisches
System', die im Grunde bei Kant auch schon angelegt ist, erscheint erst verhältnismäßig spät ausdrücklich so genannt, 1866 bei F. A. LANGE in der *Geschichte
des Materialismus ...*", der muß als selbstverständlich annehmen, daß hier das
gleichbedeutende, vielleicht etwas seltener gebrauchte Wort „Weltdeutung" im
Hintergrund steht. Niemand war deshalb mehr als der Schreiber dieser Zeilen
überrascht, daß dieses Wort vom Grimm'schen Wörterbuch an in zehn weiteren konsultierten, großen Lexika der deutschen Sprache als eigenes Lemma
nicht auftaucht (zu einer winzigen Erwähnung siehe § 24). Daß das Stichwort
gleichwohl nicht nur bloß bekannt ist, sondern daß auch sein Zusammenhang
mit unserem eingangs zuerst genannten Thema als Aufgabe erkannt wird, mö-

---

[6] WERNER BETZ, „Zur Geschichte des Wortes ‚Weltanschauung'", in: HORST BÜRKLE
(vgl. Formstudie Anm. 14) – ARMIN MOHLER (Hsg.), *Kursbuch der Weltanschauungen*,
Frankfurt/M./Wien 1980, S. 18-28, dort S. 24.

gen wenige folgende Sätze aus berufenem Munde zeigen, die bezeichnender Weise in einem Wörterbuchartikel unter „Interpretationsmodelle" stehen:

„Eine Deutung von Welt als ‚vergesellschaftetes Persönlichkeitssystem' (K. EDER) bindet über die Komplexität der Deutungssysteme ‚Welt'deutung an bestimmte gesellschaftliche Entwicklungen wie Herrschaft, Hierarchien, staatliche Organisation, Delegation von Kompetenz unter Vorbehalt. Der ‚Befehl' von ‚Göttern' an andere Götter, an die Menschen oder gegenüber Teilen der ‚Welt' gewinnt unter diesen Rahmenbedingungen die Plausibilität, die ihn zu einem Modus von Schöpfung oder einem Motiv komplexer Prozesse machen kann."[7] Daß sich hier beiläufig auch das Wort „Weltdeutung" einstellt, möge als Bestätigung unserer Aufgabe gelten. Inwiefern der letztgenannte Aspekt zugleich auf die Universalgeschichte blickt, wird den Leser namentlich dann verwundern, wenn er hinter dem Folgenden die Voraussetzung erkennt, was alles, und nicht nur aus Platzgründen weggelassen werden muß. Das soll nicht die stillschweigende Erfüllung eines noch verschwiegener gehandhabten Qualitätskriteriums bedeuten, sondern zum Mitdenken anregen, wie in einer zusammenwachsenden Welt ein Geschichtsbild aussehen müßte, dessen Einzelheiten den lernenden Menschen nicht erschlagen, sondern auf seinem Erkenntniswege ein Stück weiter bringen können. Man muß nur diejenigen Einzelheiten herausfinden, in denen sich Menschen in einer ethischen Hinsicht, deren Begründung aus einem noch anderen Zusammenhang gewonnen werden muß, wiedergefunden haben, man muß diese dann bewahren und aus ihnen nach und nach eine neue Werteskala zusammensetzen.

---

[7]   BURKHARD GLADIGOW, „Interpretationsmodelle", in: *HrwG* Bd. 3, Stuttgart 1993, S. 289-298, dort 290f.

Formstudie

A. Die „Deutung" – ein besonderer hermeneutischer Akt

§ 1. Der Deutungsbegriff, sein Gebrauch und sein Mißbrauch

Eine Deutung[1] war im 19. Jahrhundert eine „Hinweisung durch ein Zeichen".
„Deuten" bedeutete „etwas deutlich machen, etwas verständlich machen; etwas
verdeutlichen". Es konnte auch (noch?) „ein Zeichen geben" und (schon?) „auslegen" bedeuten.

Nach einem bestimmten heutigen Verständnis ist „Deutung" ein Vorgang,
durch den man sich geistig etwas aneignet, und als solcher der Interpretation,
dem Erklären oder der Auslegung vergleichbar. Es wird argumentiert: Eine
Deutung läuft auf die Ermittlung der Bedeutung hinaus, die eine Sache oder
ein Vorgang hat. Die Deutung ist, wie das *Ermitteln*, ein *Herauslegen* und dann
auch ein *Herauslesen* des Sinnes, der einem Ding eignet oder direkt in ihm
liegend vorgestellt wird.

Nach einem anderen Verständnis ist heute das Deuten mit dem *Verstehen*
verwandter als mit dem *Erklären*. Diesmal wird argumentiert: Die Traumdeutung erklärt den Traum nicht, wie es die heutige Schlafforschung tut. Die
Sterndeutung erklärt nicht, was die Astronomie erklärt: Planetenbahnen,
Fixsternverschiebungen etc. Weltdeutung ist demnach *keine Welterklärung*. Die
Welterklärung ist eine teilweise verallgemeinernde Bezeichnung für eine wissenschaftliche Disziplin wie die Astrophysik etc. Sie ist im Prinzip exakt-wissenschaftlich, die Weltdeutung ist es nicht. (Diese Aussage, der vorliegender Artikel sich anschließt, wird noch näher begründet werden.) Die Erklärung z. B.
einer Weissagung befaßt sich etwa mit der Szenerie, die den Inhalt umgibt,
vielleicht auch mit der Psychologie des Autors oder mit dem Anlaß seiner Äu

---

[1] JAKOB und WILHELM GRIMM, *Deutsches Wörterbuch*, Bd.2, Leipzig 1860, Sp. 1038-1041
(deuten), 1053f (Deutung.) Aus diesen Artikeln stammen auch die Angaben zu Anfang
des Exkurses I (dort Nr. 6 ist bei den Grimm's Nr. 7, ihre Nr. 7 wurde hier ausgelassen,
da für gegenwärtiges Problem nicht interessant). Die in den beiden oben folgenden
Absätzen wiedergegebenen Meinungen finden sich verstreut und meist en passant in
der weiterhin angeführten Literatur. Sie brauchen hier nicht ausführlich dokumentiert
zu werden.

ßerung; die Deutung hingegen zeigt, unter Umständen unvermittelt, ein Anliegen auf, vermittelt einen Auftrag oder richtet eine Botschaft aus.

Im folgenden Beitrag wird eine Verbindung der auffälligsten Gehalte beider Verständnisse angestrebt, insbesondere der im erstgenannten Verständnis undeutlich bleibenden Sinnelemente, die aus der Vergleichbarkeit mit der Interpretation herausfallen, und der im letzteren Verständnis zu kurz kommenden Verstehensweise, welche die Eigenart der Deutung ausmachen soll.

Neuerdings ist die „Deutung" von einer hermeneutischen Richtung für sich beansprucht worden, die sich damit definieren zu wollen scheint.[2] Daraus folgt u.a., daß der richtige Gebrauch des Wortes und der Sache – es muß beides gemeint sein – nur MARTIN HEIDEGGER, GERHARD EBELING, RUDOLPH BULTMANN, ERNST FUCHS, HANS-GEORG GADAMER und eventuell weiteren Autoritäten der Hermeneutik zugebilligt wird. „Das führte zu einer Absage an SCHLEIERMACHER's und DILTHEY's Ideen einer psychologischen Interpretation, und ihre Konsequenzen erstreckten sich auch auf die vielfältigen Kanones der grammatischen Interpretation ...". Da dieser Beitrag sich nicht mit den hermeneutischen Richtungen als solchen befaßt, sondern lediglich auf die Berechtigung von Bezeichnungen oder Selbstbezeichnungen Wert legt, kann die eben zitierte Entwicklung hier nur dann als so evident zu normativen Resultaten führend akzeptiert werden, wie sie offenbar gemeint ist, wenn die Bezeichnung „Deutung" nicht als eine Art terminus technicus fest daran gebunden wird. Zwar ist es richtig, daß sich für die „Interpretation" ein regelgebundenes Verfahren ausgebildet habe, „während ,Deutung' im Gegensatz dazu dem spekulativen Meinen und Fürwahrhalten zugeordnet wurde" (weniger richtig ist es, daß die Gegenüberstellung von *Verstehen* und Deutung bei dem jener Unterscheidung folgenden JOACHIM WACH „unhaltbar" sei). Doch darf man nicht eine bestimmte Forschungsrichtung, deren Namen man für sich mit Beschlag belegt, allein deswegen rügen, weil sie jenes regelgebundene Interpretationsverfahren nicht auch geübt habe; denn es könnte ja sein, daß die gerügte Richtung etwas ganz anderes gewollt hat und weiterhin will: entweder begriffsgeschichtliche Aufklärung für jedermann betreiben, oder sich mit einer anderen hermeneutischen Arbeitsweise als der von ihr verlangten und mit anderen Gegenständen als dem einzigen befassen, auf dessen Kenntnis sich ihre Kritiker zu beschränken scheinen – z. B. mit dem Traum, mit dem Gleichnis, mit einem dunklen Text, oder wie im 19. Jahrhundert mit dem Gesetz.

Würde es gelingen, für eine bestimmte moderne Hermeneutik die Fachbezeichnung „Deutung" durchzusetzen, so würden andere Benutzer, die das Wort immer mit im Kopf hatten, ebenfalls gezwungen, ihren Sprachgebrauch zu

---

[2]   Vgl. H. ANTON, „ Deutung", in: *HistWbPhil* Bd. 2, Basel-Stuttgart 1972, Sp. 147-149. Dort 148 und 147 die obigen Zitate.

revidieren. Das würde negative Auswirkungen auf das Verständnis früherer Zeiten haben, indem man bestimmten Personengruppen die Verewigung ihrer sprachlichen Standards nachträglich anlasten müßte. Es würde außerdem bedeuten, daß die Altvorderen ebenfalls ihre Methoden, nachdem sie ihre Wirkungen getan haben, nachträglich so zu korrigieren hätten, als wolle man sie unter Berufung auf die Vergangenheit wieder für gegenwärtige Erfordernisse verbindlich einsetzen. Das geht nicht. Vollends wenn einem das spekulative Meinen und Fürwahrhalten in den Quellen – die bis in die Gegenwart reichen können! – begegnet, muß man gerade solche Ergebnisse dingfest zu machen versuchen, die nur von da aus und auf keine andere Weise zustande kommen konnten. Im Zweifelsfalle muß der interpretierende Wissenschaftler sogar in der Lage sein, diese Methode nachzuahmen, ohne daß es ihm darum gehen darf, die ihm anvertrauten Phänomene zu gedanklichen Operationen tauglich zu machen, für die sie nicht geschaffen worden sind.

§ 2. Soziologie und „wissenschaftliche" Deutung

Wesentliche Inhalte oder Leistungen von Religionen, die aus Interpretation hervorgegangen sind, werden heutzutage gern „Deutungen", seltener „Erklärungen" genannt. Beide Ausdrücke waren lange Zeit nicht wissenschaftsspezifisch. Aber sie gehören inzwischen unwiderruflich zum Fachvokabular der Soziologie (beileibe nicht nur der sog. Religionssoziologie), ohne daß als Grund dafür mehr als Gewöhnung an einen Zufall bei der Wahl eines geeigneten Wortes für eine noch nicht begriffene Sache ersichtlich ist – eines Wortes, das in einem großen, prädisziplinär-terminologischen Fundus zusammen mit anderen potentiellen Fachtermini zu fast beliebiger Verwendung bereit lag. Tut die Soziologie aus Eigenem etwas hinzu, sagt sie wohl auch „Deutungssysteme", und zwar ohne daß ein systemtheoretisches Interesse daran beteiligt sein muß. Soll das bewußt so bleiben, werden die Interpretationswerkzeuge auch „Deutungsmodelle" genannt, während man umgekehrt ein gewolltes System- oder sonstiges theoretisches Interesse durch eine entsprechende Titelform zum Ausdruck bringt.[3]

Aus folgenden Gründen kann die Religionswissenschaft diese Konventionen unterschreiben. Wenn man Deutungen auf der Spur ist, dann geht es oft tatsächlich nur darum und um nichts weiter. Es wird weder gesagt, daß eine Deutung grundsätzlich religiös ist, noch daß in einer Religion nichts anderes

---

[3]   So z. B. RAINER DÖBERT, *Systemtheorie und die Entwicklung religiöser Deutungssysteme*, Frankfurt/ Main 1973; „Zur Logik des Übergangs von archaischen zu hochkulturellen Religionssystemen", in: KLAUS EDER (Hsg.), *Seminar: die Entstehung von Klassengesellschaften* (stw 30), Frankfurt/M. 1973, S. 330 363.

getan wird als gedeutet. Es erübrigt sich, hier Ergänzungen zu bringen. Man muß sich nur gegenwärtig halten, daß tatsächlich in jeder Religion neben vielen anderen Dingen auch „(die) Weltdeutung" geschieht. Das ist evident, wenn der Name, die Identität und der Charakter der Religion, von der die Deutung ausgeht, klar sind und keinem Legitimationszweifel unterliegen. Dieses Verfahren kann selber Gegenstand wissensschaftlicher Forschung werden. Wenn eine Deutung verrät, daß ihr Hintergrund kein rein religiöser ist, sondern ein weniger oder mehr „wissenschaftlicher", reicht auch für sie ihr Evidenzgrad erst recht aus, um sie dieser einen Gruppe bestimmter Weltdeutungen zuordnen zu dürfen.

§ 3. Religionsgeschichte und „religiöse" Deutung

„Die Welt" wird, wie wir sagten, in jeder Religion gedeutet. Damit scheint sie sich vielen modernen Menschen zu empfehlen. Aber das bedeutet nicht, daß dies immer der Sinn der Religion war, oder daß sie um dessentwillen entstand oder gestiftet wurde. Die Religion ist primär auf das Oben, das Jenseits, das Unsichtbare, das Unbekannte, das Unverfügbare, auf Gott oder die Götter hin orientiert. Nur mittels dieser Bezüge, Begriffe, Transzendentalien, oder wie immer man sagt, hat sie es mit „der Welt" zu tun. Wenn die Religion die Welt trotzdem auch deutet, zum Beispiel von einem als primär anzusehenden Gottesglauben her als Schöpfung, dann geschieht es zunächst unbeabsichtigt. Absichten können später formuliert werden, etwa wenn es Priesterschulen gibt. Wird aber geplant und primär mit der Absicht gedeutet, die zu erzielte Plausibilität irgendwann in einem Existenzurteil „Das ist (jetzt) Religion" zusammenzufassen, muß es entweder ganz rätselhaft werden, was statt dessen herauskommt, oder es müssen anderweitig Faktoren beschafft werden, mit denen sich a priori ermitteln läßt, ob es solcher Art eine Religion, die diesen Namen verdient, überhaupt geben kann. Auch dann wird man sich wundern, diesmal darüber, daß Faktoren dabei sind, die nur erfunden zu sein scheinen, um jegliche Deutung zu verhindern.

Grundsätzlich sollte eine Deutung nicht dann als religiös gelten, wenn etwa ihr Urheber stolz versichert, er habe ganz seinem *sensus numinis* vertraut und vorher nirgends nachgeschlagen (dieses Verfahren löst meist lebhafte Zustimmung aus). Daß umgekehrt eine Deutung nur dann als wissenschaftlich gilt, wenn erkennbar Recherchen unternommen worden sind, ist ebenfalls Unsinn. Die Ansprüche religiöser wie wissenschaftlicher Deutungen, wahr zu sein, überkreuzen sich ebenso wie die Befunde, daß beide falsch sein können.[4]

---

[4]   Reiches Material, kluge Beurteilungen und ausgezeichnete Kriterien bietet FRIEDRICH PFISTER, *Religion und Wissenschaft. Ihr Verhältnis von den Anfängen bis zur Gegenwart* (Sammlung Dalp 104), Bern 1972.

Exkurs I: Deutschtum und Deutung

Im Deutschen hat sich die Bedeutung von „Deutung" erst langsam an diejenige von „interpretieren" heranentwickelt. Es wäre ganz unmöglich, für das letztere in früherer Zeit die Skala von Bedeutungen anzusetzen, wie sie die „Deutung" durchlaufen hat: „1. mit dem Finger, oder mit der Hand, oder mit den Füßen, oder mit dem Kopf ein Zeichen geben, (mit der Hand) winken, (mit dem Kopf) nicken, 2. auf etwas hinweisen, etwas zeigen, 3. hinweisen (im uneigentlichen Sinn), 4. anzeigen, ankündigen, 5. auslegen, erklären, 6. bedeuten, ausdrücken, sagen wollen". Von „mit dem Finger ein Zeichen geben" kommt man zu „auslegen, erklären" nur, wenn man die erstere Geste auf „mit dem Finger zeigen auf" zuspitzt und dazwischen als Übergangsbedeutung etwa „auf den Kopf zusagen" annimmt. Einen Grund ähnlicher Art muß es haben, daß im Deutschen heute das Wort „Deutung" seine älteren Bedeutungen gleichsam wie im Gedächtnis mit sich führt und sie stumm als das präsentiert, was dann am besten zu „Sinn" zusammengefaßt wird. So sieht es aus, als ob das Wort „Deutung" von vornherein immer so etwas wie „Sinndeutung" meint, während man „Sinninterpretation" oder „Sinnauslegung" nicht sagt. „Sinndeutung" kann bedeuten, daß etwas, ein Gegenstand oder eine rätselhafte Situation oder ein Vorgang, gedeutet wird, woraufhin sich ein Sinn ergibt. Es kann aber auch bedeuten, daß ein Sinn da ist, der gedeutet wird. In jedem Fall ist der Sinn die einheitliche Qualität von etwas Ganzem.

Es gibt außerdem einen negativen Nebensinn von „deuten", vorausgesetzt man versteht darunter das Zeigen mit einem Finger in eine Richtung oder auf irgendetwas. „Mit den Fingern auf etwas zeigen, gilt bei vielen Völkern als unanständig oder gefährlich: Man kann dadurch die verhängnisvolle Kraft des Gezeigten auf sich lenken."[5] Hier kann man die Frage stellen, ob die verderbliche Wirkung nicht auch von der Person ausgehen kann, die den Finger ausstreckt – der Gestus würde dann als eine allzu direkte, einer Verletzung der Personsphäre des Gegenübers nahe kommende Handlung aufgefaßt. Bei der positiven wie bei der negativen Auffassung dieses Spezialfalles von „deuten" schwingt ein Moment mit, das allgemein zu allen Deutearten gehört: es wird nichts Verborgenes aufgedeckt, kein Geheimnis enthüllt, kein Rätsel geraten, keine Allegorie als solche erkannt und auf „das Andere (griech. ἄλλα)" zurückgeführt, an dessen Stelle sie das Ihrige „sagt (griech. ἀγορεύει). Sondern es wird etwas hervorgehoben, was sofort und dem anderen gleich da ist. Es ist vorher nichts Partikulares, und es wird auch durch die Deutung nicht dazu.

Die ursprüngliche Bedeutung von „deuten" soll (*deutsch =*) *volks*-verständlich machen" gewesen sein;[6] es sei ursprünglich vom Missionar oder Priester in

---

[5]   HANNS BÄCHTOLD-STÄUBLI, „Finger", in: *HWbDA* Bd.2, Berlin 1927, Sp. 1478-1496. dort 1483.

[6]   FRIEDRICH KLUGE, *Etymologisches Wörterbuch der deutschen Sprache,* Berlin ²¹1975, S. 129.

früher Zeit gesagt worden, der den heidnischen Teilnehmern an der Eucharistie
den Sinn des Opfers „erklärte"; dann sei das Wort auch für „übertragen", „einen Sinn aufzeigen" im allgemeinen gebraucht worden. Es scheint eine Tatsache zu sein, daß ein stets gebrauchsfertiges Wort, mit dem man wie durch ein
bloßes, einliniges Hinweisen den Sinn eines Ganzen angeben will, in anderen
Sprachen jedenfalls erst gesucht werden müßte. Für die romanischen Sprachen
z. B. wird nur ein winziger Nebensinn von *interpretari* als „Sinndeutung" angenommen[7], während das eigentliche „Interpretieren" und das „Auslegen" mehr-
schichtig, mehrgliedrig, rational vonstatten geht. Eine Eigenart des Deutschen
scheint auch darin zu liegen, daß es eine Nuance wie „deuteln" in anderen
Sprachen mit einem einzigen Wort nicht gibt, sondern umschrieben werden
müßte. Man wird sich unbedingt davor hüten müssen, von hier aus mystifizie-
rend weiterzufahren und einen spezifisch deutschen Tiefsinn nicht nur im eigenen religiösen Erleben, sondern auch in dessen Erforschung zu rekonstruieren,
und erst recht, ihn nachzuahmen. Doch muß man darauf achten, ob in Quellen
selbst eine solche Auffassung von „deuten" begegnet, und wann man in deutsch-
sprachiger Wissenschaft geneigt ist, dem Wort „deuten" und seinen Ableitungen
den Vorzug zu geben (man sagt „Traumdeutung" und „Sterndeutung", nicht
„Trauminterpretation", „Sterninterpretation").[8]
    Als Denk- und Arbeitshypothese läßt sich festhalten, daß der durch eine
Deutung aufgewiesene Sinn immer nur Einer, oder etwas Einfaches ist, das
nicht die Form einer Paraphrase hat und seinerseits nicht weiter erklärt zu
werden braucht. Das bringt das Deuten geradezu in die Nähe zur Ideologie,
namentlich wenn das Eine in den Charakter einer Kausalerklärung hinüber-
spielt. Im folgenden wird Ideologie prinzipiell so verstanden, wie hiermit ange-

---

[7]   HEINRICH LAUSBERG, *Handbuch der literarischen Rhetorik,* München ²1973, S. 727f s.vv.
      interpretari/-tatio (III).*i.*

[8]   Besonders bedenklich ist es im Deutschen, eine Sache durch Wortabhängigkeit, beson-
      ders durch ein Wortspiel, unsicher oder irreführend auszudrücken. Der semantisch
      unbedarfte Gebrauch von Wörtern mit der Vorsilbe „ver-" ist hier besonders anzupran-
      gern. Der neutrale Sinn (ehren – verehren, zögern – verzögern; fassen – verfassen;
      machen – vermachen; suchen – versuchen) läßt leicht den gegensätzlich (zeihen =be-
      zichtigen- verzeihen; rechnen – verrechnen) und erst recht den negativen (laufen –
      verlaufen, bieten – verbieten, sehen- versehen:; spielen – verspielen; raten – verraten;
      achten – verachten) Sinn vergessen. Besonders der Doppelsinn von „sprechen – (sich)
      versprechen" und am meisten von „klären – verklären" ist zu beachten. Das muß nicht
      Verzicht auf den Gebrauch bedeuten. Aber der Sinn von „Äqivalenten" wie „verherrli-
      chen", „loben", „in einen beseligten Zustand versetzen" ist ein anderer als „die Klar-
      heit", zu der die Säkularisierung des göttlichen Lichtes führen kann, zu „verfehlen". In
      den Fällen, wo ich das Wort „verklären" gebraucht habe, wollte ich die Zweideutigkeit
      bewußt mit zum Ausdruck bringen. Denn niemand kann leugnen, daß er in den Au-
      genblicken der Beseligung oder des (positiven) Rausches weniger klar denkt als sonst.

deutet,[9] nur daß zur Monokausalität bzw. Monogenisierung noch die Abschottung eines Lehrgebäudes bzw. die Schließung einer zeitlichen Entwicklungslinie nach vorn hin (Mythos!), das Zusammenfallen einer Theorie mit ihrem Gegenstand und die Verwendung organologischer Begriffe als Bezeichnung für kollektive gesellschaftliche Größen als Merkmale hinzukommen müßten, wenn der Ideologiebegriff vollständig sein soll.

B. Die „Welt" – ein letztlich zu großes Deutungsobjekt

§ 4. Sinn der Partikel „Welt-" im Kompositum „Weltanschauung"

Wenn die „Deutung" mit einem Gegenstand, an den sie gewandt wird oder auf den sie sich richtet, z. B. mit „Welt", zu einem Kompositum verbunden wird, kann ein Begriff von größerem Umfang und mit deutlicherer Tendenz zur Selbständigkeit entstehen, als es bei der Verbindung eines Gegenstandes mit der Interpretation und der Auslegung – für beide ist außerdem eine Verbindung mit dem Wort „Welt" zufällig nicht üblich – etwa zu einem Kompositum „Bildinterpretation" oder „Schriftauslegung" der Fall wäre. Ein bedeutender Philosoph, der seine wichtigsten Einsichten durch Sprachkritik gewann, schreibt dazu Folgendes: „Wenn wir im Deutschen einem konkreten oder abstrakten Begriffe die vier Buchstaben *Welt-* voraussetzen, so denken wir dabei nicht immer dasselbe; nicht einmal immer etwas Großes. Ich möchte vier Bedeutungen der Vorsilbe *Welt-* unterscheiden.

(a) Welt bedeutet zunächst das *Weltall,* den *Weltbau,* und weil wir von diesem Weltall nur einige genaue Kenntnisse unseres Sonnensystems und viel ungenauere Kenntnisse der übrigen Tatsachen haben, so gehört *Welt* in diesem Sinne der astronomischen Welt an; so sprechen wir von einer *Weltachse,* von den *Weltkörpern.* *(b)* Zweitens denken wir bei *Welt* ausschließlich an unsere Erde; den Übergang bildet der Begriff *Weltgegend* oder Himmelsgegend, bei

---

[9]   Im großen und unter dem Gesichtspunkt der Wertung gesehen, handelt es sich um den Ideologiebegriff, wie ihn Napoleon I. faßte: Bestimmte Leute, eben die Ideologen, hätten ein Verhältnis zur Wirklichkeit, das nicht durch Praxis und Erfahrung, sondern leider nur durch Ideen bestimmt und deshalb falsch sei. – Der Erfinder des Begriffs war bekanntlich ANTOINE L. C. COMTE DESTUTT DE TRACY (1754-1836), an dessen positives Verständnis – Ideologie als strenge und naturwissenschaftlich exakte Wissenschaft von den Ideen – man sich natürlich auch halten kann. Seine Schriften sind leicht festzustellen. Schwieriger ist der Nachweis für den viel „zitierten" Napoleon, der in dieser Sache als Kritiker etwa 1804-1814/15 tätig war. Die am ehesten authentische Dokumentation seiner Worte sei zu finden bei ALFREDO Marquis PARETO (1848-1923), *Traité de Sociologie Générale,* vol. II, 5 Paris 1933, § 1793.

welchem wir (uns) zumeist die Richtungen der irdischen Windrose vorstellen. Ganz scharf ist diese Gleichsetzung von Welt und Erde nicht zu nehmen; besonders oft sind nur die Menschen der Erde gemeint, so in den Koppelungen *Weltgeschichte, Weltalter, Weltgericht* und *Weltbürger;* fast nur an den Erdball denkt man bei *Weltmeer* (ursprünglich das eine Weltmeer ohne Plural, der Okeanos) und *Weltei; weltberühmt* heißt ungefähr: auf der ganzen Erde und bei allen Menschen berühmt. *(c)* Drittens wird der Begriff noch enger, wenn man unter *Welt* nur einen Teil der Menschen und ihres Treibens versteht; im Mittelalter bezeichnete *Frau Welt* etwa das törichte Treiben der irdisch gesinnten Menschen überhaupt; später *Welt (le monde)* das Treiben der Oberschicht, der oberen Zehntausend. Zu diesen Gruppen gehören die Koppelungen *Weltruf, Weltklugheit, Weltmann, Weltkind;* doch auch wohl einst *Weltpriester. (d)* Ganz unbestimmt und verstiegen scheinen mir nun noch über das Bild der ersten Begriffsgruppe diejenigen Koppelungen hinauszugehen, welche die *Gesamtheit* des Denkens ausdrücken wollen: *Weltgeist* und *Weltseele* für den objektiven Gesamtgeist, *Weltweiser, Weltweisheit* und *Weltanschauung* für den subjektiven Gesamtgeist."[10]

§ 5. Sinnübertragung auf das Wort „Weltdeutung"

Diese klare Beschreibung können wir für das, was wir uns vorgenommen haben – es ist nicht die Weltanschauung, sondern etwas, das als „Weltdeutung" erst definiert werden muß –, voll als Bestandsaufnahme, von der aus weiterzuarbeiten ist, übernehmen. Die von uns gewählten, unter der Sammelbezeichnung „Inhaltsstudien" untersuchten Sachgebiete lassen sich den Mauthner'schen Abteilungen zuordnen. Unsere *1. Gruppe* gehört nach *a* etwa in die Gegend von „Sonnensystems". Die *2. Gruppe* gehört nach *b* etwa zwischen „Übergang" und „Weltgegend", wobei die Astrologie ein wenig nach a („Weltkörper") und die Physikotheologie in b weiter nach hinten („Gleichsetzung von Mensch und Erde", „Weltgeschichte", „Weltgericht") tendiert. Die *3. Gruppe* gehört nach *c* in dem allgemeinen Sinne, wie dort (mit anderer Nuance) vom „Treiben der Menschen" die Rede ist, wozu auch Schöpfungen wie die der Kultur einschließlich der Religionen gehören. Die *4. Gruppe* gehört wenigstens gemäß ihrer Dimension nach *d,* wie umgekehrt ja „Weltweisheit", „Weltanschauung" und der „Gesamtgeist" auch mit zur Literatur gerechnet werden können.

---

[10]   FRITZ MAUTHNER, *Wörterbuch der Philosophie, Neue Beiträge zu einer Kritik der Sprache,* Zweiter Band, München und Leipzig 1910, S. 578f. Es handelt sich um den Artikel „Weltanschauung", von der Mauthner weiter sagt, diese sei bei dem schlichtesten Mann aus dem Volke wie bei dem Dichter und Denker identisch mit seinem Sprachvorrat.

Man denke nicht, daß das alles ist. Es ließe sich etwa noch hinzufügen, daß nach einem vielleicht ursprünglich wissenschaftlichen Sprachgebrauch in frühesten Zeiten die Welt des Jägers eine andere war als die Welt des Pflanzers. „Alle Welt", das sind alle Menschen, aber nicht im numerischen Sinne, sondern obenhin so, wie sie sich im Gesichtskreis dessen befinden, der „alle Welt" sagt. Es kennt einer „Gott und die Welt". Man schafft etwas „aus der Welt" und weiß doch genau, daß es auf dem Erdball verbleibt. Und so weiter.

Die Bedeutungsvielfalt des Wortteils „Welt" dürfte niemandem Mühe machen, da nichts Neues gelernt, sondern nur etwas bewußt gemacht zu werden braucht, was sich jeder schon einmal klar gemacht hat. Für die folgenden Abschnitte wird damit auch das Kompositum „Weltdeutungen" akzeptiert. Seine Bedeutungen werden so beibehalten, wie sich hiermit ergibt. Für welche Ganzheit (Kosmos, Erde, Heimat, gesellschaftliches Einzugsgebiet) oder auch für welches Teilgebiet (Kultus mit oder ohne Heiligtum, Gemeinschaft, literarische Komposition) „Welt" gelegentlich über die bisher gegebenen Definitionen hinaus als ein besonderer Tropus dienen kann, wird von Fall zu Fall dargelegt.

§ 6. Suche nach einer die „Weltdeutung" aufnehmenden Begriffsfamilie[11]

Die philosophische Schulfrage wird hier andersherum gestellt: Nicht „was gehört zu diesem Begriff?", sondern „Wohin gehört dieser Begriff?" Beim Begriff der Weltdeutung ist es besonders schwierig. Ist er eine Kasuskomposition? Gewiß, aber was besagt das? Gehört er zum Tropus „Symbol"? Sicher nicht. Er ist nicht gebildet worden, damit man in ihm Bedeutungen „zusammenwerfen" kann, und es ist auch nicht ersichtlich, wofür man ihn sekundär als Symbol verwenden könnte. Ist er ein Kollektivum? Er faßt zwar viel zusammen, aber das tun Wörter wie Masse usw. auch. Es liegt in ihnen nach anderen semantischen Gesetzen von vornherein alles drin, aber wie werden nicht auf Grund dessen gebildet wie „das Wahre", „das Schöne", „das Böse". Ein Allgemeinbegriff? Schon eher, aber bei Komposita kann man immer schlecht sagen, was es ist, das sie zu etwas Allgemeinem macht.

Mit etwas Phantasie kann man eine Weltdeutung sogar als ein Abstractum hinstellen. Denn wenn ein Begriff überhaupt „alles ist, was Resultat einer Abstraktion sein kann, also einer gedanklichen Zusammenfassung individueller Gegenstände – materieller oder immaterieller – auf Grund gemeinsamer Merkmale", dann gehört der Weltdeutungsbegriff dazu. Jetzt gibt es plötzlich einen

---

[11]   Bei diesen Überlegungen hat JOHANN KNOBLOCH (Hsg.), *Sprachwissenschaftliches Wörterbuch*, 1. Bd. A-E, Heidelberg 1986, S.296 – 303 („Begriff" bis „Begriffszeichen") Pate gestanden, beim folgenden Paragraphen dort S. 403f („Calque"). Obige Zitate dort S. 297 und 403. (Die Lösung des Rätsels erfolgt in § 11)

embarras de richesse – ganze Bündel gruppieren sich nach gewissen Eigenschaften oder Vorstellungen, die man mit ihnen verbindet. Es ist nicht gut, wenn man bei solchen Dingen die freie Auswahl hat.

§ 7. Erprobung einiger für die „Weltdeutung" verfügbarer Lehnstrukturen

Wenn es auch möglich ist, die Weltdeutung so umfassend zu bestimmen, daß der metaphysisch-ontologische Bereich als der ihres Ursprungs Vorrang vor dem logischen Bereich als dem ihrer hauptsächlichen Anwendung bekommt, so ist damit noch nicht gesagt, daß es sich um ein zeitlos, also auch für das moderne Denken gültiges Wissenschaftsprinzip handelt. Die „Eins-Haftigkeit" und die Eindimensionalität der Deutung, die für moderne Wissenschaft absolut nicht maßgebend sind, mahnen zur Vorsicht. Selbst die folgenden Negativaussagen sind nur als Vergleich, besser: als *calque* zu verstehen. Solche eine „Spiegelübersetzung" hat man zwar, soweit mir bekannt, bisher nur bei Wörtern konstatiert. Aber das muß sich sinngemäß auf Sätze, Gedanken und Aussagen aller Art übertragen lassen. Sie müssen als „Entdeutungen" von Grundsätzen erkennbar sein. „Die Weltdeutung ist keine Philosophie" heißt also nicht „Wenn im Bereich ihrer Entstehung und Anwendung die und die Bedingungen erfüllt wären, handelte es sich um Philosophie", sondern: „Nur wenn man die Weltdeutung mit einem heute gültigen Prinzip einer Wissenschaft vergleichen könnte – was man nicht kann –, wäre die Aussage sinnvoll" usw. Also ordnet man die folgenden kurzen Überlegungen am nützlichsten ein, wenn man sie heuristisch nimmt.

Mit ihrer Bedeutung und ihrem Gewicht ist die Weltdeutung doch keine Philosophie und keine Soziologie, auch kein Teil einer dieser Wissenschaften. Die Weltdeutung entspricht aber bei all ihrer Selbständigkeit auch keiner Wissenschaft vom Rang der Philosophie oder der Soziologie. Im Rang kommt sie vergleichsweise etwa der Erkenntnistheorie, der Differentialrechnung, der Sozialethik gleich. Während man aber den Rang der letzteren durch ihr Verhältnis zum jeweils übergeordneten Ganzen, also in unserem Beispiel der Philosophie, der Mathematik und der Ethik einigermaßen abschätzen kann, besteht diese Möglichkeit bei der Weltdeutung nicht, da sie kein größeres Ganzes um sich, bzw. kein Allgemeineres über sich hat.

Charakteristisch soll es sein, daß die Deutung nur etwas hervorhebt, auf das sich eben hindeuten läßt, und nichts analysiert. Dieses Hervorzuhebende soll nur eines an der Zahl sein. Schon wenn es zwei wären, käme man der wissenschaftlichen Arbeit bereits einen Schritt näher, und darum handelt es sich nicht. Wer etwas interpretiert bekommt, der lernt, vollzieht nach, denkt mit, sieht schließlich ein. Dem Empfänger einer Deutung aber fällt es wie Schuppen von den Augen.

C. Die Verbindungen zwischen Deutung und Welt

§ 8. Reale Beispiele für Weltdeutungen (in Sachgruppen)

Man kann über die Zugehörigkeit eines einzelnen Phänomens zu einer Weltdeutung dann etwas sagen, wenn beide innerhalb des eben umrissenen Schemas irgendwie miteinander verbunden sind. Am wichtigsten ist es, daß ein Deutungsprinzip eine Art Mittlerstellung zwischen der Welt und dem Deuter einnimmt.

(a) Diejenigen ägyptischen Mythologien, in denen das solare in das kosmische Licht übergeht, enthalten implizit Weltdeutungen; diejenigen Mythologien, die statt dessen die Urmaterie haben, enthalten nichts dergleichen. – *(b)* Unter den Inhaltsstudien (S. 45ff) die 1. Gruppe – *(c)* Ein Weltbild, das das polare Licht einschließt, hat die Weltdeutung und schließt die Chaostheorie von ihr aus.

(d 1) Der Okkultismus ist ein komplettes großes, *(d 2)* die Astrologie darin ein ebenfalls komplettes, aber etwas kleineres Weltdeutungssystem. Die in beiden enthaltene Magie ist es nicht. – *(e)* Die Kosmos-Geologie von Marie-Joseph P. Teilhard de Chardin enthält eine Weltdeutung, der Epheserbrief hat keine. – *(f)* Die Bahai-Religion ist eine Weltdeutung, der Babismus war noch keine. – *(g)* Unten Gruppe 2. – *(h)* Wo von den Prinzipien der wissenschaftlichen Psychoanalyse Sigmund Freud's nur noch das Lustprinzip übrig geblieben ist, mit dem man vom Fingerlutschen des Säuglings bis zum Opfertod eines Religionsstifters alles erklären will, da ist sie zu einer Weltdeutung geworden. Mit der Individualpsychologie Alfred Adler's konnte das nicht geschehen.

(i) Der dialektisch-historische Materialismus (Marxismus-Leninismus) ist eine Weltdeutung geworden, die Kritik der politischen Ökonomie von Karl Marx war es nicht. – *(j)* Unten Gruppe 3. – *(k)* Das Weltwirtschaftssystem, sofern es sich für vertreten hält, wenn jemand den Namen des einzigen in Geltung belassenen Prinzips, nämlich „Wachstum", korrekt auszusprechen versteht, ist eine Weltdeutung, die ökonomische Theorie Silvio Gesell's ist es nicht.

(l) Richard Wagners „Ring des Nibelungen" will eine Weltdeutung geben (einziges Deutungsprinzip in einem kompletten Weltbild: der Fluch des Goldes), Friedrich Hebbel's Drama *Die Nibelungen* (entstanden zwischen 1855 und 1866) will es nicht. *(m)* Die Anthroposophie Rudolf Steiner's ist eine Weltdeutung (einziges und universales Deutungsprinzip: Akasha-Chronik), die Physikotheologie ist keine. – *(n)* Unten die 4. Gruppe; zur Ergänzung: Lion Feuchtwanger's Josephus-Trilogie ist eine Weltdeutung, Henrik Sienkevicz's „Quo vadis" oder Robert von Ranke Graves' „Ich, Claudius, Kaiser und Gott" sind es nicht. – *(o)* Unter den Schöpfern eins Gesamtkunstwerkes sind einige, die dasselbe als Weltsymbol auffaßten und es entweder direkt zum Gegenstand

einer Weltdeutung machten oder zu einer solchen gelangten, indem sie es sowohl als Weltmodell als auch als ein Instrument der Weltdeutung auffaßten.[12]

§ 9. Das Verhältnis von Weltanschauung[13] und Weltbild zur Weltdeutung

Eine Weltdeutung setzt entweder ein Weltbild voraus, das so konstruiert ist,
daß man es deuten kann, wenn es aus irgendeinem Grunde erforderlich wird,
oder ein Weltbild, das nicht oder jedenfalls nicht vollständig deutbar ist. Das
letztere kann wieder nur im Wege einer Deutung erkannt und festgestellt werden. Man kann es von der gedanklichen Prozedur her eine Deutung zweiten
Grades nennen, in der Struktur des gefällten Urteils besteht jedoch kein Unterschied zu einer Deutung ersten Grades. Da man sich hier in sehr einfachen
Denkmustern bewegt, kann man sich auch sehr leicht vorstellen, daß die eindeutigsten oder am eindeutigsten als solche interpretierbaren Weltdeutungen
diejenigen sind, die nur ein einziges Deutungsprinzip haben. Ohnehin sind
Weltdeutungen desto weniger möglich und werden desto seltener unternommen, je entwickelter, technischer, komplizierter, moderner die Welt ist,
der eine solche Deutung gelten könnte. Darüber ist das letzte Wort noch nicht
gesprochen, doch soviel darf für das folgende festgehalten werden: eine Weltdeutung, die mit nur einem Prinzip arbeitet, ist älter als jede Weltdeutung, die
mit zwei oder mehr Prinzipien arbeitet. Solche Prinzipien können z. B. die
Dinge, die Materie, die Zahl, und solche Begriffe sein, welche die vorsokra-
tischen Philosophen aus der Alltagssprache (Wasser: Thales; Luft: Anaximenes;
eventuell das Apeiron: Anaximandros) in diesen Rang erhoben haben.

Trotz solcher Einschränkungen darf man den Rang der Weltdeutung nicht
so gering einschätzen, daß die Weltanschauung eine höhere oder umfassendere
Disziplin als sie wäre. Die Weltdeutung ist nicht irgendeine differentia specifica
der Weltanschauung, sondern sie ist die, in einer Hinsicht sogar kritisch gebliebene Vorstufe derselben.[14]

---

[12]   KUNSTHAUS ZÜRICH – KUNSTHALLE DÜSSELDORF – MUSEUM DES 20. JAHRHUNDERTS WIEN
(Hsg.), *Der Hang zum Gesamtkunstwerk,* Frankfurt/M. 1983. Auf Grund der fünfzig
Biographien, die in diesem Ausstellungskatalog enthalten sind (seltsamer Weise fehlt
Henri van de Velde), und einiger theoretischer Aufsätze lassen sich die beschriebenen
Künstler, Philosophen und andere auf zwei solche Gruppen verteilen.

[13]   Instruktive Zusammenfassungen: ANNEMARIE GETHMANN-SIEFERT, „Weltanschauung",
„Weltbild", in: *EnzPhilWissTh* Bd. 4, 1996, S. 652f, 654

[14]   Vgl. WERNER BETZ, „Zur Geschichte des Wortes ,Weltanschauung'", in: CARL FRIED-
RICH VON SIEMENS STIFTUNG (Hsg, bei diesem Band wohl HORST BÜRKLE und ARMIN
MOHLER), *Kursbuch der Weltanschauungen,* Berlin-Frankfurt/M./Wien 1980, S. 18-28.
Für den Autor dieses reichhaltigen Aufsatzes ist die Weltdeutung so etwas wie dasjenige
Element der Weltanschauung, das ihr verhilft, vom Nomen actionis zum Nomen acti

Die „eine Hinsicht", in der sie kritisch bleibt, ist freilich lediglich ihr Deutungsprinzip, das mit seinem Eines- und Allein-Gültig-Sein die Wissenschaft gleichzeitig verhindert. Die Weltdeutung ist nur ein Verfahren zur Sinnermittlung von begrenzter Dimension. Sie muß dies bleiben und darf sich nicht verführen lassen, zur Weltanschauung zu werden. Der Name der letzteren drückt, vielleicht wider Willen, mit dem Wortelement „Schauen" den in keiner Hinsicht mehr kritischen Charakter seiner Beschaffenheit zutreffend aus: wo geschaut oder angeschaut wird, da gibt man sich einer Sache hin oder nimmt sie in sich auf. Da hat Kritik oder Selbstkritik keinen Platz mehr.

§ 10. Sicherung vor dem Selbstaufbau eines Systems

Wenn der Bereich, aus dem heraus gedeutet wird, einen bestimmten Charakter hat (Wunderland, Gefahr im Verzuge, Goldreichtum, Tierliebe), und der Bereich, auf den der Deuter zeigt, hat denselben Charakter, dann wird die Beziehung, die der Deutungsakt herstellt, zu einer Binnenreferenz. Damit steht man bereits bei der Grundstruktur eines Systems. Ein solches aber ist aus zwei Gründen unerwünscht. a) Es kann innerhalb seiner selbst leicht einen Zwang ausüben, Bedeutungen aus verschiedenen Bereichen zu vereinheitlichen. Es kommt aber gerade darauf an, jedes Wort mittels selbständiger Wesensschau zu finden. Das gilt sogar für den semasiologischen Extremfall, das Licht, das dreierlei ist: Deutungsmittel, Deutungsprinzip, und kosmisches Substrat. Danach gilt es, die so gefundenen Bedeutungen jeweils voneinander unabhängig zu vermitteln. b) Die Umwelt orientiert sich gern an einem System, sodaß es gleichsam sich selbst nach außen spiegelt. Es wäre außerdem eine posthume Paradoxie, wenn eine kritische Operation ähnlich derjenigen, mit der man früher metaphysische Systeme zertrümmerte, nun etwas ähnliches hervorbrächte, das sich vom früheren vielleicht nur dadurch unterscheidet, daß es gegen zerstörende Kräfte von außen immuner ist.

§ 11. Die Weltdeutung – eine angewandte vereinfachende Denkform

Hat man bestimmte Begriffe und mentale Strukturen ohne positives Ergebnis durchgeprüft (wie in § 6 und § 7 geschehen), dann bleibt nur eine, zu Unrecht als veraltet geltende Begriffsgattung übrig: die „Denkform".[15] Sie ist bestimmbar

---

und damit aus einer lebendig flutenden Folge von Bildern zu einem rationalen Gebilde, einem System zu werden, an das man sich halten kann.

[15]   Vgl. H. G. MEIER, „Denkform", in: *HistWbPhil* Bd. 2, 1972, Sp. 104-107. Dort 106 eine Inhaltsangabe von HANS LEISEGANG, *Denkformen*, 1928, ²1951, S. 14ff, 18ff, 25f, 44-60, 446, 451ff, die oben akzeptiert und mit eigenen Worten für die besondere Denkform weitergeführt wird, um die es hier geht.

als Abstraktion von Gesetzmäßigkeiten des Seienden und also abhängig von
den Denkinhalten, und solche produziert ganz von selbst schon derjenige immer wieder, der sich mit Weltdeutungen auch nur ein wenig beschäftigt. Die
große Denkform kann nach streng philologischer Methode ermittelt werden
und auf diese Weise auch geistesgeschichtliche Zusammenhänge aufdecken, in
die kleinere Denkformen eingeschlossen sind, die mit zur Thematik von
Weltdeutungen gehören.

Gewisse Begriffe sind nur als „angewandte" sinnvoll, als nicht angewandte
stehen sie nichtssagend da. In ihrer prinzipiellen Angewandtheit vereinfachen
sie zwangsläufig das, worauf sie angewandt sind. Es liegt daran, daß nur beim
Wechsel zwischen einer Nichtanwendung, die potentiell, d.h. als Anwendbarkeit zu verstehen ist, und faktischer Anwendung die semantische Variabilität
eines Wortes erhalten bleibt. Es wird sich mehrfach zeigen, daß diese Variabilität der Weltdeutung abgeht.

Denn es darf nicht verschwiegen werden, daß die Denkform „Weltdeutung"
die Dinge enorm vereinfacht. Dies bedarf nach dem, was wir über Welt und
Deutung ausgeführt haben, keiner Illustration mehr. Eine Weltdeutung ist
keine Wissenschaft, auch keine vorwissenschaftliche. Die Einfachheit kann
natürlich auch einmal ihre Stärke sein. Es gibt bekanntlich immer Situationen,
wo nur das Einfache überzeugt. Es darf sogar anmaßend sein. Vielleicht liegt
ein übersteigertes Selbstbewußtsein schon in der bloßen Tatsache, daß einer
nicht merkt, wie unerhört die bloße Tatsache ist, daß er eine Weltdeutung
ausspricht.

Exkurs II: Der Weltanschauungsstreit

Es gab in der Weimarer Republik eine Form des Weltanschauungsstreites, die
nicht nur auf dem Papier, sondern auch in verrauchten Gaststätten, hinter dik-
ken Plüschvorhängen und in Boudoirs ausgetragen wurde und – das ist gut aus
grauer, parteilicher Literatur zu belegen – in weiten Bevölkerungskreisen zu einem breit angelegten Widerwillen führen konnte, sich überhaupt mit Problemen
zu beschäftigen, die aus irgendeinem Grunde „weltanschauliche" genannt werden konnten. Für das anders liegende Weltdeutungsproblem ist aus diesem Felde
wichtig, daß man eine Bekennerschaft im Auge behält, für die es selbstverständlich war, daß man für seine Weltanschauung auch sein Leben hingeben müsse.
Von da her findet man eine innere Verbindung des weltanschaulichen mit dem
„weltdeuterischen" Verständnis von Widerstreit am ehesten in der für beide
Richtungen möglichen Emotionalität, in der das „Haben" einer Weltanschauung, das „Sich-in-die-(weltanschauliche) Überzeugung-Zurücklehnen" wenigstens zeitweise ausdauernder die Bewußtheit erhält, was ein Widerstreit ist, als
die theoretische Befassung mit demselben. Man kann sich schon das Auf-
gescheuchtwerden aus einer geistigen Welt, in der man Ruhe und Bestätigung

gefunden hat, als Manifestation eines Widerstreites vorstellen, der weh tut. Von da her mag noch heute im volkstümlichen und alltäglichen, vielleicht sogar in manchem journalistischen Sprachgebrauch das Wort „Widerstreit" einen schärferen, verletzenderen Sinn bekommen haben, als es in den Anfängen der Diskussion über den Widerstreit der philosophischen Systeme hatte.

Angesichts dessen wäre beides anachronistisch, entweder dem Widerstreit sein die Person nicht berührendes, akademisches Flair wieder verschaffen, oder die Weltdeutungsdiskussion einem rabiater zu konzipierenden Widerstreitsverständnis anpassen zu wollen. Man könnte dergleichen nur beabsichtigen, wenn man alle Unterschiede zwischen den Richtungen fahren sieht und irgendeinem fehlgeleiteten Bedürfnis nach Individualität nachgibt, indem man auf Mittel sinnt, wie die gesellschaftliche Aufsplitterung wiederherzustellen sei, in der auch die Elite gedeiht. Es bedarf dessen nicht. Es sind Konsequenzen zu ziehen, die beides retten, die Individualität und den kampflosen Widerstreit.

D. Aufgliederung des Widerstreit-Komplexes in Formen von Auseinandersetzung

§ 12. Fiktives Beispiel für die Entstehung eines Streitgrundes

Womit auch immer man beschäftigt ist – Interpretation, Erklärung usw., und welche Fragen sich dann auch einstellen – ist etwa die Frage nicht berechtigt, welche Antwort die richtige ist? Man müßte doch an Hand eines Parellelbeispiels mindestens herausfinden können, was man fragen darf und was nicht. Oder noch besser: man müßte doch zu dieser Frage einen Entscheidungsprozeß simulieren können, juristischen oder rechtsneutralen Charakters, der mit Hilfe von Instanzen ausgetragen oder veranstaltet wird, die sich auf solche Verfahren verstehen.

Wählen wir uns zwei solche „Deutungsinstanzen" aus: eine Möbelwerkstatt und ein Institut für Kernphysik. Die Werkstatt hat aus Holz einen Tisch hergestellt, das physikalische Institut hat in demselben Material Atome und Elektronen nachgewiesen. Nun spricht für uns der Phänomenologe:

„Einigermaßen sicher mögen die Ausgangspunkte Tisch und Haufen von Atomen und Elektronen sen. Zweifelhaft scheint mir aber schon zu sein, ob Beobachtung bei Tisch und Haufen dasselbe ist oder bedeutet. ... Dieser Tisch, von dem wir hier sprechen, ist kein Kunstprodukt von uns, ihn gibt es ... schon immer." (Weiter wird geschildert, welche Bedeutung dem Tisch im Leben eines Menschen zukommt, der ihn nicht hergestellt hat.) ... „In welcher Beziehung steht nun dieser Tisch, den wir so vielleicht einigermaßen festgelegt haben, zu dem wirren Haufen von Atomkernen und Elektronen? ... Kann man bei beiden Gegenständen von Wahrnehmung, insbesondere von deutlicher Wahrnehmung oder von Beobachtung, reden? ... Die erste Beziehung, die sich aufdrängt, dieser Tisch hier besteht in Wirklichkeit aus Atomkernen und Elektronen, hält einer ernsten Prüfung nicht stand."[16]

Hier verabschieden wir uns von dem Phänomenologen und lassen ihn das Seine tun. Was wir tun wollen, ist davon gar nicht so verschieden. Zu ein und derselben Sache haben wir nicht zwei Deutungen, aber doch zwei Erklärungen kennengelernt, die nichts miteinander zu tun haben. Könnten wir die Erklärungen lebendig und zu *homunculi* machen, so müßten diese gegeneinander kämpfen oder sich gar verfeinden, jeder, damit er siegt und recht behält.

Die wirklichen *homines* aber, der Tischler und der Physiker, sie kämpfen nicht gegeneinander. Sollten sie es tun? Ist ihnen ihre Sache so wenig wert? Lassen sie die Dinge, die sie herstellen, für sich Stellvertreterkriege führen? Sind es überhaupt jemals Ansichten, über die die Menschen sich bekämpfen, oder tun sie es aus ganz anderen Gründen und schieben die Ansichten nur vor? Bevor man in weitere Überlegungen eintritt, muß man sich die emotionale, einer Anaklisis gleichkommende Haltung vergegenwärtigen, zu der die vulgarisierte Form einer Weltanschauung oft geworden ist[17].

§ 13. Kampf, Konflikt Krieg, Rivaliät[18]

Die folgenden Aussagen erfolgen ohne Begründung in Thesenform, weil sie lediglich aufzeigen sollen, mit welchen Ausdrücken bzw. Tatbeständen die hier

---

[16] WILHELM SCHAPP, *Wissen in Geschichten. Zur Metaphysik der Naturwissenschaft*, Wiesbaden ²1976, S. 13 und 15. Es folgt dort S. 18-25 eine Reihe sehr feiner Beobachtungen zu Licht, Lichtwelt, Durchsichtigkeit, Sehen, die weiter unten zur Sache aus Platzgründen leider nicht zitiert werden können.

[17] Das griechische Wort *Anaklisis* bedeutet „die Anlehnung", „das Sich-Zurücklehnen". Der Ethnologe und Soziologe WILHELM EMIL MÜHLMANN benutzt es in seinem Buch *Chiliasmus und Nativismus. Studien zur Psychologie, Soziologie und historischen Kasuistik der Umsturzbewegungen* (Berlin 1961, zweiter Druck 1964) in großem Stil für soziale und religiöse Rückwärtsorientierungen oder für kollektive Identitätsfindungen mittels innerer Rückkehr zum eigenen Anfang. Der Sachverhalt ist zugleich insofern „Ideologie", als für dieselbe das Operieren mit der Einzahl von allem typisch ist. „Ein Volk, Ein Reich, Ein „Führer" ist ein klassisches Beispiel. Leicht erkennt man Ideologie wieder in Erklärung und vermeintlicher Ableitbarkeit von allem, selbst des Bösen, von einem einzigen Prinzip, z. B. Einem Sündenbock. Wenn die Anaklisis als Denkmodell verstanden wird, ist sie Ideologie, weil man jegliche Errettung, aus was für einem Übelstand auch immer, durch Übernahme oder Identifizierung mit dem einzigen Guten erwartet, das echt ist und wirklich existiert (hat), nämlich dem, was am Anfang war, oder was der Anfang selber recht eigentlich ist.

[18] In Bd 4, 1976 des *HistWbPhil* stehen zu den ersten drei Stichworten sehr gute Definitionshilfen, aus denen hier nur das Allerwichtigste herausgegriffen und auf die

zentral interessierenden Begriffe bzw. Tatbestände des Streites und verwandter, bzw. mit ihm verbundener Bildungen nicht zusammengeworfen bzw. verwechselt werden sollen.

„Konflikt" und „Kampf" sind vollständig kaum zu definieren. Für Kampf kann man die Teildefinition anbieten. daß es eine mit Waffen (auch im übertragenen Sinne) geführte Auseinandersetzung ist, in der die eine Partei siegen muß. Zum Konflikt gehört jedenfalls, daß er sich auf mehreren Ebenen abspielt, vom Inneren des Menschen bis zum potentiellen Kriegsschauplatz. Das Wort soll auch besagen, daß das Gemeinte niemals aufhört oder jedenfalls nie aufzuhören braucht. Latent ist es wohl für einen Dauerzustand bekannt. Ich führe es hier nur an, weil es dem Wort „Streit", unserem wichtigsten, am nächsten steht. Wenn im Englischen oder Französischen gebraucht, dürfte man es bei Übersetzung des Textes ins Deutsche wohl als „Streit" mitübersetzen.

„Krieg" ist die Austragung von Gegensätzen durch Waffen, mit denen man Menschen töten kann. Das Wort hat als Begriff, Metapher oder was auch immer in den Wissenschaften seine Zeit gehabt und sollte in solcher Funktion nicht mehr gebraucht werden, damit man, wo es doch geschehen muß, sofort erkennen kann, daß ein unbezähmbarer Zynismus oder der unbedingte Wille zum Scherzen den Sieg davongetragen haben.

Das Wort *Rivalität* ist abgeleitet von lat. *rivus* „die Rinne", „der Bach", „der Kanal". Das Wort *Rivalitas* bezeichnet das Verhältnis zwischen Menschen, die auf den beiden Seiten eines *rivus* wohnen. Abgesehen davon sind sie einander völlig gleich. *Rivalität* bedeutet, in bestimmter Hinsicht einem anderen ganz gleich sein zu wollen. Die Hinsicht, in der man gleich sein will, kann übertragen werden: vom Genuß der Wohnlage an einem Binnenufer auf den Erfolg bei einer Person des anderen Geschlechtes, auf öffentliche Anerkennung der beruflichen Leistung, u.s.w. *Rivales* sind keine Feinde, sondern Nebenbuhler oder Gegenspieler. Man nennt das Verhältnis zwischen beiden *Rivalität*.

§ 14. Streit, sachlicher und persönlicher Streit, Widerstreit, Widerspruch

Aussagen über das Wort „Streit" bedürfen mindestens einer begriffsgeschichtlichen, wenn nicht einer friedensforscherischen Vorüberlegung. In der kantianischen und in der lebensphilosophischen Tradition, die beide auch für die Weltanschauungsdebatte eine große Rolle spielten, ist es ein sanftes Wort, kein Synonym für „Kampf" oder „Krieg". Diese von IMMANUEL KANT wenn nicht geprägte, so doch autorisierte Bedeutung berührt noch nicht die Weltdeutung.

Fragestellung zugespitzt zu werden braucht: „Kampf" Sp. 685-687 von HASSO HOFMANN, „Konflikt" Sp. 947- 951 von H. MEY und C. F. GRAUMANN, „Krieg" Sp. 1230-1235 von O. KIMMINICH, der Redaktion und E. A. NUHN.

Das letztere wird theoretisch erst möglich, wenn die noch nicht lange wieder ins wissenschaftliche Bewußtsein gerückte Soziologie GEORG SIMMEL'S, die den Streit in den Mittelpunkt menschlicher Vergesellschaftung rückt,[19] auf dieses Problem hin untersucht worden ist. Die folgenden Bemerkungen können dies noch nicht voraussetzen.

Maßgebend für die *vor* SIMMEL herrschende Auffassung wurden einige anthropologische und wissenschaftstheoretische Schriften von IMMANUEL KANT, vor allem *Der Streit der Fakultäten*. In der Folge der öffentlichen Meinung – man kann tatsächlich sagen, daß so etwas damit eingeleitet wurde –, gelten die Personen, die an einem Streit teilnehmen, als Partner, nicht als Feinde. Krieg wird *gegen* eine Partei geführt, Streit hat man *mit* ihr.

> „Dieser Antagonism, d. i. Streit zweier miteinander zu einem gemeinschaftlichen Endzweck vereinigter Parteien (*concordia discors, discordia concors*) ist also kein Krieg, d. i. keine Zwietracht aus der Entgegensetzung der Endabsichten in Ansehung des gelehrten Mein und Dein, welches, so wie das politische, aus Freiheit und Eigentum besteht, wo jene, als Bedingung, notwendig vor diesem vorhergehen muß; folglich den oberen Fakultäten kein Recht verstattet werden kann, ohne daß es der unteren zugleich erlaubt bleibe, ihre Bedenklichkeit über dasselbe an das gelehrte Publikum zu bringen."[20]

Es müßte untersucht werden, in welchem Ausmaß im Deutschen damals und heute das Wort „Streit" nur für die Auseinandersetzung zwischen Meinungen gebraucht wurde, und ob nicht heute mindestens eine Assoziation „mit Waffen" hinzugekommen ist; sagen wir doch heute nicht nur „Meinungsstreit", sondern auch „Territorialstreit" (der sich nicht nur an Verhandlungstischen abspielt!), nicht nur „Truppen", sondern auch „Streitkräfte". Für KANT war irgendeine Verbindung des Gedankens „Streit" mit dem Gedanken an einen sei es noch so kleinen Waffengang absolut ausgeschlossen. Scheinbar gegen jede (oder: eine?) Verdächtigung stellt er klar:

---

[19] GEORG SIMMEL, *Soziologie. Untersuchungen über die Formen der Vergesellschaftung* (Gesammelte Werke, 2. Band), Berlin 1908, 6 (unverändert) 1983. Simmel verwendet zwar den Ausdruck „Widerstreit" nicht, doch ist kein Zweifel, daß er von demselben Befund ausgeht wie KANT und DILTHEY. Die obigen Zitate bei SIMMEL Seite 202 und im „Materienverzeichnis", S. 577 rechts.

[20] IMMANUEL KANT, *Der Streit der Facultäten in drey Abschnitten*, Königsberg 1798, S. 60 (= *Immanuel Kant, Werke in sechs Bänden,* Herausgegeben von WILHELM WEISCHEDEL, Darmstadt 1983, S. 44 Bzw. 300). Das sogleich folgende Zitat S. 160 bzw. 367, das nach den nächsten drei Absätzen folgende Zitat dort S. 59 bzw. 308f.; Sperrung einzelner Wörter dort im Text. Kant bezieht sich hier besonders auf den Streit der Philosophischen mit der Theologischen Fakultät, in dem es dereinst dahin kommen könnte, „daß die Letzten die Ersten (die untere Fakultät die obere) würden".

„Da es aber doch auch Menschen sind, welche diese Erziehung bewirken sollen, ... so ist, bei dieser Gebrechlichkeit der menschlichen Natur ... die Hoffnung ihres Fortschreitens nur in einer Weisheit von oben herab ... zu erwarten, nämlich den Krieg ... erstlich nach und nach menschlicher, darauf seltener, endlich, als Angriffskrieg, ganz schwinden zu lassen sich genötigt sehen werden, um eine Verfassung einzuschlagen, die, ihrer Natur nach, ohne sich zu schwächen, auf echte Rechtsprinzipien gründet, beharrlich zum Bessern fortschreiten kann."

Die Fragen, wie es denn mit dem persönlichen Streit und dem Widerstreit stehe, kommen gar nicht auf. Vom letzteren aber wird in einem ganz anderen, nämlich theologisch-anthropologischen Zusammenhang nur das Wort genannt:

„Wenn unter Natur das im Menschen herrschende Prinzip der Beförderung seiner Glückseligkeit, unter Gnade aber die in uns liegende unbegreifliche moralische Anlage. d. i. das Prinzip der reinen Sittlichkeit verstanden wird, so sind Natur und Gnade nicht allein voneinander unterschieden, sondern auch oft gegeneinander in Widerstreit."

Dieser Aussage kommt eine theologische Grundsätzlichkeit zu. Das ethisch Analoge gilt für die postulierende These, daß Streit ausschließlich Meinungsstreit sei. Was Gebrauch und Sinn des Wortes Widerstreit anlangt, so kann für unser Problem nur gelten, was DILTHEY dazu beigetragen hat (siehe den nächsten Paragraphen).

Hier ist der Ort, zu bedenken, was SIMMEL über die „Streitführung unter Differenzierung des Persönlichen vom Sachlichen" ausführt. Der Klarheit und Nüchternheit, mit der bei SIMMEL, wie bei den großen Vorgängern DILTHEY und KANT, das Sachliche zur Sprache kommt, kann eine referierende Darstellung nur schwer gerecht werden. Denn man gerät von einer Infragestellung des bisher Selbstverständlichen in die andere. In demjenigen Streit, wo die Parteien von einem objektiven Interesse erfüllt sind – also im sachlichen oder Meinungsstreit –, sei ein Doppeltes möglich:

„Der Streit kann sich um rein sachliche Entscheidungen drehen und alles Persönliche außerhalb seiner und im Friedenszustand lassen; oder er kann gerade die Person nach ihren subjektiven Seiten ergreifen, ohne daß gleichzeitige objektive Interessen, die den Parteien gemeinsam sind, dadurch Alterierung oder Entzweiung erführen. Den letzteren Typus charakterisiert die Äußerung von Leibniz: er würde selbst seinem Todfeind nachlaufen, wenn er etwas von ihm lernen könnte Daß dies die Feindschaft selbst beruhigen und dämpfen kann, ist so selbstverständlich, daß hier nur der entgegengesetzte Erfolg in Frage stehen kann. Und allerdings hat die Feindschaft, die neben einer Verbundenheit und Verständigung im Objektiven herläuft, sozusagen eine Sauberkeit und Sicherheit ihres Rechtes, die Bewußtheit

einer solchen Sonderung vergewissert uns, daß wir die persönliche Abnei-
gung nicht dahin übergreifen lassen, wohin sie nicht gehört, und dies gute
Gewissen, das wir uns mit jener Differenzierung erkaufen, kann unter
Umständen gerade zu einer Verschärfung der Feindschaft führen."

In dem hier gewählten Fallbeispiel ist die Ausgangsposition also, anders als bei
KANT, Eintracht im Sachlichen, Zwietracht im Persönlichen. Und dann könne
der Mensch, um einen Beweis für das Engagement zu liefern, mit dem er seine
Sache verficht, eine Feindschaft mit demjenigen vom Zaume brechen – oder,
wenn er ein noch gewissenhafterer Typ ist, in seiner (zweiten?) Natur empfinden –, mit dem noch gar kein Dissensus besteht. Das öffnet den Blick in Ab-
gründe: Es geht nicht mehr darum, auf der persönlichen Ebene in Eintracht
und gleichzeitig auf der sachlichen Ebene im Widerstreit zu leben; auch nicht
darum, das Umgekehrte zu ertragen; sondern darum, den Widerstreit vor
Widerstreit zu bewahren, damit er werden kann, was er ist. Es muß noch viel
über Ehre, Gewissen und Güterabwägung nachgedacht werden, ehe auf diesem
Gebiet – das ja evident das rein politische ist – allgemein anerkannte Verbind-
lichkeiten entstehen.

Dem Widerstreit kann derzeit nur eine kurze Vergegenwärtigung unseres
heutigen Sprachgebrauchs gelten. Es besteht eine deutliche Nähe zum Wort
„Widerspruch". Das letztere bezeichnet eine kurze begrenzte Aktion, während
„Widerstreit" ein länger andauernder Zustand ist Die Bedeutungen beider Wörter liegen also sehr dicht beieinander. Wenn es einerlei ist, wie lange das „Wider" dauert, kann man beide Wörter geradezu austauschen

§ 15. Ein Unterschied zwischen Denkformen als Widerstreit?

Für DILTHEY bestand ein gleichsam naturgegebener Gegensatz zwischen den
Aussagen eines dem Leben abgerungenen metaphysischen Systems und dem
Leben selbst. Damit steht das Denken sozusagen zeitlos – DILTHEY hätte diesen
Ausdruck natürlich nie akzeptiert – in einer Dauerspannung zum Leben. De-
taillierter sagt er: [21]

> „Zwischen dem geschichtlichen Bewußtsein von der grenzenlosen Mannig-
> faltigkeit (der Systeme) und dem Anspruch eines jeden von ihnen auf Allge-
> meingültigkeit besteht ein Widerspruch ... In jeder Zeit, seitdem (die Syste-
> me) sind, haben sie einander ausgeschlossen und bekämpft. Die Geschichte
> der Philosophie bestätigt diese Wirkung des Widerstreits philosophischer
> Systeme ... Der Kampf der älteren griechischen Welterklärungen förderte
> die Philosophie des Zweifels in dem griechischen Aufklärungszeitalter."

---

[21] *Gesammelte Schriften* Bd. 8, S. 95, unter der Überschrift „Über den Widerstreit der
Systeme".

An einer Konflikttheorie war dem großen Mann ersichtlich nicht gelegen. Für ihn war der „Widerstreit" mit „Kampf" und „Widerspruch" austauschbar. Wenn man sich für den ganzen Sprachgebrauch auf DILTHEY berufen will, verwickelt man sich in „Widersprüche". Speziell für die Schicksale der philosophischen Systeme – nicht der Philosophen! – bevorzugte Dilthey jedoch eindeutig den Ausdruck „Widerstreit". In diesem Sinn gibt es Gründe genug, am Wort „Widerstreit" festzuhalten, wenn man nur bereit ist, ein wenig Bildersprache zu gebrauchen. Aber am einfachsten und zugleich häufigsten und richtigsten ist es doch, beim Widerstreit oder Kampf zwischen Denkgebilden an den Streit zu denken, den ihre menschlichen Träger gegeneinander ausfechten. Es „kämpfen" nicht Katholizismus und Protestantismus gegeneinander, sondern Protestanten und Katholiken.

Wenn es aber wirklich nur Denkgebilde sein sollen, die gegeneinander stehen, so läßt sich die Streitposition vom bloßen Unterschied folgendermaßen abheben. Zwei Überlieferungen, von denen keine eine Weltdeutung ist, können sich an mehreren Punkten, durch verschiedene Inhalte, auf mehreren Ebenen unterscheiden. Eine Weltdeutungsüberlieferng läßt sich in alle diese Unterschiede zwar auch einrücken, aber entscheidend ist, daß sie sich auf einen Punkt zuspitzen läßt, der sozusagen ihre Essenz darstellt, und dessentwegen sie im ganzen unvergleichbar ist: das Licht, das Weltall, das Heil, das Gottesvolk.

E. Aufgliederung des Deutungskomplexes in symbolische Beziehungen und Formen

§ 16. Das dreifach mögliche Deutungssubjekt und die Objekte

Subjekt einer Deutung, oder ihr Urheber, ein Deuter also, kann im Prinzip jede auf dem Globus lebende historische Person sein. (Regeln der Religionen, die dies bald so, bald so einschränken, interessieren uns hier nicht.) Das Subjekt kann aber auch eine literarische Person sein. Das muß nicht heißen, daß sich alles als Fiktion abspielt, rein in der Literatur. Denn man kann mir eine für mich interessante Deutung auch „durch den Mund" einer literarischen Figur übermitteln. (Wir sprechen hier nicht von dem verstorbenen Propheten, der vor Jahrhunderten eine historische Person war und jetzt nur noch durch ein nach ihm benanntes Buch zum Sprechen gebracht werden kann.) Und der Deuter kann eine symbolische Figur sein, oder eine Personifikation. Dazu kann es kommen, wenn wir eine Deutung absolut so empfinden, als sei sie eine persönliche Botschaft.

Was das Objekt der Deutung ist, hängt davon ab, *worüber* die Menschen etwas wissen sollen. Es gibt von vornherein keine Anhaltspunkte, keinen Katalog über den Wert von Eigenschaften, aus dem man ableiten könnte, welche Dinge mehr als andere nach Deutung verlangen, oder der Deutung ständig bedürftiger sind als andere. Das war allerdings in der Geschichte verschieden, und phasenweise und regional kann es so aussehen, als sei es die Beschaffenheit gewisser Gegenstände, z.B. die eine deutlich auffallende Größe voraussetzende große Anzahl ihrer Eigenschaften gewesen, die nach mehr Deutungsakten verlangte, als andere Gegenstände sie beanspruchen zu können schienen. Auch dann freilich war die Deutung des Kleinen qualitativ, und das heißt: eine quantitativ enorme Anzahl von Gesichtspunkten beachtend, „groß" wie immer. Es gibt auch keine Abstufung von Deutungsregeln, in der diejenigen obenan stünden, die etwa auf die meisten Dinge anwendbar sind.

§ 17. Eine theoretische Prämisse: Annahme eines kosmischen Substrats zum Anhalt für außer- oder überweltliche Deutungsziele

Die „normale" Deutung richtet sich auf ein Objekt im menschlichen Raume und in der historischen Zeit: ein bestimmtes Ereignis, ein Traum, ein philosophisches System, der Inhalt einer Dichtung, Symbole einer gesellschaftlichen oder sonstigen Ordnung, ein Horoskop (weiteres ist den Beispielen in § 8 zu entnehmen). Selbst „die Welt" kann noch in diese Raum-Zeit-Koordinaten eingeordnet werden, aber nicht nach jedem Verständnis. Wo es das Weltall oder den Weltbau bedeutet und die Sonne und ihr System oder noch mehr vom „gestirnten Himmel" einschließt, da muß der deutende Geist die gewohnten irdischen und zeitlichen Grenzen überschreiten. Er muß es schon tun, wenn er sich auf die Erde zu der Zeit richtet, als dort noch keine Menschen wohnten. Der Deuter selber aber bleibt auf dieser Erde, sie ist seine Standfläche, seine Basis. Er erweitert in diesem – erkenntnistheoretisch relativ einfachen – Falle also seine Basis gleichsam nach hinten ins Kosmische hinein – das genügt für sein Weltbild, denn es umfaßt den Raum, bevor er in ihm war. und die Zeit, in der er noch nicht lebte. Es kommt einen aber hart an, wollte man diese Erweiterung ins Grenzenlose weiterhin eine Basis nennen. Es ist ja eine Hypostasierung jener Verlängerung, mit der wir arbeiten. Aber das Wort „Hypostase" hat schon woanders seine Pflicht zu tun, das genaue lateinische Äquivalent „substantia" ebenso. Aber wir haben noch *substernere*. Wir unterbreiten ja auch wirklich etwas; davon ist *substratum* gebildet, das gab es sogar in einer gewissen metaphysisch gestimmten Schulphilosophie als Eigenschaftsträger.

Was geschieht, wenn dieses kosmische Substrat zum Erkenntnisobjekt wird? Von wann an wird es eines? Es ist einerlei, man braucht keinen Anfang dafür zu finden, wohl aber ein Ende. Es hat eine gewisse zeitliche Erstreckung, man sagt genauer: Endzustand. Er beginnt da, wo die Menschenwelt in Dasein tritt, und er endet zwischen dem 13. und dem 17. Jahrhundert n.Chr. gestaffelt immer

dann, wenn ein Mensch nicht mehr zur inneren Erleuchtung oder zur Weltdeutung, sondern um optischer Experimente willen mit dem Licht umgeht.
Wie verhalten sich die Quellen physisch –kosmischer zu den Quellen geschicht-
lich-gesellschaftlicher Natur? Dies ist die theoretisch schwierigste Frage. Praktisch aber ist sie insofern einfach, als die Deutung – nicht die physikalische oder
die optische Untersuchung – selbstverständlich und ausschließlich mit Hilfe
von Lichtvorstellungen erfolgt. Der deutende Mensch richtet seine Aufmerksamkeit letztlich auf das größte Licht, die Sonne. So können wir sowohl als
Abstraktion von der Sonne wie auch als Konkretion der präexistenten oder
kosmischen Materie „das Licht" nehmen. Alles weitere wäre schon keine Konkretion mehr, kein Deutungsobjekt. Damit wäre das Licht für uns eine gleichsam dingliche Prämisse. Das klingt noch nicht nach der Weisheit letztem Schluß.
Denn folgendes ist zu bedenken:

Aus der Jahrhunderte während Konsistenz des Sonnenlichts und damit
zusammenhängender abstrahierender Lichtvorstellungen erwächst sozusagen
ein universales Deutungssystem, das, solange es besteht, für die Konsistenz, für
das Bestehen der Welt bürgt, die dieses System trägt, und das von ihm getragen
wird. Dies kann sich nur ändern, indem das ganze System – theoretisch, von
uns – aufgegeben wird (denn in diesem System selbst ist keine Eigenperspektive
auf seinen Untergang mitangelegt).[22] Jetzt heißt es: „Auswählen!" Soll es um

---

[22] Dieser Tatbestand war schließlich so beschaffen, daß er ins Zweideutige abgedrängt
werden konnte. Davon hat ein Wort besonders profitiert: das Wort, das lateinisch
„illuminatio" heißt. Wie es scheint, wird es bei lateinischen Kirchenvätern und bei den
Scholastikern relativ seltener gebraucht als in unseren Wissenschaften von ihnen. Und
ähnlich unfeierlich, wie wir von einem leicht Betrunkenen oder von einer mit flackern-
den Kerzen versehenen abendlichen Entspannungsstätte sagen, er oder sie sei „illumi-
niert", so salopp ist auch der erste Gebrauch des Wortes, nämlich in der Streitschrift
Tertullians (dem es ähnlich sähe, das Wort geschaffen zu haben) gegen einen nach
Karthago übergesiedelten, sonst unbekannten Häretiker, der die Ewigkeit der Materie
lehrte: dieser bringe die Argumente von allerhand Leuten zum Platzen, die da behaup-
teten, böse Dinge seien nötig, um die guten, die vom Gegenteil her verstanden werden
müßten, „zu illuminieren", also doch wohl: um sie zum verführerischen Glitzern zu
bringen (Adv. Hermogenem 15, 6 = CCLat I, p. 409, 23-25 KROYMANN: *Nam et Hermoge-
nes expugnat quorundam argumentationes, dicentium mala necessaria fuisse ad inlumi-
nationem bonorum ex contrariis intellegendorum.*). Dieser Sachverhalt darf aber nicht
darüber hinwegtäuschen, daß das Wort nach Tertullian auch sehr positiv verwendet
werden kann, bis es zu einem sehr zusammengesetzten Begriff wird, von dem man,
lernte man ihn z.B. zuerst und ausschließlich bei Nikolaus von Kues kennen, sich weder
vorstellen kann, daß er einmal negativ besetzt war und diese kleineren Negativ-
besetzungen jetzt mit umgreift, noch daß er einmal einen flimmernden Zivilisations-
charakter bekommen wird. Man muß es nehmen, wie es bezeugt ist. Da es schwierig ist,
eine eigene Wertung zu vermeiden, wird das Wort im folgenden selten und nur in

das Licht gehen, das den Tag und uns „helle macht"? Oder das eine große, quälende Unordnung oder ein Netz von Intrigen, oder Geheimniskrämerei beseitigt, ganz wie wir uns z. B. freuen, wenn jemand „Licht in die Sache bringt"? Oder ein Licht, das uns sogar kritisiert, weil wir etwas Dummes oder Übles getan haben – was uns, wenn wir jemanden auf dergleichen aufmerksam machen wollen, wohl sagen läßt, diesem Zeitgenossen würden wir einmal gründlich „heimleuchten"? Genug davon, wir wählen ja. Wir sind zunächst ganz vorsichtig und sprechen von „Lichtvorstellungen", „Lichterfassungen", oder von „Lichtempfindungen", weil wir manchmal im Zweifel sind, ob das, was wir uns da vorstellen, oder erfassen, oder auffassen, auch wirklich gibt, sodaß wir es „empfangen" können – ob es also tatsächlich „Lichtempfänge" (dieses Wort ist leider im Ernst nicht zu gebrauchen) sind, oder ob wir es uns nur einbilden.

Man kann diese Prämisse eine monistische nennen, denn innerhalb des Lichtes selbst gibt es keinen dualistischen Bruch. Der Monismus schließt ein, daß das Licht auch abwesend sein kann. Dann ist es dunkel, z. B. wenn aus einem Wohnraum (Zelt) das Licht geraubt wird, oder bei Nacht, im Wald, in einer Höhle, in einem Gefängnis. Das erregt ursprünglich eine ebensolche Angst, wie die kosmische, finstere Katastrophe es tun wird, wenn das Weltbild weiter entwickelt ist. Was den „Widerstreit" anlangt, so gliedert sich die monistische Vorstellung, für sich genommen, gleichsam in eine Anzahl kleinerer Widerstreitpositionen auf, je nach Art der sekundären Konkretionen, die das Licht ausbildet. Wenn wir derart mit allen Verhältnissen umgehen, dann arbeiten wir mit keiner dinglichen, sondern mit einer *theoretischen Prämisse*.

§ 18. Ein pragmatisches A Priori: Herstellung eines Endzustandes des kosmischen Substrats durch Setzen eines historischen Beginns

Nun setzen wir einen historischen Beginn. Wir stellen fest, daß die einstweilen der immanent abendländischen überzuordnende ethno-anthropologische Betrachtungsweise lehrt: Es gibt Licht, das dem Menschen fern von aller eigenen Tätigkeit begegnet, und es gibt Licht, das er selber in seiner Nähe schafft. Die Quelle für das eine Licht sind Gestirne, die Quelle für das andere Licht ist das Feuer. Unerachtet der Tatsachen, daß der Blitz auch als Himmelsfeuer gesehen werden kann, und daß er wie das Gestirn Sonne an Stelle des Menschen irdisches Feuer zu entzünden vermag, daß also eine strenge Trennung zwischen den Lichtquellen nicht besteht, bleibt bei ihnen doch immer ein Unterschied. Er setzt sich in der Handlungswelt des Menschen fort: über den Gang der Gestirne denkt der Mensch nach, vor dem Feuer schützt er sich, oder er wärmt

---

Anführungszeichen verwendet, um darauf aufmerksam zu machen, daß unausgesprochen, ob in der Tendenz der Quelle oder in unserem Urteil, etwas Besonderes vorliegt.

sich an ihm, kocht mit ihm, oder er entzündet es zu einem aus den gewohnten Alltagsnotwendigkeiten nicht ersichtlichen Zweck. Was man „urtümliche Lichterfahrung" nennt, ist offenbar nicht ein- und dasselbe.[23]

Die Kategorie, mittels derer der Charakter der in der Geschichte folgenden Gegebenheiten erfaßt werden kann, ist auf Grund folgender Überlegung zu gewinnen. Es läßt sich kein Tatbestand erfinden, der sich noch mehr Negationen dessen, was zum Umgang mit dem Licht, einschließlich seiner Form als Feuer gehört –, der sich als ein noch früherer als der beschriebene erweist. Man möchte deshalb den beschriebenen Tatbestand A Priori nennen. Aber wir befinden uns nicht in einer transzendentalen, sondern in einer diesseitigen, materiellen, historischen Welt. Ein echtes kantisches A Priori soll die Bedingungen der Möglichkeit angeben, unter denen man beim Umgang mit jenem Tatbestand Erfahrungen machen kann, und unter welchen Bedingungen nicht. Das A Priori kann nicht den chronologischen Zeitpunkt der Erfahrung festsetzen.

Es sind indessen zwischen 1840 und 1910 in den verschiedenen kantianischen Richtungen Versuche unternommen worden, doch noch „weiter zu kommen." Jede dieser Schulen hat wohl irgendwann einmal eine andere des Sündenfalls bezichtigt, das transzendentale A Priori transzendent, oder gleich immanent gemacht zu haben. Jede hat es geleugnet und sehr schnell durch eine Anzahl von Büchern einen Gegenbeweis zu erbringen versucht. Für die reinen Kantianer waren diese Bücher nur Dokumente subjektiv guter Vorsätze und damit objektiv nichts als die Steine, mit denen der Weg zu jener Abteilung der Hölle gepflastert ist, wo der Irrtum bestraft wird; denn was der Sündenfall gezeugt hatte, lag bald am Tage: ein psychologisches, ein soziales, ein religiöses, ein historisches A Priori. Wir wollen nun nichts weiter als uns zu Nutznießern jenes Sündenfalles machen. Es geschieht ja nicht mit Berufung auf KANT, sondern nur mit Anerkennung der Tatsache, daß ohne ihn solche Fragen nicht hätten gestellt und solche Antworten nicht hätten gegeben werden können.

Ein historisches A Priori wäre hier indessen eine Nummer zu groß. Denn wir wissen nicht, ob wir es bei dem, was die also gedachten ersten Menschen tun oder nicht tun können, nun gleich mit dem „Beginn der Geschichte" zu tun

---

[23] Es gibt so viel Literatur über „das Licht", daß es am besten ist, zu beginnen mit : GUSTAV MENSCHING, „Die Lichtsymbolik in der Religionsgeschichte", in: *Studium Generale* (künftig: *StudGen*) 10, 1957, S. 422-433; ULRICH BERNER, „Lichtsymbolik in den Religionen", in: *Licht. Religiöse und literarische Gebrauchsformen,* Frankfurt/M. 1990, S. 19-36; OTTO BÖCHER, „Licht und Feuer", in: *TRE* Bd. 21, S. 83-119; ZWI WERBLOWSKY, „Light and Darkness", in: *EncRel* vol. 8, p. 547-550. Sodann: GERARDUS VAN DER LEEUW: *Phänomenologie der Religion, 4. Aufl.* Tübingen 1977, S. 56-63 u.ö. Das 1. Kapitel unserer Inhaltsstudien basiert an vielen Stellen auf den in den Anmerkungen zitierten Aufsätzen, die in der gebotenen Kürze namentlich dann häufig durch nichts Besseres zu ersetzen waren, wenn ihre Einteilung und Materialauswahl wie auf unser Thema zugeschnitten war.

haben. Wir haben es mit menschlichem Handeln zu tun. Aber es wäre zu bombastisch, würde man das A Priori nun ein handlungstheoretisches nennen. Woher nahm man denn die Eigenschaftsworte für die anderen A Priori's? Meist aus dem Griechischen. Von welchem Wort hätten wir es zu nehmen, wenn wir wollten? Von πράσσειν, bzw. von πρᾶξις, oder πρᾶγμα. Das ergäbe hier gleich zwei analoge Bildungen zu den anderen Adjektiven, „praktisch" und „pragmatisch". Ein „praktisches A Priori" – das wäre der *contradictio in adiecto* etwas zuviel. Aber ein „pragmatisches A Priori" – das geht.

F. Deutung und Namengebung

§ 19. Zusammenhang zwischen Benennung und „Greifen" der Deutungspraxis

Wer bei dem Punkt angelangt ist, wo er meint, richtig anfangen zu können, der muß sich ganz klar darüber sein, worauf er „aus ist". Die beiden Schritte, die zuerst getan werden müssen, heißen „Identifikation" und „Diagnose". Darin besteht kein Unterschied zwischen dem sonst und dem hier Erforderlichen: Die Identifikation gilt dem Gegensand, den man zu Ende untersuchen will. Als mit der Untersuchung begonnen wurde, brauchte er noch nicht den Namen gehabt zu haben, den er nun bekommen muß.

Mit der Namengebung kommen die wesentlichsten Aufgaben der Phänomenologie zum Schwur. Gerade wo es sich nicht um Gegenstandsphänomenologie handelt, wie es zum größten Teil beim Weltdeutungsproblem der Fall ist, hängt von einer scharfen Beobachtung, die sich auf die Einsicht in die jeweils anliegenden Zusammenhänge übertragen muß, die Zuverlässigkeit des ganzen Unternehmens ab, einschließlich seiner Modellfunktion für Nachahmer. Es bedarf nur eines kurzen Hinweises, warum hier der Ort für die Weichenstellung zur Richtigkeit oder zur Verkehrtheit der Resultate ist: wo gedeutet, wo ausgelegt, wo interpretiert wird, da muß für neue Verhältnisse etwas Früheres verdeutlicht werden. Da auf diese Weise etwas hingestellt wird, was es noch nicht gibt, entstehen mehrere Möglichkeiten: entweder man gebraucht die alten für dieselben Wörter weiter, dann muß man paraphrasieren bis zur Erschöpfung, oder man muß die alten Wörter auf andere Dinge übertragen, oder man muß neue Wörter bilden. Eine Zwischenstellung nimmt das Verfahren ein, ein Nomen so einzusetzen, daß es zum Nomen Appellativum wird, und mit einem solchen so umzugehen, als sei es ein Nomen Proprium.

Der Mensch muß sich nun darüber klar sein, welcher Herkunft die logischen, oder semantischen, oder anderen Regeln sind, die er benutzt. Weiß er, daß es in seinem Falle eine geistige Welt ist, mit der, oder die mit Lichtsymbolik das meiste zu tun hat, dann braucht er nur eine Stufe der Selbstreflexion zu überspringen, um sagen zu können, daß die Lichtvorstellungen selbst es sind, welche deuten; denn sie geben das Deutewerkzeug, das Denken, gleich mit. Der Stoff verlangt allein aus sich nach keinem bestimmten Namen, er schließt nur bestimmte Namen aus. Der Name muß zum Grund der Deutung sowie zu einem ihrer Aspekte oder Inhalte eine Beziehung haben. Was der Grund der Deutung ist, d. h. warum eine Deutung überhaupt für nötig gehalten wird und stattfindet, hängt vom Interesse der Menschen ab, die *etwas wissen wollen*. Für die Durchführung einer Weltdeutung muß eine Wertung vorgenommen werden. Zur Weltdeutung gehört natürlich außerdem eine Welt – es ist nicht überflüssig, dies zu sagen, da z. B. die Projektion und die Utopie ausgeschlossen werden soll –, sodann ein Deutungsmittel, das wäre ein Kriterium, ein logisches Gesetz, o.ä. Das Deutungsmittel muß Verwandtschaft mit einem Deutungsprinzip haben, das im Deutungsobjekt mitgegeben ist. Nur dann kann eine Deutung überhaupt stattfinden.

§ 20. Die Motivationen des Deuters

Jedes Ding in der Welt kann zum Objekt einer Deutung werden, und die Welt selbst, die Welt als solche, kann es ebenfalls. Alles dieses muß durch ein Prinzip festgelegt werden. Eine Deutung ist selten nur deshalb erforderlich, weil am Gegenstand etwas geheimgehalten wird (z. B. im antiken Orakelwesen), oder weil er von vornherein, von Natur, geheimnisvoll ist. Irgendeinen Grund freilich muß es geben, aus dem eine Deutung unternommen wird. Ein Anfangsgrund ist meist kaum zu ermitteln, da das ursprüngliche Ritual darüber nichts sagt, und wo etwas gesagt wird – im weiter entwickelten Ritual oder an anderer Stelle –, ist es bereits Deutung einer Deutung. Um mehr aus dem umfangreichen kulturgeschichtlichen Repertoire zu klären, in das Weltdeutungen eingebettet sind, oder das sie voraussetzen, spricht sehr viel für das Verfahren, Gegenstände von Deutung in den Biographien und Charakteren der Deuter selbst aufzusuchen; wenn diese dabei Eigengewicht gewinnen, dann ist das legitim.

Hier ist nun der in Frage kommenden Personen kein Ende. Es gehören dazu sämtliche antiken Kultpersonen bzw. -personale, die etwas mit Divination zu tun haben; zahlreiche „Einzelgänger" in Legenden; Alchemisten, Astrologen; Hofmagier; Scharlatane, Hochstapler, „Cagliostros", mittelalterliche, frühneuzeitliche, moderne Okkultisten usw. Ihre Motivationen können aus der Hingabe an ihre Kunst folgen, ja mit dieser beinahe identisch sein; sie können aber auch aus Gehorsam gegenüber einem Auftraggeber bestehen. Betrug kann ebenso eine Motivation sein wie echte Sorge um einen anvertrauen Menschen, den man durch eine Wahrsagung, die sich aus einer relativen Weltdeutung speist, vor allerlei Übel bewahren kann. Der Typus des kommerziellen Deuters, so oft er sonst auch vorkommt, scheint gerade bei der Weltdeutung recht selten zu sein. Eigens ist auf den Sonderfall des wissenschaftlichen Deuters hinzuweisen (§ 24).

Wenn eine Deutungspraxis erst einmal installiert ist, stellt die Gewohnheit selbst den Grund dar; nach dem man sucht. Bei den Etruskern und Römern wurden die Lage von Tiereingeweiden zueinander oder das Aussehen einzelner Organe, besonders der Leber, oder die Flugformation von Vögeln, oder das Verhalten einzelner Vögel oder kleinerer Schwärme gedeutet, weil es immer so gemacht worden war.

In der Tabelle des nächsten Paragraphen geben die Zeilen V und VI weitere Hinweise.

§ 21. Wesen und Wertung der „Welt"

Alle bisherigen Erörterungen, die sich mit Vorsicht in eine Regel fassen lasen, gelten schon für die Bestimmung der Deutungsgegenstände. In einer Weltdeutung nimmt die Welt per definitionem den ersten Platz ein.

Die „Welt" oder „eine Welt" mag nun als eine ganze, eine unendliche oder wie auch immer zu bestimmen sein, sie ist niemals so total, daß auf sie nur eine einzige, das wäre eine totale, Deutung zutreffen dürfte. Zeitlich *vor* oder lokal *neben* einer deutenden Person oder Instanz befindet sich immer eine weitere, die darin anders ist, daß sie eine andere Deutung vertritt. Deshalb gibt es nicht jeweils nur eine Weltdeutung, es kann gar nicht nur eine geben, sondern es gibt immer gleichzeitig eine ganze Reihe.

Das Merkmal der Monokausalität, der „Eins-Haftigkeit" und was dazugehört, ist durch das Mitte- oder Zentralitätsbewußtsein der jeweils ältesten, noch keine andere kennenden Kultur, evtl. einschließlich eines sie umgebenden oder von ihr historisch eingeleiteten Kreises bestimmt, deren Mythologie von einer Welt weiß – und eventuell durch ihre eigene Beschreibung de facto schon eine Deutung vornimmt. Das Entstehen der Welt aus Götterkämpfen[24] oder aus der Urkopulation eines Götterpaares sind solche Modelle, die durch lange Zeiträume hindurch umso lebendiger bleiben, wie ein Antagonismus in der Gesellschaft andauert oder die Sexualität jede Gesellschafts- einschließlich der Familienordnung in Frage stellt, die sich nicht selber als eine Funktion der Sexualität begreift.

Die Erörterung über „indirekte Quellen" (§ 24) ist auch für die Bestimmung von Deutertypen relevant. Soweit diese sich der Wissenschaft nähern, ist die Frage berechtigt, ob es auch neuzeitliche, mit der Wissenschaft in Einklang stehende Weltdeutungen gibt. Es konnte z. B. für die Einstein'sche Relativitäts-

---

[24] Näheres bei HANS G. KIPPENBERG (Hsg.), *Struggles of God* (Religion and Reason 31), The Hague/Paris 1984

theorie erwogen werden, ob sie in diesem Sinne zu charakterisieren sei. Von den Voraussetzungen der vorliegenden Darstellung her wird diese Frage verneint.[25] Statt dessen werden einige der in § 8 zusammengestellten Beispiele hier aufgerufen und darauf hingewiesen, daß in der Gegenwart viele wertende, allgemeine Gültigkeit beanspruchende Aussagen über die Welt ein unwissenschaftliches Deuterniveau haben, z. B. in pietistischen Kreisen, die Welt sei ein Jammertal; oder seitens eines amerikanischen Präsidenten, von den beiden Machtsphären., in die die Welt zerfalle, sei die andere das „Reich des Bösen".

§ 22. Weitere Aspekte und Inhalte

Folgendermaßen lassen sich die Aspekte und Inhalte zusammenfassen, die sich bisher ergeben haben. Die Mehrzahl kam explizit, die Minderzahl kam implizit vor und wird hier zum ersten Mal expliziert.

Von allen das wichtigste ist das Deutungsprinzip. Es stellt die Verbindung zwischen dem Deuter und dem Deutungsobjekt her. Seine Benennung ist maßgebend für alle anderen Benennungen. Seine Evidenz darf nicht einfach auf „Beschreibung" beruhen, sondern muß, wenn sie weiterhin „einlinig" gegeben sein soll, eine Art „Übertritt zu einer anderen Ebene" suggerieren. Die Ebene, in die hinübergetreten wird, ist immer eine soziale, nicht die biologisch-zeugerische oder die technisch-handwerkliche[26]. Das belegt eindeutig die erklärende Funktion, die eine Deutung auch hat, und zeigt zugleich die Grenze der Vergleiche, mit denen sie arbeiten kann. Das Deutungsprinzip schwebt damit in gewisser Weise zwischen Allegorie, Bildwort, Metapher und Vergleich.

Die folgende Übersicht ist von den vier Deutungsprinzipien aus entworfen, die die in diesem Buche behandelten Traditionen insgesamt haben. Sie sind nicht „belegt", aber auch keine Phantasieprodukte, da die Regeln der Namengebung so streng wie möglich beachtet worden sind. Der gerade dann freigegebenen Variationsmöglichkeit wurde durch die zusätzliche Aufstellung von „Begriffsgerüsten" Rechnung getragen (Zeile III bis VII), um das dem Prinzipiellen vorbehaltene Gerüst (Zeile 1) zu entlasten. Das schleppt keine Willkür der Namengebung noch weiter ins Unkontrollierbare, sondern führt gelegentlich sogar auf andere Konkretionsebenen zurück, z. B. auf Zeile V

---

[25] Dieses Urteil wagt der Laie auf Grund von ERNST CASSIRER, *Zur Einstein'schen Relativitätstheorie*, Berlin 1921 (ND im Sammelband *Zur modernen Physik*, Darmstadt 1957.

[26] Von der anderen Seite her sind es das soziomorphe, das biomorphe und das technomorphe Modell, die ERNST TOPITSCH, *Vom Ursprung und Ende der Metaphysik*, Wien 1958, so überzeugend entwickelt hat.

I. Deutungsprinzip

Lichtgedanke.   *Sternenzuflucht*   *Heilserwartung*   *Schreiberweisheit*

II. Herkunft des Deutungsprinzips

Metaphysik   *Astrologie*   *Religion*   *Literatur*

III. Wirkung der durch die Deutung erlangten Erkenntnis

Erhellung   *Ergebung*   *Erlösung*   *Belehrung*
Sensus Numinis   *Fatalismus*   *Frömmigkeit*   *Lebensklugheit*

IV. Zusammenfassung von Innenstruktur und Inhalten der Deutung

Lichtsymbolik   *Jenseitskenntnis*   *Gleichmachen der Mythen*   *Heiligung von Schriften*

V. Eigenschaften oder Fähigkeiten des Deuters, die das Gelingen einer Deutung begünstigen

Versenkung   *Erkundung*   *Wiederholtes Befolgen*   *Erlernen*

VI. Deutermotivation und/oder Deutungsziel

Kosmosverehrung   *Weltallsuche*   *Heilandshoffnung*   *Hochachtung der Väter*

VII. Wesen der gedeuteten Welt

Lichtempfindung   *Naturmystik*[27]   *Neuer Mythos*   *Sprachliche Kraft*
Lichtoffenbarung   *Planeteneinfluß*   *Messianismus*   *Narrativität*

Eine Zeile für Metaphern wäre hier nicht am Platze, da diese Weltdeutungen, wo möglich (also nicht in den beiden rechten Spalten), ihrerseits als Metaphern Verwendung finden (Licht z.B. für Wahrheit, Planetenbahn für Geschichtsverlauf). Es dürfte aber möglich sein, mittels der Gliederung auch Material aus anderen Kulturen zu erschließen. In Texten sollte man dort zuerst nach Wörtern suchen, die hier auf die Zeilen III und V gehören würden.

---

[27] Ein problematisches Wort, weil sich immer wieder die Assoziation von „Natur" zu „Landschaft" einstellt. Es muß statt dessen ein Wort sein, das als letztes immer noch etwas Vorstellbares ist – also kein theologischer Begriff, selbst wenn er den Gottesnamen oder ein Gottesprädikat nicht enthält. Aber auch „Schöpfungsglaube" hätte in die Irre geführt. Die Art der Zuwendung zur Welt ist zu berücksichtigen, ferner die Tatsache, daß einige Astrologen die größten Astronomen, Physiker, Mathematiker ihrer Zeit waren. Es kommt die Schwierigkeit hinzu, daß auch das Wort „Mystik" hier nicht recht paßt. Jeder, der es schon einmal benutzt hat, wird sofort sagen können, was schließlich doch gegen das Kompositum spricht. Es wurde hier dennoch einmal verwendet, um darauf aufmerksam zu machen, welch eine Weltdeutung mit diesem Wort bezeichnet werden könnte, nicht ohne daß auf die klugen Erörterungen eines Kollegen verwiesen wird, der sich auskennt und das Wort trotzdem, und sogar in einen Buchtitel, übernommen hat (ANTOINE FAIVRE/ROLF CHRISTIAN ZIMMERMANN, *Epochen der Naturmystik. Hermetische Tradition im wissenschaftlichen Fortschritt*, Berlin 1979. Gemeint ist Zimmermanns Einleitungskapitel. Das Buch enthält Aufsätze über die Renaissance „von Ficino bis Agrippa", Paracelsus, Weigel, Boehme, die christliche Kabbala, J. B. van Helmont, Daniel Czepko von Reigersfeld und Catharina Regina von Greiffenberg, Swedenborg, Oetinger, Martinez de Pasqualy, L. Cl. de Saint Martin, Goethe, Blake, Newton, Baader und Schelling).

G. Die Zeugnisse und ihr Wert

§ 23. Eigene Textgattungen?

Es gibt Denkformen, Systeme, Lehren, die besonders in der Philosophie ihre eigenen literarischen Gattungen haben. Die Weltdeutung verfügt über nichts dergleichen. Es würde etwas nicht stimmen, wenn es anders wäre. Denn sie ist nur ein fester Sinnzusammenhang.

Die Weltdeutung braucht nicht programmatisch angestrebt zu werden. Sie kann sich nahezu nebenbei ergeben. Auch dann geht es um den relativ größten Gegenstand in der jeweiligen Vorstellungswelt der deutungswilligen und zur Deutung befähigten Person. Das jeweilige Subjekt der Deutung nennt sein Unternehmen durchaus nicht unbedingt selber eine Weltdeutung und würde auf Befragen vielleicht sogar ablehnen, dergleichen beabsichtigt zu haben. Es ist häufig die Umwelt oder bei einem vergangenen Weltbild die Nachwelt, die zu dem Urteil kommt, hier habe es sich um so etwas gehandelt. Es unterliegt also fast wieder einer Deutung, jedenfalls einer Interpretation, festzustellen, wo und ob eine Weltdeutung vorliegt.

Bei dieser Sachlage kann es keine Textgattung „Denkform Weltdeutung" geben Was einer Darstellung zugrunde liegt, kann zu dieser Denkform natürlich durchaus in einem normal engen Quellenverhältnis stehen. So wie man – immer nach Klärung gewisser Voraussetzungen – z.B. einen ethnologischen Reisebericht auf die politische Gesinnung seines Verfassers, auf die geographischen Verhältnisse in der besuchten Region und manch anderes hin untersuchen kann, so kann man ihn eventuell auch nach der Religion, Philosophie oder Weltdeutung der besuchten und beschriebenen Ethnien fragen und im Glücksfall fündig werden.

§ 24. Direkte und indirekte Quellen

Wenn es auch keine weltdeuterische Textgattung gibt, so könnten doch Texte namhaft gemacht werden, die Zeugnisse für eine Weltdeutung sind. Diese dürfen dann auch „direkte Quellen" genannt werden. Daneben ist mit „indirekten Quellen" zu rechnen. Den Übergang zu ihnen können bilden a) chronologisch sich erstreckende Sinngefüge, b) eine Symbolik, die nicht zeitlos werden darf, c) ein metaphysisches System (theologisch oder philosophisch), d) ein sonstiger Diskurs, am ehesten in wissenschaftlicher Prosa (ganz gleich welcher spezielleren Gattung).

In der modernen Wissenschaft, deren Aussagen sich bei anderen Forschungen lange auf dem Theorieniveau ihrer Gegenstände bewegten, gibt es jedoch eine Gruppe, auf die die wissenschaftskritischen Einwände nicht zutreffen, die bisher bei verschiedenen Gelegenheiten gemacht wurden. Bei ihr handelt es sich um den genuinen Ausdruck einer Weltdeutung, die von ihren Vertretern gelegentlich unprätentiös so genannt werden kann. Es gibt dann keinen zwingenden Grund, gegen den Gebrauch des terminus von dieser Seite etwas einzuwenden. Man geht am überzeugendsten aus von einem „inneren Gefüge der Gesamtwirklichkeit":[28]

> „Macht man Ernst mit jener aus der klassischen Zeit überkommenen Fassung des sittlichen Prinzips, die seine Gerechtsame über das ganze Feld des kulturellen Lebens ausbreitet, so kann in Wahrheit keine philosophische Ethik der Unterstützung entraten, die eine Phänomenologie der geistigen Wirklichkeit ... ihr zur Verfügung stellt. ... Von dieser Überzeugung aus hat Th. Litt die Mannigfaltigkeit zerstreuter, vielfach um ihre Zusammengehörigkeit nicht wissender Ansätze und Bestrebungen zu dem gedanklichen Ganzen einer kulturphilosophischen Theorie zusammenzuführen gesucht – einer Theorie, gerichtet auf Wesensverhalte, die ... in jedem Zusammenhänge von ethischen Erwägungen Rücksicht fordern. ... Steht in Wahrheit hinter jeder Wertforderung ein wenn auch unentwickeltes Strukturschema der „Welt", ... so ist es ... sachdienlicher, dieses Schema aus dem Hintergrunde hervorzuziehen und in das Licht bewußter Rechenschaftsablage ... zu rücken."

Stellt man sich bewußter und intellektuell wie emotional verzweigter in eine derart universalistische Phänomenologie, dann kann man nachvollziehen, daß eine geistige Welt als Gegenstand eines Deutens begreiflich wird, das gegenüber den bisher benutzten Formen des Deutens eine eigene interpretatorische und wertsetzende Kraft darstellt. Der Ausdruck „Weltdeutung" hat sich hier einmal kurz und beiläufig eingestellt und als isoliertes Einzelwort einen bezeichnend winzigen Eingang sogar in das Grimm'sche Wörterbuch gefunden.[29] Das rechtfertigt jeden künftigen Anfang in einem Unternehmen, unter ganz neuen Vorzeichen zu einer pluralistischen Weltdeutung zu kommen. Ein solches Vorzeichen könnte z.B. der vergessene Brauch sein, die Religion ihrerseits zu deuten.[30] Es geht dabei nicht darum, die Religion in eine Theorie einzupassen, denn sie ist gar nicht das Deutungsziel. Es ist außerdem zu konzedieren, daß in dem hier verwendeten Deutungsbegriff auch Religions*erklärung* und Religions*kritik* mit

---

[28]   Theodor Litt, *Ethik der Neuzeit* (Alfred Bäumler und Manfred Schröter (Hsg), Handbuch der Philosophie, Abteilung 3, Teil 4), München/Berlin 1931; obiges (Selbst-) Zitat dort S. 179f. Die anderen erwähnten Publikationen: *Wissenschaft, Bildung, Weltanschauung*, Leipzig/Berlin 1928: *Kant und Herder als Deuter der geistigen Welt*, Heidelberg (1930) ²1949.

[29]   Und zwar durch Alfred Götze, „Weltanschauung", in Bd. 4, 1. Abteilung, 1. Teil, Leipzig 1955, Sp. 1530-1538, vermittels Zitieren von Litt, *Wissenschaft* ... S. 42ff („neben Weltansicht, -auffassuung, -deutung") in Sp. 1531 Zeile 2. (das Wort wird nur erwähnt).

[30]   Vgl. Wolfgang Trillhaas, *Religionsphilosophie*, Berlin/New York 1972, S. 23-30 („Die Verwechslung zwischen Beschreibung und Deutung"). Der Deutungsbegriff ist hier ein anderer als der oben gebrauchte, aber es ist gerade gut, daß der gemeinsame Zielpunkt, ein Wertsystem, auf verschiedenen Wegen erreicht wird.

im Spiel ist. Wenn aber unter den so verstandenen Deutungen diejenige einen hervorragenden Platz einnimmt, die es – um es hier nicht genauer zu definieren – im umfassenden Sinne mit Werten zu tun hat, dann besteht eine Konvergenz zu der vorher zitierten kulturphilosophischen Theorie. Es bedarf allerdings noch des Nachweises eines „Welt"-Charakters der Werte-„Welt", um hier ohne innere Reserve von einer Weltdeutung reden zu dürfen.

§ 25. Die Denkform als heuristisches Modell

Zwei Elemente aus der „makrokosmischen" Denkform lassen sich auch „mikrokosmisch" anwenden. Sie sind dann erkenntnistheoretische Postulate.

a) „Das Licht" vereinfacht zwar die Dimension des Deuters, aber als Entität in sich bleibt es ganz unbezähmbar. Wer dieses Wort bewußt und mit Bedacht auszusprechen vermag, der muß sich darüber klar sein, daß ihm Jahrtausende von Metaphysik vorgearbeitet haben. Wir wollen voraussetzen, daß es ursprünglich nicht „das Licht", wohl auch nicht „viele Lichter", sondern ein Licht in mehreren Erscheinungsformen war, das die Menschen erlebten. Je nach Art und Stärke des Erlebnisses war es dann das Licht oder ein Licht, an das man sich künftig erinnerte, wenn eine neue Erfahrung – oder war es dann schon die Wiederholung einer gehabten? – anstand.

b) Wir machen diese Voraussetzung, weil wir einer durch die Jahrtausende wie eine leuchtende Linie sich hinziehenden Fülle von Lichterfahrungen nicht mit stündlichem Nachschauen, sondern nur mit einem Prinzip Erkenntnisse abgewinnen können, das eigens entwickelt worden ist, um Irrtümern vorzubeugen. Wenn eine Voraussetzung, so will es dieses Prinzip, sich vom Anfang bis zum Ende einer Untersuchung aufrecht erhalten läßt, dann ist die Wahrscheinlichkeit, daß das Resultat der Untersuchung richtig ist, größer als bei einem Resultat, das man ohne jede Voraussetzung gefunden zu haben meint.

H. Zusammenfassungen

§ 26. Kleine Modelltexte und Darstellungs-Modelle zur Verdeutlichung von Traditionen.

Die klassisch gewordene Gruppierung der den Weltdeutungen nächstverwandten Denkformen sah „Kunst, Religion und Philosophie als Formen der Welt- und Lebensanschauung"[31] vor. Man wird dem Autor von *Das Erlebnis und die Dichtung* nicht Unrecht tun, wenn man ihm unterstellt, er hätte unter „Kunst" einige bereits in jene Richtung weisenden Formulierungen noch um so viel erweitern können, daß die Literatur eindeutiger, als es jetzt der Fall ist, mit darunter gefallen wäre. Mit unserer Wahl der „Literatur" meinen wir uns jedenfalls

---

[31]   DILTHEY S. 10-26.

noch im Rahmen der von DILTHEY genannten Formen zu befinden. Diese drei Traditionsgruppen sollten wohl den Grundbestand eines jeden derartigen Versuches bilden. Die Hinzunahme einer vierten ist weder eine Option für die prinzipielle Selbständigkeit dessen, was dort verhandelt wird und mit einem Wort kaum zu bezeichnen ist – nennen wir es Okkultismus, Astrologie und Paraphysik –, noch eine Kritik an DILTHEY, er habe hier etwas vergessen. Inhaltlich ist das dort Vorkommende jedenfalls gleich schwierig bei der Philosophie wie bei der Religion unterzubringen. So etwas ließe sich überall herausfinden, und es dürfte dann ebenfalls neben dem Muttergebiet analysiert werden. Weder eine Dreizahl noch eine Vierzahl von Traditionsgruppen ist kanonisch.

Die umgekehrte Reihenfolge von DILTHEY's Dreizahl und unsere Vierzahl entsprechen und folgen ziemlich genau der Einteilung der Bedeutungen von „Welt" bei FRITZ MAUTHNER (oben § 4). Da es sich bei uns um Weltdeutung und nicht um Weltanschauung handelt, ist dies eine sehr wichtige Übereinstimmung.

Wenn eine Weltdeutung von heute für heute gefunden ist, und sie bewährt sich – wäre sie früher auch richtig gewesen? Umgekehrt gefragt: Kann etwas, das früher richtig war, heute falsch sein? Angesichts dieser Alternative wird man zuerst einen Anhalt in den Quellen für Weltdeutungen und evtl. auch der Konflikte zwischen ihnen suchen. Sie sollen zwar nicht die Fragestellung ablesbar enthalten, aber doch auf sie hin interpretierbar sein, ohne daß sie strapaziert werden. Es ist durchaus möglich, von solchen Texten, auch kleineren, auszugehen und mit Hilfe einer weltdeutungsorientierten Direktbefragung im Prinzip zu denselben Ergebnissen zu gelangen, wie sie auch auf Grund einer erst zu schaffenden Basis erwartet werden. Erwägt man für Kap. I-VI je ein solches Zeugnis – für Kap. VII und VIII erübrigt sich in diesem Falle die Frage –, dann könnte man etwa nennen für Kap. I den Sonnenhymnus des Echnaton, für Kap. II den Abriß des manichäischen Systems nach Theodor bar Konai, für Kap. III das auf S. 50 zu erwähnende *HERMETISCHE A. B. C.*, für Kap. IV etwa ein Stück aus J. RAY's *The Wisdom of God Manifested in the Work of Creation* (1681), für Kap. V die *Declaratio de Ecclesiae habitudine ad Religiones non-Christianas* des 2. Vatikanischen Konzils, und für Kap. VI einen Text von FRANTZ FANON[32]. Aber die vermeintlich dichtere Nähe zu den Quellen würde zu einer Auswahl zwingen, nach deren Recht man immer mehr und dann vergeblich fragen würde.

---

[32]   Geboren 1924 in Martinique, Studium der Medizin und Philosophie in Frankreich, im 2. Weltkrieg Partisan, 1953 Chefarzt einer psychiatrischen Klinik in Blida-Joinvillee; nach dem Sieg der algerischen Revolution algerischer Botschafter in Accra, an Leukämie verstorben 1962 in New York. Probe aus seinem Hauptwerk *Les Damnés de la Terre,* Paris 1961: „Manchmal geht dieser Manichäismus bis ans Ende seiner Logik und entmenschlicht den Kolonisierten. Genau genommen, er verliert ihn. Tatsächlich ist die Sprache des Kolonialherren, wenn er vom Kolonisierten spricht, eine zoologische Sprache. Man macht Anspielungen auf die kriecherischen Bewegungen der Gelben, auf

Natürlich ist dieser Typ von Untersuchungen ein ausgezeichneter. Diejenigen, die ihn wirklich beherrschen, bekommen freilich ihr Lob von den Rezensenten nicht selten wegen ihrer Meisterschaft, dies und das und noch mehr in den aus einem bescheiden gehaltenen Ansatz entwickelten Umkreis hineinzuziehen. Beim gegenwärtigen Thema ist es besser, gleich mit mehr Quellen, also mit einer normalen Untersuchung einzusetzen.

Diese Überlegungen sind zugleich eine Hinführung zu den Inhaltsstudien. Sie können sich nicht sofort mit Wertentscheiden über Alt oder Neu und die Stellung der Traditionen in der Chronologie ihrer diversen Gattungen befassen. Aber auf Grund des Bisherigen läßt sich schon sagen: Im Bereich der Historie[33] schließt eine Option für das Neue oder das Alte immer eine Höherwertung des Einen vor dem Anderen ein. Das ist eine Potenzierung der Frage, die der heutige Forscher stellt. Die Stämme von Südseeinseln, überhaupt die meisten Nativisten optieren z.B. für das Alte. Aber jedes Alte in einer neuen Zeit gerät in eine in sich widersprüchliche Lage. Im einzelnen:

In unserer 1. Gruppe könnte „Neu" auf die Freisetzung klar und deutlich machenden Denkens und „Alt" auf die urtümlichen Lichterfahrungen hinweisen. In der 2. Gruppe würde das Ersehnen und Verfehlen einer „Neuen" Heimstatt dem „Alten" Menschen in der Weltnatur gelten. In der 3. Gruppe ginge es um den Verbrauch von Wissen „junger" Industrienationen in der verarmten Technik von „Alt"völkern. Die 4. Gruppe kennt „alte" Weisheiten, die umgeschrieben werden und damit als Nacherzählungen „Neues" schaffen.

Wir sind es wahrscheinlich aus einer bestimmten – nicht der ganzen – christlichen Tradition gewohnt, etwas Altes wie das Alte Testament oder den Alten Adam für etwas Schlechteres zu halten als etwas Neues. Wer weiterlesen will, sei hiermit beschworen, dieses Wertungsschema zu vergessen. Von Wertungen ist ausführlich in erster Linie deshalb die Rede, weil die Alternative, ob

---

die Ausdünstungen der Eingeborenenstadt, auf die Horden, auf den Gestank, auf das Gewucher und Gewimmel, auf das Gestikulieren. Wenn der Kolonialherr genau beschreiben und das richtige Wort finden will, bezieht er sich ständig auf das Tierreich. Der Europäer stößt sich selten an diesen ‚bildhaften' Ausdrücken. Aber der Kolonisierte spürt die Absicht des Kolonialherrn, den Prozeß, den man ihm macht, und weiß sofort, woran man denkt." (Übersetzung von Hans Magnus Enzensberger in: *Kursbuch* 2, August 1965, S. 7).

[33] Zum Unterschied zwischen „historisch" und „geschichtlich", einem der wenigen, mit dem die deutsche Wissenschaftssprache besser differenzieren kann als eine andere, wird nichts Neues beigetragen. Auch Geschichtstheoretiker sind nicht immer sicher, welcher terminus jeweils am Platze ist. Die zur Verfügung stehenden Untersuchungen ermöglichen nicht immer eine zuverlässige Kontrolle: Leonhard von Renthe-Fink, „Geschichtlichkeit. Ihr terminologischer und begrifflicher Ursprung bei Hegel, Haym, Dilthey und York", in: *Abhandl. der Akademie der Wissenschaften in Göttingen*, Phil.-Hist. Klasse Folge 3, Nr. 59; 2. Aufl. Göttingen 1963; Gerhard Bauer, „*Geschichtlichkeit". Wege und Irrwege eines Begriffs*, Berlin 1963."

das Alte als gut oder schlecht beziehungsweise das Neue als schlecht oder gut zu bewerten sei, von elementarer Bedeutung für die moral- und religionsgeschichtliche Diagnostik ist. Man muß ein Gespür dafür entwickeln, wes Geistes Kind ein Zeitalter ist, und dafür sind chronologische Ordnungen, in die man die Werte- und die Epochenskala zueinander setzen kann, gute Ausgangspunkte.

Aber Normen für *unsere* Bewertungen geben diese „Wertordnungen" bislang nicht her. Denn die Bewertungen von allem grundsätzlich Bewertbaren als positiv oder negativ sind nicht gleichzeitig als Kriterien für Wertfestsetzungen schlechthin zu verwenden, weil sie denselben Gesetzen historischer Relativität unterliegen wie die ethischen Gegebenheiten, die mittels derartiger Kriterien sonst zu prüfen wären. Es zeichnete sich allerdings in § 24 ein phänomenologischer Silberstreifen ab – vielleicht läßt er sich logisch noch etwas weiter ziehen.

§ 27. Die Deutung als Anwendung des metaphorisch Wißbaren

Nehmen wir einmal an, an Stelle derjenigen Überlieferung, die einen bestimmten Sinn hat und nun gedeutet werden soll, stehe eine Reihe zunächst bedeutungsloser Zeichen. In der Semiotik oder im logischen Positivismus würde man dann, um „wahre" (wir sagen: richtige) Aussagen zu erhalten, diesen Zeichen Bedeutungen zuordnen. Die ehemaligen Axiome werden sich nur dann in „wahre" Aussagen verwandeln, wenn die Umformungsregeln, denen sie im rein formalen, bedeutungslosen Ensemble unterlagen, so konsequent in das betreffende Sachgebiet überführt werden, aus dem den Zeichen Bedeutungen zugeteilt worden sind, daß die Regeln über die Gewinnung bzw. Umwandlung von Aussagen oder Ausdrücken in derselben Weise wie die formalen gehandhabt werden können und zu Aussagen führen, die innerhalb des von der Deutung angestrebten Systems sinnvoll sind. Der Deutungsweg kann dies nur leisten, wenn er eine metaphorische Funktion entweder selber ausübt oder die Fähigkeit zu einer solchen beim angestrebten Begriff bereits voraussetzen kann.

Damit aber stehen wir auf einem festeren Boden als dem, den die reine Phänomenologie bieten konnte. Sollte es gelingen, der Phänomenologie nicht mit den Kategorien einer allgemeinen Kulturwissenschaft, sondern mit den Mitteln der formalen Logik zur Seite zu treten, dann bestehen für die Erfüllung gewisser Aufgaben von morgen seitens der Wissenschaften, mit denen wir es zu tun hatten, gewisse Aussichten. Am einfachsten wird es dabei die Logik haben. Während unsereiner erhebliche Mühe hat, sie zu erlernen, brauchen die Logiker nur ihre banalen Beispielsätze, die sie mit solcher Liebe pflegen, mit Sätzen über Tatsachen, Bedingungen, Finalitäten oder was auch immer zu vertauschen (das Hempel-Oppenheimsche Modell hat schon gut vorgearbeitet), die ihre Heimat in einer der historisch arbeitenden Kulturwissenschaften haben.

Jede weitere Überlegung ist nur sinnvoll, wenn klar ist, warum man sie zugunsten eines Erkenntnisinstrumentes anstellt, über das bisher mehr kritische als zustimmende Bemerkungen gemacht wurden. Es soll nun in der Tat der letzteren Bewertung mehr Gewicht verliehen werden, nur nicht um den Preis, daß die Simplifikation, die Ideologie und die emotionale methodische Willkür zur Hintertür wieder herein kommen. Denn so seriösen Deutungsbestimmungen wie denen von z. B. THEODOR LITT muß ebenfalls Genüge getan werden, zumal sich dabei ein Nutzen für unsere bisher befolgten Methoden und eine Bereicherung unserer Resultate ergibt. Könnten diese in eine Kooperation mit der formalen Logik eingebracht werden, besteht Aussicht auf einen weiteren Erkenntnisfortschritt.

Unter den Axiomenensembles gibt es bekanntlich solche, die mehrere Interpretationen zulassen. Die Richtigkeitskriterien bestehen in einer Art Evidenz von gegenseitiger Bestätigung zwischen den bereits interpretierten Ensembles. Nehmen wir einmal an, es handele sich um zwei interpretierte Ensembles, bei denen Unsicherheit besteht, ob die ihrem jetzigen Status voraufgehenden Interpretationen, mittels derer sie ja überhaupt erst ins Dasein treten konnten, korrekt gewesen sind. In einem solchen Falle sollte die Richtigkeitskontrolle nicht in parallelen Rückgriffen auf das noch nicht interpretierte Ensemble und anschließender paralleler Wiederholung der logisch-interpretativen Prozeduren bestehen. Die Überzeugungskraft einer wissenschaftstheoretisch und psychologisch ungefährdeten Deutung besteht vielmehr letztlich in einer Kombination von drei Momenten.

(a) Der zu deutende Gegenstand muß auf einen Begriff gebracht werden. (Es ist nicht banal, anzumerken, daß manchmal erst untersucht werden muß, ob dies überhaupt möglich ist; denn es versteht sich nicht allenthalben, so bei sehr komplierten Vorgängen und Situationen, von selbst.). In den bisherigen Überlegungen war das der Begriff „Welt", der zwar dank eingebürgerter Allerweltsbedeutung leicht zu gewinnen war, aber schon bei einer leisen Nachfrage ins Wanken geraten konnte.

(b) Auf den Begriff des zu deutenden Gegenstandes wird eine andere Bedeutung übertragen als die ihm mitgegebene. (Die neue Bedeutung stammt aus dem unter c zu nennenden Realitätsbereich.) Hier gibt es einen wissenschaftlichen „Vorarbeiter" und Bundesgenossen ersten Ranges[1], aber nicht für die Ermittlung von Weltmetaphern, sondern für die Ermittlungsmethoden zwecks Auffindung des Deutbaren überhaupt. Die Register der Träume, der Symbole, des Symbolisierten (besonders schwierig zu erfassen), der Gleichnisse, der Redensarten usw., die die Herausgeber beiden Bänden beigefügt haben, zeigen

---

[1] Nämlich SIGMUND FREUD, *Die Traumdeutung,,* zuerst Leipzig und Wien 1900, heute z. B. (von mir benutzt) Studienausgabe, hsg. von ALEXANDER MITSCHERLICH , ANGELA RICHARDS und JAMES STRACHEY, Bd. 2, Frankfurt/M. 1972. Das, worauf es uns ankommt, „Voraussetzungen und Technik de Deutung", vorzüglich konzentriert auch in den *Vorlesungen zur Einführung in die Psychoanalyse Und Neue Folge* = Studienausgabe Bd. 1, 1969, S. 116-127.

bereits nüchtern und mustergültig, wie es gemacht werden muß. So müßte man es, mutatis mutandis, auch bei der unideologischen Weltdeutung machen.

(c) Es muß ein bestimmter Realitäts- oder Begriffsbereich zur Verfügung stehen, der die Funktion einer Art Fundus von Gegenständen, Phänomenen und Metaphern übernimmt. Eines oder zwei von ihnen oder alle drei müssen sich fallweise entnehmen lassen; unter ihnen sind die Metaphern am wichtigsten. Denn sie sind auch eine Art von Deutungen, unterscheiden sich aber von der unanschaulichen Denkform durch ihre Bildhaftigkeit und geringere Aussagekraft; das letztere liegt einfach daran, daß mit einem Wort nicht so viel gesagt werden kann wie mit einem Satz oder mit einem Gedanken. Umso größer ist der heuristische Wert der Metaphern .Hier ist von anderer Seite eine Arbeit zur Verfügung gestellt worden, ohne die wir gar nicht weiterzumachen brauchten.[2]. Sechzehn von den zwanzig Metaphern, die das Regiser unter „Welt“ enthält, lassen sich wie folgt gruppieren: 1. Abbild, Gemälde, Spiegel, Siegel Gottes:; 2. Bau, Staat, Stadt, Zelt; 3. Gefängnis, Kette, Kreislauf, Maschine; 4. Gewebe, Haushalt, Meer, Organismus. Unsere auf Grund dieser glänzenden „Vorarbeit“ zu unternehmende Fortsetzung würde sich an der in § 22 vorgelegten Übersicht orientieren. Doch die „Zusammenfassung von Innenstruktur und Inhalten der Deutung“, eine positiv und eine negativ aufzufassende Version einer Deutermotivation oder eines Deutungszieles, sowie das „Wesen der gedeuteten Welt“ wären durch Bewegungs-, Sicherheits-, Abbild- und ähnliche Begriffe zu ersetzen.

Dies ist reine Metaphernnutzung! Die eben umrissene Probe auf die Richtigkeit, die positiv ausfallen würde, braucht hier wohl nicht mehr vorbuchstabiert zu werden, jeder Leser kann sie selber machen. Die zunächst vorzunehmenden Bedeutungszuweisungen, sodann die Bildung von Sätzen, die uminterpretierbare Ergebnisse enthalten, schließlich die nach den Regeln für die Umformung von Sätzen aus abstrakten Axiomensystemen vorgenommenen mehreren Umwandlungen unseres Satzes „Deutung ist Anwendung des metaphorisch Wißbaren“ dürften der Erkenntnisgewinn sein, den wir anstreben. Schon jetzt können wir aus der Evidenz „Wißbar ist jeweils nicht nur Eines. Die Welt kann aus Vielem bestehen, das metaphorisch wißbar ist“ die sich zum eingangs aufgestellten logischen Postulat fügende Konsequenz ziehen, daß ein Deutungsobjekt, das sich aus mehreren je für sich deutbaren Einzelheiten bestehend vorstellen ließe, einer seriösen Deutungspraxis ungeahnte Möglichkeiten eröffnen kann.

---

[2] Und zwar mit dem bewunderungswürdigen Buch von ALEXANDER DEMANDT, *Metaphern für Geschichte. Sprachbilder und Gleichnisse im historisch-politischen Denken*, München 1978, angeboten und nachgewiesen. Ich habe nur „Sportstätte“, „Stoffwechsel“, „Tempel“, „Tor zu Gott“ und „Zahlensystem“ weggelassen und die anderen in vier Vierergruppen eingeteilt. Das Buch von Demandt ist in den Kulturwissenschaften das einzige, das ganz und gar zu unserer Thematik gehört und sie, mit Verlaub, besser und mit viel mehr Material bewältigt.

Inhaltsstudien

1. Gruppe:
Lichtgedanke – Metaphysik – Erhellung

Von der Strahlung zur Beleuchtung. Universale Energeia als lichtes Deutungsmittel nach Zeugnissen bis zum Ende des 15. Jahrhunderts

Einführung

Vorbemerkung. Die Bedeutung alles dessen, was mit dem „Licht" zusammenhängt, reicht weit über die im folgenden vorgestellte Inanspruchnahme als Deutungskategorie für ein begrenztes historisches Gebiet hinaus. Das gilt sowohl für Lebensgewohnheiten, Techniken und die gesamte materielle Kultur als auch für das Denken bis zur Metaphysik, für magische und okkulte Befähigungen, für die Naturwissenschaften und die Anthropologie. Darüberhinaus steht man hier unter ganz anderer theoretischer Perspektive an einer der wenigen echten Schnittstellen zwischen Physik, insbesondere ihren Teilgebieten Optik und Astrophysik, und einer Gruppe von Geisteswissenschaften. Die Eigenart des mit dem Stichwort „Weltdeutung" charakterisierbaren Bereiches besteht darin, daß er wegen seines Mangels an eigener Substanz besonders leicht zu willkürlichen Übertritten in ein ganz anderes Seinsgenus verführt und das von der Deutung für ihren Erfolg notwendige Vacuum mit Bildern, Gedanken und Assoziationen aus anderen Seinsgenera auffüllt. Es gilt nicht, dieses zu inhibieren, sondern alles, was auch immer an Möglichkeiten zur Konstruktion eines metaphysischen Systems, zur Enthüllung des Weltgeheimnisses, zur Handhabung von Übertragungskräften – und was dieser Dinge mehr sind – einlädt, in seiner faktisch bestehenden, passiven Spiegelvexiertheit oder in seiner Kraft zur ontologischen Irreführung zu erkennen. Im folgenden ist eine solche Vorsicht nicht erforderlich, da es sich um eine Beschreibung dessen handelt, was jeder Fehlleitung vorausgeht. Der Einsatz erfolgt hiermit an dem Punkt, von wo aus sowohl die Zeit des Kosmos als auch die Zeit des Menschen reflektiert werden kann.

Die theoretische Prämisse und das pragmatische A-Priori (Formstudie § 17 und 18) sind beide formal in Geltung. Dieser Sachverhalt muß für uns in der ausschließlich kosmischen, d. h. von keinerlei Organen wahrgenommenen Phase, die es in der Geschichte des Lichts gegeben hat, reine Theorie bleiben, weil für diese Phase keine Erfahrungen aufgekommen sind. Damit bestimmen

zwar Prämisse und A-Priori gleichsam den Stellenwert jeder möglichen folgenden, deutungsrelevanten Aussage, wirken sich aber nicht inhaltsprägend oder -
verändernd auf etwaige Gedanken, Texte o.ä. aus. Diese Feststellungen müssen
zu Anfang getroffen werden, obwohl sie für die Sache faktisch nichts bieten, da
sie es immerhin erlauben, Lichtaussendungen, deren Herkunft dunkel bleiben
kann, bis zu denjenigen Lichtwirkungen hin anzusprechen, die Umsetzungen
von Strahlungsenergie in andere Energieformen sind.[1]

In diesem Bereich kann eine spätere Deutung durchaus schon räumlich vor-
und zeitlich zurückdringen wollen. Als es dann irgendwann, wahrscheinlich
zusammen und zugleich mit der Hominisation überhaupt, die Deutung tatsächlich gibt – weil es unter den Menschen solche gibt, die dazu befähigt sind
– , stehen im Prinzip aus der genannten Energie die Strahlungs-, Sendungs-
und Wirkungsformen wohl weiterhin zur Verfügung. Doch obwohl das Interesse daran von den menschlichen Deutern nicht ausgeschaltet worden sein
kann, dürfte ihnen nun die Befassung mit Lichtquellen von einer Beleuchtungsstärke nähergelegen haben, in deren Berechnung die Zulassung einer Ein-
wirkung auf das menschliche Auge als Faktor mit einbezogen wird. Da die
Stärke einer Beleuchtung nicht unwesentlich in ihrer Reichweite besteht, wird
von hier aus die Grenzziehung zwischen der Sphäre des ursprünglich rein sola-
ren zur Sphäre des diffus-astralen einschließlich des lunaren Lichts vorstellbar.
Ebenso vorstellbar ist es, daß die Grenzziehung einen Bereich der Überschnei-
dung beider Lichtsphären zuläßt (vgl. die Einführung zur 2. Gruppe). Von
ihnen liefert nur der solare Bereich weiterhin die Strahlungsenergie, aus der sich
ganz allgemein „das Licht" abstrahieren läßt. Doch kann gerade dabei auch eine
gewisse Ähnlichkeit mit dem allgemein-astralen Bereich entstehen.

Von dem Zeitpunkt an, wo die theoretische Prämisse in Gestalt von Er-
kenntnisprozessen wirksam werden kann, weil das pragmatische A-Priori ineins
damit Aussagen über das menschliche Handeln im ganzen erlaubt, d.h. wo das
Bisherige überhaupt erst als menschliche Erfahrung zu gelten hat, konkretisiert
diese sich also in der Suszeptibilität für eine Beleuchtung, deren Spürbarkeit
durch das menschliche Auge zur Charakteristik und Meßbarkeit ihrer Intensität gehört. Da der Mensch die letztere in verschiedener Stärke und Dichte
empfinden kann, ist er erst recht in der Lage, daraus Schlüsse zu ziehen. Logisch
gesehen, sind es Begleitschlüsse. Sie führen auf diejenige Lichtstärke, in der das
Licht an sich wirkt, und auf eben die Beleuchtungsstärke, in der der Mensch es
erträgt und erfahren kann. Schon auf dieser Stufe, in der Phase der Hominisation neben der weitergehenden Geschichte des Lichts, muß es für den

---

[1] Zum Hintergrund des folgenden siehe WALTHER GERLACH, „Optik", in: DERS. (Hsg.),
Das Fischer Lexikon Bd. 19: *Physik*, Frankfurt/M. 1960, S. 244-258; JAKOB KRANZ,
„Optische Geräte", ebendort S. 258-271.Für wichtige optisch-physikalische Auskünfte
danke ich MARK HAIDEKKER.

Menschen festgestanden haben, daß er nicht nur *weiß*, was er *sieht*, sondern *daß* er überhaupt nur wissen kann, *weil* er sieht.

Was soeben berührt wurde, ist nichts Geringeres als die Auswechselbarkeit von Funktionen und Wörtern für „Sehen" und „Wissen". Sie ist in mehreren Kulturen bezeugt. Unter ihnen scheint in diesem Falle die indo-europäische einen sprach- und geistesgeschichtlichen, d. h. einen maximalen, kultur-übergreifenden Vorrang erreicht zu haben[2]; denn soweit bisher bekannt, geht nur im indo-europäischen Bereich die Austauschbarkeit bis zur Identität der Vokabulare für die Sehens- wie für die Wissensfähigkeit des Menschen. Nur allerelementarste Hinweise können hier gegeben werden – ginge man von ei-nem Wort wie θεωρία aus, so ergäbe sich dasselbe und doch wieder alles an-ders. Das lateinische Wort *videre* „sehen" hat denselben Wortstamm, der in anderen Sprachen, besonders den altindischen, „wissen" heißt.[3] Will man das Zeugnis einer Sprache allein, so ist dieser Tatbestand am besten noch nicht einmal im Vedischen und im Sanskrit – das dafür sehr interessante andere Aspekte bietet –,[4] sondern in der griechischen Sprache erhalten geblieben.[5] Im Sinne dieser ihrer Sprache haben Platon und Aristoteles noch zusätzlich philo-sophisch weitergedacht.[6] Die griechischsprachige Erfassung der Kompossibilität von Licht und Geist, Leuchten und Denken, Leuchten und Wissen („Einleuch-ten"), Schauen und Wissen bildet zugleich die A-priori-Kategorie für das Erfas-sen anderer, z. B. vorderasiatischer Verhältnisse. Dieser erkenntnistheoretische Befund vermag nicht nur unserer Erkenntnis des Ortes seiner ersten Verwirk-lichung zu dienen, sondern auch der Erkenntnis der Bedingungen in aller Welt, unter denen Lichterfahrungen stattfinden und ausgesprochen werden können.

Das Nähere, insbesondere der Versuch von Gegenwartspersonen , das Zu-sammengehen von Sehen und Wissen auch intern und für sich selbst nachzu-vollziehen, unterliegt reiner Rekonstruktion und ist absolut hypothetisch. Er ist aber nicht von vornherein falsch, weil die Bedingungen, unter denen es mög-lich ist, bekannt und kontrollierbar sind. Eine Hilfe zum Umgehen der größten Fehlerklippen – das sind diejenigen, die dem Zugang zu jedem Anfang im

---

[2] Das Sprachmaterial bei Julius Pokorny, *Indogermanisches etymologisches Wörterbuch*, Bd.1, Bern und München 959, S. 1125-1127.

[3] A Walde und J.B. Hofmann, *Lateinisches etymologisches Wörterbuch*, 2. Band: M-Z, Heidelberg [6]1982, S. 784f.

[4] Manfred Mayrhofer, *Kurzgefaßtes etymologisches Wörterbuch des Altindischen*, 4 Bde, Heidelberg 1956-1980 (Man beginne in Band 3, S. 214 oder 256).

[5] Was die Präsentation des Bestandes anlangt, ist unüberholbar Wilhelm Michaelis, *ThWbNT* Bd. 5, Stuttgart 1954, S. 315-381, insbes. S. 316-324. Vgl. auch Heinrich Seesemann in demselben Band S. 120-122 zu „Wissen". Und natürlich Hjalmar Frisk, *Griechisches etymologisches Wörterbuch*, Bd.2, Heidelberg 1973, S. 357 und 409f.

[6] Die wichtigsten Belege bei Werner Beierwaltes, „Erleuchtung", in: *HistWbPhil* 2, 1972, Sp. 712f.

Wege liegen – könnte die Erwägung leisten, daß der Mensch vielleicht schon von seinen eigenen Anfängen an genötigt war, sein Erfahrungswissen vom Licht als Repräsentation alles dessen, was er auf einmal nicht fassen kann, in Begriffen von irgendwie einander entgegengesetzter, oder ergänzender, oder einer ähnlichen Bedeutung auszudrücken. Die elementare Begriffsbildung kann im Prinzip kaum anders, im einzelnen natürlich auf mehrerlei Wegen erfolgt sein. Keine von ihnen läßt sich beweisen. Es handelt sich um lauter ungestellte – und wahrscheinlich unlösbare – Aufgaben für eine historische Psychologie. Die – rein deduktiv ermittelten – Möglichkeiten dürften eigentlich nur in Thesenform nebeneinander gestellt werden (der Druck hintereinander ist technischer Notbehelf). Es gibt

– Gründe für klarmachendes oder aber erlösendes Denken in den gleichen urtümlichen Lichterfahrungen,
– Entstehungsgründe für klärendes und für verklärendes Denken in gleich urtümlichen Lichterfahrungen,
– Umdenken elementarer Lichterfahrungen in Bereitschaft für Wissenschaft und Weisheit,
– Umdenken urtümlicher Lichterfahrungen in Bereitschaft für Aufklärung und Philosophie,
– Freisetzung klar und deutlich machenden Denkens in urtümlichen Lichterfahrungen.

Statt „urtümlich" oder „elementar" darf man auch „frühest" sagen. Die Bildung von Begriffen, ohne die jede Anschauung, auch die extrem vom Licht zu erzwingende – das ist die „blendende"[7] –, blind bliebe, könnte erfolgt sein

– aus einer Reihe derart dialektisch-gedanklicher Bewältigungsversuche,
– aus dem „Umdenken" von Licht, das „als Rohmaterial" schon da ist, zu einem Objekt,
– aus der Herausentwicklung geistiger Kraft aus einer Einheit von Leuchten und Denken,
– aus moderaten Erst-Ambivalenzen (sehen-schauen, klären-verklären, kontemplativ-ekstatisch sein).

Man kann auch – anachronistisch, aber per analogiam interessant – davon sprechen, daß *auf* eine Bereitschaft zu Wissenschaft und Weisheit *hin* gedacht und geleuchtet wird. Damit würde man eine Aussage über den Ursprung dieser Geistesfähigkeiten vermeiden. Dabei muß man es vielleicht tatsächlich lassen; denn selbst unter den nur denkbaren Möglichkeiten bleibt die Frage offen, ob das klarmachende und das verklärte Denken[8] einen oder zwei Ursprünge haben.

---

[7]   Siehe dazu die „Nachweise" zum I. Kapitel.
[8]   Siehe zu diesem Sprachgebrauch die Erläuterung in der Formstudie, Anm. 8.

Ganz am Anfang dieser, der terrestrischen Phase der Geschichte des Lichts, müssen die Menschen auch des Vorzugs gewürdigt worden sein, an Erdepochen zurückdenken, d. h. in sie zurückschauen zu können, da das Sonnenlicht erstmalig so bewußt wahrzunehmen war, daß von einer Offenbarung gesprochen werden durfte. Diese konnte dann nur eine fortlaufende geworden sein, und es muß als begnadet gegolten haben, wer für seine Generation die Kunde davon übernahm. Denjenigen Menschen, die es nur zu hören bekamen, erwuchs damit immer noch die Freiheit, sich und ihre Nachkommen für ein Wissen und für eine Weisheit bereit zu machen, der schlechterdings alles geweiht werden konnte. Wohl deshalb gibt es kein anderes Wort, das so häufig wie „Licht" metaphorisch gebraucht wird und entsprechend viele Wechselbegriffe hat.

Kann auch unser moderner Alltag bestätigend oder zusätzlich etwas Grundsätzliches lehren? Es gibt Licht, mit dem ist unser Umgang bedächtig. Eine Kerze ist angezündet, wir überlegen ein wenig, lassen „unser inneres Licht leuchten". Geht der elektrische Strom aus und wir kennen uns da, wo wir sind, nicht richtig aus, oder wir tappen sonstwie im Dunkeln herum, so sagen wir: „Kann jemand Licht machen?" Wir wählen zunächst diesen Erfahrungskreis und geben ihm einen Namen, der von dem lateinischen Wort „Contemplatio" abgeleitet ist. Das ist die ruhige Betrachtung, das beschauliche Nachsinnen.[9]

Daneben gibt es ein Licht, das ist das genaue Gegenteil. Es „durchzuckt uns wie ein Blitz", sodaß wir erschreckt auf der Stelle gebannt stehen bleiben. Das Licht kann uns auch blenden, sodaß wir überhaupt nichts mehr sehen, wir werden aufgeregt und machen die Situation nur schlimmer. Wir verhalten uns anders als gewöhnlich, wir sind „außer uns geraten" und verspüren irgendwann das Bedürfnis, daß wir uns wieder finden, daß wir innere Einkehr halten können. Für dieses Außersichsein gibt es ein griechisches Wort, „Ekstasis", das „Außerhalb von etwas Stehen". Das nehmen wir und nennen die andere Lichterfahrung, die in vielem das Gegenteil der vorher beschriebenen ist, „die ekstatische Lichtauffassung".

So war und blieb im Ganzen die früheste, die alte Lichtvorstellung beschaffen. Jede Art von Frage, ob in irgend einer Richtung ein Widerstreit gegeben sei, ist in diesem Stadium falsch gestellt – es sei denn, man denke an das Selbstverständliche, daß das Licht, wo auch immer die Menschen es kennen, sich vom Dunkel unterscheidet.

Ob der Vergleich mit den Menschen, die Licht haben oder nicht haben, genau so elementar ist, wird sich nie ergründen lassen, da die Selbstdefinition eines

---

[9] Das, was hier mit „Kontemplation" gemeint ist, wird am besten beschrieben von KARL JASPERS, *Psychologie der Weltanschauungen*, Berlin/New York [6]1971, S. 58-84, 90-92, u. ö. Was wir „ekstatische" Haltung genannt haben, berührt sich an vielen Stellen mit der von Jaspers sog. „enthusiastischen Einstellung" (S. 117-138 u.ö.).

jeden[10] nicht zu hinterfragen ist. Denn die Einen bevorzugen die Ansicht von innen, die Anderen die Ansicht von außen, und es gibt auf Erden keine Schiedsperson , die eine allerseits anerkannte Aufteilung der Menschen in Erleuchtete und Nichterleuchtete vornehmen könnte. Für eine gewichtige, wohl vererbbare menschliche Anlage ergibt sich bereits hier, mit der Arbeit nur an Begriffen, daß das Problem ihrer Zeitlosigkeit unlösbar ist: für das Bedürfnis nach Esoterik Die in dieser Sache liegende Begünstigung der einen vor der nur mit Normalwissen ausgestateten anderen Seite ist auf keine Weise wegzubringen.

Die späte Lichtvorstellung hingegen, die der Gnosis, kann man als eine an ihrem Gegenteil profilierte insgesamt dem Bisherigen und allem, was noch hätte genannt werden können, als einem Ensemble unentwegt monistischer Vorstellungen gegenüberstellen. Das zweite Kapitel läßt das in dem hochentwickelten Status der Diskussion, worin man sich dort befindet, vielleicht nicht auf den ersten Blick erkennen, doch ist bis in späteste Zeiten bekannt und bewußt geblieben, daß noch die scheinbar abwegigsten Substanzen, seien es die finsternisdurchmischte Materie oder die Stoffe der Alchemisten, immer wieder nichts anderes als eine Form des Lichts darstellen. So sagt z. B. noch das *Hermetische(s) A. B. C. derer ächten Weisen alter und neuer Zeiten vom Stein der Weisen. Ausgegeben von einem wahren Gott- und Menschenfreunde. Vierter und letzter Theil. Berlin 1779 bei Christian Ulrich Ringmacher in Commission,*[11] nachdem sein anonymer Autor die ganze Welt mit ihren originalen Materiebezeichnungen durchgegangen ist:

> „Dieser verborgenen Eigenschaften Erkenntnis, Gebrauch und Erforschung, ist die (Magia Naturalis) Natur: Weisheit: denn wer dieses Licht sieht leuchten in der ganzen Natur, auch das geringste nicht ausgenommen, es sey am Himmel, Sonne, Mond, Sternen, Luft, Wasser und Erde, ja in allen sichtbaren Creaturen, und dasselbe versteht, der ist ein Magus."

Die Gnosis braucht man nicht interpretierend zu befragen, ob sie die Welt deutet. Denn in ihr ist die Weltdeutung ein bewußtes Programm, in einigen Systemen, z. B. dem manichäischen, sogar mit dem Licht als sowohl universa-

---

[10] Für die letzteren ist unzulässig, was die ererten tun, weil es auf ihrer Selbstdefinition beruht: sie seien lichtgeleitet, erleuchtet (Einwand: diejenigen, die dies von sich behaupten, können sich täuschen). Was die letzteren selber tun – fußend auf der Ansicht von außen –, gilt hingegen als zulässig, weil ihre Ansicht kontrollierbar ist: sie erkunden, erfragen, befragen das Licht, beten es an; das Licht selber belichtet, beleuchtet. – Wer mit der letzteren Terminologie arbeitet, darf die Ausdrücke der ersteren nicht auch in seiner Terminologie, sondern nur in Zitaten ihrer Aussagen oder Zeugnisse benutzen. Hingegen wer unbedngt die ersteren Ausdrücke benutzen will, darf auch die letzteren benutzen und braucht hier und auch sonst auf keinerlei Unterschiede Rücksicht zu nehmen.

[11] Nachdruck der vier Teile in zwei Bänden durch den Ansata-Verlag (Paul A. Zemp) CH-3150 Schwarzenburg, 1979; dort S. 147.

lem Deutungsprinzip wie auch einer metasubstantiellen Grundlage für das Bestehen der Welt. Diese letztere wird aber dann zu bestehen aufhören, wenn der große Mythos, mit und in dem das Licht letztlich von sich selber handelt, das Ende vorgesehen hat. Aber die Geschichte des Lichts ist damit nicht zu Ende – eigentlich beginnt sie jetzt erst. Denn das Licht ist endlich ohne Beimischung von etwas anderem einschließlich der Finsternissubstanz rein es selbst, und eine weitere Kosmogonie, die Licht als Bestandteil des Weltrohstoffes erfordern würde, wird nicht mehr stattfinden.

Die Deutung der Welt durch die Gnosis erscheint aus heutiger Sicht deshalb als eine programmatische, weil mehrere, vielleicht die Mehrzal ihrer Richtungen sich mit dem Schicksal einer Lichtsubstanz beschäftigen, die in ganz reinem Zustand den gesamten präexistenten Raum und mit Finsternis gemischt den gesamten Kosmos ausfüllt. Die Gnosis steht damit im Widerstreit zu sämtlichen anderen antiken Kosmologien einschließlich der Lichtvorstellungen. Man kann auch sagen: Monistische und gnostische Lichtvorstellungen widerstreiten einander prinzipiell, weil der gnostischen Verkündigung ihr finales Hinauslaufen auf einen allerletzten Dualismus immer geglaubt worden ist. Innersystemisch geht dieser Dualismus auf eine Urpolarität zurück, die nicht nur a priori ist, sondern sich von Anfang an auch schon zeigt. Sie kann nur mit Hilfe eines gleich ur-polaren Denkens durchgehalten und verstanden werden. Der heutige Wissenschaftler ist da sehr von der jeweiligen Wissenschaftssprache abhängig.

Der gesunde Menschenverstand denkt zuerst daran , daß es nicht nur die zu denkenden A-priori-Voraussetzungen, sondern auch die konstellativen und dinglichen Vorgaben gibt. Es ist die Natur, die hier endlich ins Spiel kommt, und vorerst auch nur für die dinglichen Vorgaben. Dafür sind diejenigen, die sie wirklich bietet, schon beinahe Klassifikatoren (siehe die „Einführung“ zu Kapitel I). Die Natur nimmt mit ihnen dann die Klassifikationen zwar nicht selbst vor, aber sie wirkt durch sie bei dem mit, was der Mensch an derlei Tätigkeiten vollbringt. Wer das so nicht sieht, der wird dennoch nicht leugnen können, daß das, was der Mensch hier tut, keineswegs „wider die Natur“ ist. Wenn dem für eine horizontale Klassifikation so ist, dann kann es sich bei einer vertikalen Klassifikation nicht anders verhalten. Es mögen deshalb nicht nur in horizontale, sondern auch in vertikale Richtung gewisse Begrenzungs- oder Einteilungslinien durch die riesige Menge bekannt gewordenen Vorstellungen gezogen worden sein.

Auf der Linie, die hiermit begonnen hat – wir haben absichtlich das Apriorische als dem faktisch erstmals Möglichen inhärent dargestellt, um nicht in die Konstruktion eines metaphysischen Systems hineinzuschliddern – war es ja schon weiter gegangen, und es sollte noch weiter gehen. Unmittelbar hinter die am Anfang von § 18 beschriebene Gruppe „Licht, das dem Menschen irgendwo begegnet / Licht, das er selber schafft“ konnte die bekannte Überlieferung gestellt werden, in der Licht so etwas wie das „Licht des Geistes“ ist (siehe oben).

Von anderer Seite wird hier erneut klar, daß ganz wenige Wörter auch nur gedacht werden könen, die so wie dieses mitsamt seinem weiteren Bedeutungsfeld in die verschiedensten Vergleichszusammenhänge eingebunden waren und sind.[12]

Wir haben dabei zwei weitere Erfahrungen festgeschrieben, die der Mensch mit dem Licht machen kann. Nehmen wir die beiden anderen „-weisen" hinzu, von denen wir die eine zu einer theoretischen Prämisse und die andere zu einem pragmatischen A Priori erklärt haben, und setzen in den Umgang mit einem jeden die beiden Erlebnisarten „kontemplativ" und „ekstatisch" ein, die für unser Gefühl so gegensätzlich zueinander stehen, so haben wir schon vier rationalisierbare Weisen, mit dem Licht umzugehen.

Wir dürfen abwarten, ob noch etwas dazukommt; denn es zeichnet sich schon ab, daß an Hand der eben aufgewiesenen, ordnenden Linien etwas ganz Unerwartetes geschehen wird: es tritt nach und nach auch für unseren Verstand nichts Geringeres als der Aufriß einer Geschichte der Lichterfahrungen und -vorstellungen hervor.[13]

Wenn man sich in die viertausend Jahre vom 25. Jahrhundert vor bis ins 15. Jahrhundert nach Beginn unserer Ära vertieft, geben sie einer rätselhaften Hinterwelt den Eintritt in unser Dasein frei. Ihre Unergründlichkeit vermag noch heute den Menschen zu bewegen, von den frühesten ihm bekannt gewordenen Lebensregungen seinesgleichen im Alten Orient bis zum Ausgang unseres Mittelalters sehr vielem Licht nachzuspüren, mit dem im ganz Geheimen vielleicht ein äußerer, gewiß ein innerer Ort der Klärung des Lebens und Denkens sich wohl erkunden und, wenn gefunden, bewohnen läßt. Allen, die eine solche Wohnung gefunden haben, kann dennoch Böses widerfahren. Für sie muß nicht nur die hiermit gewonnene Erfahrung, sondern jede Hilfe durch Erleuchtete bewahrt werden. Die Gabe, die den letzteren zuteil wurde, ist in

---

[12]   Auch dies geht bis in den Alltag. Wir meinen es positiv, wenn wir sagen, es möge jemand „sein Licht leuchten lassen", und negativ „du bist unterbelichtet".-

[13]   Bei der Ausarbeitung des Vorstehenden sind beileibe nicht ignoriert worden die monumentalen Zusammenstellungen von KARL R. H. FRICK, *Die Erleuchteten. Gnostisch-theosophische und alchemistisch-rosenkreuzerische Geheimgesellschaften bis zum Ende des 18. Jahrhunderts – ein Beitrag zur Geistesgeschichte der Neuzeit*, Graz 1973; nachträglich zu einem „Band 1" erklärt durch „Band 2": *Licht und Finsternis. Gnostisch-theosophische und freimaurerisch-okkulte Geheimgesellschaften bis an die Wende zum 20. Jahrhundert*, Teil 1: *Ursprünge und Anfänge*, Graz 1975; Teil 2 (mit Untertitelzusatz : *Wege in die Gegenwart*): *Geschichte ihrer Lehren, Rituale und Organisationen*, Graz 1978. Diese Bände bringen ein überreiches, z. T.auch gut aufbereitetes Material in Quellenübersetzungen und Abbildungen, doch steht das ganze Werk als solches „weltanschaulich" auf dem Niveau der bedeutendsten Repräsentanten seiner Gegenstände und nicht dem einer kritisch arbeitenden Religionsgeschichte. Es ist sehr instruktiv als Lesebuch zu benutzen, das dort einsetzt, wo unser folgendes Kapitel endet. Aber die Ziele und Methoden jenes und des hier vorgelegten Buches haben nichts miteinander gemein.

einem Mythischen nachgegründet, das nur metaphorisch erfaßbar geschaffen sein kann und, wie zu hoffen ist, ebenso wirksam bleiben wird. Geschieht dieses, dann erneuern gleichungsmythische Setzungen solcher Art eine der unlösbaren Denkaufgaben, die zuerst nur der Franziskaner Roger Bacon zu stellen vermochte:

„Ist das Beharren auf Metaphern eine Vereitelung
– oder eine Ermöglichung wahrer Metaphysik?"

***

Auswahlprinzip und Ziel der folgenden Untersuchung erlauben es bei dem zur Verfügung stehenden Platz nicht, Texte so ausführlich sprechen zu lassen, daß sie sich selber erklären. So sei hier rein mit dieser Absicht, außer der Reihe und unkommentiert, wenigstens *ein* Zeugnis geboten (Text siehe S. 59 Anm. 4, dort S. 89f und S. 95f; ein anderer, wohl das früheste Selbstzeugnis, ist erwähnt in § 26).

Um das Jahr 1148 gründete eine Frau aus einem pfälzischen Adelshause, fünfzig Jahre alt, mit Namen Hildegard, auf dem Rupertsberge ein Kloster. Der Platz liegt an der Nahe gegenüber der Stadt Bingen, mit deren Namen als Herkunftsort man Hildegard heute zu nennen pflegt. Hildegard hatte schon an ihrem früheren Wohnort, einer Klause auf dem gleichfalls an der Nahe liegenden Disibodenberg, Visionen und Schreibaufträge erfahren. Ihr Abt hatte daraufhin den Mönch Volmar beauftragt, ihr beim Schreiben zu helfen. Er tat es, indem er entweder die Fehler in ekstatisch hingeschriebenen Manuskripten verbesserte oder Diktate aufnahm. Papst Eugen III., dem die Angelegenheit mitgeteilt wurde, während er (i.J. 1147/48) in Trier eine Synode hielt, akzeptierte Vorgang und Text. Das erste Werk, das so entstand, nannte die Seherin „Scivias", d. h. „Wisse die Wege!", „weil es auf dem Wege des ‚lebendigen Lichtes', nicht durch irgendwelche andere Belehrung hervorgebracht wurde". Damit sollte Hildegard von Bingen den Weg einschlagen, der sie zur von allen Ständen des Reiches anerkannten und verehrten Prophetin ihres Jahrhunderts werden ließ. In der 235 Blätter zählenden Handschrift war der Beginn jeder der 26 Visionen durch eine Bildminiatur verziert, weitere neun Miniaturen finden sich an anderen Stellen im Text. Der Kodex ist seit dem zweiten Weltkrieg verschollen, doch hatten Ordensschwestern Hildegards aus der Abtei St. Hildegard zu Eibingen ihn schon von 1927 bis 1933 einschließlich der Illustrationen auf Pergament kopiert. Der Anfang der Vorrede lautet:

UND SIEHE! Im dreiundvierzigsten Jahre meines Lebenslaufes schaute ich ein himmlisches Gesicht. Zitternd und mit großer Furcht spannte sich ihm mein Geist entgegen. Ich sah einen sehr großen Glanz. Eine himmlische Stimme scholl daraus: „Gebrechlicher Mensch, Asche von Asche, Moder von Moder, sage und schreibe, was du siehst und hörst! Doch weil du schüchtern bist zum Reden, einfältig zur Auslegung und ungelehrt, das Geschaute zu beschreiben, sage und beschreibe es nicht nach der Redeweise der Menschen, nicht nach der Erkenntnis menschlicher Empfindung noch nach dem Willen menschlicher Abfassung, sondern aus der Gabe heraus, die dir in himmlischen Gesichten zuteil wird: wie du es in den Wundern Gottes siehst und hörst.

(Weitere Auszüge:)

Und wieder hörte ich die Stimme vom Himmel zu mir sagen: „So tue denn diese Wunder kund! Und schreibe sie, also belehrt, und sprich: Im Jahre 1141 der Menschwerdung Christi, des Gottessohnes, als ich zweiundvierzig Jahre und sieben Monate alt war, kam ein feuriges Licht mit Blitzesleuchten vom offenen Himmel hernieder. Es durchströmte mein Gehirn und durchglühte mir Herz und Brust gleich einer Flamme, die jedoch nicht brannte, sondern wärmte, wie die Sonne den Gegenstand erwärmt, auf den sie ihre Strahlen legt."...

Die Gesichte, die ich schaue, empfange ich nicht in traumhaften Zuständen, nicht im Schlafe ..., sondern wachend, besonnen und mit klarem Geiste, mit den Augen und Ohren des inneren Menschen, an allgemein zugänglichen Orten, so wie Gott es will ...

Als ich die Mädchenjahre überschritten hatte und zu dem erwähnten gereiften Alter gekommen war, hörte ich eine Stimme vom Himmel sagen: „Ich bin das lebendige Licht, das alles Dunkel durchleuchtet. Den Menschen, den ich erwählt, ... stellte Ich in große Wunder hinein ...

Du also, o Mensch, der du all dies nicht in der Unruhe der Täuschung, sondern in der Reinheit der Einfalt empfängst, hast den Auftrag, das Verborgene zu offenbaren. Schreibe, was du siehst und hörst!" All dies sah und hörte ich, und dennoch - ich weigerte mich zu schreiben ... bis Gottes Geißel mich auf das Krankenlager warf. Da endlich legte ich, bezwungen durch die vielen Leiden, Hand ans Schreiben ... Nur mit Mühe brachte ich in zehn Jahren dieses Werk zustande und vollendete es.

(Das „Erste Buch" trägt den Titel „Unter dem Fluch der Sünde". Die 1. Schau trägt den Titel „Der Leuchtende" und beginnt so:)

ICH SCHAUTE – UND SAH etwas wie einen großen, eisenfarbenen Berg. Darauf thronte ein so Lichtherrlicher, daß seine Herrlichkeit meine Augen blendete. Von beiden Schultern des Herrschers ging, Flügeln von wunderbarer Breite und Länge gleich, ein matter Schatten aus. Vor Ihm, zu Füßen des Berges, stand ein Wesen, das über und über mit Augen bedeckt war - so sehr, daß ich wegen der Augen nicht einmal die menschlichen Umrisse erkennen konnte. Vor diesem Wesen stand ein anderes, im Kindesalter, mit mattfarbenem Gewand und weißen Schuhen. Über sein Haupt ergoß sich von dem, der auf dem Berge saß, solchen Lichtes Fülle, daß ich des Mägdleins Antlitz nicht zu schauen vermochte. Auch gingen von dem, der auf dem Berge saß, viele lebendige Funken aus, die die Gestalten mit sanftem Glühen lieblich umflogen. Der Berg selbst hatte sehr viele kleine Fenster, in denen Menschenhäupter, teils bleich, teils weiß, erschienen.

I. Kapitel: Lichtwahrnehmungen = erst Vorzeichen des irgendwann Wißbaren, dann Kennzeichen des durch Wort und Schrift zu Übertragenden

Einleitung: Vorläufige Übersicht über Gruppierung und Chronologie der Vorstellungen

In der Formstudie (§ 17 und 18) wurden eine theoretische Prämisse und ein pragmatisches A Priori aufgestellt, ohne die man die Erfahrungen nicht begreift, die der Mensch mit dem Licht machen kann. (Der Stoff wurde im folgenden zum besseren Behalten absichtlich so angeordnet, daß jeweils das Paar, das zugleich eine echte Klassifikation darstellt, an zweiter Stelle steht.)

Die theoretische Prämisse beruht auf dem einfachen Korrespondenzverhältnis (I.1.) der Anwesenheit und (I.2) der Abwesenheit von Licht; diese Unterscheidung ist keineswegs banal, wenn man lernt, warum und wo lieber Licht aufgesucht und warum und wo lieber Licht gemieden wurde. Das pragmatische A Priori folgte aus dem Nebeneinander von selber (II.3.) hergestelltem und (II.4.) geschenktem Licht; dieses Paar ist eine echte Klassifikation, weil die Lichtquellen, von denen die Erfahrungen ausgehen, zwei Klassifikatoren darstellen, die in der Natur ganz verschiedene sind: die eine unterliegt der Verfügung des Menschen, die andere nicht.

Unabhängig davon waren in der direkt dem Lichtgedanken gewidmeten Zeugnisgruppe, zu der auch das Folgende gehört, einmal die Notwendigkeit hinzugekommen, das als leuchtendes Ur-Eines ambivalent Empfundene unter Umständen (III.5.6.) dialektisch auszudrücken, zum andern die Möglichkeit, psychologisch bestimmte Charakteristika wie ambivalente anthropologische Konstanten wahrzunehmen, nämlich als (IV.7) kontemplative und als (IV.8.) ekstatische Verhaltensweisen. Wieder ist nur das zweite Paar eine echte Klassifikation.

Was die beiden Voraussetzungspaare anlangt, so kann im folgenden nicht untersucht werden, ob und wie sie mit ethnischen, sozialen, kulturellen, geographischen und allgemein historischen Gegebenheiten zusamenhängen. Es ist nicht ausgeschlossen, daß dabei eine Verbindung mit endlich historisch belegten Erfahrungen zutage käme, mit denen dieses Kapitel beginnt. Sie gliedern sich – nur für den heutigen Beobachter! – in zwei Gruppen. Zu vergleichen ist etwa (V.9,) eine Erfahrung, die ein Ägypter haben mag, der betrachtend vor einer Pyramide steht: wenn von ihrer Spitze das Morgenlicht vor ihm oder auf

ihn h*erniederflutet*; und an (V.10.) eine andere, die der zentralasiatische Noma-
de hat: wenn er auf eine Feuerstelle trifft, die von dort gewesenen inzwischen
Weitergezogenen so gründlich angelegt und entzündet worden ist, daß sie noch
lange leuchten möge, bis die nächsten kämen, die dasselbe tun würden. Wenn
eine Verbindung solcher Gewohnheiten mit der einen oder anderen Auflösung
der Dialektik oder der Ambivalenz nicht nachzuweisen ist und vielleicht garnicht bestand, dann ist unabhängig davon umso mehr für die heutige Bestandsaufnahme von Lichterfahrungen den Wahrscheinlichkeiten kulturspezifischer
Herkunft Rechnung zu tragen, weil sie spätestens auf dieser kulturhistorischen
Stufe angesiedelt werden müssen. Dasselbe gilt für den – ebenfalls erst hier
erfragbaren – Gegensatz zwischen ethisch (V.11.) positiven und (V.12.) negativen Erfahrungen.

Wieder muß auf eine eigentlich nötige Untersuchung verzichtet werden,
diesmal, ob die psychophysischen Befunde der Kontemplation und der Ekstase
exogene Reaktionen auf prinzipiell nachprüfbare Ereignisse sind, oder ob es
sich um endogene Vorgänge handelt, die dann wohl als Projektionen zu bezeichnen wären. Auch hier ist es nicht ausgeschlossen, daß eine Ethnopsycholo-
gie, die aus kulturgeschichtlichem Material einiges als Daten zweiten Grades
mitverarbeiten könnte, Hinweise darauf beibringt, daß mit noch mehr Er-
fahrungsweisen zu rechnen ist, die wie die bisherigen sinnvoll korrelativ zueinander oder historisch hintereinander gestellt werden könnten.

Die Überschrift dieses Kapitels spricht weder vom Leuchten oder von Lichtvorstellungen, bei denen das Licht subjektiviert, noch von Lichtauffassungen,
bei denen es objektiviert würde. Der Ausdruck „Außenlicht" oder „äußeres
Licht" wird nur unten (Teil F, § 11 und 12) gebraucht. Er setzt voraus, daß es
auch ein Binnenlicht gibt. Das ist in diesem Zusammenhang selbstverständlich
eine reine Konstruktion, aber sie verweist auf Möglichkeiten, wie das Verhältnis zwischen äußerer und innerer Welt bei solchen Lichtzeugen gewesen sein
könnte, die mehrere der genannten Erfahrungen gemacht haben. Was aber das
Verhältnis der letzteren zur hypothetischen Innen-Außen-Welt-konstruktion
anlangt, so muß einmal der Versuch unternommen werden, ob sich die Vertei-
lungen der Phänomene, in denen die – bisher drei eindeutigen, aber eventuell
noch mehrere weitere – Klassifikationen resultieren, wie drei Klassen von Phänomenen, die sie nun einmal sind, stehenbleiben müssen, oder ob sie ihrerseits
auch direkt miteinander in Verbindung zu bringen wären. Das letztere könnte
geschehen, indem man sie unter Absehen von ihrer Herkunft noch einmal
klassifiziert, vielleicht sogar nur kumuliert. Der Versuch einer Aufstellung, die
von beiden Verfahren formal einiges voraussetzt, liegt im folgenden vor.

Die darin enthaltenen grundsätzlicheren Unterscheidungen erfolgen in einem von den auf der linken wie von den auf der rechten Seite stehenden Auffassungen gleich stark geleiteten Interesse. Es wäre falsch, beispielsweise der
„linken" Auffassung ein größeres Recht auf Bedienung und Festigung ihrer –

und nicht der gegenüber liegenden – Seite zuzusprechen, etwa weil man von der „rechten" Auffassung weniger und unzuverlässigere Daten für die angestrebte Weltdeutung erwartet. Ein anderes Beispiel: Die Methode der Introspektion, die mehr in der rechten, und die der Betrachtung von außen, die mehr in der linken Spalte anzusiedeln wäre, müssen beide Gelegenheit erhalten, jeweils die ihnen wichtigsten Daten vorzulegen.

Voraussetzungsfrei bekommt man dieses Unternehmen nur, wenn man es riskiert, daß sich mit den drei wichtigsten Klassifikationen nach und nach eine oder mehrere andere kreuzen können, und wenn man nicht von der Regel abweicht, daß man nicht zu früh zu deuten anfangen soll: Keine Zugehörigkeit irgend eines Phänomens auf die eine oder andere Seite ist stringent begründbar. Keine Zusammengehörigkeit welcher Dinge auch immer, die jetzt beieinander stehen, ist zwingend. Die Hinweise auf einen hinter den Dingen stehenden, Beschreibungen erst ermöglichenden Sprachgebrauch sind unkontrollierbar.

Positiv gesprochen handelt es sich um eine unter bestimmten, hier nicht mitvorzustellenden Kriterien entwickelte Sicht phänomenologischer Kontinuitäten, die sich dem heutigen Betrachter zeigen, die sich aber mit Zusammenhängen, in denen Lichtvorstellungen hier und da ohne Unterbrechungen wirklich fortgeführt worden sein mögen, durchaus nicht zu decken brauchen. Oft ist beides selbstverständlich z. B. nur als tendenziell eine Vorstellung (so bei Bonaventura oder Nikolaus von Kues), oder als in mehreren Begriffen festgehaltenes Denken und Erkennen vorhanden. Wenn Abwägungen im folgenden einseitig oder garnicht vorgetragen werden, dann nur unter der Notwendigkeit der Stoffbeschränkung. In der folgenden Übersicht wie im anschließenden Kapitel kann nur eine Auswahl des Wichtigsten gegeben werden. Der Versuch, zwischen einer mehr kontemplativen (K, einiges in der linken Spalte zusammenfassend) und einer mehr ekstatischen (E, entsprechend in der rechten) Lichtauffassung zu unterscheiden, erfolgt deshalb, weil unter den bisher durch Gegenüberstellung entstandenen Positionen diese beiden die auffälligsten geworden sind. Der Versuch wird konsequent nur bis zu Plotin geführt. Danach, wo die „Lichter der Kulturen" ineinanderfließen, wäre es reine Willkür, weiterhin solche Unterschiede behaupten zu wollen.

Theoretische Prämisse

I. Korrespondenz von 1. Anwesenheit von   2. Abwesenheit von Licht
Licht

Pragmatisches A Priori

II. 3. Feuer häufiger von Menschenhand   4. Feuer häufiger durch Blitzeinschlag
entzündet   entzündet

Anthropologische Konstanten

III. Unendlichkeit mit Dialektik und Ambivalenz von

5. Klarheit, Sehen, Denken   6. Verklärtheit, Schauen, Empfinden

IV. 7. Kontemplation   8. Ekstase

Kulturell primäre Auffassungen

V. Kulturen

9. Anbauende Flußtalbewohner	10. Jagende Steppennomaden
11. Gut	12. Böse

Kulturell sekundäre Auffassungen

Zu 3: Beleuchten	Zu 4: Erleuchten
Zu 5: Abstrahieren von dem geordnet eingeteilten Konkreten	Zu 6: Einswerden mit dem erkennend und erkennbar Ähnlichen
Zu 7: Bereitschaft zu Philosophie und Wissenschaft	Zu 8: Bereitschaft zu Mystik und Weisheit
Zu 9: Jenseitsorientierung, Beobachtung,	Zu 10: Diesseitsorientierung, Teilnahme

Gedanklich abgeleitete Vorstellungen

VI. Monismus von Tag und Nacht; enge Verbindungen zwischen lichtempfänglichen Organen des Menschen und lichthaltigen Gegenständen des Erkennens	VII. Dualismus Licht und Finsternis; Bruch zwischen der diesseitigen und der transzendenten Welt; eine unio Mystica müßte über diesen hinweg erfolgen

Im Licht der Geschichte stehende Vorstellungen

Ägypten (Altes und Mittleres Reich, 2650-1650) und Mesopotamien: Sonnenlicht, Mondlicht, Sternenlicht und die Gestirnkunde (25.-10. Jh. v.Chr.)	*Ägypten (Neues Reich, 1550-1080) und Mesopotamien* Durchsetzung der E-Auffassung während der ganzen Zeit d.Neuen Reiches (1554/51- 1050) und in der akkadischen Nergalverehrung
	Mittelasien und Alt-Iran: [1] Entzündetes Feuer und der Appell Zarathustras (10.-4.Jh. v. Chr.)
Israel: Aussage der Geschichts- und der frühen Weisheitstexte (9. 6. Jh. v. Chr.)	*Antikes Judentum:* [2] Symbolik der Qumran-Essener (2.-1.Jh.v. Chr.) und Philo Alexandrinus' (1.Jh.n.Chr.)
Christenheit Septuaginta (1Jh.n.Chr.) Neues Testament[3] (48-135)	*Griechenland:* Archaische Poesie (7.-5. Jh.v.Chr.) Anaximander (6.Jh.), Anaximenes (555-525),

---

[1]   Das Wichtigste bei WALTER HINZ, „Ahura Mazda und Ahriman. Der Dualismus von Licht und Finsternis im Zoroastrismus", in: *Und es ward Licht. Zur Kulturgeschichte des Lichts*, Bern/Frankfurt/M. 1983, S. 11-33.

[2]   Zum Vergleich siehe CARSTEN COLPE, „Lichtsymbolik im alten Iran und im antiken Judentum", in: *Studium Generale* 18, 1965, S. 116-133.

[3]   HANS CONZELMANN, „φῶς", IN: *ThWbNT* 9. 1975, S. 302-349. Aus älterer Literatur noch gut brauchbar ist HANS HERMANN MALMEDE, *Die Lichtsymbolik im Neuen Testament,*

Heraklit (um 600 v. Chr.)
Pythagoreer (seit 4.Jh.),
Empedokles (5.Jh.)
Platon' (427-347), Aristoteles (484-322)

Heidnisch-christliche Spätantike: *Christlich-heidnische Spätantike:*
Theologie Plotin's (205-270) Johanneisches (1.-2. Jh.),
und Augustin's (354-439) Gnosis (2.-4. Jh.), Hermetik (3.-6. Jh.)

Frühes Mittelalter: *Zeit der Alten Kirche:*
Noetik Dionysius Areopagita's (um 500) Offenbarungsgewißheit der Manichäer
und Scotus Eriugena's (810-877) (3.-7. Jh.) und Augustinischen Theologen
  (5.-13.Jh.)

Scholastik: *Hoch- und Spätmittelalter:*
Ontologie Robert Grosseteste's (1175-1253) Mystik Hildegards v. Bingen (1098-1179)[4]
Roger Bacon' (um 1220-1292) Schule von Chartres (11.-12. Jh.)
Thomas von Aquino (1224-1274) Bonaventura (1221-1274)[5]
Dietrich von Freiberg (1250-1320)[6] Meister Eckart (um 1260 -1327)
Universale Logik des Raimundus Lullus (1232-1316)[7]

Ungefähre Zeitlinie, bis zu der Licht als Prinzip einer Weltdeutung
beansprucht werden kann.

Docta Ignorantia des Nikolaus von Kues (1401-1464)[8]

Humanismus *Renaissance*
Scholastik und arab. Aristotelismus bei Sicht der Ideen bei Marsilio Ficino (1433-

---

Wiesbaden 1986; RUDOLF BULTMANN, „Zur Geschichte der Lichtssymbolik im Altertum", in: *Exegetica. Aufsätze zur Erforschung des Neuen Testaments,* Tübingen 1957, S. 323-355

4   Hildegard von Bingen, *Wisse die Wege. ›Scivias‹.* Nach dem ... Rupertsberger Kodex .... übertragen und bearbeitet von MAURA BÖCKELER, Salzburg 1954; *Naturkunde. Das Buch von dem inneren Wesen der verschiedenen Naturen in der Schöpfung,* übers. und erl. von PETER RIETHE, Salzburg 1959; *Welt und Mensch. Das Buch ›De operatione Dei‹* aus dem Genter Kodex übersetzt und erläutert von HEINRICH SCHIPPERGES, Salzburg 1963; *Briefwechsel* ..... übersetzt und erläutert von ADELGUNDUS FÜHRKÖTTER OSB, Salzburg 1965

5   *Soliloquium de quattuor mentalibus exercitiis. Alleingespräch über die vier geistlichen Übungen* ...., hsg. und übers. von JOSEF HOSSE, München 1958; *Itinerarium mentis in Deum. De reductuione artium ad theologiam. Pilgerbuch der Seele zu Gott. Die Zurückführung der Künste auf die Theologie,* übers. und erl. von JULIAN KAUP, München 1961; *Collationes in Hexaemeron. Das Sechstagewerk* lat. und deutsch .... von WILHELM NYSSEN, München 1979.

6   Zu diesem siehe unten § 11 und zur Einführung in sein Denken : Dietrich von Freiberg, *Abhandlung über den Intellekt und den Erkenntnisinhalt,* übersetzt und mit einer Einleitung hsg. von BURKHARD MOJSICH, Hamburg (Meiner) 1980.

7   *Selected Works of Ramon Llull (1232-1316),* ed. and transl. by ANTHONY BONNER, 2vol.s, Princeton 1985

8   Nikolaus von Kues, *Philosophisch-Theologische Schriften,* hsg. und eingef. von LEO GABRIEL, übers. und komm. von DIETLIND und WILHELM DUPRÉ, Studien- und Jubiläumsausgabe lat.-deutsch, 3 Bde, Wien 1967 (ND 1982).

Giovanni Pico della Mirandola (1463 1494)[9]   1499) und Pietro Pomponazzi (1462-1525)
Frühe Neuzeit   *Frühe Neuzeit*
Erfassung und Durchleuchtung der Natur   Neue Hermetik bei Johannes Trithemius
bei Paracelsus (1493-1541), Sebastian Franck   von Sponheim (1462-1516), Heinrich
(1499-1542), Valentin Weigel (1533 -1588)   Cornelius, Agrippa von Nettesheim
und Ludwig XIV.(1643-1715)   (1486-1535) und einigen Alchemisten

Ungefähre Zeitlinie, seit der Illuminationsbegriffe als Selbstbezeichnungen kein Problem sind.

Die Aufklärung   *L'illuminisme*[10]
John Locke (1632-1704)   Jakob Böhme (1575-1624) und die
Christian Thomasius (1655-1728)   Geheimgesellschaften[11]
Nachdämmerung   *Letzter Befund*
Theorie der „Illumination"[12] als   Metaphorik der „Illumination" als
Aufklärung   Erleuchtung[13]

Die große Tradition, in der das Licht – durch verschiedene Geistesrichtungen wie die neuzeitliche Hermetik vermittelt – in der Literatur bis zu Goethe und in der Philosophie neuerer Zeit als Orientierungsbegriff erscheint, trägt zur Deutungs-Fragestellung und zum Welt-Begriff nichts mehr bei.

A. „Frühlicht des Geistes"[14]

§ 1. Ägypten (24.- 11. Jh. v. Chr.)

Im alten Ägypten[15] wird das Licht von der Sonne her ganz und gar in der gedeuteten Polarität zwischen ihrem Aufgang im Osten und ihrem Untergang im Westen erfahren.

(K- und E-Auffassung wohl ungetrennt)

Der Name der Sonne ist Re oder Ra. In ihrem Hauptkult zu Memphis war vorher ein Urhügel verehrt worden, den man später als Form des spekulativ

---

[9]   Giovanni Pico della Mirandola, *Conclusiones sive Theses DCCCC. Romae anno 1486 publice disputandae, sed non admissae*, ed. BOHDAN KIESZKOWSKI, Genf 1973; *Carmina Latina*, entdeckt u. hsg. von WOLFGANG SPEYER, Leiden 1964.

[10]   Vgl. H. GRASSI, „Illuminaten, Illuminisme", in: *HistWbPhilos* Bd. 4, 1976, Sp. 202-204

[11]   Sehr wichtig, nicht nur für das, was im Titel steht: RICHARD VAN DÜLMEN, *Der Geheimbund der Illuminaten, Darstellung, Analyse, Dokumentation*, Stuttgart 1972

[12]   OSWALD SCHWEMMER, „Illuminationstheorie", in: *EnzyklPhilosWissTh* 2, Mannheim 1984, S. 199-201

[13]   Sehr gute Einführung in das ganze Gebiet: WERNER BEIERWALTES, „Erleuchtung-", in: *HistWbPhil* 2, 1972, Sp. 712-717

[14]   Deutscher Titel der von PETER DÜLBERG gefertigten Übersetzung von HENRI und H. A. FRANKFORT – JOHN WILSON – THORKILD JACOBSEN, T*he intellectual adventure of Ancient Man*, Chicago 1946; deutsch Stuttgart 1954.

[15]   ERIK HORNUNG, : „Licht und Finsternis in der Vorstellungswelt Altägyptens", in: *Stu-*

erkannten Urgottes Atum (des „Nichts") ansah. In einem sehr alten Text, der über die Herrschaftsverhältnisse reflektiert, die vor Einrichtung des Königtums bestanden, der „Götterneunheit von Heliopolis", welche die Götter genealogisch aus dem Schöpfergott Atum entfaltet, fehlt die Sonne noch, sie gewinnt als göttliche Macht erst im Laufe des Alten Reiches Bedeutung.

(K-Auffassung)

Mit Atum wurde Re in seiner morgendlichen Form als Atum Re Harachte („Horus vom Horizont") verbunden, und damit wird Atum, das Nichts, auch zur Erscheinungsform der untergehenden Sonne. Mit ihrem Lauf verbinden sich Vorstellungen verschiedenster Herkunft. Die Sonne fährt in den zwei Barken des Morgens und des Abends über den Himmel, der seinerseits als Falkenflügel, als große Kuh oder auch als Frau (Nut) vorgestellt wird. Nachts kehrt Re durch die Unterwelt zum Aufgangsort zurück und bringt für kurze Zeit auch den Toten Licht und Ordnung.

(E-Auffassung)

Der Name des Sonnengottes Ra begegnet erstmals in der frühen II. Dynastie (um 2700) im Namen des Königs Raneb („Ra ist mein Herr"). Sein Durchbruch zum Primat unter den Göttern erfolgt in der IV. Dynastie, als der König zum „Sohn" des Sonnengottes wird. Die Könige der V. (2465-2325) Dynastie errichten außer ihren bescheidenen Grabpyramiden die großen Sonnenheiligtümer bei Abusir. Sie zeigen damit auf monumentale Weise, welche Bedeutung das leuchtende Gestirn und der ihm innewohnende Gott bereits gewonnen haben.

Nach einer These kommt Licht- und Sonnenbedeutung auch der frühen ägyptischen Pyramide (als „ausgegossenes Licht") zu. Das steht vielleicht im Zusammenhang mit anderen Repräsentationen des Lichts, dem Obelisken samt seiner goldenen Spitze, der Flügelsonne, den goldenen Särgen, den gebauten Sonnenbooten. Solche Repräsentationen liegen bereits auf der Ebene einer gewissen Abstraktion, und dasselbe gilt, wenn zum ersten Mal in der Geschichte ganze Bauwerke, ganze Architekturen mit Oberflächen aus leuchtend poliertem Stein sich darstellen und Stein, Holz, Elfenbein und andere Materialien vergoldet werden. Auch diese Technik weist auf ein geradezu enthusiastisches Verhältnis der ägyptischen Hochkultur zum Licht, das zur Zeit der V. Dynastie noch ohne Parallele ist. Am Ende dieser Dynastie sprechen dann auch schon

dium Generale 18, 1965, S. 73-83 ; DERS., Echnaton. Die Religion des Lichtes, Zürich 1995; WOLFGANG HELCK, „Ägypten. Die Mythologie der alten Ägypter", in: H. W. HAUSSIG (Hrsg.), Götter und Mythen im Vorderen Orient = Wörterbuch der Mythologie, 1. Abt. Bd. 1, Stuttgart 1965, S. 313-406 (bes. Art. Aton, Atum, Harachte, Horusauge, Ptah, Re, Sonnenauge); JAN ASSMANN, „Akhanyati's Theology of Light and Time", in: Proceedings of the Israel Academy of Sciences and Humanities VII 4, Jerusalem 1992, S. 243-258.

die Pyramidentexte von der überragenden Rolle des Sonnengottes, den sie als Re = Atum damit erstmalig als Schöpfergott zeigen.

Während die Sonne ursprünglich für die Jahreseinteilung praktisch keine Rolle gespielt hatte – das taten vielmehr der Mond und der Siriusstern –,

(K-Auffassung)

wurde sie mit der VI. Dynastie auch zu einem Sprach- und Kalenderzeichen, ersteres als Namensteil in der vorwiegend theophoren Thronbenennung des Königs, letzteres als scheibenförmiges Determinativ für allgemeine Zeitausdrücke.

(Auffassungen K und E nebeneinander)

Diese Vormachtstellung Re's führte dazu, daß seit dem Mittleren Reich (2040-1780) außer Ptah, der in Memphis von Anfang an als Schöpfergott verehrt wurde, andere Götter nur noch durch Gleichsetzung mit Re in die Rolle des Schöpfers eintreten konnten. Umgekehrt kommt damit diese Rolle nahezu ganz dem Sonnengott zu. In Theokrasie mit dem thebanischen Amun, einer Gottheit unbestimmter Herkunft, wird er als Amun-Re mit der von Theben ausgehenden zweiten Reichseinigung (um 2040) neuer Reichsgott.

(E-Auffassung)

Damit kann endlich der Pharao selbst die beiden Rollen des Schöpfer- und des Sonnengottes übernehmen. Seit der XVIII. Dynastie (1550-1306) „erleuchtet er die Erde wie der aus dem Nun Gekommene"[16] und ist ein „Abbild des Re, die Welt erleuchtend wie die Sonnenscheibe". Der bedeutendste König dieser Dynastie, Amenophis IV. (1365-1348), bevorzugt die Sonnenscheibe Aton als Erscheinungsform Res, da dieser inzwischen durch zu viele Identifizierungen mit anderen Göttern belastet war. Als Echnaton, zu deutsch „Glanz Atons", fühlte sich Amenophis IV. zum Propheten Atons berufen und versuchte, den Glauben an ihn als allerhöchsten Gott mit Gewalt durchzusetzen. Aton wurde nun nicht mehr mit Flügeln, sondern mit Strahlen dargestellt, die zur Erde hinabreichen und dort in Händen enden, als sollte Barmherzigkeit ausgedrückt werden. Diese schöpferische und barmherzige Rolle des Sonnenlichtes steigerte sich bis zur Verehrung des Sonnengottes als Schöpfer aller Wesen und Dinge, ja als ganz alleinigem Gott. Bezogen auf den König, häuft dann vor allem die Ramessidenzeit (1306-1075) immer neue Beiworte auf ihn. Man nennt ihn geradezu „Sonne der Könige" und „Sonnenscheibe der Menschen, welche die Finsternis von Ägypten vertreibt". Vertreiber der Finsternis ist der Pharao noch in ptolemäischer Zeit. Wir werden eine solch einzigartige Verbindung zwischen Sonne und König erst im europäischen Absolutismus wieder antreffen.

---

[16] HORNUNG S. 76; zum „ausgegossenen Licht" (drei Absätze vorher) mehr bei SEDLMAYR (siehe Anm. 27), S. 318

§ 2. Sumer und Akkad (23.-10. Jh.)

(Keine Unterscheidungen zwischen Auffassungen K und E möglich)
Während bei den Ägyptern die Polarität zwischen Ost und West, dem leben-
spendenden Aufgang und der zum Totenreich überführenden Wüste den
Wechsel zwischen Tag und Nacht sogleich überformt und seine Bedeutung
mythenträchtig prägt, findet bei den Sumerern und Akkadern eine regelrechte
Durchkreuzung des Tag-Nacht-Gegensatzes durch die beiden Lichtträger Sonne und Mond statt[17]. Auch darin liegt schon eine gewisse Abstraktionsleistung.
Merkwürdig ist, daß für die Sumerer nicht die Sonne als der eigentliche Lichtspender der Erde den Vorrang unter den himmlischen Lichtgottheiten hat,
sondern der Mond mit seinem geheimnisvollen und weichen Licht. Der Mondgott Nanna gilt als Vater des Sonnengottes Utu und der Venusgöttin Innana,
entsprechend bei den Babyloniern und Assyrern der Gott Su'en (später: Sin),
der Mond, als Vater des Schamasch, also der Sonne, und der Liebesgöttin
Ischtar. Den Hauptgrund für diesen Vorrang hat man in der Natur des Landes
gesucht. Nur der Mond ist mit seinem kühlen Licht immer freundlich, da man
von einer eisigen, arktischen Mondnacht in Mesopotamien nichts wußte. Die
Sonne hingegen ist dort im Sommer mit ihrem gleißenden und alles aus-
dörrenden Licht geradezu der Feind des Menschen. Daher wandert man auch
lieber des Nachts als am Tage, da es vor der Glut der Mittagssonne in einem
Land ohne Wälder keinen Schutz gibt.

Mit der helfenden Natur des Mondes hängt es vielleicht zusammen, daß
sein Licht für die Sumerer die geheimnisvolle Weisheit repräsentierte. Der
Mondgott ist daher „Herr des Geheimnisses" und führt mehrfach das Prädikat
„Frucht, die von selbst geschaffen wurde". Dieses Prädikat weist wahrscheinlich
die Anschauung zurück, daß das Mondlicht von dem Licht der Sonne her-
kommt, und betont so, daß der Mond nur sein eigenes Licht ausstrahlt. Über
den Himmel gleitet der Mond auf einer Barke, während die Sonne ursprünglich als feuriger Läufer gedacht wurde, später aber auf einem Wagen über den
Himmel zog.

Den Königen gibt der Mondgott „Zeichen", die sie, teilweise gewiß auch
schon ehe die Babylonier hier ein auf genauer Beobachtung des Sternenhim-
mels beruhendes astrologisches Lehrgebäude schufen, am Himmel ablesen
mußten. Bei den Babyloniern tritt dann der Mondgott außerhalb der Astrologie etwas zurück. Er wird in Gebeten viel weniger häufig angerufen als der
Sonnengott Schamasch und die Ischtar und spielt auch in den Mythen keine

---

[17] Diez Otto Edzard, „Mesopotamien. Die Mythologie der Sumerer und Akkader", in:
Wörterbuch der Mythologie (oben Anm. 27), S. 17-139 (bes. Art. Mondgott, Nergal,
Sonnengott); Wolfram von Soden, „Licht und Finsternis in der sumerischen und
babylonisch-assyrischen Religion", in: StudGen 13, 1960, S. 647-653. Auf von Soden's
Negal-These, die sogleich referiert wird, sei besonders hingewiesen.

sehr bedeutende Rolle. Sein theologischer Rang blieb aber unangetastet. Anscheinend hatte das Geheimnisvolle des Mondlichtes auf die Babylonier nicht
die gleiche Wirkung wie auf die Sumerer. Als Gott der Weisheit stand für sie
vielmehr Ea – der griechische Oannes –, der Gott des Grundwasserozeans,
vor Sin. Der letzte König von Babylonien vor der Besetzung des Landes durch
den Perser Kyros, der aus der Mondstadt Harran stammende Nabonid, versuchte noch einmal, dem Kult des Mondes eine führende Stellung zu verschaffen, scheiterte aber damit. Wir sehen noch nicht klar, welche religiösen Motive
diesen Versuch neben den deutlich erkennbaren politischen bestimmten.

Das Licht kommt nicht nur den eigentlichen Gestirn-, Licht- oder Feuer-
gottheiten zu. So sagt ein sumerischer Hymnus von Enlil, dem Gott des Luft-
raumes, der den Königen ihre Herrschaft verleiht, daß „sein Licht aufsteigt",
„seine Embleme leuchtend gemacht sind". Aber insgesamt wurde doch kein
babylonischer Gott häufiger angerufen als Schamasch, der Sonnengott. Nur
Marduk und Ischtar kann man daneben nennen. Schamasch ist der Erleuchter
des ganzen Himmels, Erheller der Finsternis droben und drunten. Er ist der
Hirt der unteren Welt wie auch der Hüter der Oberwelt, der das Licht der
ganzen Welt wahrt. Sein Glanz dringt sogar in die Wassertiefe hinab, und die
Ungeheuer des Meeres schauen sein Licht. Schamasch gibt den Guten Lohn
und läßt die Familien gedeihen, aber die Bösen, vor allem auch unehrliche
Kaufleute und Wucherer, bestraft er.

(Eher Auffassung E als K)

Es gibt nun noch eine sehr merkwürdige, ganz andere Lichtvorstellung in
Mesopotamien, die dort vielleicht schon vor Sumerern und Akkadern beheimatet war. Sie hängt mit dem Gott Nergal zusammen, der zugleich eine Himmels-
gottheit und König der Unterwelt, d.h. ein lichter und ein dunkler Gott war.
Licht und Finsternis sind also hier keine Gegensätze, die sich ausschließen. In
einem sumerischen Hymnus an ihn heißt es eigenartig: „Die großen Götter
wälzen sich vor deinem Schreckensglanz wie Hunde." Es ist wohl das rötliche
Licht jenes Planeten gemeint, das auch bei anderen Völkern Furcht erweckte,
weshalb er dem Kriegsgott zugeordnet wurde. Wohl als Folge der Verbindung
des Kriegsgottes mit dem Tode hätte man dann Nergal als zugleich der himmlischen Licht- und Götterwelt und dem Dunkel des Totenreiches zugehörig
angesehen. Diese zwei Seiten seines Wesens schienen immerhin auch den Babyloniern so schwer vereinbar, daß man sie durch einen Mythos zu erklären
suchte, der erzählt, wie Nergal aus der Oberwelt in die Unterwelt kommt. Der
Schreckensglanz, den man ihm zuschreibt, ist an sich keine Eigenschaft, die
man nur diesem als besonders furchtbar angesehenen Gotte – zu ihm gehört ja
auch die Pest – zugeschrieben hat. Er eignete vielmehr allen Göttern, vor allem
denen, die als kämpferisch gelten. Die akkadische Sprache kannte noch weitere
Wörter dafür. Es gab also für die Babylonier auch ein abschreckendes Licht als
Kennzeichen des Göttlichen und Warnung für den Menschen, den Abstand

zwischen Gott und Mensch zu vergessen oder nicht mehr ernst zu nehmen. Es ist in diesem Zusammenhang interessant, daß vor allem die Assyrerkönige gewisse Arten des Glanzes, namentlich ein Gleißen, vor dem die Menschen erzittern, gern ihren Waffen, gelegentlich sich selbst, zuschreiben. Sie bezeichnen damit die Waffen als unüberwindlich und für jeden Feind vernichtend.

B. Theologische und ontologische Ansätze

§ 3. Israel (9. Jh. v. Chr.-6. Jh.)

Auch in Israel decken sich die Bedeutungen, die Licht und Finsternis erhalten, nicht mit der bloßen Explikation, die man aus den Grundtatbeständen Tag und Nacht hätte entwickeln können. Der Referenzrahmen, in dem all es gedeutet wird, ist hier das geschichtliche Handeln Gottes mit seinem Volk. Wir orientieren uns an diesem Gesichtspunkt, nicht an dem hochtheologischen aus dem Schöpfungsbericht der Genesis, „es werde Licht", weil man von elementaren Erfahrungen aus gehen muß, aus denen die Deutungen dann größere symbolische Zusammenhänge beschreiben[18].

In diesem Sinne hat man eine solche Erfahrung unter den Gesichtspunkt „der rettende Morgen" gestellt.[19] Der Morgen rettet zunächst bei der Kriegsführung. Gewiß kann der Morgen eine eigentlich gefährliche Lage enthüllen, aber nur für die eine Kriegspartei. Ihr entspricht Errettung aus militärischer Gefahr für die andere Partei, und als solche hat Israel sich oft gesehen. Kraft des Glaubens, daß solche morgendliche Rettung aus der Belagerung durch Feinde ein Gnadenerweis Jahwes, des Gottes Israels ist, der auch durch Pest und falsches Gerücht (2. Kön. 7, 6) seine Ziele in der Geschichte verfolgt, wird die morgendliche Rettung zum Symbol dessen, was man als Regel göttlichen Waltens für das Volk (Klagel. 3, 23) und für den Einzelnen (Ps. 30, 6) erhofft, namentlich aber auch dessen, was sein wird, wenn diese Weltzeit von ihm zu ihrem Ende gebracht wird. Das aufsteigende Morgenlicht repräsentiert das Kommen des rettenden Gottes in die Welt der Finsternis jetzt und erst recht dereinst. Der dritte Jesaja wandelt nach dem Exil das Motiv der vom Feinde zurückgelassenen Magazine und die freiwillige Darbringung der Schätze der

---

[18] SVERRE AALEN,, *Die Begriffe Licht und Finsternis im Alten Testament, im Spätjudentum und im Rabbinismus*, Oslo 1951, und JOHANNES HEMPEL,, „Die Lichtsymbolik im Alten Testament", in: *StudGen* 13, 1960, S. 357-368

[19] BERND JANOWSKI, *Rettungsgewißheit und Epiphanie des Heils. Das Motiv der Hilfe Gottes am Morgen im Alten Orient und im Alten Testament*, 1. Teil: *Alter Orient*, Neukirchen-Vluyn 1989.

Welt mit Einschluß der nun heimkehrenden jüdischen Sklaven ganz mit den bunten Farben dieses letzten Morgens ab (Jes. 60, 1-5). Am endzeitlichen Weltmorgen wird das Volk Israel wieder zusammengebracht. So ist jeder irdische Morgen Symbol und Unterpfand des letzten großen Weltenmorgens, seine Wunder geschehen im aufgehenden göttlichen Licht, demgegenüber aller jetziger Schein, sei er noch so hell, kläglich verblassen muß (Jes. 30, 26).

Neben dieses militärische tritt das juristische Gebiet. Der Morgen ist die Zeit, in der der Rechtsstreit im Tor des Dorfes geschlichtet wird. Im Morgengrauen machen sich auch die Bösen, die sich auf ihre Kraft verlassen, an ihre Geschäfte (Micha 2,1), auch am Morgen hebt der Unterdrücker sein Werk an (Hi. 24, 14-16). So bleibt auch dem Betroffenen als Schutz am Morgen nur sein Gott, der, wie es bei Zephania (3, 5) heißt, zu dieser Stunde seinen Spruch ergehen läßt und für den Unschuldigen eintritt, wie es eigentlich sein irdischer Stellvertreter, der König, tun sollte. In Psalm 101 gelobt der Herrscher tatsächlich selbst, Morgen für Morgen die Bösewichter zu vertilgen. Vor allem morgens hilft Gott dem Unschuldigen zu seinem Rechte, wo nicht die Gerichtsbarkeit der Ältesten, sondern das Gottesurteil die Entscheidung herbeiführt. Es gibt viele Anspielungen auf das Eintreten Jahwes für den Beschuldigten gerade in der Morgenfrühe (z.B. Psalm 5, 4). Der Psalmist ist sich der morgendlichen Hilfe Gottes ganz gewiß, der ihn bei der Nacht geprüft hat (Ps. 17, 5). Von da aus kann das „Licht des Angesichtes" Gottes geradezu zum Symbol nicht nur des Schutzes der Frommen im Gegensatz zu dem unrechtmäßigen Wohlstand der Feinde (Ps. 4, 7), sondern auch zum Symbol einer unverdienten Rettung und Bewahrung werden (Ps. 44, 4). Von den Erfahrungen des Volkes im großen Gottesurteil der Geschichte wie des einzelnen Frommen in den Anfechtungen seines Lebens wird als allgemein gültige Lehre abstrahiert, daß dem Gerechten das Licht erstrahlt (Ps. 97, 11). Dabei steht das Licht nicht allein für die natürlichen Freuden des Daseins, sondern auch für den Jubel über den siegreichen, sichtbaren Herrschaftsantritt des gerechten Gottes über die Welt mit ihren anderen Göttern.

Das dritte Gebiet, auf dem die Hilfe am Morgen erfolgt, ist das medizinische. Die Nacht ist für jeden Kranken die Zeit der Angst, zumal angesichts der Hilflosigkeit, mit der die israelitische Heilkunst den nicht auf äußerer Verletzung beruhenden Leiden wie dem Aussatz gegenübersteht. Hinzu kommt die Tatsache, daß eine Heranziehung von Ärzten wie die Befragung fremder Götter (2. Kön. 1, 3) geradezu als Antastung des Heilungsmonopols Jahwes und somit als schwere Verschuldung gelten kann. Die medizinische Wissenschaft war für Israel ein ganz großes Problem. In Psalm 6, 7 heißt es, der Kranke weint die ganze Nacht. Hiob wird nachts von quälenden Schmerzen befallen und darf sich nicht, wie das der Gesunde in seiner Müdigkeit wohl tut, nach der Nacht sehnen (Hi. 30, 17; 36, 20). Von den Ängsten der Fiebernächte, ihren wüsten Träumen und Halluzinationen wie von der allzu häufig bei Nacht erfolgten

Gefährdung durch Bestien, Räuber und Gespenster her erscheint das Dunkel als solches als Sphäre der Not, die ihre äußerste Realisation im Totenreich besitzt. Bei aufgehendem Sonnenlicht aber weicht mit dem Schatten auch die Angst. So mancher Schmerz läßt nach, räumt der Hoffnung den Platz. Für die alten Israeliten ist eine solche Erfahrung nicht die eines natürlichen, tageszeitlichen Rhythmus, sondern auch dieses eine wunderbare Hilfe seines Gottes, die, wenn er es beschlossen hat, auch ausbleiben kann, so daß es mit dem Kranken noch vor Abend zu Ende geht (Jes. 38, 1; Hi. 4, 20). Dabei besteht beim heilenden Licht eine besondere Schwierigkeit darin, daß ja auch die Krankheit selbst durchaus als von Gott verhängt gelten kann.

Im Grunde ist also auf militärischem, juristischem und medizinischem Gebiet derselbe Prozeß zu beobachten. Das Licht, bei dessen Aufgang die Wende erfolgt, wird mehr als der Rahmen, innerhalb dessen des helfenden Gottes Handeln sich vollzieht. Es wird zum Symbol der Rettung aus Belagerung und Kriegsnot, zum Symbol des Freispruchs vor Gericht, zum Symbol der Erlösung aus Krankheit und Schmerz, stets also des Heils.

(In Israel ist durchgängig die K-Auffassung vertreten.)
Die Lichtsymbolik der hebräischen Bibel hat mit mystischen Erleuchtungen, also mit der E-Auffassung, nichts zu tun. Das Licht symbolisiert neben Heil auch Hoffnung deswegen, weil es die gnädige Seite des göttlichen Handelns repräsentiert, weil es das verständlichste und dem israelitischen Weltaspekt angemessenste Bild für das Freundliche in Gottes Walten bildet, aber nicht um deswillen, weil ein Element göttlichen Lebens in den Menschen einströme und ihn in die Sphäre göttlichen Lichtes hineinbringe. Die Finsternis, die jetzt Erdreich und Völker bedeckt, ist nicht nur die äußere Bedrängnis Israels, das aus der Feindbedrohung gerettet werden soll, sondern sie ist auch der Unglaube der Welt, der verschwunden sein muß, wenn die letzte Epiphanie Jahwes erfolgt. Dieses Aufleuchten des göttlichen Lichtglanzes soll auch Israel selbst umerziehen, so daß es selbst Licht wird: Israel als „Licht der Völker". Es trägt Jahwes Glanz in die dunkle Welt und wird so zum Heilsträger für sie.

§ 4. Griechenland (5.-4. Jh. v. Chr.)

Ganz andere Vorstellungen stellen sich den Griechen bei den Wörtern für „Licht" und „Lichtträger", „Leuchten", „Feuer" und ihren Ableitungen ein, mit denen sich die verschiedensten Bewertungen anderer Gegenstände vornehmen lassen, sowohl in Mythos und Religion wie in Dichtung und bildender Kunst[20].

---

[20] CARL JOACHIM CLASSEN, „Licht und Dunkel in der frühgriechischen Philosophie", in: *Studium Generale* 18, 1965, S. 97-116 ; M. TREU, „Licht und Leuchtendes in der archaischen griechischen Poesie", *ebenda* S. 83-97; HERMANN DIELS/WALTER KRANZ (Hsg.), *Die Fragmente der Vorsokratiker*, 6. Aufl., 3 Bde, Berlin 1951/1952

Besonders in der archaischen griechischen Poesie, kommt es zu ganz anderen Aussagen über das Licht als in Ägypten, Sumer und Israel, und gleichzeitig bringt die griechische Skulptur eine Art neuer Lichtmaterie in die Welt. Der behauene griechische Marmor reflektiert das Licht nicht wie polierter Granit, Syenit oder Porphyr – der ägyptischen Steinbehandlung vergleichbar – an seiner Oberfläche, sondern läßt es gleichsam ein Stück weit in die Materie des Steines selbst hinein, um es dann aus der Tiefe zurückstrahlen zu lassen. Das ergibt jene eigentümliche Vermählung von Licht und Materie, die Verklärung der Körper, die einen Grundzug der griechischen Kunst allein schon an der Wahl dieses Werkstoffs sichtbar machen.

Während dies eine überreiche künstlerische Erfahrung gewesen sein muß, ist die Verwendung der Lichtvorstellung in der Philosophie, durch die es zur neuzeitlichen Aufklärung weitergehen soll, deutlich begrenzt. Auch hier, anders als bei den Steppenvölkern und Zarathustra (Übersicht E-Auffassung), aber wie in Israel und in den altorientalischen Kulturen auch, sind Feuer und Licht zu trennen. Das Licht bzw. das Helle erscheint als Symbol bei den frühgriechischen Philosophen und Vorsokratikern nie, als Metapher fast nie, in seiner physikalischen Natur oder Funktion nur dort, wo der Sehvorgang erörtert wird. Das Feuer begegnet in den Kosmologien und Kosmogonien in immer neuen Funktionen, meist wegen der einen oder anderen physikalischen Qualität, selten als Symbol.

(E-Auffassung)

Als Qualität ist es die wärmende, lebensfördernde oder sogar lebenspendende Kraft bei Anaximander, die feinste Form des Stofflichen für Anaximenes. Nach Heraklit ist es die sublimste Substanz („feuriger Dunst"), die wärmend und trocknend nicht nur Leben ermöglicht, sondern auch Denken; es ist selbst Träger der Weltvernunft und des Zeus, d.h. der ordnenden Kraft, die den Kosmos lenkt. Auch Parmenides greift in seinen Doxai, anders als im Lehrgedicht (s. gleich), auf das Feuer zurück, um mit seiner Macht statt mit dem Licht im Gegensatz zur Nacht die materielle Zusammensetzung der Welt zu beschreiben. Mit diesem Teil ihrer Anschauungen gehören die Vorsokratiker, Heraklit sogar ganz, in die Tradition der Auffassung E. Als Symbol hingegen tritt das Feuer bei den Pythagoreern in die Mitte ihrer konstruierten Welt. Die kosmischen Lichtträger werden zwar stets beachtet und immer neu erklärt, aber eine dem Feuer gleiche Stellung erhalten sie nicht.

(K-Auffassung)

Die griechische Sprache verbindet das Licht mit dem Sehen und Sehen mit Erkennen, Erkenntnis und Wahrheit. So begegnet das Licht in der Kosmologie nur dort, wo ein Weltbild theoretisch charakterisiert werden soll. Entsprechend finden sich die Gegensätze von Licht und Finsternis, von Hell und Dunkel, auch später nur, wenn Erkenntnisprobleme erörtert werden. So berücksichtigt z.B. wohl Anaxagoras, aber nicht Demokrit diesen Aspekt beim Aufbau des Kosmos.

Wie steht es dann mit dem vom Feuer getrennten Licht? Besonders aufschluß- und folgenreich für die Verbindung zwischen Licht und Erkennen ist hier das Lehrgedicht des Parmenides. Hier geht der Philosoph von der Menschen Aufteilung ihrer Welt in Licht und Nacht aus, die als Resultat eines Irrtums gekennzeichnet werden soll. Er schildert den Weg vom Hause der Nacht in ein Jenseits, das einige Forscher zur Deutung des ganzen Vorgangs als ekstatischer Schamanenreise gebracht hat. Vielleicht geht in diesem Gedicht wirklich die Fahrt zum Hause der Nacht als der Stätte des Ursprungs und der Weissagung auf eine jenseitige Welt, aber dann ist diese bei Parmenides auf die Himmelswelt festgelegt und die Fahrt als Reise zum Licht interpretiert worden. Parmenides beschreibt, wie er auf dem Wagen sitzt, die Achse glüht und läßt beim Umreiben der Radnabe Laute der Syrinx ertönen. Jungfrauen, Heliostöchter, geleiten ihn, das Haus der Nacht zurücklassend, dem Licht entgegen. Dort liegt das Tor der Pfade, die von Nacht und Tag beschritten werden. Die Göttin Dike hält es verschlossen, die Heliostöchter überreden sie, es aufzustoßen, so daß Parmenides auf dem Wagen zu ihr gelangen kann.

Diese Reise kommt dem Weg zur Wahrheit als dem Weg zum Sein gleich, was vielleicht eo ipso als Lichtsein zu verstehen ist. Der mythische Ausgangspunkt ist noch zu erkennen, wenn die Erleuchtung auf eine Göttin zurückgeführt wird. In Wirklichkeit ist sie die Erfahrung des reinen Denkens, in dem das Sein erfahren wird. Licht wird so zur notwendigen Voraussetzung aller Einsicht. „Aber nachdem alle Dinge Licht und Nacht benannt und das, was ihren Kräften gemäß ist, diesen und jenen als Namen zugeteilt worden (ist), so ist alles voll zugleich von Licht und unsichtbarer Nacht, die beide gleich(-gewichtig sind); denn nichts ist möglich, was unter keinem von beiden steht" (fragm. 9).

Am Schluß redet die Göttin den Philosophen an: „Jüngling, Gefährte unsterblicher Wagenlenkerinnen, der du zu unserem Hause gelangt mit den Pferden, die dich bringen, sei mir gegrüßt. Denn nicht ein böses Geschick half dir, auf diesen Weg zu kommen – fürwahr, er liegt weit ab von der Menschen Gefilde – sondern Gesetz und Ordnung." Ordnung und Erleuchtung werden auf diese Göttin, wahrscheinlich Dike, zurückgeführt. Parmenides wartet nicht, bis sie ihn besucht, er besteigt selbst den Wagen und macht sich zu ihr auf. Der Weg führt nicht durchs Unbekannte, so daß erst mühsam ein Meta-Weg, eine Meta-Hodos, eine Methode gebahnt werden müßte wie in den platonischen Dialogen. Der Weg bringt vielmehr selbst Kunde, wofür hier die Begründung steht, daß kundige Jungfrauen auf ihm leiten und die Pferde ihn kennen. Diese Bilder läßt Parmenides für einen übermenschlichen Anteil stehen, den das Aufsuchen der von Dike abseits von der Menschenwelt behüteten Wahrheit stets behält. So knüpft Parmenides an das typisch griechische Verständnis des Sehens, des *idein* in Abhängigkeit vom Licht an, aber wenn er dann Kräfte des

Lichts den Erkennenden leiten und mit ihrer Hilfe den Weg zur Wahrheit finden läßt, versteht er geistige Aktivität und Erkennen in Analogie zu solchem Sehen – man darf wohl sagen: als θεωρεῖν, als sehendes Denken.

(K- und E-Auffassung nebeneinander)

Die frühgriechischen Denker benutzten also weder das Licht noch den Gegensatz von Licht und Finsternis in ihrer Kosmosspekulation. Nur Parmenides bietet einige fest umrissene Ansätze einer metaphorischen Verwendung des Lichtes. Erst als Platon diese weiterentwickelt hatte, nicht so sehr dadurch, daß er die Bedeutung der Erleuchtung hervorhob, als dadurch, daß er das höchste Gut bzw. das höchste Sein zum Licht und Lichtspender in Analogie setzte, konnten Ansätze aus der E-Auffassung aufgenommen werden. Nur durch diese Verbindung wurde dem Licht die hohe Funktion zuteil, die es in der Philosophie und Religion der Spätantike hat. Nach dem klassischen Griechentum tritt eine sehr komplexe Lichtmetaphysik an die Stelle der alten Mythen.

(Exkurs und Überleitung)

Bis hierher hat es sich um eine Art intentionaler Übereinstimmung der Lichtvorstellungen und der besonderen Arten ihrer Deutbarkeit gehandelt. Die Zeugnisse waren ein Feld, dem man Beschreibungen von Parzellen oder Einzelheiten entnehmen konnte. Sie unterliegen einer anderen Kontrolle als die folgenden Zeugnisse. Bei diesen kann man statt dessen sehr verschiedener Meinung über die Zuweisungen zu den beiden Auffassungs-Traditionen sein, die nur mit dementsprechenden Vorbehalten so genannt werden dürfen. Es geht von Platon zur Theologie des Lichts einerseits bei den Gnostikern, andererseits bei den Neuplatonikern und Augustin, von da zu Dionysius dem Areopagiten und Johannes Scotus Eriugena, von da wiederum einerseits zu den mittelalterlichen Mystikern, andererseits zu den Scholastikern (die aber manchmal beides in einer Person sind). „Theologie" bedeutet bei heidnischen Platonikern etwas anderes als bei christlichen und bei Scholastikern, wo wiederum etwas anderes in einen Verweisungszusammenhang zu ihr tritt, eine Lichtmetaphysik. Aus der Lichtmetaphysik, die von einer Lichtmystik begleitet wird, wächst in der Kunsttheorie der Zeit auch eine Lichtästhetik heraus.

Die Noëtik des Lichts, alles was mit dem Noῦς, mit dem Verstand zu tun hat, ist von nun an nicht mehr zu verstehen ohne die Seinslehre vom Licht, die Ontologie. Die Frage nach dem Erkennen versteht sich erst aus der Frage nach dem Sein. Das Verständnis des Seins vom Licht her war schon bei Heraklit angeklungen und auf andere Weise in Platons *Politeia* wiedergekehrt, wo die Idee des Guten für die intelligible Welt das bedeutete, was die Sonne für die sinnliche Welt ist.

C. Philosophie als pagane oder christliche Konfession

§ 5. Plotinos (354-439)

Dieser Gedanke gewinnt bei Plotin[21] verstärktes Gewicht. Schon das sichtbare Licht wird in seiner Bedeutung außerordentlich dadurch gesteigert, daß Plotin es als etwas Unkörperliches betrachtet. Es ist *asōmaton*, ohne *sōma*, ohne Leib. Es ist Logos. Zugleich bleibt es das bevorzugte Bild, um das Wesen des *Hen*, des Einen, zu veranschaulichen, das über aller Anschaulichkeit und Sagbarkeit steht. Die enge Verbindung zwischen Sein und Erkennen ist bei Plotin schon durch die Begrenzung des Seinskosmos gesetzt, der überhaupt nur drei Substanzen umfaßt. Diese sind das *Hen*, der *Nous* und die *Psyche*. Nun gibt es für Plotin überhaupt nicht den klar umgrenzten individuellen Nous, sondern wesentlich nur die eine Seele, die sich in vielen Spiegeln beschaut. Zwar spricht Plotin auch von Einzelseelen, aber betont doch, daß die Einheit durch die Vielheit nicht aufgehoben werden kann. So wie die Ideen letztlich doch Inhalte des einen und einzigbleibenden Nous sind, so wie das Licht, das die verschiedensten Orte erhellt, nur ein einziges Licht ist, so bilden die vielen Einzelseelen zusammen auch die eine dritte Substanz, die Psyche. So steigt denn auch die Seele nicht selbst in den Körper hinab, sondern nur ein von ihr ausgesandter Lichtstrahl, ein Seelenschein. Mit dieser Vorstellung von der Einheit aller Seelen hängt es zusammen, daß die Erkenntnislehre Plotins ganz und gar kosmischen, objektiven Charakter erhält, den Einzelgeist ganz hineinnimmt in die Einheit des geistigen Kosmos überhaupt. Erleuchtung ist zunächst ganz einfach ein Strahlungsvorgang. Die Seele leuchtet, wie sie erleuchtet wird. So wie sie selbst als Ausstrahlung aus dem Nous entsteht, ja dessen Ausstrahlung ist, so strahlt sie auch in die Materie hinein und erleuchtet sie. Kosmisch wie der Nous des Menschen sich darstellt, ist dies zugleich Anthropologie. Der Mensch kann in Materialität aufgehen und so aus dem noetischen Bezirk der Seele herausfallen. Er kann umgekehrt in zunehmendem Maße aufsteigen in die Einheit der Psyche, die als solche Erkenntnis, Licht und Erleuchtung ist.

Es gibt also bei Plotin gar keine von der Ontologie des Lichts unterscheidbare Lichtnoëtik. Die Lehre von der Einzigkeit der Seele und von der Umkehrung des Emanationsprozesses im mystischen Aufstieg ermöglicht vielmehr eine

---

[21] *Plotins Schriften*, übers. von RICHARD HARDER, mit griech. Lesetext und Anm. von RUDOLF BEUTLER u. WILLY THEILER, Bd. 1 u. 2 (Schriften 1 -29 der chronol. Reihenfolge), Hamburg 1956/62. Das folgende beruht besonders auf I 6: Das Schöne, VI 9: Das Gute (Das Eine), V 2: Entstehung und Ordnung der Dinge nach dem Ersten, VI 4: Das Seiende ... I, V 6: ... Das primär und das sekundär Denkende, III 6: Die Affektionsfreiheit des Unkörperlichen.– Unentbehrlich ist der Artikel von WERNER BEIERWALTES, „Hen", in: *RAC* 14, 1988, Sp. 445-472.

vollständige Deckung von Erkennen und Sein. Darin aber ist dem Neuplatonismus eine das ganze Zeitalter der Spätantike durchziehende religiöse Bewegung gleich, genannt „die Gnosis" oder „der Gnostizismus". In den meisten Mythen oder Doktrinen der Gnostiker kommen die bisher besprochenen Lichtlehren, dazu noch die iranischen (E-Auffassung), zusammen und potenzieren sich bis zur Absolutheit. In der umfassendsten gnostischen Mythologie, der des Manichäismus, ist das Licht das eine Urprinzip und in seinem Gegensatz zur Finsternis mit dieser zusammen Bestandteil der materiellen Mischung, aus denen der Kosmos besteht, dazu auch, als Funke im Menschen, Erlösungs- und Erkenntnisorgan. Es ist außerdem bleibende Substanz der himmlischen Welt, in die hinein die irdische sich wieder auflösen wird.

§ 6. Augustinus (354-439)

Von Plotin aus stellt es abermals eine Radikalisierung dar, wenn Augustinus[22] in Auseinandersetzung mit Plotin in seiner Lichtlehre sagt: „Christus wird nicht in derselben Weise Licht genannt, wie er auch der Eckstein heißt, vielmehr steht jenes im eigentlichen, dies im bildlichen Sinne" (De gen. ad litt. 4,28, 45). Das bedeutet, daß Licht nicht bloß eine Metapher für an sich Unsagbares ist, sondern ein Begriff, der die intelligible Wirklichkeit treffend nennt. Vom stoischen Monismus, der die Gottheit mit dem Weltfeuer identifizierte, bleibt Augustinus unterschieden durch die platonische Scheidung von sinnlicher und intelligibler Welt. Es gibt zweierlei Licht, sinnliches und geistiges. Beide sind durch einen Abgrund voneinander geschieden. In diesem Sinne setzt sich Augustinus nicht nur mit dem Neuplatonismus, sondern auch mit dem Manichäismus auseinander und gelangt gegen beide zu einer Vertiefung des christlichen Individualismus.

Die individuelle Geistigkeit jedes einzelnen Menschen stand für Augustinus fraglos fest. Und damit war die Voraussetzung gegeben für die Entstehung einer christlichen Erleuchtungslehre im engeren Sinn. Erkenntnis kann sich nun nicht mehr einfach vollziehen dadurch, daß der Mensch die Welt des Erkennens selber wird, sich in sie verwandelt, sondern nur dadurch, daß er sie sieht, ohne seine Individualität zu verlieren. Erkenntnis vollzieht sich also nun dadurch, daß der Mensch sich wie bei Plotin vom Sinnlichen wegwendet und in sich selbst, oder: in sein Selbst als in die Welt des Geistigen eintritt, um dann, etwas anders als bei Plotin, im immerfort leuchtenden geistigen Licht der

---

[22] Augustinus: *Theologische Frühschriften. De libero arbitrio + De vera religione*, ed. William (d. h. Guilelmus) Green, übers. und erl. von Wilhelm Thimme, Zürich und Stuttgart 1962; *Fünfzehn Bücher über d Dreieinigkeit*, übers. und eingel. von M.ichael Schmaus, 2 Bde (BKV 2. Reihe Bd. XIII/XIV), München 1935/36

Wahrheit, die Gott ist, das wahrhaft Wirkliche zu sehen und schließlich die Wahrheit selbst zu erfassen.

Es gehört nun noch eine besondere Komponente zu dieser Augustinischen „Illuminations"theorie, nämlich die Lehre von der Gottebenbildlichkeit. Plotin hatte die Problematik, wie die vielen Seelen nur eine sind und sozusagen einen einzigen noëtischen Kosmos bilden, in dem Sein und Erkennen dasselbe sind, u.a. durch den Gedanken zu lösen versucht, daß die eine Seele sich in vielen Spiegeln beschaut, daß die vielen Seelen also Spiegelbilder der einen Seele sind und somit an ihrer Einheit teilhaben. Dem Augustinus bot sich in der biblischen Idee von der Gottebenbildlichkeit eine ganz ähnliche Möglichkeit an. Gottes Ebenbild zu sein, ist für ihn wesentlich eine Gegenwärtigkeit Gottes im menschlichen Geist. Das Bild Gottes besteht nicht in einer allgemeinen trinitarischen Struktur des Geistes, sondern darin, daß er *memoria dei, verbum dei, dilectio dei* ist. Die Teilhabe am Sein des *mundus intelligibilis* ist Voraussetzung und Ermöglichung der Teilhabe an seiner Erkenntnis. In den Termini der Lichtlehre ausgedrückt: die seinsmäßige Spiegelung des göttlichen Lichtes im Menschen ist die Voraussetzung und der einzige Grund dafür, daß er auch Erkenntnisspiegel ist. Diese Bindung der Erleuchtungs- an die Gottebenbildlichkeitslehre, die die christliche Abwandlung und Aufarbeitung des plotinischen Gedankens von der Einheit aller Seelen ist, wird das ganze Mittelalter hindurch bestehen bleiben. Es bleibt beim „Wort eines Dinges, das wir innen sprechen, indem wir es schauen, und das daher ..... in diesem Rätselbilde dem Worte Gottes ähnlich ist" (De trinitate 15, 14 24) – ja es bleibt bei der Gleichsetzung von *lux* und *verbum*: „Denn wenn Falschheit da zu finden ist, wo man das Eine nachahmt, und zwar nicht, insofern man es nachahmt, sondern insofern man es nicht erfüllen kann, so ist das die Wahrheit, die es erfüllen und eben dasselbe sein konnte. Sie ist es, die uns das Eine zeigt, wie es ist, weshalb sie auch mit höchstem Recht sein Wort heißt und sein Licht" (De vera religione 36, 66, 187).

D. Um den Sinn des Mittelalters als gesellschaftlich-sakrales System[23]

§ 7. Dionysius Areopagita (um 500 n. Chr.)

Für die Entfaltung der Lichtsymbolik im Mittelalter würde Dionysius Areopagita als einziger Zeuge auch dann genügen, wenn von den ihm vorauf-

---

[23] Besonders viel verdanken die nächsten vier Paragraphen der reichen, belehrenden Arbeit von JOSEPH KOCH, „Über die Lichtsymbolik im Bereich der Philosophie und der Mystik des Mittelalters", in: *Studium Generale* 13, 1960, S. 653-670. Der Aufsatz geht chronologisch weit über die obige Auswahl hinaus, sollte aber vor allem wegen seiner vielseitigen Dokumentation gelesen werden.

gehenden Lichttraditionen nichts bekannt wäre.[24] In seinem Buch *De caelesti hierarchia*, das sein Pseudonym festigte, gab er dem Mittelalter ein regelrechtes Handbuch über die Lichtsymbolik. Keine literarische Mystifikation hat einen solchen durch die Jahrhunderte dauernden Erfolg gehabt wie diese, denn die kritischen Stimmen, die sich nach Bekanntwerden der Schrift meldeten, verstummten bald. Das Mittelalter hat ihn als den gesehen, für den er sich ausgab: einen Schriftsteller der zweiten christlichen Generation, noch im 1. Jh., dessen Autorität der der neutestamentlichen Schriften kaum nachstand. Es ist sehr fraglich, ob dieses eigentlich ganz kleine Buch so zum Allgemeingut geworden wäre, hätte man es nicht immer wieder übersetzt und mit profunden Kommentaren versehen.

Pseudo-Dionysius will eigentlich die Beschreibungen der Engel aus der Heiligen Schrift unter Sinnbildern verständlich machen. Für ihre heilige Rangordnung prägt er den christlichen Begriff „Hierarchie"[25]. Die vielgestaltige Buntheit der bildlichen Engeldarstellungen wird erst im 15. Kapitel behandelt. In den 14 Kapiteln vorher beherrscht ein Symbol die Darstellung – das Licht. Die symbolische Bedeutung des Lichts erstreckt sich auf den göttlichen und den geschöpflichen Bereich. Für beide knüpft Dionysius an Worte der Bibel an, die bei den Symbolikern des Mittelalters immer wiederkehren.

Für den göttlichen Bereich sind wichtig 1. Tim. 6, 16 „Gott wohnt im unzugänglichen Licht" und Jak. 1, 17 „Jede gute Gabe und jedes vollkommene Geschenk kommt von oben, indem es vom Vater der Lichter herabsteigt." Mit dem Timotheuswort beginnt die Schrift über die Hierarchie, das Jakobuswort wird im 5. Brief des Dionysius folgendermaßen paraphrasiert: „Das göttliche Dunkel ist das unzugängliche Licht, in dem Gott, wie es heißt, wohnt. Es ist wegen der überhellen Helligkeit unsichtbar, wegen des Übermaßes der überwesentlichen Lichtausgießung unzugänglich."

Dionysius nennt die Symbole, zu denen auch das Licht gehört, „unähnliche Ähnlichkeiten". Das führt ihn erstens zu Paradoxien, z.B. „das Dunkel ist das Licht", oder „das Überhelle ist unsichtbar", oder „das Licht ergießt sich und ist doch unzugänglich". Zweitens führt es zu einer möglichst starken Abhebung des Symbolisierten vom Symbol durch die ständige Verwendung von Adjektiven, die die Vorsilbe *über-* haben: überwesentlich, überreich, überhell usw. Dionysius bezeichnet auch Gott als Licht und spricht von dem unermeßlichen,

---

[24]   Dionysios Areopagita: *Die Hierarchien der Engel und der Kirche*, übers. von WALTHER TRITSCH, Einführung von HUGO BALL, München-Planegg 1955. – *Mystische Theologie und andere Schriften, mit einer Probe aus der Theologie des Proklus*, übers. von WALTHER TRITSCH, München-Planegg 1956

[25]   Ausgezeichnete, reichhaltige Behandlung dieses Stichwortes von GERARD O'DALY in:: *RAC* 15, Stuttgart 1991, Sp. 41-73.

überreichen Ozean des göttlichen Lichts. Aber er sagt gleich, daß er das nicht wörtlich meint, denn es gibt eigentlich kein Licht, das die Urgottheit kennzeichnen kann.

In einer anderen Schrift des Dionysius, „Über die Namen Gottes", wird Gott „intellektuelles Licht" genannt wegen der Wirkungen, die er auf die Engel und die menschlichen Seelen ausübt. Aber auch das ist symbolische Betrachtung. Der gute Gott reinigt die geistigen Augen der Menschen und der Engel vom Nebel der Unwissenheit, er öffnet die durch die schwere Last der Unwissenheit zugedrückten Augen, er teilt zuerst mäßigen Lichtglanz mit, dann entsprechend der fortschreitenden Reife der Empfänger stärkeren Lichtglanz und schließlich die Überfülle des Lichts.

Das Symbolbewußtsein des Dionysius ist so klar und konsequent, daß er auch im geschöpflichen Bereich gleichsam der Gefangene seiner Bilder und seiner Bildersprache wird. Da Gott der „Vater der Lichter" ist, ist jede seiner Gaben eine Lichtausstrahlung. Der Strahl des göttlichen Lichtes ist in sich selbst ganz einfach, dringt aber ohne Verlust seiner Einfachheit überall hin. Er erscheint indessen nicht in ungebrochener Helligkeit, sondern in der „bunten Fülle der heiligen Umhüllungen, welche einen höheren Sinn enthalten", d.h. in den geschöpflichen Sinnbildern, die unserer Natur entsprechen. Zugleich führt uns Menschen der Strahl zur Einheit des Vaters zurück. Wie der Anfang von „De caelesti hierarchia" zeigt, liegt dieser Gedanke Dionysius besonders am Herzen. Nach dem Jakobuswort heißt es weiter: „Aber jedes Hervortreten der vom Vater erregten Lichtausstrahlung, welche gütig verliehen zu uns dringt, führt uns auch wieder als eine in Eins gestaltende Kraft aufwärts, vereinfacht uns und wendet uns wieder zur Einheit des Vaters, der vereinigt, und zu seiner vergottenden Einfachheit zurück." Hier zeigt sich eine Dreiheit,: der göttliche Lichtstrahl bleibt unbeweglich in sich, tritt hervor und kehrt zurück. Bei dem dritten „Akt" führt er die von ihm Getroffenen zur Einheit. Dies alles kann nicht von dem Naturphänomen Lichtstrahl abgelesen sein . Es ist vielmehr ein neuplatonisches Schema vorgegeben, das Dionysius auf das Verhältnis Gottes zu seinen Geschöpfen glaubt anwenden zu können, und nach dem er nun auch das Symbol formt.

In der Schrift „Die mystische Theologie" schließlich erreicht die jedem Symbol eignende Entsinnlichung ihren Höhepunkt, indem die Unterordnung des Lichts unter das absolute Offenbarungsmysterium, das göttliche Schweigen, auch dann nicht gescheut wird, wenn dessen Symbol die Dunkelheit ist. Die Schrift beginnt: „Dreieinigkeit, ..., mehr als göttlich und mehr als gut: ... führe du uns nicht nur jenseits von Licht und Dunkel, sondern ... bis nahe an die Gipfel des mystisch deutenden Wortes, o Dunkel des Schweigens. Es wäre nicht genug, von dir zu sagen, daß du vor lauter Finsternis in strahlendstem Licht aufglänzest ..."

§ 8. Scotus Eriugena (ca. 810-ca. 870)

Für die Wirkung des Pseudo-Dionysius seien nur ein Philosoph und ein Architekt mit seinem Bauherrn Scotus angeführt, die zusammen ein eindrucksvolles Doppelzeugnis geben. In Irland hat Johannes Scotus Eriugena (um 810-um 870) die Schrift über die himmlische Hierarchie ins Lateinische übersetzt und kommentiert, und die zentralen Gedanken dieses Kommentars bestimmen dann auch die Betrachtung des Sechstagewerkes in seinem gewaltigen metaphysisch-theologischen Opus „De divisione naturae".[26] Zum „Es werde Licht, und es ward Licht" sagt er: „Denn nicht Gott allein, sondern auch die Gründe aller Dinge pflegen, nach dem Zeugnisse des heiligen Dionysius, wegen ihrer unbegreiflichen Unendlichkeit mit dem Worte Finsternis bezeichnet zu werden. Dagegen verdient der Hervorgang Gottes durch Vermittelung der ewigen Gründe in sichtbare und unsichtbare Kreaturen, d.h. die Reihe seiner Gott-Erscheinungen mit dem Namen Klarheit bezeichnet zu werden ... Die uranfänglichen Ursachen sollen aus den unbegreiflichen Verborgenheiten ihrer Natur in begreifliche Formen und Gestalten heraustreten, welche dem Denken des Betrachters deutlich sind". Hier und in den langen, durchdachten weiteren Ausführungen bis zum Leuchten der Gestirne (Buch 3, Kap. 25-36) kündigt sich das Wahrheitskriterium „clare et distincte" an.

In Frankreich[27] hatte schon vor Eriugena der Abt von St. Denis bei Paris, Hildebert, eine Übersetzung der Dionysiaca vorgenommen, nicht ohne von einem hagiologischen Verschmelzen ihres Autors mit dem um 250 enthaupteten Missionar Dionysius beeinflußt zu sein, über dessen Grab die Basilika und spätere Abtei errichtet worden war, in der er als populärster Heiliger der Gallier und Franzosen verehrt werden sollte. Diese Basilika bewahrt seit Ludwig dem Frommen wie Heilige Schriften die Bücher des Areopagiten. Dort hat später Abt Suger als Bauherr der erneuerten Kirche dem Architekten, der von 1140-1144 wirkte, ein Stilprogramm vorgegeben. Dieser verwirklichte es selbständig, indem er die Chorkapellen und die Säulen des Chorumganges so anordnete, daß keine Wand zwischen den Kapellen beschattet werden kann, und daß die Schatten, die die Säulen werfen, durch Kreuzlicht und Gegenlicht so gut wie

---

[26]   Deutsch: *Über die Einteilung der Natur,* (übers. von LUDWIG NOACK, Leipzig 1870 und 1874 = Hamburg 1984 (S. XIII-XVIII: WERNER BEIERWALTES, Neuere Ausgaben und Sekundärliteratur). Ich benutzte noch JOHN J. O' MEARA, *Eriugena*, Oxford 1988, und JAMES McEVOY, : „Metaphors of Light and Metaphysics of Light in Eriugena", in: WERNER BEIERWALTES (Hrsg.), *Begriff und Metapher. Sprachform des Denkens bei Eriugena* (Abh. der Heidelberger Akademie der Wissenschaften, 3. Abh.), 1990 – Das Obige und Kap. IV § 5 sollen sich ergänzen.

[27]   Das Folgende nach HANS SEDLMAYR: „Das Licht in seinen künstlerischen Manifestationen", in: *StudGen* 13, 1960, S. 313-324

aufgehoben werden. So manifestiert sich in der Kirche der Lichtglanz des himmlischen Jerusalem, und der Chor darin ist das Symbol des Zion. Abt Suger hat
nun den ganzen Bau und seine Ausstattungsstücke mit metrischen Inschriften
überreich versehen, welche bis in den Wortlaut hinein dem Pseudodionysius
Areopagita folgen. Die Inschrift am Hauptportal der Kirche lautet: „Nobile
claret opus/Sed opus quod nobile claret/clarificet mentes/ut eant per lumine
vera/ad verum lumen, ubi Christus janua vera./Quale sit intus in his/determinat
aurea porta:/Mens hebes ad verum per materialia surgit/Et demersa prius hac
visa luce resurgit." Das ist eine Paraphrase von Gedanken des Eriugena aus
seinem Kommentar zur „Himmlischen Hierarchie" – „Materialia lumina, sive
quae in terris humano artificio efficiuntur, sive quae naturaliter in caelestibus
spatiis ordinata sunt, imagines sunt intelligibilium luminum, super omnia ipsius
verae lucis," – und damit soll die Lichtkunst zu derselben Klarheit wie das
Denken führen.

E. Hochscholastik im Widerstreit

§ 9. Robert Grosseteste (1175-1253) und seine Widersacher

Aristoteles hatte im Anschluß an platonische Gedanken Materie und Form als
die beiden Komponenten herausgestellt, aus denen sich alles körperhaft Seiende zusammensetzt. Körperlichkeit entsteht dadurch, daß die *Materia prima,*
die ihrem Wesen nach das reine Möglichsein ist, von der aktiven Kraft der
Form ergriffen und gestaltet wird. Dieser Materia prima, deren Gegenpol bei
Aristoteles die Vielzahl der verschiedenen Formen ist, stellt der Oxforder Theologe und nachmalige Bischof von Lincoln, Robert Grosseteste (1175-1253)[28],
konsequent entschlossen die *Forma prima* entgegen. Diese ist das Licht. Es wird
damit eine Aktivität im Prinzip aller Bewegung. Das Licht wird definiert als
prima forma corporalis. Die radikale Vereinheitlichung des Seinsverständnisses,
die damit erreicht ist, zeigt sich äußerst folgenreich, sofern sie auch ein streng
einheitliches Verständnis des Geschehens, der Bewegung am und im seienden
Begriff ermöglicht. Diese Umformung des aristotelischen Bewegungs- und des
Ursachenbegriffes wirkt sich in einer sehr bezeichnenden Weise aus in Grossetestes Theorie der Weltentstehung. Danach schafft Gott zunächst einfach die

---

[28]   Wichtigste Schriften: L. BAUR, *Die philosophischen Werke des Robert. Grosseteste* (Beiträge zur Geschichte der Philosophie des Mittelalters 9), Münster 1912; *Hexaëmeron,* edd.
RICHARD C. DALES and S. GIEBEN (Auctores Britannici Medii Aevi 6), London 1983 ; *De
decem mandatis,* edd. RICHARD C. DALES and EDWARD B. KING (Auctores Britannici
Medii Aeri 10), Oxford 1987 -

beiden Grundwirklichkeiten, *forma prima*, das Licht, und *materia prima*. Beide sind als solche ausdehnungslos und unkörperlich. Aber dem Licht als einer wesentlich aktiven Kraft kommt es zu, sich selbst unendlich zu vermehren und sich selber immer neu zu erzeugen und sich erzeugend überzufließen. Treten nun die aktive Kraft des Lichtes und die träge, passive Urmaterie in einander, so hat dies zur Folge, daß das Licht die Materie in seine Strahlungsbewegung hineinreißt und es so ausdehnt zur dreidimensionalen, körperlichen Materie. Das hat Konsequenzen für die Erleuchtung des Verstandes. In seiner Auslegung des 6. Gebotes sagt Robert:

> „In penam quoque adulterii facte sunt in Egipto trium dierum tenebre tam dense ut possent palpari, et ita sine luminis admixtione ut nemo videret fratrem suum, nec se moveret de loco in quo erat, et, sicut scribitur in libro Sapiencie: Ignis nulla vis poterat illis lumen prebere, nec siderum limpide flamme illuminare poterant tristem illam noctem horrendam. Talis autem pena tali culpe congruenter aptatur, quia generaliter in opere luxurie absorbetur maxime et obtenebratur lumen intelligencie et ad obscurum peccatum mechie maxime querentur tenebrarum latebre. Nec est etiam obscurior mentis cecitas quam in aliena facere quod minime vellet pati in propria uxore."

Mit seinem vereinfachten Weltverständnis ist Grosseteste immer noch entfernt von jener Mechanisierung des Weltbildes, die die neuzeitliche Naturwissenschaft kennzeichnet. Dennoch sind in seinen kosmologischen Schriften entscheidende Schritte in Richtung einer mathematischen Welterklärung schon getan. Denn die gesamte Welt ist über alle Seinsstufen hinweg als Raum einer einheitlichen Erfahrung begriffen und einheitlich erklärbar aus einer Größe, die gemessen werden kann, nämlich der Bewegung. In der Meßbarkeit dieser Größe liegt die Wurzel für die mathematischen Entwürfe von Grosseteste. Es liegt ganz in der Linie des sich damit abzeichnenden modernen Weltbildes, wenn Grossetestes Schüler Roger Bacon (um 1220 - nach 1292) der spekulativen Wissenschaft seiner Zeit die These entgegenstellt, das Experiment sei das einzige Kriterium der Wahrheit.[29]

§ 10. Thomas von Aquino (1224-1274) und seine Bestreiter

Die relativ spärlichen Ansätze im Werk des Augustinus allein vermochten von sich aus kein Erbe zu begründen, das zu einer selbständigen abendländischen Lichtmetaphysik hätte ausgeweitet werden können. Doch die Begegnung der

---

[29]   Siehe die Schrift *An Unedited Part of Roger Bacon's Opus Maius: De signis*, ed. K. M. FREDBORG, L. NIELSEN and J. PINBORG, in: *Traditio* 34, 1978, S. 75-136

von Christen mit der von Muslimen interpretierten, durch Juden mittels Zwischenübersetzungen wechselseitig vermittelbar gemachten griechischen Philosophie – einschließlich der am häufigsten akzeptierten, schulmäßig tradierten Lösung, der Gleichsetzung von aristotelischer Form und neuplatonischem Licht, ein echter „Konflikt der Interpretationen"! – führte im Laufe des 13. Jh.s zu einer völlig neuen, in sich sehr widersprüchlichen Situation. Einerseits gewannen viele alte Lichtmotive insoweit neue Kraft, als die Entwicklung überhaupt ein Stück vorwärts getrieben werden konnte. Dabei kam es zu einer Entfaltung in doppelter Richtung, einerseits einer weiterhin theologisch-metaphysisch orientierten, die aus der Pflege der gesamten Überlieferung heraus jedem Modernismus unwiderlegbare Argumente entgegen halten konnte, andererseits einer mehr physikalisch-mathematisch arbeitenden, mit welcher der stufenweise Abbau der Erleuchtungslehre einherging. Den Letzteren gehörte die philosophische Zukunft. Aber da sie, obwohl sie Gegner der Erleuchtungslehre waren, noch längst nicht alle Positionen hielten, die für die Neuzeit maßgebend werden sollten, muß für Zeitgenossen des 13. Jahrhunderts die Situation nicht völlig offen gewesen sein, sie kann sogar bevorzugend in diejenige Richtung gewiesen haben, die dann von der Mehrheit nicht eingeschlagen wurde. Gehörten doch zu denjenigen Denkern, die an der Erleuchtungslehre festhielten, sogar solche, die sie für die Logik der Wissenschaften weiterentwickelten. Der bedeutendste von ihnen war Bonaventura.

Bonaventura hat die Vereinfachungen Grossetestes rückgängig gemacht und die Lichtontologie aufs Neue grandios entworfen. Aber sie wird zum neuzeitlichen Licht der Vernunft nur im Verein mit den bei Eriugena einsetzenden, von Grosseteste halb und von Thomas von Aquino ganz konsequent weitergeführten Abstraktionen beitragen können, kraft derer die Deutlichkeit, die *distinctio*, als eine vollkommenere Art der Klarheit, der *claritas*, gelten wird. Das geistige Terrain, auf dem die Denker zu dieser Position gelangt sein müssen, ist jedoch mehr vom Vorausblicken aus dem 13. und vom Zurückblicken aus dem 17. Jahrhundert, aber nicht durch solide Zeugnisse aus den dazwischenliegenden drei Jahrhunderten selbst bekannt. Doch was unbezweifelt weiterlebte, konnten große Gelehrte so zusammenfassen und in seiner metaphorischen Grundstruktur so kongenial erfassen, daß schlechthin plausibel wurde: Nur so kann es weitergelebt haben. Die Grundstruktur macht es evident, daß die Aussage „Gott ist das Urlicht" kein Vergleich und keine Identifikation ist, sondern eine Gleichung.

„Diese Gleichung: Gott ist das Urlicht, begründet die Lichtmetaphysik des 13. Jahrhunderts noch tiefer: das Licht ist reine Spontaneität, reines sich Offenbaren und Quelle aller möglichen Aktivität und Bewegung. Es ist also im eigentlichen Sinne kreativ, schöpferisch. Das sind aber Eigenschaften, die Gott allein zukommen. Er ist deshalb das Licht in reinem Zustand, weil er diese Eigenschaften im transzendenten Sinn hat: *Deus lux dicitur proprie et non translative* (Grosseteste). Etwas abweichend sagt Bonaventura, daß so wie Gott die causa prima für das Sein, das Licht die causa prima für die materielle Welt sei. Zwichen Licht und Gott besteht also eine Analogie, und zwar eine *analogia relationis*: das Licht ist Symbol Gottes wie die Sonne, sol sensibilis, Symbol Christi: *lux inter omnia corporalia maxime assimilatur luci eternae.*"[30]

Nur mit Zögern haben wir gerade im Anblick zweier ganz gleichzeitig Lebender, des Bonaventura und des Thomas von Aquino (1224/5-1274), die vorbereitende Grenze zur Neuzeit zwischen beiden hindurch gezogen[31] (daß es ein vertikaler Strich sein mußte, mildert die Sache ein wenig). Indem die Abstraktionstheorie an die Stelle der Erleuchtungslehre tritt,[32] wird die Eigenaktivität des menschlichen Geistes immer stärker herausgearbeitet und führt in der K-Auffassung, in der wir uns jetzt wieder eindeutig befinden, zu einem fortschreitenden Verzicht auf die – göttliche Aktivität bereits voraussetzende – göttliche Erleuchtung. Die Abstraktionstheorie mündet praktisch in die These, der menschliche Geist erleuchte sich selbst.

Zu Beginn des nächsten und zum Schluß des übernächsten Absatzes erlaube ich mir, jeweils zu einem Problem Stellung zu nehmen, um damit einige Entscheidungen zu begründen, die die Konzeption und z. T. auch die Anlage des ganzen Bandes betreffen.

Im Hinblick auf das nächste Kapitel sei hier darauf aufmerksam gemacht, daß es die gnostische Position ist, die von Thomas abgelehnt wird. Man sieht hier wieder, daß diese Position rein zu denken ist; denn einen Repräsentanten der Gnosis hatte Thomas nicht vor sich. Er gibt die Erleuchtungslehre im alten Sinn gänzlich als falschen Gedanken auf, indem er den Gesamtbereich möglicher menschlicher Erkenntnis dem eigenen Intellectus gänzlich unterstellt. Thomas ist „voll Abwehr gegen die ‚Lichtsprache', weil sie ihm die Grenzen von Metaphorik und Metaphysik verwischt. Licht ist für ihn eine *qualitas per se sensibilis et species quaedam determinata in sensibilibus.*"[33] Thomas liquidiert

---

[30]   SEDLMAYR S. 3 22. Auch dieser Aufsatz ist umfassend und wäre noch an mehreren anderen Stellen zu zitieren. Ich verdanke den oben wörtlich zitierten Sätzen, in denen ich das Grosseteste- und das Bonaventurazitat nicht verifiziert habe, die Einsicht in den Gleichungscharakter vieler Dinge, der mir auch zu dem Wort „gleichungsmythisch" Mut machte.

[31]   Über Bonaventura wird im folgenden nur das Zusammengefaßt, was diese Position verdeutlicht, während die inhaltliche Darstellung in Kap. IV § 6 erfolgt. Zweisprachige Textausgaben, die erhältlich sind, siehe oben in Fußnote 5.

[32]   Besonders klar herausgestellt von JOSEPH RATZINGER, „Licht und Erleuchtung. Erwägungen zu Stellung und Entwicklung des Themas in der abendländischen Geistesgeschichte", in: *Studium Generale 13*, 1960, S. 368-378

[33]   HANS BLUMENBERG, „Licht als Metapher der Wahrheit. Im Vorfeld der philosophischen Begriffsbildung", in: *Studium Generale 10*, 1957, S. 432-447, dort 443f. Fortsetzung siehe übernächste Fußnote.

allerdings die rein sprachlichen, nahezu formelhaft gewordenen Redeweisen von göttlicher Erleuchtung und überhaupt vom „Licht" im geistigen Bereich nicht mit, sondern macht nur Vorbehalte gegen etwaige Mißverständnisse. Von der ersteren Erleuchtung kann nach ihm nur gesprochen werden, weil dieses Eigenlicht der menschlichen Vernunft von Gott geschaffen wurde – insofern handelt es sich allerdings um Teilhabe an Gottes Licht[34] –, von der letzteren „nur *aequivoce vel metaphorice,* wo es um die *ratio manifestationis* des Seienden, also seine ontologische Wahrheit geht."[35]

Um dieses Problem ging es mir nicht nur bei der Befassung mit dem Lichtthema natürlich andauernd. In einigen Passagen habe ich nicht zu einem Urteil gefunden, ob es sich bei der jeweils anstehenden Sache und Metaphysik oder um Metaphorik handelt. Im Zweifelsfalle gilt der metaphorische Sinn, der auch sonst Priorität haben soll, wo immer möglich. Die Wahl des Wortes „Metaphysik" für die Überschrift dieser ersten Traditionsgruppe war von solchen Überlegungen nicht betroffen, sondern erfolgte, weil das Wort einen etwas weiteren Sinn hat, den es für einiges, was sonst vorkommt, auch haben muß.

Wir stehen hiermit am Ende der Möglichkeiten, mit einer Lichtsymbolik oder -terminologie eine Weltdeutung nachzuvollziehen; denn ein Licht, dessen Bedeutung, oder das ganz als es selbst hinweggeleugnet wird, vermag ein derart anspruchsvolles Unternehmen, und bleibe der Anspruch auch zehnmal uneingelöst oder im Referieren stecken, nicht mehr zu tragen.

F. Vierhundert Jahre ständige Bewahrung des inneren Lichts in der „Mystik" wider sukzessive Brechung des äußeren Lichts in der Optik

§ 11. Abstraktionen und paradoxe Entsinnlichung der Fremderleuchtung bis zu Nikolaus von Kues (1401-1464)

Es ist aber noch zu fragen, ob die Propagation einer Abstraktionstheorie durch einen einzelnen, wenn auch enorm ein flußreichen Theologen, oder auch mehrerer mit dieser Meinung ausreicht, ein solches Deutungsinstrument allenthalben außer Kraft zu setzen. Es müßte, so möchte man kausalitätshungrig fordern, noch eine einfachere, dafür aber sozial tiefer greifende Tendenz, Lehre,

---

[34]   Näheres siehe bei JOSEPH OWENS, „Faith, Ideas, Illumination", in: NORBERT KRETZMANN u. a.(Hrg.), *The Cambridge History of Later medieval Philosophy,* Cambridge 1982, S. 440-459 (452-454: Aquinas and the rejection of Illumination).

[35]   BLUMENBERG S. 443f innerhalb eines Vergleiches mit Bonaventura, wohl deshalb mit Anführung von Aussagen aus der I. et II. Sent. dist. des letzteren für beide. Ich habe die Zitate im Sentenzenkommentar nicht verifizieren können. – Wichtig ist hier die von BLUMENBERG weitgehend geklärte Beziehung der Metaphysik zur Metaphorik. „ARISTO-

Meinung hinzu kommen, auf der dann der Widerstreit der scholastischen Thesen sozusagen erst richtig aufruhen kann. So etwas scheint es aber tatsächlich
gegeben zu haben – es ist der Erfolg der Instrumentenoptik, in allgemeinen
Gebrauch genommen zu werden. Wo man sich ihrer bedient, da hat eine innere
Einstellung zum Licht Platz gegriffen, die an einer Weltdeutung durch dasselbe
nicht mehr interessiert sein kann. In diesem Zusammenhang ist es denn auch
besonders signifikant, daß zwei sehr bedeutende Scholastiker ebenso gute Op-
tiker waren. Roger Bacon erfand die Camera Obscura, Dietrich von Freiberg
erklärte den Regenbogen[36].

   „Untersuchungen auf dem Gebiet der Optik drehten sich um die komple-
xen Probleme der Reflexion und der Refraktion, wie sie besonders beim Regenbogen in Erscheinung treten. Um 1591 schrieb Marcantonio de Dominis, Erzbischof von Spoleto (Split), die Abhandlung „De radiis visus et lucis .... et iride
tractatus" (Venedig 1611), in der er die Bildung des primären Regenbogens (des
einzigen, den man gewöhnlich sieht) zwei Refraktionen und einer Reflexion des
Lichtes in den Wassertropfen der Atmosphäre oder im Regen und diejenige des
sekundären Regenbogens (eines Bogens, bei dem die Farben in umgekehrter
Reihenfolge erscheinen und den man manchmal außerhalb des primären als
schwächere Lichterscheinung erblicken kann) zwei Refraktionen und zwei Reflexionen zuschrieb."[37] Dietrich von Freiberg war also Vorläufer einer wissenschaftlichen Entwicklung, die bedeutend werden sollte. Natürlich darf man

---

TELES hat als erster mit Autorität die Metapher definiert: ‚Metapher ist Übertragung
eines fremden Namens.‘ Er unterscheidet in seiner *Poetik* (21, 1457b) weiterhin vier
Metapherntypen, je nach der Richtung der Bedeutungsübertragung: 1. von der Gattung
auf die Art, 2. von der Art auf die Gattung, 3. von der Art auf die Art, 4. ›gemäß der
Analogie.‹ Das ist eine sehr weite Definition, die etwa dem heutigen Begriff der Stilfigur
entspricht. Dem modernen Metaphernbegriff entspricht nur die an letzter Stelle genannte Übertragung."

„Die tief verwurzelte sprachliche Metaphorik ist (auch) für H,. BLUMENBERG Ausgangspunkt seiner *Metaphorologie*. Sie ist eine historische Wissenschaft solcher Metaphern,
die in der Geschichte der Philosophie und der Wissenschaften als genuine Denkmodel-
le die Erkenntnis befördert haben. Er nennt sie „absolute Metaphern" und betrachtet
sie als ebenso eigentlich wie die Begriffe. Die Metaphorologie ist daher ein Teilbereich
der Begriffsgeschichte; da die Metaphysik oft nur eine ‚beim Wort genommene Metaphorik‘ ist, tritt die Metaphorik nach einem zu erwartenden Schwund der Metaphysik
mit verstärktem Nachdruck auf den Plan" (H. WEINRICH, „Metapher", in: *HistWbPhil*
Bd.5, Basel/Stuttgart 1980, Sp.1179-1186, dort 1179 und 1182, zuletzt mit Verweis auf
HANS BLUMENBERG, „Paradigmen zu einer Metaphorologie", in: *Archiv für Begriffsgeschichte* 6, Bonn 1960).

[36]   Auch für das folgende konsultiert und hiermit empfohlen: ARMIN HERRMANN, *Lexikon
Geschichte der Physik A-Z*, Köln 1972, s. vv. „Camera Obscura", „Descartes", „Kepler",
„Optik".

[37]   Siehe Anm. 41.

daraus nicht zu weitgehende Schlüsse ziehen. Es handelt sich nicht um einen „Quantensprung" in der Technikgeschichte. Die Griechen waren in der „Katoptik" von Pythagoras bis Euklid im Prinzip schon genau so weit gekommen. Aber für sie war das weltanschaulich – sit venia verbo – „keine Kunst", denn kein sakrales Objekt jagte dem, der es erforschen wollte, Schauer ein. Wo aber die Sphäre des Lichts durch Jahrhunderte dermaßen numinos aufgeladen war, da kann schon eine Kleinigkeit eine Geisteswende anzeigen. Man kann sich Hildegard von Bingen nicht mit einem Vergrößerungsglas hantierend vorstellen. Es ist vielleicht ein übertriebner Vergleich, das Operieren am Licht mit Instrumenten müsse im 13. Jahrh. ein genau so großes Sakrileg gewesen sein wie zunächst das, eine Leiche zu sezieren. Die Dinge sind in der Tat von sehr verschiedener Dimension und Moral. Doch in diese *Richtung* darf man seine Einbildungskraft wohl lenken. Es genügt, daß man sich vorstellt: das Licht lebte, als man es verehrte. Es war tot, als man seine Strahlen brach.

Für unsere Fragestellung bestätigt eine solche Überlegung zugleich den theoretischen Punkt, der bezeichnen soll, wann das Licht aufhört, die Deutekraft des Menschen und zugleich das Objekt zu sein, auf die er diese Kraft richtet. Freilich ist dafür nur ein recht ungenaues Datum anzugeben. Denn die Welt war pluriform, und wenn irgendwo in einer Zelle ein Mönch etwas erfand, dann brauchte die Welt lange Zeit nichts darüber zu erfahren. Recht oft mußte erst etwas mehrere Male hintereinander von Personen erfunden worden sein, die ihren jeweiligen Vorgänger nicht einmal zu kennen brauchten. Erst dann konnte man davon reden, daß eine Erkenntnis sich durchgesetzt habe. Bis es soweit war, wurde das Bisherige weiter gedacht – bei genauerem Hinsehen mit einem anderen Flair oder einer anderen Art von Selbständigkeit, und das in verschiedenen Interpretationen. Auch die Geschichte der Lichtvorstellungen zeigt dies. Sie verläuft seit dem 13. Jahrhundert außerordentlich vielschichtig und von vielen Kontroversen durchzogen. Erst mit Descartes kommt das zur Ruhe. Man könnte je nach Fragestellung die Geschichte bis zu ihm hin als sukzessive Übernahmen von Lichtlehren in die Optik schildern, bis diese ganz stark und das Lichtreich ausgepowert war. Weitere Gedankenexperimente solcher Art lassen sich machen. Aber es gibt auch eine auf allen Gebieten wohlbekannte Eigenart tatsächlicher Entwicklung, nämlich die, daß bestimmte Handlungen und Techniken das Beste hervorbringen, wen man sie nicht mehr braucht. In der Gestesgeschichte belegen philosophische Systeme und ähnliches dasselbe: sie können umso durchgebildeter, vollkommener, unwiderleglicher sein, je sicherer ihr Schicksal besiegelt ist, sei es weil anderswo schon ein stärkeres System gehandhabt wird, sei es weil die ganze Umwelt sich so verändert hat, daß sie ihrem glanzvollen Spätprodukt keinen Rückhalt mehr bietet.

Genau diese Rolle spielt Nikolaus von Kues in der Geschichte der Lichtvorstellungen. Es würde zu weit vom Thema abführen, wollte man seine Theologie/Philosophie im ganzen darstellen. Eigentlich müßte man es, denn er ist kein

Lichtmetaphysiker. Aber wenn er mit von woanders her konzipierten Gedanken und Begriffen, mit Ontologie und Wissenslehreumgeht, oder wenn eine
Illustration oder eine Berufung auf eine Autorität bis hin zur Heiligen Schrift
nötig zu sein scheint, oder wenn ein logisches Theorem tatsächlich einmal mit
Lichtterminologie besser abgeleitet worden war als mit einer anderen – dann
kann er zu gegebener Zeit aus dem reichen Schatze der Lichttradition das Richtige heranziehen. Es gäbe ein falsches Bild, wenn man das heraushöbe und
zusammenstellte – obwohl es immer noch faszinierend ist, welch eine Welt
sich der Cusanus-Liebhaber nur damit immer noch errichten kann. Aber wie
gesagt – der Geist ist noch größer, der hinter Aussagen wie diesen steht:

> „Das Licht ist gewissermaßen eine universale Gestalt alles sichtbaren Seins,
> d.h. jeder Farbe. Die Farbe ist nämlich ein verschränktes Aufnehmen des
> Lichts, und das Licht vermischt sich nicht mit den Dingen, sondern es wird
> in der Weise des Abstiegs gemäß dem Grad des Abstiegs aufgenommen. Die
> Begrenzung des Lichtes im Leuchtenden ist die Farbe, die nach der einen
> Seite rot, und nach der anderen Seite blau ist. Und alles Sein der Farbe wird
> durch das herabsteigende Licht gegeben, so daß das Licht alles das ist, was
> es in allen Farben gibt: seine Natur ist es, sich rein aus seiner Güte zu
> ergießen. Und obwohl es sich selber gibt, indem es sich rein mitteilt, ent-
> steht doch aus seiner verschiedenen, absteigenden Aufnahme die Man-
> nigfaltigkeit der Farben. Auch ist die Farbe nicht das Licht, sondern das in
> dergestaltiger verschränkter Ähnlichkeit empfangene Licht, das sich so wie
> die Gestalt des Lichtes zur Gestalt der Farbe verhält. –So verhält sich Gott,
> das unendliche Licht, als die universale Gestalt des Seins zu den Gestalten
> der Geschöpfe.“[38]

Eine solche Lichtauffassung hat ihren Sinn nicht mehr darin, daß man mit ihr
die lichte Schöpfung deuten kann. Die Farben sind wichtiger. Wir könnten
Cusanus' Interesse an Optik und Farbenlehre durch sein Werk verfolgen. Wir
beschränken uns auf eine Probe aus seinem zweiten Hauptwerk, *De coniecturis.*[39]

> „Betrachte diese Bereiche in dreimal drei Unterscheidungen gesondert.
> Wenn du nun in derselben Weise die Gottheit, das Licht, die Menschheit,
> die Farbe und das Gesamt die sichtbare Welt sein läßt, dann suche dich
> selbst, Julianus, in der Darstellung und schaue nach, ob du dich in der
> höchsten, mittleren oder untersten Region befindest. Ich bin der Meinung,
> daß du in klarer Teilhabe am göttlichen Licht die Menschheit auf der höch-
> sten Stufe und in der edlen Eigengesalt dieses höchsten Bereiches ver-

---

[38]   Eine Probe aus *De dato Patris luminum – Die Gabe vom Vater des Lichtes,* Teil 1 (= Bd.2,
       S. 658 f Dupré). Der Traktat könnte ohne Auslassung zitiert werden.

[39]   *De coniecturis – „Die Mut-Maßungen"* 2, 18 (= Bd. 2, S. 196f Dupré)

schränkst. Auf diesem leicht erschließbaren Weg vermag jeder im Vergleich mit anderen Menschen Mutmaßungen (*coniectura*!) über sich anzustellen."

In diesem Werk werden einfache Zahlen, Zahlenreihen und Zeichnungen zur symbolischen Grundlage einer *Ars coniecturandi*. Die Symbole des Lichtes und der Finsternis oder des Schattens durchziehen die ganze Schrift. Im ersten Hauptwerk hingegen, *De docta ignorantia,* wird am deutlichsten, welch eine Aufgabe das Symboldenken wahrzunehmen vermag: Nichts geringeres, als den unendlichen Abstand zu überwinden, der uns endliche Menschen von Gott trennt. Nicolaus wählt bezeichnender Weise dafür Symbole aus der Geometrie, nicht aus der geometrischen Optik (das hätte erst Kepler gekonnt). In einem ersten Transcensus zeigt er, wie dieselben, ins Unendliche gesteigert, zusammenfallen. Der zweite Transcensus führt vom mathematisch Unendlichen zum metaphysisch Unendlichen, zu Gott.

§ 12.Konkretionen des neuen Weltbildes durch Johannes Kepler (1571-1630) und René Descartes (1596-1650)[40]

Gegen Ende des 16. Jahrhunderts lebte in Tübingen ein Student, der kam von dem eben genannten Werk, der *Docta Ignoranria,* nicht los. Sein Name war Johannes Kepler. Es war nur eine der unendlich vielen Anregungen, die er in sich aufnahm. Allein diejenige, die zur Integration der Optik in sein gewaltiges Werk führte – zugleich ein unglaubliches Stück Cusanus-Rezeption! –, füllt eine stattliche Monographie. „Im Jahre 1611 untersuchte Kepler in seiner Schrift „Dioptrice" die Lichtbrechung durch Linsen. Das Gesetz für die Refraktion des Lichtes war 1621 durch Willebrord Snellius, Professor der Mathematik in Leiden, entdeckt worden. ... Dieses Brechungsgesetz wurde zuerst 1637 durch Descartes bekanntgegeben. Snellius wie Descartes fußen auf Untersuchungen Keplers."[41] Kepler entwickelte in seiner Dioptrik auch eine Theorie vom Fernrohr und hat es damit wohl praktisch erfunden; kurz danach erfolgte, unter

---

[40]   Soweit Descartes für die Probleme befragt werden muß, die mit der Philosophie von Hans Jonas und mit dem Alt-Neu-Problem zusammenhängen, geschieht dies in Kap. IV § 11. Ergänzend dazu bringe ich hier etwas ausführlicher, als ich es in dem bei der Ehrenpromotion von Hans Jonas am 11. Juni 1992 gehaltenen Festvortrag „Erleuchtung – Klärung – Verdeutlichung" sagen konnte (in: DIETRICH BÖHLER – RUDI NEUBERTH. (HSG.), *Herausforderung Zukunftsverantwortung.* Hans Jonas zu Ehren, Münster-Hamburg 1992, S. 37-48, dort S. 43-45), was mit dem in Kap. IV § 11 Gesagten zusammen gehört. Beide Stücke, die es hier sind, wurden als *ein* Text für die Festschrift für Hans Jonas ausgearbeitet, aus der dann ein Gedenkband (*Ethik für die Zukunft*) werden mußte.

[41]   SIEGFRIED WOLLGAST, *Philosophie in Deutschland zwischen Reformation und Aufklärung 1550-1650,* Berlin 1988, S. 69 f.

Inanspruchnahme seiner Fernrohrtheorie, von anderer Seite die Erfindung des Mikroskops. Keplers Arbeit an der Optik sagt allein nicht genug über seine Mitwirkung an der allgemeinen Veränderung der Sicht des Lichtes aus. Ich darf mangels eigener Kompetenz auf ein instruktives Kapitel „Begründung der geometrischen Optik" in einem guten populärwissenschaftlichen Buch verweisen.[42] Auch die Astronomie, insbesondere Keplers Beobachtungen der Laufbahn des Mars,[43] hatte Anteil an einer neuen Einstellung zum Licht. Äußerst aufschlußreich ist es, wie Kepler die neuplatonisch-emanatistische Lichtlehre festhalten konnte, ohne daß der optische Part seiner Forschung im mindesten darunter litt. Und ähnlich wie bei Nikolaus von Kues trug ein großes Interesse an den Farben zur neuen Lichtlehre bei. Keplers Stellung zum Licht scheint eine ähnliche gewesen zu sein wie zu den Sternen. Beiden kosmischen Größen zollte er Respekt, ja er hatte Wohlgefallen an ihnen, aber von beiden ließ er sich zum Deuten nicht mehr anregen.

Bei Descartes war die wissenschaftliche Entwicklung ähnlich wie bei Kepler verlaufen. Auch er kam von spekulativen Fragen her zu Untersuchungen über das Verhalten des Lichts in durchsichtigen Medien, zu der er eine eigene korpuskularistische Theorie meteorologischer Phänomene beisteuerte, natürlich wieder mit besonderer Sorgfalt für den Regenbogen, mit dessen weiterer Erklärung er die schon von Kepler vorgenommene nochmals verbesserte Über seine Beziehung zu Kepler kommt Descartes noch auf einem weiteren Wege in unseren Gesichtskreis. Der optische Aspekt seiner Arbeit soll für den abschließend folgenden, für uns zentraleren wissenslogischen Aspekt als vorausgesetzt gelten.

Nachdem zuletzt bei Scotus Eriugena ein Vorklang des aufklärerischen Wahrheitskriteriums „klar und deutlich" begegnet war, schien es nur eine Frage der Zeit zu sein, daß es auch so formuliert würde, wie man es – ja, seit wann und von wem? Man darf nicht mehr sagen als: wie man es aus den Handbüchern gewohnt ist. Diese setzen bei Descartes ein und halten es für selbstverständlich, daß er in den Scholastikern bewandert genug war, um bei einem von ihnen die Formel zu finden, die er dann weiter interpretieren würde. Allein – bei den Scholastikern findet sie sich nicht, jedenfalls bisher nicht.[44] Hier

---

[42] SIEGFRIED WOLLGAST – SIEGFRIED MARX. *Johannes Kepler,* Köln 1977, S. 35-46.

[43] Streckenweise auch dem Laien verständlich durch die deutsche Übersetzung und Kommentierung von JOHANNES KEPLER, *Neeue Astronomie,* München 1990, durch MAX CASPAR.

[44] Es ist aufschlußreich, daß in den elf überreich dokumentierenden Spalten, auf denen P. SCHMIDT entsagungsvoll und jeden zu Dank verpflichtend das Material von *clareo* bis *clarus* ausbreitet, keine einzige Zusammenstellung mit *distinguere, distinctus* etc. aufgeführt ist, und das in einem Riesenwerk mit dem Titel: *Mittellateinisches Wörterbuch bis zum ausgehenden 13. Jahrhundert,* dort in Band 2, Lieferung 5 des Bandes, 15 des Gesamtwerkes, München 1973, Sp. 675-685

liegt ein Bruch in der Forschung, oder in der Überlieferung, oder in unserer Sichtweise vor, wie man ihn selten findet. Es ist die fundamentale Descartes-Kritik von Hans Jonas, die lehrt, daß hier mehr als ein Zufall waltet. Was immer weitere Forschung ergeben wird – hier dürfte ein eindeutiger Fall von Diskontinuität vorliegen. Man darf also bei Descartes ganz von vorn anfangen.

Als Ausgangspunkt für das Verständnis Descartes' kann man auch hier seine Forderung nach völliger Autonomie von Politik und Wissenschaft wählen[45] Die sich wechselseitig vollziehende Unterstützung zur Durchsetzung dieses Anspruches läuft auf eine Methode hinaus, kraft derer ihnen das möglich ist. In dieser Methode" wird das „Licht" als verfügbar verstanden. Das bedeutet es, wenn es heißt, die Methode prüfe sich gleichsam selbst an ihrer eigenen, inhärenten Vernunft. „Das Gegebene steht nicht mehr im Licht, sondern es wird von einem bestimmten Aspekt her *beleuchtet.* Für das Ergebnis kommt es auf den Winkel an, aus dem das Licht auf den Gegenstand fällt, und aus dem er gesehen wird – Bedingtheiten der Perspektive und ihre Bewußtmachung, ja ihre freie Wahl, bestimmten nun den Begriff des Sehens."[46] Deshalb darf der Mensch niemals eine Sache als wahr annehmen, die er nicht als solche, *certo et evidenter,* erkennen, und in seinen Urteilen nur eben so viel begreifen, wie sich seinem Geiste dermaßen klar und deutlich, *clare et distincte,* darstellen würde, daß er gar keine Möglichkeit hätte, daran zu zweifeln.[47] Dann erlangt er eine Gewißheit, auf der die Gewißheit aller Wissenschaftsaussagen beruht. Sie liegt vor, wenn mich die unmittelbare Anschauung eines Sachverhalts davon überzeugt, daß er so ist, wie ich ihn beurteile. Diese Anschauung muß, damit Evidenz entsteht, klar und deutlich sein. Sie ist klar, wenn sie kräftig gezeichnet und von allen anderen Anschauungen sauber abgegrenzt ist. Sie ist deutlich, wenn auch alle ihre Bestandteile kräftig gezeichnet und voneinander sauber abgegrenzt sind. Sobald ich etwas klar und deutlich erkenne, kann ich ihm, ohne zu zweifeln, meine Zustimmung geben.[48] So darf ich auch die Existenz äußerer Gegenstände nur deshalb für gewiß halten, weil meine Wahrnehmung von ihnen klar und deutlich ist. Wörtlich sagt Descartes: „Das natürliche Licht, *lumen naturae,* oder das uns von Gott verliehene Erkenntnisvermögen" – daß Gott Geber allen Lichtes und im höchsten Grade wahrhaft ist, darin besteht überhaupt sein erstes Attribut – „kann niemals einen Gegenstand erfassen, der

---

[45] Vgl. RAINER SPECHT (Hsg.), *Rationalismus* = RÜDIGER BUBNER (Hsg.), Geschichte der Philosophie in Text und Darstellung Bd. 5 (= Reclams UB 9915), Stuttgart 1979, S. 99f

[46] BLUMENBERG S. 446.

[47] Descartes, Von der Methode II 7, übersetzt von LÜDIGER GÄBE, Hamburg 1960, S. 15.

[48] Formulierung von SPECHT S. 112 f (auch sogleich „intramental") auf Grund der zweiten Meditation über die erste Philosophie 1641; Text: Descartes, Meditationes de Prima Philosophia, lat./deutsch hsg. und übers. von G. SCHMIDT (Reclams UB 2888), Stuttgart 1986, S. 76-97.

nicht, soweit er erfaßt wird, d.h. so weit er klar und deutlich erkannt ist, wahr wäre.[49] Das Wahrheitskriterium bleibt also „intramental".

Hier setzt Jonas' Kritik an.[50] Sie geht von der Natur aus und nicht von den philosophischen Erleuchtungslehren, sie will auf die Einheit von denkender und ausgedehnter Substanz hinaus und nicht auf die Bestätigung eines Kriteriums, und doch ist sie für uns an dieser Stelle ganz besonders wichtig. Es ist eine Hohe Schule der Ideenkritik, man darf sicher auch sagen: der Ideologiekritik; denn sie lehrt den neuzeitlichen Dualismus zu identifizieren. Sie zeigt, wie man alte Wörter, die richtig waren, so gebrauchen kann, daß sie falsch werden. „Mit Descartes tritt der Dualismus in seine letzte und letale Metamorphose ein, um bald darauf in die gleich unfruchtbaren Alternativen des Idealismus und des Materialismus auseinanderzufallen" (S. 117). Aus dieser Kritik geht hervor, daß das „Neue" bei Descartes wirklich etwas Neues ist und kein Reflex, keine Korrespondenz, keine Entsprechung, kein Gegenpol des Alten. Ja, es lehrt sogar exemplarisch, was „Neues" in der Geistes-, Philosophie-, Religionsgeschichte bedeutet. Es bedeutet unter anderem, daß sogar die Lichtsymbolik bei Theologen wie Martin Luther (1483-1546) und Huldrych Zwingli (1484-1531), bei Philosophen wie David Hume (1711-1776) und Immanuel Kant (1724-1804) ein bloßer Gegenstand des Wissens und nicht mehr ein – benutzbares oder nicht benutzbares, aber als solches unlaugbar qualifiziertes – Instrument wahrer Erkenntnis sein kann, Man konnte schon zu Eingang dieses Kapittteiles s daran zweifeln, ob es korrekt sei, in der Überschrift den Ausgang der historischen Betrachtung so zu formulieren, als sei es dieselbe Erleuchtungslehre, die im 13. Jahrhundert ein erstes Mal und im 17. Jahrhundert ein zweites Mal zu Ende gegangen sei. Irgendwann wird man es herausbekommen. Aber fest steht schon jetzt, daß ein eindeutiger Fall von Diskontinuität vorliegt. So liefert am Anfang einer Reihe von Betrachtungen, in denen man immer wieder zweifeln wird, ob das, was damals als „neu" empfunden wurde, dies auch wirklich war, „der Fall Descartes, beurteilt von Hans Jonas", einmal mehr die richtigen Kriterien auch für die Untersuchung anderer Themen. Damit wird sein Autor der denkenden und dankenden Erinnerung stets wichtig bleiben.

---

[49]   Descartes, Die Prinzipien der Philosophie (lat. Amsterdam 1644, französ. Paris 1647) I 29 f (übers. von Arthur Buchenau, Leipzig [3]1908 = Hamburg [8]1992, S. 100.

[50]   Am ausführlichsten in *Organismus und Freiheit. Aufsätze zu einer philosophischen Biologie,* Göttingen 1973, S. 116-119, und in *Materie, Geist und Schöpfung,* Frankfurt/M. 1988, S. 18-20.

II. Kapitel: Die zweifache Herausforderung der Philosophie: Zur gnostischen Selbsterleuchtung und zur ars salvatrix Alchemie

Einleitung: „Herausforderung und Antwort"

In jüngster Zeit haben Lernende und Lehrende, denen beiden aus den verschiedensten Gründen die spätantike religiöse Bewegung der Gnosis wichtig geworden war, wiederholt die Meinung geäußert, daß es an der Zeit sei, eine Weltgeschichte „der Gnosis" bzw. „des Gnostizismus" zu erarbeiten. (Wir brauchen im folgenden Beitrag den kleinen terminologischen Unterschied in der Sachbezeichnung, der sonst schon im Vorfeld wissenschaftlicher Untersuchungen eine gehörige Portion der zur Verfügung stehenden Energie absorbiert, ausnahmsweise nicht zu beachten.) Man muß nicht für Universalgeschichte engagiert sein, um diese Forderung aufs Bereitwilligste aufzunehmen. Tut man es, so bemerkt man aber sehr bald, daß es aus zwei Gründen mit einer Globalisierung der Tatbestände, die bisher richtungweisend waren, nicht getan ist.

1.) Der spätantike Gnostizismus hat, wie jeder andere historische Gegenstand auch, ein unverwechselbares Profil. Dieses verbietet eine Übertragung in andere Zeiten und Räume, wie hypothetisch auch immer man Gründe für eine solche Übertragbarkeit annimmt; denn nach den Worten des Abschlußdokuments von Messina (1966) – denen man natürlich nicht zu folgen braucht, die aber eine gehörige Weile lang hilfreich sind –, sollte Gnostizismus eine klar definierte, chronologisch möglichst genau umschriebene Bewegung sein, wo immer seine Ursprünge aufgespürt werden. Es läßt sich indessen das Anliegen der universalgeschichtlichen Forderung so inhaltsreich festhalten und zur Geltung bringen, wie man nur wünschen kann, indem man von „dem Gnostischen" spricht. Es ist, wie auch z.B. „das Gute", „das Böse", „das Heilige", ein Kollektivbegriff, der nicht, wie der Allgemeinbegriff und das Abstractum es tun, zu viele, und immer dieselben Streitigkeiten auslöst. Die hiermit gewählte Ausdrucksweise liegt sachlich *vor* derjenigen oder imaginativ *unter* der Ebene, auf der mit „Gnosis" versus „Gnostizismus" operiert wird.

2.) Auch die Untersuchungsmethode, der man sich bei Gnosis und Gnostizismus bedient, läßt sich nicht globalisieren. Im universalen Rahmen hängt nichts Existentielleres, als es bei anderen Objekten der Fall ist, an einem Problem wie dem, ob die Gnosis vor- oder nachchristlich ist, ob sie im Neuen Testament überwunden wird oder einen Sieg davonträgt, usw. Benötigt wird hier eine von vornherein universal angesetzte Kategorie historischen Verstehens. Die von Arnold J. Toynbee weiterentwickelte Heuristik, die von Fall zu Fall nach Herausforderungen fragt und im Umkreis derselben nach Tatbeständen oder historischen Phänomenen sucht, die als Antwort auf die zuvor identifizierten Herausforderungen verstanden werden können, bietet sich hier an und soll jedenfalls erprobt werden.[1] Untersuchungen in östlichen, westlichen, neuerdings auch in ethnischen Überlieferungen haben dazu geführt, daß ihr Beitrag zu einem universalen Rahmen einer Weltgeschichte des Gnostischen anerkannt wurde. Aus dem hiermit kompletten Rahmen aber tritt tatsächlich noch eine spirituelle Geschichte hervor, die nicht die der mediterranen Gnosis ist, sondern dieselbe anthropologisch vervollständigt. Hier ist die Kategorie „Herausforderung und Antwort" schon oft eingesetzt worden und hat vielfach gegriffen, sodaß sich die Frage erhob, ob sie in mancher Hinsicht für unser modernes Selbstverständnis mehr Signifikantes hergibt als der Gnostizismus im historisch strengen Sinn.

Das Wort „herausfordern" hat, soweit ersichtlich, mehr als das englische „to challenge" immer eine elliptische Tendenz, und manchmal wird es rein elliptisch gebraucht.[2] Das heißt, es wird „ausgelassen", wozu herausgefordert wird. Meistens geschieht das, weil man es sich selber denken kann, z. B. wenn ein Sportler, der einen Meisterschaftstitel trägt, von einem anderen herausgefordert wird, der diesen Titel nicht hat. Es kann sich aber auch um eine Auslassung handeln, die nicht so leicht zu erkennen gibt, was eigentlich an ihre Stelle gehört. Besonders schwierig wird es, wenn die gemeinte Antwort nicht kurzzeitig erfolgt, sondern das länger währende Resultat einer historischen Entwicklung ist. Hier schleichen sich schon Mißverständnisse ein, wenn man salopper Weise sogleich an die Antwort denkt (bei unserer für diesmal gewählten Aufgabe also „die Gnosis wird herausgefordert"). Demgegenüber ist festzuhalten, daß die Formulierung syntaktisch so vorgenommen wird, wie in der Überschrift dieses Kapitels geschehen[3], zumal dann auch das Fremdartige greifbar werden kann, was in der herauszufordernden Sache garnicht angelegt ist oder jedenfalls nicht erwartet wird.

---

[1] Vgl. statt des Gesamtwerkes nur ARNOLD J. TOYNBEE, *Der Gang der Weltgeschichte*, Bd. 1: *Aufstieg und Verfall der Kulturen*, Bd. 2: *Kulturen im Übergang*, deutsch von J. VON KEMPSKI, zuerst Zürich 1950 und 1958. Das Register bietet unter den beiden Zentralbegriffen, für uns verheißungsvoll noch dazu differenziert in „geistige", „Innere und äußere" Herausforderung, freilich nur sehr Dürftiges. Es bleibt nichts Besseres übrig, als auch dies als Challenge aufzunehmen, obwohl es ja nicht als neu gestellte Aufgabe gemeint ist.

[2] Siehe TH. LEWANDOWSKI, *Linguistisches Wörterbuch* Bd. 1, Heidelberg 1976, S. 168: Art. „Ellipse".

[3] Der in der deutschen Erstpublikation figurierende Titel „Die Herausforderung des gnostischen Denkens für Philosophie, Alchemie und Literatur" ist ganz falsch durchdacht.

Eine Herausforderung geht nicht immer von einem äußeren Ursprung aus, sie kann auch von innen heraus entstehen. In diesem Fall werden eine Gesellschaft, Gemeinschaft, eine Denk- oder Glaubensweise dermaßen sich selber fremd, daß das Ergebnis in der Dynamik seiner Wirkung jener Situation vergleichbar ist, in der die Herausforderung von außen kommt. Auch deshalb spreche ich lieber vom Gnostischen, in diesem Falle: von gnostischem Denken, als von Gnostizismus; Doch mit der Bezeichnung „gnostisches Denken" läßt sich nicht nur das Hauptelement im Denken des Gnostizismus benennen, sondern auch jenes entfremdende Element, das innerhalb jeder anderen Tradition entsteht. Es muß nicht ursprünglich gnostisch sein, kann es aber werden; dann stellt es eine Selbstherausforderung dar und verlangt eine Antwort der Tradition an sich selbst.

A. Was bereits da gewesen sein muß: eine monistische Philosophie.

§ 1. Formen wissenschaftlichen Begreifens

Ich meine nicht, daß man immer zwischen einem Denken, das einen inneren Prozeß der Selbstentfremdung reflektiert, und einem Denken, das sich gegen eine fremde Herausforderung behauptet, differenzieren müsse. Die Antworten darauf, so verschieden sie sonst sein mögen, erfüllen in jedem Fall – nach Tendenz wie Gehalt – dieselbe Grundfunktion und werden dies gemeinsam haben, daß sie mehr oder weniger monistisch in sich selbst ruhen. Weil dem so ist, können wir uns die Diskussion über die Ursprünge des gnostischen Denkens und des Gnostizismus sparen. Und dies um so mehr, als die Lösung des historischen Problems beinahe unvermeidlich die Dialektik von zwei Möglichkeiten zur Folge hat: einerseits die Entstehung einer Bewegung, eines Geistes oder einer Tendenz, die sich irgendwo ereignet, dann ausgeweitet wird und Einflüsse ausübt; andererseits die innere Metamorphose von Teilen einer bestehenden Religion oder Philosophie in eine gnostische. Belege für diese Dialektik sehen wir in der Kontroverse über die Frage, ob der Gnostizismus selbst eine Philosophie ist, oder ob im Prozeß der teilweisen Zurückweisung und der teilweisen Assimilierung einer orientalischen Mythologie eine Philosophie gnostisch wird.

„Gnosis" kann als jedes Moment in dem Typus von Metaphysik interpretiert werden, in dem Gott und Welt, Geist und Materie, das Absolute und das Endliche versöhnt werden müssen, und in dem der Gang der Welt als eine Folge von Momenten zu verstehen ist, durch die der absolute Geist sich objektiviert und sich (acc.) sich (dat.) selbst vermittelt. In diesem weiteren Sinn von Gnosis gehören etwa das System des Augustinus; die Scholastik des Mittelalters bis zum 17. Jahrhundert; der Aspekt der reformatorischen Theologie, der die Bibel rational erklären will, um die theologischen Dogmen ideal zu beweisen und sich ausschließlich und antinomistisch auf Gnade und fremde Erlösung verläßt; sodann Böhmes Theosophie, Schellings Naturphilosophie, die Religionsphilosophie Hegels. Die Geschichte dieses Typus von Metaphysik hat Ferdinand Christian Baur geschrieben[4].

§ 2. Liegen Ansätze von Gnosis in der Sache oder in der Fragestellung?

Das komplexe Thema „Gnosis und Philosophie" konnte herkömmlich – d. h. auch ohne daß die Challenge-and-Response-Kategorie erkennbar geworden wäre – auf mehrere, schon im Prinzip recht verschiedene Weisen behandelt werden. Der augenfälligste, ausnahmsweise einmal am leichtesten verständliche Unterschied besteht darin, daß man Gnosis und Philosophie historisch voneinander absetzt: eines von beiden ist früher oder später da als das andere. Erheblich schwieriger ist ein im Statisch-Gleichzeitigen verbleibender Vergleich. Wenn ein solcher wirklich überzeugen soll, muß gleichsam im geistigen Hinterhalt eine Reihe hermeneutischer Mittel bereitgehalten werden, von denen man nicht von vornherein erwarten würde, daß sie einmal zum Gebrauch abgerufen werden müssen. Wir wollen jetzt mit dem Einfacheren beginnen.

Es ist bekanntlich mehrheitlich unbestritten, daß Gnosis geistesgeschichtlich immer etwas Späteres ist. Das ist eine bloß relative Datierung. Sie gilt nicht nur rein chronologisch, sondern – es sei erlaubt, hier ein Adjektiv einzusetzen, dessen Substantiv sich seinen Platz in Analysen solcher Art längst erobert hat – auch transformatorisch. Gnosis transformiert etwas, das vorhergeht. An irgendeinem Anfang oder Uranfang gibt es noch keine Gnosis. Was schon da ist, kann Diverses sein. Wir suchen nicht herum, was es alles sein könnte, denn es genügt für diesmal, daß es etwas ist, dessen Placierung vor der Gnosis, und dessen Vergleichbarkeit mit dieser wir sicher sind: eine Philosophie.

B. Was irgendwie herausfordern konnte: Doppeldeutigkeit

Diesen Sachverhalt muß man auch einmal zum Kriterium wissenschaftlicher Richtigkeit machen, wenn es um die Erklärung einer historischen und religiösen Größe geht, die gleich mehrere Dualismen, oder die Dualismus in mehreren Schichten enthält. Der Bereich, in dem die dualistische Tendenz a priori gewaltet haben könnte, soll gleichfalls a priori beschaffen sein, nämlich so, daß er im allergemeinsten Sinne Denken ermöglicht. Als solcher kann er nur hinter

---

[4]   F. CHR. BAUR, *Die christliche Gnosis oder die christliche Religions-Philosophie in ihrer geschichtlichen Entwiklung*, Tübingen 1835 (ND Darmstadt 1967). Nur die von Baur miteinbezogene *Glaubenslehre* F. SCHLEIERMACHER's gehört nicht zu diesem Denktypus.

der Philosophie erkannt werden. Sobald irgendetwas aus ihr objektiviert werden kann, darf man auch das dualistische Denken dazu stellen, das durch die eingangs angesprochene Tendenz ermöglicht wurde. Es ist nun der Faktor, der die Philosophie herausfordert, entweder dualistisch zu werden wie er, oder irgendwie „monistisch" zu antworten und sich damit gegen ihn abzugrenzen.

§ 3. Zu den Antworten mit dem Inhalt „Abwertung des Kosmos"

Der Nachweis einer wirklichen dualistischen Herausforderung setzt voraus, daß man ein Motiv findet, das nicht nur nach innen subjektiv ist, sondern auch Extrapolation zuläßt. Der kritische Analytiker des Denkens muß dieses lediglich substantiieren. Der Historiker könnte weitere Gründe finden, die es ihm erlauben, von einer realen Basis zu sprechen, der sich die Möglichkeit zur Extrapolation verdankt. Es sind zwei Anfänge einer Weltgeschichte der Gnosis benannt worden, die – wahrscheinlich nicht zufällig – ungefähr zur selben Zeit in Griechenland und in Indien stattfanden. Im Kontext unserer Diskussion passen sie genau zu der These, die wir vortragen: wir können von einem orphischen und einem upanischadischen Aspekt innerhalb des griechischen und indischen Denkens, wir können aber auch von einer orphischen und einer upanischadischen Bewegung sprechen, die die griechische und indische Philosophie von außen beeinflußt hat. Für unsere Zwecke brauchen wir die Alternative nicht aufzulösen.

Das gnoselogische Element, das den antikosmischen Dualismus in verschiedenen eindeutig gnostischen Systemen überwinden will, wirkt auch in monistischen Systemen als der homöopathische Faktor, der sie gegen solche jüdisch- und christlich – gnostische Formulierungen verteidigen hilft, die häretisch werden können. Dieses Element ist anderswo die fundamentale Basis einer wahrhaft konstruktiven Religionsphilosophie, d.h. einer solchen, die ein Gedankensystem errichtet, das sog. intellektuelle und sog. religiöse Elemente theoretisch harmonisiert (auch wenn eine solche Religion empirisch nie existierte), im Gegensatz zu einer Philosophie, die eine empirische Religion voraussetzt und sie dann nach bestimmten Prinzipien des analytischen oder synthetischen Vorgehens untersucht. Wegbereiter auf diesem Gebiet sind die großen Alexandriner, wahrscheinlich schon Philon (je nach dem wie man Gnosis definiert) und sicher Clemens und Origenes. Die jüngsten Repräsentanten dieser Ansicht wären dann u.a. manche russische Philosophen des 19. Jahrhunderts von Iwan Kirejewskij[5] bis zu Dimitri Mereschkowski[6].

---

[5]   Geb. 1806 in Moskau, gest. 1856 daselbst. Wer die zweibändige russ. Werkausgabe (Moskau 1861 und 1911) nicht lesen konnte, hielt sich an die Übersetzung von *Drei Essays* von H. VON HOERSCHELMANN, Berlin 1921.

[6]   Geb. 1865 in Petersburg, gest. 1941 in Paris, wohin er 1919 emigriert war; russ. Werkaus-

§ 4. Unterstellung von falschem Bewußtsein

Bekanntlich haben Eric Voegelin und Ernst Topitsch den Begriff der Gnosis dazu verwendet, verschiedene Weltsichten und Ideologien zu kritisieren[7]. Sie etikettieren alles das als gnostisch, was sich des Verstoßes gegen die Seinsordnung schuldig macht. Deren Definition ist für die letzten zweitausend Jahre dauerhaft im „mittelmeerischen" Denken und Handeln formuliert worden; d.h. ihre Inhalte wurden durch platonisches und aristotelisches Denken wie auch durch die jüdisch-christliche Überlieferung, die ihrerseits besondere Stabilität in der Synthese mit dem Platonismus und dem Aristotelismus hat, ausgeschöpft. Entsprechend dem, was außerhalb dieser Tradition liegt, ist das Spektrum dessen, was gnostisch ist, erwartungsgemäß riesig.

Voegelin behauptet, daß es einen gnostischen Kern in christlichen Häresien (einschließlich Reformation und Puritanismus), in politischen Bewegungen wie Kommunismus und Nazismus und in philosophischen und psychologischen Schulen wie dem Liberalismus, Existentialismus und der Psychoanalyse gibt. Topitsch findet besonders in Hegels teleologischem Geschichtsbegriff einen gnostischen, d.h. vorwissenschaftlichen Ursprung; im Marxismus findet er eine säkulare Umwandlung des gnostischen Erlösungsmythos in den dialektischen Prozeß von Sich Verlieren und Wiedergewinnen des Menschen.

Wir werden die offenkundige Absicht dieser Denker, eine theoretische Begründung des Antikommunismus zu etablieren, außer Acht lassen. Uns liegt hier an einem Versuch, die dem Gnosisbegriff angetane Gewalt aufzuheben. Wie wir gesehen haben, hat Gnosis mindestens strukturell etwas mit anderen Herausforderungen zu tun, und mit deren Hilfe lassen sich mögliche Provokationen dessen, was als zeitlose, d.h. ewige Seinsordnung postuliert ist, identifizieren. So sind z.B. Puritanismus und Psychoanalyse eher orphisch, Kommunismus und Marxismus haben die Aura des Prometheischen. Der Nazismus hatte eine Neigung zum Jaldabaothischen, und wahrscheinlich sind nur der Hegelianismus und der Existentialismus in einem zwar jeweils anderen, aber doch deutlich auszumachenden Sinn gnostisch.

In bezug auf diese Identifikationen sind Voegelins und Topitschs Behauptungen sinnvoll, ob uns ihre Formulierungen gefallen oder nicht. Wie sich an anderen Philosophien, der Alchemie und Literatur zeigt, sind progressivere Antworten möglich. Aber abgesehen davon sind die Formulierungen von

---

gabe Moskau 1914/15, französ. Paris 1941-1952. Einflußreiche deutsche Übersetzungen: *Michelangelo u. a. Novellen*, 1905; *Tod und Auferstehung*, 1936.

[7]   E. VOEGELIN, *Wissenschaft, Politik und Gnosis,* München 1959; E. TOPITSCH, „Marxismus und Gnosis", in seiner *Sozialphilosophie zwischen Ideologie und Wissenschaft* (Soziologische Texte 10), Neuwied und Berlin ²1966, S. 261-291.

Voegelin und Topitsch insofern interessant, als sie zu einem Typus gehören, der sich durch unsere angestrebte Analogie definieren läßt. Ersterer bindet seine wertvolle Gelehrsamkeit an eine christianisierte Ontologie und reagiert so auf seine Gegner und Opponenten, wie die Kirchenväter auf Valentinianer, Ophiten und Marcioniten, und wie Plotinus auf die Anhänger des Numenius reagierte. Topitsch wendet die Perspektive der neopositivistischen Wissenschaftstheorie an und verfolgt mit seiner Antwort das Ziel, die Entfremdung rückgängig zu machen, gerade so wie nach Platons *Protagoras* (321 d) die prometheische Klugheit, die nur Praxis und Gewandtheit ist, durch die höhere Gabe der auf Veranlassung von Zeus verliehenen politischen Weisheit ersetzt werden sollte.

Exkurs: Gab es originär-dualistische Philosophien?

Die bloße Tatsache, daß man nicht einfach alle Texte nacharbeitet, die in der Forschung herangezogen worden sind, sondern daß zunächst eine solche Frage überhaupt gestellt werden muß, erhebt eine Vorbemerkung in den Rang eines Exkurses. Ja, *es gab originär-dualistische Philosophien. Sie liegen in Zweigen der Orphik und der Upanishad-Überlieferung vor.* Die heutige Aufgabe ist nicht, diesen Tatbestand anzuerkennen, sondern zu ermitteln, um was für eine Art von Dualismus es sich handelt. Man sollte die orphische und die upanischadische Herausforderung vor allem hinsichtlich zweier Möglichkeiten beachten, derjenigen, daß sie beide die Bedingungen verwirklicht haben, die nötig waren, daß orphisches und upanischadisches Denken bereits dualistisch wurden und somit gleich den Dualismus mitbrachten und in ein anderes Denken hineintradierten, und der anderen, daß sie zwar von sich aus Monismus mitbrachten, damit aber so viel Bewegungen auslösten, daß bei der Übersetzung in die rezipierenden Denkformen wenigsten eine von ihnen – einerlei ob eine rezipierte oder eine rezipierende – selbst dualistisch wurde. Der Geschichte der einen Dualismus übernehmenden, ihn neu erzeugenden oder ihn ablehnenden Antworten läßt sich bis hin zu ganz verschiedenen gegenwärtigen Positionen in Auswahl nachspüren.

„Dualismus" ist nicht nur ein bestimmtes, als Gegensatz, Polarität, Unterschied oder ähnlich definierbares Verhältnis zwischen zwei Subjekten, Begriffen, Normen, sozialen Größen. Es kann auch eine gleichsam subjektlose Tendenz sein, die in gewissen Bereichen ein solches Verhältnis erst herstellen will, also eine Tendenz a priori. Man kann manche Fehler in der Feststellung und psychologischen, ideologischen, soziologischen Erklärung eines Dualismus vermeiden, wenn man von einem solchen A Priori ausgeht. Das heißt: Zunächst ist ein Dualismus noch garnicht „da". Wenn er aber da ist, wenn man ihn feststellen kann, dann weiß man, welches die Bedingungen der Möglichkeit waren, daß ein Dualismus entstehen konnte oder mußte.

§ 5. Spuren der Orphik, früh und spät

Gewisse griechische Texte aus dem 5. und 4. Jahrhundert v. Chr., die allgemein „orphisch" genannt werden – wenn sie auch oft nur aus dem pythagoreischen und empedokleischen Denken extrapoliert werden können –, bilden beinahe ein veritables gnostisches Szenario: die intakte Seele im Kerker des Leibes[8]; die dämonisierte Seele im Exil, als Folge eines Mangels in die Welt geworfen und in „das fremde Gewand des Fleisches" gekleidet; die göttliche *synergeia* der Seele; ihre Wanderung durch verschiedene Körper; eine zum Leib-Seele-Dualismus führende Enthaltsamkeit; endlich Reintegration unter die Götter oder als Gott. In der parasitären Haltung gegenüber dem zeitgenössischen religiösen Milieu finden gnostische Phänomene nicht nur eine Parallele, sondern wahrscheinlich auch ihre Vorbereitung. Hier denke ich an den verstohlenen Gebrauch der Pseudepigraphie in der Literatur; an die Neigung, phantastische und komplexe kosmogonische und theogonische Spekulationen zu produzieren[9]; an die Aufrechterhaltung einer Koexistenz von philosophischen und magischen Tendenzen, von genialer Symbolik und mythologischen Grobheiten, von spiritueller Tiefe und Scharlatanerie; und einerseits an elitäre und esoterische Sensibilität, andererseits an ein vagabundierendes Leben in anarchischen Gemeinschaften, die an Offenbarungen, Läuterungen und Wundern interessiert sind.

Wir kommen nun zu der Möglichkeit, eine Herausforderung zu erschließen. Man kann die empedokleische, pythagoreische und platonische Philosophie daraufhin untersuchen, ob und inwieweit sie orphisches und (in wenigen Fällen) prometheisches Denken reflektiert, auch wenn dies in der nicht-philosophischen Literatur deutlicher zutage tritt. Wenn wir unsere Aufmerksamkeit auf die klassische Antike richten, läßt sich unsere Untersuchung am besten von einem Gesichtspunkt aus durchführen, der irgendwo zwischen den beiden folgenden Interpretationsextremen liegt. Am einen Ende des Spektrums findet sich die Position von Ulrich von Wilamowitz-Moellendorff, der mit seiner ungeheuren Kenntnis der griechischen Literatur das allgemeine Vorkommen von orphischen Tönen deutlich erkannte, auch wenn er jedes einzelne Belegstück wegerklärte und damit die Existenz der Orphik im Sinne einer Bewegung leugnete. Am anderen Ende stehen die britischen und amerikanischen Klassiker aus verschiedenen Generationen, die auf eine produktive Interaktion von Philologie und Anthropologie hinarbeiteten. Ihre Ahnherren sind Johann Jakob Bachofen[10]

---

[8]   O. KERN, *Orphicorum Fragmenta,* Berlin 1922 (= ²1963 = Dublin/Zürich ³1972), frgmm. 8 (Platon, *Kratylos* 400 c u. a.) und 238 (Macrobius *Saturn.* 1, 18, 22) (S. 84f u. 250f).

[9]   Cf. KERN, Index III sub Erebos, Nyx, Chaos, Okeanos, etc.

[10] Bis *Johann Jakob Bachofens Gesammelte Werke. Erster Band,* hsg. von K. MEULI, Basel 1943 erschien, las man am meisten die Auswahlen von C.A. BERNOULLI, *Urreligion und*

und James G. Frazer. Wir wollen hier aber nicht ihr Bild von einer klar um-
schreibbaren und sich auflösenden Orphik untersuchen – auch wenn dies durch
Extrapolation aus der griechischen philosophischen Literatur geschehen könnte;
auch eine entsprechende Untersuchung in Hinblick auf den christlichen Gnostizismus und die Philosophie der Kirchenväter liegt nicht in unserer Absicht. Wir
wollen vielmehr auf eine ganz moderne Analogie verweisen.

Dies sind natürlich einfach Gnosistypen; sie können leicht auch anders
begriffen, oder ihre entscheidenden Bestandteile können neu kategorisiert werden. Was an diesen Kategorien für unsere Zwecke wichtig ist, liegt in dem, was
sie gemeinsam haben. Sie stellen nicht exakt Antworten auf Herausforderungen
des gnostischen Denkens dar. Sie sind einerseits eher Fortsetzungen von
gnostischer oder katholischer Gnosis, andererseits aber auch Synopsen, die davon abhängen, daß der Untersuchende andere Spezifikationen von fideistischer
oder ontologischer Erkenntnis anwendet, als seine Gnostiker es taten. Man
könnte in diesen Fällen eine gnostische Herausforderung ausmachen, aber der
dazu erforderliche Grad an Introspektion würde die Möglichkeit zunichte machen, sie von beliebigen subjektiven intellektuellen Motiven zu unterscheiden.
Trotzdem müssen diese Kategorien festgelegt werden, nicht nur der Klarheit
zuliebe, sondern auch, damit wir mit manchen Denkern, wenn wir sie am Ende
dieses Textes wieder treffen, vertraut sind.

„Gnosis" hat man wegen ihrer kognitiven Konstituente auch als Philosophie
im Sinne einer Gesamtanschauung betrachtet. Tut man das, dann kann die
Geschichte, auf die wir uns beziehen, so weit gefaßt werden, daß sie theosophische Sekten in Südfrankreich (z.B. moderne Albigenser um Bischof Sophronius
von Béziers[11]) einschließt, aber auch neue Ausprägungen der Mysteriosophie wie
die harmonisierende Ansicht von einer Einheit von Wissenschaft, Kunst und
Religion in der luziferischen Anthroposophie Rudolph Steiners[12] oder wie eine
magische Daseinshaltung überhaupt, z.B. in der Paläontologie von Edgar
Dacqué[13].

Hier gibt es ganz offenkundige Parallelen zum gnostischen Demiurgen,
besonders unter dem Namen Jaldabaoth den wir jetzt aus dem *Apokryphon des*

---

antike Symbole, Leipzig 1926, und von A. BAEUMLER – M. SCHRÖTER, *Der Mythos von
Orient und Okzident. Eine Metaphysik der alten Welt*, München 1926 (²1956).

[11] D. i. LOUIS SOPHRONE FUGAIRON (geb. 1846, Todesjahr unbekannt). Er redigierte ab
1900 die Monatsschrift *Le Réveil des Albigeois* und verfaßte u. a. einen *Catéchisme explicé
de l' Ecole Gnostique*, Paris 1899/1900.

[12] R. STEINER, *Theosophie. Einführung in übersinnliche Welterkenntnis und Menschen-
bestimmung*, Berlin 1904 (Dornach ²⁸1978; DERS., *Die Geheimwissenschaft im Umriß*,
Leipzig 1910 (Dornach ²⁸1968).

[13] E. DACQUÉ, *Urwelt, Sage und Menschheit. Eine naturhistorisch-metaphysische Studie*, München und Berlin ³1925; DERS., *Das verlorene Paradies. Zur Seelengeschichte des Menschen*,
München und Berlin 1938 (Tübingen ³1952).

Johannes, der *Hypostasis der Archonten*, der *Schrift über den Ursprung der Welt*, der *Zweiten Abhandlung des Großen Seth* und der *Dreigestaltigen Protennoia* besser als bisher aus Irenäus, Origenes und der *Pistis Sophia* kennen (um von den vielen neuen Zeugnissen für Saklas abzusehen). Jaldabaoth prahlt, daß außer ihm kein Gott ist. Er kann als rein psychisches (nicht noetisches) Wesen charakterisiert werden, das durch Eifersucht, Jähzorn und Machtstreben angetrieben wird. Dank der Unvollständigkeit seines Schöpfungsaktes, dessen Schicksal durch die Sterne bestimmt wird, ist er das Haupt nicht nur der Kultur der Welt, sondern auch des Kosmos als ganzem. Manche Gnostiker gehen weiter, als es die Griechen mit Prometheus je taten, und nennen Jaldaboth einen „verfluchten Gott“.

Auch wenn es historische Verbindungen zwischen Orphik und Gnostizismus, Prometheus und Jaldabaoth gibt, können wir uns, da wir hier nicht die Ursprungsfragen erörtern, auf die attraktiven strukturellen Ähnlichkeiten beschränken. Selbst wenn es noch mehr sein sollte, so werden die Axiome der polygenetischen Erklärung schon dadurch erfüllt, daß es keine erkennbaren Überschneidungen von orphischer und prometheischer Tradition gibt. Doch ist interessant, daß Hippolyt, der Marcion zu einem Plagiator des Empedokles erklärt, den wilden Wahn der Zwietracht (*Neikos*) als Demiurg interpretiert. Bei jenem hat die dämonische Seele geglaubt und ist deshalb weit weg vom Gesegneten exiliert und unter die kosmischen Elemente geworfen worden, die sie hassen und ein ander weiterreichen. Hippolyt bemerkt die Ähnlichkeiten zwischen Zwietracht und dem Demiurgen, der die Seelen dadurch formt, daß er sie von dem ursprünglichen Einen wegzieht und sie in den Ozean taucht, d.h. in die Wasser der niederen Welt. Wahrscheinlich ist die orphische und die gnostisch-demiurgische Position hier nicht korrekt analysiert und unterschieden[14], aber unserer Quelle ist es doch letztlich gelungen zu behaupten, daß sie ein und dasselbe wären.

§ 6. Sonderfälle in den Upanishaden und ihre europäische Rezeption

Wir konzentrieren uns auf die Begriffe *brahman* und *atman* und erinnern kurz an die bekannte Entwicklung vom Rigveda über die Brahmanas zu den Upani-

---

[14] Belege bei J. BOLLACK, *Empédocle*, 4 Bde, Paris 1965-69; dort Bd. 1, S. 153 Anm. 6 (Plutarch, *De exilio* 607 c u. a.); S. 155 Anm. 3 und 6 (Hippolyt, *Ref.* 7, 29 u. a. ; dazu Bd. 3/1, S. 154 Anm. 1); S. 284 Anm. 4 (Rekonstruktion der *katharmoi* „Reinigungs-riten“, „Sühnopfer“); S. 289 Anm. 1 (dito); Bd. 2, S. 53 frgm. 110 (Simplikios, *Phys. p.* 1184, 9 s.); Bd. 3/1, S. 64 (zum *neikos oulomenon* „verderblichen Streit“); 147f (zur *anagke*); S. 183-186 (zur Umdeutung der Götter und zur Erschütterung der Sphären); Bd. 3/2, S. 576-585 (zu Hippolyts Empedokles- und Markion-Verständnis).

schaden. Im Rigveda ist *brahman* die mystische Kraft, die das heilige Wort zur Wirkung bringt. In den Brahmanas erscheint sie als die unpersönliche Entsprechung zum persönlichen Prajapati; zusammen bilden die beiden das Universum. Doch in den Upanischaden ist *brahman* zum schöpferischen und letzten Grund des Seins geworden.

> „(Varuna spricht zu seinem Sohn Bhrigu Varuni:) (1) Dasjenige fürwahr, woraus diese Wesen entstehen, wodurch sie, entstanden, leben, worein sie, dahinscheidend, wieder eingehen, das suche zu erkennen, das ist das Brahman ... (5) das Brahman ist Erkenntnis (*vijnana*). Denn aus der Erkenntnis entstehen ja diese Wesen, durch die Erkenntnis, nachdem sie entstanden, leben sie, und in die Erkenntnis gehen sie, dahinscheidend, wieder ein.“[15]

Atman, das im Rigveda „Atem" oder „Leben" ist, ist in den Upanischaden zum Selbst, oder zur Seele als der fundamentalen Grundlage für die Funktion der Sinne geworden.

> „Darum sieht man ihn [*atman*] nicht: denn er ist zerteilt; als atmend heißt er Atem (*prana*); als redend Rede, als sehend Auge, als hörend Ohr; als verstehend Verstand; alle diese sind nur Namen für seine Wirkungen. Wer nun eines oder das andere von diesen verehrt, der ist nicht weise; denn teilweise nur wohnt jener in dem einen oder andern von ihnen. Darum soll man ihn allein als den Atman verehren; denn in diesem werden jene alle zu einem.“[16]

Die *brahman-atman*-Spekulation kann ansonsten als ein Gedankengang verstanden werden, der sich kontinuierlich von den Samhitas und Brahmanas – zu denen noch viele Upanischaden gehören – bis zu den späteren Sutras fortsetzt. Charakteristisch für diese Gedankenlinie sind der Rückzug vom Opfer und neue Interpretationen des Seins, die nicht mehr durch Opfer beeinflußt werden. Alternativ könnte man sie auch so ansehen, daß sie in einer Bewegung im neu kolonisierten Osten in der Umgebung des Hofadels verwurzelt sind, der auf die ritualistischen Ansprüche der omnipotenten Brahmanen reagierte. Wie dem auch sei, nachdem die *brahman-atman* Spekulation einmal etabliert war, war sie eine Herausforderung und bildete nicht nur in der Geschichte der indischen Philosophie, sondern, wie wir noch sehen werden, auch für den Westen einen vergleichbaren Faktor.

---

[15] Taittiriya Upanishad 3. 1, 5; P. DEUSSEN, *Sechzig Upanishad's des Veda*, Leipzig ³1921 (ND Darmst. 1963), S. 236f.

[16] Brihadaranyaka Upanishad 1, 4. 7; DEUSSEN S. 394.

In dem berühmten sechsten Kapitel der Chandogya-Upanischad unterweist ein Mann namens Uddalaka Aruni seinen Sohn Svetaketu über das Sein (*sat*). Es ist eine feine, nicht wahrnehmbare Substanz – z.B. in der Frucht eines Baumes oder in salzigem Wasser –, die höchste Gottheit, das Wesen des Universums, die Wahrheit, das Selbst. Es wird in neun Gedankenschritten erklärt, und jedesmal lautet der letzte Satz: „Was jene Feinheit (Unerkennbarkeit) ist, ein Bestehen aus dem ist dieses Weltall, das ist das Reale (*satya*), das ist die Seele (*atman*), das bist du, o Svetaketu."[17] Die Vedantisten haben die Gültigkeit und die Funktion der Aussage *tat tvam asi* praktiziert und erklärt und sie als einen der „großen Sätze" ihrer Philosophie verkündet. *Tat* bedeutet den einzigartig wirklichen, rein spirituellen Brahman, *tvam* ist die einzelne Seele. Der Satz fungiert als Anrufung, als Affirmation oder als Ruf. Wenn er richtig gehört wird, führt er das Erwachen vom Schlaf der Unwissenheit herbei, ein Erwachen zu dem Bewußtsein, daß man nichts anderes als *brahman* ist.

Hier liegt eine verblüffende Parallele zu den westlichen gnostischen Identitätsformeln vor. Andere Stellen in den Upanischaden sprechen von der Welt und dem Menschen als von Finsternis und Tod und damit als von völligen Gegensätzen zu *brahman* und *atman*, die in ihnen wohnen. Gelangt der Mensch zum Bewußtsein der *brahman-atman* Identität, wird er aus der Finsternis herausgerufen und zum Licht und zur Unsterblichkeit geführt. Ein möglicher Unterschied zwischen dieser östlichen Philosophie und dem westlichen Gnostizismus sollte jedoch beachtet werden. Im allgemeinen offenbart der gnostische Erlöser selbst in der ersten Person die wahre angestrebte Identität. Übertragen in die Sprache der Upanischaden würde der gnostische Erlöser sagen: „Ich bin der *atman* (du) und du bist ich (*brahman*)." Darin scheint ein stärkerer Offenbarungsbegriff zu liegen als in den Upanischaden, wo das *tat tvam asi* mehr in Richtung auf einen kognitiven Monismus tendiert und eine rein intellektuelle Funktion der Selbsterlösung ist.

Die *tat-tvam-asi*-Philosophie gehörte zu den Upanischaden, die der unter der Regierung seines Vaters, des Moghulkaisers Sah Dschehan als Ketzer hingerichtete Dara Shikoh 1657 ins Persische übersetzt hat. Ziel seiner Bemühungen war, seinen mystischen und pantheistischen Humanismus zu legitimieren, der die Grundlage für die Verschmelzung von Hinduismus und Islam sein sollte. Ergebnis war der sog. *Oupnek'hat*, den Abraham Hyacinthe Anquetil-Duperron aus Indien mitbrachte und ins Lateinische übertrug (publiziert 1801-02). Seine Übersetzung wurde zum springenden Funken, der bei Schopenhauer Begeisterung für das indische Denken auslöste.

---

[17]   Chandogya Upanishad 6, 8. 7; 9. 4; 10. 3; 11. 3; 12. 3; 13. 3; 14. 3; 15. 3; 16. 3; DEUSSEN S. 153-164.

C. Was sich manchmal entwickelte: Gnosis

§ 7. Alternativen zur philosophia perennis

Kein geringerer als Arthur Schopenhauer gibt die wichtigste philosophische Antwort auf die Herausforderung des indisch-gnostischen Denkens und war der große Anreger mancher weitreichender Nachreaktionen. Er verstand jedoch den *Oupnek'hat* nicht als definitiv hinduistisch, sondern verband ihn mit den pessimistischen Aspekten des Buddhismus, mit denen er auf anderem Wege bekannt geworden war. Gegen Hegel und andere gerichtet behauptete Schopenhauer, diese Welt sei die schlechteste aller Welten und zudem nur eine Vorstellung, die vom denkenden Subjekt abgeleitet und deshalb von ihm abhängig sei. An diesem Punkt nähert sich sein Denken dem universalen *maya*-Illusionismus des Buddhismus, einer Lehre, die den Hinduismus auch durch die Philosophie Shankaras (7. oder 8. Jahrhundert) beeinflußte. Schopenhauer gab auf das Bedürfnis des Menschen nach Erlösung aus dieser schlechten und illusionären Welt eine zweifache Antwort: der Mensch muß durch das upanischadische *tat tvam asi* über sich selbst aufgeklärt werden, er muß sich aber auch auf die metaphysische Flucht aus der Welt begeben (das ist ein okzidentales Verständnis des Nirvana).

Hier jedoch hatte Schopenhauer seinen Willensmonismus mit dem Erkenntnismonismus der Vedantisten verwechselt, die alles Wollen und Handeln aus dem eigentlichen Bereich des wahren Seins verbannt hatten. Merkwürdigerweise wurden Schopenhauers Ansichten später Bestandteil der indischen Position, und zwar durch die Entwicklung von zwei Rückantworten auf sein Denken. Eine kam von dem deutschen Philosophen Paul Deussen, die andere von Hindu-Modernisten.

Paul Deussen, genuiner Indologe sowie Schüler und glühender Bewunderer Schopenhauers, versuchte dessen Interpretation der *tat-tvam-asi*-Philosophie zu verifizieren, da er sie für eine geeignete Brücke zwischen der Metaphysik der Vedanta-Schule und der Ethik des Christentums hielt[18]. Bal Gangadhar Tilak, der im Februar 1893 Deussens Vorlesung in Bombay hörte, und Swami Vivekananda, der Deussen im September 1896 in Kiel besuchte, führten diese neue pseudo-vedantische Ethik in den Neo-Hinduismus ein. Sie wurde dann durch die Ramakrischna-Mission, durch S. Radhakrishnan und sogar durch Mahatma Gandhi weiterentwickelt, in dessen weiterentwickeltem Prinzip des *ahimsa* auch Schopenhauers „neminem laede" wieder erscheint.[19]

---

[18] P. Deussen, *Allgemeine Geschichte der Philosophie mit besonderer Berücksichtigung der Religionen*, Bd. 1, Teil 2, Leipzig ⁴1920; Bd. 1, Teil 3, Leipzig ³1920. Bd. 1, Teil 2 wurde übersetzt als *The Philosophy of the Upanishads*, Edinburgh 1906.

[19] Nach P. Hacker, „Schopenhauer und die Ethik des Hinduismus", in: *Saeculum* 12, 1961, S. 366-99 (mit genauen Angaben zu Tilak, Vivekananda etc.).

In diesem Zusammenhang darf der Komponist Richard Wagner nicht un-
erwähnt bleiben, der wie auch seine Freunde mit Indischem bekannt war, und
für den das Nirvana eine Art heroischer Auslöschung darstellte[20]. Dieses Verständnis scheint oft durch seine Interpretation germanischer Sagen hindurch:
er trug sich sogar mit dem Plan, eine Oper *Jina* („Der Sieger") zu komponieren,
mit dem er nicht Mahavira, sondern Gautama Buddha meinte. Große Bedeutung sollten Schopenhauer und Wagner für Nietzsche und zusammen mit ihm
für Thomas Mann gewinnen, der nicht nur wie viele andere seit der Romantik
in manchen hinduistischen und buddhistischen Schulen Konvergenzen sah,
sondern auch im deutschen Idealismus entsprechende Tendenzen erkannte.
Als Repräsentant des deutschen Idealismus[21] reagierte Schopenhauer auf die
Herausforderung des *tat tvam asi* in einer Weise, die klar macht, daß sein
Hauptanliegen der ethischen Dimension der Existenz galt. Für ihn war *tat*
nicht der spirituelle *brahman*, sondern der metaphysische Wille. Die Erlangung
des universalen Einen durch diese ethische Identifikation diente als Prototyp
für eine jegliche Selbst-Identifizierung mit jedwedem sonstigen „Einen" und
wurde dadurch zur theoretischen Begründung des Mitleidens. Das Prinzip des
„neminem laede" war die unausweichliche Konsequenz des Willens zum Leben, aus dem sich das Leiden der Kreatur notwendig ergab.

Diese wichtigen Entwicklungen gehören, was die indische Seite anlangt in
einen sehr viel weiteren Kontext, nämlich zu den neo-hinduistischen Theorien
von der Gleichheit aller Religionen, vom *dharma*, von der indischen Gesellschaft in Interaktion mit europäischen Philosophien und Ideologien. Es kann
kaum überzeugendere Belege dafür geben, in welch hohem Maß nicht nur
europäische Reaktionen und Nachreaktionen auf östliche gnosisnahe oder wirklich gnostische Herausforderungen stattfinden, sondern daß ihnen sehr oft indische Reaktionen auf westliche philosophische oder religiöse Positionen entsprechen, die ebenfalls als Herausforderungen empfunden werden.

§ 8. Nebengedanken zur „Wiedergeburt der Seele"

In den Erkenntnis- und Wahrnehmungstheorien ist nicht nur ein Modus repräsentiert, in denen, allgemein gesprochen, Gleiches von Gleichem erkannt
wird. Denn bei diesem Ansatz entsteht manchmal eine mystische oder begriff-
liche Identifikation von Subjekt und Subjekt, oder Subjekt und Objekt. Sofern
es sich bei Subjekt und Objekt um Geist- oder Selbstbegriffe handelt, kommt
über die letzteren, die zugleich die höchsten Seelenkräfte sind, der gelungene
Erkenntnisvorgang einer Wiedergeburt der Seele gleich. Wir nennen hier den

---

[20]   G. LANCZKOWSKI, *Der Einfluss des indischen Denkens auf Richard Wagner und seinen
       Freundeskreis*, Phil. Diss. Marburg 1947.

monistischen Aspekt in der Geschichte des Platonismus, einschließlich des Neuplatonismus, dessen dualistischer Aspekt in unsere erste Kategorie gehört und in der zweiten und dritten vorausgesetzt ist. Er endet mit Kants kritischer Philosophie und mit der modernen Mathematik, schließt aber Goethe noch ein. In jüngster Zeit hat Ernst Cassirer[22] diesen Aspekt in seine großartige Darstellung des Erkenntnisproblems in der Moderne aufgenommen.

Dieser Typus mit wahrscheinlich griechischen Voraussetzungen läßt sich so weit fassen, daß er auch noch einschließt, was Prometheus von den höheren griechischen Göttern und die ihm gegebenen Fähigkeiten von der von ihnen gegebenen Weisheit unterscheidet. Prometheus ist der Rivale der höchsten Götter. Er hat die Eigenschaften des Trickster-Demiurgen, er erschafft durch Täuschung und Kunstfertigkeit, oder er gibt dem Schöpfungsprozeß eine andere Richtung und behauptet prahlerisch und großsprecherisch die Halbwahrheit, daß er den Charakter des Selbsterzeugten besäße. Er begründet einige – oft abzulehnende – Aspekte des Lebens, der Kultur und des Menschenschicksals, z. B. den Tod. Er kann aggressiv und lüstern sein; als Hersteller des Menschen kann er den Schöpfungsprozeß von dem von Zeus beabsichtigten Verlauf wegbiegen und den Menschen in dem inneren Widerspruch gestalten, daß er sich – obwohl er nach dem Bild der Götter geformt ist – von ihnen doch dadurch unterscheidet, daß er eine tierische Seele hat. Ebenso kann er die Frau zur Bestrafung des Mannes bilden. Daß er wertvolle Dinge herstellt, kann sich in sehr gefährliche Gaben verkehren. Seine Gaben, Geschicklichkeit, Hoffnung und Klugheit sind ambivalent – er kann sich sogar rühmen, daß Hoffnung blind ist; aber nichts kann etwas daran ändern, daß er den *homo faber* schafft.[23]

D. Was selten neu entstand: Alchemie

§ 9. Magisch-chemische Technologie

Um unsere These zu verdeutlichen und zu erweitern, möchte ich jetzt die oft vergessene Herausforderung einführen, mit der das gnostische Denken der Alchemie gegenübertrat, auch wenn die Behandlung hier der Bedeutung ihres

---

[21] Ein weiterer Aspekt bei HANNELORE HEGEL, *Isaak von Sinclair zwischen Fichte, Hölderlin und Hegel. Ein Beitrag zur Entstehungsgeschichte der idealistischen Philosophie* (Philosophische Abhandlungen 37), Frankfurt/M. 1971.

[22] E. CASSIRER, *Das Erkenntnisproblem in der Philosophie und Wissenschaft der neueren Zeit*, Bd. 2 (von „Die Anfänge des Empirismus" bis „Die kritische Philosophie") Berlin ³1922; Bd. 3 („Die nachkantischen Systeme") Berlin ²1923 (NDD Darmstadt 1971).

[23] Cf. Aischylos, *Gefesselter Prometheus* 250 („Hoffnungen, blinde, pflanzt ich ihren Herzen ein"; übers. O. WERNER, München ²1969). 436-506, nach U. BIANCHI, „Le problème des origines du Gnosticisme et l'histoire des religions", in: *Numen* 12, 1965, S. 161-78.

Einflusses im Vergleich mit dem für die Philosophie nicht gerecht wird. Um es genauer zu sagen: Alchemie im eng umschriebenen Sinn war nicht das Gebilde, das dieser Herausforderung schon ausgesetzt war; sie war vielmehr das Resultat eines Wandels, den ein bestimmtes Naturstudium durch eine zeitweilige Gnostisierung durchmachte.

Dieses Naturstudium hatte Teil am Erbe der magisch-chemischen Techno-logie des Alten Orients. Es entstand um etwa 200 v. Chr. mit Bolos von Mendes, erblühte im hellenistischen Ägypten und ist danach beinahe ein Jahrtausend lang durch eine stete Linie von Autoren überall im Mittelmeergebiet vertreten. Sie wollten die geheimen und wunderbaren Kräfte, die Essenzen und okkulten Eigenschaften aller Objekte in der Sphäre der organischen und anorganischen Natur aufdecken und nachweisen. Auf der Grundlage dieser Essenzen wollten sie dann als zweites auch die Einwirkungen von Sympathie und Antipathie in den verschiedenen Naturbereichen verstehen und darlegen[24].

Ergebnis dieser Bestrebungen war die sogenannte *physika*-Literatur. Cha-rakteristisch für diese Schriften ist, daß im Prinzip nicht zwischen „toten" und „lebenden" Dingen unterschieden wird. Menschen, Tiere und Pflanzen einer-seits und Minerale, Metalle in der Erde und in den Sternen andererseits werden von denselben geheimnisvollen sympathetischen oder antipathetischen Kräften durchdrungen. Diese Kräfte waren gleichzeitig auch Funktionen von Seelen, die dieselbe Substanz hatten, unabhängig davon, ob sie menschliche oder me-tallische Körper regierten. Die Seele war ihrer Substanz nach von den Körpern nicht verschieden, sie war bloß feiner. Mit einer anachronistischen Verwen-dung der späteren lateinischen Übersetzung von Aristoteles' *prote hyle* war sie die *prima materia* in der universalen Materie, und als solche war sie besonders in allen Metallen vorhanden. Die Materie war überall eine einzige Substanz; die Welt war einheitlich und nicht dualistisch aufgespalten. Das Wesen der Mate-rie bestand nicht in ihrer Zusammensetzung aus bestimmten Elementen oder Atomen, sondern in ihrer Farbe.

Mit der Unterscheidung zwischen verschiedenen Farben konnte man auch zwischen verschiedenen Formen der Materie differenzieren. Wenn es demnach gelänge, diese Eigenschaft zu verändern, z.B. ein Metall und damit seine *prima materia* umzufärben, so glaubte man, daß man ein Metall in ein anderes umge-wandelt hätte. Aus diesem archaischen Verständnis der Natur und aus der Farbsymbolik haben sich zwei Grundannahmen der Alchemie entwickelt. Die Überzeugung, daß die Erde magisch versöhnt werden müsse, wenn ihre Metalle weggerissen werden, entwickelte sich zu der Lehre, daß die Materie leidet und in einen neuen Zustand gebracht werden muß. Die Farbsymbolik entwickelte

---

[24]   M. BERTHELOT – CH.-EM. RUELLE, *Collection des anciens alchimistes Grecs*, 3 Bde, Paris 1888.

sich zu einer Hierarchie, in der Schwarz den Tod, Weiß das Leben, Gelb die weitere Erneuerung und Goldüberzug die Unsterblichkeit symbolisierte. Der spätere Alchemist ließ dann die Materie sterben, indem er ihren früheren schwarzen Zustand wieder herstellte, der zu allen Umwandlungen fähig war. Dann färbte er sie zu Weiß und Gelb, d.h. er verwandelte sie über Silber zu *Roh*gold und verfeinerte sie schließlich zu glänzendem (*Rot*-)Gold.

Daß für den Alchemisten die erste Stufe der Tod, die zweite und dritte die eingeleitete und vollzogene Auferstehung und die vierte die Erlösung ist, weist darauf hin, daß die beiden schon erwähnten Vorbedingungen direkt der Entstehung einer dualistischen, gnostischen Weltsicht entsprechen. Hier begegnen wir zum dritten Mal dem dialektischen Phänomen, daß das gnostische Denken im Inneren einer Tradition zu entstehen scheint und sie doch gleichzeitig von außen her beeinflußt. In der spiritualisierten magischen Weltsicht, die wie die Hermetik bis zur Renaissance monistisch blieb[25], spaltet sich die griechische Konsubstantialität der kosmisch-tellurischen und der menschlichen Seele in zwei substantielle Sphären. Die höhere Sphäre ist trotz der Beziehung ihrer Substanz zur niedereren absolut transzendent und göttlich. Ob das in dieser Sicht mitgedachte Leiden der Materie eine Projektion des tief empfundenen Leidens der einzelnen Seele ist, oder ob die Schlechtigkeit der Welt so universal erlebt wurde, daß im antikosmischen Dualismus die Weltseele, deren Existenz außer Frage stand, nicht anders vorgestellt werden konnte als von Natur aus leidend, ist eine Frage der historischen Psychologie. Letzteres ist wahrscheinlicher und verleiht auch dem Zusammenhang zwischen dieser Weltsicht und der Astrologie, in der es sieben böse Planeten gab, einen Sinn. Die Emission der sieben Metalle – Gold, Silber, Eisen, Gold-Silber-Legierung, Zinn, Kupfer, Blei – aus den sieben Planeten Sonne, Mond, Mars, Merkur, Jupiter, Venus, Saturn konnte allegorisch in Beziehung auf die Umwandlung der Metalle erklärt werden, sei es zur guten oder zur schlechten Seite hin. Deshalb können in der Kunstsprache der Alchemie die Namen der Planeten die Namen der Metalle und ethisch-psychologische Begriffe einander symbolisch vertreten.

Das oben analysierte dialektische Phänomen der Entstehung wird bei Judenchristen des zweiten und dritten Jahrhunderts greifbar. Wir kennen einige Namen, die wahrscheinlich Pseudonyme sind: Maria, Kleopatra, Krates, Theophilus, Agathodaimon und manche andere. Die Menschen hinter diesen Namen waren vielleicht Physiker, Physiologen, Ärzte, die die magisch-chemische Technologie durch die Entwicklung von symbolischen Begriffen, die in die Sprache ihrer Rezepte aufgenommen wurden, gegen eine potentiell gnostische Abwertung verteidigten. Vielleicht gab es auch Menschen, für die der Gnosti-

---

[25] Viel Wichtiges auch zur Alchemie bei F. A. YATES, *Giordano Bruno and the Hermetic Tradition*, Chicago 1964.

zismus eine Versuchung darstellte oder die von ihm konvertiert waren und die gnostische Überzeugung, daß nur durch ein fremdes himmlisches Wesen die Erlösung seiner selbst in der kosmischen und menschlichen Seele, im Makrokosmos und im Mikrokosmos vollzogen werden könne, in die anthropozentrische Gewißheit der Möglichkeit zur Selbsterlösung verwandelten.

§ 10. Zentrale Gedanken zur „Wiedergeburt der Metalle"

Genau an diesem Punkt entsteht die Alchemie im engeren Sinn. Die Überzeugung von der Einheit der Welt hat wieder Geltung; der Erlöser aus der jenseitigen Welt kann nicht mehr durch bloßes Anflehen erreicht werden, er ist vielmehr durch die eigene Seele in der Welt zugänglich; man erfährt die *prima materia* als so fest und unveränderlich in die universale Materie gebunden, daß es mit Hilfe des Universalen möglich ist, auf die uranfängliche Materie einzuwirken, besonders auf die Metalle, aus denen die Erde und die Sterne bestehen. Der Alchemist gibt sich nicht mit der Erlösung seiner eigenen Seele und der der Welt zufrieden. Wenn er die Wiedergeburt seiner eigenen Seele vollzieht, will er die Wiedergeburt der Metalle zuwege bringen. Dazu benutzt er so weit wie möglich die überlieferte magisch-chemische Technologie. Er spricht von seinem Körper wie von einem Destilliergerät, und umgekehrt. Liest man vor allem die griechischen Alchemisten, aber auch ihre arabischen, mittelalterlichen und Renaissance-Nachfolger, dann erkennt man, daß der Alchemist eine faszinierende linguistische, psychologische, metallurgische und astrologische Amphibolologie begründet.

Die bewundernswerten Interpretationen der Alchemie aus den Perspektiven der Religionsgeschichte von Mircea Eliade[26], und der Psychologie von C.G. Jung[27] lassen sich durch die Beobachtung ergänzen, daß die Alchemie als ganze ihren Sinn als große Reaktion auf eine gnostische Herausforderung erhält. Hier ist Ernst Bloch nicht zu vergessen[28], der der Alchemie eine weitere hohe Bedeutung abgewann. Wie er zeigt, bezieht sich Tommaso Campanella einseitig auf die Unveränderlichkeitskomponente der Astrologie und macht diese zur Grundwissenschaft seiner *Civitas Solis* (1623), die totalitär hätte werden müssen, wäre sie gegen die Ungleichheit seiner Zeit durchgesetzt worden. Doch in Thomas Morus' *Utopia* (1516) wird die Alchemie als Grundwissenschaft voraus-

---

[26]   M. ELIADE, *Schmiede und Alchimisten*, Stuttgart o. J.

[27]   C. G. JUNG, „Die Erlösungsvorstellungen in der Alchemie", in: *Eranos-Jahrbuch* 4, 1936, S. 13-111.

[28]   E. BLOCH, *Vorlesungen zur Philosophie der Renaissance*, Frankfurt/M. 1972; DERS., *Das Prinzip Hoffnung*, ebenda 1959, S. 615 (Zitat).

gesetzt. „Verdeutlicht man sich den Gegensatz Morus – Campanella an den beiden mehr miteinander konkurrierenden als verbundenen Naturmythen ihrer Zeit, so läßt sich sagen: Morus oder die Utopie der *Freiheit* entspricht fast so sehr der *Alchymie*, wie Campanella oder die Utopie der *Ordnung* eben der *Astrologie* entspricht. Morus erwähnt die Alchemie nirgends ... Aber wenn (er) gleich eingangs erzählen läßt, daß der Gründer seiner Insel sie vom Festland erst abgesprengt habe, wenn sie, wie Morus sagt, gerade von der Welt der ‚*plumbei*‘ oder Bleiernen abgeschieden ist, so wurden diese Stellen bald alchymistisch gedeutet ... ‚*Utopia*‘ wird aus der schlechten Welt herausdestilliert wie Gold aus Blei, – Alchymie galt als die Mythologie dieser Befreiung.“

***

Nachtrag

In mehreren Diskussionen wurde kritisch nachgefragt – auch von Hans Jonas selbst –, ob ich hier nicht in Wirklichkeit zwei Methoden folge stazt, wie ich irrtümlich meine, nur der einen, der Jonas'schen. Dagegen sei ja grundsätzlich nichts einzuwenden, aber in diesem Falle gingen die Methoden nicht zusammen, und das müsse mein Ergebnis beeinträchtigen. Demgegenüber sei hiermit bekräftigt, daß die folgenden Überlegungen durchgängig seinem klassischen Werk *Gnosis und spatantiker Geist Bd. l: Die mythologische Gnosis.* Göttingen (1934) [2]1954, verpflichtet sind. Die Anwendbarkeit der – durch A.J TOYNBEE und andere ja wohlerprobten Kategorie „Challenge and response“ auf das Gnostische ist abgeleitet aus Jonas' Interpretation „Das ‚Fremde‘“ (S. 96); denn daß „Selbstentfremdung durch das umgebende Fremde“ entstehen kann, bedeutet, daß die Umgebung, die ursprünglich niemandem fremd war, gezwungen ist, sich als solches zu verstehen. Da das nur gegenüber einem Produkt sinnvoll ist, das in ihrer Mitte entstand, geht von diesem eine Herausforderung aus. Im einzelnen:

„Das Erkennens des Fremden als Fremden ist dann der erste Schritt zurück“ (Jonas), bedeutet dann, daß sich die Umgebung ihrem fremdgewordenen Produkt in irgendeiner Weise angleicht, wodurch sie ihre Qualität verändert: das ist eine Antwort. „Beide Seiten des Fremden an sich, die positive wie die negative ..., sind wechselnd Charaktere ein und desselben Seins: des ‚Lebens‘“: diese Verallgemeinerung gilt. Wenn dann geschlossen wird “ ... so können wir im Wort vom ‚fremden Leben‘ das Urwort der Gnosis sehen“, so ist das eine Reduktion auf ein “Prinzip in dieser Mannigfaltigkeit“, von dem es einleitend heißt: Die „Gesamtbearbeitung des Gegenstandes ... begnügt sich keineswegs mit der bloßen Feststellung jenes Prinzips: sie führt zuerst zu der existentialen Wurzel selbst, d.h. zu der gnostischen Daseinshaltung; von ihr aber zurück zu ihren unmittelbaren Objektivationen, d.h. jenen primär gnostischen Zeugnissen, denen sie regressiv abgewonnen wurde ...; schließlich von dort zu den entfernteren Transformationen desselben Prinzips, die erst durch diese existentiale Rückbeziehung als im Grunde ebenfalls ‚gnostische' Gestaltungen klassifizierbar werden, durch diesen Grund also auch (und allein durch ihn) mit jenen direkt-gnostischen Zeugnissen eine Einheit bestimmter Art bilden. So führt gerade dies Reduktionsverfahren, bei seiner Rückwendung zu den literarischen Gegebenheiten, zu einer Erweiterung des Stoffbereichs" (S. 12).

2. Gruppe:
Sternenzuflucht – Astrologie –Ergebung

Ausblick auf eine dem Menschen bleibende Statt irgendwo in der Gesamtnatur des Weltsystems: Imaginationen vom 16. bis 18. Jahrhundert

Einführung

Einleitend müssen hier einige Dinge erinnert werden, die nicht direkt zum folgenden Thema gehören, aber innerhalb desselben hin und wieder doch zu Verwechslungen führen.

In mehreren Religionen hatte das Erlebnis des Hoffens und Bangens in bezug auf den Aufgang und den Untergang gewisser Gestirne zur Bildung von Mythen geführt. Da diese auch die Sonne oder den Mond zum Zentrum haben können, und da die anderen fünf Planeten und die Fixsterne nur sichtbar sind, weil sie leuchten, wird der astral bestimmte Überlieferungskreis zuweilen demjenigen zugeschlagen, der es mit dem Licht im Großen und Allgemeinen zu tun hat. Letzteres geht ausschließlich auf die Sonne zurück. Häufig ist in der Tat keine strenge Unterscheidung zwischen den Lichtarten zu treffen, doch in vielen Einzelfällen sieht man, daß im Astralbereich andere Eigenschaften als die des Lichthabens im Vordergrund stehen.

Die Vielfalt der Erscheinungen begünstigt oft Außenansichten, die zu Verallgemeinerungen führen. Angesichts ihrer ist festzuhalten, daß die Sphäre des Lichtes, das wegen seiner Selbstverständlichkeit auch ein Trivialphänomen sein kann, nicht die des durch Abstraktion aus dem Sonnenlicht gewonnene ist, sondern von letzterer nur überschnitten wird.

Der Aufgang eines Gestirns symbolisiert manchmal einen Sieg über Feinde, manchmal kündigt er ihn an. Naturgeschehen wird häufig durch astrale Vorstellungen umgedeutet, herrscherliche Gewalt durch sie legitimiert. Über die Ideen von Schöpfung, Geburt und Wiedergeburt können Aufgänge und Untergänge schließlich etwas mit Leben und Heil des Menschen zu tun bekommen, aber beileibe nicht in einem solchen Ausmaß wie einst in einem vorderasiatischen Vegetationskult.

Die Himmelstopographie zieht die Grenze zwischen den beiden sich überschneidenden Lichtbereichen nur ungenau. Sie ist auch an anderen Punkten recht verschwommen. Die Identität des Deutungszieles „Welt" mit dem „Weltall" (oder Universum, oder Kosmos) muß manchem Betrachter zweifelhaft gewesen sein. Auch der Unterschied, der zwischen der „Natur" und der allgemeinen, kosmischen Physis besteht, war undeutlich (die Ausdrücke „Gesamtnatur" und „Weltsystem" sind Notbehelfe, die das Unpräzise verdecken sollen).

Das hinderte nicht, daß der Mensch nach einem solchen Ort auch suchen, oder ihn (wo?) erstreben soll. Dafür wird bisweilen eine Art Forschungs- oder Erkundungsterminologie aufgeboten. Versagt der Mensch dabei, dann sieht es eher aus, als hätte er als der Alte Adam den Neuen Menschen in ihm überlistet, sodaß er die neue Heimstatt in der „Weltnatur" (oder wo auch immer) verfehlt, die er so ersehnt hatte. An die Stelle einer solchen psychisch äußerst anspruchsvollen Anforderung kann auch das seelsorgerische Werben um die – selbstverständlich wissenschaftlich geleitete oder ausgewiesene, das heißt ehrfürchtige und wohldurchdachte – Anheimgabe des Menschen, beziehungsweise seines Selbstes, an die (Welt-)Natur treten.

Dies alles kann natürlich nicht bedeuten, daß „die Religion" keine Rolle spielt. Aber man muß sie besonders in diesem von Fehlbezeichnungen geradezu heimgesuchten Bereich als Kulturtatsache beschreiben und sie von der Erwartung entlasten, sie könne über „die Religion" schlechthin Auskunft geben. Beschränkt man sich auf die Erde und sieht dort genauer hin, dann sind die Gestirnvorstellungen in so außerordentlich verschiedene kulturelle Kontexte eingewoben, daß sich ergibt: Wo wir religiöse, an die Gestirne gebundene Lichterfahrungen vorfinden, da sind sie bei aller Elementarität, die erst recht evident ist, wenn eine solche Erfahrung in Ekstase oder in Trance gemacht wird, nicht der Kern der Religion oder gar eine religio pura. Dennoch konstituieren sie eine Religion als einer unter vielen Faktoren inhaltlich mit, gehören integrierend zu ihr, heben sie wesenhaft von anderen Religionen ab, die solche Lichterfahrungen nicht kennen.

Angesichts der skizzierten Verhältnisse ist im folgenden mehr ungesichert als in den anderen Einführungen.

Wissenschaftliche Astronomie, wissenschaftliche „Physik" oder beide kommen in den wissenschaftsähnlichen oder pseudowissenschaftlichen Strömungen immer irgendwie vor oder haben gar bei ihrer Entstehung Pate gestanden. Die „neuen", in Wirklichkeit ganz alten „Wissenschaften" verstehen sich als solche und lehnen ein „Pseudo-" vor ihrer Bezeichnung ab. Doch auch nach Meinung ihrer maßgebenden Vertreter bleiben sie auf die dauernde Nachbarschaft der Astronomie und der Physik angewiesen. Die erstere alt-neue Disziplin kann weiterhin „Astrologie" heißen, die letztere sei „Paraphysik"[1] genannt. Diese Bezeichnung macht sie zugleich als Oberbegriff für beide geeignet.

---

[1]   Der möglicherweise vom Vf. erfundene Ausdruck „Paraphysik" möge akzeptiert werden. Die Sache soll sich zur Physik verhalten wie „Parapsychologie" zu „Psychologie". Dieser Analogie ist auch zu entnehmen, mit welchen Inhalten Methoden und Gegen-

Die Astrologie deutet die Welt, indem sie herauszufinden sucht, was die Bewegungen bedeuten, die Sterne mit einem bestimmten Namen und damit zusammen hängenden Eigenschaften ausführen. Unter diesen galt den Planeten ein besonderes Interesse, weil die Bewegungen derselben – mit Ausnahme des Mars, die erst Kepler bewältigte –, relativ einfach zu berechnen waren und sie mit ihren „Einflüssen" nur etwas zu reagieren, aber nichts zum Untersuchen und Berechnen aufgaben (Wegen dieser verbreiteten Art von Präsenz wurden sie mit der Qualität und dem Platz eines Wesens der gedeuteten Welt im Hintergrund als kennzeichnend für die Bürgerastrologie in den Untertitel dieses Buches genommen.) Als rechnerisch anspruchsvoller empfand man erst die Konstellationen. Sie waren es, aus denen Aussagen über künftige Ereignisse wie auch Deutungen vergangener Ereignisse gewonnen werden konnten. Das astrologische Deutungsziel ist letztlich das von Gestirnen aller Art durchschwebte Universum. Dieser Begriff von Welt ist heute noch sehr verbreitet. „Weltdeutung" darf die Astrologie in jedem Falle heißen (und nur, weil es darum geht, ist z. B. von Horoskopen in dieser Einführung nicht die Rede). Außerdem steht sie in ständigem Widerstreit zur rechnenden Astronomie, bzw. von der letzteren wird der Astrologie dauernd widersprochen.

Die Physikotheologie deutet die gesamte Natur, indem sie nach den in ihr waltenden Ursachen und den sie lenkenden Zwecken fragt. Sie deutete die Welt, indem sie mit der Harmonie ihrer Resultate einen Gottesbeweis führte. Gott aber steht im traditionellen Sinne als Weltschöpfer außerhalb ihres Systems da. Deshalb steht die Physikotheologie im Widerstreit zur konfessionellen und überhaupt jeder Theologie bzw. ihrer Schöpfungslehre, in der keine Theologie naturalis mehr erkennbar sein soll.

Astrologie und Physikotheologie stehen zueinander im Widerstreit, weil die Physikotheologie die der Zeit und ihrer Wissenschaft angemessene Theologie *sein*, die Astrologie dieselbe aber *ersetzen* will. Die „Sternenzuflucht" läßt sich als gemeinsamer Nenner von Astrologie und Physikotheologie verstehen. Das sei an dieser Stelle mit Luther's Übersetzung von Hebr. 13, 14 – einem Vers, der schon früh zu einen geflügelten Wort wurde – ausgedrückt:

„Denn wir haben hie kein bleibende Stad / sondern die zukünfftige suchen wir."

Schon in der frühen Neuzeit faßten manche Personen die beiden („Natur"-) Wissenschaften gern so auf, daß sie die beobachtete Welt und damit auch den beobachtenden Menschen seelenlos machen.

Wegen dieses Charakters sei man geradezu gezwungen, neben der Astronomie die Astrologie[2] und neben der „Physik" eine potentiell mystische Natur-

---

ständen sich die Paraphysik von der Physik unterscheidet.

[2] Heute zum Beispiel: Arnold und Wilhelmine Keyserling, *Kriterien der Offenbarung. Astrologie, Mantik, Numerologie, Mystik, Magie*, Wien 1982; Arnold Keyserling, *Luzifers Erwachen. Die Entdeckung des zehnten Planeten*, Wien 1972.

kunde[3] zu pflegen, die, anders als die mathematischen und experimentellen
Methoden allein es zulassen würden, jede für sich oder auch beide zusammen
erwarten lassen, daß sie eine alternative, anthropologisch heute sinngemäß gern
„ganzheitlich" genannte Denk- und Lebenspraxis ermöglichen. Waren damals
mehr Menschen dem Vorbild einiger weitblickender Europäer – Paracelsus
(1493-1541), Francesco Patrizi (1591), Philippe du Plessis Mornay (schrieb 1581),
Athanasius Kircher (1602-1680), Caspar Thym (1775), Johann Nicolaus Martius
(schrieb 1799) – im Verhalten zur Welt und zur Natur – der Zuflucht im
Planeten Erde! – gefolgt, durften Heimaten und Schöpfung gegen rein techni-
sche Intellekte gefeiter geworden sein, als sie jetzt sind. Der damit ermöglichten
Lebensweise hätte neben Existenzgestaltungen von Altvölkern anderer Erdteile
ein eigener Rang gebührt.

Es war jedoch schon damals und ist erst recht heute menschheitsgeschichtlich
zu spät, derartiges noch zu erproben. Doch blieben verborgene Energien zum
Zusammenhalt selbst des Gegensätzlichen lebendig, die, einmal entdeckt, ge-
stärkt wurden, falls sich aus europäischer und anderweitiger Tradition Antriebe
zur Erforschung mit solchen zur Errettung der Welt verbinden lassen. Der heutige Mensch hat nicht jede Begabung zur Ein- und Ausübung der elementaren
Frömmigkeit verloren, sein Selbst und sein Wissen der Natur anheimzugeben.

Die einzige europäische Methode ist die kombinatorische, etwa so, wie sie
konsequent zuerst von Raimundus Lullus (1232-1316) entwickelt wurde. Er
kombiniert, indem er auf Linien oder Kreisumfange mit Buchstabensymbolen
geschriebene Begriffe gegeneinander verschiebt. Unter ihnen, jeweils neun an
der Zahl, sind die Gottesattribute, die Tugenden, die Relationen und die Seins-
sphären besonders wichtig. Nicht jede Kombination ergibt einen Sinn. Wo sie
aber einen Sinn ergibt – und das ist von der Theologie bis zur anorganischen
Physik überraschend oft der Fall –, da eröffnet er meist ganz unerwartete Dimensionen des Seins. Einige Kombinationen, in die auch menschliche Vor-
stellungs-, Sinnen-, vegetative, elementare Kräfte einbezogen werden, ergeben
„Mystik"[4]. Für Teilprobleme wird Llull auch von der naturwissenschaftlichen
Physik noch benutzt. Hingegen bedient die Paraphysik sich dieser Methode so
gut wie ausschließlich auf Grund des universalistischen Grundsatzes, daß Alles

---

[3]   Heute zum Beispiel: FRITJOF CAPRA, *Der kosmische Reigen. Physik und östliche Mystik -
ein zeitgemäßes Weltbild*, Bern/München/Wien 1977. [6]1983; S. 81f: „In der modernen
Physik zeigt sich das Universum als dynamisches, unteilbares Ganzes, das seinem Wesen nach immer den Beobachter einschließt. Hier verlieren die traditionellen Begriffe
von Raum, Zeit von isolierten Objekten von Ursache und Wirkung ihre Bedeutung."

[4]   Wenn von Mystik gesprochen wird, ist derjenige Typus gemeint, der sich in der Nahe
von Kombinatorik, Logik, Rationalität ansiedeln läßt. An so etwas wie bei BERTRAND
RUSSELL, *Mystik und Logik*, Wien-Stuttgart 1952 (eine Sammlung von zehn philosophischen Essays, die ihren Titel von der Überschrift des ersten hat; ursp. im *Hibbert Journal*
1910), ist aber nicht gedacht.

mit Allem zusammenhängt. Ohne daß die eine Lebensform damit schon Astronomie und die andere Physik würde, können diese beiden wirklichen Naturwissenschaften den Theorien einer solchen Praxis scheinbar problemlos einige Fachbezeichnungen und Beobachtungstechniken ausleihen.

Eine gewisse Zweideutigkeit aber ist bis heute geblieben. Wer sie damals verspürte, konnte wohl so ihren Sinn erfragen

„Bedeutet Vertrauen auf den Gewährsmann des Gelingens universaler Kombination auch der absoluten Prinzipien, Ramon Llull, Verneinung oder Bejahung von Paraphysik?"

***

Der auf S. 122f erwähnte Manilius äußert sich mehrfach zusammenhängend über die Planeten (nach Text und Übersetzung dort Anm. 22):

Buch I, 13-15
Muße verleiht mir der Friede hierfür; die Luft zu durchschreiten,
macht schon Vergnügen, und wandelnd am riesigen Himmel zu leben,
Sterne zu kennen, die gegenkäufige Bahn der Planeten.

I, 46-61
Dann haben Priester, die Tempeln durch Opfer ein Leben lang dienten,
... durch ihre Dienste die Gottheit gewonnen; in diesen erweckte
eben die Gegenwart mächtiger Gottheit fromme Gedanken, ...
Diese erfaßten das glanzvolle Werk und sahen als erste ...
welch gewaltigen Unterschied kleinste Bewegung hervorrief.
Als jede Himmelserscheinung, wobei die Planeten zu ihrem
Stammhaus zurückkehren, erfaßt, jeder Konstellation ihre Wirkkraft
wegen der unbestreitbaren Schicksalsbestimmung erteilt war,
machte Erfahrung durch vielfache Praxis daraus eine Lehre.

I, 805-808
Andere gegen den Kosmos sich stemmende Sterne
gibt es, die zwischen Himmel und Erde herumschwärmend schweben,
Jupiter, Mars und Saturn und die Sonne; es macht unter diesen
zwischen dem Mond und der Venus Merkur seine rasenden Flüge.

Buch II, 114-122
Wer könnte ohne die Gnade des Himmels den Himmel erkennen,
Gott ergründen, wenn er nicht selbst von den Göttern ein Teil ist,
wer diese Weite der grenzenlos offenstehenden Wölbung
und den Reigen der Zeichen, des Kosmos flammende Decke,
und den beständigen Krieg der Planeten gegen den Tierkreis
und gar das Land und das Meer unterm Himmel und was unter beiden,
schauen sowie das Geschaute im engen Busen verschließen,
hätt' die Natur den Seelen nicht göttliche Augen gegeben,

hätte sie nicht den Geist, der ihr ähnlich ist, auf sich gerichtet ...

Buch III, 178-185
Wenn dir nach Kenntnis der Zeit der Geburt das Aussehn des Himmels
sicher bekannt ist, nach dem die Planeten im Tierkreis plaziert sind,
wenn sich Gott Phoebus höher erhebt als der seitliche Hauptpunkt,
welcher den Aufgang besetzt oder welcher ins Wasser hinabtaucht,
kannst du behaupten, den Daten nach sei dein Nativer ein Tagkind.
Wenn er jedoch in den sechs Gestirnen darunter und tiefer
als die die Wölbung begrenzenden Punkte zur Rechten und Linken
leuchtet, ist dein Nativer den Daten entsprechend ein Nachtkind.

Buch III, 632-636
Dann auch werden die blutigen Kriege geführt unterm wilden
Mars, und der Winter verteidigt Skythien nicht; auch Germanien,
nicht mehr versumpft, wird weit, und der Nil bricht aus auf die Felder.
Das ist der Zustand der Dinge, wenn Phoebus im Zeichen des Krebses
Sommersonnenwende vollzieht und hoch im Olymp weilt.

Buch IV, 841-847
Klar ist der Grund, weil auch jene Zeichen, in welchen Frau Luna,
des Bruders beraubt und getaucht in nächtliches Dunkel
unter den Sternen erlosch, wenn die Erde dazwischen des Phoebus
Strahlen abfängt und nicht das gewohnte Licht trinkt, durch das die
Delierin glänzt, zusammen mit ihrem Leitstern erschlaffen,
gleichzeitig niedergebeugt und der üblichen Frische enthoben,
und die entrissene Phoebe wie einen Leichnam betrauern.

Buch V, 1-7
Hier wär ein andrer am Ziel, und nach der Behandlung der Zeichen,
welchen die Götter der fünf Planeten entgegenwandeln,
samt der Pferdequadriga des Phoebus, dem Zweigespann Lunas,
hätt' er sein Werk nicht weitergeführt und kehrte vom Himmel
wieder zurück und durchliefe beim Abstieg dazwischen die Feuer
erst des Saturn, dann Jupiters, Mars und der Sonne darunter
nach der Venus, nach Maias Sprößling dich, unstetes Mondlicht.

Buch V, 128-133
Hebt sich im Tierkreis der letzte Teil des Widders nach oben,
der ihn als ganzes den Ländern zeigt, aus den Wellen emporreißt,
kommt Olenie herauf, die die vorher erschienenen Böcklein
hütet, am frostigen Pol, wo sie rechts liegt, verstirnt für die Dienste,
die sie als Mutter erwies dem mächtigen Jupiter. Nahrung
gab sie getreu dem Donnerer, füllte die Kehle des gierig
Suchenden mit ihrer Milch und gab ausreichend Kraft für die Blitze.

III. Kapitel: Zwischen Pansophie und Naturwissenschaft. Vom Umgang mit Astrologie zur Zeit der Gegenreformation und des Absolutismus

Einleitung: Übergänge zwischen Religion und Wissenschaft als neuartiger Paradigmenwechsel

Der Umgang mit bestimmten Pseudo- und mit bestimmten echten Naturwissenschaften ist im Verlauf der letzten dreißig Jahre durch Einsichten revolutioniert worden, die die Eigenart und den Charakter des Wissens zweifach betreffen: a) in Bezug auf seine heutige Gültigkeit einschließlich seiner Rolle für die Erlangung von rationaler Erkenntnis, b) in seiner ganz anderen Funktion für frühere Gesellschaften. Die maßgebende Untersuchung[1] stellt ins Zentrum ihrer grundlegenden Beispiele im Prinzip dieselben Disziplinen, die auch in diesem Beitrag vorkommen. In ihrer Mitte steht die Astronomie. In einer „*Religions*geschichte natur*wissenschaftlicher*Entwicklungen" soll es aber nicht um die Astronomie, sondern speziell um die Astrologie in der frühen Neuzeit gehen.[2] Damit ist die Religionsgeschichte zwar Oberthema, aber der Rückblick in sie ist nicht in ihr selbst begründet und gewährt nicht, wie sonst, ein Stück Erkenntnis der Geschichtlichkeit von allem, einschließlich einiger Wissenschaften, in unserer Gegenwart.

Stellt man sich nun ganz auf die Astrologie ein, dann dominiert sogleich ihre Eigenart, daß sie im allgewaltigen Modus der Geschichtlichkeit eher eine Ausnahme darstellt. Sie scheint der Religion bestimmte unveränderliche Elemente und Probleme mitzugeben, die den reinen Charakter der Religion, wie

---

[1] THOMAS S. KUHN, *The Structure of Scientific Revolutions,* Chicago 1962; deutsch (übers. von KURT SIMON, danach zitiert): *Die Struktur wissenschaftlicher Revolutionen,* Frankfurt/M. 1967.

[2] Das „fundamentum aere perennius" für die Aufarbeitung des Materials ist LYNN THORNDIKE, *A History of Magic and Experimental Science,* 8 Bände, New York 1923-1948. Dieses Standardwerk bringt die Beziehungsweisen, die sich nicht in eine kurze Formel fassen lassen, in extenso durch die Art seiner Darstellung, unauffällig aber auch durch die „*and*"-Verbindung der beiden doch so verschiedenen Gegenstände in seinem Titel zum Ausdruck. Es ist für das folgende laufend konsultiert worden und besonders zu § 5 und zu § 10 vom Leser zur Ergänzung heranzuziehen.

er in unseren Phänomenologien dargestellt wird, auch in der reinen Theorie
gründlich verändern. Das damit aufgeworfene Grundsatzproblem kann hier
nicht erörtert werden. Es wird aber von Fall zu Fall mitberücksichtigt. Das wird
nicht immer sofort auffallen, doch wird es auf Anhieb jeweils dann bemerkbar
sein, wenn die astrologischen Unveränderlichkeiten, deren Chronologie nahezu unerheblich ist, ganz ohne die historischen Zusammenhänge angeführt werden dürfen, in die sie ursprünglich gehörten. Wenn dies geschieht, dann deshalb, damit die Unveränderlichkeiten in dieselben oder auch in andere Kontexte,
die sich im Laufe der Zeit ergeben, immer neu eingefügt werden können, wenn
die Klärung eines Tatbestandes es verlangt. Die Thesenform, in der das am
ehesten möglich ist, erleichtert zum Ausgleich für die verfahrensbedingten kognitiven Verzichtleistungen immerhin die Aufstellung von Paradigmen.

§ 1. Tatbestände I:
Beziehungsweisen zwischen Stern(be)deutung und Stern(be)rechnung

Es ist empirisch-historisch unmöglich und historisch-erkenntnistheoretisch bedenklich, vom heutigen Wissensstand aus a priori alle Möglichkeiten rekonstruieren zu wollen, welche von Anfang an denjenigen Verhältnissen eigen sein
sollen, in denen Astrologie und Astronomie zueinander stehen können – ist
doch die Unterscheidung zwischen Astronomie und Astrologie selber, die erst
im zweiten Jahrhundert n. Chr. von Ptolemäus durchgehalten wird,[3] Indiz eines
bestimmten Anfanges.

Dieser Anfang ist von anderer Art als der absolute, aber er lehrt etwas Grundsätzliches. Ein inhaltlicher Bestandteil der Theorie oder der Überlieferung, den
eine Erwägung a priori zu bestimmen hilft, muß in die jeweiligen Anfänge,
einschließlich der allerersten, reprojiziert werden. Es handelt sich um Anfänge,
in denen man einen Unterschied zwischen zwei gestirnkundlichen Erkenntnis-
weisen, und gar mit verschiedenen Bezeichnungen, noch nicht kannte. Daraus
folgt: Ohne ein wie auch immer beschaffenes und noch so partielles apriorisches
Element gibt sich der absolute Anfang der astronomisch-astrologischen Einheits-
wissenschaft nicht zu erkennen. Die unvermeidliche Auswahl des Materials,

---

[3] Tetrabiblos (Ptolemy, *Tetrabiblos,* ed. and transl. by F. E. ROBBINS, Cambridge/Mass.
und London 1956 = mit Manetho ed. and transl. W. G. WADDELL ein Band der Loeb
Classical Library) I 1: „Was die Mittel für Voraussagen (Prognostik) anlangt, so gibt es
nur zwei an der Zahl, die bedeutend und zuverlässig sind, …“; I 3: „In einer etwas
summarischen Weise haben wir gezeigt, wie eine gewisse Prognostik auch mit astronomischen Mitteln möglich ist." Solche Aussagen setzen stillschweigend die Rede von den
viel weiter reichenden Mitteln voraus, über die die Astrologie zu verfügen versprach.

nun wieder gemäß der Theorie wissenschaftlicher Revolutionen, ist dann mittels zweier Kriterien zu treffen, deren Aufstellung auf den ersten Blick irritiert, nämlich ob die heute damit befaßte wissenschaftliche Disziplin eine Gruppe von Anhängern beständig anzuziehen und sie damit bei ihrer Tätigkeit von gewissen wetteifernden Verfahren fernzuhalten vermochte, und ob diese Forschergruppe dennoch offen genug blieb, um ganz andersartigen Gruppen von neu bestimmten Fachleuten alle möglichen Probleme zur Lösung überlassen zu können.

Damit werden die Kriterien nur scheinbar außerhalb des zu untersuchenden Materials, d. h. tatsächlich zu seinem Besten angesetzt. Wenn dann die Geschichte einer Wissenschaft die Erfüllung beider Kriterien wirklich aufweist, stellt sie ein nicht zu bezweifelndes Paradigma dar, an Hand dessen demonstriert werden kann, auf wie schwierigen Wegen Sternforscher zu einer „normalen" Wissenschaft, in diesem Fall zu ausschließlich rechnender Sternkunde kommen. Für einige Disziplinen, wie physikalische Optik, Elektrizitätsforschung und aus historischen Gründen auch die weltanschauliche Sterndeutung, muß das Paradigma vom heutigen Wissenschaftshistoriker erst definiert werden, damit erkannt werden kann, wie groß der Unterschied zu denjenigen Voraussetzungen ist, unter denen eine Nachfolgedisziplin heute arbeitet. Andere Disziplinen, wie Mathematik und eben die ausschließlich rechnende Sternkunde, die Astronomie, tragen hingegen ihre Paradigmen gesichert gleichsam in sich, und dies schon – jedenfalls für den Blick eines absolut gegenwartsorientierten Forschers – seit „vorgeschichtlicher Zeit".

Ein vollständiger und konsequenter Paradigmenwechsel wird eine „wissenschaftliche Revolution" genannt.[4] Es wird hiermit festgesetzt, daß es sich bei dem Hervorgehen der ausschließlich rechnenden Sternkunde aus der Einheit mit einer nicht oder jedenfalls nicht richtig rechnenden Sternkunde um einen Beitrag erster Ordnung zu einem jener Prozesse handelt, die man als wissenschaftliche Revolutionen aus naturwissenschaftlichen Entwicklungen herausheben kann. In einem Maßstab, der durch das Weglassen solcher Wissenschaften verkleinert worden ist, die von vornherein keine Beziehungen zu den Gestirnwissenschaften haben, soll dann das Vordringen und schließliche Übrigbleiben

---

[4] Mit dieser Benennung, mit der Zuweisung wissenschaftlicher Resultate bzw. Entdeckungen wie mit der großen Chronologie der wissenschaftlichen Revolutionen stimmen KUHN und J.D. BERNAL *Wissenschaft. Science in History* Bd. 1: *Die Entstehung der Wissenschaft*, Bd. 2: *Die wissenschaftliche und die industrielle Revolution*, Bd. 3: *Die Naturwissenschaften der Gegenwart*, Bd. 4: *Die Gesellschaftswissenschaften*, Reinbek 1970 (durchlaufend paginiert, danach zitiert; englisch London 1954-1969, übers. von LUDWIG BOLL; rororo – Sachbuch 6749/50) weitgehend überein. Da in allerlei Einzelheiten noch über die Aufstellungen beider Forscher hinaus Konsens besteht, wird oben der ganze sich daraus ergebende Grundriß übernommen bzw. vorausgesetzt.

nur der Astronomie der ausreichende Indikator dafür sein, daß die spezielle
Entwicklung, die da abläuft, eine wissenschaftliche Revolution ist. Sie läuft mit
der sog. bürgerlichen Revolution bzw. mit der Entstehung des Bürgertums
annähernd gleich (Fortsetzung siehe unten § 11-13).

Wie verschieden nun die jeweiligen Wechsel der Paradigmen im einzelnen
auch aussehen, sie haben gemeinsam, daß die wissenschaftliche Revolution jeweils in der Tradition nur *einer* Pseudo- bzw. nur *einer* echten Wissenschaft
stattfindet. Daran ändert nichts, daß zwei (oder mehrere) einander benachbar-
te, aber nicht im gleichen Prozeß verlaufende wissenschaftliche Revolutionen
sich in ihren *Resultaten* gegenseitig durchaus beeinflussen können. Dies ist offensichtlich in besonderer Weise sowohl auf der Seite der weltanschaulichen
Sterndeutung als auch auf der Seite der ausschließlich rechnenden Sternkunde
der Fall gewesen. Man muß wegen dieser Besonderheit zuerst auf das Verhältnis zwischen Wissenschaft und dem, was heute nicht mehr als Wissenschaft,
sondern als Religion gilt, in der antiken, spätantiken und frühmittelalterlichen
Astrologie einen Blick werfen.[5]

A. Voraussetzungen für eine wissenschaftliche Revolution
im antik-mittelalterlichen Paradigma

§ 2. Paradigmenkurzform I: Einheit von
Religion, Symbolik und Wissenschaft[6]

Will man das frühe Paradigma, das im Altertum und im Mittelalter gültig war,
auf eine kurze Formel bringen, so muß man sagen: Es gehört von Anfang an
zum Wesen der Sternkunde, daß sie zwar keine Identität[7] von Wissenschaft und
Religion behauptet, wohl aber eine Ausübung von Wissenschaft und Religion
zugleich sein will.[8]

---

[5]   In den sonst keineswegs überholten Artikeln von WILHELM GUNDEL, „Astralreligion",
      „Astrologie" und „Astronomie", in: *RAC* Bd. 1, Stuttgart 1950, Sp. 810-817, 817-831 und
      831-836 kommen die oben gemeinten Unterschiede noch nicht richtig heraus.

[6]   Wichtig ist FRIEDRICH PFISTER, *Religion und Wissenschaft. Ihr Verhältnis von den Anfän-
      gen bis zur Gegenwart* (Slg. Dalp 104), Bern 1972.

[7]   Siehe PIERRE HADOT/KURT FLASCH/E. HEINTEL, „Eine (das), Einheit", in: *HistWbPhilos*
      Bd. 2, Stuttgart 1972, Sp. 361-384; PETER JANICK, „Einheit der Natur", in: *EnzPhilosWiss*
      Bd. 1, Mannheim 1980, S. 529f.

[8]   Ähnlich FRANZ BOLL/CARL BEZOLD/WILHELM GUNDEL, *Sternglaube und Sterndeutung.
      Die Geschichte und das Wesen der Astrologie,* ⁵Darmstadt 1966 (= ⁴Leipzig u. Berlin 1931),
      S. 72f.

Was heißt das aufs Ganze gesehen? Die Astrologie ist, was sie ist, grundsätzlich nur als Ensemble einer unbestimmten Anzahl von symbolisierenden Weltdeutungsakten. Damit ist sie dies von ihrem absoluten Anfang an. Mit der Weltdeutungsabsicht steht die Astrologie erkenntnistheoretisch der Religion gleich, aber sie ist, für sich genommen, *keine* Religion. Sie hat zwar wegen des übereinstimmenden Prinzips der Namengebung für Sterne und Götter in ihren Anfängen eine dichte Nähe und späterhin eine deutlich bleibende Affinität zur babylonischen Religion gehabt; jedoch waren dies nur gleichsam die Initialbedingungen, denen alle, auch die selbständigsten Erscheinungen solcher Art unterliegen. Eine ebensolche Affinität konnte die Astrologie auch zu ganz anderen Religionen gewinnen, sogar ohne daß Gestirnsvergötterungen, die es vereinzelt in allen Kulturen gibt, als Anknüpfungspunkt gedient haben. Daß weder die Astrologie noch die babylonische Religion das wissenschaftliche Phantasieprodukt „Astralreligion" repräsentieren, versteht sich ohnedies von selbst.

Die Weltdeutungsabsicht und die Symbolisierungsmethode der Astrologie sind unveränderlich. Die Unveränderlichkeit in der Sache kommt vor allem zum Ausdruck in dem Prinzip, die wichtigeren Sterngruppen als Sternbilder erkennbar zu machen. Die von den Astronomen vorgenommene Abteilung und Gruppierung von Fixsternen nebst Beilegung bestimmter Namen stellt keine absolute Himmelsordnung fest, sondern ist von nachweisbaren psychologischen und kulturellen Voraussetzungen abhängig. Die moderne Wahrnehmungsforschung hat gezeigt, daß der Mensch garnicht anders kann, als in zufällig benachbarten Punkten und Linien Muster zu entdecken, die für sein Empfinden sinnvolle Gestalten und Situationen bilden. Die Gestaltwahrnehmungen sind so vielfältig wie die Motive von Mythen, Märchen und Träumen. So hat jede Kultur ihre eigene Bildausdeutung der einzelnen Sternkonstellationen. In den sieben Hauptsternen des – immerhin unabhängig voneinander – von den Griechen und den Ureinwohnern Amerikas „Großer Bär" genannten Sternbildes sahen z.B. die alten Ägypter die Spitze einer Prozession, die alten Römer sieben Dreschochsen, die Araber einen Sarg, dem drei Klagefrauen folgen, neuere nordamerikanische Indianer und Franzosen eine Schöpfkelle, Engländer einen Pflug, Chinesen einen von Bittstellern besuchten Hofbeamten, mittelalterliche Europäer den „Großen Wagen".[9]

Die Willkür hatte von einer Kultur zur andern wie auch innerhalb ein und derselben Kultur freies Spiel. Arthur Schopenhauer hatte noch geschrieben: „Die Zeichen des Tierkreises sind das Familienwappen der Menschheit: denn

---

[9]   Der „klecks"-deutende Rorschach-Test und andere projektive Tests gewinnen ihre Resultate aus dieser grundgegebenen Fähigkeit. Mehr bei GARY URTON, „Ethnoastronomy", in: *The Encyclopedia of Religion* 5, N. Y. 1987, S. 177-182.

sie finden sich als dieselben Bilder und in derselben Ordnung bei Hindu, Chinesen, Persern, Ägyptern, Griechen, Römern usw., und über ihren Ursprung wird gestritten."[10] Heute besteht wischen der Stellung der Sterne und den Sternbildern für den unbefangenen Betrachter nicht die mindeste Ähnlichkeit. Das war auch in unserem Altertum nicht anders.

Wenn sich aber mathematische Kunst,[11] Beobachtungspraxis und Divination aus Gründen ändern, die nicht in der Astrologie liegen, muß notwendig eine Spannung zum Anspruch der Astrologie entstehen, die bis zum Zerbrechen der Einheit mit ihr gehen kann. Insofern gehört zu ihrem allerersten Anfang bereits eine winzige allererste Möglichkeit einer wissenschaftlichen Revolution.

§ 3. Historisches I:
Typisches für die Astrologie, die Religion und die Bildersprache

Die Babylonier haben „Astronomologie" nur empirisch betrieben.[12] Sie brachten diese vorwissenschaftliche Wissenschaft sogleich mit Kalenderberechnungen zusammen. Letztere wurden u. a. mit Hilfe umfangreicher mathematischer Tafeln ausgeführt, die Erweiterungen kleinerer Tafeln für das kaufmännische Rechnen darstellen. Aus ihnen hat sich ein großer Teil der heutigen Arithmetik und Algebra einschließlich der Teilung des Kreises in 360 Grade und überhaupt des Sexagesimalsystems entwickelt.[13] Die didaktische Leistung, die damit zugleich vollbracht war, sollte ihre Schöpfer lange überleben.

Die Griechen, die diese Wissenschaft von den Babyloniern mehr als von den Ägyptern lernten (s. u.), spielten eine zweifache Rolle: a) Ihre Dichter verknüpften die Sternbilder mit Mythen und Sagen,[14] b) ihre Mathematiker erlangten

---

[10]   *Sämtliche Werke*, hsg. von WOLFGANG FRHR. VON LÖHNEISEN, Bd. 5: *Parerga und Paralipomena II*, Darmstadt 1976, S. 152, § 81. Vgl. dagegen Bd. 4: *Parerga und Paralipomena I, S.* 537: „Einen großartigen Beweis von der erbärmlichen *Subjektivität* der Menschen, infolge welcher sie alles auf sich beziehn und von jedem Gedanken sogleich in gerader Linie auf sich zurückgehn, liefert die *Astrologie,* welche den Gang der großen Weltkörper auf das armselige Ich bezieht, wie auch die Kometen am Himmel in Verbindung bringt mit den irdischen Händeln und Lumpereien. Dies aber ist zu allen und schon in den ältesten Zeiten geschehn."

[11]   BARTEL L. VAN DER WAERDEN, *Erwachende Wissenschaft. Ägyptische, babylonische und griechische Mathematik,* Basel/Stuttgart 1956; MORRIS P. COHEN/I.E. DRABKIN, *A Source Book in Greek Science,* Cambridge/Mass. 1948 (ND 1969), S. 1-88 („Mathematics").

[12]   B.L. VAN DER WAERDEN, „Astronomie", in: *Der Kleine Pauly* Bd. 1, München 1964, Sp. 664-667; *Anfänge der Astronomie* (Erwachende Wissenschaft II), Groningen 1956, S. 28-52; COHN/DRABKIN S. 90-142 („Astronomy").

[13]   BERNAL S. 118; zur nochmaligen Erweiterung des Tafelgebrauchs siehe § 6.

[14]   WOLFGANG SCHADEWALDT, *Griechische Sternsagen* (Fischer TB 129), Frankfurt/M. 1956.

eine bis dahin unbekannte Sicherheit und erzielten zuvor unmögliche Resultate, indem sie die Trigonometrie, die ihre Vorgänger nicht kannten, auf die
Astronomie anwandten.[15] Trotz dieser Verbindungen gingen mehrere Jahrhunderte lang die Entwicklungen Seite an Seite in Ost und West weitgehend unabhängig voneinander vonstatten. Noch heute ist es oft unmöglich zu sagen, ob
einem Griechen oder einem Babylonier zuerst das Verdienst einer bestimmten
Entdeckung zukommt.

Von den Griechen ging der Gebrauch der Sternbilder auf die Römer über,
von diesen einschließlich der Namen auf die christlichen Völker; der bei den
griechischen Astronomen üblich gewesenen Namen bedient man sich noch in
der Gegenwart.[16]

In der Spätantike änderten sich die Verhältnisse um die astronomisch-astrologische Praxis so gründlich, daß ihre Vertreter, als seien sie reine Wissenschaftler, an die eingangs erwähnten Wissenschaftlergruppen erinnern, die beständig
neue Anhänger heranziehen. Die alten Vertreter waren die sogenannten *Chaldaei*, die wegen ihrer nicht unbeträchtlichen mathematischen Kenntnisse denjenigen Personen nahekamen, die Horoskope stellten.[17] Sie waren ungewöhnlich
zahlreich, wenn wir von den häufigen Angriffen ausgehen, denen sie von Seiten
der Magistrate und der Satiriker ausgesetzt waren. Ein besonderer Unterschied
zwischen den Chaldäern und den Griechen bestand indessen darin, daß erstere
die Religion – wieder gleich den oben erwähnten *rerum novarum cupidi* – jeweils von neuen wissenschaftlichen Vorstellungen profitieren ließen und damit
in die Lage kamen, auf sie eine gelehrte Theologie zu gründen. Die Griechen
taten nichts dergleichen. So blieb die astronomisch-astrologische Wissenschaft
in Chaldaea immer priesterlich,[18] in Griechenland hingegen war sie, soweit ihre
Anfänge historisch deutlich erscheinen, immer laizistisch.

Im übrigen war die reine Astrologie, wenn sie als solche erkennbar war, von
Zeit zu Zeit und von Ort zu Ort häufig umstritten. Noch „im 4. Jahrhundert
waren Edikte gegen Astrologen in Kraft – in einer Zeit, in der zu den bisherigen
politischen Argumenten von den christlichen Kaisern theologische Vorbehalte
angebracht wurden", und das, obwohl Kirchenväter wie Origenes, Firmicus

---

[15] KURT VON FRITZ, „Die Entwicklung der antiken Astronomie", in: DERS., *Grundproble-
      me der Geschichte der antiken Wissenschaft,* Berlin 1971, S. 132-197. Die Anwendung der
      Trigonometrie erfolgte erst mit Apollonios von Perge (um 200 v. Chr.).

[16] Nachweis der Eigennamen, Erklärung der Benennungen, Reihenfolge, Ordnung und
      Varianten zu allem bei EMILIE BOER, „Astrologia", „Sternbilder", in: *Der Kleine Pauly*
      Bd. 1, München 1964, Sp. 660-664; Bd. 5, 1975, Sp. 361-365.

[17] Näheres bei WILLEM JOHANN WOLFF KOSTER, „Chaldäer", in: *RAC* Bd. 2, Stuttgart 1954,
      Sp. 1006-1021.

[18] FRANZ CUMONT, *Astrology and Religion among the Greeks and Romans,* 1912, ND New
      York 1960, S. 10 (englische Fassung).

Maternus und Synesius von Kyrene eine christliche Astrologie vorbereitet hatten. Allerdings wäre daraus wahrscheinlich nicht viel geworden – so möchte man urteilen, wenn man sich die Verwaltung kümmerlicher Symbolreste bei Augustinus ansieht[19]. Der Kaiser „Constantius erklärte 357 das Wahrsagen zu einem Kapitalverbrechen, und diese Strafandrohung wurde 373 und 409 wiederholt.[20] Erst mit Palchos, Eutokios und Rhetorius (alle aus dem späten 5. Jahrhundert) kommt eine Periode, in der die astrologische Praxis wirklich unterdrückt wurde, bis sie im 8. Jahrhundert ihre Wiedergeburt erlebte".[21]

Dieser Aufschwung war großenteils das Verdienst einer Spezialität, die von den Angriffen auf die Astrologie stets weniger betroffen war als deren sonstige Spezialitäten, nämlich der astrologischen Deskription. Sie war schon früh z.B. in der didaktischen Dichtung durch den Stoiker Marcus Manilius vertreten, der unter Augustus und Tiberius schrieb. Die Beschreibungskunst seiner „Astronomica"[22] ist noch lange nicht hinreichend gewürdigt. Lebte der Autor heute, wir würden ihn ohne Ironie einen Bildungsbürger nennen. Lehren der Babylonier und Ägypter, Weltentstehungstheorien, Erzählungen zu den Sternbildern und Erdregionen, Einzelsterne, Planeten und Götter, geometrische Himmelskunde, Messungen und Klassifikationen, die auf Beobachtungen von mit einzelnen Abschnitten der Tierkreiszeichen aufgehenden Sternbildern (Paranatellonta) beruhen, Meteorologie und Wettervorhersage, Klimazonen, menschliche Charaktere und Phänotypen, Bedeutung von Kometen, Beziehungen

---

[19] DAVID PINGREE, „Astrologia, astronomia", in: *Augustinus-Lexikon* Bd. 1, Basel 1986-1994, Sp. 482-490.

[20] Cod Theod. 9. 16. 4 (357 Ian. 25): IMP. CONSTANTIUS A. AD POPULUM. Nemo haruspicem consulat aut mathematicum, nemo hariolum. Augurum et vatum prava confessio conticescat. Chaldaei ac magi et ceteri, quos maleficos ob facinorum magnitudinem vulgus appellat, nec ad hanc partem aliquid moliantur. Sileat omnibus perpetuo divinandi curiositas. Etenim supplicium capitis feret gladio ultore prostratus, quicumque iussis obsequium denegaverit (p. 461 MOMMSEN); 9, 16, 12 (409 Febr. 1): IMPP. HONOR(IUS) ET THEOD(OSIUS) AA. CAECILIANO P(RAEFECTO) P(RAETORI)O. Mathematicos, nisi parati sint codicibus erroris proprii sub oculis episcoporum incendio concrematis catholicae religionis cultui fidem tradere numquam ad errorem praeteritum redituri, non solum urbe Roma, sed etiam omnibus civitatibus pelli decernimus. Quod si hoc non fecerint et contra clementiae nostrae salubre constitutum in civitatibus fuerint deprehensi vel secreta erroris sui et professionis insinuaverint, deportationis poenam excipiant (p. 463 MOMMSEN).

[21] FRANZ CUMONT, *Astrologues Romains et Byzantins,* Paris 1918/19, S. 53f, zitiert nach Angabe in der übernächsten Anmerkung.

[22] Hsg. und übers. von WOLFGANG FELS, Stuttgart (reclam 8634) 1990; mit dessen Hilfe unten Näheres. Viel Hintergrund- und Hilfsmaterial bei WILHELM GUNDEL/HANS GEORG GUNDEL (zitiert: G./G.), *Astrologumena. Die astrologische Literatur in der Antike und ihre Geschichte* (Sudhoffs Archiv Beiheft 6), Wiesbaden 1966; zu Manilius dort S. 141-145.

zwischen makrokosmischen Phänomenen und historischen Ereignissen – alles wird kenntnisreich und geistvoll zu einem Weltsystem kombiniert. Inmitten desselben steigert das Neben- und Nacheinander der Dinge die Anschaulichkeit eines jeden. Es gibt eigentlich nur eine Passage, bei der eine Verdächtigung als Vulgärastrologie hätte ansetzen können, nämlich die Einschärfung der auf den Punkt genauen Festlegung des Aszendenten, mit der die Zuverlässigkeit des Horoskops steht und fällt (Buch 3,203-273). Sie wird durch das stoische Fertigwerden auch mit dem Schicksal, das sich aus dem bloßen Einfluß der Sterne auf das menschliche Leben ergibt (Buch 4), mehr als aufgewogen.

Das Werk des Manilius enthält auf diese Weise natürlich wie von selbst alle in der Astrologie gebräuchlichen Bilder. Was dieselben anlangt, so hatte man sie teils von Gegenständen der Erde, z.B. von Tieren, teils von mythischen Personen hergenommen und die Sterne nach diesen benannt. Die Griechen hatten mit der rechnenden Astronomie auch Sternnamen und -bilder zumeist von den Babyloniern, viele Sternbilder aber auch von den Ägyptern[23] kennengelernt, bei denen sich der Anfang ihres Gebrauches im Dunkel des Altertums verliert. Doch vom vorläufig erreichten Ende des Gebrauchs aus konnte man weiterarbeiten. Ptolemaeus (2. Jahrhundert n. Chr.) führt in seinem Almagest[24] 48 Sternbilder auf, die noch jetzt die ptolemäischen heißen:

a) auf der nördlichen Halbkugel: 1. Kleiner Bär (Ursa Minor), 2. Großer Bär (oder Großer Wagen; Ursa Maior), 3. Drache (Draco), 4. Kepheus, 5. Ochsentreiber (oder Bärenhüter; Bootes), 6. Nördliche Krone (Corona Borealis), 7. Herkules, 8. Leier (auch: mit dem Geier; Lyra), 9. Schwan (Cygnus), 10. Kassiopeia, 11. Perseus (mit dem Medusenhaupt), 12. Fuhrmann (auch: mit der Ziege; Auriga), 13. Schlangenträger (Ophiochus), 14. Schlange (Serpens), 15.

---

[23]   WILHELM GUNDEL, *Dekane und Dekansternbilder. Ein Beitrag zur Geschichte der Sternbilder der Kulturvölker.* Mit einer Untersuchung über die ägyptischen Sternbilder und Gottheiten der Dekane von SIEGRIED SCHOTT. Mit einem bibliographischen Anhang von HANS GEORG GUNDEL (London 1936), ²Darmstadt 1969.

[24]   CLAUDIUS PTOLEMAEUS, *Der Sternkatalog des Almagest. Die arabisch-mittelalterliche Tradition,* Bd. 1: *Die arabischen Übersetzungen,* Bd. 2: *Die lateinische Übersetzung Gerhards von Cremona,* Bd. 3: *Gesamtkonkordanz der Sternkoordinaten,* hsg. und übers. von PAUL KUNITZSCH, Wiesbaden 1986, 1990, 1991, enthält alles Material bis zu den modernen astronomischen Identifizierungen der ptolemäischen Sterne. Die obige Übersicht enthält die am häufigsten vorkommenden Namen. Oben sind tunlichst, d. h. wenn es sich nicht um geographische und mythologische Eigennamen handelt, die deutschen Namen genommen; in Klammern die lateinischen Namen nach Gerhard von Cremona. Doch beachte man, daß es zu mehreren von ihnen, insbesondere denen der Einzelsterne, in den verschiedenen griechischen, arabischen und lateinischen Versionen allerlei Varianten gibt. Näheres s. o. in Anm. 16 und in COHN/DRABKIN S. 128-134 („Note on the Ptolemaic System. The Star Catalogue of Ptolemy").

Pfeil (Sagitta), 16. Adler (Aquila), 17. Delphin (Delphinus); 18. Kleines Pferd (Eculeus), 19. Pegasus, 20. Andromeda, 21. Dreieck (Triangulum),

b) die 12 Sternbilder des Tierkreises: 22. – 33. (siehe Anhang),

c) auf der südlichen Halbkugel: 34. Wal (auch: Thunfisch; Cetus), 35. Orion, 36. Eridanus, 37. Hase (Lepus), 38. Großer Hund (Canis Maior), 39. Kleiner Hund (Canis Minor), 40. Das Schiff Argo (Argo Navis), 41. Hydra (oder: Große Wasserschlange), 42. Becher (Crater), 43. Rabe (Corvus), 44. Kentaur (Centaurus), 45. Wolf (Lupus), 46. Altar (Ara), 47. Südliche Krone (Corona Australis), 48. Südlicher Fisch (Piscis Austrinus).

Noch im Altertum wurden hinzugefügt das Haar der Berenike und die Gestalt des Antinous, des Geliebten Kaiser Hadrians. Das war etwa der Kenntnisstand am Ausgang des Mittelalters. Die Werke des Manilius und des Ptolemaeus hatten erheblichen Einfluß auf dasselbe gehabt, besonders vor dem Eindringen der arabischen astrologischen Werke im 12. Jahrhundert.[25] Ihre frühesten Verfasser hatten angefangen, an demselben Ende wie ihre europäischen Kollegen weiterzuarbeiten, waren dann aber durch penible Beachtung neu ermittelter Daten auf eine enorme Vergrößerung des Bestandes hinausgekommen.[26]

Die 36 Sternbilder in den ptolemäischen Gruppen a und c haben, obwohl sie doch mit den 12 Sternbildern unter Gruppe b gleichen Ranges sind, für die Astrologie keinerlei Bedeutung erhalten. Anders in der Medizin. Hier läuft die Kunst der astrologischen Deskription auf eine Diagnose hinaus. Auch auf diese, nicht rein astrologische Praxis hatte die antike Tradition einen gleich starken Einfluß; man kann vom 13. bis zum 15. Jahrhundert regelrecht von einer astrologischen Medizin sprechen. Dabei ist nicht zu übersehen, daß dieser Einfluß, verglichen mit anderen, doch eine recht langsam vonstatten gehende Angelegenheit war. Zur Begründung wird die Tatsache angeführt, daß weder die Feudalwirtschaft des Islam noch die des Christentums die Möglichkeit bot, die

---

[25]   JOHN D. NORTH/B. L. VAN DER WAERDEN, „Astrologie", in: *Lexikon des Mittelalters* 1, Sp. 1135-1143, dort 1137. Die Manilius-Rezeption in der frühen Neuzeit behandelt FRANZ MACHILEK, „Astrologie und Astronomie. Sternforschung und Sternglaube im Verständnis von Johannes Regiomontanus (1436-1476) und Benedikt Ellwanger", in: STEPHAN FÜSSEL (Hsg.), *Astronomie und Astrologie in der Frühen Neuzeit* (Akten des interdisziplinären Symposions 21./22. April 1989 in Nürnberg) = *Pirckheimer-Jahrbuch* Bd. 3, Nürnberg 1989/90, S. 11-32. – Die in der folgenden Anm. genannten Bände gehören inhaltlich zu dem hier Verhandelten unbedingt hinzu und werden nur aus Platzgründen nicht weiter ausgewertet.

[26]   In den beiden Bänden von FUAT SEZGIN, *Geschichte des arabischen Schrifttums* Bd. 6: *Astronomie bis ca. 430 H.*, und Bd. 7: *Astrologie – Meteorologie und Verwandtes bis ca. 430 H.*, Leiden 1978 und 1979 finden sich an Hand der Identifizierung zahlloser Titel und Autoren, Untersuchung der Übersetzungswege, Inhaltsanalysen und Rezeptionsgründen Astronomie und Astrologie Fall für Fall außerordentlich klar auseinandergehalten.

rationale Wissenschaft zu praktischen Zwecken zu verwenden. Zwar habe die Astrologie bei den Fürsten so hoch im Ansehen gestanden, daß sie astronomische Forschungen förderten, zwar möge die Alchemie die chemische Technik vervollkommnet haben – sie konnten der Vernunft nur wenig bieten, da ihre Theorien fast ausschließlich magischer Natur waren.[27]

Dennoch brachten die Künste der Deskription und Diagnostik die gesamte Astrologie auch immer wieder zu Ansehen. Das besonders schnelle Anwachsen ihrer Reputation im 14. Jahrhundert führte weiterhin dazu, daß die Astrologie nicht nur in die Literatur, sondern auch in Baukunst, Buchmalerei und andere bildende Künste starken Eingang fand. Viele Leute hatten bis ins 17. Jahrhundert gegen ein Horoskop in einem Kirchenfenster oder auf einem Grabstein nichts einzuwenden.[28]

In Spätantike und Mittelalter war die Astrologie längst kein Ensemble von Weltdeutungsakten mehr. Sie war ein System von fest ineinander gefügten Deutungssymbolen geworden, das sich als Ganzes selbst wie ein Symbol der Welt ausnahm, die nach Deutung verlangte. Dieses System mit seinen Bewegungsbahnen, Sphären, Götternamen, mit seinen Häusern, Feldern, Zehn-Grad-Sektoren, mit seinen Aszendenten, Bildern, Klassifikationen, mit seinen Phasen, Perioden, Jahreszeiten – dieses System war schön. Es war vielleicht sogar schöner und besser als die Welt und dann so gut und schön, wie Gott die Welt geschaffen haben wollte. Aber als System unterlag es auch Gesetzen, die uns erst die moderne Systemtheorie kennen gelehrt hat: irgendwann erträgt es keine Differenzierungen mehr. Es wird zu komplex, und damit reif für eine umfassende Komplexitätsreduktion. Leider gibt es kein kosmisches Laboratorium, in dem man ausprobieren könnte, ob die Geschichte des astrologischen Systems nicht allein aufgrund seiner endogenen Bedingungen oder Determinanten genau so verlaufen wäre, wie sie mit ihrer Einbindung in die Wechselfälle der Kulturgeschichte tatsächlich verlaufen ist.

§ 4. Desintegrationen I:
Auflösung des astrologischen Systems in der Reformationszeit

So oder so – jedenfalls gilt das historische Gesetz, daß jedes lebendige Werk, jede kulturelle Bildung, jedes geistige Produkt den Keim seiner Zersetzung in sich trägt, auch für die Astrologie. Nachzuweisen ist es aber nur in Fallstudien,

---

[27] BERNAL Bd. 1, S. 309.
[28] NORTH, a. a. O. Sp. 1142. Die Entwicklung im Imperium Romanum, in Byzanz, dem Sassanidenreich und unter dem Kalifat kann hier nicht weiter verfolgt werden; siehe dazu HENRI STIERLIN, *Astrologie und Herrschaft. Von Platon bis Newton*, Frankfurt/M. 1988 (französ. 1986).

von denen eine einzige umfangreicher geraten müßte als die vorliegende Zusammenfassung. So sei einiges aus der Reformationszeit berichtet, in der man
sich auf die Astrologie auf so verschiedene Weise einstellte,[29] daß der Zerfall
einer alten astrologischen Ordnung offenkundig wird.

Luther lehnte die Astrologie ab. Sein Zeugnis ist umso gewichtiger, als es für
ihn allein, der sich mit Astrologie nie intensiv beschäftigt hatte, wenig besagt,
umso mehr aber für die Philosophie und den Volksglauben seiner Zeit. Den
letzteren scheint Luther stellvertretend zu artikulieren, um gelegentlich noch
einen theologischen Satz oder eine biblische Referenz hinzuzufügen. Die Sterne
sind die Materie, mit der die Astrologie umgehe, aber da die Materie keine
Form und keine eigenen Eigenschaften hat, ist das, was darüber gelehrt wird,
ungewiß. Die allgemeinen Ankündigungen der Astrologie können auf den Ein-
zelfall nicht angewandt werden. Astronomie und Mathematik verfügen über
die zuverlässigen, zu sicheren Ergebnissen führenden Regeln, diese aber fehlen
der Astrologie. Die Wettervoraussagen, die die Astrologen machen, stimmen so
gut wie nie. Es ist nicht einzusehen, warum für das Horoskop nur die Geburts-
stunde wichtig sei und nicht die Stunde der Zeugung; und warum in einer
Konstellation nicht alle Sterne gleichmäßig wirken sollen, sondern nur einige.
Und – so oder so – warum sind die Schicksale von Zwillingen (Jakob und Esau!)
so unterschiedlich? Und warum sagt die Astrologie über das konkrete Men-
schenleben so wenig aus? Und für die Vergewisserung des Evangeliums für ein
Werk, wie die Reformation eines war, kommt nur ein Tun Gottes, nicht eines
der Sterne in Frage.

Die „Anhaltungen" (*epochaí*) der Sterne auf ihren Kreisläufen waren für
einige die Ausgangspunkte für die Aufstellung von Chronographie, Chronome-
trie, Chronologie und Chronosophie – letztere integrierte die Vergangenheit,
womit eine „naturalistische Theologie der Geschichte" (Abu l-Ma'sar, Jaques-
Bénigne Bossuet, Pierre d'Ailly) möglich wurde. Melanchthon gebrauchte die
Astrologie eher diagnostisch als horoskopisch, für einige waren gewisse Sterne
Endzeitanzeiger. Johann Virdung von Hassfurt, Johannes Lichtenberger, Luca
Gaurico und andere Flugblattschreiber setzen die Zeitmaße der Astrologie und
der Apokalyptik gleich. Astrologie war zu einem guten Teil auch populär, wenn-
gleich nicht weit verbreitet.

---

[29]   Vgl. PAOLA ZAMBELLI (Hsg.), *„Astrologi hallucinati"*. Stars and the End of the World in
Luther's Time, Berlin 1986. Oben ein Versuch, aus diesem äußerst instruktiven Band die
Resultate der Beiträge von I. LUDOLPHY (S. 101-107: Luther), K. POMIAN, (S. 29-43:
„Astrology as a Naturalistic Theology of History"), ST. CAROTI (S. 109-121: Melan-
chthon), M. STEINMETZ (S. 195-214: Hassfurt), D. KURZE (S. 177-193: Lichtenberger), P.
ZAMBELLI (S. 239-263: Gaurico), H. ROBINSON HAMMERSTEIN und H.-J. KÖHLER (S. 129-
175: Flugschriften, Volksprophetien) jeweils ganz kurz zu fassen.

Es ist wahrscheinlich nicht nur das theologische Argument gewesen, man dürfe geschaffenen Dingen wie den Sternen nicht genau so viel oder noch mehr Macht über die menschlichen Geschicke zubilligen wie ihrem Schöpfer, das dem antik-mittelalterlichen Paradigma weithin den Garaus gemacht hat. Das astrologische System selbst war zu fragil (siehe § 4 am Schluß), um es mit der Durchschlagskraft einer reformatorischen Streitschrift aufnehmen zu können. So ist es möglich, daß an der Liquidation dieses Paradigmas eine Selbstauflösungstendenz von innen und eine Beseitigungskraft von außen zusammengewirkt haben.

Man wird dabei nicht vergessen, daß in Südeuropa gleichzeitig ganz andere Verhältnisse herrschten: Die Renaissancepäpste Julius II. (1503-1513), Paul III. (1534-1549) und Leo X. (1513-1521) waren Freunde der Astrologie und förderten sie vorbehaltlos.

Diese Informationen müssen genügen. Der Rahmen für die nun folgenden Hauptteile II und III – mit dem eigentlichen Thema! – soll das 16., 17. und 18. Jahrhundert umfassen. Das heißt nicht, daß dieser Rahmen überall gleichmäßig ausgefüllt werden kann; namentlich das erste Viertel des 16. und die zweite Hälfte des 18. Jahrhunderts bieten die Charakteristika, deren Wichtigkeit im folgenden aufgezeigt werden soll, in spärlicherer Bezeugung dar.[30] Einige einzelne Literaturangaben enthalten keine Belege, sondern Bücher, die als Zusammenfassungen der Lehre ihres Verfassers gelten.

B. Der Paradigmenwechsel im Zeitalter der Gegenreformation

§ 5. Paradigmenkurzform II:
Pragmatische und paradigmatische Zueinanderordnung

Gegenüber dem Wechsel der Paradigmen, von dessen Möglichkeiten bisher die Rede war, ist derjenige, um den es im folgenden gehen soll, dadurch bestimmt,

---

[30] Zum Hintergrund siehe FRITZ DICKMANN, *Renaissance, Glaubenskämpfe, Absolutismus* (Geschichte in Quellen Bd. 3), München 1966 (bes. S. 292-723); BERNAL (s. o. Anm. 4) Bd: 2 (= S. 349-619 des 1254-seitigen Gesamtwerkes); PHILIPPE ARIÈS, GEORGES DUBY und ROGER CHARTIER (Hsg.), *Geschichte des privaten Lebens* Bd. 3: *Von der Renaissance zur Aufklärung*, Frankfurt/M. 1991 (französ. Paris 1986; enthält direkt zur Astrologie nichts). Bemerkenswerter Weise umfaßt eine astrologische Weissagung genau den hier – selbstverständlich nach ganz anderen Kriterien – umgrenzten Zeitraum: ALMUT FRICKE-HILGERS, „,... das der historiographus auch sei ein erfarner der geschicht des himels ' Die Sintflutprognose des Johannes Carion für 1524 mit einer Vorhersage auf das Jahr 1789", in: FÜSSEL a. a. O., S. 33-68.

daß an ihm *Nichtwissenschaft und* Wissenschaft[31] und *nicht etwa* Wissenschaft und Wissenschaft beteiligt sind. Zur Nicht- oder Pseudowissenschaft können Ideologie, Religion, Magie, Weltanschauung – einschließlich begrenzter weltanschaulicher Deutung (z. B. der Gestirnwelt) und dergleichen gehören. Eine Nichtwissenschaft stellt der Wissenschaft (z. B. der rechnenden Sternkunde!) die Fragen, durch deren sachliche Beantwortung eine wissenschaftliche Revolution zustande kommt, nicht von innen, sondern von außen. Das schließt nicht aus, daß bei der Formulierung der Fragen, die sich eine Wissenschaft von innen stellt, auch nichtwissenschaftliche Antriebe mitwirken können.[32]

Es gibt natürlich in der Geschichte der Astrologie zahlreiche Ungleichzeitigkeiten. Von Umständen, die irgendwo zu ihrer Vernichtung führen, können andere Regionen astrologischer Repräsentanz ganz unberührt bleiben. Greifen wir den Fall heraus, wo man nur noch über Trümmer aus dem astrologischen System verfügt, aber selbst auf deren einstige Symbolisierungsleistung nicht verzichten will, so bleibt den Vertretern nur die Zuordnung zum immer solider werdenden astronomischen System übrig. Beide gehören dann immerhin noch in denselben Verweisungszusammenhang. Ein Modell dafür gab es in der Zueinanderordnung von Theologie und christlicher Philosophie bei Kirchenvätern und Scholastikern. Bei Astrologen allerdings stellt sich eine analoge Zueinanderordnung als eine rein pragmatische gedankliche Prozedur dar.

Wenn das richtig ist, dann besteht hier das Paradigma (sic) im Ansatz in einer pragmatischen (sic) Zueinanderordnung von nichtwissenschaftlicher und wissenschaftlicher Beschäftigung mit den Sternen.

§ 6. Historisches II:
Wandel der feudalistischen Sicht von Astrologie und Astronomie

Die politischen, historischen und staatsrechtlichen Implikationen, die der pragmatische Ansatz hat, können natürlich nur andeutungsweise berücksichtigt

---

[31]   Dazu THORNDIKE, Vol. 5 and 6: *The Sixteenth Century*, New York 1941; Besonders wichtig sind Vol. 5, S. 159-331 (= X. „Astrology of the Early Century"; XI. „The Conjunction of 1524"; XII. „Astrology at Bologna"; XIII. „The Court of Paul III."; XIV. „Astronomy and Astrology at Paris"; XV. „Astrology elsewhere"), Vol. 6, S. 67-206 (= XXXII. „The New Stars"; XXXIII. „Astrology after 1550"; XXXIV. „The Catholic Reaction: Index, Inquisition and Papal Bulls"; XXXV. „Adversaries of Astrology"). Vgl. weiter. S. WOLLGAST, *Philosophie in Deutschland zwischen Reformation und Aufklärung 1550-1650*, Berlin 1988, dort außerordentlich instruktiv S. 102-105 u. ö. zur Pansophie, S. 246-249 u. ö. zur Astrologie.

[32]   In dem hiermit Zusammengefaßten wird man leicht die Position von KUHN (oben Anm. 1) S. 28-35 wiedererkennen.

werden.[33] Es genügt, die Zeit vom Augsburger Religionsfrieden (1555) bis zum Westfälischen Frieden (1648) als Hintergrund anzunehmen. Es ist dieselbe Epoche, die von der marxistischen Geschichtswissenschaft als erste bürgerliche Revolution reklamiert wird. Das ist auch richtig, aber es ist damit nur die halbe Wahrheit gesagt; denn das Bürgertum unterstützte – die Fürstentümer und kleinen Monarchien (!); denn beide hatten denselben Gegner: den politischen Feudalismus. Dessen Vertretern wollte der Adel die administrative Kompetenz, und wollte das Bürgertum gar die Herrschaft überhaupt entwinden. Diese Zusammenarbeit, in der das Bürgertum sogar zum Verzicht auf schon erkämpfte politische Rechte genötigt und dafür mit wirtschaftlichen Vorteilen abgefunden wurde, ist kultur- und wissenschaftsgeschichtlich außerordentlich folgenreich gewesen. Nichts wäre verkehrter, als die künftige Nutzung je einer der beiden Sternkunden säuberlich je einem Stande, dem entfeudalisierten adeligen und dem entpolitisierten bürgerlichen, zuzuschreiben.

Solange die Fürsten als *praecipua membra ecclesiae* zwar nicht zum Volk gehörten, aber sich nicht fern von dem hielten, was populär war, wird es nicht allzuviele astrologische Dissense über die letztliche Belanglosigkeit, weil Vieldeutigkeit zwischen den beiden sozialen Klassen gegeben haben. Das änderte sich mit Eintritt der Gegenreformation, ja man kann denselben geradezu als ein Ineinander von Rückkehr der Fürsten an den Hof, Wiederaufnahme des Katholizismus und Höherschätzung der – dabei an Kompliziertheit verlierenden – Astrologie beschreiben.[34] Dürfte man die Gestirnwelt nunmehr wie das Königtum so absolut, so „losgelöst" von den irdischen Dingen sehen, daß beide Wissenschaften, also auch die Astrologie, zweckfrei betrieben würden, es wäre nicht so schwierig, in der Zeit vor dem „aufgeklärten Absolutismus" eine aktive Förderung von wohlwollender Duldung der Wissenschaften zu unterscheiden.[35]

---

[33] Überblick: ERNST WALTER ZEEDEN, *Das Zeitalter der Gegenreformation,* Freiburg/Br. 1967; HUBERT JEDIN, *Katholische Reformation oder Gegenreformation?,* Luzern 1946; katholische Akzeptanz des Ausdrucks: *Das Bistum Eichstätt in Geschichte und Gegenwart* Bd. 3: RICHARD BAUMEISTER/EMANUEL BRAUN/ERNST REITER/KLAUS SCHIMMÖLLER, *Von der Gegenreformation bis zur Säkularisation,* Editions du Signe 1993.

[34] Diesen Gedanken hat mir die Lektüre von NORBERT ELIAS, *Die höfische Gesellschaft,* Darmstadt/Neuwied 1969 (ND als stw 423, Frankfurt/M. 1983) nahegelegt, ohne daß ich ihn mit stichhaltigen Einzelsätzen als des Autors eigene Meinung belegen kann. Die Einzeichnung von Coucher und Lever des Königs (S. 119-129) in den Lauf der Sonne stand jedenfalls an der Spitze eines umfangreichen Ensembles astrologischer Allegorien.

[35] Mehr bei A. RUPERT HALL, „Scientific Method and the Progress of Techniques", in: E.E. RICH – C.H. WILSON (Edd.), *The Cambridge Economic History of Europs,* vol. IV; *The Economy of expanding Europe in the sixteenth and seventeenth Centuries,* Cambridge 1967, S. 96-154.

Die Epoche ist z. B. reich an astro*nomischen* Tafelwerken.[36] Wenn man keine weiteren Nachrichten über sie hat, sieht man es ihnen nicht an, auf wessen Initiative und auf wessen Kosten man sie herstellte. Sie wurden in der Mehrzahl erst nach der großen Errungenschaft der Wissenschaft des 16. Jahrhunderts angefertigt, die bis dahin eine reine, nur gewußte, nicht angewandte geblieben war, der Astronomie des Kopernikus (1473-1543).[37] Diese Theorie blieb aber auf die Genauigkeit solcher Tafeln ohne nennenswerten Einfluß: sie wurden nicht aus bloßer wissenschaftlicher Neugierde (und auch nicht mit Rücksicht auf die Seefahrt) berechnet, abgeschrieben, korrigiert und wieder abgeschrieben, sondern vor allem deswegen, weil sie für die Astro*logen* unentbehrlich waren. Die Herrscher, die weiterhin wie in den vergangenen feudalistischen Zeiten viel Geld für den Bau von Sternwarten und Präzisionsinstrumenten ausgaben, erwarteten für ihr Geld nicht nur Ruhm als Förderer der Wissenschaften, sondern – in Europa zur Zeit von Tycho de Brahe (1541-1601) und Johannes Kepler (s. u.) unter Kaiser Rudolph II. (geb. 1552, reg. 1576-1612) besonders hervortretend – auch astrologische Voraussagen.[38] „Kaiser Rudolph II., selbst mehr an Wissenschaft und Kunst interessiert als am politischen Tagesgeschäft, hatte … zahlreiche hervorragende Wissenschaftler und Künstler an seinen Hof gezogen. Entsprechend seiner Vorliebe für die Pansophie interessierte er sich … vor allem für Alchemie und Astrologie, die die Verbindung von Mikro- und Makrokosmos zu erhellen verhießen. Die Emblematik, das Verschlüsseln von Gedanken zu Sinnbildern, blühte ebenso wie das Enträtseln der „signaturae rerum" („Zeichen der Dinge")".[39]

§ 7. Historisches III. Die Pansophie, ihre Traditionen und Transformationen

„In dem Ziel, das Geheimnis des göttlichen Schöpfungsplanes im Kleinsten wie im Größten zu entziffern, um so die „fabrica mundana", die Weltenwerkstatt

---

[36] E. S. Kennedy, *Transactions of the American Philosophical Society* 46 (Part 2), 1956; zur früheren Verwendung siehe § 3, Anfang.

[37] Jochen Kirchhoff, Kopernikus (rororo-monogr. 347), Reinbek 1985. Erhältlich: N.K., *Erster Entwurf eines Weltsystems,* übers. von Fritz Rossmann, Darmstadt 1966.

[38] B. L. van der Waerden, *Die Astronomie der Griechen. Eine Einführung,* Darmstadt 1988, S. 241-246. Auch im arabischen Kulturkreis, von Samarkand bis Toledo, hat es weit über hundert solcher Werke gegeben, die für denselben Zweck angefertigt worden waren.

[39] Mechthild Lemcke, *Johannes Kepler* (rororo monographie 529), Reinbek 1995, S. 57f. (Die Fortsetzung des Zitats folgt auf die Überschrift von § 7). Aus Arthur Henkel und Albrecht Schöne, *EMBLEMATA. Handbuch zur Sinnbildkunst des XVI. und XVII. Jahrhunderts,* Ergänzte Neuausgabe Stuttgart 1976, gehören alle unter „Makrokosmos" (= Sp. 1-50) gebrachten Embleme hierher, d. h. zur deskriptiven Astrologie.

Gottes, begreifen zu können, trafen sich Ärzte, Alchimisten, Historiker, Staats-
rechtler, Astronomen, Astrologen, Mineralogen, Mathematiker, Philosophen
und Literaten." Aller Wissensstoff, der sich aus den Disziplinen dieser Gelehrten-
gruppen ansammeln und hermetisch homogemisieren läßt, müßte auch jedem
Fachwissenschaftler zur Verfügung stehen. Es wäre seine Adaptation der Pansophie. Wem aber diese in ihrer Ganzheit intuitiv begegnet, von dem muß sie
unter bestimmten Voraussetzungen von Fall zu Fall aber auch feiner auseinandergelegt werden können.[40] Es war eben charakteristisch für das 17. Jahrhundert, daß neben „den verschiedenen Formen der christlichen Weltdeutung
auch die im 16. Jahrhundert zwar noch vorhandenen, aber weitgehend unterdrückten Formen einer nichtchristlichen Weltdeutung zahlreiche neue Anhänger fanden: Der Glaube an die heilende Kraft von Zaubermitteln, der Glaube
an den Einfluß der Sterne und der Glaube an die Macht von Hexen und bösen
Geistern ... Bei den Gebildeten, auch beim Adel, war damals zudem der Glaube an die Astrologie ungebrochen lebendig: Vorhersagen, auf Grund der
Sternenkonstellation bei der Geburt, wurden ebenso oft gewünscht wie die
Befragung der Sterne vor schwierigen Entscheidungen. Unübersehbar war somit gerade in der Oberschicht die Rivalität zwischen religiöser[41] und astrologischer Deutung, da die Astrologie ein ausgeklügeltes, seit Jahrhunderten be-
kanntes und von zahlreichen Autoritäten gestütztes System bildete, mit dessen
Hilfe alle Fragen beantwortet werden konnten. Da die Astrologie nur die höhere Macht der Sterne anerkannte und dadurch sowohl den Zufall als auch persönliche Schuld aufhob, war zudem, wie es scheinen mag, ein Kompromiß mit
der Theologie von Gottes Allmacht unmöglich."[42]
Als kosmosophische und/oder pantheistische Bemühung enthüllt die Astrologie immer noch verborgene Entsprechungen zwischen den von Menschen
wahrgenommenen Gestirnbewegungen und seinen irdischen Geschicken. Diese Entsprechung erlaubt es, mit Hilfe eines regelgestützten Deutungssystems
personale Grundprägungen und künftige Ereignistendenzen zu sehen und davon zu sprechen.[43] Nicht die Sterne selbst sind es, die durch „Einfluß", „Einwir-
kung", „Einstrahlung" dies oder das „machen"; sie zeigen einen bestehenden,

---

[40]   Grundlegend ist die Trilogie von WILL-ERICH PEUCKERT, *Pansophie,* bestehend aus den
drei Teilen 1. *Pansophie. Ein Versuch zur Geschichte der weißen und schwarzen Magie;* 2.
Gabalia. Ein Versuch zur Geschichte der magia naturalis im 16. bis 18. Jahrhundert; 3. *Das
Rosenkreutz,* Berlin ²1976, 1967, ²1973.

[41]   Besser wäre: theologischer.

[42]   HARTMUT LEHMANN, *Das Zeitalter des Absolutismus. Gottesgnadentum und Kriegsnot,*
Stuttgart 1980, S. 173f.

[43]   SIEGFRIED BÖHRINGER, „Astrologie heute", in: E(vangelische) Z(entralstelle für) W(elt-
anschauungsfragen)-*Texte,* Information Nr. 97, Stuttgart 1988.

größeren Zusammenhang nur an. Bis zum 16. Jahrhundert hätten schon eine ganze Reihe solcher Zusammenhangsanzeigen – von der babylonischen Kultur an – den Namen „Pansophie" verdient, denn sie waren es. Aber erst das Barockzeitalter brachte es dahin – es hatte mit den verwandten Systemen von der Theosophie bis zur Schwarzen Magie ja auch ungewöhnlich viel dieser Art aufzuweisen.[44]

§ 8. Astrologiefreundliche Wissenschaftsfächer I:
Repräsentanten des 16./17. Jahrhunderts[45]

Die Astrologie war nicht ausschließlich das Geschäft reiner Astrologen. Sie stand in mehreren verschiedenartigen Beziehungen zu anderen Wissenschaften. Die Aufzählung einiger Vertreter der letzteren soll darauf aufmerksam machen, daß das Verhältnis ihrer Wissenschaft zur Astrologie logisch nur sehr kompliziert aufweisbar wäre, und daß die für die vorliegende Untersuchung ausgewählten Einzelheiten nicht unbedingt als repräsentativ betrachtet werden dürfen. Die folgenden Zusammenstellungen zählen lediglich auf. Sie wollen vor dem Hintergrund früherer Erweiterungen des Gestirnbildes gelesen werden, sie sagen aber nicht, welcher Art diesmal die geistigen Voraussetzungen dafür waren, daß die genannten Astronomen sich um etwaige Beziehungen des ihnen wohlvertrauten astrologischen Symbolsystems zu den von ihnen entdeckten Sternen und Sternbildern überhaupt nicht kümmerten, bzw. warum die Namen, die sie ihren Entdeckungen gaben, ohne jede astrologische oder sonstige symbolische Bedeutung waren und es bis heute geblieben sind.

1. Physiker: Simon Stevin (1548-1620), Johannes Marcus Marci de Kronland (1595-1667), Balthasar Conrad (1599-1660), Evangelista Torricelli (1608-47), Giovanni Alfonso Borelli (1608-79);

2. Astronomen: Tycho de Brahe (1541-1601), Johannes Kepler (1571-1630), Jakob Bartsch (1600-1633), Johannes Hevelius (1611-1687);

3. Astrophysiker: Giordano Bruno (1548-1600)[46], Galileo Galilei (1564-1642)[47], Christoph Scheiner (1575-1650), Francesco Maria Grimaldi (1618-1663);

---

[44] Näheres bei W. SCHMIDT-BIGGEMANN, „Pansophie", in: *HistWbPhilos* Bd. 7, Basel 1989, Sp. 56-59, und PAUL HAZARD, *Die Krise des europäischen Geistes* (sc. zwischen 1680 und 1715), übers. von HARRIET WEGENER, Hamburg 1939.

[45] Kurzbiographien zu mehreren Genannten in ARMIN HERRMANN, *Lexikon Geschichte der Physik A-Z*, Köln 1972.

[46] Vgl. JOCHEN KIRCHHOFF, *Giordano Bruno* (rororo-monogr. 285), Reinbek 1980. Erhältliche Titel: G. B., *Zwiegespräche vom unendlichen All und den Welten.* übers. von LUDWIG KUHLENBECK, Jena 1904, ND Darmstadt 1983; *Das Aschermittwochsmahl*, übers. von FERDINAND FELLMANN, eingeleitet von HANS BLUMENBERG, Frankfurt/M. 1981; zur Astro-

4. Praktiker: Tommaso Campanella (1568-1634), Francis Bacon (1561-1626);

5. Philosophen: Jakob Böhme (1575-1624), Abraham von Franckenberg (1593-1652), Johann Theodor von Tschesch (1595-1649), René Descartes (1596-1650), Blaise Pascal (1623-1662);

6. Ärzte: Gallus Etschenreuter (schrieb 1567), Johann Baptist van Helmont (1577-1644);

7. Pseudo-Paracelsisten: Giovanno Battista della Porta (schrieb 1558), Hannibal Rosselli (schrieb 1630);

8. Chemiatriker: Wolfgang Hildebrand (schrieb 1610), Oswald Croll (schrieb 1622), Georg Wilhelm Wegener (Tharsander; schrieb 1635);

9. Rosenkreuzer: John Dee (1527-1608), Michael Maier (1566-1620)[48], Robert Fludd (1574-1637)[49], Joachim Jungius (1587-1657)[50], Johann Valentin Andreae (1586-1654)[51];

10. Enzyklopädisten: Johann Heinrich Alstedt (1588-1638), Jan Amos Comenius (1592-1670).

„Zur Zeit Galilei's stand die Astrologie (*astrologia judiciaria*), d. h. die angebliche Kunst aus der Stellung des Gestirns auf menschliche Schicksale Schlüsse zu ziehen, in hohem Ansehen. Man wendete nun auch häufig die Regeln der Astrologie auf die Vergangenheit statt auf die Zukunft an, indem man z. B. das Horoskop bedeutender Männer der Geschichte für die Stunde ihrer Geburt stellte und daraus ihre Lebensdauer u.s.w. berechnete. Diese Prophetien *ex post* fielen begreiflicher Weise stets richtig aus, wie Galilei spöttisch bemerkt."[52]

---

logie: FRANCES A. YATES, *Giordano Bruno and the Hermetic Tradition*, Chicago 1964, p. 44-61 („Hermes Trismegistus and Magic").

[47] Vgl. JOHANNES HEMLEBEN, *Galilei* (rororo-monogr), Reinbek 1969. Erhältliche Titel: G. G., *Unterredungen und mathematische Demonstrationen über zwei neue Wissenszweige, die Mechanik und die Fallgesetze betreffend* (Erster bis sechster Tag, Arretrii 6. März 1638), hsg. von A. VON OETTINGEN, Leipzig 1890-1904 (ND Darmstadt 1985); *Dialog über die beiden hauptsächlichen Weltsysteme, das ptolemäische und das kopernikanische.* Aus dem Ital. übers. von E. STRAUSS, mit einem Beitrag von ALBERT EINSTEIN sowie Erläuterungen von STILLMAN DRAKE, hsg. von ROMAN SEXL u. KARL VON MEYENN, Leipzig 1891 (ND Stuttgart 1982).

[48] H.M.E. DE JONG, *Michael Maier's Atalanta Fugiens.* Sources of an Alchemical Book of Emblems, Leiden 1969.

[49] HANS SCHICK, *Die geheime Geschichte der Rosenkreuzer*, Berlin 1942, S. 246-257 (Maier), 257-270 (Fludd).

[50] SCHICK S. 138-158: „Jungius, Morsius und Comenius in ihren Beziehungen zu dem Urheber der Rosenkreuzer-Idee".

[51] *Fama Fraternitatis. Confessio Fraternitatis. Chymische Hochzeit Christiani Rosencreutz Anno 1459; Theophilus*, deutsch und lateinisch; *Christianopolis*, deutsch und lateinisch; alle drei hsg. von RICHARD VAN DÜLMEN, Stuttgart 1973, ³1981; 1973; 1972.

[52] Herausgeberanmerkung zur Übersetzung von Galilei's *Dialog* (siehe Anm. 47), S. 512.

Kepler benötigte die astrologische Kunst, seit er als „Matematicer und Calendermacher" im Dienste der Grazer Landschaftsschule jährlich einen Kalender zu verfassen hatte; dessen zweiter Teil mußte ein „Prognosticum" oder „Practic" sein, in dem Voraussagen über Wetter- und Ernteaussichten, Krieg und Seuchengefahr, politische und religiöse Ereignisse enthalten waren.[53] Später ordnete er die Astrologie der Astronomie so unter: „Es ist wol diese *Astrologia* ein närrisches Töchterlein … aber lieber Gott / wo wolt jhr Mutter die hochvernünftige *Astronomia* bleiben / wann sie diese jhre närrische Tochter nit hette / ist doch die Welt viel närrischer / und so närrisch / daß deroselben zu jhrer selbst frommen diese alte verständige Mutter die *Astronomia* durch der Tochter Narrentaydung / … / nur eyngeschwatzt und eyngelogen werden muß".[54] Außerdem waren Keplers pantheistische Anschauungen der Astrologie günstig.

Jakob Bartsch, der Schwiegersohn Keplers, hat zwei, und Johannes Hevelius hat zehn neue Sternbilder eingeführt: den Sobieski'schen Schild, das Einhorn, das Kamelopard oder die Giraffe, den Sextanten, die Jagdhunde, den Kleinen Löwen, den Luchs, den Fuchs mit der Gans, die Eidechse, den Kleinen Triangel, Cerberus und den Berg Mänalus.

Als sich mit den Entdeckungsfahrten die Kenntnis des südlichen Himmels erweiterte, kamen im 16. Jahrhundert noch hinzu: der Indianer, der Kranich, der Phönix, die Fliege, der südliche Triangel, der Paradiesvogel, der Pfau, der Tucan, die Kleine Wasserschlange, der Schwertfisch, der fliegende Fisch und das Chamäleon.

Besonders interessant ist die Stellung der Astrologie bei den großen Enzyklopädisten. In einer Einführung in Alsted's *Enzyklopädie* heißt es:[55] „Es gibt einen doppelten Zugang zur theoretischen Philosophie: Einmal ist es der Weg vom Abstrakten zum Konkreten … Der zweite Zugang erfaßt die Welt von der mathematischen Seite (und steht in der Tradition des Quadriviums der sieben freien Künste). Neben der Arithmetik, der die Algebra untergeordnet ist, steht die Geometrie; und dieser reinen Mathematik ist die angewandte Mathematik zugeordnet – als Geodäsie, Cosmographie, Uranometrie (in diese Himmelsmeßkunde gehören auch Kalenderwissenschaft und Astrologie), Geographie,

---

[53] SIEGFRIED WOLLGAST/SIEGFRIED MARX, *Johannes Kepler*, Köln 1977, S. 29.

[54] Zitiert a. a. O. S. 30 nach IOANNES KEPLERUS, *Tertius interveniens, das ist Warnung an etliche Theologos, Medicos und Philosophos*, Frankfurt/M. 1610, in: JOHANNES KEPLER, *Gesammelte Werke*, Bd. IV, hsg. von MAX CASPAR und F. HAMMER, München 1941, S. 161.

[55] WILHELM SCHMIDT-BIGGEMANN, „Vorwort" zu JOHANN HEINRICH ALSTED, *Encyclopaedia*. Facsimile-Neudruck der Ausgabe Herborn 1630, Bd. 1 (Tomus 1 und 2 enthaltend), Stuttgart 1989, S. XII: Das oben folgende in Bd. 2 (Tomus 3), 1989, S. 963-1072 und 1073-1105.

Optik und schließlich Musik." Die Astrologie wird auf 33 doppelspaltigen Folioseiten als viertter und letzter Teil der Uranometrie abgehandelt, deren drei erste
Teile auf III Folioseiten praktisch alles enthalten, was man heute Astronomie
nennt. Damit ist die Astrologie als eine normale Wissenschaft integriert, eine
Spannung zur Astronomie besteht nicht mehr. Zu Anfang heißt es denn auch:
„Astrologia est pars Uranometriae de effectibus syderum tractans ... Astrologia
sua natura plus utilitatis habet quam Astronomia: sed vitio hominum plus habet
fluarꞏaw, vanitatis", und am Ende, mit gleichwohl positivster Wertung: „ne
videamur Chaldaizare in hac nobilissima Uranometriae parte ... Plurima enim
hic sunt probabilia, ita ut vix alia datur disciplina, quae plus habeat contingen-
tiae, quam Astrologia."

Alsted's großer Schüler in Encyclopaedicis, Comenius, zieht in seiner
Allgemeine(n) *Beratung über die Verbesserung der menschlichen Dinge, an das
Menschengeschlecht, vor allem aber an die Gelehrten Europas* die letzte pan-
sophische Konsequenz, indem er für jeden der sieben Teile seines Werkes einen
Titel mit der Vorsilbe „Pan-" komponiert: *Panergesia* „Universaler Weckruf",
Panaugia „Universale Aufklärung", *Pansophia* oder *Pantaxia* „Universale Ordnung der Dingwelt", *Pampaedia* „Universale Bildung", *Panglottia* „Universale
Sprachpflege", *Panorthosia* „Universale Verbesserung", *Pannuthesia* „Universaler Mahnruf".[56] Von diesen Teilen ist der dritte, die *Pansophia,* mit 591 Folioseiten der umfangreichste.[57] Die Pansophia besteht ihrerseits aus neun Teilen.
Der vierte ist der *Mundus materialis seu corporeus* (p. 285-414). Er enthält einen
kurzen Abschnitt über *Sidera* (p. 329-334) und darauf folgend einen über *Meteora*
(p. 334f). Diese Gegenstände liegen auf einer Ebene mit Mineralien, Pflanzen
usw. und sind für Astronomie und Astrologie irrelevant. Der vierte Teil der
Pansophia ist der *Mundus artificialis* (p. 415-541). Er enthält, im dritten Kapitel
auf *Lux, Calor, Pyrotechnia, Chymia, Magia, Uranotechnia* folgend, eine er-
bärmliche Spalte *Astrologiae fundamenta* (p. 438 s.). Eingeflochten sind noch
Zuordnungen von *Signa* oder *Signaturae,* ganz im Sinne des Untertitels des
ganzen Teiles *Pansophici Luminis Gradus quintus Mundum Ideatum quartum
Artificialem cum omnibus quae ab Humana Industria prodeunt Spectaculo exhibens*
und der Einleitungsüberschrift *Introitus in Mundum Humani Opificij.* Das ach-
te Kapitel hingegen enthält nach kurzen Stücken über *Topotechnia* und *Geo-
graphia* eine veritable *Astronomia,* an die sich gleich eine *Chronotechnia* anschließt (p. 523-526). Diese Astronomie nimmt es mit der Astrologie an Kürze

---

[56]   Nach Franz Hofmann, *Jan Amos Comenius. Lehrer der Nationen,* Leipzig/Köln 1976, S.
      58f.

[57]   Iohannis Amos Comenii, *De Rerum humanarum Emendatione Consultatio Catholica.*
      Editio princeps Tomus I: Sumptibus Academiae Scientiarum Bohemoslovacae, Pragae
      in Academia MCMLXVI, p. 163-752 = Sp. 246-1305.

zwar auf, aber sie enthält wenigstens klar die Prinzipien, während für die Astrologie eher Zufallsanekdotisches gebracht wird.

§ 9. Desintegrationen II:
Freisetzungen von Experimentalphysik und Naturgeschichte

Fast sieht es so aus, als sei zur Selbstauszehrung der Astrologie der Überreichtum der Scibilia das Äquivalent geworden. In Kürze scheint dies auch aus dem *Novum Organum* (erschienen 1620) von Francis Bacon hervorzugehen[58]. So schreibt sein Übersetzer: „Was im finstern dreizehnten Jahrhunderte von dem geistesgewaltigen Mönch, Roger Bacon[59], vergeblich erstrebt wurde: eine freiere Forschung im Gebiete der Experimentalphysik und Naturgeschichte, das wurde im siebzehnten Jahrhundert durch dessen Geistesverwandten, den Staatskanzler Franz Bacon ins Leben geführt, wenn auch noch in unserer Zeit manche ‚desiderata' unerfüllt geblieben sein möchten, welche Franz Bacon allen Zeiten zur Aufgabe gestellt hat. Bewundernswürdig sind die Fortschritte der Experimentalphysik und deren Anwendung aufs praktische Leben. Ohne Zweifel würde Bacon, sähe er, wie die Zeit mit diesem Pfunde gewuchert hat, sähe er unsere Blitzableiter, Mikroskope, Teleskope, Dampfmaschinen und die unzähligen durch diese wiederum in Gang gesetzten Maschinerien, in ein freudiges Erstaunen versetzt werden, wie er dasselbe von Demokritus behauptet, falls dieser in das siebzehnte Jahrhundert versetzt wäre."

In der Tat, auch wo das Reden über Physik, Sterne, Zeitläufte und Menschengeschicke dazu Gelegenheit geboten hätte, fehlt jetzt sogar das astrologische Flair. Ironie tut ein Übriges („So ein Alchymist verliert die Hoffnung niemals"). Zu den Sternbahnen wird gefragt: „Ferner sei der fragliche Gegenstand die freie Rotation, und insbesondere: ob jene tägliche Rotation, wodurch der Auf- und Untergang der Sonne und Gestirne uns zu Gesichte kommt, wirklich in den Himmelskörpern stattfinde, oder ob die Rotation derselben nur eine scheinbare und eigentlich in der Erde begründet sei?" Schließlich: Die Entscheidung über den Sinn, den das Resultat eines physikalischen Experimentes hat – deren im Buch zahllose beschrieben werden –, überläßt Bacon einer sog. Instanz. Sie tritt an die Stelle eines Schlusses, oder einer Offenbarung, oder einer Intuition –

---

[58]   FRANZ BACON, *Neues Organ der Wissenschaften.* Übers. und hsg. von ANTON THEOBALD BRÜCK Leipzig 1830 (ND Darmstadt 1981). Zitat aus der Einleitung dort S. 7, weitere Charakteristik nach S. 64f, 102f, 166f, 176f.

[59]   ROGER BACON (1220 - nach 1292) hatte ein positives Verhältnis zur Astrologie. Er kann eine ganze Reihe von Tugenden aufweisen, die der Planet Jupiter und die Religio gemeinsam haben; mehr bei ERNST FEIL, *Religio. Die Geschichte eines neuzeitlichen Grundbegriffs vom Frühchristentum zur Reformation,* Göttingen 1986, S. 116f.

oder eines astrologisch inspirierten Urteils. Der Katalog der 27 formalisierten
Instanzen am Schluß des Buches macht deutlich, daß mystische und magische
Ingredienzien, wie sie auch in den astrologischen Beziehungen enthalten sind,
aus jedem wissenschaftlichen Zugang zur Natur auszuschließen sind.[60]

Fällung und Vollstreckung des Urteils über die Astrologie markieren den
Anfangs- und den Endpunkt einer wissenschaftsgeschichtlichen Epoche.[61] Der
Paradigmenwechsel, der sich darin vollzog, unterscheidet sich von anderen dadurch, daß er rund dreihundert Jahre gedauert hat. Er war also mit der Gegenreformation noch nicht beendet, sondern zog sich in das folgende Zeitalter
hinein.

C. Das neue Paradigma im Zeitalter des Absolutismus

§ 10. Paradigmenkurzform III:
Mythisch-naturwissenschaftliche Rivalität im Welterkennen

Die pragmatische Zueinanderordnung hatte bereits zu einer Zweiheit der beiden Sternwissenschaften geführt. Die Astronomie konnte sich nun verselbstän-
digen und bekam dabei eine Bundesgenossin in der Mechanik. Beide profitier-
ten von der bisherigen Überbetonung der Mathematik.[62] Außerhalb jener
Zuordnung verhalfen der Astronomie die nautischen Anforderungen der Ent-
deckungs- und Welthandelsfahrten zu einer Entdeckung ihres eigenen, nunmehr autonomen Potentials; dabei hat die Astronomie mit der Astrologie nichts
mehr zu tun. Innerhalb jener Zueinanderordnung definierte man das Verhältnis jetzt gern so: Die Astronomie ist reine Theorie, die Astrologie ist deren
praktische Anwendung. Wer dies akzeptierte, konnte beide nur als offene Riva-
linnen auf dem Felde der Anthropologie sehen.

Brauchte man dafür mindestens zwei Personen, oder war es – ohne Schizo-
phrenie! – auch von einer Person auszuhalten? „Der Raum der reinen Geometrie, die Zahl der reinen Arithmetik, die Zeit der reinen Mechanik: sie sind
gewissermaßen Urgestalten des theoretischen Bewußtseins; sie bilden die ge-

---

[60] Instruktiv, auch hierfür, obwohl auf das 18. und 19. Jahrhundert beschränkt: WOLF
      LEPENIES, Das Ende der Naturgeschichte. Wandel kultureller Selbstverständlichkeiten
      in den Wissenschaften des 18. und 19. Jahrhunderts, München 1976.

[61] Dazu THORNDIKE Vol 7 und 8: *The Seventeenth Century*, New York 1958. Besonders
      wichtig sind Vol. 7, S. 89-152 (= 5. „Astrology to 1650") und S. 153-202 (= 6. „Alchemy
      and Iatro-chemistry to 1650") sowie Vol. 8, S. 302-351 (= 32. „Astrology after 1650") und
      S. 352-403 (= 33. „Alchemy and Chemistry after 1650").

[62] BERNAL S. 422. 458f. 482 u. ö.

danklichen „Schemata", kraft deren sich die Vermittlung zwischen dem Sinn-
lich-Einzelnen und der allgemeinen Gesetzlichkeit des Denkens, des reinen
Verstandes herstellt. Auch das mythische Denken zeigt uns den gleichen Prozeß
der „Schematisierung"; auch in ihm macht sich, je mehr es fortschreitet, um so
mehr das Bestreben geltend, alles Dasein einer gemeinsamen Raumordnung,
alles Geschehen einer gemeinsamen Zeit- und Schicksalsordnung einzufügen.
Dieses Bestreben hat seine Vollendung, hat die höchste Erfüllung, die im
Umkreis des Mythos überhaupt möglich ist, im Aufbau des Weltbildes der
A s t r o l o g i e gefunden".[63]

Diese Worte eines großen Philosophen, der über jeden Verdacht erhaben
ist, es mit der Pseudowissenschaft zu halten, bringen zum Ausdruck, daß sich
Astronomie und Astrologie in der Universalität nicht unterscheiden. Diese bildet zugleich das tertium comparationis zur Pansophie. Deshalb spielt sich die
Rivalität zwischen den beiden immer auch im Kopf des Wissenschaftlers ab, der
universal bleiben will. Als Kriterium für die phänomenale Gegebenheit zweier
voneinander getrennter Prinzipien kommt diese individuell-denkerische Fähigkeit jedoch nicht in Frage.

§ 11. Historisches IV:
Astrologie und Astronomie im Durchbruch der bürgerlichen Revolution

Manche Forscher lassen den rein politischen Rahmen, innerhalb dessen man
von Absolutismus spricht, weitestens von Philipp IV., König von Frankreich
(1285-1314), bis zu Metternich (1773-1859) sich ausdehnen. Der kirchengeschicht-
liche Rahmen spannt sich enger: man kann ihn vom Ende des Dreißigjährigen
Krieges bis zu einem offenen Ausgang im „aufgeklärten Absolutismus" oder bis
zum Ausbruch der Französischen Revolution reichen lassen.[64] Als mögliche
gesellschaftliche Trägerin möglichst beider Strömungen, derer, die eine Wissenschaft ist, und derer, die es nicht ist, muß man eine Gruppe suchen, die
nicht auf eine soziale Schicht oder Klasse festgelegt werden kann, damit die
Astrologie nicht vorschnell zu einem Spiegel gesellschaftlicher Prozesse gemacht
werde. Es bietet sich das Bürgertum an[65], *bevor* es in der Aufklärung eine kul-

---

[63] ERNST CASSIRER, *Philosophie der symbolischen Formen* Bd. 2: *Das mythische Denken*,
      2 und 4Darmstadt 1953 und 1964, S. 102.

[64] Überblick: FRITZ WAGNER, *Europa im Zeitalter des Absolutismus 1648-1789*, München
      1948; CARL J. BURCKHARDT, *Richelieu*, 3 Bde in 1, München 1984; großartig ERNST
      FORSTHOFF, „Absolutismus", in: *Evangelisches Staatslexikon*, 3Stuttgart 1987, Sp. 23-32.

[65] Grundlegend ist hier BERNHARD GROETHUYSEN, *Die Entstehung der bürgerlichen Welt-
      und Lebensanschauung in Frankreich*, 2 Bde, Halle 1927 (ND als stw 256 Frankfurt/M.
      1978). Natürlich ist daraus keine soziale Determination astrologischer Praxis abzulesen.

turelle Macht wurde und seine politischen Geschicke in die eigenen Hände nehmen konnte. Dagegen aber durfte es aber auch nicht unmündig, etwa von den Meinungen staatlicher und kirchlicher Autoritäten abhängig sein.

Im Zeitalter des Absolutismus ist es eine Frage des Standpunktes, ob man hier die „Geburt des Kapitalismus" zum Grunde nimmt, von einer zweiten bürgerlichen Revolution, oder von der gesellschaftlichen Durchsetzung der einen (oben in § 6 besprochenen) Revolution zu sprechen. In jedem Falle hat der rationale Fortschritt in der Wissenschaft etwas mit dem rationalen Fortschritt im öffentlichen Leben, mit sozialer Autonomie, mit der Etablierung neuer Herrschafts- und Lebensformen zu tun. Wissenschaftsgeschichtlich sollte man sich beide Zählungen offen halten. Das bietet außerdem den doppelten Vorteil, daß die Frage nach der Schichtspezifik einer pansophischen oder einer naturwissenschaftlichen Bemühung gegebenenfalls in zwei Richtungen beantwortet werden kann. Zum einen: „Bürger" konnten sowohl in Ämter berufen werden, die eine Domäne des Adels gewesen waren, den aber der absolutistische Fürst oder König entmachtet hatte. Zum andern: das „Bürgertum" konnte sich auch aus Ständen und Schichten rekrutieren, die das geistige Potential sowohl für den aufgeklärten Despotismus als auch für die Revolution gegen diesen mitbrachten. Es wäre dann etwa zwischen einem feudalen, einem städtischen und einem ständischen Bürgertum zu unterscheiden.[66]

§ 12. Historisches V:
Verselbständigung der Zweckberechnung gegenüber der Sinndeutung

Im Europa des 18. Jahrhunderts präsentiert sich die Astronomie als das beste Feld für eine mathematische Erklärung des Universums. Magie, Zauberkunst und Astrologie spielten eine geringere Rolle als jemals zuvor. „Zuerst in England und in den Niederlanden, mit einer gewissen Phasenverschiebung dann aber auch in Frankreich und den übrigen Ländern Europas, wirkten sich jetzt die revolutionären wissenschaftlichen und philosophischen Einsichten des 17. Jahrhunderts voll aus. Magie und Zauberkunst, Astrologie und Hexenglauben wurden von der siegreichen Aufklärung als Zeichen eines finsteren Aberglaubens diffamiert und aus dem geistigen Leben verbannt. Allein auf lokaler Ebene und in den unteren sozialen Schichten wurden die älteren Formen nichtchristlichen Glaubens weitertradiert. Dazu kam, daß neue Technologien im Laufe

---

Aber in den Predigten gegen den Aberglauben (*superstition*) ist die Astrologie mitgemeint, und damit fügt sich die Auseinandersetzung um sie in das ganze Leben von der gottgewollten Arbeit bis zur Kunst des Sterbens ein.

[66] So tut es ELIAS, a.a.O.; statt „feudal" sagt er „gutsherrlich" und stellt noch das „wilhelminische Bürgertum" dazu.

des 18. Jahrhunderts auch eine immer bessere Beherrschung der Natur ermöglichten."[67]

Es lassen sich in Kürze nur einige Einzelheiten angeben, die zeigen können, wo Astronomie und Astrologie nichts mehr miteinander zu tun haben.[68] Eine viel größere Synopse ließe sich aus den Kontroversen in den Texten selbst herstellen.

Astrologie	Astronomie
Der Tierkreis umschließt den Himmel.	„Himmel" ist ein Symbolwort, das einen Raum bezeichnet, der von nichts umschlossen wird.
Jedes Tierkreiszeichen enthält auf ewig das gleichnamige Sternbild.	Die fortschreitende Verlagerung der Erdachse hat den Frühlingspunkt soweit nach hinten versetzt, daß sich heute jedes Sternbild im benachbarten Tierkreiszeichen befindet.
Vom Tierkreis aus läßt sich auch der Himmel in zwölf Abschnitte („Häuser") zerlegen, deren eine Hälfte sich über und deren andere sich unter dem Horizont befindet. Ein Durchlauf der Tierkreiszeichen durch die zwölf Himmels-Häuser ist ein Sterntag (der etwas kürzer ist als der nur durch Aufgang, Kulmination und Untergang bestimmte Sonnentag). Erst das jeweils aufgehende, nun auch ein Haus benennende Tierkreiszeichen, der Aszendent, ermöglicht im Verein mit dem Stundenhoroskop die wesentliche astrologische Aussage.	Es gibt keinen Grund, unter allen Aszendenten, die ja nichts weiter tun als zwei mit Anfang und Ende festsetzbare Zwölferreihen von Himmelshäusern an beliebiger Stelle voneinander zu trennen, einen besonders hervorzuheben.

Man sieht: Jenes Paradigma, das Nichtwissenschaft und Wissenschaft in ihrer Ordnung zueinander einmal gebildet haben, besteht nicht mehr. Schon damals gab es das nachsichtige Kopfschütteln darüber, daß „noch" Johannes Kepler „Astrologie getrieben", z.B. Horoskope gestellt habe[69], ähnlich wie Isaac New-

---

[67] HARTMUT LEHMANN, *Das Zeitalter des Absolutismus. Gottesgnadentum und Kriegsnot*, Stuttgart 1980, S. 177.

[68] Vgl. KARL STUMPFF, „Astrologie", „Präzession", „Zeit und Zeitmessung", in: *Astronomie* (Das Fischer Lexikon 4), Frankfurt/M. 1957, S. 12-15, 227-229, 314-320.

[69] Bei HANS GEORG GUNDEL/ALOIS KEHL, „Horoskop", in: *RAC* Bd. 16, Stuttgart 1994, Sp. 597-662, findet man die bis zu ihm gültigen Methoden, doch wurde praktisch nur das

ton „es mit der Alchemie", einer Verwandten der Astrologie, getrieben habe[70], interessierte er sich doch außer für die *gravitas* auch für die *transmutatio* der Metalle – und dies alles, obwohl die mathematisch-astronomische Kompetenz der beiden großen Geister über jeden Zweifel erhaben ist. Es wird dann nicht erkannt, daß hiermit Astrologie und Alchemie an ihrem eigenen Untergang mitgearbeitet hatten, und es wird vergessen, daß mit der Machtübernahme durch die rechnende Astronomie und die mathematische Physik kein zeitloser Sachverhalt liquidiert, sondern ein Todesurteil über zwei mittlerweile zu Pseudo-wissenschaften gewordene Künste vollstreckt wurde, das vor garnicht langer Zeit, nämlich zu Beginn der Neuzeit, erst gesprochen worden war.

§ 13. Astrologiefreundliche Wissenschaftsfächer II: Repräsentanten des 17./18. Jahrhunderts

Im Unterschied zu der in § 8 gegebenen Liste sind hier Tendenzen zu bemerken, die man teils als Schulenbildung, teils als Verschulung beschreiben kann. Der Begriff des Schulischen hat in einer Zeit, wo das Denken nicht immer originell ist und man in der Kunst das Schöpferische vermißt, eine besondere Bedeutung. Im Bürgertum wird das astrologische System auf Schulwissen[71] reduziert. Der Vorgang entspricht der Veränderung des Charakters der Philosophie zur Schulphilosophie[72] und der Herausbildung einer neuen Rolle für das Schulbuch, sogar über Hermetik, Astrologie und Alchemie.[73]

Geburtshoroskop in Anspruch genommen, während die übrigen Lebensbezüge so sehr der Individualität des jeweiligen Interessenten untergeordnet waren, daß kaum Bedürfnis bestand, „die Stunde" von Ländern, Städten, Völkern, Regierungen „anzuschauen". – Die am Schluß von § 6 zitierte Kepler-Monographie von M. LEMCKE kommt mehrfach darauf zu sprechen, wie Kepler unter Maßnahmen der Gegenreformation zu leiden hatte, und warum der Protestant Kepler wiederholt dem Wunsche eines Wallenstein nachkam, ihm das Horoskop zu stellen. Lemcke's Buch soll das von JOHANNES HEMLEBEN, *Kepler* (rororo-Bildmonographien 183), Reinbek 1971, ersetzen, doch steht im letzteren statt viel Biographischem allerlei Geistesgeschichtliches, das nicht überholt ist.

[70] Dazu, und zu anderem, siehe JOHANNES WICKERT, *Isaac Newton* (rororo-monogr. 548), Reinbek 1995, S. 107-113.

[71] SIEGFRIED WOLLGAST, *Philosophie in Deutschland zwischen Reformation und Aufklärung 1550-1650*, Berlin 1988, Reg. s. v. Schulwesen.

[72] Vgl. MAX WUNDT, *Die deutsche Schulphilosophie im Zeitalter der Aufklärung*, Tübingen 1945.

[73] *Hermetisches A.B.C. derer ächten Weisen vom Stein der Weisen*, Ausgegeben von einem wahren Gott- und Menschenfreunde, Erster und Zweiter Theil Berlin 1778, Dritter und Vierter Theil Berlin 1779 (ND im Ansata-Verlag).

1. Physiker: Edme (sic) Mariotte (1620-1684), Giovanni Domenico Cassini (1625-1712), Robert Boyle (1627-1691), Robert Hooke (1635-1703), Nicolaus Hartsoeker (1656-1725);

2. Astronomen: Christian Huygens (1629-1695), Olaus Römer (1644-1710), Isaac Newton (1642-1727), Niclas Louis de Lacaille (1713-1762);

3. Astrophysiker: Vincenzio Viviani (1622-1703), Edmond Halley (1656-1742);

4. Praktiker: Anton Praetorius (schrieb 1602), Johann Georg Gichtel (1638-1710);

5. Philosophen: John Locke (1632-1704), Gottfried Wilhelm Leibniz (1646-1716), Nicolas Malebranche (1638-1715);

6. Ärzte: Franciscus Mercurius van Helmont (1614-1699), Ernst Georg Stahl (1660-1734);

7. Pseudo-Paracelsisten: Comte de Gabalis (schrieb 1652), Georg von Welling (1652-1727);

8 Enzyklopädisten: Gerardus Johannes Vossius (1577-1649), Athanasius Kircher (1602-1680).

Bei Newton ist es teils die richtige Theologie, teils die Physikotheologie, die ihn keinen Widerspruch der Alchemie zu seiner Wissenschaft empfinden läßt.[74] Es ist also die Gleichheit der von Gott her im Weltsystem einschl. der Sternbewegungen waltenden Geistsubstanz, die auch im Hirn des Mathematikers ihre Kraft ausübt und auf diese Weise es ermöglicht, daß er sich als Alchemist ins System einschalten und in ihm Veränderungen anstellen kann.[75]

---

[74]   Vgl. ISAAC NEWTON's *Philosophiae Naturalis Principia Mathematica*, The third Edition (1726) with variant Readings assembled and edited by ALEXANDER KOYRE and I. BERNHARD COHEN, 2 vols. (durchlaufend paginiert), Harvard University Press 1972, p. 526-530 (Orig.) bzw. 759-765 (Ed.); p. 527ss bzw. 760ff: „Elegantissima haecce solis, planetarum et cometarum compages non nisi consilio et dominio entis intelligentis et potentis oriri potuit. Et si stellae fixae sint centra similium systematum, haec omnia simili consilio constructa suberunt *UNIUS* dominio ... Et ne flxarum systemata per gravitatem suam in se mutuo cadant, hic eadem immensam ab invicem distantiam posuerit. Hic omnia regit non ut anima mundi, sed ut universorum dominus. ... Deus summus est ens aeternum, infinitum, absolute perfectum ... Dicimus enim deus meus, deus vester, deus *Israelis*, deus deorum, et dominus dominorum: sed non dicimus aeternus meus, aeternus vester, aeternus *Israelis*, aeternus deorum; non dicimus infinitus meus, vel perfectus meus. ... Omnis anima sentiens diversis temporibus, et in diversis sensuum, et motuum organis eadem est persona indivisibilis. ... Deus ...(o)mnipraesens est non per *virtutem* solam, sed enim per *substantiam*: nam virtus sine substantia subsistere non potest „. −p. 530 bzw. S. 764f: „Adjicere jam liceret nonnulla de spiritu quodam subtilissimo corpora crassa pervadente, et in iisdem latente; ... Sed haec paucis exponi non possunt; neque adest sufficiens copia experimentorum, quibus leges actionum huius spiritus accurate determinari et monstrari debent."

[75]   Übersetzung: ISAAC NEWTON, *Mathematische Prinzipien der Naturlehre*, hsg. von J. PH. WOLFERS, Berlin 1872 (ND Darmstadt 1963), S. 506-512. ; Näheres bei THORNDIKE vol. 8, cap. 38.

Den bisher bekannten und benannten Sternbildern fügte Edmond Halley 1674 bei seinem Aufenthalt auf St. Helena die Karlseiche und Lacaille 1750 während seines Aufenthaltes am Vorgebirge der Guten Hoffnung folgende 14 hinzu: die Bildhauerwerkstatt, den chemischen Ofen, die Pendeluhr, das rautenförmige Netz, den Grabstichel, die Staffelei, den Schiffskompaß, den Oktanten, die Luftpumpe, den Zirkel, das Lineal und Winkelmaß, das Fernrohr, das Mikroskop und den Tafelberg. Auch diese Benennungen haben niemals eine den Tierkreisbildern auch nur entfernt vergleichbare Bedeutung erlangt.

Nach und nach kamen durch andere Astronomen hinzu: die Buchdruckerwerkstätte, das lappländische Rentier, der Einsiedler, der Messier oder der Erntehüter, der Poniatowski'sche Stier, die Friedrichsehre, das brandenburgische Szepter, die Georgsharfe, Herschels Teleskop, die Taube, das Kreuz, das Herz Karls II., der Mauerquadrant, der Luftballon, die Elektrisiermaschine, das Log mit der Leine und die Setzwaage. Astrologische Bedeutung: Keine.

Im ganzen zählte man nunmehr 48 alte (= die ptolemäischen) und 58 neue, also 106 Sternbilder, die jedoch auf neuern Sternkarten, z.B. auf der Argelander'schen und Heis'schen, nicht alle beibehalten sind. Auf Karten mit teleskopischen Sternen werden die Bilder ganz vermieden. Von den mißlungenen Versuchen, die alten Sternbilder zu verdrängen, sei nur der von J. Schiller (1627) erwähnt, der christliche Namen an Stelle der alten einführen wollte; so z.B. die 12 Apostel an Stelle des Tierkreises[76].

§ 14. Desintegrationen III:
Anachronistisches Festhalten an den Bildern des Tierkreises

Im 17. Jahrhundert war der Grundwiderspruch im System der Astrologie bereits bekannt. Er bezieht sich auf das ‚Präzession' genannte „Vorrücken der Nachtgleichen, die von dem griechischen Astronomen Hipparchos[77] durch Vergleichung seiner eigenen Beobachtungen mit denen älterer Astronomen entdeckte langsame Bewegung der Äquinoktialpunkte auf der Ekliptik. Als er durch das Erscheinen eines neuen Sterns im Skorpion 134 v. Chr. zur Anlegung eines Sternkataloges veranlaßt wurde, fand er, daß die Länge des Sterns Spica in der Jungfrau seit etwa 150 Jahren um 2° zugenommen habe, und es stellte sich heraus, daß diese Bewegung eine allen Sternen gemeinsame sei. Sie entsteht dadurch, daß die Durchschnittspunkte des Äquators mit der Ekliptik auf dieser

---

[76] Art. „Sternbilder", in: BROCKHAUS' *Konversations =Lexikon* Bd. 15, [14]Leipzig/Berlin/Wien 1895, S, 322. Angaben für heute liefert JOACHIM HERRMANN, *dtv-Atlas zur Astronomie*, München 1973, [9]1987.

[77] Näheres bei G./G., *Astrologumena* S. 96f.

langsam nach Westen, entgegengesetzt der Bewegungsrichtung der Sonne, fort-
wandern, und zwar beträgt dieses Fortrücken augenblicklich 50", 2 in jedem
Jahre oder nahezu 1° in 70 Jahren. Die Thatsache, daß die Längen aller Sterne
zunehmen und dieselben infolgedessen nach Osten vorrücken, gab Veranlassung zu der Benennung Präzession, während die eigentliche Ursache ein Zu-
rückweichen der fixen Punkte an der Himmelskugel ist, auf welche die Längen
bezogen werden. Die Ursache dieser Erscheinung fand Newton nach Entdek-
kung des Gravitationsgesetzes in der Anziehung, die Sonne und Mond auf den
sphäroidischen Erdkörper ausüben."[78] Durch die kreiselförmige Bewegung der
Erdachse im Weltraum beschreibt also der Himmelspol auf dem Hintergrund
der Fixsternsphäre einmal in 25 800 Jahren einen Kreis um den Pol der Ekliptik,
und wandert gleichzeitig der Frühlingspunkt – d.h. der Punkt am Sternhimmel,
an dem die jährliche Sonnenbahn, die ,Ekliptik', den Himmelsäquator nach
oben überquert – durch die Sternbilder des (Fixstern-)Tierkreises. Dieser Punkt,
und damit der jahreszeitliche Gang der Sonne überhaupt, gelangt dabei etwa
alle 2150 Jahre in ein anderes (Fix-)Sternbild ... Tierkreis-Zeichen auf der Ekliptik und Tierkreis-Bilder am Fixsternhimmel sind auseinandergetreten. Das
heißt zum Beispiel: Für ,Widdergeborene' steht die Sonne ihres Geburtstages in
Wirklichkeit in den Sternen der Fische, für ,Waagegeborene' in den Sternen der
Jungfrau. Die Astrologie hat es also, wenn sie in der Neuzeit von einem ,Tier-
kreiszeichen' redet, nicht mehr mit den realen, für das Auge sichtbaren Sternen
oder Sterngruppen dieses Namens zu tun, sondern nur noch mit abstrakten
Himmelsgegenden, deren Sterne einem anderen Bild zugehören als dem Bilde,
das die Ekliptik aus ihrer früheren Stellung zu den Fixsternbildern aufgenommen und in eine andere Himmelsgegend transportiert hat. Die Astrologie deutet seitdem nicht mehr Sterne oder Sternbilder, sondern imaginäre, mit der
Sonnenbahn ständig wandernde Himmelsregionen oder ,Kraftfelder'.[79]

Dies alles hat den Pansophen nicht genügt, die Zuverlässigkeit der Astrologie in Zweifel zu ziehen. „In der astrologischen Berechnungsweise wird diese
Bewegung der Präzession einfach ignoriert. Um der bleibenden Zuordnung der
Tierkreiszeichen zu den Jahreszeiten willen geht man nach wie vor von einem
Stand der Sternbilder aus, wie er vor ungefähr 2000 Jahren beobachtet wurde,
als die Sonne zu einem bestimmten Datum tatsächlich in dem Tierkreissternbild
stand, von dem die Symbolik des Zeichens herstammt. Dadurch hat sich die

---

[78] Art. „Praecession", in: BROCKHAUS' Konversations=Lexikon. Bd. 13, Leipzig 1895, S. 343,
andere Aspekte in COHN/DRABKIN S. 115-117 („The Precession of the Equinoxes" nach
Ptolemaeus, Almagest 7, 1f)

[79] BÖHRINGER S. 20f., daraus auch das folgende Zitat. Es ist eine Kritik der heutigen
Praxis, doch da die Voraussetzung dafür auch zu Newton's Zeit schon lange bestand,
wird im Sinne des in § 0 ausgesprochenen methodischen Grundsatzes diese Kritik
schon hier eingesetzt.

Astrologie seit ihrer Entstehungszeit auch in diesem Punkt weit von der anschaulichen Gestirnsrealität entfernt, von der sie einst ihren Ausgang nahm." Moderne Verfechter der Astrologie machen denn auch keinen Hehl daraus, daß das astrologische Wissen zugleich ein psychologisches, und daß die „Grundlage des psychologisch-astrologischen Wissens" die Mythologie sei; auch sei die „Astrologie immer Bildersprache" gewesen.[80] Ähnlich sprechen die Erforscher der Astrologie von einer „unzulässigen Vermengung des phantasievollen Spieles der Sternsage und Sterndichtung mit dem Versuch einer streng erweisbaren Welterkenntnis"[81].

Das Festhalten am Tierkreis als Deutungsträger bei völligem Ignorieren der Präzession will pansophisch sein, in Wirklichkeit desintegriert es die Pansophie. Es geschieht aus der Furcht, sich durch die Präzession beeindruckt zu zeigen und damit den Zusammenbruch des pansophischen Systems einzuleiten. Der Pansoph von damals kann wie der überzeugte Astrologe von heute nur unter den zwei fundamentalen Fehlern, die er machen kann, den schönsten für sich aussuchen.

D. Der Streit um die Geltung beider Paradigmen heute

§ 15. Tatbestände II:
Teilwissen in neureligiösen Strömungen und in der Suche nach dem Glück[82]

Die Astrologie hat ausreichend Merkmale, die es erlauben, sie als religionsdienlich oder gar als eine natürliche Religion anzusprechen. Die Trennung der Wissenschaft von ihr ist kein kontinuierlicher Prozeß, da immer wieder ein anderes astronomisches Datum als Träger einer astrologischen Spekulation die-

---

[80] MERTZ S. 17, 30 u. ö. MERTZ ist (S. 32) der einzige Astrologie-Vertreter, der sich mit dem Präzessions-Einwand auseinandersetzt. Seine Argumente sind spitzfindig und leuchten nicht ein.

[81] BOLL/BEZOLD/GUNDEL S. 81f.

[82] Das Folgende steht unter vielen Vorbehalten. Es handelt sich eigentlich um wissenssoziologische Fragen und Aufgaben, die empirisch, kompetent und mit dem erforderlichen methodischen Rüstzeug noch nicht angegangen wurden. MAX SCHELER, *Die Wissensformen und die Gesellschaft,* ³Bern und München 1980, bietet im Sachregister s. v. *Astronomie* (sic) (und mod. Weltbild) mehr als die moderne Soziologie. Die Repräsentativumfragen der Meinungsforschungsinstitute sind für die Marktforschung und für die Politik entwickelt worden. Dort gibt es konkrete Fragen und daher meist eindeutige Antworten. Bei weltanschaulich bezogenen Fragen hingegen stößt die Meinungsforschung an die Grenze ihrer Möglichkeiten. – Der folgende erste Absatz ist der einzige Punkt, wo ich auf die Vulgärastrologie zu sprechen kommen muß.

nen konnte, und da oft genug ein astrologischer Hintergedanke als Motor eines weiteren Fortschrittes in der Astronomie wirksam gewesen sein kann.

Trotz aller Widerlegungen, die die Astrologie hat hinnehmen müssen, gibt es beträchtliche astrologische Anteile an neuer Religion, sei sie kosmosophisch, pantheistisch oder einfach neuheidnisch. Die gewöhnlich „dem ,cartesianischen' Denkansatz zugeschriebene Spaltung zwischen rationalem Denken und naturhafter Wirklichkeit" ist für viele neureligiöse Strömungen „als Angriffspunkt … bezeichnend … ,Sie (die Werte der Neuzeit) beinhalten den Glauben an die wissenschaftliche Methode als einzig gültigen Zugang zur Erkenntnis, die Auffassung des Universums als eines mechanistischen Systems, das sich aus elementaren materiellen Bausteinen zusammensetzt, sowie das Bild des Lebens in einer Gemeinschaft als Konkurrenzkampf um die Existenz'. Dieses im rationalen Denken wurzelnde, aggressiv und expansiv geprägte ,Yang-Handeln' müßte ausgeglichen werden durch das im intuitiven Denken wurzelnde ,Yin-Handeln', das im Einklang mit der Umwelt erfolgt: ,Rationales Denken ist linear, fokussiert, analytisch. Es gehört zum Bereich des Intellektes, der die Funktion hat, zu unterscheiden, zu messen und zu kategorisieren. Dementsprechend tendiert rationales Denken zur Zersplitterung. Intuitives Wissen dagegen beruht auf unmittelbarer, nichtintellektueller Erfahrung der Wirklichkeit, die in einem Zustand erweiterten Bewußtseins entsteht. Es ist ganzheitlich, oder ,holistisch', nichtlinear und strebt nach Synthese'.[83] Genau auf dieser Linie des ,intuitiven Wissens' sieht sich die neue Astrologie in ihren nachdenklicheren Ausprägungen.[84]

Indem die Astrologie den Menschen als autonome Person nur im kurzfristigen Handlungsbereich, in einem Handeln von kurzer oder höchstens mittlerer Reichweite sieht, aber nicht metaphysisch autonom – man möchte fast sagen: nicht „kosmonom" –, kommt sie dem nahe, was Schleiermacher „schlechthinnige Abhängigkeit" nannte. Natürlich gibt es sonst mehr Unterschiede, aber die Nähe zu ihm an diesem Punkt rechtfertigt es m.E., auf diesen Typ des alternativen, einschl. des astrologischen Denkens einen noch akzeptablen Religionsbegriff, nämlich einen Religionsbegriff Schleiermacher'scher Provenienz, anzuwenden.[85]

Damit wären wir zugleich wieder bei der Schicht der Gebildeten. Astrologie ist Bestandteil einer bestimmten bürgerlichen Sorte von Allgemeinbildung:

---

[83] FRITJOF CAPRA, *Wendezeit*, Bern/München/Wien (1982) 1984, S. 10 und S. 35, zitiert mit Text zur folg. Anm.

[84] BÖHRINGER S. 9.

[85] Grundsätzliches zum Verhältnis Religion – Astrologie: J. EBACH, „Astrologie", in: *Handbuch religionswissenschaftlicher Grundbegriffe*, Bd. 2, Stuttgart 1990, S..82-90 (mit sehr ergiebigem Literaturverzeichnis).

Wenn auch die Sternbilder des Tierkreises infolge der Präzession mit den gleichnamigen Zeichen der Ekliptik nicht mehr übereinstimmen – ausgenommen hinsichtlich der Aufeinanderfolge –, ein Bildungsgut sind sie auch nach Bekanntwerden der babylonischen Sprache geblieben.[86]

Astrologie wird aber beileibe nicht nur in den etablierten Oberschichten gepflegt. Sie leistet einen nicht unbeträchtlichen Beitrag zum Oberschichtbegriff von Sozialaufsteigern, bzw. zur Nivellierung der Unterschiede zwischen sozialen Schichten. Diese Nivellierung hat allerdings eine deutliche Tendenz, jene Unterschiede in das hinein aufzuheben, was man dann noch „Oben" nennen kann, und ist in dieser Form auch als unterschichtspezifisches Lernziel anzutreffen. Die Vertreter der Astrologie haben die damit gestellte empirisch-soziologische Aufgabe allerdings noch nicht in Angriff genommen. Jedenfalls kann astrologische Praxis allgemein als Mittel zur Erlangung sozialen Glücks eingesetzt werden. Sie ist in der unbedenklichen Voraussage konkreter Ereignisse, die unausweichlich sind, geradezu fatalistisch ausgerichtet; sie ist ferner eudämonistisch geprägt durch das Ansprechen vordergründigen Glücksverlangens mit stereotyp wiederkehrenden Glücks- und Unglücksprognosen für Liebe, Erfolg, Geld, Gesundheit. Dies schließt die Förderung natürlicher Leidensscheu ein.

§ 16. Tatbestände III: Astrologischer Totalitarismus gegen soziale Vernunft

Für einen bedeutenden Soziologen und Philosophen unserer Tage[87] ist an der Astrologie

> „nichts irrational außer ihrer entschiedenen Behauptung, die beiden Sphären rationalen Wissens, deren eine sich mit den Fakten der Sternbewegungen und deren andere sich mit den wohlbekannten psychologischen Reaktionen darauf befaßt, seien miteinander verknüpft, während für eine solche Verknüpfung nicht der geringste Beweis erbracht werden kann. Diese starre, nicht kritisch reflektierte Behauptung versetze die Astrologie in die Nähe totalitärer Ideologien, die den Anspruch erheben, sie hätten den Schlüssel zu

---

[86] An den Anfängen neuer Systembildungen stehen Überlagerungen, z. B. von Tierkreisbildern und dem Ascendenten, soweit dieser ein im Osten aufgehender Punkt der (Tierzeichen)-Ekliptik ist. MERTZ S. 152-224: Es gibt 144 Mischtypen von Menschen; ihre Geburtsherrscher sind die Planeten, die den Ascendenten beherrschen. Der geometrischen Skizze scheinbarer Himmelsörter wird noch ein von den Zeichen unabhängiges 12-Häuser-System eingefügt, mit dem die verschiedenen Lebensbereiche des Betroffenen gekennzeichnet werden (al-Buttani 850-920; Regiomontanus 16. Jahrh. ...).

[87] TH. W. ADORNO wollte an Hand der Astrologie-Spalte der *Los Angeles Times* von 1952/53 und im Rückblick auf die „kollektive Paranoia" Hitler-Deutschlands „auf das Interaktionsmuster rationaler mit irrationalen Kräften in modernen Massenbewegungen" ein Licht werfen.

allen, die das Komplexe auf einfache und mechanische Schlußfolgerungen reduzieren, indem sie alles beiseite tun, was seltsam und unbekannt ist, und doch nicht in der Lage sind, irgendetwas zu erklären."

Astrologisches Denken kann sich heute der gleichzeitig hereinbrechenden „okkulten Welle", aber auch dem neu erwachten Sinn für tiefenpsychologisch orientiertes Denken, symbolisches Denken und allem, was sich mit dem New-Age-Lebensgefühl verbindet, anschließen und einordnen. Es liegt darin nicht so sehr Gegnerschaft gegen bestimmte andere Denkweisen – hier wäre eher von einem bewußten Unterschied zu sprechen –, als vielmehr gegen bestimmte Institutionen, die nicht zuletzt dadurch so mächtig sind, daß sie eine Entsprechung, die zwischen jenen Denkweisen und ihrem eigenen Handeln besteht, für sich nutzen: die Industrie, ohne die die technisch verwertbare – für manche die einzig mögliche – Naturwissenschaft nicht leben könnte; die Kirchen, deren Bekenntnisse zu Gott und über Welt und Mensch zu den doch so einfachen Erfahrungen immer wieder querstehen; und das öffentliche Gesundheitswesen, das z.B. die Angst vor Aids wach hält und es doch vom administrativen Zufall abhängig macht, ob für jeden Einzelnen der Krankheit auch wirklich vorgebeugt wird. Dieser und manch anderer Zufall im menschlichen Dasein bedeutet eine „Grenzsituation", der kein Mensch ohne weiteres gewachsen ist.[88] Der Mensch hat das Bedürfnis, sie in Harmonie zu überführen, und dabei verfällt er, ohne es zu wollen, einer Art von „Escapism":

> „Diese Grenzsituation, kaum ertragbar, wird gemieden in dem Trost, der blinde Zufall sei aufgehoben in der Ruhe einer Notwendigkeit, welche jedes einzelne Ereignis beherrscht. Zwar nicht die Erhabenheit einer metaphyisch gedachten Notwendigkeit, sondern die Notwendigkeit, welche das mich angehende Besondere bestimmt, wird bis zur astrologischen Vergewisserung gesucht. Wenn ich jedoch weiß, welche bestimmte Notwendigkeit für mich vorliege, so ist zugleich der Hintergedanke, diese Notwendigkeit nach Wahl annehmen oder überlisten zu können, also als Notwendigkeit aufzuheben. Wird die Notwendigkeit absolut, so ist sie unerträglich wie der Zufall. Der Mensch sucht sich abwechselnd durch das Eine von dem Anderen zu befreien, vom beliebigen Zufall durch den Gedanken der Notwendigkeit, von der erbarmungslosen Notwendigkeit durch Gedanken der Möglichkeit und Chance des Zufalls."

Ich bin mir persönlich noch nicht darüber klar, ob ich aus dieser als solcher unbezweifelbaren Bestandsaufnahme folgern soll, daß ich mich[89] in einer höhe-

---

[88]   Das folgende, phänomenologisch in jedes System integrierbar, bei KARL JASPERS, *Philosophie*, Bd. 2, 1932, S. 216f = Berlin ²1948, S. 480f.

[89]   Etwa wie FRITJOF CAPRA, *Der kosmische Reigen. Physik und östliche Mystik – ein zeitgemäßes Weltbild*, Bern/München/Wien 1977.

ren Einheit aufgehoben fühlen soll, in der das, was zufällig kommt, notwendig kommen mußte, in einem Fatalismus höherer Ordnung also, den die althergebrachte Fatalismus-Kritik nicht mehr trifft, oder ob ich sagen soll:[90]

> Die Astrologie „lokalisiert … frei schwebende Ängste in einer festumrissenen Symbolik, gibt aber auch vagen und unbestimmten Trost, indem sie dem Sinnlosen irgendeinen verborgenen und grandiosen Sinn verleiht." Anstatt die furchterregende Problematik durch echtes Verstehen zu überwinden, „wird ein verzweifelter Kurzschluß gesucht, der beides bietet: unechtes Verstehen und Flucht in einen vorgeblich höheren Bereich."

§ 17. Desintegrationen IV:
Diagnostische Astrologie und therapeutische Kosmobiologie

In gewisser Weise waltet beim gläubigen Gebrauch der Sternnamen die reine Autosuggestion. Auf den Widder-, Löwe- oder Krebs-Geborenen wartet auf jeden Fall – er mag damit umgehen wie er will und kann – ein widder-, löwen- oder krebshaftes Schicksal. Wir haben keinen Grund zu der Annahme, daß die Tierkreis-Sternbilder anders entstanden sein sollten als eben auf diese „projektive" Weise, die wenig über die Sterne, viel aber über die Sternbeobachter aussagt. Daß die Auswahl der symbolischen Motive des Tierkreises schon im Ursprung vom Charakter der entsprechenden Jahreszeit mit beeinflußt wurde, ist nicht auszuschließen, im einzelnen aber auch nicht nachzuweisen. Also: „Es ist nicht schwer zu sagen, was den modernen Menschen an der Astrologie seltsam und vielleicht auch töricht berühren mag. Es ist jenes allzu naive Vertrauen auf den Namen und auf die in ihm sich verbergende religiöse Tradition … Aber das Große und geschichtlich Bedeutsame der Astrologie darf darüber nicht vergessen werden".[91] In der Tat: Astrologie begünstigt sogar das Systemdenken, allerdings noch nicht im Sinne einer Systemtheorie wie der von Talcott Parsons oder Niklas Luhmann. Aber auch ohne einen solchen Systembegriff bleibt das Weltbild der Astrologie als Versuch einer systematisch-konstruktiven Weltbetrachtung schlechthin überwältigend.

---

[90]   Mit TH. W. ADORNO, „The Stars down to Earth: The Los Angeles Times Astrology Column. A Study in Secondary Superstition", in: *Jahrbuch für Amerikastudien* Bd. 2, 1957, S. 19-82, ins Deutsche übersetzt u. in Auszügen abgedruckt bei BÖHRINGER S. 30f, dort das obige Zitat.

[91]   BOLL/BEZOLD/GUNDEL S. 81f Den Autoren geht es in erster Linie nicht um Widerlegung, sondern um Rechtfertigung ihres Gegenstandes.

Sieht man von den anachronistischen propria der Astrologie ab und konzentriert sich auf jene Art kosmischen Einflusses auf den menschlichen Organismus, der nach der alten Astrologie vornehmlich bei der Empfängnis und der Geburt wirksam war, dann steht man bei der „Kosmobiologie". Daß der durch die Vorgänge der Erdumdrehung und des Erdumlaufs bedingte Tages- und Jahresrhythmus – der letztere mit umgekehrten Folgen auf der Südhalbkugel der Erde – grundlegende Wirkungen auf die Lebensrhythmen aller irdischen Organismen ausübt, kann keinem Zweifel unterliegen.[92] Hier geht es nicht mehr um Einzelvoraussagen, sondern um die Brauchbarkeit astrologischer Charakterkunde für das Verstehen von Persönlichkeitsstrukturen. Dabei dient die astrologische Symbolik als zusätzliches diagnostisches Hilfsmittel. In der Spitze kann dies zu einer religiös geprägten „Philosophie" werden oder erstarrte Glaubens-, Denk- und Lebensweisen wieder beleben oder vertiefen[93].

Die Ablehnung der Weis- oder Wahrsagungsastrologie bedeutet nicht die Leugnung von Lebensbeziehungen zwischen Mensch und Weltall. Die kosmobiologische Forschung muß aber bisher um die Anerkennung ihrer Ergebnisse mühsam kämpfen. Das liegt nicht zuletzt daran, daß sie durch eine divinatorische Astrologie kompromittiert ist, die sich mit Erweiterung auf Kosmobiologie ihr Daseinsrecht zu sichern versucht, dabei aber natürlich von der letzteren keine Abgrenzung vornimmt. Die Kosmobiologie ihrerseits stand lange unter einem merkwürdigen astrologischen Bann und scheint sich erst in jüngster Zeit durch ihre Anwendung in der Raumfahrtbiologie davon freizumachen. Die komplizierten Zusammenhänge zwischen Gefühlsleben, Physiologie, Biorhythmus hier, Wetter, kosmischer Strahlung, astronomischer Zeit dort genauer aufzuspüren, ist sicher eine unstrittige Forschungsaufgabe für lange Zeit.

Das bedeutet, unter anderem, für jede Sparte den Preis ihrer eigenen Historisierung. Ein Preis, der gezahlt werden muß, ist es deshalb, weil die Identität wegen eines Bedeutungswandels des Namenss, wegen einer ganz neuen Namengebung und wegen Übertragung einer ursprünglich zu einer ganz anderen Sache gehörigen Symbolik verloren gehen kann. Für die aussichtsreichste Sparte, die psychologische Astrologie, bedeutet das alles Selbstauflösung in historische Psychologie.[94]

---

[92] BÖHRINGER S. 22f.

[93] WILHELMINE KEYSERLING, *Anlage als Weg. Theorie und Methodik der philosophischen Astrologie*, Wien 1977, S. 274-276.

[94] Vgl. MARIO ERDHEIM, *Die gesellschaftliche Produktion von Unbewußtheit* (stw 465), Frankfurt/M. 1984, und CARSTEN COLPE, „Archetyp und Prototyp. Zur Klärung des Verhältnisses zwischen Tiefenpsychologie und Geschichtswissenschaft", in: JAN ASSMANN (Hsg.), *Die Erfindung des inneren Menschen*, Gütersloh 1993, S. 51-78.

§ 18. Anhang. Tierkreis, Sternbilder, Tierkreiszeichen

a) Anordnung nach Frühjahrs- und Herbstäquinoktium

A) Nördliche a) aufsteigende *Frühlingszeichen*	A) Nördliche b) niedersteigende *Sommerzeichen*
Widder, Aries, LU.HUN.GA	Krebs, Cancer, NANGAR oder AL.LUL
Stier, Taurus, GUD.AN.NA	Löwe, Leo, UR.A
Zwillinge, Gemini, MAS.MAS	Jungfrau, Virgo, ABSIN

B) Südliche b) niedersteigende *Herbstzeichen*	B) Südliche a) aufsteigende *Winterzeichen*
Waage, Libra, RIN.RIN	Steinbock, Capricornus, SUHUR.MAS
Skorpion, Scorpio, GIR.TAB	Wassermann, Aquarius, GU.LA
Schütze, Sagittarius, PA.BIL.SAG	Fische, Pisces, KUN.MES

b) Die Reihenfolge im Tierkeisgürtel[95]

A. NÖRDLICHE

a) aufsteigende *Frühlingszeichen*

–	–	Κριός	*aries*	Widder
LÚ.HUN.GÁ *agrŭ*, 166	Mietarbeiter	–	–	–
GUD.AN.NA *alû*, 39 b	– Himmelsstier	Ταῦρος	*taurus*	Stier
MAŠ.MAŠ, MAŠ.TAB.BA, *māšu*, 631 a	Zwillinge	Δίδυμοι	*gemini*	Zwillinge

b) niedersteigende *Sommerzeichen*

NAN.GAR oder AL.LUL, *alluttu*, 38 a	Krebs	Καρκίνος	*cancer*	Krebs

---

[95] Die Ziffern in der linken Spalte sind Seitenzahlen in WOLFRAM VON SODEN, *Akkadisches Handwörterbuch*, 3 Bde, Wiesbaden 1965-1981. Zu PA. BIL. SAG = Pabilsang vgl. DIEZ OTTO EDZARD, „Mesopotamien. Die Mythologie der Sumerer und Akkader", in: HANS-WILHELM HAUSSIG (Hsg.), *Wörterbuch der Mythologie*, Bd. 1: *Götter und Mythen im Vorderen Orient*, Stuttgart 1965, S. 17-139, dort S. 117.

| UR.A,
nēšu, 783 a | Löwe | Λέων | *leo* | Löwe |

| ABSIN,
absinnu,
(sum. Lw.), 7 a | Saatfurche;
Westl. Teil der
Spica + östlicher
Teil der „Jungfrau" | (??)

Παρθένος | (*spica*)

virgo | (Ähre, Dorn)

Jungfrau |

B. SÜDLICHE

b) niedersteigende *Herbstzeichen*

| RIN.RIN,
zibānītu, 1523 b | Waage | Ζυγός | *libra* | Waage |

| GÍR.TAB,
aqrabu,(west-
sem. Lw.), 62 b
zuqaqīpu, 1538 b | Skorpion | Σκορπίος | *scorpio* | Skorpion |

| PA.BIL.SAG | (Kriegs-,Jagdgott) | Τοξότης | *sagittarius* | Schütze |

a) aufsteigende *Winterzeichen*

| – | – | Αἰγοκέρως | *capricornus* | Steinbock |
| SUḪUR.MAŠ
suḫurmāšu
(sum. Lw.) 1055 a | Ziegenfisch | – | – | – |

| GU.LA
kulilu (??), 501 b | Fischmensch | Ὑδροχόος
– | *aquarius*
– | Wassermann
– |

| –
KUN.MEŠ
zibbāti, 1524 a | –
Schwänze | Ἰχθύες
– | *pisces*
– | Fische
– |

c) Verzeichnis der Invarianzen

Alchemie	Deutungen	Kalenderdaten	Namen
Bräuche	Eigenschaften	Kraftfelder	Symbole
Decknamen	Festhalten	Merkmale	Zahlen

IV. Kapitel: Verdunkelung im „Buch der Natur".
Konsequenzen ökologischer Selbsterkenntnis aus dem Ende
der Physikotheologie

Einleitung: Hans Jonas' Werk in großer Tradition

Die Lebensarbeit, deren Urheber mit diesen Beiträgen gewürdigt werden soll, wird künftig, da man seiner unerwartet nur noch gedenken kann, in ihrer vollen Bedeutung nur genutzt werden können, wenn man sie nicht von ihrer Gründung in unseren großen gedanklichen Traditionen abtrennt. Aus Philosophie, Religionsgeschichte, Technik und Ethik[1] sind deren so viele bei ihm lebendig, daß es zu einer Entleerung seines ethischen Appells führen würde, wenn man sich allein von dessen Stringenz und Eindrücklichkeit gefangennehmen und leiten ließe. Dazu verführt Jonas in gewisser Hinsicht freilich selbst, weil er es nur sehr selten und spärlich kommentiert, wenn er eine Neuinterpretation oder gar eine notwendige Abkehr von einer Überlieferung vornimmt, die er gleichwohl in Ehren hält. Insofern droht, paradoxerweise, gerade die Neuartigkeit seines Denkens es zu verhüllen, daß unter seiner Anleitung die genannten Disziplinen, statt nur ihre herkömmliche Legitimität zu behalten, eine neue hinzugewinnen. Sie besteht darin, daß sie selbst die Informationen über die ihren Gegenständen eigene Unzeitgemäßheit freizugeben vermögen – eine Unzeitgemäßheit, deren Berücksichtigung doch eine „Philosophie in der veränderten Welt", eine Religion ohne organisierte Konfessionalität, eine Ethik unter dem Vorzeichen technischen Alleskönnens erst ermöglicht.

Die folgenden Überlegungen sollen das Risiko abwenden helfen, das man mit der Vernachlässigung dieses Tatbestandes eingehen würde. Sie erinnern also an einige Traditionen, die Hans Jonas als heute wichtig erwiesen hat, in-

---

[1] Mit diesen Stichworten folge ich notgedrungen dem Zwang zur Vereinfachung, dem Jonas selber nachgab, als er seine Arbeitsgebiete für KÜRSCHNERs Deutschen Gelehrten-Kalender angeben mußte. In bewußter Beibehaltung von Jonas' Interpretationsabsicht gelten hier der antike Hellenismus, Gnostizismus usw. als Themen der Philosophie, die Naturphilosophie der Renaissance und ihr weiterer geistiger Einzugsbereich als Themen der Religionsgeschichte. Bei der Thematisierung von Technik und Ethik mußte ich mich auf Methoden der Techniktheorie beschränken, die mit solchen verwandt sind, die von einer kulturkritischen Philosophie und Religiosität geübt werden

dem er ihre Produktivität offenlegt[2]. Er zeigt damit, direkt oder indirekt, daß sie nicht nur ihn, sondern überhaupt zu Gedanken getrieben haben, mit denen sie sich weder obsolet machen noch verewigen – weisen sie doch bleibend auf ihre Herkunft hin, die nicht von einem Himmel ist, in den sie sich auch wieder verflüchtigen können.

Jonas' *Gottesbegriff nach Auschwitz*[3] ist wohl der tiefste Hinweis darauf, daß seine Befassung mit der Natur nicht auf einen teleologischen Gottesbeweis hinausläuft. Er ist frei geworden, sich statt dessen ganz auf die „Meta-Physik des Weltstoffes" einzulassen. Suchen wir nach alten Gedanken, mit denen diese neuen verwandt sein könnten, so finden wir sie am ehesten im „Buch der Natur". Wir müssen es freilich mit anderen Augen lesen, als die Kirchenväter des ausgehenden Altertums, die Scholastiker des hohen Mittelalters, die Pansophen und Astronomen der frühen Neuzeit es taten: ihnen offenbarte es, neben dem „Buch der Bücher", einzig Gott den Schöpfer. Aber vielleicht steht noch mehr, nämlich Philosophie darin.

Hans Jonas' Interpretation der spätantiken Gnosis, die phänomenologisch blieb, auch als sie nicht mehr existentialistisch war, schließt eine neue Bewertung von *Macht oder Ohnmacht der Subjektivität*[4] ein, die ihn von der Kraft, durch die das klassische Subjekt seiner selbst am mächtigsten bleibt, schließlich Abschied nehmen läßt: diese Kraft des Selbstes war die „Unsterblichkeit der Seele". So kann er die biologisch evidente Leib-Seele-Verhaftung für eine neue Identifikation des menschlichen Individuums erschließen, die auch über seinen Tod hinaus gültig bleibt. Damit aber fällt die Fähigkeit der Seele dahin, sich selbst, oder den Erlöser, oder Gott, oder sich in Gott dem Erlöser mystisch zu erkennen. Hat aber die ehrwürdige Tradition vom mystischen Erkennen vielleicht noch etwas anderes enthalten, etwa eine Alternative zwischen Subjekt-

---

[2] Es geschieht, im Verhältnis zu Jonas' überreichem Fundus immer noch zu kurz, mittels Zitaten zu den drei Disziplinen. Diejenigen, die einen Bestandteil der Thesen 1-4 und der Antworten auf die Thesen 5 und 6 darstellen, seien überschrieben 1. „Der gnostische Kosmos", 2. „Bruch in der Achtung der Natur"; 3. siehe Anm. 22, 4. „Der alte Dualismus"; 5. „Person und zweite Gestalt"; 6./7. „Können, Tun, Sollen"/„Die Tatensumme". Im Festvortrag „Erleuchtung, Klärung, Verdeutlichung", in: D. BÖHLER – R. NEUBERT (Hrsg.), *Herausforderung Zukunftsverantwortung. Hans Jonas zu Ehren*, Münster/Hamburg 1992, S. 37-48, war es je ein anderes: „Der Pazifismus des Lichts", „Der neue Dualismus", „Das gesehene Gute". Dem soll der folgende Beitrag ganz parallel gehen, aber mit kosmischer Ordnungssymbolik usw. an Stelle der Erleuchtungsmetaphorik usw. Sachlich verbindende Glieder stellen die Probleme der Begriffsklarheit bzw. -deutlichkeit, des intuitiven Erkennens und des instinktiven Handelns dar.

[3] Zuerst in: O. HOFIUS (Hrsg.), *Reflexionen finsterer Zeit*, Tübingen 1984; dann separat mit Untertitel: *Eine jüdische Stimme* (st 1516), Frankfurt/M. 1987.

[4] Mit Fragezeichen und Untertitel: *Das Leib-Seele-Problem im Vorfeld des Prinzips Verantwortung*, Frankfurt/M. 1981 ([2]1987).

und Objektbezug klarer und deutlicher Erkenntnis, die in der europäischen Religionsgeschichte schließlich zu einem Dualismus der Möglichkeiten führt, sie als Wahrheitskriterium einzusetzen?

Jonas' Begründung einer neuen Ethik ist deshalb so zwingend, weil sie explizit nach der Vorstellbarkeit der kollektiven Handlungsfolgen sucht; denn darin besteht die Beziehung zwischen *Erkenntnis und Verantwortung*[5]. Die Vervollkommnung des Menschen, die sich aus dem ergeben könnte, was er dafür tun soll, ist nicht nur wegen ihrer Bescheidenheit eine völlig andere als die, zu welcher dereinst der sog. „Aufstieg im Geiste" geführt hatte, der gleichzeitig eine Handlungsanleitung darstellte. Die alten Stufenschemata – beileibe nicht nur religiöse wie „der Stufenweg zum Göttlichen" – hatten auf eine Rangfolge von niederen zu höheren Werten hingewiesen. Aber man kann sie befragen, ob es auch Stufen gibt, die vom Äußeren ins Innere, oder vom Gröberen ins Feinere, oder vom Seienden zum Gesollten führen. Hier ist zu untersuchen, was die bewährte Kunst der Kombinatorik noch erbringt, wenn man sie auch auf ethische Axiome ausdehnt, derer man bisher noch garnicht innegeworden war.

A. „Philosophie"

§ 1. These 1: Zur antiken Kosmologie

Die Befassung mit natürlichen Substanzen, wie sie sich innerhalb eines physi(kalisch)en Systems darstellt, war in ihren Anfängen Kosmologie als philosophische Disziplin. Sie wandelte sich in der Spätantike zu einer religiösen Verehrung des Kosmos, die man Kosmosophie nennen kann. Diese entwickelt ihre Potenz zur Erzeugung einer zu ihrer Ablösung bestimmten Weisheit aber erst, wenn sie negativ wird. Das muß erst einmal diagnostiziert werden.

> „Wir können uns vorstellen, welche Gefühle gnostische Menschen gehabt haben müssen, wenn sie zum Sternenhimmel aufschauten. Wie böse muß seine Pracht für sie ausgesehen haben, wie beunruhigend seine unendliche Weite und die starre Unveränderlichkeit seiner Richtungen, wie grausam seine Schweigsamkeit! Die Musik der Sphären wurde nicht mehr länger gehört, und die Bewunderung für die perfekte sphärische Form machte dem Entsetzen Platz vor so viel Perfektion, gerichtet auf die Unterwerfung des Menschen. Das fromme Erstaunen, mit welchem der Mensch früher zu den höheren Regionen des Universums aufgeschaut hatte, wurde zu einem Ge-

---

[5] Untertitel: *Gespräch mit Ingo Herrmann in der Reihe „Zeugen des Jahrhunderts"*, Göttingen 1991.

fühl der Unterdrückung durch das eiserne Gewölbe, welches den Menschen verbannte aus seiner jenseitigen Heimat. Aber es ist dieses ‚Jenseits', welches tatsächlich die neue Konzeption des physischen Universums sowie des Menschen Position in ihm näher bestimmt. Ohne es hätten wir nichts als einen hoffnungslosen weltlichen Pessimismus. Seine transzendente Präsenz begrenzt die Eingeschlossenheit des Kosmos auf den Status, nur ein Teil der Realität zu sein, und so auf etwas, aus dem es kein Entrinnen gibt. Das Reich des Göttlichen beginnt dort, wo der Kosmos endet, d.i. in der achten Sphäre. […] Wenn die Welt schlecht ist, dann gibt es die Güte des außerweltlichen Gottes; wenn die Welt ein Gefängnis ist, dann gibt es eine Alternative zu ihr; wenn der Mensch ein Gefangener der Welt ist, dann gibt es eine Erlösung von ihr und eine Kraft, die erlöst."[6]

Von den in solcher Anschauung enthaltenen Welt-, Erlösungs- und Lichtvorstellungen haben sich Christen vielfach abgegrenzt, darunter besonders solche, die sich mit ihrer Auffassung vom Bösen von den Manichäern verschieden wußten.

§ 2. Christlich-theologische Abgrenzungen (Augustinus, Messalianer)

Das Hauptargument hatte Augustinus (354–430) formuliert[7]: indem nur das göttliche Licht, welches identisch mit dem ist, das der Mensch in sich habe, dessen Erkenntnis von Gut und Böse gewährleiste, hat es im Grunde der Erlöser selber nötig, von den Menschen erlöst zu werden, indem sie ihr Licht leuchten lassen. Dadurch wurde dem Menschen die Illusion genommen, seine Natur sei rein als solche erlösbar. Doch es ist, als sei dieses Argument dem Kirchenlehrer spitzfindig erschienen; denn er kompensierte es mit dem Gedanken, Gott habe nicht nur ein Buch verfaßt, sondern zwei, die Heilige Schrift und das Buch der Natur[8]:

---

[6]   Übersetzt aus H. JONAS, *The Gnostic Religion. The Message of the Alien God and the Beginnings of Christianity*, Boston 1958, S. 261.

[7]   *Contra Faustum Manichaeum* 2, 5 (CSEL 25, p. 258 ZYCHA; verfaßt 397/8).

[8]   Auch dies steht in *Contra Faustum Manichaeum* (32, 20; p. 781f. ZYCHA), wie richtig nachgewiesen von A. SOLLIGNAC, „Nature et vie spirituelle", in: *Dictionnaire de Spiritualité, Ascétique et Mystique* ... Bd. 9, Paris 1982, Sp. 44-55, dort 50 (frdl. Hinweis von B. Sommer), und nicht, wie von H.M. NOBIS, „Buch der Natur", in: *HistWbPhil*, Bd. 1, 1971, Sp. 957-959 (und von vielen anderen) angegeben, im *De Genesi ad litteram inperfectus* (sic, sonst mit dem in der nächsten Anm. zitierten Werk zu verwechseln!) *liber*, bei MIGNE, PL 34 (nicht 32!), 219-246, und im CSEL 28, 1, 457-503 (verfaßt 393/4, abgeschlossen vielleicht erst 426), und auch nicht in *De Genesi contra Manichaeos* (MIGNE, PL 34, 173-220; verfaßt 388/90), obwohl die Sache in diesen beiden antimanichäischen Genesis-Kommentaren natürlich da ist.

„At si universam creaturam ita prius aspiceres, ut auctori deo tribueres, quasi legens magnum quendam *librum naturae* rerum (!) atque ita si quid ibi te offenderet, causam te tamquam hominem latere posse totius crederes quam in operibus dei quicquam reprehendere auderes, numquam incidisses in sacrilegas nugas et blasphema figmenta, quibus non intellegens, unde sit malum, deum inplere conaris omnibus malis."

Wer dies liest, kann in diesem – im doppelten Sinne – „Buch" wie auch im späteren Genesiskommentar[9] den Gotteshinweis, den die Natur gibt, noch weiter zurücktreten lassen, als Augustin es tut. Der Leser kann dann Augustinus' fast meditativer Versenkung in die Lichter am Firmament, in die Tiere des Meeres und der Luft, in die – Adam und Eva beglückende! – Gartenarbeit folgen. Wenn Augustinus sich dauernd implizit mit dem großen kosmologischen Wissen gebildeter Heiden wie mit den seit Porphyrius *Gegen die Christen* angeführten physikalischen, den biblischen Schöpfungsbericht als unsinnig anprangernden Argumenten auseinandersetzt und trotzdem sagen kann:

„Gibt es wohl einen großartigeren und prächtigeren Anblick, oder bei welcher Gelegenheit vermöchte der menschliche Verstand sich näher in eine Zwiesprache mit der Natur der Dinge einzulassen als beim Säen der Samen, beim Pflanzen der Ableger, beim Verpflanzen der Büsche, beim Aufpfropfen der Setzlinge? Es ist, als ob du die Lebenskraft jeder Wurzel und Knospe fragen könntest, was sie tun kann und was nicht, und was in ihnen das unsichtbare innerliche Vermögen der Zahlen zuwege bringt, und was die von außen einwirkende Sorgfalt dazu tut" (VIII,8,16)

– ist dann nicht das neue Wort „Ökologie" für das gesamte Lebensgeschehen in der Natur einschließlich der durch den Menschen an ihr vorgenommenen Veränderungen[10] hier schon anwendbar?

Über das in der Natur des Menschen wie der Welt steckende Böse haben undualistisch am tiefsten die Messalianer nachgedacht, eine asketische Bewegung in der syrischen Kirche, die in Byzanz auch als Euchiten bekannt waren.

---

[9] *De Genesi ad litteram* (MIGNE, PL 34, 245-486; verfaßt 401/14); deutsch: C. J. PERL, *Aurelius Augustinus. Über der Wortlaut der Genesis,* 2 Bde, Paderborn 1961 u. 1964. Das Zitat in Bd. 2, S. 56f, und bei P. BROWN, *Augustinus von Hippo,* Frankfurt/M. 1973, S. 123; mehr S. 117 u. 235. Ähnlich *Enarratio in Ps.* 45, 7 ad 4 (MIGNE, PL 36, 514-524, dort 518): „Liber tibi sit pagina divina, ut haec audias: liber tibi sit orbis terrarum, ut haec videas. In istis codicibus non ea legunt, nisi qui litteras noverunt: in toto mundo legat et idiota."

[10] W. TISCHLER – A. LANG, „Ökologie", in: *HistWbPhil,* Bd. 6, 1984, Sp. 1146-49; viel anderes Material bei Y. GRAFMEYER, „Écologie", in: *Encyclopédie Philosophique Universelle* Bd. II.1, Paris 1990, S. 730f, und bei F. GÄRTNER – E. SCHRAMM, „Ökologie", in: *Europäische Enzyklopädie zu Philosophie und Wissenschaften* 3, 1990, 600-608.

Der syrische und der griechische Name bedeuten beide „Beter", und bezeich-
nenderweise wurden sie gerade als solche verketzert; denn das Gebet galt bei
ihnen als eine rein menschliche Kraft, die umso intensiver ins Werk gesetzt
werden mußte, je radikaler man die Sünde als das Böse erfuhr. Ein messa-
lianischer Mönch, den wir in Unkenntnis seines genauen Herkunfts- und
Wirkungsortes Symeon von Mesopotamien nennen, nennt in einer seiner griechischen Homilien – der 16. (§ 8), die ganz antimanichäisch ist, verfaßt zwischen 390 und 431 – seine Genossen und sich „Lichtbrüder Christi"[11]. Das Licht
und das Gute ist für ihn ebenso wie die Finsternis und das Böse keine Substanz,
die den Menschen determiniert. Es ist Sache der menschlichen Gesinnung.

Ein anderer, den Messalianern nahestehender Mönch, dessen Namen wir
ebenfalls nicht mehr kennen, hat auf Syrisch ein „Buch der Stufen" geschrieben[12]. Darin wird der Wandel des Gottesvolkes, der nach Psalm 89,16 ganz im
Lichte von Gottes Angesicht geschieht, in besonderer Weise in Stufen auseinandergelegt: schwierige, die der Mensch meidet, und leichte auf Seitenwegen,
die er sucht; Stufen, die Kinder nicht beschreiten können, auf denen man nur
durch starkes Gebet sicher wird; Stufen der Vollkommenheit, als da sind Versöhnung der Feinde, Absage an die Welt, enthaltsames Leben; Stufen der Gottlosigkeit, der Gerechtigkeit und der Vollkommenheit, in die das ganze menschliche Leben einzuteilen ist; Stufen, die in die Bürgerschaft Gottes führen; Stufen
der göttlichen Herrlichkeit. Hier ist die Raumordnung von Stufen vom fried-
lichen Licht her ähnlich ingeniös in eine Sachstruktur gebracht worden wie in
der klassischen Philosophie durch das Sein und in der modernen Philosophie
durch die Intentionen.

§ 3. Eine heidnisch-theologische Abgrenzung (Proklos)[13]

Der Neuplatoniker Proklos (410–485) betet zu allen griechischen Göttern um
desselben willen, was der Seele als Erleuchtung vom Geiste auch zukommt:
Leto, die in alle das geistig wahrnehmbare und lebenzeugende Licht hinein-
blitzt; Athene, die heiliges Licht von ihrem Angesicht strahlt und es der Seele
aus ihren hochheiligen Worten geben kann; Helios, der das aus dem Verderben
erzeugte, tötende Dunkel hinwegnimmt, indem er der Seele des Proklos segens-

---

[11]   H. Dörries – E. Klostermann – M. Kroeger (Hrsg.), *Die 50 geistlichen Homilien des
        Makarios* (PTS 4), Berlin 1964, S. 163 Z. 116.
[12]   *Kᵉtabha dᵉ Masqatha – Liber Graduum*, ed. M. Kmosko (Patrologia Syriaca I 3), Paris
        1926. Diese Ausgabe enthält auch die wichtigsten weiteren Quellen zu den Messalianern.
[13]   Das Folgende der nötigen Kürze halber nach der gründlichen, durchdachten Monogra-
        phie von W. Beierwaltes, *Proklos. Grundzüge seiner Metaphysik*, Frankfurt/M. ²1979;
        Zitate mit den Belegen dort S. 289, 306, 313, 223 Anm. 38. (*In Timaeum* I, 124, 17).

reiches Licht gewährt; alle Götter, die in ihm das Licht der Wahrheit entzünden, oder die ihm ihr „hinaufführendes Licht" senden mögen; die denkenden Götter, deren Erleuchtung uns erst fähig macht, mit den selbst denkenden und von uns zu denkenden Ideen verbunden zu werden. Das sind nicht mehr die alten griechischen, es sind vielmehr die alten hellenistischen Götter mit griechischen Namen, aber mit sie aneinander angleichenden Eigenschaften, durch die sie Götter des Orients in sich aufnehmen konnten.
So ist es am ehesten das hellenistische Licht:

> „[...] aus großer Anstrengung um es (das Eine) selbst wird in uns ein göttliches Licht entzündet, durch das sich in einer für uns möglichen Weise das Vernehmen jenes (Einen) vollzieht, indem wir gemäß dem Göttlichsten (in uns) an ihm teilhaben. [...] Durch die Helligkeit dieses Lichtes (erkennen wir) die Ursache alles Seienden, durch das alles am Einen teilhat".[14]

Der Aufstieg des Geistes zu seinem Ursprung ist zwar eine Hinaufführung (durch den Eros), jedoch der sich dazu dialektisch verhaltende Sinn „Ähnlichwerden mit dem Ursprung" kann vorwiegen und alternativ zum Vollzug des denkenden Aufstiegs zum Einen durch Gebet stehen. Das aber fügt sich nur in eine Welt, die intakt ist und verehrt werden kann. Proklos sagt: „Der Kosmos ist der Heiligtümer heiligstes." Sinngemäß läuft diese Verehrung nicht nur der Erkenntnis des Intelligiblen im Kosmos, sondern auch dem Lesen aus heiligen Schriften gleich.

> „Proklos' ablehnende Haltung gegenüber dem ptolemäischen System erklärt sich vor allem aus seinem orthodoxen, jede historische Entwicklung von Erkenntnissen leugnenden Platonismus. Was nicht in Platons Schriften steht oder was man nicht einmal zwischen den Zeilen lesen oder hineininterpretieren kann, dem kann kein letzter Wahrheitsgehalt zugesprochen werden. Da weder im Timaios noch im Staat oder den Gesetzen, den drei Werken, in denen von den Planeten die Rede ist, sich auch nur die leiseste Andeutung von Epizyklen oder exzentrischen Kreisen findet, so kann der in dieser Beziehung völlig dogmatisch eingestellte Proklos solche Theorien nur als technische Kunstgriffe ansehen ...".[15]

§ 4 These 2: Verhältnis zur Natur

Jonas stellt auch eine Diagnose, für die ein Hintergrund in einem Schöpfungsglauben oder in einem Gnostizismus, der eine wenn auch noch so entfernte

---

[14] *In Parmenidem* VII 58, 20.
[15] S. SAMBURSKI, *Das physikalische Weltbild der Antike*, Zürich u. Stuttgart 1965, S. 558f.

Affinität zur christlichen Gnosis hat, überhaupt nicht wesentlich ist. Sie beschreibt modellartig eine, sozusagen, rein heidnische Abwertung der Welt und mit ihr der Natur[16].

> „Es gibt doch außer der existentialen ‚Gegenwart' des Augenblicks auch die Gegenwart von Dingen. Gewährt nicht ihre Anwesenheit, meine Mitgegenwart mit ihnen, auch mir eine Gegenwart anderer Art? Aber wir lernen von Heidegger, daß Dinge primär ‚zuhanden' sind, d.h. brauchbar oder besorgbar, daher bezogen auf den Entwurf der sorgenden Existenz [...] Allerdings können sie auch zu bloß ‚vorhandenen' neutralisiert werden, zu indifferenten Objekten, und der Modus der Vorhandenheit ist ein objektives Gegenstück zu dem, was auf der existentialen Seite die Verfallenheit ist, falsche Gegenwart. Das nur noch Vorhandene, das Da der bloßen Naturdinge, ist da zum bloßen Hinsehen außerhalb der Relevanz der existentiellen Situation und des sorgenden Umgangs. [...] Diese existentialistische Entwertung der Natur spiegelt offenbar ihre spirituelle Entleerung durch die moderne Naturwissenschaft wider, und diese hat etwas gemein mit der gnostischen Naturverachtung. Nie hat eine Philosophie sich so wenig um die Natur gekümmert wie der Existentialismus, für den sie keine Würde behalten hat."

Gegen diese wohlbezogene Vorstellung muß die nichtgnostische, heidnische wie christliche gesehen werden. Von beiden her legten Heiden wie Christen aus, was ihr Altertum an je eigenen, aber austauschbaren Überlieferungen zu bieten hatte. Unter diesen stand das Sechstagewerk der Weltschöpfung, von dem der Anfang der Bibel berichtet, an oberster Stelle. Dabei bringen manche Ausleger immer Neues heraus, das oft nicht nur in den Büchern stehen bleibt, sondern sich z.B. in der kirchlichen Architektur umsetzt.

§ 5. Mittelalterliches Naturprinzip (Eriugena)

Ein aus Britannien ins Frankenreich kommender gelehrter Mönch namens Johannes, der als Schotte galt – deswegen heißt er Scotus – und der irischer Abstammung war – deswegen auch Eriugena (810-877) –, schreibt ein gewaltiges, lange einflußreiches Werk „Über die Einteilung der Natur".[17] Darin sagt er:

---

[16] H. JONAS, *Zwischen Nichts und Ewigkeit*, Göttingen 1963, S. 5-25, dort 22f.

[17] JOHANNES SCOTUS ERIUGENA, *De divisione naturae,* deutsch: *Über die Einteilung der Natur,* übers. von L. NOACK, Leipzig 1870 und 1874, Hamburg ²1984 (unverändert, mit bibliographischen Nachträgen von W. BEIERWALTES); Zitate dort Bd. 1, S. 350 u. 381.

„Die Scheidung des Lichts von der Finsternis ist nämlich die Sonderung der in Formen und Arten erscheinenden Dinge von ihren Gründen, worin sie jeden Gedanken übersteigen. Deshalb heißt es vorher: ‚Und Gott sah, daß das Licht gut war.', d.h. es hat Gott gefallen, die vor aller Kreatur und über allem Denken geschaffenen ursprünglichen Ursachen zu solchen zu machen, welche für das menschliche oder engelische Denken durch ein gewisses Licht des Gedankens deutlich sind" (Buch 3, Kap. 25).

Liest man mehr solche Passagen, dann gewinnt man den Eindruck als nehme Eriugena Einsichten der modernen Bibelwissenschaft vorweg. Sie hat herausgefunden, daß das „Es werde Licht" am Anfang der Bibel kein kosmologisches Prinzip bezeichnet, sondern daß hier an den Aufgang des Weltenmorgens gesetzt wird, was die Juden in ihrem Alltag als „rettenden Morgen" immer wieder von ihrem Gott erfuhren, sei es, daß das aufgehende Sonnenlicht Feinde aus einem Hinterhalt vertreibt, sei es, daß am frühen Morgen die Gerichtsverhandlung stattfinden kann, die dem Entrechteten Recht verschafft, sei es, daß der Kranke, der die ganze Nacht geweint hat, von seinem Schmerz erlöst wird. Nur zur letzten Konsequenz, in der Israel mit dieser Erfahrung sich als „Licht der Völker" gesandt weiß[18], dringt Eriugena nicht mit vor. Aber bei ihm, genau wie in der jüdischen Bibel, „bedeutet" das Licht schon eher etwas, als daß es etwas Sinnliches „ist".

Deshalb zeichnet sich bei ihm auch schon ab, was später „Klarheit" genannt und zur Analyse der „Deutlichkeit" führen wird. In einem fast theoretischen Sinne setzt er denn auch als Folge der Lichtursache in Schöpfung und Denken eine Art griechischer Weltordnungsvorstellung ein:

„Wenn es also heißt: ‚Es seien Lichter an der Veste des Himmels, so ist dies so zu verstehen, als ob es geradezu hieße: es sollen Sternenkörper klar und leuchtend in den überall zerstreuten Elementen entstehen, aus deren Eigenschaften sie zusammengesetzt sind." (Buch 3, Kap. 32)

§ 6 Enzyklopädisches Wissenschaftsprinzip (Bonaventura)

Das Licht kann so für gewisse Weltbilder schlechthin umfassend werden, und darüber hinaus kann es sogar zu einer Systematik den Wissenschaften führen. Der große Franziskanertheologe Johannes Fidanza (1217-1274), der mit seinem Ordensnamen Bonaventura hieß, hat ein solches System geschaffen. Man verkürzt es, wo immer man es zu charakterisieren anfängt. Eine Zusammenfassung gibt er selbst einmal so:

---

[18] Großer Zusammenhang bei J. HEMPEL, „Die Lichtsymbolik im Alten Testament", in: *Studium Generale* 13, 1960, S. 352-368.

> „Folglich gibt es, obschon das von oben herabsteigende Licht nach der er-
> sten Einteilung vierfach ist, doch sechs Unterschiede, nämlich das Licht der
> Heiligen Schrift, das Licht der sinnlichen Erkenntnis, das Licht der mecha-
> nischen Kunst, das Licht der Vernunftphilosophie, das Licht der Naturphi-
> losophie und das Licht der Moralphilosophie. Deshalb gibt es sechs *illu-
> minationes* in diesem Leben, und sie haben alle einen Abend, weil alle
> Wissenschaft zerstört wird (1. Kor. 13,8). Ihnen folgt der siebte Tag der
> Ruhe, der keinen Abend kennt, nämlich das Licht der Glorie."[19]

Auch bei Bonaventura führt das Nachdenken über das Licht immer wieder zu
Aussagen über die Klarheit des Denkens und über die „Unterscheidungen",
distinctiones, zu denen man fortschreiten muß. Das führt innerhalb dessen, was
als klar umgrenzt erkennbar bereits ausgearbeitet worden war, zu den Abgrenzungen des Deutlichen. Darin soll Übereinstimmung bestehen zwischen dem,
was die Sinne in der Außenwelt wahrnehmen, was der Geist in der Natur
erkennt, und was in den beiden großen Büchern zu lesen ist:

> „Zwar hat der Mensch noch das Buch der Wissenschaft, aber sein wahrer
> Sinn bleibt ihm verschlossen, weil er es nicht mehr richtig zu lesen versteht.
> Die Bezeugung Gottes war wirksam im Stande der ursprünglichen Natur,
> als jenes Buch noch nicht dunkel und das Auge des Menschen durch die
> Sünde noch nicht verfinstert war."
>
> „Daher war jenes Buch, nämlich die Welt (*mundus*), gleichsam erstorben
> und ausgelöscht; notwendig aber wurde jetzt ein anderes Buch, durch das
> jenes erleuchtet würde, damit (der Mensch oder das „Buch Welt"?) die
> Metaphern der Dinge wieder aufnehme. Dies ist aber das Buch der Schrift,
> das die Gleichnisse (*similitudines*), Eigentümlichkeiten und Metaphern der
> im Buch der Welt geschriebenen Dinge aufstellt. Das Buch der Schrift stellt
> also die ganze Welt wieder her, auf daß Gott erkannt, gelobt und geliebt
> werde."[20]

Die wenigen ausgewählten Beispiele[21] sind repräsentativ und zeigen, daß es
nicht um einen Gottesbeweis geht, der die Kraft des Gedankens in sich selber

---

[19] *De reductione artium ad theologiam* 6, in: BONAVENTURA, *Pilgerbuch der Seele zu Gott.
     Die Zurückführung der Künste auf die Theologie*, eingel., übers. und erl. von J. KAUF,
     München 1961, S. 217-271, dort S. 248f; dazu die Tabelle der vier Licht- und Erkenntnis-
     arten in Bezug zu den drei Schriftdeutungen, Wahrnehmungweisen, Wissenschaften,
     Künsten und Schöpfungstagen von Herausgeber, von diesem auch S. 223 das folgende
     Zitat aus *De mysterio SS. Trinitatis* qu. 1 a, 2; V, 55.

[20] *Collationes in Hexaemeron* XIII, 12: BONAVENTURA, *Das Sechstagewerk*, lat. u. deutsch,
     übers. u. eingel. von W. NYSSEN, München 1964, S. 410.

[21] Hildegard von Bingen (1098-1179), die Schule von Chartres (11./12. Jh.) und Nikolaus
     von Kues (1401-1464) gehören unbedingt noch dazu.

hat, sondern um den Lobpreis Gottes, dessen Existenz nicht bewiesen zu werden braucht. Wäre das erstere der Fall gewesen, so hätte die Bibel ihre Würde
aus der Betrachtung und dem Denken über die Welt erhalten und etwa den
Titel „Offenbarung (aus) der Natur (der Dinge)" erhalten müssen. Aber es war
umgekehrt: die Welt, oder die Natur, wurde gewürdigt, ein Buch zu heißen.
Das „Buch der Natur", auch „Buch der Welt" oder „Buch der Schöpfung"
genannt, blieb eine Formel, die in der Neuzeit bisweilen verhüllte, daß der aus
diesem Buch geführte Beweis nicht ergänzend, sondern stellvertretend zu der
Gewißheit stand, die die Heilige Schrift enthielt. Dementsprechend war die
Erleuchtung, die das *lumen naturae* brachte, so lange zuverlässig, wie es als von
Gott geschaffen galt und wie der Mensch etwas davon in seinen Erkenntnis-
organen wirksam wußte. Wurde es dunkel, dann nicht aus eigener Defizienz,
sondern weil es Gott auch einmal gefallen konnte, im Dunkel zu wohnen (Konsequenz aus Jes.45,7)

B. „Religionsgeschichte"

§ 7. These 3: „Heidnisches Zwischenspiel"

Die spätmittelalterliche Lichtsymbolik hatte an die scholastische *lumen*-Theo-
rie angeknüpft und war dabei selbst zu einer hervorragenden theoretischen
Deutung der Welt gelangt. Sie hatte sie aber aus einem System heraus isoliert
und mit Hilfe von Erleuchtungsgedanken mystischer Natur sogar entratio-
nalisiert.

> „Die Metaphysik der modernen Wissenschaft ergriff eben diese Möglich-
> keit, die der christliche Transzendenzglaube ihr darbot und die das mittel-
> alterliche Bündnis zwischen Kirchenlehre und Aristotelismus so lange hintan-
> gehalten hatte. Es ist richtig, daß die Naturphilosopie der Renaissance – dies
> ‚heidnischste' Zwischenspiel des westlichen Denkens – die neue Sicht des
> Universums mit einem pantheistischen Animismus im echten klassischen
> Stil zu verbinden suchte: aber das 17. Jahrhundert, mit seinem nüchterneren
> und weit ‚christlicheren' Geistesklima, kehrte zur Strenge des jüdisch-christ-
> lichen Transzendentalismus zurück und entnahm ihm die Idee einer nicht
> spontanen, sondern strikt dem Gesetz unterworfenen Natur."[22]

Hatte Jonas an den klassischen Themen der jüdischen und christlichen Tradition und der sie teilweise duchdringenden wie eigenständig neben ihnen liegen-

---

[22] H. JONAS, *Organismus und Freiheit. Ansätze zu einer philosophischen Biologie*, Göttingen
1973, S. 116; dort S. 113 als Überschrift für das Obige: „Klassische und judäo-christliche
Schöpfungslehre".

den Gnosis aufgewiesen, was an Philosophie darin steckt, so verweist er hier von einem philosophischen Thema aus verdeckt auf einen europäisch-religionsgeschichtlichen Befund von ganz eigener Art.

§ 8. Zur Krise des frühneuzeitlichen Naturprinzips (Paracelsus)

Eine ganz neue Behauptung stellt zu Beginn der Neuzeit der Arzt, Kosmosoph, Alchemist, Theologe – oder wie soll man sagen? – Theophrast Bombast von Hohenheim (1493–1541) auf, der sich Paracelsus nannte: die Vernunft sei das „Licht der Natur"; dieses Licht gehöre dem Menschen von Geburt an; es sitzt nicht im Hirn, sondern ist vielmehr dessen und der fünf Sinne Meister – vielleicht sitzt es auch im Bauch. Wie ungewohnt! Es ist dann das im Menschen wirkende „Licht microcosmi", das in die Seele „aus den Engeln" gekommen ist, wo es als „ewiges Licht" für sich selbst besteht – das klingt schon vertrauter. Aber die geistesgeschichtliche Methode versagt immer noch, wenn man pflichtgemäß die Frage stellt: Wo hat er das her, an dem er da weiterarbeitet? Verfolgt man seinen Werdegang, so möchte man von einem „Kärntner Neuplatonismus" sprechen, den er in der Benediktiner-Abtei an der Lavant, in Sankt-Andrae, in Bleiberg und Villach kennengelernt haben könnte[23] – wenn es nicht so unmöglich klänge. Bis auf weiteres ist es in diesem Falle richtiger, die Natur selbst als Grundlage von Paracelsus' Quellenstudium anzunehmen. Damit allerdings konnte dann – immer noch kaum begreiflich – mit einer frei verfügbaren Terminologie wie aus hellenistischer Mystik, Physika-Literatur, Alchemie und ihren deutschen und mittellateinischen Verchristlichungen frei geschaltet werden.

Paracelsus kann so auch an das scholastische *lumen gloriae* anknüpfen und den Heiligen Geist als „Anzünder des Lichts der Natur" – nicht als dieses selbst! – annehmen. Es wirkt aber auch als schöpferisches Prinzip in der Kunst des Arztes und begründet eine geheime Verwandtschaft zwischen den Dingen. Sie zeigt sich durch Signaturen, die aber nichts sind ohne den erkennenden Akt. Das wirft die Frage nach Zuständigkeit und Vermögen des mystischen, ja des okkulten Erkennens auf.

„Schließlich gibt es bei Paracelsus noch eine andere Form des Licht-Symbols, die den Begriff der ‚Klarheit' oder ‚Verklärung' einführt. Bereits in seinen erkenntnistheoretischen Erwägungen kann er von der *clarificatio* sprechen, die er u.a. in der Mathematik sucht. Im medizinisch-chemischen Sinne kommt bei ihm das Wort *clarifizieren* schon ziemlich früh vor, gelegentlich auch in reli-

---

[23] Alles nach W.-E. Peuckert, *Theophrastus Paracelsus*, Stuttgart-Berlin 1944 (ND Hildesheim 1991).

giöser Verwendung vom Clarifizieren des ‚inwendigen Menschen'"[24]. Mit all
diesem war Paracelsus auch Christian Thomasius (1655–1728) wohlbekannt, der
die Zuständigkeiten des „natürlichen Lichts" des Verstandes und des „über-
natürlichen Lichtes" der göttlichen Offenbarung endgültig klären sollte. (Damit war übrigens zugleich die äußere Deutlichkeit zur Überweisung an die
neuere Ästhetik, die innere Deutlichkeit zum Gebrauch in der neuesten Logik
vorbereitet worden.) Indessen:

> „Zwei Lichte hat Gott den Menschen gegeben, aus denen die Menschen
> erkennen sollen, das Licht der Natur und das der Gnade. Es ist aber
> eingerisen ein Logica, dieselbig hat verblendet das Licht der Natur, und das
> Licht der Weisheit, und eingeführt eine fremde Doktrin, dieselbig hat beide
> Weisheit zwischen Stühl und Bänke niedergesetzt."[25]

Was ist hier geschehen? Paracelsus muß sich rechtfertigen:[26]

> „Warum sollte mir des Vaters Licht als heidnisch und ich als ein Heide
> erkannt und beurteilt werden, und ich bin doch ein Christ und wandle im
> christlichen Licht, in beiden, dem alten und dem neuen? Denn wenn Vater
> und Sohn eins sein sollen, wie kann ich dann zwei Lichte ehren? Ich würde
> als abgöttisch beurteilt werden. Aber die Zahl eins bewährt mich. Und wenn
> ich zwei lieb habe, und gebe einem jeglichen sein Licht, wie es Gott einem
> jeglichen zugeordnet hat, wie kann ich dann heidnisch sein? […] Und so ich
> einem jeglichen das Teil gebe, das ihm gegeben werden soll, muß ich darum
> ein Heide oder Mameluck genannt werden, oder ausgeschlossen aus der
> Zahl der Christen?"

Zu welcher Konsequenz kann die Annahme von zwei Lichtern führen?

> „Und merkt weiter, daß hier zwei Lichter gemeldet werden, ein ewiges und
> ein tödliches; das ewige vollbringt in der Seele seine Wandlung, das tödliche
> in dem Leibe. Das tödliche Licht wirkt im natürlichen Licht, das ewige in
> dem ewigen."

---

[24] K. Goldammer, „Lichtsymbolik in philosophischer Weltanschauung, Mystik und Theo-
     sophie vom 15. bis zum 17. Jahrhundert", in: *Studium Generale* 13, 1960, S. 670-682,
     dort S. 677; S. 681 die Nachweise zu Thomasius.

[25] Aus der *Philosophia Sagax* (10, 23f), bei W.-E. Peuckert, *Pansophie. Ein Versuch zur
     Geschichte der weißen und schwarzen Magie*, Berlin ³1976, S. 185. Dieses Buch und der
     Folgeband, *Gabalia. Ein Versuch zur Geschichte der magia naturalis im 16. bis 18. Jahr-
     hundert*, Berlin 1967, enthalten, durch gute Register aufgeschlüsselt, ein reiches Mate-
     rial zum „Buch der Natur", den beiden Lichtern, beiden Wegen, beiden Magien usw.
     aus vor- und nachparacelsischer Zeit.

Paracelsus beschreibt hier mit Worten einer christologischen Illuminationslehre, was seine Erforscher aus der Vieldeutigkeit seiner Schriften an latent heidnischer Naturkunde, Heilkunst, Magie, Alchemie, Astrologie, Botanik, Signaturenlehre ermitteln. Wenn man das nicht in die Kategorien von natürlicher und geoffenbarter Theologie, oder Natur und Gnade, oder der Zweinaturenlehre fassen will, sondern in eine monistische Naturmystik, dann kommt es zu zweimal einem Licht, oder zu einer Spaltung der Erleuchtung und ihrem Organ. Indem Paracelsus erkennt, daß dieses in seiner Philosophie angelegt ist, kommt er unerachtet des Christusbekenntnisses, an dem er festhalten will, zu einer Selbsteinschätzung, die mit der ihm gewidmetem modernen Wissenschaft übereinstimmt – ein seltener Fall. Er hat auch gewußt, daß viele seiner Schüler seine Lehre und Praxis ganz ins eindeutig Volksheidnische gewendet haben, genau wie wir heute wissen, daß viele Rezeptoren in seiner Nachfolge dasselbe taten. Das aber ist eine echte Krise der seit Augustinus herangewachsenen und scheinbar endgültig gefestigten Christlichkeit des naturtheologischen Prinzips. Diese Wertung ergibt sich logisch nur von diesem selbst her und nicht aus einer Wünschbarkeit sei es des Christlichen, sei es des Heidnischen.

§ 9. Aus der Ägypten-Rezeption (Renaissance bis Ludwig XIV.)

Das „heidnischste Zwischenspiel" fand im Italien der Renaissance und im Frankreich des Absolutismus statt. In Italien ist die Aufnahme Ägyptens in die Antike, die da wiedergeboren werden sollte[27], auch die Aufnahme eines neuen Lichtverständnisses, das nicht nur für Malerei und Architektur, sondern auch für die philosophische Erleuchtungs- und Erkenntnislehre und die Logik der klaren und deutlichen Begriffe höchst bedeutsam werden sollte. Schon die Durchset-

---

[26]   Beide folgenden Zitate ebenfalls aus der *Philosophia sagax,* in: *Theophrastus Paracelsus Werke,* besorgt von W.-E. PEUCKERT, Band III: *Philosophische Schriften,* Darmstadt 1967, S. 44f.

[27]   Vgl. statt sehr vieler Literatur nur D. SYNDRAM, „Das Erbe der Pharaonen: zur Ikonographie Ägyptens in Europa", in: G. SIEVERNICH – H. BUDDE (Hrsg.), *Europa und der Orient 800-1900* (Katalog der Ausstellung Berlin 18. Mai – 27. August 1989), Bertelsmann Lexikon Verlag, S. 18-55; E. LEOSPO, „Athanasius Kircher und das Museo Kircheriano", ebd. S. 56-71; C. FOX, „Kleopatras Nadel in London", ebd. S. 72-83; J.-M. HUMBERT, *L'Egyptomanie dans l'Art occidental,* Paris 1989 (sieht einen Auftakt in der Freilegung der Deckenbalken in der Villa Hadriani und einen deutlichen Beginn mit dem Erscheinen der *Hypnerotomachia Poliphili* des Franceso Colonna, Venedig 1499 und Paris 1546). J. St. CURL, *The Egyptian Revival. An introductory study of a recurrent theme in the history of taste,* London 1982, zeigt im 2. Kapitel sogar eine Kontinuität „of Egyptianisms from the end of the Roman Empire to the early Renaissance period" auf.

zung des kopernikanischen Weltsystems hatte die Verehrung der Sonne in einer neuen Religiosität begünstigt, in der nun aus neuen Gründen für alles die Sonne stand.[28]

„Am 26. August 1660 feierten König Ludwig XIV. und seine Gemahlin Maria Theresia, die Tochter Philipps IV. von Spanien, in Paris ihren Einzug mit einem Anspruch und einem Aufwand, die alles, was man bisher kante, in den Schatten stellten. [...] Daß die Einzüge des 16. und 17. Jahrhunderts selbst für Philosophen von Interesse sein konnten, das verdankte man u.a. dem Engagement so bedeutender Poeten wie Maurice Scève, Jean Dorat und Pierre Ronsard".[29] Die Schlösser von Marly, von Trianon und dann von Versailles wurden nun der Ruheort der Sonne, die hesperischen Gärten des Westens, in denen Apollo = Helios von seinen Taten ausruhen konnte. Programmatisch war dieser überall an Stelle Ludwigs des XIV. dargestellt, der die Rolle der Sonne spielte bis in das Zeremoniell des allabendlichen „coucher" hinein, um an jedem neuen Morgen mit der Liturgie des „lever" als „Licht der Welt" wieder aufzugehen. Das Schloß, in dem dies vor sich zu gehen hatte, liegt im Westen der Welt und von Paris, gen Sonnenuntergang, wo die hesperischen Paradiesesgärten auch gelegen hatten; aber das Schlafzimmer mit dem ganz vergoldeten Bett des Sonnenkönigs lag, allen Vorschriften der Baulehre widersprechend, nicht an der stillen und vornehmen Parkseite, sondern an der Hofseite. Es durfte nicht gewestet, es mußte geostet sein – wie die Apsis einer christlichen Kirche. Denn geherrscht wurde ja nicht mehr im Namen der Priester von Theben, sondern der katholischen Kirche, die damit freilich wenn auch nicht säkularisiert, so doch Teil eines hierarchischen Systems geworden war.[30]

Selbst die Anlage der Städte hatte symbolische Bedeutung. Die Gesetze, nach denen gebaut wurde, hatten genau wie die Verwaltungs-, die Zivil- und die Strafgesetze die Wohlfahrt der Untertanen zum Ziel. In Frankreich ist dieses gemeinsame Ziel aller Gesetze durch die Person des Königs gegeben. Die Übereinstimmung der Gesetze war ein Wahrheitskriterium.

---

[28] Reiches Material in: *Le Soleil à la Renaissance. Sciences et Mythes* (Colloque international avril 1963, Université libre de Bruxelles; Travaux de l'institut pour l'Etude de la Renaissance et de l'Humanisme ii), Brüssel – Paris 1965.

[29] K. MÖSENEDER, *Zeremoniell und monumentale Poesie. Die „Entrée solennelle" Ludwigs XIV. 1660 in Paris*, Berlin 1983, S. 11; gründlich E. H. KANTOROWICZ, „Oriens Augusti-Lever du Roi", in: *Dumbarton Oaks Papers* 17, 1963, S. 117-177.

[30] Für alles Nähere und zeitlich Voraufgehende muß hier der Kürze halber verwiesen werden auf ANTJE HEISSMEYER, *Apoll und der Apollonkult seit der Renaissance,* Diss. phil. Tübingen 1967.

§ 10. These 4: Alter Dualismus und neuer Monismus

Das Wahrheitskriterium wird aber nicht nur auf die Außenwelt, sondern auch auf die Fähigkeit angewandt, die diese Welt wahrnimmt und erkennt. Dahinter aber steht der

> „Hauptunterschied [...] zwischen dualistischen und monistischen Antworten. Die dualistischen haben in Religion und Metaphysik lange überwogen, und sie waren die gewaltigen Förderer und Bewahrer der Selbstentdeckung der Seele in ihrer ganzen Sonderart. Unverjährbarer Dank gebührt ihren mächtigen Verkündern (um bei der westlichen Überlieferung allein zu bleiben) von Plato und Zarathustra über Paulus, Orphiker, Gnostiker und Augustin bis zu Pascal und Kierkegaard. Ohne ihre radikale Polarisierung des Seins in Leib und Seele, Welt und Selbst, Stoff der Sinnenwelt und unsichtbarer Geist, die den Blick nach innen lenkte, wäre die Seele flacher geblieben und unwissender um sich selbst.
>
> Doch dem theoretischen Urteil hält der Substanzen-Dualismus nicht stand; er scheitert am Kardinalphänomen des organischen Lebens, das von intimster Verbundenheit der beiden Seiten zeugt. So ist z.B. Descartes' hypostasierende Trennung von denkendem und ausgedehntem Sein sowohl logisch als auch phänomenologisch unhaltbar. Logisch, denn die ad-hoc-Postulierung einer eigenständigen Denksubstanz, die sich in eben dieser Eigenschaft nie beweisen kann, ist ein *deus-ex-machina*-Argument und (mit Spinoza zu sprechen) ein Asyl des Unwissens; phänomenologisch, denn nicht nur die faktische und kausale Leib-Seele-Verhaftung, sondern mehr noch der Gehalt des Seelenlebens selber [...] widersetzt sich einer Entflechtung, ja macht ein von alledem „gereinigtes Bewußtsein" („reinen Geist") und damit jede körperliche Existenz der Seele *unvorstellbar* [...].
>
> Aber ebenso unhaltbar – um vom Dualismus zum Monismus überzugehen – ist die einseitig materialistische Option, die das Seelen- und Geistesleben, das „Bewußtsein" als solches, zur machtlosen Begleiterscheinung anderweitig nämlich rein physisch determinierter – Vorgänge in anderweitig – nämlich aus rein physischer Genese – vorhandenen Gehirnen macht. Dieser monistische „Epiphänomenalismus" leidet an noch tödlicheren Selbstwidersprüchen als das dualistische Jenseitsaufgebot und ist streng philosophisch widerlegbar. Dennoch ist nach einer monistischen Lösung des Rätsels zu suchen [...]"[31].

Leistet die Philosophie des absolutistischen Zeitalters dazu Hilfe? Eine Nachprüfung der hier zu Descartes vertretenen These führt

---

[31]   H. JONAS, *Materie, Geist und Schöpfung* (st 1580), Frankfurt/M. 1988, S. 18-20.

§ 11. Von der Krise der alten Welterkenntnis zur Physikotheologie

„Die Analogie von schöner Stadt und gutem Staat ist nicht außergewöhnlich. Descartes etwa meinte, daß die von einem Künstler nach einheitlichem Plan gebaute Stadt schöner sei als jene, die langsam gewachsen und deshalb unregelmäßig und ungeordnet aussehe. Sie zeige hier ein großes und dort ein kleines Haus, ‚und wie sie die Straßen krumm und uneben machen, so muß man sagen, daß sie eher der Zufall so verteilt hat und nicht die Absicht vernünftiger Menschen'. Die regelmäßige, schöne und mit geraden Straßen errichtete Stadt, die nicht dem Zufall, sondern der Vernunft des planenden Architekten entsprungen ist, vergleicht Descartes mit dem idealen Staat. Nicht diejenige Gesetzgebung sei die beste, die sich erst nach und nach aus Gründen der Sicherheit und Bequemlichkeit der Bürger herausgebildet habe, sondern jene, die von einem allgemeingültigen Prinzip beherrscht werde – ‚wie es denn auch ganz gewiß ist, daß die Verfassung der wahren Religion, die Gott allein vorgeschrieben hat, unvergleichlich besser eingerichtet sein muß als alle anderen – und, um von menschlichen Verhältnissen zu reden, so glaube ich, daß es nicht an der Güte jedes einzelnen seiner Gesetze lag, wenn Sparta einst in so hoher Blüte stand, […] sondern daran, daß sie, nur von einem einzigen Mann erdacht, alle dasselbe Ziel hatten.'"[32]

So wie hiermit von einem Stadtplan oder von einer planvoll gebauten Stadt aus ein argumentativ verkürzter Zugang zum Denken Descartes' gefunden werden kann, so auch vom Lichtverständnis und der daraus hervorgehenden These zur Begriffsklarheit und -deutlichkeit aus[33]. Am aufschlußreichsten aber ist, wie das „Buch der Natur" bei Descartes zum „Großen Buch der Welt" wird, zu dem das, was der Philosoph „in sich selbst" findet, eine verläßliche Alternative bietet:

> „C'est pourquoi, sitôt que l'âge me permit de sortir de la sujétion de mes précepteurs, je quittai entierement l'étude des lettres. Et me résolvant de ne chercher plus d'autre science que celle qui se pourrait *trouver en moi-même, ou bien dans la grand livre du monde*, […]."[34]

so lautet das Resümee des Berichtes vom Durchgang durch alle einschließlich der okkulten Wissenschaften und der Theologie. Es ist also, nur scheinbar paradoxerweise, gerade die Unabhängigkeit von jeder besonderen Materie, die

---

[32] MÖSENEDER a.a.O. S. 189, mit Descartes-Zitat *Discours de la Méthode* II 1, 14 (oben nach der Übersetzung von L. GÄBE, Hamburg 1960, S. 10).

[33] Vgl. COLPE bei BÖHLER (oben Anm. 2), Anm. 15-21.

[34] Descartes, *Disours de la Méthode* I 14, 11, nach der Edition von ANDRÉ BRIDOUX, *Descartes, Oeuvres et Lettres,* Paris (Gallimard) 1953, S. 131; deutsch a.a.O. S. 8.

den Geist mehr und mehr befähigt, seine Objekte reiner und bestimmter (*plus nettement et plus distinctement*) zu begreifen.[35]

> „Zu einer *perceptio*, auf die ein sicheres und unzweifelhaftes Urteil gestützt werden kann, gehört nicht bloß Klarheit, sondern auch Deutlichkeit. *Clara* nenne ich die Erkenntnis, welche dem aufmerkenden Geiste gegenwärtig und offenkundig ist (*quae menti attendenti praesens et aperta est*), wie man das klar gesehen nennt, was dem schauenden Auge gegenwärtig ist und dasselbe hinreichend kräftig und offenkundig erregt. *Distincta* nenne ich aber die Erkenntnis, welche, bei Voraussetzung der Stufe der Klarheit, von allen übrigen so getrennt und unterschieden ist, daß sie gar keine als klare Merkmale in sich enthält (*ab omnibus aliis ita sejuncta est et praecisa, ut nihil plane aliud, quam quod clarum est, in se contineat*). [...] So kann eine Vorstellung klar, aber undeutlich sein: aber jede deutliche ist zugleich auch klar"[36].

Das aber ist eine Krise der ganzen bisherigen Welterkenntnis; denn die Gewißheit von Descartes' Methode war damit auf einen Dualismus zwischen Innen und Außen hinausgelaufen. Die Klarheit und Deutlichkeit, die der von Innen Erkennende seiner Erkenntnis des Außen wünscht, sowie die entsprechendem Begriffe hängen mit diesem Verzicht auf empirische Nachprüfung dessen zusammen, was im „Großen Buch der Welt" geschrieben steht.

Descartes' Ansatz wurde am konsequentesten von Leibniz kritisiert, der damit die von Jonas gesuchte „monistische Lösung des Rätsels" finden hilft, wenn nicht bereits bietet. Leibniz übte seine Kritik zugleich im Hinblick auf die Frage nach der Beweisbarkeit der Existenz Gottes. Er sagt, eine Erkenntnis sei verworren, wenn er nicht imstande sei, sämtliche Merkmale zu nennen, die zur Unterscheidung einer Sache von einer andern ausreichen,

> „obgleich die Sache solche Merkmale und Bestimmungen besitzt (*licet res illa tales notas atque requisita revera habent*), in die ihr Begriff aufgelöst werden könnte (*in quae notio eius resolvi possit*). [...] Ein deutlicher Begriff (*distincta notio*) aber ist ein solcher, wie ihn die Goldscheider (oder: Münzprüfer, *Docimastae*) vom Golde haben, auf Grund von Merkmalen nämlich und Untersuchungen, die ausreichen (*examina sufficientes*), die Sache von allen anderen ähnlichen Körpern zu unterscheiden [...] von alledem, wovon wir eine Nominaldefinition haben, die nichts anderes ist als eine Aufzählung der zureichenden Merkmale (*enumeratio notarum sufficientium*) [...] Da aber in den zusammengesetzten Begriffen (*in notionibus autem compositis*) die einzelnen Merkmale manchmal zwar klar, aber doch nur in verworrener Weise erkannt werden, wie Schwere, Farbe, Scheidewasser und anderes, was

---

[35]   Descartes, *Discours de la Méthode* II S. 13, 23ff (deutsch S. 18).
[36]   *Principia Philosophiae* I, S. 45f, übers. von A. BUCHENAU, Hamburg [8]1992, S. 15f.

zu den Merkmalen des Goldes gehört, so ist eine solche Erkenntnis zwar deutlich, doch inadäquat. Wenn aber [...] die Analyse bis ans Ende durchgeführt wird so ist die Erkenntnis adäquat. [...] Ihr kommt der Begriff (oder: das Wissen, die Erkenntnis; *notio*) von den Zahlen sehr nahe.

In den meisten fällen aber, besonders bei einer längeren Analyse, überschauen wir das ganze Wesen des Gegenstandes nicht auf einmal *(non totam simul naturam rei intuemur)*. [...] Eine solche Erkenntnis pflege ich blind oder auch symbolisch zu nennen *(qualem cogitationem caecam vel etiam symbolicam appellare soleo)* [...].[37]

Der hierin steckende Begriff der Intuition steht bemerkenswerter Weise dem des Instinktes nahe, wie besonders die *Nouveaux Essais sur l'entendement par l'auteur du systeme de l'harmonie préestabiles* zeigen.[38] „Cependant la maxime que je viens d'alleguer, paroist d'une autre nature; elle n'est pas connue par la raison, mais pour ainsi dire par un instinct; c'est une principe inné [...]". „La connaissance est donc intuitive lorsque l'esprit aperçoit la convenance de deux idées immédiatement par elles mêmes sans l'intervention d'aucune autre." Leibniz trennt ‚Natürliches' und ‚Vernünftiges' in anderer Weise als die Kirchenväter, „wenn er bei der Frage der eingeborenen Ideen das durch ein ‚natürliches Licht' zu Bewußtsein Kommende und das ‚Natürliche' überhaupt trennt, wobei es ihm allerdings schwerfällt, die Instinkte und manche andere natürliche Fertigkeiten von den Gewohnheiten zu unterscheiden."[39] Das instinktive oder intuitive Erkennen ist da, wo sich das Erkennen nicht mehr an einem System orientieren kann, besonders wichtig.

Der Sache nach war schon das, was Augustinus und die Folgenden mit dem „Buch der Natur" hatten sagen wollen, „natürliche Theologie" gewesen – freilich nur von der „offenbarten Religion" her gesehen, für die das „Buch der Bücher" zuständig war. Was in diese natürliche Theologie aus vorchristlicher Tradition eingegangen war, vor allem die stoische Lehre von der logosdurchwalteten Welt, deren Elemente auch als Allegorien der Götter aufgefaßt werden

---

[37] Aus: G. W. Leibniz, *Meditationes de cognitione, Veritate, et Ideis* (1684), in: *Die philosophischen Schriften*, hg. von C. J. GERHARDT, Bd. 4, Berlin 1880 (ND Hildesheim 1965), S. 422-426; Übersetzung in Anlehnung an G. W. Leibniz, *Hauptschriften zur Grundlegung der Philosophie*, übers. von A. BUCHENAU, hg. von E. CASSIRER, Bd. 1, Leipzig 1904 (= Hamburg ³1966), S. 22-26, und an G. W. Leibniz, *Fünf Schriften zur Logik und Metaphysik*, übers. v. H. HERRING, Leipzig 1966, S. 9-17.

[38] Verfaßt 1704, im Druck erschienen erst 1765; ed. GERHARDT, a.a.O, Bd. 5, S. 39-509. Die beiden folgenden Zitate dort S. 81 und 343. Zum Ganzen vgl. den sehr reichhaltigen Art. von TH. KOBUSCH, „Intuition", in: *HistWbPhil* 4, 1976, Sp. 524-540.

[39] G. FUNKE, „Instinkt I.", in: *HistWbPhil* 4, 1976, Sp. 408-413, dort 411 mit Verweis auf Leibniz' *Nouveaux Essais* I 2 (5, S. 80-92 GERHARDT) und Basilius' *Hexaemeron* IX 4 (MIGNE, PG 29, 197 b).

konnten, war demgegenüber „natürliche Religion". Bekanntlich wurden die
meist paraphrasierenden Bezeichnungen, die die natürliche Religion und die
natürliche Theologie erhalten hatten, im 17. Jahrhundert durch den Terminus
„Physikotheologie" abgelöst.[40] Die Prägung dieses Terminus erfolgte aber nicht,
wie oft sonst in der Wissenschaftsgeschichte, um einer lange verhandelten Sache endlich den fälligen Namen zu geben, sondern war durch die Herausforderung veranlaßt, die das Aufkommen der empirischen Naturwissenschaften gegenüber der offenbarten, d.h. der christlichen Religion darstellte. Damit gewann
der Terminus „Physikotheologie" eine apologetische Funktion[41], die er so eindeutig bis dahin nicht gehabt hatte. Eine Gewichtsverlagerung findet statt,
wenn zwecks theologischen Gebrauchs philosophische Thesen so verbessert
wurden, daß sie auch für sich etwas aussagten.[42] Interessen und Erkenntnisziele
konnten sich später ganz umkehren: statt daß die Theologie das in der *Physiko*-
theologie enthaltene, mittels Physik die planvolle Offenbarung sichernde Element zu Hilfe nahm, beanspruchte nun die Physik das in der Physiko*theologie*
enthaltene Element für die Vergewisserung, daß mittels offenbartem Gottes-
plan dem Wissenschaftler die Welt sinnvoll zur Verfügung gestellt werde.[43]

C. (Technik und) Ethik (= Zukunftsethik)

§ 12. These 5: Ethische Adäquatheit, Intuition und die Fortzeugung der
moralischen Person

Wir müssen hier aus Mangel an Kompetenz von der Technik absehen, deren
Problematik für Jonas unlöslich mit der der Technik zusammenhing. Wir kön-
nen nur darauf hinweisen, daß die Beurteilung der Technik nach hergebrachter
Anschauung „erst durch eine kulturkritische Betrachtungsweise philosophisch
wird, die sich nach dreifacher Art ausgestalten kann: [...] als Strukturlehre der
Technik [...], als Ethik und Psychologie der Technik, vom Schaffen und Cha-

---

[40]   Vgl. zur Ergänzung der folgenden winzigen Auswahl S. LORENZ, „Physikotheologie",
in: *HistWbPhil* 7, 1989, Sp. 948-955. Wichtige Hinweise verdanke ich außerdem Chri-
stine Ancker.

[41]   So gleich in dem ersten Werk: W. CHARLETON, *The darkness of atheism dispelled by the
light of nature. A physico-theologicall treatise,* London 1652

[42]   So bei W. DERHAM, *Physico-Theology or: A demonstration for the being and attributes of
God,* London 1713.

[43]   So für Prevost und die Genfer Schule des kinetischen Atomismus, vgl. B. WEISS, *Zwischen Physikotheologie und Positivismus. Pierre Prevost (1751-1839) und die korpuskular-
kinetische Physik der Genfer Schule,* Frankfurt/Main 1988.

rakter des technischen Menschen aus [...]; oder sie beurteilt, entsprechend der Geschichte, als Geschichtsphilosophie der Technik die bisherige und zukünftige Stellung im Kulturprozeß (des Abendlandes und der Welt)."[44]

Wenn das auch weiterhin grundsätzlich gilt, so doch das folgende nicht mehr: „Ethik der Technik, als Versuch technischer Selbstbesinnung oder psychologischer und kulturkritischer Beurteilung des Wesens ihrer Tätigkeit und ihrer Wirkung, ihrer Aufgabe und ihrer Stellung im Kultursystem, ist immer wieder Mißverständnissen und Unklarheiten ausgesetzt, wenn nicht grundsätzlich unterschieden wird zwischen dem idealen Ziel, d.h. der inneren Möglichkeit der Technik (als einer Kulturfunktion) und dem notdürftigen und notgedrungen unvollkommenen Zustand unserer Technik der Gegenwart."[45] Denn es ist inzwischen gerade die Vollkommenheit der Technik, die die kulturkritischen Probleme schafft. Dafür ein aktuelles Beispiel.

Wenn der Mensch sich selbst zuverlässig als ökologischen Faktor erkennt, dann entzündet sich das ethische Problem zwar nicht ausschließlich, aber sehr konkret an der gentechnischen Möglichkeit, Klone zu schaffen. Wen oder was erkennt der Mensch im Klon, und ist derselbe seinerseits ein erkenntnisfähiges Subjekt? Jonas spitzt die Frage auf das Problem der Fortzeugung der moralischen Person zu.

> „*Nichtgleichzeitigkeit und das Recht zum Nichtwissen.* Im Gegensatz zur Gleichzeitigkeit von echten Zwillingen schafft die Kopierung eines vorgegebenen Genotyps wesentlich ungleiche Bedingungen für die betreffenden Phänotypen – eine Ungleichheit gänzlich zum Nachteil des Klons. [...] Man könnte, wenn man will, an diesem Punkt in das Naturrecht den Begriff vom transzendenten Recht eines jeden Individuums auf einen ihm allein eigenen, mit niemand geteilten, einmaligen Genotyp einführen und daraus folgern, daß ein kloniertes Individuum eben in diesem Grundrecht verletzt wurde.
>
> Dazu bemerke ich nur dies: Die universelle Tatsache individuell-psychischer Einzigkeit bezeugt jedes polizeiliche Fingerabdrucksystem. Daß sie ein Wert ist, kommt sehr schön in folgendem Midrasch aus dem Talmud zum Ausdruck: ‚Ein Mensch prägt viele Münzen von einer Form, und sie sind alle einander gleich; aber der König, welcher König über alle Könige ist, hat jeden Menschen in der Form des ersten Menschen geprägt, und doch ist keiner seinem Nächsten gleich'."[46]

---

[44] M. SCHRÖTER, *Philosophie der Technik*, München 1934 (im *Handbuch der Philosophie*, Abt. 4, S. 8).

[45] SCHRÖTER a.a.O. S. 46.

[46] H. JONAS, *Technik, Medizin und Ethik. Zur Praxis des Prinzips Verantwortung* (st 1514), Frankfurt/M. 1985 (u. 1987), S. 189.

Mag dies vom Standpunkt des klonierten Individuums aus noch schlüssig sein, so ist gegen Jonas doch einzuwenden, daß die Sache anders aussieht seitens des Erzeugers, der ein Klon in Auftrag gibt, um gewisse Eigenschaften von sich statt solcher, die ihm nicht wichtig sind, fortdauern zu lassen. Dieser will ja gerade eine Identifikation, wie die Polizei sie vornimmt, unterlaufen, und zwar zugunsten von Werten, die er für die Zukunft – man ist versucht ihm zu unterstellen: utopisch – sichern will. Eher dürfte die Begründung der Ablehnung eines solchen Verfahrens aus der Tradition der religiösen Idee von einer Lichtgestalt, einer Zweiten Gestalt, einem Letzten Bildnis folgen, wie sie in verschiedener Weise im iranischen Zarathustrismus, im hellenistischen Platonismus und in der Gnosis ausgebildet worden ist. In diesen Systemen erfüllt diese Idee recht verschiedene Funktionen[47]; aber sie läßt sich aus ihnen herauslösen und ist dann ein Zeugnis für die natürliche Religion. Als solches gebietet es im Namen des Menschen: das Alter Ego, der himmlische Zwilling, die Zweite Gestalt ist auf Erden nicht zu reproduzieren. Sie hat transzendent zu bleiben. Und das bedeutet zugleich, daß es, anstelle einer unsterblichen Seele, auch in der Zukunft des einzelnen Menschen nur als posthumes Abbild zulässig ist.

§ 13. Von der Krise der Physikotheologie zur Ökologie

Das zentrale Anliegen der Physikotheologie war gewesen, die Körperwelt teleologisch zu betrachten und aus der bei diesem Verfahren erscheinenden zweckmäßigen Einrichtung, Vollkommenheit und Schönheit derselben einen Beweis für die Existenz Gottes und seiner Eigenschaften zu gewinnen. Eine Krise der Physikotheologie mußte in dem Moment eintreten, wo ein Desinteresse an Gott oder gar eine Leugnung seiner Existenz auch diese Art von Gottesbeweis überflüssig machte. Damit war der Kern der Physikotheologie, der teleologische Gottesbeweis, herausoperiert, während doch bestimmte Beobachtungen, die die Harmonie der Natur und das Gleichgewicht ihrer Gegenstände zum Inhalt hatten, durchaus gültig blieben. Damit entfiel auch die Notwendigkeit, die Offenbarung parallel mit dem Fortschritt der Naturwissenschaften durch physikotheologische Argumente zu ergänzen.[48]

Blieb damit das Gleichgewicht als eine wie auch immer zu deutende, aber grundsätzlich deutbare Gegebenheit stehen, so fiel auch diese noch dahin, als

---

[47]   Analysiert z. B. von C. COLPE, „Daena, Lichtjungfrau, Zweite Gestalt. Verbindungen und Unterschiede zwischen zoroastrischer und manichäischer Selbst-Anschauung", in: R. VAN DEN BROEK – M. J. VERMASEREN (Hrsg.), *Studies in Gnosticism and Hellenistic Religions* (FS G. Quispel, EPRO 91), Leiden 1981, S. 58-77.

[48]   Dies hatte beispielgebend J. RAY, *The Wisdom of God Manifested in the Works of Creation*, London 1691, getan. Das Werk wurde bis 1848 20mal nachgedruckt.

die „Störung des symbiotischen Gleichgewichts durch den Menschen"[49] universal relevant wurde. Damit muß der Mensch sich ins Natursystem dergestalt neu einordnen, daß er sich selbst als zentralen ökologischen Faktor erkennt.

Mit der ökologischen Selbsterkenntnis des Menschen ist ein Kriterium für die ethische Relevanz der ökologischen Systeme gegeben, deren ja eine Menge zur Verfügung stehen. „Die proto-ökologische Naturhaushaltslehre war als eine enttheologisierte Fassung physiko-theologischer Anschauungen 1746 von Carl Linné entwickelt worden; bestimmte Züge der Physikotheologie ließen sich zur (teleologischen) Theoretisierung der Naturforschung verwenden, die damit einen anderen Status bekommen sollte als ausschließlich Sammeltätigkeit, Inventarisierung und Systematisierung von isolierten Arten anzuleiten. Im Zusammenhang mit dieser proto-ökologischen Theorie wurde etwa die harmonistische Anschauung vom Gleichgewicht in der Natur von W. Derham 1712 entwickelt; [...] Durch die Naturhaushaltslehre wurden auch Autoren des 19. Jahrhunderts angeleitet. Diese haben auch die harmonistischen Denkfiguren der Physikotheologie unkritisch übernommen; auf diesem Weg haben die Anschauungen von Gleichgewicht und Stabilität, in denen häufig eine Schutzwürdigkeit mitschwingt, als scheinbar bewährte, operationell eingeführte Konzepte Eingang in verschiedene Zweige der modernen Ökologie gefunden."[50]

„Die aus der Physikotheologie entstammenden Denkformen werden erst gegenwärtig z.T. einer theoretischen Analyse unterzogen: Wenn auch in einigen Theorien, z.B. der evolutionären Ökologie, ein Gleichgewichtsbegriff begründet und nachvollziehbar eingeführt ist, so werden in der Ökologie insgesamt verschiedene Sichtweisen des Gleichgewichts nebeneinander verwendet [...] Die Weiterverwendung harmonistischer Denkfiguren in Teilen der Fachwissenschaft wird auch auf Grund eines weitgehenden Ersatzes einer theoretischen Ökologie durch mathematisch-ökologische Modellbildung evoziert, die durch Isomorphie-Anschauungen der Systemtheoretiker begünstigt wird."[51]

D. Phänomenologie

§ 14. These 6: Zur Phänomenologie einer neuen Erkenntnis

Gehört zu dieser neuen Erkenntnis auch, daß das, was zu sein hat, nicht als sich selbst überlassenes, fragiles Sollen das Können erst begründen muß, sondern daß es zu lesen ist?

---

[49] H. JONAS, *Prinzip Verantwortung, Versuch einer Ethik für die technologische Zivilisation* (st 1085), Frankfurt/M. 1979 (u. 1984), S. 247

[50] GÄRTNER – SCHRAMM (oben Anm. 10), S. 601.

[51] DIESELBEN, a.a.O. S. 602.

Die Berechenbarkeit kollektiver Handlungsfolgen

Diesmal steht es nicht im Buch der Natur, sondern im „Buch des Lebens". Diese Idee hat ihre Entsprechung im hinduistischen Karma und ist als objektive Tatensumme vergleichbar der subjektiven, aus der der menschliche Gegenzwilling, seine Zweite Gestalt sich aufbaut. Beide zusammen gehören zum „Letzten Bildnis". Darin liegt eine Konvergenz zwischen der gewollten Anschaulichkeit und der Berechenbarkeit kollektiver Handlungsfolgen. Das aber führt auf die Frage, ob ein ähnlicher Widerspruch wie zwischen der Würde des posthumen Individuums und der dem Klon vorenthaltenen Möglichkeit, eine moralische Person zu sein, auch bei der Umkehrung des Satzes „Du kannst, denn du sollst" besteht. Jonas:

> „Dies kehrt das übliche Verhältnis von Sollen und Können um. Primär ist nicht mehr, was der Mensch sein und tun soll (das Gebot des Ideals) und dann entweder kann oder nicht kann, sondern das Primäre ist, was er de facto schon tut, weil er es kann, und die Pflicht folgt aus dem Tun: sie wird ihm vom kausalen Fatum seiner Taten zugesagt. Kant sagte: Du kannst, denn Du sollst. Wir müssen heute sagen: *Du sollst, denn Du tust, denn Du kannst*, das heißt: dein exorbitantes Können ist schon am Werk. Freilich ist in den beiden Fällen ein anderer Sinn und Gegenstand des Könnens gemeint; bei Kant: die Neigung der Pflicht unterordnen, und dies nicht-kausale, innere Können ist generell beim Individuum vorauszusetzen, an das allein die Pflicht sich ja richtet (beim Kollektiv allerdings, sollte dieses der Adressat von Pflichten werden, ist solches Können höchst zweifelhaft, weshalb hier Regierungszwang nötig wird). In unserem Gegendiktum meint das ‚Können': die kausalen Wirkungen in die Welt entlassen, die dann das Sollen unserer Verantwortung konfrontieren. Wenn mit diesen Wirkungen die Bedingungen des Daseins überhaupt auf dem Spiele stehen, dann könnte es sein, daß für eine Weile das höhere Streben nach Vollkommenheit, nach dem besten Leben, ja auch nur nach dem ‚guten Willen' (Kant) in der Ethik zurücktreten muß hinter die vulgäreren Pflichten, die unsere ebenso vulgäre Kausalität in der Welt uns auferlegt."[52]

Die individuellen und die kollektiven Probleme stehen also analog zueinander und damit beide quer zu denen der traditionellen Ethik. Das instinktiv-intuitive Erkennen spielt bei ihrer Lösung eine sehr große Rolle.

---

[52]   H. JONAS, *Das Prinzip Verantwortung.* a.a.O. S. 230f.

§ 15. Die Beendigung der transzendentalen Reduktion durch Hans Jonas

Als Hans Jonas Schüler von Edmund Husserl wurde, da hatte man von diesem bereits gelernt, daß die „Beziehung auf den Gegenstand" nicht etwas ist, das zwischen Bewußtsein und Gegenstand tritt, sondern daß die „Beziehung auf den Gegenstand" das Bewußtsein selber ist. Diese Beziehung auf den Gegenstand ist das ursprüngliche Phänomen und nicht ein Subjekt und ein Objekt, die sich erst aufeinander hinbewegen müßten. Die Wesenserkenntnis sei „‚Schau‘ ihres Gegenstandes, der [...] mit Evidenz ‚klar und deutlich‘ *gegeben* ist. Sie kann sogar ihren Gegenstand auf diese privilegierte, der Wahrnehmung fähige Weise haben, wobei der Gegenstand nicht nur ‚klar und deutlich‘ gesehen wird, sondern auch gewissermaßen ‚leibhaft‘, als selbst da ‚originär gegeben‘" ist[53]. Zehn Jahre später, am Schluß der „Ersten Philosophie (1923/24)", die Husserl in den Semestern vorgetragen haben muß, als Jonas bei ihm hörte, hat er auf die Möglichkeit und die Zeit vorausgeblickt, da die Einklammerung der Welt- und Selbsterfahrung, die um der Eingrenzung der „absoluten Region einer eigenständigen Subjektivität" willen geschieht, wieder aufgehoben werden kann. Nach weiteren sechs Jahren, in den „Cartesianischen Meditationen" und Pariser Vorträgen von 1929, dieser zugleich impliziten, großen Auseinandersetzung mit Descartes, sollte Husserl dann sagen, dies geschehe, auf daß die Welt, die durch die transzendentale Reduktion, durch die Epoché, durch das Anhalten im Urteil verloren gehen mußte, in universaler Selbstbesinnung wiedergewonnen werde.[54] Denn um eine „transzendentale Egologie" – also um eine „Ichkunde", wie sie doch wohl der gnostischen wie der existentialistischen Weisheit letzter Schluß war – sollte es letztlich nicht gehen. Aber die Selbsterkenntnis, um die es statt dessen gehen soll, formulierte erst Hans Jonas:

> „Ich glaube, die Seele ist die Seele dieses Leibes. Auch der Geist ist der Geist dieser leib-seelischen Einheit. So glaube ich also nicht, daß die individuelle Person mit dem Untergang, mit dem Sterben des Leibes irgendwo und irgendwie weiterleben kann. Was ich allerdings zu glauben geneigt bin, und ich will mich hier sehr vorsichtig ausdrücken, ist, daß alles, was wir tun,

---

[53] E. LEVINAS, „Über die ‚Ideen‘ Edmund Husserls", französ. 1929, deutsch in: H. NOACK (Hrsg.), *Husserl* (Wege der Forschung 40), Darmstadt 1973, S. 87-123, dort 91f, ähnlich S. 121. Die erste Ausgabe der *Ideen zu einer reinen Phänomenologie und phänomenologischen Philosophie* war 1913 erschienen; zu obigem siehe *Erstes Buch: Allgemeine Einführung in die reine Phänomenologie*, 1. Halbband (Text der 1.-3. Auflage, d. h. auch der von 1922 und 1928) hsg. von K. SCHUHMANN (Husserliana Bd. 3, 1), den Haag 1976, S. 73.

[54] Husserliana Bd. 1; Zusammenfassung der Descartes-Kritik auch *Erste Philosophie (1923/24), Erster Teil: Kritische Ideengeschichte*, hsg. von R. BOEHM (Husserliana Bd. 7), den Haag 1956, S. 73.

unsere Taten, unsere Entscheidungen, unsere Schuld, in irgendeiner Form
auch weiterlebt; daß das irgendwo registriert wird, daß es eine Art Chronik
der Dinge gibt, in der nichts verlorengeht. Und das hat eine bestimmte
sittliche Bedeutung, die ich jetzt nicht weiter ausführen will. Aber ich habe
meine starken Gründe zu glauben, daß die Vergangenheit nicht ein pures
Nichts-Sein ist. Eine Vergangenheit sammelt sich an, sättigt sich mit dem
Geschehenen, insbesondere mit dem Gedächtnis unserer eigenen Taten.
Und das ist ein Teil unserer Verantwortung. Das ist eine Seite des Prinzips
Verantwortung: Verantwortung dafür, daß wir der Welt auch eine einiger-
maßen gute Vergangenheit hinterlassen."[55]

„Es handelt sich", so hatte Husserl weiter gesagt, „in der Tat um Klärungen, die
in ihrer Tragweite ihresgleichen in der gesamten Philosophie garnicht haben
können, weil von ihnen die gesamte Philosophie selbst und, wie wir auch sagen
können, die allgemeine Strukturform aller im voraus zulässigen Weltanschauungen abhängt."[56] Es stellt sich dann heraus, „daß für mich mein eigenes
transzendentales *ego* und mein eigenes Leben den Vorzug einer ersten, einer
ursprünglichen Gegebenheit hat [...]". Hingegen liegt „in der mittelbaren Weise
der Anzeige", die mir fremde Subjektivität nur „bewußt macht durch Vergegenwärtigung ihrer Selbstwahrnehmung, ihrer Selbst-erinnerung", „eine In-
tentionalität zweiter Stufe, eine mittelbare. Beachten wir doch, wie transzendentale Subjektivität überhaupt in Stufen der relativen Unmittelbarkeit und
Mittelbarkeit gegeben ist und nur ist, indem sie in solchen Stufen, Stufen einer
intentionalen Implikation gegeben ist. Auch die Unmittelbarkeit, in der ich
mir selbst als transzendentales *ego* gegeben bin, hat ihre Stufen."
    Und so wird man auch die „intentionalen Erlebnisse" in Stufen gliedern
dürfen, auf die bezogen „meine Nebenmenschen und ihre psychischen Inner-
lichkeiten [...] Korrelatsinn haben." Darin aber „muß Wahrheit liegen, und so
fragt es sich, wie wir für sie transzendentale Klarheit schaffen und was vordem
gesagt worden ist mit dem jetzt Geltendgemachten versöhnen können." Die
„Erste Philosophie" endet mit Anerkenntnis der Leibnizschen Antizipation einer Monadologie, auf die Husserls Phänomenologie selber führe. Das „Buch
der Natur" wird dann nicht vor Dunkelheit unleserlich, sondern es wird die
Idee oder das Ideal eines Lehrbuches daraus, dem nur ein theoretisches System
Genüge tut, bei dessen Konstruktion die früheren Verdunkelungsmodalitäten
berücksichtigt wurden:

---

[55] H. JONAS, *Erkenntnis und Verantwortung*, Göttingen 1991, S. 144f.
[56] E. HUSSERL, *Erste Philosophie (1923/24), Zweiter Teil: Theorie der phänomenologischen
      Reduktion*, hsg. von R. BOEHM (Husserliana Bd. 8), den Haag 1959, S. 181. Folgende
      Zitate S. 175, 185, 186, 185.

„Alle dieser wissenschaftlichen Welt schon zugehörigen Werke in ihrem
spezifischen Gemeinschaftssinn des Seins [...] bilden nicht überhaupt nur
eine Vielheit und seinsmäßige Zusammengehörigkeit, sondern die einzelnen Werke – die einzelnen wissenschaftlichen Ergebnisse – werden zu Prämissen, zu Bausteinen für *höherstufige Werke,* und das in Notwendigkeit
und in infinitum und zugleich so, daß alle Werke der Wissenschaft zu einem
einheitlichen Gesamtwerk, *dem theoretischen System (der Lehre des idealen
Lehrbuches)* <zusammengeschlossen werden>. Die wissenschaftliche Welt,
der Seinshorizont der Wissenschaftler hat den Charakter eines einzigen, ins
Unendliche fortwachsenden Werkes [...]“.[57]

Die „höherstufigen Werke“ setzen dann die beiden Stufen voraus, in die die
Stufe, die früher Erleuchtung unseres Verstandes genannt wurde, sich heute
auseinanderlegt. Die „höherstufigen Werke“ sind die Werke von Hans Jonas.
In ihnen ist die „Misere des deutschen Gelehrten“ aufgehoben, weil die Welt in
universaler Selbstbesinnung wiedergewonnen ist.

***

Nachtrag

An den in Anm. 2 genannten Festvortrag hat sich später eine Diskussion ange-
schlossen. Ich möchte auf sie zurückkommen, weil es mir die Gelegenheit gibt,
auch an dieser Stelle eine wichtige Aussage von Hans Jonas mitzuteilen.

Der Sinn des Vortragsthemas „Erleuchtung – Klärung – Verdeutlichung“
war nicht, wie einige Zuhörer meinten, eine Erkenntnis, die wir erst anstreben,
die darin neu ist, daß sie uns von der Erleuchtung über die Klärung zur Verdeutlichung führt – das hatte die Aufklärung schon getan, und wir wollen in ihr
verbleiben. Der Sinn war auch nicht, daß wir über die besagten Stufen zu einer
neuen Erkenntnis erst gelangen müßten – wir meinen keine Erkenntnis, die
über die erreichte Deutlichkeit noch hinausgeht; denn in den mathematisch-
logischen Symbolen, die eine weitere Stufe hier wohl bilden, könnten wir nicht
mehr miteinander reden, sondern müßten in „der unbehaglichen Situation des
transzendentalen Solipsismus“ stehenbleiben.

Der Sinn ist vielmehr – er sollte es jedenfalls sein –, daß eine neue Erkenntnis, die ganz anders als die bisherige bereits gewonnen wurde, ihrerseits auf die
erprobten Stufen der Erleuchtung, der Klärung und der Verdeutlichung

---

[57] E. HUSSERL *Die Krisis der europäischen Wissenschaften und die transzendentale Phänomenologie,* hsg. von W. BIEMEL (Husserliana Bd. 6), den Haag 1976, S. 460 (kursivierte
Hervorhebungen von mir).

definitiv noch gegründet werden muß. Ist die Implikationsstufe, die einen Teil unserer auf die Gegenstände, und das kann doch nur heißen: auf die Gegenstände der Umwelt, unserer Natur gerichteten Intentionalitat darstellt, endgültig erst dann betreten, wenn der transzendentalen Klarheit, die Voraussetzung unserer Naturerkenntnis sein muß, durch Reinhaltung der Natur vorgearbeitet worden ist? Und ist die Implikationsstufe, die einen Teil unserer Bewußtseinsbeziehung auf den Gegenstand darstellt, gleichfalls endgültig: erst dann betreten, wenn unsere Begriffe von unserer Gegenstandswelt ganz deutlich sind?

Jonas hat diese Fragen verneint. Er schrieb mir am 5. Juli 1992: „Die ›tätige Reinhaltung der Natur‹, wozu Selbstinteresse und Pflicht aufrufen, hat nichts mit Deutlichkeit und Adäquatheit unserer Naturbegriffe zu tun, außer in dem banalen Sinne, daß man kennen muß, was man schützen oder retten will. Diese Kenntnis ist schon da, ist doch ihre bis dato bedenkenlose Nutzung die Ursache eben der Gefahr, die wir bannen sollen. Das Gebot *dazu* aber stammt aus gänzlich anderer Quelle als das der *clara et distincta perceptio* und wird mit einer anderen *facultas animi* erkannt."

3. GRUPPE:
HEILSERWARTUNG – RELIGION – ERLÖSUNG

SENDUNGSBEWUSSTSEIN UND IDENTITÄTSKRISE.
DIE VERSTRICKUNG DER RELIGIONEN IN NEUE GESCHICHTEN
SEIT BEGINN DES 19. JAHRHUNDERTS

Einführung

Mit „neuen Geschichten", in die alle Religionen mehr oder weniger verstrickt sind, ist das Verhalten solcher Länder gemeint, in denen die Industrialisierung Platz gegriffen hat, und von denen einige außerdem zu kolonisierenden geworden sind, deren Bedarf an Gütern gewachsen ist, über welche „ihre" Kolonien verfügen.

Für die alten Religionen versteht sich ihre Aufgabe, Berechtigung und Befähigung zur Weltdeutung weiterhin von selbst. Mitsamt den in ihren Einzugsbereichen im traditionellen Sinne erfolgten Neugründungen widerstreiten sie aber oftmals einer nachchristlichen Religion (und damit diesem ganzen Typ), weil die ihnen nahe stehenden Neugründungen an der speziell für ihre Institutionen übernommenen Legitimation festhalten, da diese gegebenen Falles nicht nur über die Korrektheit der religiösen Überlieferungen, sondern über das Wohl und Wehe ihrer aktiven und potentiellen Anhänger insgesamt zu befinden haben und die Erfüllung eben dieser Pflicht bei anderen vermissen. Diese werden damit zu ihren geistlichen Widersachern.

Die westlich „zivilisierte" Welt hat mit ihrer Zustimmung zur traditionellen Position das wahre Anliegen der nachchristlich argumentierenden Vertreter verkannt. Denn niemals, wenn etwas Ungewohntes geschieht, besteht zwischen den Erforschern und den Angehörigen neuer Religionen Einigkeit darüber, ob und wo es sich in der Nachbarschaft von Religionen „klassischen Typs" um Neubildung oder Nachbildung, um Vermengung oder Vereinung, um Verweltlichung oder Erneuerung handelt. Einige nachchristliche Religionen treten in die Tradition der religiösen Weltdeutungen ein, weil sie von Fall zu Fall eine Summe aus allen bisher erkennbaren Manifestationen ihres Schöpfungs- und Heilsmythos und aus allen bisher erfolgten Messiasankünften ziehen und diese auflaufenden Summen nur in der ganzen kosmischen Welt einschließlich der gesamten Menschheitsgeschichte meinen unterbringen zu können. Da dies ein sehr typischer, auch einzeln verbreiteter Zug ist, darf man verallgemeinernd sagen, daß die nachchristliche Religion sich im Widerstreit zu allen Religionen befindet, die diejenige Form von Offenbarung für wirksamer und damit authentischer halten, die über eine zunächst weltgeschichtlich unauffällig erfolgende Engführung zu einer dann viel weiter in „die Welt" ausgreifenden heilsgeschichtlichen Entfaltung gelangt.

„Die Welt" reicht für Anhänger z. B. der Cargo-Kulte bis zu jenem für sie nicht mehr sichtbaren Horizont, von dem das fliegende Wunderding her- und ankommen wird, welches die rettende Fracht bringt. Dem weltbegrenzenden Kreis einen längeren Radius zu geben, hätte keinen Sinn. Die Deutung besagt, daß die Welt bis zu dem Zeitpunkt „verkehrt" war, wo die Ankunft des Cargo oder die Ankunft (bzw. Kreation, Berufung o.ä.) eines Heilbringers erfolgt. Wird diese Erwartung in eine Doktrin gefaßt, kann diese gegen diejenigen, die den Autoren jener Doktrin dieselbe entreißen wollen, einen Kampf, und gegen eigentlich gleichgesonnene Konkurrenten bzw. Leugner des ganzen Heilsgeschehens mindestens einen Widerstreit begründen. Zu welcher Seite eine Person gehört, sieht man nicht daran, was sie denkt, sondern daran, wie sie mitmacht, insbesondere an welchem Kultus sie teilnimmt. Eine kurze Erinnerung an Schulwissen, was ein Gottesdienst ist, bereitet hier schon die richtigen Einsichten vor. Aber zunächst muß klar sein, wie man die Dinge bei den Betroffenen auch noch sehen kann:

Es kann z. B. die hauptsächliche Aktivität einer Bewegung als Nutzung einstiger Weisheiten von Völkern verstanden werden, die sie nicht mehr brauchen, weil ganz neu technisierte Nationen aus ihnen geworden sind – Nutzung mittels Riten von Völkern mit alter Technik, für die auf allen Gebieten das Abgelegte immer noch gut genug ist. Solche Praxis zeigt ihr wahres Gesicht namentlich, wenn man „reich" an die Stelle von „neu" und „arm" an die Stelle von „alt" setzt, oder wenn man den „alt" nur anmutenden, anachronistischen Status der Völker „spät" nennt, das wirklich Alte, Verbrauchte aber zum „Frühen" verschönt und etwa formuliert: „Die einstige Weisheit jetzt technisierter Nationen in der Nutzung durch die frühe Technik später Völker". Auch von einem „Verbrauch von Wissen neuer Industrienationen in der verarmten Technik von Altvölkern" kann man reden, oder genauer, weil die Riten dazugehören, von der „rituellen Verwertung einstiger Weisheiten aus neu technisierten Nationen durch Völker mit alter Technik". Und nun, was ist zu verstehen und was ist zu tun? Das zunächst hintan gehaltene Schulwissen lehrt:

Das lateinische Wort *ritus* bedeutet wörtlich „das recht Gezählte", dann allgemein „das Angemessene", „die Gewohnheit", „der Brauch". So nannten die alten Römer eine geordnete feierliche Handlung in ihrer Religion, die selbstverständlich auch ein „Brauch" war. Das Adjektiv *ritualis* bedeutet „den Brauch betreffend geordnete feierliche Handlungen auszuführen". Heute dient „Ritus" mehr in der Theologie, „Ritual" mehr in der Sozialanthropologie und in der Religionswissenschaft als Sammelbezeichnung für religiöse Zeremonien wie auch als Bezeichnung für einzelne Sequenzen aus diesen. Seit aber die Ethnologie den normierten standardisierten oder repetitiven Charakter ganzer Gruppen von menschlichen Handlungs- und tierischen Verhaltensweisen erkannte, braucht man in einem Ritus ursprünglich nur den Sinn zu sehen daß er stattfindet. Gerade deshalb ist er aber für alle Bedeutungen offen, die ein Geschehen haben kann, wenn ihm ein Ritus unterlegt wird. „Ritualistisch" ist nicht eine Übertreibung, Verzerrung; oder zu häufige Wiederholung von „rituell", sondern ein durch ein Ritual genanntes oder geprägtes Verhalten, und zwar nicht nur an Festen, sondern im ganzen Leben einschließlich der Arbeit. Für Menschen, die ein solches Verhalten an den Tag legen, sollte sich eine Bezeichnung „ritenpflichtig" einbürgern, die von selbst verständlich sein müßte. Ein Steuerpflichtiger ist ein Mensch, der verpflichtet ist, Steuern zu zahlen, ein Ritenpflichtiger ist ein Mensch, der verpflichtet ist, Riten auszuführen (oder an Riten teilzunehmen, etc.). Ob es sich um eine Verpflichtung handelt, die eine Person oder eine Instanz von außen auferlegt, oder um eine Selbstverpflichtung, wird von diesen Bezeichnungen bewußt offengelassen. Aber schon wer überhaupt als Ritenpflichtiger erkannt ist, ist richtig erkannt, und auf dieser Kenntnis muß jede weitere und genauere Selbst- und Fremderkenntnis, die noch zu erwerben ist, beruhen. Denn erst in einer Festigung der Person, zu deren Erlangung ihr ritualisiertes Verhalten mitgeholfen hat, erlangt der Mensch die Fähigkeit, für seine Freiheit zu arbeiten und in ihr neu zu denken.

Das 19. Jahrhundert zu bejahen, um eigene Gedanken als erneuert und fremde Rituale als veraltet zu erweisen, war eine Augenwischerei vor dem Verfall der von den Schreibtischen der Besitzenden herab zu Kenntnisbrosamen verkommenden, dann unbekömmlichen Werte, die die „Wilden, die doch bess're Menschen sind", freundlichst auflesen durften. Denn die mit solchen Forschungsresultaten dümmer als ihre „Primitiven" Daherkommenden hatten sie nichts zu lehren. Lob sei den großen Reisenden, die trotzdem die Zeremonien mitentdeckten und die Einheit(lichkeit) der angetroffenen Eingeborenen statt in blassen Ideen und logistisch unvereinbaren Gedanken in der selbstverständlichen, übernommenen Pflicht sichtbar machten, in einem Kult das Heil zu erwarten, der die Bedenken des Giambattista Vico (1688-1744)[1], wäre er zwei Jahrhunderte später auf der Welt gewesen, entkräftet hätte: hatten sie ihn doch gerade dann beschlichen, als der Rationalismus das Problem der historischen Wahrheit schon offen ließ und seine soziologische Methode die Gesellschaft mit dem Menschen darin noch nicht erklären konnte.

---

[1] GIAMBATTISTA VICO, *Die neue Wissenschaft über die gemeinschaftliche Natur der Völker*, nach der Ausgabe von 1744 übersetzt von ERICH AUERBACH. Mit einem Essay „Zum Verständnis des Werkes" und einer Bibliographie von EGINHARD HORA (Rowohlts Klassiker 196/97), Reinbek/Schleswig 1966; Zitate dort S.222f und 226f.

„Und nun, nach solcher Wiederkehr der menschlichen Dinge, die der besondere Gegenstand dieses Buches war", so hatte Vico gegen Schluß des Hauptteiles seiner *Neuen Wissenschaft* geschrieben, *„bedenke man die Parallelen, die durch das ganze Werk in einer großen Zahl von Materien zwischen den ersten und den letzten Zeiten der antiken und der modernen Völker gezogen worden sind; dann wird man die Geschichte ganz gedeutet vor sich haben, nicht etwa nur die besondere und zeitliche der Gesetze und Taten von Römern und Griechen, sondern in der Identität des Gedankeninhalts und der Verschiedenheit der Ausdrucksformen wird man die ideale Geschichte des ewigen Gesetzes vor sich sehen, nach denen die Taten aller Völker verlaufen in ihrem Entstehen, Fortschritt, Zustand, Abstieg und Ende, wenn es selbst wahr wäre (was sicherlich falsch ist), daß seit der Ewigkeit von Zeiten zu Zeiten unzählige Welten entstünden."*

Und dann, am Schluß des alles noch einmal zusammenfassenden Epilogs:

„Wenn also die Religion bei den Völkern verloren geht, so bleibt ihnen nichts, um in Gesellschaft zu leben; kein Schild, sich zu verteidigen, kein Mittel, sich zu beraten, ... keine Form, in der sie überhaupt auf der Welt bestehen können. Darum möge Bayle zusehen, ob in der Tat Völker auf der Welt bestehen können ohne irgendeine Kenntnis Gottes! Und was den Ausspruch des Polybios betrifft, daß, wenn es in der Welt Philosophen gäbe, keine Religionen nötig wären – so sind es allein die Religionen, durch die die Völker gute Taten aus sinnlichem Trieb vollbringen; sie allein bewegen die Menschen wirklich zu tugendhaftem Handeln, während die Maximen der Philosophen über die Tugend nur der guten Beredsamkeit dienen, damit sie die Sinne zu den Pflichten der Tugend anfeuere."

Wie ein dogmatischer Sturzbach überkommen den Leser dann die nächsten Sätze, in denen das Überlegenheitsverhältnis der christlichen zu den anderen Religionen analog zu dem der Religion überhaupt zur Philosophie auf- und hingestellt wird. Was hätte Vico wohl gesagt, wenn er von dem, was im Folgenden berichtet wird, etwas gewußt hätte? Dürfen wir einmal unterstellen, es wäre ihm gegeben gewesen, sich in den Bekenner einer „neuen" Religion so hineinzuversetzen:

„Bedeutet Zuflucht im Mythos Sicherheit oder Gefährdung – und falls Sicherheit, was davon bliebe in der Weltzeit „Zukunft" noch zu hoffen, was wäre im zurückliegenden Äon bereits vertan?"

V. Kapitel: Synkretismus, Renaissance, Säkularisation und Neubildung von Religionen in der Neuzeit

Einleitung: Das klassische „Wesen der Religion" und die nachklassische Religiosität

Die Situation, in der sich Religionen, Religion und Religiosität heute befinden und darstellen, wäre im wesentlichen nicht erfaßt, würde man sie unter einen Titel wie „religiöse Lage der Gegenwart" stellen. Bezieht man nämlich in die Religionsdefinition alles das mit ein, was nicht ganz mit Recht Quasi- oder Ersatzreligion genannt wird, muß man eine nahezu universale Theorie der Moderne geben. Beschränkt man hingegen die Religionsdefinition auf solche Inhalte, durch die sich religiöse Gemeinden in aller Welt von Bürgergemeinden unterscheiden, dann bleiben Säkularisierungsprozesse und deren Resultate, die sogenannten Säkularisate, als unabweisbare Gegenstände namentlich religionssoziologischer Untersuchung außer Betracht.

Es scheint deshalb angebracht, mit denjenigen klassischen Religionen zu beginnen, bei denen noch am ehesten die früher allgemein geübte Enthaltsamkeit durchzuhalten ist, derzufolge es einer Definition der Religion nicht bedurfte, da evident sei, worum es sich handele. Von da aus läßt sich der Blick sowohl auf Erscheinungen werfen, die der Theorie größere Aufgaben stellen, als auch auf die Übergänge in die nichtreligiöse Sphäre, welche als Hintergrund, Bestandteil, Katalysator und Provokation von Religion gleichwohl zum Thema gehört. Die vier Bezeichnungen im Titel dieses Beitrags sollen als Leitbegriffe verstanden werden, die nicht als einzelne auf gegeneinander abgrenzbare Phänomene und Größen, sondern sich überschneidend auf nur relativ unterschiedlich bestimmbare Felder im Bereich ihrer Gesamtheit anwendbar sind. Was ein Synkretismus, eine Renaissance, eine Säkularisation, eine Neubildung typischerweise ist, wird deshalb nicht definiert, und es wird auch nicht jeder dieser Begriffe durch eindeutige Beispiele illustriert, um der Verflochtenheit und Pluralität des Faktischen ihren Charakter und ihr Gewicht zu belassen. Der Synkretismus steht als Leitbegriff voran, weil die Vermischung von Religionen, die er bezeichnet, die letzte Konsequenz aus ihrer heute allseitig und überall erfolgenden Begegnung ist: eine Konsequenz, die sowohl faktisch in einem Ausmaß eingetreten ist, wie wohl bisher nie in der Geschichte, als auch im Hintergrund der meisten Bemühungen steht, die bei allen Wandlungen, Beeinflussungen,

Übertragungen und Erneuerungen religiöser Inhalte den Religionen eine ursprüngliche Reinheit bewahren wollen.

A. Erneuerungen und Neubildungen unter dem Vorherrschen der großen religiösen Traditionen

§ 1. Hinduismus

Diejenige der gegenwärtig weiterbestehenden großen Religionen, deren Anfänge am weitesten zurückreichen, hat zur Überwindung einer tief eingewöhnten Exklusivität zwischen Kulturen und Religionen wahrscheinlich am meisten beigetragen und damit eine lange Reihe von Konvergenzen, Dialogen, Beeinflussungen und Auseinandersetzungen entweder zu einem großen Teil selbst herbeigeführt oder solche Vorgänge prinzipiell ermöglicht, auch wenn sie woanders in Gang gesetzt worden waren. Es ist das Kennzeichen der Reformbewegungen seit der ersten Hälfte des 19. Jahrhunderts, daß sich in ihnen der Hinduismus von dem Kastensystem abkehrte, das er in Reaktion auf die muslimische Eroberung vom 12. bis zum Anfang des 14. Jahrhunderts immer rigoroser durchgebildet hatte; dabei konnte die für das indische Denken so typische Fähigkeit, alte und neue, eigene und fremde Ideen zu vereinen, besonders produktiv werden.

Im Brāhma-Samāj, im Ārya-Samāj und in der Rāmakrishna-Mission hatte sich dies in der Kritik an Bilderkult, Kastenwesen und Witwenverbrennung, in der Entwicklung sozialhumanitärer Leitbilder und nationalistischer Ideale sowie im Unterlaufen christlicher und islamischer Wahrheitsansprüche verschiedenartig ausgewirkt; spätestens mit dem von Satyānanda Agnihotrī (1850-1909) i. J. 1887 gegründeten Deva-Samāj („Gottes-Gesellschaft") kam die Tendenz zur Harmonisierung mit Resultaten moderner Naturwissenschaft hinzu. Fast zwangsläufig wurde hier das Vakuum, das durch Verbindung eines genuin indischen Atheismus mit dem naturwissenschaftlichen entstand, durch Verehrung des Agnihotrī selbst aufgefüllt.

Guru-Verehrung und damit das Streben nach Selbstvervollkommnung findet sich von nun an immer wieder, so im ebenfalls um naturwissenschaftliche Selbstbegründung bemühten Rādhāsvāmī-Satsang. Dieses System, das von vishnuitischen Traditionen aus schließlich ganz pantheistisch durchgebildet wurde, brachte es auf 400 000 Anhänger – einhundertmal mehr als der Deva-Samāj; es bezieht auch seinen Stifter Shivadayāl Singh (1818-1878), dessen Schüler Rai Shāligrām Sāheb Bahādūr (1828-1898) und dessen Nachfolger Brahm Shankar Mishra (1861-1907) als Avatāras des höchsten Wesens in sich ein, welches das Universum mit Ton, Wort und Geist durchströmt. Diese Bewegung entstand in Nordindien, aber neuhinduistische Gruppen ähnlicher Art gibt es zahllos auch in allen anderen Gebieten; sie fallen nur deshalb nicht so als Neubildungen auf wie anderswo, weil sie von vornherein in die „comprehensiveness of Hinduism" eingebettet erscheinen.

Andere Gruppen treten dennoch deutlicher hervor. Unter ihnen ist besonders diejenige beachtenswert, die sich an die Lehren des Śrī Aurobindo anschließt. Dieser war i.J. 1893 aus Cambridge, wo er Classics studiert und moderne europäische Sprachen erlernt hatte, als Anhänger der indischen Freiheitsbewegung nach Indien zurückgekehrt. Seine politische Tätigkeit, die von dem Versuch, den gemäßigten Indischen Nationalkongreß zu radikalisieren, bis zur Teilnahme an der pro-hinduistischen Agitation im westlichen Teil Bengalens ging, war durch eine politische Philosophie vorbereitet und im Gefängnis von Kalkutta revidiert worden; nach der Entlassung i. J. 1909 schlug sie in Verkündung des sogenannten *integralen Yoga* um. So zog Aurobindo 1910 nach dem französischen Pondicherry und gründete dort einen Aśram; darin blieb er vierzig Jahre bis zu seinem Tode, von immer mehr Indern und Nicht-Indern als größter Mystiker des neuzeitlichen Indien anerkannt. 1926 zog er sich in völlige Abgeschlossenheit zurück und übertrug die Leitung des Aśram der französisch-marokkanischen Jüdin Mira Richard; sie war von nun an die „Mutter", durch die sich die geistliche Leitung der – inzwischen mehr aus Europa und Amerika als aus Indien kommenden – Bewohner und die Betreuung der zahlreichen Besucher vollzieht. Dies geschieht innerhalb einer neuartigen Organisation, die sich vom bisherigen einsiedlerisch-mönchischen Aśram, deren es in Indien weiterhin ungezählte gibt, charakteristisch unterscheidet: in landwirtschaftlichen Betrieben, Handwerks- und Reparaturwerkstätten, einem System von Erziehungsanstalten vom Kindergarten bis zur Universität, im Kraftwerk und der Druckerei – zusammen mit den Wohnhäusern über 300 Gebäuden – soll, beispielhaft für die ganze Welt, der gnostische, der supramentale Mensch aus zunächst nur physischer Bewegtheit, die ihn von Natur aus kennzeichnet, emporentwickelt werden. So hatte es Aurobindo in zahlreichen und umfänglichen Werken aus der Bhagavadgītā und den Upanishaden herausinterpretiert, und so wird es in vielen Zirkeln in den USA, Mexiko, England, Frankreich, Holland, Deutschland, Griechenland, Italien, Israel, Ostafrika und Malaya nachgeahmt.

Die Herausnahme eines Engagements aus der Politik und Verwandlung in ein religiöses ist keineswegs allein typisch; Gegenbeispiele gibt es vor und nach Aurobindo. So waren die Bewegungen der sogenannten *Theosophischen Gesellschaft* seiner Stiftung geographisch und sachlich genau entgegengerichtet. Diese, von einem Amerikaner und einer Russin 1875 in New York in tiefer Verpflichtung gegenüber indischer Weisheit gegründet, wurde 1882 nach Adyar bei Madras verlegt, um näher an der Quelle der Weisheit zu sein. Trotz nicht-indischer und buddhistischer Elemente wurde die Theosophische Gesellschaft hier zu einer Repräsentantin des nationalen Hinduismus, und Annie Besant (1847-1933), die Nachfolgerin des Gründers, war 1917 sogar Präsidentin des Nationalkongresses.

Offene Kritik am Quietismus Aurobindos übte der große Nationalistenführer Subhas Chandra Bose (1897-1947), und auch er berief sich zur Begründung seines Aktivismus auf die Bhagavadgītā, wo doch schon Krishna den Arjuno ermahnt hatte, zu kämpfen und nicht träge zu sein. So kommt es zur Kritik an ehrwürdigsten Handlungsbegründungen, die noch verschärft wird angesichts der chinesischen Bedrohung der Grenzen, der Konflikte mit Pakistan, der dringenden Notwendigkeit von wirtschaftlichem Fortschritt und Stabilität einer Gesellschaft, die gleichwohl für Veränderungen offenbleiben muß. Und damit kommt man sogar zu einer für Indien ganz neuen, positiven Haltung zur Geschichte! Die Kontakte zu jüdisch-christlichen Geschichtsauffassungen haben diese Tendenz vielleicht unterstützt. Hinduistische Philosophen bemühen sich nun um eine Verbindung von zyklischer und linear-progressistischer Geschichtsauffassung. Der Einzelne soll sich am Geschichtslauf in einer Welt, die als *māyā* dennoch nicht „Täuschung" ist, beteiligen, und zwar nicht mehr unter dem Prinzip des *nishkāma karman*, d. h. gerade mit persönlicher Anteilnahme am eigenen Tun und seinen Früchten. Und dieses Handeln kann sogar auf eine messianische Zukunft ausgerichtet sein.

Groß ist die Zahl der eher für nicht-indische Länder bestimmten Neugründungen, und gar nicht abzuschätzen ist der Einfluß, den der Reformhinduismus durch die literarische Verbreitung seiner Ideen und die Wirkung seiner großen Persönlichkeiten auf den Westen ausübt. Kaum ein Kurbetrieb oder eine Volkshochschule kann heute darauf verzichten, „Yoga" anzubieten, und dieser wird oft genug vom einfachen Hatha-Yoga aus, der vornehmlich auf Körperhaltungen und Atemkontrolle ausgerichtet ist, zur Stütze meditativer Erfahrungen, in denen sich die Rationalität und das Erfolgsstreben der kapitalistischen Welt kompensieren lassen. Damit eng zusammen hängt die weltweite Affinität besonders junger Menschen zur „asiatischen" Religiosität im weitesten Sinne, bei der eine Alternative zu den abgelehnten Normen der westlichen Gesellschaft gesucht wird. In der religiösen Subkultur, die hier auf diese Weise bereits entstanden ist, dürften sich hinduistische Elemente noch am deutlichsten ausmachen lassen. Daneben sind religiöse Maskierungen und Scharlatanerien nicht zu verkennen, namentlich, wo bestimmte Stifterpersonen auffällig gut gemanagt werden. Obwohl eine kritische Einschätzung hier zuweilen begründet zu sein scheint, muß man sich hüten, ihr freien Lauf zu lassen. Denn nirgends sind die Übergänge zwischen tiefem, oft tragischem Erlösungsbedürfnis und dem Verlangen nach einem bloßen Verhaltenstraining für bessere Anpassung oder gar vulgärer geistiger Selbstbefriedigung auf seiten der Angesprochenen, zwischen aufopfernder Hilfsbereitschaft und offener Geschäftemacherei auf seiten der neuen Messiasse so fließend wie hier. Nur ganz weniges kann erwähnt werden.

Die *Divine Light Mission* des Śrī Maharāj Jī kann, wie ungezählte Bewegungen vor ihr, an ein Bedürfnis nach innerer Erleuchtung anknüpfen, das man psychologisch wohl als Disposition für ein Intuitionserlebnis kategorisieren müßte, das eben unter den Alltagszwängen der technisierten Welt immer weniger möglich wird, und das auch die christlichen Kirchen nicht vermitteln können, insofern sie nicht zur eigenen Wahrheitsfindung, sondern zum Glaubensgehorsam anleiten. Daß die Zwänge und Autoritäten, unter die sich die Menschen beugen müssen und von denen sie frei werden wollen, nicht durch neue ersetzt werden, scheint vorläufig durch das jugendliche Alter des Maharāj Ji verhindert zu werden; inwiefern diese Gefahr doch schon durch das Wirken der Manager des Fünfzehnjährigen herbeigeführt ist, wird von Außenstehenden zunehmend kritischer gefragt. Das Charisma des Kindes, des Jünglings, der Jungfrau, von jedem Erwachsenen ganz natürlich empfunden, ist hier wie immer wieder zu messianischer Relevanz gesteigert worden, und es ist am Kalender nachzurechnen, wann es verbraucht sein wird.

Die *Krishna-Bewegung* scheint noch am ehesten in der einen der beiden großen Traditionen des Hinduismus, nämlich der vishnuitischen, zu stehen. Offenbar richtet sie sich an ein Bildungsbürgertum, welches die Weisheit im Osten sucht und gleichzeitig seine eigenen ökonomischen Entstehungsbedingungen für unveränderlich-naturgegeben hält. Für bestimmte Menschen muß es beglückend sein, daß zur Absoluten Wahrheit, zu deren Erkenntnis ein anspruchsvolles System wissenschaftlicher Gottesvergegenwärtigung führen will, auch diese gehört, daß ganz wie die Kuh die Milch nicht trinkt, die sie produziert, auch der Arbeiter keinen Anspruch darauf hat, Eigentümer eines Gegenstandes zu sein, nur weil er hart gearbeitet hat, um ihn herzustellen (so steht es in einem Kommentar dieser Bewegung zur Śrī Iśopanishad!).

Die *Transzendentale Meditation* schließlich hat dieselben geistleiblichen Nöte für sich, mit denen sich im westlichen Bereich die psychosomatische und die Sozialmedizin zu beschäftigen beginnen. Die dort gegebene und im Kampf der Weltanschauungen stehende Alternative, ob dem Menschen zur Emanzipation oder zur Anpassung verholfen werden soll, scheint durch den Mahārishi Mahesh Yogi bereits eindeutig im letzteren Sinne entschieden zu sein. Das westliche Defizit, das hier aufgefüllt wird, besteht darin, daß medizinische Menschenkunde, Diätetik, Hygiene hier nie Bestandteil religiöser Systeme waren. Aber vielleicht war es gerade das Auseinanderfallen von religiöser und biologischer Anthropologie, das bei uns schöpferische Intelligenz provoziert hat, und es erscheint fraglich, ob eine schöpferische Intelligenz importiert werden kann, die auf einer Anthropologie basiert, welche ganz andere Voraussetzungen hat und noch dazu in so verallgemeinerter Form gehandelt wird, daß sie schließlich nur noch international austauschbare Naivität begründet.

Das Zentrum unserer Aufmerksamkeit muß der indische Subkontinent selbst sein. Der Zusammenhang zwischen politischen und religiösen Bewegungen ist dort besonders eng. Mit seinen ungeheuren wirtschaftlichen Problemen werden auch die Religionen immer wieder auf die Aufgaben der „Ausrottung der Unterentwicklung" oder den „Prozeß, ein Ethos für wirtschaftliches Wachstum zu finden" ausgerichtet – oder wie es die zahllosen engagierten Gruppen im Lande sonst formulieren. In einem Land, in dem die Kluft sehr groß wird, weil sich die Lage der oberen 15% ständig verbessert, der unteren 20% ständig verschlechtert, während der Rest stagniert, reizen nahezu sämtliche Modelle zur Nachahmung an, die zur Lösung des Problems entwickelt worden sind; sie finden immer wieder ihre Nachahmer – am meisten ist seit der Unabhängigkeit Indiens wohl in Kerala durchprobiert worden – oder Propagandisten, ohne daß doch bisher auch nur eines der größeren Modelle unter ihnen durchgreifend überzeugt hat: das chinesische, das kapitalistische, das marxistische, das Militärregime. Neueste Reformbewegungen, die gar nicht anders können, als sich sozial oder sozialistisch zu verstehen, ziehen daraus immer wieder die Konsequenz, ihre Kraft aus einheimischen Traditionen zu schöpfen, und diese vermögen in der Tat z. B. für Landbesetzungs- wie für Landschenkungsbewegungen die Legitimationen zu liefern. Genannt sei für die ersteren das *Landgrabmovement* dreier Parteien, der von E. M. S. Nambudiripad, eines aus der in unerreichbarer Distanz zur Bevölkerung lebenden Kaste der Nambudiri-Brahmanen hervorgegangenen Kommunistenführers, der Sozialistischen Partei Keralas und einer kleinen, katholischen Landarbeiterpartei; die Aktionen verlaufen gewaltlos und haben 1972 in wenigen Monaten 9000 Verhaftungen nach sich gezogen, von denen die meisten mit Gefängnisstrafen endeten. Gandhis Programm wird weiterentwickelt von der Sarvodaya-Bewegung, die ihren eigentlichen Aufschwung nahm, als Vinoba Bhave im Jahre 1951 die Bhudan-Kampagne einleitete, in welcher Landbesitzer dazu überredet wurden, einen Teil ihres Landes zur Verteilung an landlose Arbeiter abzugeben.

Kooperationen zwischen Hindus, Christen und Muslimen können sich ebenso ergeben wie Abgrenzungen. Die christlichen jungen Kirchen Indiens bemühen sich deshalb um eine „einheimische Theologie" und werden – bis hin zum Preis eines Verlustes ihrer Identität – in dem Maße akzeptiert, wie es ihnen gelingt, die vom Hinduismus seit Beginn der neueren Missionsgeschichte hervorgehobenen Kontroverspunkte als gegenstandslos zu erweisen. Solche Streitpunkte sind: die Verfälschung Jesu durch die kirchliche Christologie; die Pervertierungen der christlichen Nächstenliebe durch griechischen Rationalismus, römische Juridifizierung und jüdisch-prophetische Intoleranz; die Engführung des Beginns der Wahrheit auf einen im globalen Maßstab winzigen Schauplatz für die Heilsgeschichte; der Absolutheitsanspruch, der gerade im Verein mit Kolonialisierung und anderen Formen westlicher Politik als religiöser Imperialismus erscheinen muß; die anthropomorphe Rechtfertigungslehre, derzufolge ein Gott zürnt und erst verzeiht, nachdem ihm ein Opfer dargebracht worden ist.

§ 2. Buddhismus

Der Buddhismus ist seit seiner Vertreibung aus Indien weniger einer bestimmten Volkskultur und einem sozialen System verhaftet als der Hinduismus. Er hatte die Gefahren zu bestehen und die Chancen wahrzunehmen, die solche Ungebundenheit für eine geistige, religiöse, weltanschauliche, politische Kraft bedeuten kann. Während der Buddhismus als eine solche Kraft im 19. Jahrhundert praktisch totgesagt werden konnte und vornehmlich für Philologen Literaten und Philosophen interessant war, stellt sein Wiederaufleben in unserem Jahrhundert und besonders seit dem Zweiten Weltkrieg eine der erstaunlichsten Erscheinungen unserer Zeit dar. Sie ist um so bemerkenswerter, als weder eine Organisation dahinter steht, die sich mit der anderer Religionsgemeinschaften auch nur entfernt messen könnte, noch die Unterstützung eines buddhistischen Landes, das wie Ceylon, Birma, Thailand, Laos, Kambodscha Grund dazu hätte, weil es dem Buddhismus zu einem großen Teil seine Erneuerung oder Selbständigkeit verdankt. Zwar begann die Wiederbelebung des Buddhismus im wesentlichen mit der 1891 erfolgten Gründung der *Mahā Bodhi Society* auf Ceylon, aber es liegt hier doch kein – wegen seiner Begrenztheit um so kräftigerer – lokaler Impuls vor, der sich dann in missionarischen Institutionen und mit propagandistischem Aufwand über die Welt verbreitet hätte. Nein, die Wiederbelebung und Verbreitung des Buddhismus hat sich in einem Wechselspiel zwischen bodenständigen Impulsen in Südostasien und einer Unzahl individueller Zuneigungen in allen anderen Ländern vollzogen, auf der Ebene der literarischen Bildung wie der um eine glückhafte Gesellschaft besorgten Volksreligion, in den Formen klösterlicher Pflege, konziliarer Repräsentation und freier zivilisatorisch-wissenschaftlicher Vermittlung. Es läßt sich bisher nicht genau erklären, wieso in westlichen Ländern seit dem Ende des 19. Jahrhunderts eine solche Vorliebe für den aus der Ferne eingeführten Buddhismus zu verzeichnen ist.

Bereits der erwähnte Neubeginn zeigt all dies schon typisch. Der Gründer der Mahā Bodhi Society war Anagarika Dharmapala; er entstammte einer singhalesischen Adelsfamilie, aber war zunächst als Christ auf den Namen David Hewavitarane getauft worden, und der Wunsch, den Buddhismus aus dem Verfall emporzuführen, in den er seit der englischen Eroberung Ceylons geraten war, war in ihm durch die Lektüre einer Reihe von Artikeln im Londoner „Telegraph" geweckt worden, in denen Sir Edwin Arnold den Zustand der heiligen Stätte beklagte, wo Buddha seine erste Erleuchtung empfangen hatte. Tatsächlich widmete sich die Society zunächst und auch weiterhin mit Erfolg der Restaurierung buddhistischer Heiligtümer, aber sie rief auch schon 1891 buddhistische Delegierte aus China, Japan, Ceylon und Birma und wandte sich bereits ein Jahr später mit der Zeitschrift „The Mahabodhi and the United Buddhist World" an die Weltöffentlichkeit. Unter den zahlreichen Publikationen und Gründungen, die allenthalben dadurch angeregt wurden, seien nur einige erwähnt. Das Interesse war in Deutschland besonders groß. Die erste Zeitschrift auf dem Kontinent, „Der Buddhist", wurde 1905 von K. Seidenstücker herausgegeben. Der deutsche Arzt Paul Dahlke (1865-1928) hatte den Buddhismus auf Ceylon kennengelernt; nach zwanzigjähriger Beschäftigung mit ihm konnte er ab 1919 seine Übersetzung der Lehrredensammlung des Pali-Kanons erscheinen lassen. 1924 ließ er in Berlin-Frohnau das „Buddhistische Haus" erbauen, von dem eine vielseitige praktische und informierende Tätigkeit ausging; 1957 verkauften es seine Erben an die ceylonesische *Lanka Dhammapada Society*, die eine Art Missionszentrum daraus machte. Was einst die von dort hervorgegangene „Zeitschrift für angewandten Buddhismus" leisten sollte, fällt nun einer mehrere tausend Bände umfassenden Bibliothek zu. Einige singhalesische Mönche, die dort ständig präsent sind, verbreiten „die Lehre" durch Publikationen, Vorträge und durch das Vorbild ihrer Lebensführung. Neben dem „Buddhistischen Haus" gibt es in Berlin seit 1951 die „Buddhistische Gesellschaft". Als Mitglied der „Arbeitsgemeinschaft der Kirchen und Religionsgesellschaften in Berlin" bekommt sie staatliche Zuschüsse und im RIAS Sendezeiten für buddhistische Morgenandachten.

Eine andere Tradition begründete Georg Grimm (1868-1945), der zunächst katholische Theologie, später Jura studierte und Landgerichtsrat wurde. Die Lektüre Schopenhauers regte ihn zur Beschäftigung mit dem Buddhismus an, seine Freundschaften mit Paul Deussen und Eugen Neumann vertieften sie. Nach 1919 beteiligte er sich an der Gründung der „Loge zu den drei Juwelen" in München, veröffentlichte 1925 „Die Lehre des Buddha, die Religion der Vernunft" und danach eine Reihe weiterer neubuddhistischer Bücher. Nach Unterdrückung durch die Nationalsozialisten in München, der man durch Umbenennung in „Altbuddhistische Gemeinde" und Auszug nach Utting am Ammersee z. T. entgehen konnte, tat sich der Kreis dort nach dem Zweiten Weltkrieg wieder auf und gibt die Zeitschrift „Yana" heraus. Die Herausgeber leiten dort eine Gemeinde, die Freunde in ganz Europa hat. Ein Schüler Georg Grimms gründete eine Gemeinschaft in Zürich, die aber nicht lange bestand.

Karl Eugen Neumann (1865-1915) wirkte vor allem durch seine seit 1892 erschienenen Übersetzungen auf die deutsche Öffentlichkeit; 1956/57 wurden sie in einer dreibändigen Ausgabe neu herausgebracht. Der wichtigste Teil seiner Übersetzung des Pali-Kanons, der *Majjhima-Nikāya*, wurde 1961 von Kurt Schmidt erneuert, der außerdem in einem Verlag in Konstanz neo-buddhistische Werke publizierte, die mit anderen auch als „Aśoka-Edition" erscheinen. Einen anderen Buddhistenkreis gibt es in Winterthur. Einer „Buddhistischen Gesellschaft Wien" präsidiert Fritz Hungerleider; eine buddhistische Versandbuchhandlung in Wien ist dabei, sich zu einem Verlag zu entwickeln. – Ein weiteres Zentrum der deutschsprachigen Buddhisten ist Hamburg, wo ein „Buddhistisches Seminar" und die „Buddhistische Gesellschaft Hamburg" wirken und die „Buddhistischen Monatsblätter" sich um Zusammenführung von allen buddhistischen Richtungen und um „ökumenische Nachbarschaft" mit der Hamburger evangelischen Christuskirche bemühen.

Die Aufgliederung des Buddhismus in verschiedene Richtungen kommt nicht nur der Bildung von Schulen, sondern fast der von Konfessionen gleich. So ist innerhalb des Buddhismus sowohl der literarische Dialog, also die ökumenische Aktivität Einzelner, als auch, wie früher, die Veranstaltung von Konzilen sinnvoll, zumal die verschiedenen Schulen in den einzelnen Ländern unterschiedlich vertreten sind. In Ceylon, Birma, Kambodscha, Laos und Thailand überwiegt die Richtung des Theravāda in zahlreichen mehr oder minder modernistischen Gruppierungen, in China, Japan, Vietnam – das in dieser Hinsicht mit Kambodscha und Laos nicht zu „Indochina" zusammengefaßt werden dürfte –, Korea und den USA dominiert das Mahāyāna, in den meisten europäischen Ländern das Hinayāna; in Deutschland gehören die bisher genannten Gruppen zum Theravāda, während das Mahāyāna hier erst nach dem Zweiten Weltkrieg heimisch wurde. In der Sowjetunion und der Mongolischen Volksrepublik ist teils die lamaistische, teils die ostasiatische Form des Buddhismus verbreitet, und sein Bestand ist ebenso gefährdet wie der Bestand des Lamaismus Tibets.

Auch in diesem Geflecht, das die Erdteile mit Ausnahme Südamerikas und Afrikas überzieht, ist die Bedeutung Einzelner erstaunlich. Allen voran steht A. W. Fl. Gueth, 1878 in Wiesbaden geboren, 1904 unter dem Namen *Nyanatiloka* zum Bhikkhu ordiniert und 1957 in Ceylon gestorben. Er gründete 1911 auf einer Insel in einem südceylonesischen Lagunensee eine Mönchskolonie, welche durch Übersetzungen, Interpretationen, Kurse und Besuche hin und her zwischen dem deutschen und dem asiatischen Buddhismus vermittelt. E. L. Hoffmann, 1898 in Waldheim geboren, wandte sich nach 1928 dem Lamaismus zu und gründete als Lama Anagarika Govinda den *Arya Maitreya Mandala*-Orden, der heute ein Zentrum im Kasar-Devi-Aśram im nordindischen Almora und ein zweites in Berlin hat, von wo aus sich Kreise in Roseburg, Wiesbaden, Frankfurt und Bremen bildeten. Ein Mitglied des Zentrums in Berlin gründete dort die *Buddhistische Gemeinschaft Jōdo Shin Shu*, die sich zum Amida-Buddhismus in Japan orientiert und einschließlich ihrer Ableger in Österreich, der Schweiz und England, enge Beziehungen zum *Honpa Hongwanji*-Tempel in Kyōto unterhält. Der japanische Zen-Buddhismus wurde in Deutschland vor allem durch K. Graf Dürckheim bekanntgemacht. So wie er sich um eine Adaptation der Zen-Methoden an moderne psychagogische Therapien bemüht, so eine Reihe katholischer Theologen (vor allem Benediktiner und Jesuiten) in Europa und Japan um eine seelsorgerisch ausgerichtete Vermittlung zwischen Zen-Übungen und christlicher Meditation. – In England wurde nach 1906 die *Buddhist Society of England* vom Hyde Park aus durch J. R. Pain und R. J. Jackson gegründet; in ihr wirkten später vor allem Prof. Th. W. Rhys Davids, der seinerseits schon 1881 die *Pali Text Society* gegründet hatte, und Frau C. A. F. Rhys Davids. Hier hat das gelehrte Interesse an editions- und übersetzungswürdigen Texten aus dem Gebiet der Kolonien die Verbindung zu den Mutterländern des Buddhismus wachgehalten und auf diese Weise zu seiner Lebendigerhaltung beigetragen – was freilich, soweit es Frau Rhys Davids repräsentierte, von Anagarika Dharmapala für illegitim und sachlich falsch erklärt wurde. Eine Vereinigung aller buddhistischen Richtungen versucht seit 1945 Chr. Humphreys, interessanterweise in einer *Buddhist Society*, die sich von einer Londoner theosophischen Gesellschaft abgezweigt hatte. Französische Vertreter des in weitere Kreise ausstrahlenden Gelehrten-Buddhismus sind seit 1929 *Les Amis du Bouddhisme* mit ihrer Zeitschrift „La Pensée Bouddhique" und ihrem prominentesten Mitglied Alexandra David-Neel, während es in den USA das *Buddhist Center of the USA* (derzeitiger Präsident K. F. Leidecker) mit zahllosen regionalen Organisationen gibt: Diese reichen von den zahllosen Tochtergemeinden der ursprünglichen Zentren Kaliforniens, die zunächst durch japanische und chinesische Einwanderer gegründet worden waren, und die das gegen die Rassendiskriminierung besonders hoch und rein gehaltene ostasiatische Erbe inzwischen auch an „non-colored people" vermittelt haben, bis hin zu einem wissenschaftlichen Zentrum in Wisconsin, wo die Universität einen „Ph. D. in Buddhism" vergibt. – Der Volks-, Mönchs-, Laienbuddhismus in aller Welt wurde aber wohl am meisten durch das *World Fellowship of Buddhists* genährt, das 1950 auf Ceylon von dem großen G. P. Malalasekera gegründet wurde, der als Pali-Philologe und Politiker gleich bedeutend ist. Es hält alljährlich Weltkonferenzen ab, die erste in Verbindung mit dem sechsten buddhistischen Weltkonzil 1954-1956 in Rangūn; dieses war durch die unermüdliche Aktivität von U Nu zustandegekommen, den die Welt auch als eigentlichen Begründer des neuen birmanesischen Staates kennt.

In Malalasekera und in U Nu verdichtet sich wohl am beispielhaftesten das Ineinander der Eigenarten, die dem Buddhismus zu weltweiter Ausbreitung verholfen haben, und seiner Anlagen zu Begründung und Antrieb von nationalen Befreiungsbewegungen, die für solche Europäer und Amerikaner schwer nachzuvollziehen sind, die auf den buddhistischen „Wegen" zur Entweltlichung jeder Art, jedenfalls heraus aus den Wirren der Politik gelangen wollen. In der Tat ist der politische Buddhismus als solcher weder als eine Form der Lehre zu begreifen, die im Westen bisher unbekannt geblieben ist, noch als eine Entartung, um die sich der wahre Buddhist nicht zu kümmern braucht. Er zeigt vielmehr, daß der Buddhismus ganz allgemein konservativ wie revolutionär ideologisierbar ist. Heutzutage geschieht das letztere häufiger als das erstere. Daraus lassen sich Schlüsse über das Verhältnis zwischen Ideologie und Religion ziehen, das außerdem am Verhältnis des Buddhismus zur modernen Wissenschaft und zum Christentum akut wird. Darüber läßt sich am ehesten etwas ausmachen, nachdem man sich die wichtigsten Tatsachen vergegenwärtigt hat.

In *Ceylon* haben sich solche Bewegungen, die schließlich in die große Nationalbewegung der ersten Hälfte unseres Jahrhunderts mündeten, schon im 19. Jahrhundert entwickelt; sie wollten auf friedlichem Wege die singhalesisch-nationalistischen Unruhen ablösen, die sich z. T. gewaltsam seit 1849 gegen die britische Herrschaft gerichtet hatten. Die religiösen Reformbestrebungen trugen zu diesem Kurswechsel mit bei. Es war der Unverstand von Beamten der Kolonialregierung, welche die Unverletzlichkeit der heiligen Ruinenstadt Anurādhapura mißachteten, wodurch eine Wendung zu politischer Unruhe provoziert wurde. Ähnliche Vorgänge festigten im Volk die Überzeugung, daß der Buddhismus nur erhalten werden könne, wenn das Land selbständig sei. Diese Überzeugung motivierte die Gründung des *Ceylon National Congress*, die 1919 nach dem Vorbild des indischen Nationalkongresses erfolgte. Seine prominentesten Politiker waren europäisch gebildet und versuchten, die Unabhängigkeit auch mit Hilfe von Anleihen beim westlich-demokratischen Liberalismus durchzusetzen. Gerade das erfolgreichste Kongreßmitglied, der Ministerpräsident der Jahre 1956-1959, S. W. R. D. Bandaranaike (geb. 1899), der sogar als Sohn einer christlichen Familie getauft worden war, wurde in den dreißiger Jahren zum überzeugten Buddhisten. Seine 1937 gegründete *Sinhala Mahā Sabha*, welche die Interessen nur der singhalesischen Buddhisten vertrat, sollte den anderen Volksgruppen im Lande, z. B. den Tamil oder den Muslimen, Wege zur Einheit unter sich und zur gegenseitigen Anerkennung aller Gruppen zeigen, da nur so die Einheit der ceylonesischen Nation vorbereitet werden könne. Dieses Prinzip bewährte sich, als – nachdem Ceylon 1947 ein Dominion und 1948 ein unabhängiger Staat im britischen Commonwealth geworden war – die genannte Gemeinschaft zusammen mit den wichtigsten „Parteien" des Ceylon National Congress in die neue *United National Party* (UNP) von D. S. Senanayake überging. Zwischen diesem Mann, der vor 1946 den Kongreß aus Protest gegen die Aufnahme der Kommunisten verlassen hatte, und dem linken *Bhikkhu Sammelayana* oder „Mönchskongreß" kam es 1946 zu einer aufschlußreichen Kontroverse über die Rechtmäßigkeit der Aktivitäten politischer Mönche. Diese erklärten, der Buddha habe dem Sangha die Erlaubnis erteilt, Vinaya-Regeln zu ändern, und dies müsse besonders in einer Zeit möglich sein, in der die Bhikkhus unter so andersartigen materiellen, politischen und sozialen Zuständen leben müßten; nicht nur Laien sei dergleichen vorbehalten, und diese hätten darüber den Mönchen keine Vorschriften zu machen. Die politischen Mönche verkündeten im Januar 1947, dem Sangha sei das Wohl und die Freiheit des Volkes von Ceylon anvertraut; deshalb müßten auch die noch verbliebenen Bindungen zur britischen Krone gelöst werden. Sie blieben jedoch in der Minderheit, und die Masse der Mönche verhielt sich unter den Ministerpräsidenten Vater und Sohn Senanayake (1948-1953) unpolitisch. Der Vetter des letzteren, Sir John Kotelawala, sah sich als Ministerpräsident 1955-1956 jedoch einer geradezu messianischen Erwartung gegenüber, als das 2500 jährige Jubiläum der Erleuchtung Buddhas nahte – dasselbe, das auch auf dem 6. Weltkonzil gefeiert wurde. Es ist charakteristisch, daß seine UNP abgelehnt wurde, weil er wie ein säkularisierter Europäer lebte. Die oppositionelle *Sri Lanka Freedom Party* (SLFP), die Bandaranaike 1951 gegründet hatte, zog den Nutzen daraus; zu den Parlamentswahlen 1956, die ihn an die Macht brachten, organisierten mehrere buddhistische Kommissionen und Vereine, vornehmlich von Mönchen geleitet, den Wahlkampf und forderten z. T. die Erklärung des Buddhismus zur Staatsreligion Ceylons, Förderung der Auslandsmission des Buddhismus und engere Verbindungen zu anderen buddhistischen Ländern Asiens. Angesichts dessen wirkte die Ermordung Bandaranaikes gerade durch buddhistische Mönche besonders rätselhaft und enthüllt das doppelte Gesicht des Buddhismus in Ceylon wie kein anderes Ereignis. Die Mörder könnten außer geschäftlichem Ehrgeiz und persönlicher Feindschaft das Motiv gehabt haben, eine ganze Reihe von Kontroversen in der Frage der Staatssprache, der Erhebung von Klosterschulen (Pirivenas) zu Universitäten und der Behandlung nichtbuddhistischer Minderheiten gewaltsam zu entscheiden. Die Gattin des ermordeten, Frau S. R. D. Bandaranaike, die noch 1958 den Kult einer dämonischen Volksgottheit in einem Heiligtum in Lunāva südlich Colombo gefördert hatte, leitete ihre Ministerpräsidentschaft 1960-65 mit Wallfahrten zu buddhistischen Heiligtümern ein und befolgte die ihr dort eingeschärften Ermahnungen, das Land nach Prinzipien buddhistischer Ethik zu regieren; als sie jedoch als dazugehörig auch die Besteuerung von Tempeleinkommen und die Anwendung der Landreformgesetzgebung auf Tempelländereien zu praktizieren versuchte, erweckte sie eine buddhistische Opposition.

Während der Buddhismus Ceylons, wie es scheint, eher durch seinen pragmatischen Bezug zur Realisierung von Freiheits- und Befreiungskonzepten politisch wirksam werden konnte und mit deren von ihm unabhängiger inhaltlicher Bestimmung seinerseits verschiedene Gestalten annahm, sind es in *Birma* substantielle Überlieferungen, deren Interpretation eine Erneuerung des Buddhismus sowie eigenartige Synkretismen zwischen ihm und dem vorbuddhistischen Volksglauben einerseits, dem Marxismus andererseits ermöglichte. Es handelt sich vor allem um die innere Beziehung zwischen der Fruchtbarkeit des Landes und der magischen Kraft des Königs sowie um die Korrelation zwischen naturhafter und sozialer Ordnung, die in der Institution des Königtums ihr Zentrum hat. Schon die klassische buddhistische Überlieferung hatte solche Gedanken aus dem von der vedischen zur frühhinduistischen Epoche übergehenden Indien aufgenommen und so interpretiert, daß es die königliche Beachtung oder Nichtbeachtung des *Dhamma*, des Königs Befolgung oder Nichtbefolgung buddhistischer Ethik sei, wodurch die Erde seines Landes gute oder schlechte Ernten hervorbringe, und wodurch seinen Bewohnern Glück und Gedeihen oder kosmische Katastrophen widerfahren. Die dergestalt buddhisierte Königsideologie traf bei der Missionierung Birmas – schon zur Zeit Aśokas; wirkliche

Durchsetzung des Theravada in Oberbirma im 11. Jahrhundert – abermals auf ein dem früheren indischen verwandtes Königscharisma. Dieses konnte jeweils nach den lokalen Machtverhältnissen erneut von der buddhistischen Lehre absorbiert werden, außerdem aber auch neben ihr in der Volksreligion bis auf den heutigen Tag lebendig bleiben.

Hinzu kam die Eschatologisierung des Buddha Maitreya. Es ist umstritten, ob damit, ähnlich wie beim Saošyant nach Zarathustra, die Gemeinde irgendwann einen Nachfolger des Gründers infolge neuer gesellschaftlicher Bedingungen zukunftsbezogener qualifizierte, oder ob der historische Buddha wirklich den Bodhisattva Maitreya als seinen Nachfolger prophezeit hat. Im entwickelten Theravāda-Buddhismus jedenfalls kann gelehrt werden, daß Maitreya jetzt, in Erwartung seines künftigen Amtes, wie einst der Buddha vor seiner Geburt im Tushitahimmel lebe; zur Zeit des Weltherrschers Śankha werde er auf Erden erscheinen und die Erleuchtung gewinnen. Vorher aber werde die Welt immer schlechter werden; die Lehre und der Mönchsorden werden in Verfall geraten, und die sittliche Verwilderung werde um sich greifen. Schließlich werden sich die Menschen in sieben Tagen gegenseitig abschlachten; nur ganz wenige werden der allgemeinen Vernichtung entrinnen und ein neues Leben beginnen. Die Sittlichkeit und damit auch die Lebenszeit der Menschen werde dann allmählich wieder steigen und endlich 80 000 Jahre betragen. Dann werde eine goldene Zeit anbrechen. Indien werde von blühenden Dörfern und Städten übersät sein, in denen glückliche und zufriedene Menschen leben. In einer Königsstadt – dem heutigen Benares – werde der Weltherrscher Śankha in Weisheit und Gerechtigkeit regieren; er werde all seine Habe an Brahmanen und Asketen verschenken und dann als ein Jünger des erhabenen Maitreya zusammen mit vielen Tausenden von anderen Mönchen die Heiligkeit erlangen.

In einem volksnäheren, unklösterlichen Buddhismus konnte dies so interpretiert werden, daß der Herrscher wirtschaftliche Wohlfahrt deshalb garantieren müsse, damit alle Untertanen sich von der Feldarbeit zurückziehen und durch Meditation auf den Nirvāna-Heilsweg begeben könnten. König Kyanzittha (1082-1112) konnte in einer seiner Inschriften verkünden, es sollten alle Menschen reichlich Nahrung haben und die Speicher gefüllt sein, damit die Menschen dem Samsāra entrinnen, und daß er, der König als Bodhisattva, dafür Bewässerungsanlagen bauen und Bäume pflanzen werde. Dieser König strebte danach, zum Buddha Metteyya zu werden, unter dessen Regierung die Kranken gesund und die Armen reich werden; und so wie er taten es viele Könige nach ihm.

Es leuchtet ein, daß solche Erwartungen eher noch eine Verstärkung und Verbreitung im Volke erfuhren, als die Engländer das birmanische Königtum abschafften (Eroberung des Landes 1826-1886, letzte Könige Mindon Min 1853-1878 und sein Sohn Thibaw 1878-1885, November 1885 Einverleibung Birmas ins britisch-indische Kolonialreich). Es erhoben sich sogar neue Prätendenten für das Amt eines *Setkya Min* – dies eine Birmanisierung des Titels des Cakkavattī (pāli für *Cakravartin*), des idealen Weltherrschers der Endzeit –, und bereits 1886-1889 gruppierte sich um einen solchen der erste Partisanenwiderstand gegen die britische Kolonialherrschaft. Ähnliche Begründungen waren immer mit an den zahlreichen Aufständen beteiligt, welche folgten.

Eine besondere Rolle spielte dabei seit 1930 die sog. *Thakin- Vereinigung.* Sie war unter birmanischen Studenten entstanden, welche die bis dahin für Europäer reservierte Anrede Thakin „Meister" bewußt untereinander gebrauchten. Die Vereinigung war, in nur teilweiser Nachahmung des indischen Nationalkongresses, nationalistisch und rezipierte verschiedene europäische revolutionäre Ideologien, darunter auch den Marxismus. Aus ihr sollte die erfolgreiche birmanische Nationalbewegung hervorgehen; U Nu und Ne Win gehörten ihr an. Sie waren, wie die Mehrzahl der Thakins, überzeugte Buddhisten; die Bewegung als ganze sollte dennoch säkular-politisch verstanden werden. Um die Schmach der britischen Fremdherrschaft zu beenden und den Ruhm des birmanischen Königreichs zu erneuern, riefen die Thakins die Japaner zu Hilfe. Verbündet mit einer von jenen kontrollierten „Burma Independence Army", besetzten diese Ende 1941/Mitte 1942 das ganze Land. Die japanische Führung erklärte zwar am 1. August 1943 Birma für unabhängig, doch hatte die Bevölkerung unter der autoritären Handhabung der Staatsmacht durch Ba Maw wenig Freude; auch die Japaner, die ihn mit der Regierungsbildung beauftragt hatten, ließen sich die bei „Befreiern" offenbar unvermeidlichen Übergriffe zuschulden kommen. Es bildete sich eine antijapanische Untergrundbewegung; wieder waren es vornehmlich Minister der Thakin-Partei, die daraus die *Antifascist People's Freedom League* (AFPFL) bildeten. Die AFPFL wurde durch die Aufnahme der meisten nationalistischen Gruppen einschließlich der Sozialisten und Kommunisten zu einer großen Koalition, welche die Zusammenarbeit mit den Alliierten suchte und fand. Diese bombardierten unnötigerweise die größeren Städte Birmas, bevor sie im Frühjahr 1945 ins Land einrückten, und ihr Versuch, das wirtschaftliche System der Vorkriegszeit mit der völligen Beherrschung Birmas durch ausländisches Kapital zu erneuern, erwies sich als folgenschwerer Irrtum. Erst die Labour-Regierung unter Attlee änderte den Kurs: mit der AFPFL unter U Nu schloß sie am 17. Okt. 1947 einen Vertrag, der dem Land, das aus dem Commonwealth bereits ausgetreten war, eine demokratischsozialistische Verfassung gab. Am 4. Januar 1948 (einem Tage, der von Astrologen ausgesucht worden war) konnte die Unabhängigkeit des neuen Staates Birma gefeiert werden.

Die komplizierte Geschichte des Staates in den folgenden 25 Jahren ist hier nicht zu skizzieren. Das ideologische Ferment der Entwicklung war sicher der buddhistisch-marxistische Synkretismus; dazu gehörten auch puristische Reaktionen des unreformiert gebliebenen Sangha einerseits, des Kreml, der mit

Verdammungsurteilen nicht geizte, und seiner birmanischen Radikalkommunisten andererseits. Auf der einen Seite konnten die Puristen beider Seiten nichts besseres tun, als ihre jeweilige Tradition simplifiziert zu repetieren; andererseits stellt die Interpretation des buddhistischen „mittleren Weges" als birmanischer Weg, der innenpolitisch zum Sozialismus führt und außenpolitisch zu Neutralität zwischen den Machtblöcken beiträgt, eines der interessantesten und hoffnungsvollsten Säkularisierungsphänomene dar, für deren Legitimation das religiöse Motiv nicht in Frage gestellt werden muß. Schon in den dreißiger Jahren hatte U Nu erklärt, daß Kapitalkonzentration die Zahl jener beschränke, die Werke buddhistischer Frömmigkeit vollbringen könnten, und daß wirtschaftliche Sicherheit, nicht Armut die Meditation über die Vergänglichkeit menschlicher Werte ermögliche: die damit gegebene Relativierung des Wertes des Eigentums bereitet eher eine glückselige Gesellschaft vor als der Klassenkampf, weil er den Illusionen über den Wert des Eigentums gerade im Streben nach seiner Abschaffung verhaftet ist; in der glückseligen Gesellschaft eignen sich die Menschen über ihre unmittelbaren Bedürfnisse hinaus keine Güter an. U Nu konnte deshalb 1948 ein Land-Nationalisierungsgesetz mit buddhistischen Argumenten befürworten. Er selbst wie auch andere Führer buddhistisch-sozialistischer Bewegungen gerieten halb durch eigenes Wollen, halb in der Verehrung ihrer Anhänger unter die Aura des teils urbirmanischen, teils buddhistischen Herrscherideals.

Das dritte der drei großen Länder des Theravāda, *Thailand,* bietet im Unterschied zu den beiden anderen das Modell einer Entwicklung, die sich, soweit dies in der Gegenwart überhaupt möglich ist, ohne tiefgreifende Einwirkungen von außen, namentlich ohne Kolonisation und Okkupationen, vollzog. Das Land kam durch Eroberungszüge seiner Fürsten in Birma und Tonking im 9. Jahrhundert mit tantrischen Formen des Buddhismus in Berührung, im 13. und 14. Jahrhundert führten Könige den Theravāda-Buddhismus ein. In der Neuzeit kann man am siamesischen Buddhismus Reformen und Reaktionen, Trennung und Verbindung von Religion und Politik, Leugnung und Behauptung der Verschmelzbarkeit von Buddhismus und Kommunismus studieren, und zwar sowohl in der Zeit des Königtums bis 1932 als auch unter den seither regierenden, häufiger milden und seltener harten Diktaturen. Der größte Reformer war König Mongkut, der 27 Jahre als Mönch gelebt hatte und 1851-1868 regierte. Er war polyglott, war durch historische Studien zur Reform des Buddhismus in der Lage, förderte den Austausch mit anderen buddhistischen Ländern, protegierte auch Christentum und Islam in seinem Lande und bemühte sich um die Vereinigung von Buddha-Lehre und moderner Wissenschaft. Als Chef einer autoritären Regierung förderte Feldmarschall Sarit Thanarat 1958-1963 den Sangha nur, sofern er sich regierungskonform verhielt, und begünstigte auf diese Weise die Konservierung des Buddhismus. Er setzte damit zugleich eine Praxis des 18. Jahrhunderts fort, in der siamesische Mönche von politischer

Wirksamkeit ferngehalten worden waren. Dessen ungeachtet hatte sich in einer klösterlichen Hochschule in Bangkok aus einer kurzen Zeit der Demokratisierung vor 1958 die Beschäftigung mit politischen Fragen erhalten, die notwendig regierungskritisch werden mußte. In den laotischen Grenzgebieten, Klöstern wie laotischen und chinesischen Laienminderheiten, geschah dies im kommunistischen Sinne.

In *Laos* ist der Theravāda-Buddhismus spätestens seit dem 14. Jahrhundert verbreitet. Der heutige Staat ist eigentlich Ost-Laos, das sich gegenüber den westlaotischen Gebieten im heutigen Thailand seit dem 16. Jahrhundert verselbständigte. Seine Westgrenzen wurden erst 1907 unter französischer Herrschaft festgelegt. Diese wurde im März 1945 von den Japanern für beendet erklärt, kurz darauf folgte die Unabhängigkeitserklärung, die wegen der hartnäckigen französischen Protektionsbedürfnisse erst im Oktober 1953 erneuert werden konnte. Seither wechselt die Macht zwischen rechtsstehenden, neutralistischen und linken Gruppen und ihren Koalitionen. All ihre Führer bekennen sich zum Buddhismus, wie es von ihnen erwartet wird. Dies gilt gerade auch für das *Pathet Lao* („Land der Lao"), eine Bewegung, die seit ihrer Entstehung 1950 mit den Viet-Minh zusammenarbeitete und bis heute die Opposition gegen die korrupte Regierung und ihre von den Amerikanern aufgeblähte Armee mit den konservativen Mönchen wie mit den Kommunisten teilt, ohne auf synkretistische Thesen von einer ursprünglichen Identität zwischen Buddhismus und Kommunismus zurückgreifen zu müssen. Inhaltlich kann von Sozialismus dabei keine Rede sein.

Anders in *Kambodscha*. Im Gottkönigtum des Khmer-Volkes wurde der König im Verlauf der Entwicklung des Mahāyāna-Buddhismus vom 9. bis zum 13. Jahrhundert oft als Bodhisattva angesehen; einer hielt sich für den „lebenden Buddha". Synkretismen mit śivaitischen wie vishnuitischen Formen des Hinduismus waren in jenen Jahrhunderten häufig. Daß sie an die höfische und städtische Kultur gebunden waren, könnte der Grund dafür gewesen sein, daß vom 13.-15. Jahrhundert unter der Landbevölkerung der Theravāda-Buddhismus Platz griff; als er sich durchgesetzt hatte – im 14. Jahrhundert –, wurde er auch die Religion von König und Hof. Das Königsethos, das ähnlich wie in Birma wirtschaftliche Wohlfahrt für das Volk zur Sicherung der Muße für die auf das Nirvāna gerichtete Meditation anstrebt, soll noch während der neunzig Jahre des französischen Protektorats (1863-1953) weitgehend intakt gewesen sein. Prinz Sihanouk ging noch in den sechziger Jahren darüber hinaus, indem er dem Sangha eine große Bedeutung für die Schaffung und Erhaltung der nationalen Einheit zuwies; er knüpfte damit an die Tatsache an, daß Mönche, obwohl ihnen politische Betätigung eigentlich untersagt war, in Krisenzeiten als einzige über das Land verbreitete, volknahe und gebildete Schicht ihre kulturtragende Funktion aktivieren konnten. Von Mönchen, welchen die westliche gelehrte Buddhologie bekanntgeworden war, ging auch eine modernistische

Bewegung aus. Daneben wird die Ideologie des alten Khmer- bzw. buddhistischen Wohlfahrtsstaates als autochthoner Sozialismus interpretiert. Auch hier kann dieser sich zwar genauso wenig wie in Laos gegen eine einheimische Bourgeoisie richten, wohl aber gegen französische, vietnamesische und chinesische Kapitalisten samt Anhang; er stellt staatliche Industrie neben die private, gründet landwirtschaftliche Genossenschaften, befolgt Wirtschaftspläne und setzt dies alles in Übereinstimmung mit buddhistischer Tradition allein mittels Überzeugungskraft durch.

In *Vietnam* ist der Buddhismus nicht von Indien, sondern von China aus verbreitet worden und gehört, wie schon gesagt, der Mahāyānarichtung an. Er stand von daher häufig bereits in enger Verflechtung mit dem Taoismus und verschmolz außerdem mit der animistischen Volksreligion Südostasiens. Eine historische Würdigung des Buddhismus in Vietnam dürfte diesen noch weniger als anderswo isoliert betrachten, sondern müßte auf die ungemein komplizierten Wechselverhältnisse abheben, in denen er von Epoche zu Epoche stand. Das waren, grob gesagt, die Auseinandersetzung mit katholischem Christentum, Konfuzianismus, Caodaismus, Kommunismus und Kapitalismus unter der französischen Kolonialherrschaft und danach. Nur weniges kann genannt werden: 1862 Abtretung östlicher Provinzen Cochinchinas an die Franzosen; 1883 Annam französisches Protektorat; 1887 Bildung der Union Indochinoise aus Kambodscha, Laos und Vietnam; 1946-1954 Indochina-Krieg; die ambivalenten Beziehungen der Buddhisten zum Kaiser Bao Dai (1945-1955) (dessen Unabhängigkeitserklärung durch die japanische Besetzung ermöglicht wurde) und seinem Ministerpräsidenten Ngo Dinh Diem (1954-1963) einerseits und zur revolutionären Unabhängigkeitsbewegung des Viet-Minh unter Ho Chi Minh (seit 1941) andererseits; schließlich die vielen, sehr unterschiedlichen Engagements im Vietnam-Krieg der US-Amerikaner 1959-1973. Eine angemessene Würdigung des vietnamesischen Buddhismus ist, wie gesagt, hier nicht möglich.

Die Reformbewegung begann Anfang der dreißiger Jahre; obwohl zunächst ohne eigentlich politische Ziele, wurde sie schon deshalb eine nationale, weil sie gemeinnützige Einrichtungen schuf (Schulen, Krankenhäuser, Jugendgruppen), das Analphabetentum bekämpfte und sich um die Verbreitung der Nationalsprache bemühte. Die politische Bedeutung der Reformbewegung wuchs in dem Maße, wie Frankreich von der religiösen Erneuerung eine Abkehr von politischen Interessen erhoffte und wie die Alliierten das Viet-Minh gegen die Japaner und Bao Dai unterstützten (die Fronten sollten später bekanntlich gründlich umgekehrt werden). Soweit dabei Mönche die Rolle führender Volkskreise mitspielten, wurden sie von den Revolutionären mitausgeschaltet; soweit es den Buddhisten gelang, ihre national-kulturelle Aufgabe durchzuhalten, konnten sie in Ho Chi Minh's Befreiungsfront mitarbeiten. – Das Verhältnis des Buddhismus zum Katholizismus war belastet, nachdem es früher meistens, zuletzt unter Kaiser Gia-Long (1802-1820), von gegenseitiger Toleranz getragen gewesen war. Seine drei nächsten Nachfolger (1820-1883) verfolgten die Christen in Vietnam; dies war der Grund, den Frankreich offiziell für seine Kolonialisierung angab – kein guter Impuls für eine buddhistisch-christliche Neuverständigung in den kommenden Jahrzehnten. Präsident Diem war, wie seine Familie seit dem 17. Jahrhundert, katholisch, aber von einer konservativen bis mittelalterlichen Art; es gelang ihm nie, den Personalismus Emmanuel Mouniers, den er unter der Bezeichnung *Nhan Vi* vertrat und sogar in der von ihm erlassenen Verfassung erwähnte, von dem Ruch zu befreien, Ideologie seines Polizeistaates zu sein. Diems gottverlassener Bruder Ngo Dinh Thuc machte, seit 1960 römisch-katholischer Erzbischof von Huē, alle Fehler nach, durch die sich der politische Katholizismus da, wo er die Macht hatte, je diskreditieren konnte – im Verein nicht nur mit dem Präsidenten, sondern auch mit dem dritten und dem vierten Bruder, nämlich dem Staatsparteivorsitzenden und Geheimdienstchef Ngo Dinh Nhu und dem Militärbefehlshaber Ngo Dinh Can. Die Zurücksetzung, die durch die Macht dieses Familienrates bis zur Buddhistenkrise 1963 der Buddhismus immer wieder erfuhr, war ein sehr wesentlicher Grund, daß aus ihm die neben der Befreiungsfront, dem Viet-Cong, einzig relevante politische Massenbewegung des Landes hervorgehen konnte. Sie trug zum Sturz der Regierung Diem wesentlich mit bei und hielt ihre Opposition auch gegen die Kabinette aufrecht, die wieder von den Amerikanern – die sich zuletzt von Diem distanziert hatten – unterstützt wurden. Es wird zwar gesagt, daß die Buddhisten dies taten und tun konnten, weil sie in Wirklichkeit verkappte Kommunisten seien; dies ist aber in dieser Allgemeinheit eine ebensolche Geschichtslüge wie die, die von ihnen mitgetragenen Aufstände im Süden seien primär Aggressionen aus dem Norden des Landes. Es scheint in Vietnam nicht einmal zu einem Synkretismus aus buddhistischer und marxistischer Weltanschauung wie in Birma gekommen zu sein. Schon eher stimmt, daß es Gruppen gab, die nur dem Namen nach buddhistisch waren und z. B. die Förderung buddhistischer Einrichtungen (wie die Gründung einer buddhistischen Universität in Saigon) durch die ersten Regierungen nach 1964 sich nicht zunutze gemacht haben. Genausogut gab es politische Abstinenz und in geringem Umfang Konservativismus bis hin zu antikommunistischer Parteinahme, eine Haltung, die freilich mit der Alternative, dann die amerikanische „Militärhilfe" gutzuheißen, immer in einen unlösbaren Konflikt geriet.

Bei der Geschichte des Buddhismus in der *Sowjetunion*, der *Mongolischen Volksrepublik* und *Tibets*, und auch bei den westmongolischen Wolga-Kalmücken und Burjätmongolen, handelt es sich im wesentlichen um den Lamaismus. Vermittlungen zwischen der lamaistischen Form des Buddhismus und einer modernistischen Form, die „Sowjetbuddhismus" genannt wurde und nach 1920 über die Burjätmongolen bis in die Äußere Mongolei reichten, können als Fortsetzung russischer Einflüsse auf Tibet vor der Revolution gesehen werden. Schon zu Anfang unseres Jahrhunderts hatte der burjätische Lama Agvan Dordži

(Dordžiev, tibetisch Nag-dban-rDo-rJe) gelehrt, daß das Russische Reich das mythische Land Shambhala nördlich oder nordwestlich von Tibet sei, aus dem die Kalacakra-Literatur die messianische Gestalt des Rig-dan-Dag-po als Führer im Entscheidungskampf lamaistischer Völker gegen ihre Feinde erwartet; diesem fiele damit die Rolle eines Verteidigers des Buddhismus zu. Es gelang Dordžiev, sowohl den Zaren Nikolaus II. als auch den Dalai-Lama davon zu überzeugen, und auf beiden Seiten fanden seine Ideen erstaunliche Verbreitung. England nahm sie so ernst, daß es 1904 in Tibet einfiel, um einem etwaigen Befreiungszug Rußlands für den Lamaismus zuvorzukommen. Tatsächlich scheint die zaristische Regierung nicht daran gedacht zu haben, wohl aber später die sowjetische. Es war derselbe Dordžiev, der nun das klassische buddhistische Ziel – die Überwindung illusorischer Gegensätze zwischen Selbst und Nichtselbst – als Sozialismus interpretierte und deshalb sogar i. J. 1930 von der kommunistischen Internationale zum Vorsitzenden einer revolutionären Partei in Tibet bestimmt worden sein soll. Seine Form des lamaistisch-marxistischen Synkretismus war übrigens nicht die einzige. Eine andere bestand darin, daß die vom wiedergeborenen Sagenhelden Kesar aus Shambhala gebrachte Gerechtigkeit mit dem Ziel der mongolischen Revolution identifiziert wurde; eine dritte darin, daß man den Dsungarenkönig Amursena in der Gestalt des bolschewistischen mongolischen Partisanenführers Has Bator erwartete usw.

Stalin, Vertreter der „Macht an sich", verlieh seit 1929 seiner Überzeugung von der Unvereinbarkeit buddhistischer und kommunistischer Lehren blutigen Nachdruck – heute gibt es Buddhismus nur noch im privaten Bereich einiger Völker der Sowjetunion und der Mongolischen Volksrepublik. Nun erstarben die messianischen Gedanken auch in Tibet. Die äußere Liquidation des Buddhismus erfolgte hier durch die gewaltsame Eingliederung des Landes in die Chinesische Volksrepublik i. J. 1951 und die Niederwerfung des tibetischen Unabhängigkeitsaufstandes 1958/59. Was die tibetische Seite anlangt, so leugnen auch Antikommunisten nicht, daß die seit dem fünften Dalai-Lama besonders massiv als Inkarnationen Buddhas geltenden Herrscher einen mittelalterlichen Feudalismus aufrechterhielten, der keinerlei geistige und gesellschaftliche Entwicklung zuließ. Tibeter selbst haben deshalb zum Zweck seiner Beseitigung mit der chinesischen Seite zusammengearbeitet, und diese zeigt ihrerseits seit dem Sieg der Revolution und bis heute ein keineswegs eindeutig negatives Verhältnis zum Buddhismus. Die Chinesen konnten den Panchen-Lama gegen den Dalai-Lama ausspielen, aber neben den dummen buddho-kommunistischen Scharlatanerien des ersteren scheint z. B. auf die 1950 in Peking vollzogene Vereinigung aller Theravāda-, Mahāyāna- und lamaistischen Gruppen zur *Buddhist Association of China* die Diagnose der Gleichschaltung nicht zuzutreffen. Auch sind Buddhologie wie Gelehrtenbuddhismus in der Volksrepublik China nachhaltig gefördert worden, und der Volksbuddhismus wird immerhin als Kulturfaktor, durch Umwandlung von Tempeln in Museen und auf ähnliche Weise konserviert. – Der Lamaismus hat nach der brutalen Zerschlagung seiner feudalistischen Form und der Flucht des Dalai Lama 1959 eine innere Erneuerung erfahren. Wohlwollend wurde er in der ganzen Welt aufgenommen. Von den vielen Stätten, die klösterliche Mittelpunkte für vertriebene Tibeter wurden, wissenschaftliche Religions- und Sprachforschung treiben und Interessenten von außerhalb für Meditationstechniken und eine Art lamaistischer Religionsphilosophie zu gewinnen vermögen, seien nur das Zentrum in Kathmandu (Nepal) und das „Klösterliche Tibet-Institut" in Rikon (Schweiz) erwähnt.

In der einschlägigen Literatur wird meistens nur eine Verunreinigung der Religion durch Politik, nicht aber die natürliche Entwicklung beider auf der Suche nach der besseren Welt gesehen. Nicht nur der klassische und auch als solcher bis heute weiterhin lebendige, sondern auch der moderne bis modernistische Buddhismus ist in seiner Vielgestaltigkeit erklärbar. Die Vielgestaltigkeit ist keine substanzlos-proteushafte, sondern folgt aus dem einsichtig dialektischen Verhältnis zwischen Weltablehnung und Weltzugewandtheit, in welchem das buddhistische Erlösungsprinzip wirkt. Die Weltablehnung läßt in der Welt nur ein pragmatisches Verhalten zu, das sich apolitisch oder politisch äußern kann. Das apolitische Verhalten wird sich auf die religiöse Gemeinde und ihre Praxis, das politische Verhalten auf die Entwicklung aller möglichen Lebensformen, von konservativen bis zu sozialistischen, für die Bürgergemeinde richten. Für die Vorteile einer politischen Abstinenz bietet der Buddhismus Thailands, für die Motivationen zu politischem Engagement der Ceylons mehr Beispiele. Die Weltzugewandtheit verlangt neue Interpretationen von Lehrinhalten und ist deshalb nicht pragmatisch, sondern inhaltlich politisch, oft direkt ideologisch. Hierfür stehen vor allem die marxistisch geprägten buddhistischen Synkretismen in Birma und anderswo, aber paradoxerweise auch die Selbstverbrennungen sowie andere Arten von Selbsttötung, daneben Selbstverstümmelungen. Die vietnamesischen Mönche, die damit auf die Katastrophe in ihrem Lande aufmerksam machten und so zugleich die Waffe gewaltloser Durchsetzung politischer Ziele schmiedeten, waren nur die ersten, die das Bewußtsein der Weltöffentlichkeit erreichten. In Wirklichkeit stehen sie in einer langen, wenn auch nicht sehr dichten Tradition, die über den chinesischen auf den frühen Mahāyāna-Buddhismus zurückgeht: es ist die Leerheit alles Seienden, in diesem Falle des Menschen, die durch seine Selbstauslöschung symbolisiert wird. Das damit gegebene Vorbild der Überwindung aller Empfindungen und irdischen Bindungen soll zugleich bei den Zeugen des Ereignisses entsprechende Einsichten hervorrufen; diese aber können sich auch in Aktivitäten umsetzen, andere, durchaus welthafte Bedingungen für den Buddha-Anhänger zu schaffen, die Welt zu überwinden.

Mit der breiten Skala der Konsequenzen, zu denen der unpolitische wie der politische Buddhismus führen kann, sind auch schon alle Formen seiner

Ideologisierbarkeit genannt. Sie sind allesamt da gegeben, wo die Nirvāna-Vorstellung säkularisiert d. h. wo die Idee eines „weltlichen Nirvāna", eines Zustandes vollkommener Harmonie im zwischenmenschlichen Verkehr bis hin zum Weltfrieden, den Realitäten dieser Welt entgegengesetzt und von diesen aus erstrebt wird. Die Versuche, das Wechselverhältnis zwischen Religion und Ideologie in einen Gegensatz zu verwandeln, d. h. die politische Idee im Sinne einer Verfälschung durch Religion im Sinne von Wahrheit zu überwinden bzw. zu ersetzen, schaffen der Ideologisierung nur immer neue, regenerierte Anstöße. Davon profitiert, unter anderem, die Bestimmung des Verhältnisses zur modernen Wissenschaft: dies ist nach repräsentativen Buddhisten das positivste, das eine Religion überhaupt haben kann. Vor allem wird auf die altbuddhistische Lehre von den unteilbaren unstofflichen Elementen, aus denen die Welt besteht, und von der Vielzahl der Welten verwiesen; es wird behauptet, daß diese mit moderner Atomenlehre und Kosmologie übereinstimmt. Dahinein fügt sich, unerachtet relativ reicher buddhistischer Anschauungen über Götter endlicher Macht, die Ablehnung des Glaubens an einen personhaften Gott und allmächtigen Schöpfer der Welt. Die eine Seite davon ist die Ergänzung eines modernen buddhistischen Weltbildes durch einen „wissenschaftlichen Atheismus", der dem Buddhismus als einziger im Kreise der Weltreligionen sogar bei westlichen Freidenkern Respekt verschafft; die andere Seite jener Ablehnung kann für Religionskritik betont werden. Für die spezielle Kritik am Christentum kommt der Protest gegen die Schöpfung einer leidvollen Welt durch einen angeblich die Menschen liebenden Gott und gegen die „Auferstehung des Fleisches" hinzu, die nicht davon überzeugt, daß sie zu einer heilvollen, der Erlösung nicht mehr bedürftigen Existenz führen soll.

§ 3. Konfuzianismus

„Es scheint, als ob die Zerstörung traditioneller religiöser Vorstellungen von dem bewußten Streben begleitet wurde, die politische Ideologie um Elemente eines stark religiösen Inhalts zu bereichern ... Es ist noch zu früh, voraussagen zu wollen, in welchem Ausmaß diese Tendenzen die weitere Entwicklung des chinesischen Marxismus werden charakterisieren können" (G. Malmquist). Vielleicht ist es prinzipiell unmöglich. Der *Maoismus* in China jedenfalls gibt dem westlichen Betrachter nichts als Rätsel auf. Ist dieser geneigt, die „alte chinesische Sehnsucht nach Erfüllung im Diesseits" (T. Grimm), die chinesische „Hoffnung auf Glück" (W. Bauer) als Grundbedingung dafür zu sehen, daß der Marxismus an die Stelle des Konfuzianismus treten konnte so belehrt ihn der chinesische Mao-Anhänger über die totale Diskontinuität, welche die Revolution, insbesondere die Kulturrevolution im Verhältnis zur älteren religiösen Tradition gesetzt hat. Der europäische oder amerikanische Interpret möchte auch wohl in Mao Tse-Tung den Heros des ganzen neuen China sehen, so wie Konfuzius der des ganzen alten China war. Dem wird entgegengehalten, daß Konfuzius die Beamtenelite des Staates begründet habe und nur von dieser Klasse verehrt werde, die sich anmaßender Weise als die Menschen schlechthin bezeichnet habe, welche die Brüder aller Menschen zwischen den vier Weltmeeren zu sein behaupten, während es die Leistung Maos sei, „den Auftrag zu ändern" (*ko-ming*, das chinesische Wort für „Revolution"), den die Bildung hat, und zwar dahin, daß die Kultur nun endlich dem Proletariat zur Verfügung steht, dem *wu-ch'an chieh-chi*, d. h. der „produktionsmittellosen Klasse".

Die Frage kann hier nicht entschieden werden. Tatsache aber ist, daß als Vorläuferin der kommunistischen Revolution in China die *T'aip'ing*-Bewegung der Jahre 1850-1864 gilt. *T'ai-p'ing*, „großer Friede" oder „allgemeine Gerechtigkeit", ist ein alter politisch-sozialer Heilsbegriff. Schon gegen Ende des 2. Jh.s n. Chr. diente er einer taoistisch beeinflußten buddhistischen Sekte als Devise. Sie verband sich im 19. Jh. mit christlichen Gedanken, die dem Dorfschullehrer Hung Hsiu-ch'üan durch protestantische Mission bekannt geworden waren. Dieser Mann wurde zum Führer einer Rebellion, die gegen die regierende Mandschu-Dynastie (1644-1912) nationale Traditionen aus der Zeit der Ming-Dynastie (1368-1644) durchzusetzen versuchte. Damit verbunden war der Kampf um eine Landreform mit Überführung von Grundbesitz in Gemeineigentum. Die Bewegung konnte große Teile Südchinas einnehmen und Nanking erobern. Die Stadt wurde nach außen die Gegenhauptstadt zur Mandschu-Dynastie. Nach innen wurde sie zur Hauptstadt des „himmlischen Reiches des großen Friedens" (*t'ai-p'ing t'ien-kuo*) ausgerufen. Bei dieser Proklamation nahm Hung Hsiu-ch'üan, der sich bis dahin als jüngerer Bruder Jesu Christi, des Sohnes des südchinesischen Hochgottes *T'ien-kung* („Himmelsgroßvater") bekannt hatte, den Titel *T'ien Wang* („himmlischer König") an (1. Januar 1851). In seinem Staat wurden die christlichen zehn Gebote übernommen und z. T. konfuzianisch interpretiert, dazu Taufe, Lossprechung von irdischen Vergehen („Sünden") und Sabbatheiligung. Daneben wurde der chinesische Ahnendienst beibehalten. Die Bewegung wurde mit militärischer Gewalt niedergeschlagen.

§ 4. Judentum

„Auch in unserer Zeit machen sich unter den Juden in aller Welt Strömungen geltend, die in vieler Hinsicht vom überlieferten Judentum, auch im Grundsätzlichen, abweichen" (R.Edelmann). Wie immer man die Authentizität dieser Strömungen beurteilt, historisch hängen sie mit dem überlieferten Judentum zusammen. Beachtung verlangen in diesem Zusammenhang vor allem der jüdische Liberalismus, der religiöse Zionismus, die prägende Kraft altbiblischer

Modelle für das Erleben missionierter und sich emanzipierender Eingeborener und das prophetische Erbe in neueren revolutionären Bewegungen.

Die Entstehung des neueren jüdischen *Liberalismus* fällt mit dem Beginn der jüdischen Emanzipationsbewegung zusammen. Diese wurde möglich, als sich i. J. 1579 die Niederlande von der spanischen Herrschaft befreiten und Wilhelm von Oranien in dem neuen Staat die Gewissensfreiheit verkündete. Nun zogen vor allem Marranen dorthin, d. h. Juden, die in Spanien und Portugal unter Druck die Taufe angenommen hatten, aber ihren jüdischen Sitten treu geblieben waren. Aus ihren Niederlassungen entstanden jüdische Gemeinden in Amsterdam, Alkmaar, Rotterdam, den Haag, in den Provinzen Groningen und Friesland. Während des dreißigjährigen Krieges erhielten sie Zuzug aus Deutschland. Die Juden machten ihre Beziehungen nach Nordafrika, dem Orient und nach Übersee ihrem neuen Wirtsvolk zunutze, sie wurden weltläufig in Handel und Bildung, nicht ohne damit ständig die Orthodoxie in ihrer eigenen Mitte zur Reaktion herauszufordern. Höhepunkt solcher Auseinandersetzungen war der Bann, den die jüdische Gemeinde in Amsterdam i. J. 1656 über den Philosophen Baruch Spinoza (1632-1677) verhängte; sie hatte richtig erkannt, daß der Pantheismus ihres Genossen nicht der biblische Gottesglaube war. Weder diese Philosophie noch die Lebensweise Spinozas lassen sich freilich schon als Liberalismus bezeichnen.

Dazu konnte es erst kommen, seit der große Moses Mendelssohn (1729-1786) die deutsche Aufklärungsbewegung mitbestimmte, ohne sein Judentum aufzugeben, und seit die Eroberung der Niederlande durch die Franzosen i. J. 1795 den Juden die volle bürgerliche Gleichberechtigung brachte. Nach und nach erfolgte, wenigstens formell, die Anerkennung von Juden als Staatsbürgern in den meisten europäischen Staaten. Das Collegio Rabbinico in Padua, 1829 gegründet, wurde die erste in einer lange Reihe jüdischer Hochschulen. Sie wurden Träger sowohl der Orthodoxie als auch von Reformbewegungen, namentlich wenn an ihnen nicht das traditionelle Talmudstudium, sondern die sog. „Wissenschaft vom Judentum" gepflegt wurde. Der jüdische Liberalismus gedieh in Westeuropa in der Nähe dieser Wissenschaft und im Zusammenhang mit Bemühungen, den Gottesdienst umzubilden. Philosophen wie Salomon Formstecher (1808-1889), Samuel Hirsch (1815-1889), Salomon Ludwig Steinheim (1789? - 1866), Moritz Lazarus (1824-1903), Hermann Cohen (1842-1918) versuchten teils in kantianischer Tradition eine rationalistische Neu- und Nachbegründung der Grundprinzipien des Judentums, teils suchten sie durch Wissenschaftskritik einen theoretischen Raum zu eröffnen, in dem nur die Offenbarung wirken könne. – Israel Jakobson (1768-1828) richtete einen jüdischen Gottesdienst mit Predigt, Gebeten und Gesängen in deutscher Sprache ein, und Isaak Noah Mannerheimer gab ein Reformgebetbuch heraus. Lag das liberale Prinzip in Philosophie, Wissenschaft und bürgerlicher Lebensform in der Überzeugung von der Konvergenz der aufgeklärten Vernunft und der Of-

fenbarung, so lag es im Gottesdienst im Verzicht auf den Lobpreis der Volk-
haftigkeit des Judentums und auf die ausgesprochene Erwartung der Ankunft
des Messias und die nationale Wiederherstellung Israels. Paradoxerweise wird
man auch das offizielle Selbstverständnis des modernen Staates Israel ein liberal-
jüdisches nennen müssen. Jedenfalls sieht das orthodoxe Rabbinat in diesem
Staate nicht die Erfüllung der Sehnsucht des Judentums, anerkennt Israel de
jure nicht und betet weiterhin um die „Rückkehr des jüdischen Volkes zum
Zion". Tatsächlich bekennt sich Israel nach seiner Konstituierung nicht zu den
Richtlinien der Tora, obwohl es eine eigentliche Trennung von Religion und
Staat nicht gibt. Zur Regierung Israels gehört ein eigenes Ministerium für religiöse Angelegenheiten, das die Forderungen und Vorschläge des Rabbinats nicht
anders entgegennimmt und behandelt als die Forderungen und Vorschläge der
übrigen im Lande bestehenden Glaubensgemeinschaften. Nach der Eroberung
der Jerusalemer Altstadt im ersten jüdisch-arabischen Krieg wurde keineswegs
der Felsendom durch einen dritten oder vierten Tempel mit Opfergottesdienst
ersetzt; solange der Tempelplatz noch nicht erobert war, hatten Beobachter
einen Grund für das Zögern in dem Widerstreit sehen wollen, der zwischen der
vermeintlichen Unabdingbarkeit und dem Anachronismus der Pflicht bestand,
den Tempelgottesdienst wieder einzurichten. Im Eherecht, in der Sabbatfrage,
in den Speisevorschriften und auf vielen Gebieten, die durch öffentliches Recht
geregelt werden, trachtet die Mehrzahl der Israelis danach, von der traditionellen rabbinischen Religiosität loszukommen, ohne die Werte zu verwerfen, die
der alte Glaube als geschichts- und kulturbildende Kraft geschaffen hatte. Auf
diesen Sachverhalt trifft nicht die Diagnose der Säkularisierung, sondern die
einer liberalen Religiosität zu.

Viel davon war in der *zionistischen Idee* bereits angelegt, kaum lösbar in sie
hinein verwoben aber ist die messianologische Ansicht, die Rückkehr Israels in
das Land der Väter sei ein göttliches Gnadengeschenk, welches das Nahen der
Endzeit anzeige. Auch die pragmatischsten und weltlichsten Begründungen für
ein gesichertes Dasein, das die Juden in eigener Verantwortung sollten führen
können, zogen schließlich niemals in Zweifel, daß der Platz dafür Palästina sei;
ein britisches Angebot, den Judenstaat in Uganda einzurichten, wurde vom 6.
Zionistenkongreß 1903 nur unter einem äußeren Zwang angenommen und bald
wieder verworfen. Dennoch – so unaustauschbar der Zielort Zion-Jerusalem-
Palästina für die zionistische Bewegung immer blieb, die Begründungen für ihn
haben im Laufe ihrer Geschichte die verschiedensten Aspekte, die von Fall zu
Fall genau erfragt werden müssen. Das kann in der hier gebotenen Kürze nicht
geschehen.

Juden, die ihren Lebensabend im Heiligen Lande verbrachten und dort ihre
letzte Ruhestätte fanden, hatte es immer gegeben. Die schwierige Lage der Juden in Rußland führte dazu, daß seit Mitte des 19. Jahrhunderts auch landwirtschaftliche Siedlungen in Palästina gegründet wurden, die solche Einwanderer

aus Rußland aufnehmen konnten, die sich weder den Reglementierungen und Schikanen der zaristischen Verwaltung beugen, noch in den Westen ausweichen, noch die traditionell-orthodoxe Sonderexistenz weiterführen wollten. Sir Moses Montefiore, Präsident des Deputiertenkollegiums der britischen Juden, hatte es nach Begutachtung der Lage der russischen Juden erreicht, daß der türkische Sultan Landankäufe in dem von seiner Regierung sehr vernachlässigten Palästina gestattete. Unter dem Einfluß von Leo Pinskers Schrift „Autoemanzipation" (1882) bildete sich eine Vereinigung, welche die landwirtschaftlichen Siedlungen zu Musterkolonien weiterentwickeln wollte. Dies etwa war die Situation, die 1896 bestand, als das Buch „Der Judenstaat" von Theodor Herzl (1860-1904) erschien. Mit ihm trat der Begriff des *Zionismus* in die Geschichte, und die nicht mehr auf Siedlungen, sondern auf einen eigenen Staat zielende Bewegung, die nun entstand, sog bald alle bisherigen Strömungen auf. Dies wurde durch die Zionistenkongresse möglich, die, klug parlamentarisch organisiert, die verschiedensten Gruppen zur Zusammenarbeit brachten. Das Streben nach einem Staat, welches das Ziel namentlich derjenigen Auswanderungsbewegung war, die nach dem Tode Herzls einsetzte, schuf bis zum Ersten Weltkrieg noch kein brisantes politisches Problem. Die ersten Maßnahmen, die dazu nötig waren, Gründung von Gemeinschaftssiedlungen in jüdischer Regie ohne arabische Hilfskräfte und Aufbau eines jüdischen Schul- und Bildungswesens, war äußerlich nur eine Fortsetzung der Käufe von Land für wirtschaftliche Nutzung durch Juden, und das Geschick des Justitiars der Zionistenkongresse, Max Bodenheimer, tat ein übriges, zwischen den deutschen, französischen und englischen Interessen zu vermitteln, in deren Einflußbereich das türkische Palästina lag. Erst dadurch, daß die Engländer, bzw. miteinander konkurrierende britische Ministerien, im Ersten Weltkrieg und danach das der besiegten Türkei entrissene Palästina viermal weggaben, wurde der politische Grund für die folgenden Katastrophen gelegt.

Die Engländer hatten erstens den Arabern die Unabhängigkeit ihres Heimatlandes Palästina versprochen, da sie, nicht zuletzt durch T. E. Lawrence für die englische Seite gewonnen, im Kampf gegen die Türken große Opfer gebracht hatten. Außerdem aber hatten die Engländer den Juden in der „Balfour-Declaration" vom 2. November 1917 die Schaffung einer „nationalen Heimstätte" in Palästina zugesichert. Sie hatten drittens im „Sykes-Picot"-Abkommen vom Mai 1916 mit Frankreich eine internationale Verwaltung Palästinas vereinbart und viertens 1918 das Land unter eigene Militärverwaltung genommen und sich 1920 auf der Konferenz von San Remo das Mandat übertragen lassen. Hiermit war der israelisch-arabische Konflikt programmiert. Er war weder durch die Abtrennung des Ostjordanlandes unter Emir Abdullah aus dem Geschlecht der Scherifen von Mekka (1923) noch durch Beendigung der Mandatsherrschaft und Ausrufung des Staates Israel (14. 5. 1948) zu lösen; die Verbrechen Hitlerdeutschlands am Judentum verstärkten unter anderem die Bewegung zum Zion hin zu solcher Wucht, daß zwangsläufig die alte israelitische wie die alte islamische Institution des Heiligen Krieges zu neuem Leben erweckt werden mußte. Hier Versöhnung zu erreichen, die freilich nicht in Sicht ist, wäre ein Vorgeschmack des Ewigen Friedens.

In Palästina ist „Israel im Kriege" eine Realität. An vielen andern Stellen der Erde ist es ein *Modell*. Ihm ordnen sich andere, weniger wichtige Züge zu, und schließlich hält sich das Jüdische im judenchristlichen Messianismus der nachchristlichen Religionen durch. „In dieser Hinsicht und auf Grund der gesammelten Dokumentation können wir sagen, daß die ‚primitiven' Gesellschaften sich aus der Lehrtätigkeit der Missionen und insbesondere aus dem Alten Testament eine Vielzahl von Elementen aneigneten, in denen sie – jeweils in der kulturellen Sprache des Westens und des Christentums ausgedrückt – Vorbilder für ihr eigenes Erleben erkannten. In verschiedenen, voneinander unabhängigen Fällen, von den Maori Neuseelands zu den Kikuyu in Kenya, von den Bantu Südafrikas zu den Negern Jamaikas (Tafari-Kult), bis zu den Anhängern des Ghost-Dance (in der Deutung, die die Mormonen dieser Bewegung gaben) fanden die von den Kolonialisten verfolgten Eingeborenen in den Verfolgungen, die das alte Volk der Juden hatte erdulden müssen, das biblische Vorbild, das sie dazu ermächtigte, sich als Nachkommen der verlorenen Stämme Israels zu proklamieren. Die Polygamie Jakobs, Davids und Salomons diente dazu, ihre eigene traditionelle Polygamie zu rechtfertigen, die ebenfalls von den Missionaren verdammt wurde. Der emanzipatorische Prophetenglaube selbst fand sein echtes Vorbild in der mosaischen Religion, während die Passion, die Festnahme, die Gefangenschaft, das Opfer, das einzelne eingeborene Propheten und Religionsgründer auf sich nehmen mußten, in Jesus ihren gültigen Vorläufer hatten. Außerdem konnten die Eingeborenen eine weitere Bestätigung und Beglaubigung der eigenen religiösen Einstellung durch die zu ihnen gelangten westlichen Messiasbewegungen jüdisch-christlichen Ursprungs finden" (V. Lanternari).

„Der emanzipatorische Prophetenglaube": man weiß nicht, ob man ein Utopiedenken, das die *Utopie* immer schon auf ein Hier und Jetzt bezogen weiß und sich der nicht dispensierbaren Verantwortung des Einzelnen und der Gemeinschaft bewußt ist, zur Verwirklichung der Utopie ihr Teil zu tun – ob man ein solches Denken die Fortsetzung oder die Säkularisierung jenes Prophetenglaubens nennen soll. Der Jude Karl Marx, in dieser Hinsicht ein Sonderfall und als er selbst in diesem Zusammenhang nicht zu nennen, wurde durch den „Kommunistenrabbi" Moses Hess auf die Wichtigkeit des Kommunismus aufmerksam gemacht. Juden waren Ferdinand Lassalle, der Protagonist der deutschen Arbeiterbewegung, und Rosa Luxemburg, die Theoretikerin der deutschen Linken. Juden waren führende Köpfe in der Münchner Räterepublik und in der österreichischen Sozialdemokratie, sie spielten in der russischen Sozialdemokratie und in der kommunistischen Bewegung eine führende Rolle. Zu den

„utopischen Sozialisten" bekannte sich Martin Buber. Die Gesellschaftskritik eines E. Bloch und W. Benjamin, der historische Materialismus eines Th. W. Adorno, M. Horkheimer, H. Marcuse ist mindestens utopisch durchbrochen. Und daß es die Psychoanalyse des Juden Sigmund Freud ist, welche die drei Letztgenannten so tief in ihre kritische Theorie einbeziehen, genauer: daß es gerade die Einsicht in eine bestimmte Verfallenheit des Einzelnen ist, die sich von der Utopie aus gesellschaftsbezogen gegen den Fortschrittsglauben ins Feld führen läßt, zeigt mehr an als bloße Affinität. Daß die genannten Positionen häufig mit Religionskritik verbunden sind, kann gerade die Funktion des Jenseitig-Prophetischen als logische Kritik an diesseitig-menschlicher Religionsschöpfung anzeigen. Einer simplen religionsgeschichtlichen Verrechnung der Sozialisten und Revolutionäre unter das jüdisch-prophetische Erbe ist damit freilich gewehrt. Um das Problem, das dennoch besteht, sachgemäß aufzuarbeiten, hat die Religionswissenschaft ganz neue Kategorien nötig, die erst in Ansätzen ausgearbeitet sind.

§ 5. Christentum

Die christliche Religion hat an den Erscheinungen, die in diesem Kapitel behandelt werden, wahrscheinlich den vielschichtigsten Anteil. Rezipierend, verwandelnd und herausfordernd wirken bereits diejenigen Positionen, die in den organisierten Kirchen vertreten werden: Es gibt hier nicht nur Erstarrungen, Wiederbelebungen, Weiterentwicklungen, die innerhalb der sich selbst reproduzierenden christlichen Traditionen, d. h. rein als Kirchengeschichte dargestellt werden müssen, sondern eine ganze Reihe von Phänomenen, die über die jeweiligen Konfessionen mehr oder weniger deutlich hinausweisen und inhaltliche Übereinstimmungen mit nichtchristlichen Religionen anzeigen.

Was die Häufigkeit solcher Phänomene anlangt, so bestehen Unterschiede zwischen den Kirchen, je nachdem, wo und unter welchen historischen Bedingungen sie gewirkt haben. Man kann sie unter diesem Gesichtspunkt in drei Gruppen einteilen: Kirchen, die im 16. Jahrhundert und z. T. weiterhin eine Reformation durchgemacht haben; alte Kirchen, bei denen dies nicht der Fall war; und junge Kirchen in Asien, Afrika und Lateinamerika. Aber nicht nur im Blick auf diese drei Gruppen, sondern sogar innerhalb jeder dieser Gruppen sind die Grenzen zu Synkretismen, Renaissancen, Säkularisationen und Neubildungen, die idealtypisch außerhalb der eigentlichen Kirchen angesetzt werden müssen, fließend.

Schon die Kirchen oder Gruppierungen, die auf die sechs verschiedenen *reformatorischen Strömungen* des 16. Jahrhunderts zurückgehen oder deren Lehren mit damals vertretenen vergleichbar sind, bilden ein breites Spektrum. Der rigideste christliche Purismus, der deshalb gegen Häresie, Grenzerweichung,

Metamorphose am immunsten ist, dürfte in jener europäisch-festländischen Reformation durchgesetzt worden sein, deren Hauptfigur Johannes Calvin (1509-1564) war. Die andere Reformation, in deren Zentrum Martin Luther (1483-1546) stand, wurde für Verunsicherung des Unterschiedes zwischen wahrer und falscher Religion und damit für organisatorischen Zerfall bis zur Bildung von Freikirchen um so anfälliger, je pointierter sie in Sakraments- und Rechtfertigungslehre statt auf Gerechterklärung auf Gerechtmachung des Menschen drang: die menschliche Natur verschaffte sich dadurch wieder – freilich ohne sich dazu zu bekennen – Recht auf religiöse Selbstgestaltung. Die Kirche, die aus der anglikanischen Reformation entstand, tendierte zu noch größerer Vielfalt; um nicht darin aufzugehen, mußte sie Weitherzigkeit als Prinzip in ihre Struktur aufnehmen – das hatte den äußeren Nachteil, daß sie seit der Reformation tiefere innere Spannungen durchleiden mußte als fast jede andere Kirche, und den Vorteil, daß sie heute in der vielgestaltigen ökumenischen Bewegung eine einzigartige Rolle spielen kann. Nimmt man einiges, was in Ökumene und Anglikanismus zur Harmonie gelangt, als Bestandteile von natürlicher Religion, so gehört sachlich weithin die Volksreligion damit zusammen, die innerhalb des Katholizismus lebt; doch darüber hinaus weit in Theologien hinein, die man gern für nur calvinistisch-, lutherisch-, anglikanisch-protestantisch hält, greift die vierte Reformation, die konservative, die vom Konzil von Trient (1545-1563) durchgeführt wurde. Die Sektenreformation schließlich ließ auf Grund der Überzeugung jeder einzelnen Gruppe, daß der Geist Gottes die wahre Kirche ausschließlich in ihrer Mitte wirke, einem allgemein-menschlichen Spiritualismus Raum, der nahezu in jede Richtung konvertierbar war und von damals bis heute die meisten Synkretismen ermöglichte. Und sechstens begann auch Erasmus von Rotterdam (1469-1536) als Reformator; doch die Kirchen schieden all das aus, was aus seinem Bemühen bei den italienischen Humanisten und schließlich bei Michael Servet (1511-1553) und den Sozinianern (antitrinitarische Bewegung im engeren Sinne etwa 1556-1658) daraus wurde. Gleichwohl wird hier mitten im christlichen Bereich die Entstehung einer Vernunftreligion greifbar, welche in eine Tradition tritt, die von der Metaphysik der ausgehenden Antike über die Renaissancephilosophie bis zum modernen bewußt nichtchristlichen oder gewollt christlichen Atheismus reicht.

Alte Kirchen, die keine Reformation im westlichen Sinne durchgemacht haben, sind die orientalischen Nationalkirchen und die sogenannten orthodoxen Kirchen. Die letzteren gingen aus der Reichskirche der byzantinischen Welt hervor, die heute bei den Griechen weiterlebt, und gewannen unter Georgiern, Serben, Bulgaren, Russen und Rumänen eine je eigene Gestalt. In den orientalischen Nationalkirchen sind es vor allem die Gotteslehren, die mono- und dyophysitischen Christologien und die Sakramentslehren, die immer wieder die Frage aufwerfen, ob in ihnen Anschauungen wirksam sind, die vollinhaltlich nicht dem Christentum zugerechnet werden können. Daneben ist bei syrischen

Theologen, und zwar bei Nestorianern wie Jakobiten, eine Argumentationsweise gebräuchlich, in der übernommene Inhalte so unverändert bewahrt und nebeneinandergestellt werden, daß allenfalls das Prinzip der Addition, Verbindung oder Synthese das geistige Eigentum eines Autors genannt werden kann, nicht aber ein geistiges System als solches. Diese Argumentationsweise hat eine Grundlage im antiken Synkretismus und ist auch in der islamischen Koranauslegung gebräuchlich, die sich häufig in enger zeitlicher und räumlicher Nachbarschaft zur Bibelauslegung der syrischen Kirche findet. Die orthodoxen Kirchen waren vor allem durch die mystischen Zuspitzungen ihrer Seelenlehren und durch das Symbolverständnis, das in ihrer Bilderverehrung liegt, mit dem Denken der ausgehenden Antike verbunden. Heute sind sie, abgesehen von ihrer Selbstdarstellung im gottesdienstlichen Leben, auch von Menschen, die nicht zu ihren Gemeinden gehören, als Repräsentanten und Hüter einer Geistigkeit anerkannt, die in einem allgemeinen, gar nicht mehr kirchlichen Sinne als Mittel zur Verklärung des Materiellen erstrebt wird. Orientalische und orthodoxe Kirchen repräsentieren deshalb ganz abgesehen davon, daß sie als konfessions- und liturgiegeprägte Gemeinschaften in die Kirchengeschichte als Teil der Religionsgeschichte gehören, übergreifende Phänomene, die in einem Zusammenhang, der sich mit der Geschichtsmächtigkeit orientalischer und griechischer Traditionen befaßt, gründliche Beachtung verlangen würden. Denker, die aus der orthodoxen Kirche kamen oder ihr als Laientheologen nahestanden, wie Alexej Chomiakow (1804-1860), Iwan Kirejewski (1806-1856), Konstantin Leontjew (1831-1891), Wladimir S. Solowjew (1853-1900), Sergej N. Bulgakow (1871-1944) und Nikolaj A. Berdjajew (1874-1948) haben darüber hinaus einen starken Einfluß auf das Geschichtsdenken der Gegenwart ausgeübt, auch auf das, welches gemeinhin ein säkulares genannt wird.

Die *Jungen Kirchen* schließlich sind längst nicht mehr die erweiterten Missionsstationen westlicher Mutterkirchen oder Abwandlungen europäischer oder amerikanischer Kirchenmodelle. Die missionsmethodischen Erwägungen aus dem 19. Jahrhundert, denen zufolge unabhängige Kirchen mit eigenem geistlichen Amt entstehen sollten, sind in die Praxis umgesetzt. Und auf dem Grund der Voraussetzungen, die in den jeweiligen Ländern gegeben waren, haben die Jungen Kirchen ihre eigene Gestalt entwickelt. Dies geschah durch zwei eng zusammenhängende Vorgänge: einmal im missionarischen Dialog mit der jeweiligen nichtchristlichen Gesellschaft, in welchem das Gesetz der Anpassung durch Antwort auf eine Herausforderung wirkte, zum anderen aber auch dadurch, daß die Bekehrten ja nun nicht einfach den Angehörigen nichtchristlicher Religionen neu und fremd begegneten, sondern in vielerlei Hinsicht mit ihnen verbunden blieben. Auf diese Weise brachten sie nicht nur die jeweilige Kultur und Sprache, worin sie aufgewachsen waren, in die neuen christlichen Gemeinden ein, sondern auch religiöse Anschauungen, die sie eigentlich abgelegt haben sollten und wollten. Die Religionsgemeinschaften, die auf diese Weise entstanden, kann man unter phänomenologischem Aspekt „synkretistisch", unter christlich-theologischem Aspekt „nachchristlich" nennen. Dies bedeutet, daß die so entstandenen Gruppierungen und Bekenntnisse, die z. T. als qualitativ neue Religionen bezeichnet werden müssen, nicht nur chronologisch, sondern auch prinzipiell erst entstehen konnten, nachdem es christliche Verkündigung gab. Vielfach traten dabei, z. B. in der Gottesvorstellung sowie im Zeit- und Erlösungsverständnis, Strukturen hervor, die das Christentum seit seiner Entstehung immer wieder hatte überwinden wollen, nun aber in einer Form, die die christliche Kritik daran zu einem weiteren Element in der jeweiligen neuen Religion machte. Dieser Vorgang bewirkte, daß die neuen Gemeinschaften teils auf der Grenze zwischen christlich und nichtchristlich stehen und von ihren eigenen Angehörigen wie von Außenstehenden in der einen oder anderen Richtung interpretiert werden können, teils definitiv nachchristlich und damit gegen die ursprüngliche christliche Verkündigung immun geworden sind.

Innerhalb der Kirchen, die aus historischen Gründen eindeutig christlich genannt werden müssen, hätten in einem Sammelwerk, das die Kirchengeschichte in die Religionsgeschichte einbezieht, die Erneuerungsbewegungen nach Art des Zweiten Vaticanums oder der Programme des Ökumenischen Rates der Kirchen an erster Stelle zu stehen. Das vorliegende Werk ist auf solche Aspekte nicht angelegt. In seinem Rahmen aber muß wenigstens in Kürze auf Erscheinungen hingewiesen werden, von denen man weder sagen kann, daß sie synkretistisch aus der Kirche heraus- oder in Konstituierung des nachchristlichen Typs über das Christentum hinausführen, noch daß sie unumstritten als legitime Entfaltung oder Verlebendigung christlicher Überlieferung gelten. Solche Erscheinungen sind das Sektenwesen, die Jesus-People-Bewegung und die Tod-Gottes-Theologie. Ihre Einordnung an dieser Stelle soll nicht in den Streit um ihre Standortbestimmung eingreifen; und daß die drei Erscheinungen zusammen genannt werden, bedeutet nicht, daß sie historisch etwas miteinander zu tun haben oder inhaltlich miteinander vergleichbar sind.

Das gemeinsame Merkmal der unendlich vielen und vielgestaltigen *Sekten* ist die ambivalente Rolle ihrer geistlichen Funktionsträger. Die Ambivalenz ihrer Rolle besteht darin, daß diese Funktionsträger, ob sie nun Apostel, Propheten, Parakleten, Inkarnationen Gottes oder des Heiligen Geistes oder wiedergekommene Christusse heißen, einerseits Christus vertreten und seinen Auftrag ausführen wollen, daß sie sich aber andererseits, anders als ein Pfarrer oder Bischof, auch an Christi Stelle setzen. Die Ferne Gottes, die Unsichtbarkeit Christi werden nicht ertragen. Ein vollmächtiger Amtsträger übernimmt seine Rolle, und innerhalb dieser Rollenübernahme gibt es alle Übergänge zwischen dem Anspruch, von Gott bevollmächtigt, und dem, mit Gott identisch zu sein.

Die lange Folge solcher Rollenübernahmen beginnt schon bei christlichen Gnostikern; sie setzt sich über Mittelalter und Reformationszeit fort. Man darf nicht vergesssen, daß die Klassifikationen als „Ketzer" und „Schwärmer", unter denen die maßgeblichen Persönlichkeiten und ihre Anhänger in die Geschichte eingegangen sind, von den Siegern vorgenommen wurden, und daß selbst in solchen Klassifikationen eine Parallelbewegung zur lutherischen Reformation wie die des Thomas Müntzer (1468? - 1525) nicht aufgeht. Die Folge solcher Bewegungen in die Kategorien einer Geschichtsschreibung zu bringen, wo es ihr um Entstehungsbedingungen, Einflüsse, Abhängigkeiten, Erklärungen geht, ist schwierig, da die Schematik in der Entstehung und Entwicklung von Sekten, die der Historiker meint konstatieren zu müssen, immer wieder durch die Spontaneität in Frage gestellt wird, welche Anfang und Verlauf einer Bewegung kennzeichnet. Das gilt bis in die Neuzeit, obwohl hier die Vielzahl der nacheinander entstandenen und nebeneinander bestehen gebliebenen Erscheinungen noch am ehesten erwarten läßt, daß in einer abermals neueren Bewegung nur eine ältere nachgeahmt, wiederholt, verbessert, reformiert, überboten werden soll.

Die katholisch-apostolische oder *Altapostolische Gemeinde* entstand in den dreißiger Jahren des 19. Jahrhunderts in England, seit am 20. oder 31. 10. 1832 ein „Prophet" den Londoner Bankier Henry Drummond (1786-1860) zum „Engel" oder Hirten der Gemeinde auf dessen Landgut Albury Park ordinieren ließ; Drummond seinerseits bestimmte Evangelisten, Älteste und Apostel, deren Zahl bis 1835 auf 12 stieg. Als bis 1860 sechs von ihnen gestorben waren, obwohl sie die Wiederkunft Christi noch erleben sollten, sah eine Gruppierung davon ab, die Zwölfzahl wieder aufzufüllen. Aus einer anderen Gruppe, die darauf bestand, entwickelte sich die *Neuapostolische Gemeinde*; es war namentlich der Berliner Volksschullehrer Heinrich Geyer, der seit 1860 neue Apostel berief. Einer davon war in den folgenden Jahrzehnten jeweils der Stammapostel. Sein Amt wurde schließlich so autoritär ausgestaltet, daß es zu fast einem Dutzend Abspaltungen kam. – Die christliche Gemeinschaft *Hirt und Herde* entstand aus der Anhängerschaft des sächsischen Heimwebers F. A. H. Hain (1848-1927), der am 23. 11. 1894 bekundete, in ihm sei Gott Fleisch geworden. – Seit 1903 wirkte Joseph Weißenberg (1855-1941) aus Schlesien, der zunächst seinen Unterhalt als Maurer, Droschkenkutscher, Straßenhändler und Gastwirt verdient hatte, in Berlin mit magnetisch-suggestiven Kräften als Krankenheiler im Namen Christi, so daß ihm eine Anhängerschaft erwuchs, die in ihm zunächst den Endpropheten sah, der auf die Wiederkunft Christi vorbereitete, dann Johannes den Täufer, schließlich den wiedergeborenen Christus selbst. Daraus entstand die *Evangelisch-Johannische Kirche*. – Georges Roux (geb. 1903) wußte sich seit Weihnachten 1947 als wiedergekommener Christus und leitet seitdem in Montfavet bei Avignon die *Église Chrétienne Universelle*. Seine Anhängerschaft wird auf 4000 geschätzt. – Der holländische Heringsfischer *Lou Voorthuizen* (1898-1968) wurde 1927 der Identität seines Ichs mit dem Satan inne, rottete es aus und deutete die Auffüllung seines leer gewordenen Wesens durch Gott als

Auferstehung. Er wird von seinen Gläubigen als Zweiter Adam anerkannt, der zunächst stellvertretend für die gefallene Menschheit zur Auferstehung gekommen sei. Damit ist nicht eine Wiedererweckung des Leibes nach dem Tod gemeint, sondern die Verwandlung des Stoffs durch die Kraft der Liebe Gottes. Diejenigen, die dieser Verwandlung teilhaftig werden, sollen die endzeitliche Drangsal überleben und Priester und Könige im – zuletzt ab 1972 erwarteten – Tausendjährigen Reich sein. – Ein 1878 in einer Baptistengemeinde in Süd-Georgia (USA) geborener Neger, der ursprünglich wohl George Baker, später in Brooklyn Morgan J. Devine hieß und diesen Namen in „Divine" abänderte, gewann weitreichenden Einfluß unter der farbigen Bevölkerung der USA. Seine Bewegung, genannt die *Peace Mission*, unterhält inzwischen ca. 170 Missionshäuser in den USA, England, der Schweiz und Deutschland. Die Bewegung versteht sich als Keim der Gottesherrschaft auf Erden und anerkennt Father Divines Anspruch, nach der ersten Fleischwerdung Gottes auf der Sohnesstufe in Christus dessen zweite Fleischwerdung auf der Vatersstufe zu sein, und seine Anhänger sind überzeugt, daß sein Tod im Jahre 1965 nur äußerlich so erschien und er an einem geheimen Ort in Philadelphia lebt. Die Anziehungskraft der Peace Mission liegt vor allem in den sozialen Leistungen, zu denen sich ihre Mitglieder füreinander motivieren. Tragik liegt im Verzicht auf Kinderzeugung, als reiche die Kraft der Mission gerade aus, die ihr von Generation zu Generation aus den Elendsverhältnissen zuwachsenden Menschen geistlich und leiblich zu stärken, nicht aber dafür, aus sich selbst eine dauernde Heilsgemeinde zu begründen. Die zahlreichen Botschaften Father Divines an Staatsmänner in aller Welt sind von einem rührenden Vertrauen in ihre Macht und Kompetenz getragen und enthalten den ganzen Liebeskommunismus und Pazifismus. Am politischen Kampf um die Gleichberechtigung der Farbigen beteiligte sich die Peace Mission nicht. – Explizit synkretistisch ist die sog. *Gralsbotschaft*, die Oskar Ernst Bernhardt (1875-1941) aus Bischofswerda in Sachsen seit 1928 vom Vomperberg bei Schwaz in Tirol aus verkündete. Die Selbstbezeichnungen Bernhardts sind islamisch („Abdru-shin"), jüdisch („Immanuel"), christlich („Menschensohn") nachempfunden, seine Weltdeutung enthält neben christlichen Elementen eine halbwegs neuplatonische Schöpfungslehre und eine indische Anthropologie einschließlich Karman- und Wiedergeburtsvorstellung.

Bei den bisher genannten Gruppen handelt es sich um Beispiele für Sekten, die sich außer durch ihre Lehre und Lebensformen durch eine feste Organisation von ihrer Umwelt abheben. In der *Gegenkultur* der Jugend, von der auch schon oben unter dem Hinduismus die Rede war, ist das nicht der Fall. Es handelt sich um ein komplexes Phänomen, dessen Substanz nicht zuletzt deshalb so schwierig zu identifizieren ist, weil die Massenmedien, die darüber berichten, die Bewegungen großenteils nicht einfach reflektieren, sondern mitgeschaffen und weiterentwickelt haben, so daß manchmal nicht klar zu entscheiden ist, wo spontan und wo in Ausfüllung oder bloßer Bestätigung eines

von den Massenmedien gezeichneten Bildes gelebt wird. Als eindeutige Anlässe
für spontane Bewegungen in den USA sind immer wieder genannt worden: der
Rassenkonflikt, der Vietnamkrieg, die wirtschaftliche Krisensituation, die die
Jugend gründlich von der Überzeugung ihrer Eltern kuriert haben, in Gottes
eigenem Land zu leben. Die Kritik an den sozialen Strukturen der spät-
kapitalistischen Gesellschaft, an Technokratie, an den Verhaltensmechanismen,
die die Gesellschaft zu ihrer Forterhaltung braucht, bereitete den Boden für eine
Gegenkultur, zu deren Bestandteilen in einem schwer zu definierenden Sinne
auch „Religion" gehört. Voraussetzung für Religion ist häufig das intensive
Streben nach Bewußtseinserweiterung, mit der man den Zwängen des Systems
zu entkommen sucht; daß damit neuer Zwang an die Stelle des alten treten
kann, wird oft genug bemerkt.

Die *Jesus-People-Bewegung* scheint, unter anderem, aus einer solchen Einsicht entstanden zu sein. Im Jahre 1968 vertraute sich ein drogenabhängiger
Hippie, Breck Stevens, dem Pfarrer der „Evangelistischen Gesellschaft Kaliforniens" in Redondo Beach bei Los Angeles, Lyle Steenis, an. Diesem gelang es,
Stevens zur aktiven Mitarbeit in der Gemeinde „Bethel Tabernacle" zu bewegen. Das Beispiel machte Schule, und mehr als 50000 Jugendliche sollen seither
durch Bethel Tabernacle gegangen und dabei von der Droge losgekommen
sein. Aber erst als das Magazin „Time" in seiner Titelgeschichte vom 21. Juni
1971 von Massentaufen im Pazifik, von christlichen Kommunen und von plötz-
lichen Bekehrungen berichtete, in denen Jesus zum „besten Trip" geworden
war, war die eigentliche Jesus-People-Bewegung geboren. Sie wurde nun in
einem Vierteljahr weltweit bekannt und damit auch, so wie die Dinge heute
liegen, weltweit verbreitet und nach den Bedürfnissen des jeweiligen Landes
modifiziert. Neben ihnen sind die *Blumenkinder* der Hip-Culture, die sog.
Hippies, und die *Youth International Parties*, die Yippies, bestehen geblieben,
wenn auch ihre Ära durch Kommerzialisierung und Resignation zu Ende zu
gehen scheint. Gleichsam „rechts" von ihnen stehen die *Children of God*, die
noch in dieser Generation das Weltende erwarten. Soziologisch wenig mit den
Jesus-People haben *The Straight People* zu tun, die an Colleges und Universitäten *Campus Crusaders for Christ* organisieren. *The Catholic Pentecostals*, in der
gleichen Umgebung, übernehmen dazu noch ekstatisch-pfingstlerische Elemente. Es gibt viele Übergänge zwischen diesen und anderen christlichen Gruppen
und einerseits solchen, die rational-politisch aktiv sind, wie die *Black Panthers*
und die *Negro-Action-Groups*, andererseits solchen, die von *Hermann Hesse,
Allen Ginsberg, Jack Kerouac, Gary Snyder* und *Alan Watts* Theosophie, alte
Indianerkulte, Sufimystik, Zen-Buddhismus und Hinduismus gelernt haben.

Nur zögernd wagt man im Anschluß hieran die *Gott-ist-tot-Theologien* zu
erwähnen. Aber es ist eine Tatsache, daß es wieder eine Time-Titelgeschichte
war, die hier die Initialzündung gab: „Is God Dead?" vom 8. April 1966. Ver-
schiedenes kam in diesem Titel zusammen: ein allgemeines Krisenbewußtsein,

das dennoch der Gottlosigkeit die religöse Nuance abgewinnen wollte, daß es
Gott nicht prinzipiell, sondern nur heute nicht gebe, daß er aber einmal gelebt
habe; aztekische Mythologeme vom Sterben der Götter; die Faszination des
Buddhismus als einer Religion ohne Gottesidee, wenn auch mit Kenntnis von
Göttern endlicher Macht; schließlich abendländische Traditionen. Diese wur-
den nach 1966 namentlich von William Hamilton, Thomas J. Altizer und Paul
M. van Buren in den USA, von Dorothee Sölle und Ernst Bloch in Deutschland
vertieft. So findet Jean Pauls „Rede des toten Christus vom Weltgebäude herab,
daß kein Gott sei", Hegels Übersetzung des historischen in einen spekulativen
Karfreitag, Nietzsches Rede vom „tollen Menschen", der ausruft: „Wir haben
Gott getötet", so findet dies und vieles andere seine moderne Fortsetzung, die
man bis auf weiteres als Auslegung der Strophe aus dem Lied „O Traurigkeit, o
Herzeleid" von Johann Rist (1607-1667) verstehen kann: „O große Not! Gott
selbst liegt tot, am Kreuz ist er gestorben, hat dadurch das Himmelreich uns aus
Lieb erworben."

§ 6. Islam

Es ist das Merkmal einer im Verhältnis zur christlichen veränderten Zeitauffassung, nicht die im Verhältnis zu bestimmten Epochen christlicher Geschichte spätere Zeit, das es gestattet, den Islam eine nachchristliche Religion zu nennen. Die Zuordnung bestimmter Ereignisse erweist sich als das Produkt der
Auffassung von Entwicklungsstufen und Gesetzmäßigkeiten, auch dort, wo dies
nicht explizit mit einer Theorie begründet wird. So bedingt es die europäische
wissenschaftliche Betrachtungsweise, daß die historisch und geographisch weit
auseinanderliegenden nachchristlichen Stammesreligionen unter dem Blickwin-
kel eines bestimmten Entwicklungsverlaufs zu einer Erscheinung zusammen-
gerückt werden. Der Islam steht demgegenüber als eine historische Größe da,
die sich schon zu einer solchen einheitlichen Erscheinung verdichtet hat. Aus
den vielen Faktoren, die ihn heute wieder zu einer weltpolitischen Potenz machen, muß, um hier eine Gegenüberstellung vollziehen zu können, derjenige
ausgewählt werden, der im Antrieb zur Entwicklung menschlichen und gesellschaftlichen Heiles in der Geschichte verborgen liegt. Dieser Faktor ist der
messianische, der auch in den meisten Bewegungen, die in diesem Kapitel geschildert werden, eine zentrale Rolle spielt. Um seinen Charakter als nachchristlichen, seine Verwandtschaft mit dem universalistischen und dem krisen-
motivierten Messianismus sichtbar zu machen, sind zum Kapitel über den Islam
einige Ergänzungen nötig.
    Der Islam hält zwei Erwartungen bereit, die sowohl seine eigene Geschichte
immer wieder nachhaltig bestimmt haben, als auch die Verbindung mit späteren kommunistischen wie mit früheren nativistischen Ansätzen zur Entwick-

lung, ja Revolution ermöglichten. Diese beiden Erwartungen sind die des Mahdi, des „(von Gott recht) Geleiteten", und die des verborgenen Imam. Der erstere verträgt sich als Gestalt der Volkserwartung mit den Lehren des sunnitischen Islam über Wahrheitsfindung und Glaubenserneuerung eigentlich nicht. Nach diesen soll das islamische Volk beides durch eigene Anstrengungen – Auslegung des Koran, Rekurs auf die Gewohnheit (*sunna*), insbesondere des Mohammed, und Analogieschluß (*qijās*) – erreichen und sich auf diese Weise selbst beherrschen. Aber nach Meinung der Volksmassen war die Übereinstimmung (*iǧmāʿ*), die man auf diese Weise jeweils erreicht, zu trügerisch. Sie verlangten nach einem untrüglichen Führer. Dieser wird, wenn er als Erneuerer des Glaubens und Herrscher der Welt erscheint, jenen Konsensus im Islam durchsetzen, der von den aufeinanderfolgenden Generationen der Gelehrten, welche für die Bildung einer eigenen Meinung und deren Ausgleich mit der des ganzen Volkes zu sorgen hatten, der *muǧtahid's*, bis dahin vorbereitet worden ist.

Nach *sunnitischer* Interpretation ist auf diese Weise in der Person des Mahdi das islamische Volk selbst der letzte und unfehlbare Deuter der Offenbarung des Propheten. Aber in Wirklichkeit ist der Mahdi nicht aus dem Bedürfnis nach individueller Repräsentation des islamischen Konsensus entstanden, sondern hat als vorgegebene Gestalt dieses Bedürfnis erst auf sich gezogen. Der Glaube an ein Friedensreich vor dem Jüngsten Gericht war schon im frühesten Islam vorhanden, und damit hat sich die aus dem Christentum übernommene Lehre von der Wiederkunft Christi, dem der Antichrist (*daǧǧāl*) vorausgehen sollte, verbunden. Der Bringer des Friedensreiches wurde schon unter den omajjadischen Kalifen genauer vorgestellt. Die Nachkommen des vierten Kalifen, des ʿAlī, des Vetters und Schwiegersohnes des Propheten, erhoben in dieser Zeit Ansprüche auf die Kalifenwürde. Sobald dies offen geschah, wurde der Prätendent hingerichtet, und damit dies nicht das Ende des Anspruchs sei, mußte die Erwartung eines weiteren und womöglich noch idealeren Kalifen lebendig bleiben. Auf diese Weise wurden in den Gläubigen immer phantastischere Vorstellungen über die zukünftigen Taten des Rechtgeleiteten genährt. Man ließ durch Umdeutung der Koranverse Mohammed selbst den Mahdi verheißen. Da die politischen Gegebenheiten den Aliden weiterhin ungünstig blieben, wurde im Volk das Auftreten des Mahdi in immer weitere Ferne und schließlich bis ans Ende der Welt gerückt. Eines der vielen Zeugnisse dafür gibt im 14. Jahrhundert der Historiker Ibn Ḥaldūn, und seine Darstellung ist um so zuverlässiger, als er selbst dieser Erwartung nicht anzuhängen scheint. Er sagt: „Es ist allgemein angenommen (*mašhūr*) unter den Massen (*al-kāffa*) des islamischen Volkes, daß am Ende der Zeiten unbedingt ein Mann aus der Familie Mohammeds erscheinen muß, der dem Glauben (*dīn*) aufhelfen und die Gerechtigkeit zum Siege führen wird; daß die Muslime ihm anhängen werden und daß er über die islamischen Königreiche herrschen und daß er *al-Mahdī* heißen wird. Die Erscheinung *al-Daǧǧāls* und der übrigen Vorzeichen des letzten Tages, die in zuverlässiger Tradition niedergelegt sind, wird nach ihm sich einstellen. Nach seiner Erscheinung wird 'Isā (= Jesus) herabsteigen und *al-Daǧǧāl* töten, oder er wird zugleich mit dem Mahdi herabsteigen und ihn bei dieser Tötung unterstützen; und im Gottesdienst wird 'Isā dem Mahdi als seinem Imam folgen."

Nicht nur in den sechs Jahrhunderten von den frühen Omajjaden bis zu Ibn Ḥaldūn, sondern auch in den sechs Jahrhunderten von diesem bis heute ist die Mahdi-Erwartung, oft gesteigert bis zur Hoffnung auf Eroberung der ganzen Welt für den Islam, lebendig gewesen und unter bestimmten sozialen Konstellationen immer wieder in Aufständen aktiviert worden, zuletzt am eindrücklichsten in den achtziger Jahren des vorigen Jahrhunderts im Sudan. Bestimmte Charakteristika dieser Erwartung kehren immer wieder. Allāh wird die Welt nicht vergehen lassen, bis er seinen Wiederhersteller des Glaubens gesandt hat. Er wird dem Propheten in seinem Charakter (*ḫulq*) gleichen. Er wird in der Welt nur Bosheit und Unterdrückung finden – wenn ein Mensch „Allāh, Allāh" ruft, wird er getötet werden. Der Mahdi wird der Welt Recht und Gerechtigkeit zurückgeben. Er wird die Menschen schlagen, bis sie sich zu Allāh zurückwenden. Die Muslime werden sich unter seiner Herrschaft eines bis dahin unerhörten Wohlstandes erfreuen. Die Erde wird ihre Früchte spenden, und der Himmel wird seinen Regen herabsenden. Geld wird in jenen Tagen sein wie Dinge, über die man mit dem Fuß hinweggeht.

So untergründig-volkstümlich die Mahdi-Erwartung im sunnitischen Islam ist, so konstitutiv ist sie innerhalb des *šī'itischen* Islam. Sie ist hier Bestandteil einer ausgebildeten Dogmatik, welche an diesem Punkte das graeco-orientalische Bild von einem göttlichen Menschen bewahrt, der, von einem göttlichen Funken erleuchtet, physischen Anschluß an den Kosmos hat und über die unvermittelte Weisheit verfügt, göttliche Gebote auszuführen. Die historische Situation, in der dies aktualisiert wurde, ist dieselbe, aus der die Mahdi-Erwartung erwuchs: der šī'itische Islam ist ja die Partei 'Alīs, die *šī'at 'Alīs*, die ihm und seinen Nachkommen allein den Anspruch auf die religiös-politische Herrschaft, das Imamat, zuerkennt. Diese Haltung konnte in verschiedenen Gestalten auftreten; hier interessiert besonders die, bei der ein verborgener Imam erwartet wird. Es gab Führer, die sich als Imam ausgaben und in Erfüllung ihrer Aufgabe zu Trägern sozialrevolutionärer Bestrebungen geworden sind.

Die Kontinuität der Einwohnung, des *ḥulūl* göttlicher Lichtsubstanz, wurde gewahrt durch Erbfolge vom Vater auf den Sohn. Auf 'Alī war zunächst sein unbedeutender ältester Sohn Ḥasan gefolgt, danach sein jüngerer, dessen Niederlage und Tod in der Schlacht bei Kerbela als Martyrium gedeutet wurde. Von ihm abwärts wird die Reihe der Nachkommen streng legitimistisch durchgezählt. Es handelt sich also um ein Majorat der jüngeren Linie. Doch durch die ganze Erdengeschichte ließ sich dieses übersteigerte Gottesgnadentum nicht aufrechterhalten. Einmal mußte sich die Herrscherfamilie durch die Zufälligkeit der Geburt erschöpfen. Sehr zu denken gab es, wenn der Imamatserbe eine unwürdige Persönlichkeit war, und wenn dann neben ihm jüngere Brüder standen, die einen Vergleich zu seinen Ungunsten herausforderten, oder wenn der Erbe bei des Vaters Tode noch ein kleines Kind war oder wenn überhaupt ein Sohn fehlte. Andererseits konnte auch wirkliche Liebe zur echt religiösen Erscheinung eines Imams die Anhänger so fest an ihn binden, daß sie sich bei seinem Tode nicht mehr auf einen Nachfolger umstellen konnten, sondern aus innerster Notwendigkeit – und nur bei äußerlicher Betrachtung – willkürlich auf die sichtbare Weiterführung verzichteten. Solche „Stehenbleibende" (*mubārakīja*), für die der Tote der Imam bleibt, gibt es fast bei jedem Imam.

Historisch von größter Bedeutung blieben seit 145/762 die sog. *Siebener*. Die sozialgeschichtlich in diesem Zusammenhang interessanteste ihrer Gruppe, die Qarmaten, kann man als Form kommunistischer, von Handwerkern wie entwurzelten Bauern gleichermaßen unterstützte Volksbewegung bezeichnen. Sie empfanden sich, was typisch für solche Gruppen ist, so sehr selbst als Stätte des Heils, daß sie ihr um 890 bei Kufa errichtetes verschanztes Zufluchtslager „Haus der Hidschra" nannten und die Pilgerfahrt nach Mekka absperrten. Aber auch unter den aus den Siebenern hervorgegangenen Fatimiden wuchsen messianische Triebe. Ihr sechster Kalif al-Ḥākim z. B. zog die letzte Konsequenz aus der ismaelitischen Theorie, als er unter dem Einfluß seiner geistlichen Berater Ḥamza und al-Darāzī 1017 die Verkündigung seiner eigenen Göttlichkeit zuließ. Die Erregung, die dieser Schritt auslöste, wurde noch dadurch verstärkt, daß der Kalif in der Nacht zum 13. Februar 1021 auf geheimnisvolle Weise verschwand. Dieses nie aufgeklärte Ereignis war ebenso wie der ganze messianische Anspruch des Kalifen – aber schon der erste Fatimide 'Ubaidallāh hatte den eindeutigen Beinamen *al-Mahdī!* – sehr dazu angetan, die Volksphantasie zu beschäftigen, die denn auch die Erinnerung an seine Person in einem großen Volksroman aufrechterhalten hat; ganz besonders aber war es geeignet, um mit dem si'itischen Glauben an die Entrückung des letzten Imam und der Erwartung seiner Wiederkunft verknüpft zu werden. – Al-Darāzī, der die Lehre entwickelt hatte, in deren Mittelpunkt der vergöttlichte al-Ḥākim stand, war auch als Missionar tätig und predigte im Libanon. Er begründete damit die Gruppe der nach ihm benannten Drusen, die heute schon fast ein eigenes Volk genannt werden müssen. Am Beginn des 18. und in der 2. Hälfte des 19. Jahrhunderts wanderten sie ins Hauran-Gebirge aus und haben dort mit 180000 Seelen zwei autonome Bezirke innerhalb Syriens. Ihr Prinzip der Legitimation eines geistlichen Leiters sollte an einer wichtigen Stelle in den USA weiterwirken.

Ähnlich folgenreich wurde die Flucht der Anhänger des Kindes al-Muhtadī, nachdem dessen älterer Bruder al-Hādī und beider Vater, Nizār, ermordet worden waren. Die Flucht ging nach Ostsyrien und Persien; al-Muhtadī selbst wurde auf der Bergfeste Alamūt von einem gewissen Ḥasan b. Ṣabbāḥ ganz im Geheimen großgezogen. Ḥasan b. Ṣabbāḥ hielt damit die Ansprüche Nizārs aufrecht, für die er während eines Aufenthaltes in Ägypten gewonnen worden war. Doch schon einer seiner Nachfolger gab sich dann selbst für einen Nachkommen Nizārs aus und nahm damit die Würde eines Imam für sich in Anspruch. Als Bekräftigung seiner Legitimität verkündete er am 17. Ramaḍān 559/ 8. August 1164 die *qijāmat al-qijāmah*, die Auferstehung der Auferstehung, die große und endgültige Auferstehung. Damit war auch die Anerkennung des islamischen Gesetzes nicht mehr nötig. Die Anhänger brauchten Gott nur im stillen zu verehren, da sie gerettet und bereits ins geistige Paradies eingegangen seien. Dieser paradiesische Zustand der Gläubigen liegt letzten Endes höchstwahrscheinlich der bekannten Legende von dem Garten zugrunde, den Ḥasan b. Ṣabbāḥ auf dem kahlen Felsen Alamut anlegte, um das Paradies nachzuahmen und damit seine Anhänger zu täuschen. Die erlösten Anhänger hatten ihrem Großmeister bedingungslos zu gehorchen. Durch den Genuß eines Narkotikums, des *ḥašīš*, wurden sie seine willenlosen Werkzeuge und zu jeder Tat, insbesondere zum politischen Meuchelmord bereit. Ihr Name, *ḥaššāšījūn*, wurde damit in modernen europäischen Entlehnungen, z. B. dem französischen *assasin*, zum Begriff für Mörder. Die Assassinen wurden zu einem politischen Machtfaktor ersten Ranges, nachdem sie eine Reihe von Bergfestungen im Nusairiergebirge in ihren Besitz gebracht hatten. Ihre Macht wurde in Persien 1256 mit der Einnahme von Alamut durch den Mongolen Hülägü, in Syrien mit der der syrischen Bergfesten durch den Mamluken Baibars gebrochen.

Soweit die Nizārīya nicht von den Assassinen aufgesogen wurde, gingen Gruppen von ihnen nach Syrien und Persien, andere in den Jemen, ferner nach Afghanistan, Russisch- und Chinesisch-Turkestan und nach Ostafrika. In Indien haben sie, wie in geringerem Maße auch Sunniten und andere Šīʿiten, sogar Anhänger aus einer Hindu-Kaste gewonnen, heute mit der persischen Bezeichnung *Ḫoǧa* „Herren". In der Linie des al-Mustaʿlī war das Imamat nach der Ermordung des zehnten Fatimiden al-Amīr wieder in die Verborgenheit zurückgekehrt. Als solches lebt es seit der Kreuzzugszeit gleichfalls weiter, bis hin zu den *Bohora* „Kaufleuten" in ihrer letzten ostafrikanischen Diaspora. Dies sind, nach Qarmaten, Fatimiden, Assassinen, Drusen und den verschiedenen Zweigen der Ismailiten, die letzten Gruppen, in denen der Messianismus der Siebener-Šīʿa historisch bedeutend wurde.

In der *Zwölfer-Šīʿa* haben Legenden jeden Imam in der Sukzession zum Märtyrer durch Vergiftung gestempelt. Der elfte, Ḥasan al-ʿAskari, der am Kalifenhof unter Polizeibeobachtung leben mußte und bei seinem Tode im Jahre 874 noch nicht ganz 30 Jahre alt war, soll ein Kind von einer unfreien Mutter gehabt haben, das im Alter von höchstens 5 Jahren in einer Höhle bei der Residenz Samarra verschwunden sei. Dies ist für die Zwölfer der *Qāʾim*, der Mahdi, der dereinst aus der Verborgenheit heraus öffentlich erscheinen und das Reich aufrichten wird. Bis zu seiner Parusie übernahmen Anhänger seines Vaters al-'Askari als Botschafter oder Apostel die Leitung der Gemeinschaft. Diese bildete eine einflußreiche Diaspora, mit der die jeweiligen Machthaber zu rechnen hatten. Unter der ši'itischen Dynastie der Bujiden erhielten sie seit 945 in Bagdad und anderswo eine Reihe von Moscheen zugesprochen und konnten als große Feiertage ihre Sonderfeste begehen, vor allem die großen Passionsspiele am Todestag Ḥusains. Ein anderer, späterer Ismail, der alidischen Stammbaum hatte oder wenigstens beanspruchte, begründete 500 Jahre später die Dynastie der Safawiden, die seit etwa 1500 ganz Persien zwölfer-ši'itisch machte. Das ist es auch unter den folgenden Regierungen geblieben, bis zum heutigen Tag. Noch heute wird in der Verfassung Persiens festgelegt, daß sie nur bis zum Kommen des verborgenen Imam in Kraft bleiben soll, und unmittelbar nach einer Erwähnung des Imam folgt in ihr die Formel: „Möge Gott sein Erscheinen beschleunigen". Nur bis dahin bleibt der Staat vom Imamat getrennt. Die Größe und Würde des kaiserlichen Amtes liegt also darin, daß sein Inhaber sein Reich für die Wiederkunft eines Imam bereitmacht. Es ist deshalb dem Schah und seinen Anhängern angeblich unbegreiflich, daß bestimmte Dinge, die er auf Grund höherer Sendung zu tun vorgibt, von seinen Kritikern als unmenschlich verurteilt werden.

Die Safawiden-Bewegung, die die Geschichte des neuzeitlichen Persien einleitet, war ursprünglich ein kriegerisch-asketischer Männerbund. Neben ihm hielten zahlreiche Derwischorden imamitische Erwartungen wach, die unter sunnitischen Regierungen zwangsläufig staatsfeindlich wurden. Unter ihnen ist namentlich der Orden der *Bektaschi* in der Türkei zu erwähnen.

In all diesen Gruppen ist das Stehenbleiben bei einem bestimmten Imam selbstverständlich auch metaphysisch legitimiert. Die Stelle, die der Imam einnahm, wurde numerisch zu dem Grade der Emanation des Weltintellekts in Beziehung gesetzt, welchen der Imam verkörpern sollte. Das neuplatonische Erbe blieb in zahllosen Variationen lebendig. So konnten namentlich extreme Flügel der Šī'a immer wieder politisch aus den Lehren von periodischen Ausstrahlungen des Weltintellekts die revolutionäre Möglichkeit entwickeln alle Propheten der Weltgeschichte als identisch anzusehen, so daß diese sich nur in ihrer Erscheinung voneinander unterscheiden sollten, ihre Botschaft aber, obwohl identisch, doch der unablässig fortschreitenden Evolution des Weltintellekts angepaßt sein sollte. So sagt schon ein anti-abbasidischer Rebell in Chorasan, Hāšim al-Muqanna' (gest. um 780): „Ich bin derselbe, welcher in der Gestalt Adams erschien, und dann wieder in der Gestalt Abrahams und dann wieder in der Gestalt des Mose, und dann wieder in der Gestalt des Mohammed, und dann wieder in der Gestalt, welche ihr jetzt seht". Das liest sich, ohne daß man direkte historische Abhängigkeit nachweisen kann, ganz wie die judenchristliche Prophetologie des 3. Jahrhunderts, welche hier nur durch ein Zitat aus den pseudoklementinischen Homilien (3,20,2. 21,1) illustriert sein möge: „Ein frommes Werk vollbringt, wer bekennt, daß kein anderer den Geist besitzt als jener, der von Anfang der Welt, zugleich mit den Namen die Gestalten wechselnd, die Weltzeit durchläuft, bis er, wegen der Mühen von dem Erbarmen Gottes gesalbt, zu seiner Zeit gelangt und für immer Ruhe haben wird. Dieser ist der allein wahre Prophet".

Man kann die Bedeutung, die der Imam oder ein ohne imamitische Tradition Berufener im Islam hat, eine messianische nennen. Von hier aus sind eine große Zahl von revolutionären Bewegungen in Gebieten verständlich, die nicht zu den Kernländern des Islam gehören. Der Mahdi, der in der Neuzeit am bekanntesten geworden ist, *Mohammed Ahmad* (1844-1885), konnte im Sudan gegen die Engländer einen regelrechten Staat errichten, der von 1882 bis 1898 bestand. Ein Gefährte dieses Mahdi predigte 1908 abermals den Heiligen Krieg gegen die Engländer. Noch heute soll die Hälfte der Einwohner des Sudan dem Mahdismus anhängen, so daß sogar zur Debatte steht, dieser Richtung den Status einer fünften Rechtsauslegungsschule neben den vier klassischen zu geben. Bewaffnete Aufstände 1902 in Französisch-Guinea, 1906 in Nigeria sind aus kleineren Mahdi-Bewegungen entstanden. Die Abschaffung des osmanischen Kalifates setzte in den zwanziger Jahren mahdistische Erwartungen in Ostafrika frei. Die *Haksar*-Bewegung in Nordwest-Indien, etwa 1937-1943, begann militant-mahdistisch und interpretierte ihre sozialen Bestrebungen schließlich als kommunistisch. *W.I. Lenin* (1870-1924) konnte von nüchternen islamischen Modernisten als Bringer sozialer Gerechtigkeit nach Art der von einem Imam-Mahdi erwarteten begrüßt werden; darüber hinaus wurde von islamischen Völkern der Sowjetunion, aber auch anderswo, Lenin regelrecht als Mahdi angesehen. Eine Reihe islamischer Gruppen ging zeitweilig mit kommunistischen zusammen, da man gegenseitig die sozial-messianische Sendung anerkennen konnte, so nach 1926 die *Soediro*-Partei in Indonesien und nach 1950 die *Muslim-Bruderschaft* in Ägypten. In nahezu allen islamischen Missionsgebieten, namentlich in Afrika, sind von Anfang an immer wieder eingeborene Heilbringer von lokaler Bedeutung aufgetreten, in welchen der Typ des Stammespropheten mehr oder weniger eng mit dem des Mahdi verschmolz.

Die messianische Komponente des Islam ist jedoch quantitativ nicht bedeutend, wenn man die Länder insgesamt betrachtet, in denen der Islam die Hauptreligion ist. In allen arabischen Staaten, in der Türkei, im Iran, in Afghanistan, Pakistan und Indonesien kann sich die Untrennbarkeit des politischen und des religiösen Aspekts des Islam im Zusammenhang mit streng legalistischer Interpretation herrschaftsstabilisierend auswirken. Hier kann auch gegen revolutionäre Bewegungen und Vereinbarkeit mit dem Kommunismus islamisch argumentiert werden; und selbst sozial-imperialistische Bestrebungen, wie sie von den beiden Machtblöcken unserer Tage auf Länder der südlichen Hemisphäre gerichtet werden, pflegen die Verwendbarkeit der Religion auch für ideologische Rechtfertigung politischer und wirtschaftlicher Macht zu bestätigen, indem sie im Islam einen Bundesgenossen suchen und oft genug auch finden.

B. Traditionsübergreifende universalistische Neubildungen

§ 7. Das Gemeinschaftsprinzip bis zu den heutigen Weltanschauungsgesellschften

Es gibt eine Reihe neuer Religionen, die auf weltweite Verbreitung angelegt sind und dabei doch nicht die Kennzeichen der Ursprungsgebiete und religiösen Traditionen verloren haben, von denen sie sich einmal loslösten. Von anderen missionierend über den Erdball wandernden Religionen unterscheiden sie sich insofern, als sie nicht von außen das Heil bringen wollen, sondern daß sie die Anwesenheit des Heils in eben den Menschen, Ländern, Religionen nachzuweisen suchen, an die sie sich jeweils wenden. Sie sehen also ihre Würde und Besonderheit nicht so sehr in ihrem Wahrheitsbesitz als vielmehr in ihrer Fähigkeit, allenthalben Katalysatoren der Wahrheit zu sein. Diese Überzeugung hängt mit bestimmten Dispositionen in den jeweiligen Ursprungsreligionen zusammen: spiritualisierende Interpretationen, wie sie für Spätphasen häufig typisch sind, haben dort zu allgemeinen Wahrheitsbegriffen geführt; fundierte Bekanntschaften mit anderen Überzeugungen als der eigenen werden nicht nur in eine Dialogsituation einbezogen, sondern auch kosmopolitisch auf Vereinheitlichung hin weiter gepflegt. Institutionskritische Impulse, ob sie nun lediglich gegen eine überkommene verfassungsmäßig geordnete und als überlebt empfundene religiöse Gemeinschaft oder auch gegen ein damit verquicktes politisch-soziales System gerichtet sind, brauchen unter solchen Bedingungen nicht notwendig zu Sektenbildung zu führen, sondern können die Traditionen, aus denen sie entstanden sind, überhöhen wollen und faktisch übergreifen.

Phänomene solcher Art sind, wie gesagt, spät, aber sie sind es nur in einem relativ, nicht in einem absolut chronologischen Sinne. Weltgeschichtlich gesehen beginnen sie mit dem Manichäismus. Tendenziell gehören seither viele Bewegungen dazu, denen ein Glaube allein zu eng und erkenntnismäßig zu ungesichert war. Es lassen sich vom Zerfall des Römischen Reiches an relativ genaue historische Gründe für die Tatsache angeben, warum solche Bewegungen, so verwandt miteinander sie durch Zeiten und Räume hindurch auch blieben, bis ins 19. Jahrhundert mehr oder weniger begrenzt waren. Ihrer Ausweitung seither kam neben anderen Faktoren das am stärksten in Indien entwickelte Prinzip der Ermöglichung von Kulturverschmelzung zu Hilfe, von dem bereits die Rede war. Von den Gemeinschaften, die dies Prinzip verwirklichten, ist hier insbesondere die *Theosophische Gesellschaft* zu nennen. Sie war eine Keimzelle nicht nur des indischen Nationalismus, sondern auch einer weltweiten Organisation. Ihre bedeutendste, im Laufe der Zeit zu gleicher Verbreitung und Bedeutung gelangende Sezession war diejenige, die der von 1902-1913 in Berlin amtierende Generalsekretär des deutschen Zweiges, Rudolf Steiner (1861-1925), herbeiführte. Seine „Anthroposophie" genannte Weltanschauung reicht weit über die von ihm gegründete *Anthroposophische Gesellschaft* hinaus. Sie übt am

Christentum, des weiteren aber auch an der gesamten Religionsgeschichte eine teleologische Interpretation, die derjenigen analog ist, welche die Theosophische Gesellschaft am Brahmanismus geübt hatte. Die Anthroposophie fand so in der von Friedrich Rittelmeyer (1872-1938) gegründeten *Christengemeinschaft* Gestalt und wurde daneben eine „Gebildetenreligion". Als solche präsentiert sie sich nach außen nicht durch kirchliche Organisation und normierte Lehre, sondern vor allem im Rahmen einer pädagogischen, auf einer ganz synkretistischen Anthropologie gegründeten Reformbewegung, die auch einen neuen Schultyp geschaffen hat.

Im einzelnen ist es in mancherlei Hinsicht eine Definitionsfrage, welche traditionsübergreifenden universalistischen Neubildungen man zu den im herkömmlichen Sinne „verfaßten" Religionen rechnen soll. Aus dem Kreise derer, die sich dafür interessieren, wie von eingeschriebenen Mitgliedern wird immer wieder an einer solchen Einordnung Kritik geübt, ähnlich wie die meisten Sondergemeinschaften die Bezeichnung „Sekte" nicht auf sich angewandt wissen wollen. In solchen Einwänden liegt eine gewisse Berechtigung, und man muß sie in die Kenntnis der Gemeinschaften mit einbeziehen. Es kommt darin auch das Engagement und die sich ständig weiter verbreitende Informiertheit zum Ausdruck, deren sich diese Gemeinschaften erfreuen – ein Tatbestand, der gleichfalls mit zu ihrem Phänomen gehört. Im folgenden soll in Kürze an vier Neubildungen exemplarisch aufgezeigt werden, in welcher Hinsicht sie unter die aufgezeigten Aspekte fallen.

§ 8. Die Bahā'ī-Religion

Innerhalb der Zwölfer-Šī'a gab es eine Sekte, innerhalb welcher sich zu Anfang des 19. Jahrhunderts mehrere Mitglieder als „Tür", arab. *bāb*, zum in Kürze wiedererwarteten zwölften Imam-Mahdi bezeichneten. Ein solcher Bāb, der Perser Sajjid Mirza 'Alī Mohammed Šīrārazī, deutete sich darüber hinaus i. J. 1844 selbst als Mahdi und stellte dem Islam eine eigene nurmehr religiös, nicht politisch gemeinte „Darlegung" (arab. *bajān*) entgegen. Die Bābī's verkündeten 1848 ihre völlige Loslösung vom Islam und wurden in Persien grausam verfolgt, der Bāb selbst 1850 in Täbris durch Erschießen hingerichtet. Zu seinem Nachfolger wurde durch „Offenbarung" Mirza Husain 'Alī Nūrī (1817-1892) berufen, der zu dieser Zeit (1852) wegen eines babistischen Anschlags auf den Schah im Gefängnis saß. Er nannte sich fortan *Bahā'ullāh*, „Glanz" oder „Herrlichkeit Gottes". Danach ist die Religion benannt, die er ab 1862/63 durch bewußte Überhöhung und Entschränkung des *bajān* der Bābī's verkündigte.

Bahā'ullāh hatte sich zeitlebens mit Bābī-Konkurrenten und der islamischen Geistlichkeit auseinanderzusetzen. Nach mehreren harten Gefängnisaufenthalten wurde er vom türkischen Sultan in Akka unter einen immer leichter durchgeführten Hausarrest gestellt. Diesen konnte er nutzen, um eine „Heilige

Schrift", das *Kitāb-e aqdas*, zu verfassen und die darin enthaltenen Grundgeset-
ze einer künftigen Weltordnung durch Botschaften vielen führenden Personen
in der Welt mitzuteilen. Daneben verfaßte er etwa 100 weitere Traktate und
Bücher. Sein Sohn ʿAbdul-Bahāʾ (1844-1921) erschloß der neuen Religion durch
ausgedehnte Reisen, die er ab 1911 von seinem Wohnsitz Haifa aus unternahm,
den Westen. Nach dem ersten Zentrum mit dem Haupttempel in Haifa entstand 1931 ein zweites in Vilmette bei Chicago, daneben viele kleinere Zentren,
selbst in Ägypten, Indien, Burma. ʿAbdul-Bahāʾ setzte testamentarisch seinen
Sohn Shoghi Effendi (gest. 1957) zum „Hüter der Sache" ein. Zu Lebzeiten
beider, des Sohnes und des Enkels des Bāhʾaullāh, wurden die Gemeinden
durch konkurrierende Nachfolgeansprüche von Verwandten und ihren Anhängern erschüttert: das zwölfer-siitische Legitimitätsprinzip galt ja nicht mehr.
Nach dem Tode Shoghi Effendis übernahm der Internationale Bāhaʾī-Rat die
Führung, um dessen Vorsitz es gleichfalls Streitigkeiten gab. Seit 1963 hat ein
Universales Haus der Gerechtigkeit diese Funktion, dessen 9 Mitglieder – 5 Amerikaner, 3 Asiaten, 1 Europäer – von den 56 Nationalen Geistigen Räten gewählt
werden. Diese Institution wird im mit Sicherheit sich heranentwickelnden
Weltstaat die Funktion des Schiedsgerichtshofs übernehmen. Die östlichen und
nationalen Bāhaʾī-Räte, die zur Zeit angeblich 1,5-2 Millionen Anhänger in
aller Welt repräsentieren, werden dann an die Stelle der bisherigen Gemeinde-
verwaltungen und Parlamente treten.

Die prophetische Sukzession endet nach der Bahai-Lehre nunmehr bei
Bāhʾaullāh. Darin liegt eine relative Anerkennung von Moses, Zarathustra,
Buddha, Jesus Christus, Mohammed beschlossen, und dementsprechend offen
wird in der Mission an die jeweiligen Heimattraditionen angeknüpft, und zwar
nicht nur an die religiösen, sondern auch an die national-kulturellen. Die Bāhaʾī-
Religion kann sich deshalb nicht als „Religion" oder gar Konfession, sie muß
sich als Zusammenfassung der zentralen Wahrheiten aller bisherigen Gottes-
offenbarungen verstehen. In der mittlerweile in über 300 Sprachen übersetzten
Bāhaʾī-Literatur fallen Kennern das durch und durch harmonistische Bild der
Weltgeschichte und der Liebespatriarchalismus besonders auf.

§ 9. Mazdaznan

Es gibt auch eine Prophetenreihe, welche die Farben der Arier-Ideologie aufweist. Die Geschichte dieser Ideologie reicht wohl von der Inanspruchnahme
Zarathustras als Heros bei hellenisierten Magiern über die Metamorphose irani-
scher Eschatologie in frühchristlicher und byzantinischer Theologie bis zu verschiedenen Neuwertungen und Neuformulierungen „arischer Weisheit" in
Aufklärung und Romantik. Diese Geschichte ist historisch-kritisch noch nicht
zureichend untersucht, und erst recht steht eine wissenssoziologische Analyse
der Verbreitung und Veränderung dieser Ideologie in trivial-wissenschaftlichen

bis obskuren Bereichen der Volksbildung aus. Von anderer Art ist das Geheimnis, das die esoterische Zarathustra-Tradition in zurückgezogen lebenden Orden im Iran, in Afghanistan und Tibet umgibt: hier sind es Unzugänglichkeit und Geheimhaltung, welche bisher Untersuchungen unmöglich machten.

Über beide Typen der apokryphen Zarathustra-Tradition müßte man mehr wissen, um die Einflüsse klarer zu sehen, denen der als Sohn des (deutsch-)russischen Botschafters in Persien und einer Deutschen in Teheran geborene Otto Hanisch (1844-1936) ausgesetzt war. Die eine Tradition hat er wahrscheinlich in seinem Elternhaus und in dessen Umkreis empfangen, die andere in einem Orden in Tibet, wohin er zur Kurierung eines Herzleidens gegeben worden war. In diesem Orden entwickelte er im Laufe von fünfundzwanzig Jahren eine neue Variante der Arier-Ideologie. Man darf sie eine Religion nennen, da sie von ihm, nun unter dem Namen *Otoman Zar-adusht Ha'nish*, im missionarischen Auftrag seines Ordens mit autoritativem Anspruch verkündet wurde. Bei seinen Anhängern kam er denn auch bald zur Anerkennung als ein neuer Zarathustra, als neuer Meister wie Jesus, als „menschgewordene Erscheinung der Lebenslehre und Weltanschauung der Zukunft" und ähnlich. Die neue Lehre wurde *Mazdaznan* genannt; das war ursprünglich wohl das aus dem Parsen-Persischen aufgenommene mittelpersische Wort *māzdesnān* „die Verehrer des (Ahura) Mazdā", es wird aber auch volksetymologisch als „Meister des Gottgedankens" oder „Der gute Gedanke, der alle Dinge zum Besten meistert" gedeutet (*ma* „gut" oder „Gott"; *zda* „Gedanke"; *znan* < *yasnan* „meisterhaft").

Hanisch begann seine öffentliche Lehrtätigkeit 1900 in Chicago. 1917 gründete er die *Reorganized Mazdaznan Temple Association of Associates of God* in Kalifornien, seither das Zentrum der Bewegung. Geleitet wird es von Nachfolgern Hanischs, die nach dem Tode des Vorgängers gewählt werden und „Elektoren" heißen. Die Bewegung ist in Logen organisiert; die Mitgliedschaft ist in drei aufsteigende Grade geteilt. Über Mitgliederzahl und Verbreitung liegen keine genauen Angaben vor.

Hanisch hat 21 Bücher verfaßt, die in den Logen eine Nachfolge-Literatur angeregt haben. Beim Weg der Menschheit zum Heil muß deutlich auf Rolle und Fähigkeiten der Rassen geachtet werden. Dafür wird ein populäres Geschichtsbild entwickelt. Von den sechs Rassen, die man unterscheidet, hat die kaukasische oder arische die meisten Möglichkeiten in sich. Von Rassismus, Imperialismus, Antisemitismus kann man dennoch nicht reden. Es werden vielmehr Möglichkeiten zur Selbsterkenntnis, Selbstentwicklung, Selbsterlösung angeboten, durch deren Verwirklichung jeder zum Arier werden kann. Haben alle Menschen dies Ziel erreicht – Erwartung von Völkervereinigungen, Gründung eines Internationalen Frauen-Friedensbundes, Hochschätzung des Völkerbundes und der UNO gehören dazu –, ist das universale Friedensreich errichtet, dasselbe, das im christlichen Vaterunser erbeten wird. Im Dienst der Arierwerdung steht eine Körperkultur mit ausgefeilten Regeln zur Diätetik und einem umfangreichen physiologischen, nicht durchweg empirisch begründeten Kanon.

§ 10. Der Caodaismus

„Die philosophisch-religiöse Atmosphäre Südostasiens und ganz besonders Süd-Vietnams war schon immer dem Aufblühen von manchmal geheimen Gesellschaften günstig, in denen eine synkretistische Religion ausgeübt wurde, die sich am Buddhismus, am Taoismus und am traditionellen Ahnenkult inspirierte" (P. Rondot). Unter diesen Gesellschaften hat es die, welche sich auf die Offenbarung Gottes mit dem annamitischen Namen *Cao-Dai* beruft und 1926 erstmalig im damaligen Französisch-Cochinchina auftrat, auf heute 2 Millionen Anhänger gebracht. Mit dieser Anzahl ist die Bewegung, wenngleich im wesentlichen auf Indochina beschränkt, so groß wie andere, die sich über die Welt verbreitet haben, und mit ihrem Anspruch, das Beste aus den fünf Religionen Vietnams zu vereinigen – den drei eingangs genannten sind in diesem Fall noch Konfuzianismus und französisches Christentum hinzuzufügen –, ist sie universal angelegt wie eine Weltreligion.

Die Initialkraft geht beim Caodaismus nicht auf einen Propheten, sondern auf eine Spiritistengruppe von vielseitiger Zusammensetzung zurück. Lé Van Trung erhielt von der Gruppe den Titel eines zeitlichen oder interimistischen Papstes (*Quyen-Giao-Tong*) und nannte sich *Thuong-Trung-Nhut* „Die Sonne Trung vom Zweig des Tao". Schon zu seinen Lebzeiten gab es Rivalitäten um dieses Amt, die nach seinem Tode 1934 offen ausbrachen. Der Ingenieur Pham Cong Tac trug den Sieg davon, nahm aber nur den Titel eines „Oberen" an, während der höhere Titel auf den Beamten *Nguyen Ngoc Tuong* überging. Während des Zweiten Weltkrieges nahm die erstere, die Hauptgruppe, zunächst gegen das Viet-Minh Partei, die letztere blieb neutral. Später gab es Parteinahmen auch für das Viet-Minh, seit 1954 auch für den Viet-Cong, weil die Cao-Dai von der Regierung Ngo Dinh Diem im Namen der Staatseinheit bekämpft wurden. Im Vietnam-Krieg waren Angehörige des Cao-Dai auf verschiedenen Seiten engagiert, was ihre Zerrüttung als politische Kraft begünstigt haben mag. Doch die religiöse Substanz ist geblieben, nach der offiziellen, wenn auch nicht faktischen Beendigung des Vietnam-Krieges sogar unter besonderer Betonung des Anliegens von Pham Cong Tac, zwischen dem Westen und Asien eine geistige Brücke zu bauen. Das Zentrum des Caodaismus, ein Tempelpalast mit reicher symbolträchtiger Ornamentik, der 1927 in Long-Thanh in der Provinz Tay-Ninh nordwestlich von Saigon erbaut worden ist, soll erhalten geblieben sein. Um ihn herum liegt die Residenz des „Papstes" und der Würdenträger der sehr ausgebildeten Hierarchie.

Die Wahrheitsfindung geschieht im Caodaismus weiterhin in spiritistischen Seancen; zwei Medien, die dabei mitwirken müssen, symbolisieren die Verbindung von Yin und Yang. Was in diesen Sitzungen mitgeteilt wird, halten die Teilnehmer in Protokollen fest, ohne sich allzusehr zu bemühen, „Falsches", das von „bösen Geistern" kommen kann, vom „Wahren" zu trennen. Sammlungen dieser Protokolle werden zu einzelnen Büchern zusammengefaßt (s. in der Bibliographie). Die Inhalte halten sich dennoch innerhalb eines Referenzrahmens, der gleich zu Anfang von den Gründern geschaffen worden war: eine Folge von drei „Vergebungen". Die erste wird durch kaiserliche Vorläufer des Konfuzius, des Laotzu und des Buddha repräsentiert, die zweite durch diese Stifter selbst und Jesus Christus, die dritte durch den Caodaismus. Unter den inspirierenden Geistern befinden sich auch Isaac Newton, Jeanne d'Arc, Descartes, Chateaubriand und vor allem *Victor Hugo*; gleichen Rang mit dem letzteren hat der chinesische Weise *Li T'ai-pe* (713-742). Doch können die verschiedensten anderen Gewährsgeister genannt werden. Mit dem, was sie sagen, soll die Einheit der Menschen auch geistig hergestellt werden, nachdem sie durch die modernen Transport- und Kommunikationsmittel äußerlich schon hergestellt worden ist. Zur Zeit seiner ungestörten Entfaltung war der Caodaismus in der Lage, Dorfgemeinden zu einer sozialen Ordnung zu verhelfen, in der sie es bis zu Wohlstand brachten.

§ 11. Das Mormonentum

„Das aufgefundene Buch", ein verbreitetes Phänomen in der Glaubenswerbung der Antike, ist noch in der Neuzeit Ausgangspunkt einer neuen Religion geworden. Es handelt sich um das sog. *Buch Mormon*. Es ist die englische angebliche Übersetzung eines umfangreichen Textes in „reformägyptischer" Schrift auf Goldplatten; er soll im Jahre 1827 auf einem Berg beim Dorf Manchester im Staat New York dem visionsbegabten und im Alten Testament sehr belesenen Joe Smith (1805-1844) von einem Engel namens Moroni gezeigt worden sein. Smith diktierte von den Platten weg die Übersetzung. Seine Schreiber Martin Harris, Oliver Cowdery und David Whitman haben später die Existenz der Platten bezeugt. Während sie von Kritikern schlechterdings bestritten wurde, will Smith die Platten nach der Arbeit dem Engel zurückgegeben haben. Der ganze Vorgang hat sich so, wie er berichtet wird, der Ermittlung eines historischen Kerns bisher zäh widersetzt.

Das Buch Mormon verlegt den Schauplatz der Heilsgeschichte von Palästina nach Amerika und will damit eine abschließende Offenbarung sein. „Jarediten" seien nach der mißglückten Errichtung des Turmes von Babel nach Amerika gekommen und hätten sich später in die ungläubigen „Lamiten" (Indianer) und die gottesfürchtigen „Nephiten" gespalten; unter den letzteren predigt später der auferstandene Christus, danach werden sie von den Lamiten in einer Schlacht auf dem Berge Cumorah (New York) aufgerieben. Ihr Prophet Moroni entkommt und rettet die Goldplatten, auf denen die bisherige Geschichte verzeichnet ist – dieselben, die dann dem Joe Smith übermittelt wurden. Das alles wird in einer bibelnahen Sprache mit etwa 400 wörtlichen Zitaten, darunter ganzen Jesaja-Kapiteln und der Bergpredigt, erzählt.

Smith und Cowdery tauften sich i. J. 1829 und wußten sich nun als Träger des Priestertums des Melchisedek. Dies wird in der „Kirche Jesu Christi" organisiert, die von der Familie Smith 1830 in Fayette (New York) gegründet und durch weitere Offenbarungen, von denen eine i. J. 1838 den Zusatz „der Heiligen der letzten Tage" bringt, schrittweise hierarchisch durchgestaltet wurde. Anfeindungen trieben die neue Gemeinschaft 1831 nach Kirtland (Ohio) und Independence (Missouri), 1839 nach Nauvoo (Illinois). Hier wurde Smith der als Bürgermeister der Stadt eine Presse hatte zerstören lassen, die Enthüllungen über die Polygamie der Mormonen brachte, 1844 im Gefängnis von einem lynchgierigen Haufen erschossen. Sein Nachfolger Brigham Young führte die damals 15000-20000 Mormonen i. J. 1846/47 über 1700 km nach Westen zum Salzsee, wo die Stadt *Salt Lake City* gegründet wurde. Sie wurde mit ihrem 1853-1893 erbauten sechstürmigen verschlossenen Tempel aus weißem Granit, einer 2500 Personen umfassenden Versammlungshalle und dem für Gottesdienste und Chorsingen errichteten „Tabernakel" bis heute das Zentrum einer intensiven Mission. Die heutige Zahl der Mormonen wird mit etwa 2,5 Millionen angegeben, davon ein Fünftel außerhalb von Amerika.

Die Lehre der Mormonen wurde nach dem Buch Mormon von Kirchenhäuptern vielfach weiterentwickelt. Die fides historica, die im Fürwahrhalten der mit der Niederschrift des Buches Mormon nicht abgeschlossenen Heilsgeschichte besteht, wird dabei faktisch mit dem Fortschrittsglauben identisch. Kultische Veranstaltungen und Alltagsmoral, die den Einzelnen zum Gotte und die Gemeinde zu den Heiligen im Tausendjährigen Reich und der zweiten Auferstehung machen sollen, gehen dabei überraschend harmonische Verbindungen mit sozialen Einrichtungen aller Art innerhalb und außerhalb der Gemeinde ein.

C. Krisenkulte und prophetische Bewegungen

§ 12 Die Gruppenbezeichnungen – eine multivalente Charakteristik

Die religiös-sozialen Bewegungen in der sog. Dritten Welt sind so verschieden und bisher nur unter so wechselnden Gesichtspunkten untersucht worden, daß noch keine Theorie aufgestellt werden konnte, die als allgemein anerkannt in einem Handbuch vorausgesetzt werden darf. Dies kommt schon in der uneinheitlichen Terminologie zum Ausdruck. Diese Terminologie verlangt jedoch nicht auf der ganzen Linie nach Vereinheitlichung, da bestimmte Bezeichnungen recht genau auf Phänomene passen, die sich bei aller Verwandtschaft und häufigem Übergang ineinander doch wirklich unterscheiden. Bei diesem Stand der Kenntnis verspricht für eine Einleitung den meisten Aufschluß, die verschiedenen Bezeichnungen zur Kenntnis zu nehmen und ihre Bedeutung zu bedenken. Die Literatur, auf die durch Autorennamen verwiesen wird, ist in dem am Schluß genannten Artikel von Weston La Barre bibliographiert und besprochen. Es ist zu beachten, daß die meisten Bewegungen faktisch mehrere der Phänomene bieten, über deren Benennung hier referiert wird.

Man spricht von Anpassungsbewegungen (Berndt), Bewegungen gegen Zauberei (Debrunner, Marwick, Richards u. a.), archaischen Formen sozialer Bewegungen (Hobsbawm), Erweckungen (Daws), Chiliasmus (Mühlmann u. a.), kollektivem Autismus (d. h. Aufgehen in Phantasie als Flucht vor der Realität; Lasswell), kultischen Bewegungen (Smith, Voget u. a.), kulturellen Erneuerungen (Adelman), eschatologischen (Sierksma) und Heilserwartungsbewegungen (Guariglia), Heiligem Krieg (Pereira de Queiroz), messianischen Bewegungen (Sundkler u. a.), Millenarismus (Burridge, Petri u. a.), Nativismus (Linton), Volksbewegungen (Andersson), Prophetismus (Baëta), Rebellion (mehrere Autoren), Reformationsbewegungen (Fernandez), Heilsreligionen (Abel u. a.), religiösen Erneuerungen (Banks), religiösen Freiheits- und Heilsbewegungen unterdrückter Völker (Lanternari), Revitalisierungsbewegungen (Wallace), Revivalismus (Petri), Revolten (Pos u. a.), Synkretismus (Thomson, Madsen u. a.), Umsturzbewegungen (Mühlmann u. a.), visionären Häresien (Gunson u. White), Massenbewegungen in Wunschträumen (Fülöp-Miller). Im Titel dieses Teils wird der Ausdruck „Krisenkulte" (La Barre) aus mehreren Gründen bevorzugt: er ist sozialpsychologisch und enthält die Diagnose, daß eine Gesellschaft in eine Krise geraten ist, die mit den herkömmlichen weltlichen oder auch religiösen Methoden nicht behoben werden kann; der Ausdruck sagt nichts Irreführendes über „primitiv" oder „zivilisiert", er zeigt eine Voraussetzung für nahezu alle Verhältnisse an, auf welche die eben genannten Bezeichnungen zutreffen, und trifft keine Entscheidung in Alternativen wie majoritäts- oder minoritätsgebunden, innovativ oder traditional, spezifisch für Klassen oder durch diese hindurchgehend. Der Ausdruck „prophetische Bewegungen" wird hinzugefügt, weil es sich bei den im folgenden ausgewählten faktisch meist um solche handelt, aber auch, weil in der Vielfalt der Erscheinungen denn doch das gemeinsame Ziel zu erkennen ist, die Zukunft zu meistern. Der Ausdruck „prophetisch" charakterisiert eine Bewegung in diesem Sinne und bedeutet nicht notwendig, daß eine prophetische Gestalt an ihrem Anfang oder in ihrer Mitte steht. Er erscheint außerdem wichtig, weil er die Verbindung zu älteren Milieus herstellt, die für einen Propheten charismatisch geworden sind.

Die akute oder chronische Krise, in welche ein Dorf, ein Stamm, eine Inselbevölkerung oder sonst eine Gruppe gerät, entsteht meistens dadurch, daß eine fremde Macht – militärische Eroberung, Kolonisation, Mission, Handelsniederlassung, Einbeziehung in das globale Kommunikationsnetz – von außen an- und eindringt. Eine Herausnahme des „Religiösen" aus den vielschichtigen Vorgängen muß deshalb unter noch größeren Vorbehalten geschehen als irgendwo sonst. Da hier auf die politischen, sozial- und wirtschaftsgeschichtlichen Komponenten ohnehin nicht eingegangen werden kann und damit die innere Verkürzung der Sachverhalte schon erzwungen ist, verursacht die notwendige äußere Kürze der folgenden Erwähnungen kein nennenswertes weiteres Defizit an grundsätzlicher Einsicht. Auf die Literatur wird verwiesen; sie hat, obwohl von Beobachtern in neueren europäischen Sprachen verfaßt, in diesem Fall oft Primär- und Quellencharakter, da sich viele Führer und Anhänger von Bewegungen gar nicht selbst schriftlich geäußert haben.

§ 13. Ozeanien

In Melanesien und auf Neuguinea ist die elementare Bedeutung, welche materielle Lebensgüter für alle Völker haben, die sich nicht frei entwickeln durften, durch Berichterstatter in einen terminus technicus eingegangen: englisch *Cargo* „die Ladung, die Fracht". Ein lehrreiches Beispiel für einen Cargo-Kult ist die sog. *Paliau*-Bewegung auf Manus. Manus ist die größte Insel der nördlich von Neuguinea gelegenen Gruppe der Admiralitätsinseln. Der spätere Prophet Paliau wurde etwa 1915 auf der Insel Baluan, südlich davon, geboren. Dies war Arbeitsgebiet einer katholischen Mission; Paliau ist aber nicht getauft worden und führte nie einen christlichen Namen. Auch eine Missionsschule hat er nicht besucht. Er wurde Polizist. Im Zweiten Weltkrieg erlebte Manus eine Invasion der Japaner, nach deren Vertreibung wurde die Insel amerikanischer Stützpunkt. Im Laufe des Krieges passierten rund eine Million amerikanischer Soldaten, darunter ein hoher Prozentsatz Neger, die Insel. Der dauernde Wechsel der Parteien und Rassen: Europäer, Australier, Japaner, schwarze und weiße Amerikaner, vor allem der riesige Aufwand an Gütern, machten einen ungeheuren Eindruck auf die Eingeborenen. Das alte Weltbild, das vor dem Kriege schon stark gestört war, brach jetzt vollständig zusammen. Paliau soll auf der Flucht vor den Japanern eines Tages halbverhungert im Urwald gelegen haben. Dort seien ihm, so wird berichtet, seine verstorbenen Ahnen erschienen. Diese gaben ihm den Auftrag, nach seiner Rückkehr in die Heimat die Lehre von der Ankunft des Cargo zu verkünden und diese Ankunft vorzubereiten. Nach einer andern Quelle – und beides schließt sich nicht aus – hatte er die folgende Vision: „Ich bin Jesus, euer Gott. Meine Lehre ist euch von Anfang an durch die Apostel vorenthalten und nur zu den Weißen gebracht worden. Jetzt will ich durch den Mund Paliaus zu euch reden." Später erwartete man das Cargo nicht mehr aus dem Jenseits, sondern sah die Möglichkeit, einen Gemeinderat zu haben, als die große Chance der Zukunft. Diese bedeutet Selbstverwaltung und eigene Verwirklichung des ersehnten neuen Lebens. Er war das „Geheimnis". Sobald er realisiert sei, werde auch das Cargo kommen. Paliau fand eine Zukunftskonzeption, nach der auf den Admiralitätsinseln das alte religiös-sozial-wirtschaftliche System abgelegt und nach europäisch-amerikanischem Muster lückenlos neu geschaffen werden sollte, aber selbstverständlich ohne Europäer und Amerikaner. 1949 umfaßte die Bewegung zwischen 3000 und 4000 Menschen. Sie gab sich den Namen „der neue Weg des Denkens" und legte eine Reihe von Musterdörfern an. Paliau blieb der Führer, nominell als Gemeindeältester, weil man es für nützlich hielt, die Bewegung als etwas auszugeben, das alle sich ausgedacht hätten; die Reformen wären wahrscheinlich auf stärkeren Widerstand gestoßen, hätte man nach außen darauf bestanden, daß Paliau aufgrund einer direkten Offenbarung Gottes gehandelt hat. Er selbst bleibt sich ihrer aber, erst recht nach mehreren Aufenthalten im Gefängnis, bewußt. Ihr Zentrum hat die Bewegung denn auch in Gottesdiensten. Riten und Gebete sind Nachahmungen des römisch-katholischen Rituals. Der Garten Eden werde noch einmal wiederkehren, verkündete Paliau, wenn man die Sünden wie Zorn, Diebstahl und Streit fahren lasse.

Die Motive, die sich in diesem Beispiel finden, gibt es häufig und in vielfachen Variationen. Der *Kult des Taro* – einer eßbaren Wurzel – ist unter den *Orokaiva* auf Neuguinea verbreitet. Die Tarogeister, von denen einer im Jahre 1914 einem Bewohner des Dorfes Taututu, Buninia, neue Formen des althergebrachten Totenopfers mitgeteilt haben soll, sind eigentlich die Geister der Verstorbenen; es wird erwartet, daß sie wiederkehren und Glück und Wohlstand bringen. Der *John-Frum-Kult*, benannt nach einem Pseudonym, das sich 1940 ein Prophet Manehevi auf der Insel Tanna (Neue Hebriden) gab, zog Eingeborene aus der presbyterianischen Kirche ab und ließ sie den John Frum selbst erwarten, der ein goldenes Zeitalter voll materieller Güter ohne Arbeit heraufführen werde. Die *Vailala*, zu den Orokolo-Stämmen im Gebiet des Papua-Golfes gehörig, erwarten seit 1919 die Toten in Gestalt von Weißen – Weiß ist auch die Toten- und Trauerfarbe in Melanesien – auf einem Schiff oder Flugzeug voller europäischer Waren. Eine ähnliche Erwartung, 1923 vom Propheten *Ronovuro* auf Espiritu Santo (Neue Hebriden) verkündigt, führte zu einem Aufstand, der durch Ermordung von Europäern die Hindernisse beseitigen sollte, die der Ankunft der Toten entgegenstanden. Schiffe der königlich-niederländischen Flotte, die vor einer Küste auftauchten, oder amerikanische Flugzeuge, die vom Osten her am Himmel erschienen, wurden wiederholt für Zeichen des Anbruchs des neuen Zeitalters gehalten. Cargo-Kulte können als Reaktion auf ein solches Erlebnis entstehen, sie können aber auch ihrerseits Motivationen für die Anlage von Häfen oder Landeschneisen liefern, um die Cargo-Bringer herbeizuzwingen. Gelegentlich wurde sogar alles Vieh abgeschlachtet und alle Lebensmittel vernichtet, damit Ställe, Weiden und Speicher für den neuen Überfluß aus dem Jenseits bereit seien. Bewegungen solcher Art kennt man in Neuguinea etwa fünfzig, im übrigen Melanesien etwa dreißig. Bei etwa 17% der Bewegungen hält man die eigenständigen Ursprungsgründe für überwiegend, bei den anderen diejenigen, die mit Zivilisationskontakten gegeben sind. Außerhalb der eigentlichen Cargo-Kulte, in denen Rituale praktiziert werden, sind zahlreiche weitere Menschen in einer ihren Alltag sichtbar bestimmenden Weise der Cargo-Erwartung verpflichtet, darunter nach einer Schätzung von 1970 auch 20% der melanesischen Christen (Gesamtbevölkerung: 3,3 Millionen, Christen: 1,9 Millionen).

Die zehn bis fünfzehn Prophetenkulte in Polynesien und Mikronesien machen einen kriegerischeren Eindruck und drängten mehr zur Errichtung politischer Gebilde, vielleicht weil die Kriegerklasse der Polynesier immer stärker entwickelt war als die der Melanesier. Genannt sei der *Mamaia*-Kult der Gesellschaftsinseln, besonders Tahitis, in dem seit 1828 die polytheistische Hierarchie als Urbild einer gegen Missionare und Kolonisatoren erkämpften autochthonen sozialen Hierarchie gilt; der *Hapu*-Kult auf Hawaii (seit 1825), in dem der Jehova und der Jesus der amerikanischen protestantische Missionen zu einer Trinität neben die Prophetin Hapu gestellt wurden, in deren Namen sich zahlreiche Aufstände erhoben; und eine Reihe heidnisch-christlicher Kulte, die auf den *Tuamotu*-Inseln im östlichen französischen Polynesien als Reaktion auf protestantische und katholische amerikanische und französische Missionen entstanden. Relativ häufig ist die Identifizierung einheimischer Götter mit dem kriegerischen Jehova und damit auch die Identifizierung der Polynesier mit den alten Hebräern. Die Befreiungsbewegung der *Maori* gegen die Engländer, *Hau-Hau* genannt, bildete sich im blutigen Kolonialkrieg 1860-1870 auf Neuseeland und zeigt modellartig, wie ein Kult je nach äußeren Bedingungen zwischen einer vom Kampf abziehenden Ekstatik und organisiertem politischem Gestaltungswillen wechseln kann.

§ 14. Afrika

Der Charakter des Nachchristlichen kommt in Afrika auf eine einfache und auf eine potenzierte Weise zustande, auf die eine im Gefolge der christlichen, auf die andere im Gefolge der bereits nachchristlichen islamischen Mission. Die Zahl der Bewegungen ist kaum übersehbar; eine neuere Untersuchung (D. B. Barrett) registriert deren 6000.

Von diesen Bewegungen muß man zwei in einem anderen Zusammenhang als dem dieses Kapitels sehen, einmal die unabhängigen Jungen Kirchen, die in großer Zahl in vielen, mehr in protestantisch als in katholisch missionierten Gebieten entstanden sind (mehr in Zentral-, Süd- und Ostafrika und der Guinea-Region), zum anderen die wirklich islamischen Bruderschaften (mehr in West- und Nordafrika sowie im Zentralsudan). Aber neben ihnen gibt es die zahllosen Bewegungen, die von mehr oder weniger christlich oder islamisch beeinflußten Propheten stammen, und ganz neue Kulte, welche das Christentum und den Islam überbieten wollen. Angesichts ihrer hat die abendländische Welt lernen müssen, daß die gängige Ansicht, Naturvölker hätten kein Geschichtsverständnis, falsch ist. Es ist allerdings mit diesem Geschichts- ein anderes Zeitverständnis verbunden als das uns geläufige. Es tritt, wenn auch selten bereits als Theorie, auch in einer relativ großen Anzahl politischer und ökonomischer Unternehmungen hervor, sich unter Berufung auf eine jenseitig-ewige Ordnung in der diesseitig-zeitlichen Welt einzurichten. Hier sind Konvergenzen eines autochthonen Zeitverständnisses mit einem – theologisch gesprochen – mißverstandenen christlichen, wie es z. B. für die *Zeugen Jehovas*, die *Siebentage-Adventisten* und, mit Einschränkungen, auch für einige *pfingstlerische Gruppen* charakteristisch ist, besonders aufschlußreich.

In diesen Zusammenhang gehört die apokalyptisch gestaltete, expansive *Kitawala*-Bewegung. Hier werden als Kerngedanken der Predigt des Gründers Elliott Kenan Kamwana, der 1909 im damaligen Nyassaland, dem heutigen Malawi auftrat, die folgenden drei ermittelt: Befreiung von weißer Herrschaft wird verheißen, die seligmachende Taufe wird jedem gewährt – nicht nur denen, welche die überaus rigorosen moralischen Anforderungen der früheren schottischen Mission erfüllten –, und großer materieller Reichtum wird im Tausendjährigen Reich und schon vorher aus Amerika erwartet. Der chiliastische Protest des Charles Taze Russell aus Pennsylvanien gegen besoldeten Klerus und Ordination, gegen die Androhung von Höllenstrafen und den Aufschub des Gottesreiches auf Erden hat hier Pate gestanden – derselbe, der seit 1880 durch die von Russell gegründete *Watch Tower Bible and Tract Society* durch alle Kontinente getragen wird. Das englische Wort für „Wachtturm", *tower*, wurde zu *tawer* und *tawala* bantuisiert und mit dem Präfix einer Kongo-Sprache, *ki*, versehen. *Kitawala* ist heute die Sammelbezeichnung aller in dieser Tradition chiliastisch prophezeienden Gruppen einschließlich derer, die den 1931 angeordneten neuen Namen „Zeugen Jehovas" entweder übernahmen oder bewußt ablehnten. Ihren bedeutendsten politischen Erfolg erblicken sie in der Selbständigwerdung der Kongo-Republik, nachdem frühere Aufstände dort mit Hinrichtung ihrer Führer durch Erhängen beendet worden waren (1926 des *Mwana Lesa*, was „Sohn Gottes" bedeutet, 1943 zweier Männer, die sich Jesus Christus und Halleluja nannten). Daß sie gerade in Zaïre zur Zeit verboten sind, darin besteht ihre Krise, die sie weiterhin an der Ausbildung einer festen kirchlichen Organisation hindern und noch lange nach neuen Terminen für die erwartete Parusie ausblicken lassen wird. Das apokalyptische Harmagedon wird dann die Entscheidungsschlacht zwischen Schwarz und Weiß sein, in der zusammen mit den Weißen auch die Häuptlinge und andere Afrikaner vernichtet werden, die Feinde der Bewegung sind. Der Besitz der Weißen wird den Kitawala zufallen, ein Ballen Kattun wird ein Fünfhundertstel seines jetzigen Preises kosten. Die Letzten werden die Ersten sein, und das heißt hier: die Schwarzen werden als Weiße wiedergeboren werden.

Gleichfalls im Kongo wirkte *Simon Kimbangu* (1889-1951), der sich als Erlöser der schwarzen Rasse sah, die von den Erlösern anderer Rassen (Moses, Jesus,

Mohammed, Buddha) bisher ausgenommen gewesen sei. Abgesehen davon ist seine Verkündigung überwiegend voller christlicher Elemente, die jedoch bald gegen die Weißen gewendet wurden, die den Geist des Christentums so wenig lebten. Kimbangu mußte infolgedessen – er wirkte nur von März bis November 1921 öffentlich – Jahrzehnte in Gefängnissen zubringen, zuletzt in Elisabethville, wo er 1951 starb. Dies wurde als Passion gedeutet, und seine Rückkehr als Gott der Schwarzen wird erwartet.

Politischer sind der *Nkrumahismus* und die Mau-Mau-Bewegung geworden. Kwame Nkrumah, der frühere Staatspräsident von Ghana, hat bis zu seinem Sturz 1966 bewußt als politischer Messias gewirkt und sich wahrscheinlich bis zu seinem Tod 1972 als solcher gefühlt. Nicht geklärt ist, ob das folgende Glaubensbekenntnis wirklich in Gottesdiensten gesprochen wurde oder ein literarisch-blasphemischer Scherz von Intellektuellen ist: „Ich glaube an Kwame Nkrumah, den mannhaften Führer unseres Heimatlandes, den Gründer unserer Schulen, und an die kraftvolle nationalistische Volkspartei, seine einzige Partei, unsere Zuflucht; empfangen vom Geist der Zeit, geboren aus den Massen, gelitten unter den Notverordnungen der britischen Regierung, verfolgt, geknutet und darniedergehalten. Im dritten Monat wiederauferstanden, spannte sie weit ihre Flügel aus und flog sie der Sonne der Freiheit zu. Begabt mit mehr Ausdauer, Zielbewußtsein und Kraft denn je zuvor, schwor sie den Treueschwur ihrem furchtlosen Führer im Gefängnis. Von dannen sie kommen wird, auszubreiten die Wahrheit, die zu unserer Zeit führt. Ich glaube an den Heiligen Geist unserer Zeit, den heiligen Kreuzzug der Freiheit, die Vernichtung der Fremdherrschaft, an die Wiederherstellung unserer Rechte und an das ewige Leben. Amen." Ähnlich gibt es ein travestiertes Vaterunser und die Anwendung vieler Bibelsprüche auf Nkrumah, z. B. „Lasset die Kindlein zu mir kommen." Die *Mau-Mau*-Bewegung war ursprünglich ein Geheimbund der *Kikuyu*. Ihre Initianden entfesselten 1952-1956 einen Aufstand, der zur Unabhängigkeit Kenias führte. Yomo Kenyatta wandelte sich damit vom Seher, Medizinmann und Erlöser, als der er von der Bewegung zeremoniell verehrt worden war, zum Präsidenten dieses Landes.

§ 15. Nordamerika

Die wichtigsten Erscheinungen sind die *Geistertanzbewegung*, der *Peyote-Kult*, das Shakertum und die Bewegung des *Handsome Lake*, des Propheten der Irokesen. Über Gemeinsames zwischen den drei ersten ist oben einiges gesagt. Die Heilserwartungsbewegungen sind tief in die Geschichte der Entstehung der USA von 1680-1870 hineinverflochten und könnten auch abgekürzt nur in diesem Zusammenhang dargestellt werden. Heute scheinen sie einen gewissen Erfolg in den Bemühungen der Indianer herbeizuführen, als Minoritäten mit eigener nationalkultureller Identität anerkannt zu werden – ein Status, den die

Reservate bisher offiziell nicht haben. Die Heilserwartungsbewegungen begründen sich besonders reich mit autochthoner Mythologie; diese ist nur selten vom Christentum beeinflußt und viel häufiger in Konkurrenz zu diesem weiterentwickelt worden.

§ 16. Mittel- und Südamerika

Die neuen Religionen des lateinamerikanischen Bereichs wurden synkretistisch erst nach den ersten *Tupi-Guarani-Wanderungen,* die sich zwischen 1539 und 1549 ereigneten und 1609, 1820, 1830, 1870 und 1890 weitergeführt wurden. Diese galten einem „Land der Unsterblichkeit und ewigen Ruhe", das vom Innern Ostbrasiliens aus zuerst am westlichen, dann am östlichen großen Meer gesucht wurde. Ursprüngliches Motiv war wohl eine genuine Weltuntergangsfurcht in einer ganz und gar einheimischen, mit der Predigt der Jesuiten weder konkurrierenden noch von dieser beeinflußten Eschatologie. Solche Verbindungen scheinen erst beim Durchzug durch missionierte Gebiete zustandegekommen zu sein. Die eigentliche Fülle von Kulten, die heute jeden Besucher südamerikanischer Länder überwältigt, kam aber erst mit dem Import und Zuzug von Westafrikanern. Zum ursprünglich westafrikanischen *Wodu*-Kult (ewe *wudū* heißt „Genius, Schutzgeist") bekennen sich die Neger der Inselrepublik Haiti und Gruppen auf dem südamerikanischen Festland. Das städtische Proletariat Jamaikas hat den Kult des *Ras Tafari* (ein Gottesname) entwickelt, der notgedrungen escapistisch ist. Die synkretistischen Kulte Brasiliens faßt man unter dem Namen *Macumba,* neuerdings mit dem Namen eines dieser Kulte *Umbanda* zusammen (beide Wörter sind unerklärt). Aktiv gegen Kolonisatoren und soziale Unterdrückung durch eine einheimische Kompradorenbourgeoisie sind verschiedene Bewegungen, die ihre Vorläufer in Kolumbien in der Bewegung des *Luis Andrèa* von 1613, in Argentinien in der des *Solares* von 1870, in Peru in der des *Juan Santos Atahuallpa* von 1742 haben.

D. Gemeinsame Grundstrukturen und Probleme

Die in diesem Überblick genannten Religionen oder religiösen Erscheinungen sind unter gewissen Gesichtspunkten vergleichbar, während sie in anderer Hinsicht auf ganz verschiedenen Ebenen liegen. Die Ebene der Vergleichbarkeit kann man herstellen, wenn man klärt, inwiefern die chronologisch-kalendarische Gleichzeitigkeit traditionsgeschichtliche und wesenhafte Ungleichzeitigkeit bedeutet: manche Religionen haben mehr Entwicklungsstufen durchlaufen als andere, einige haben mehr historische Sprünge aushalten müssen. In so verschiedener Durchbildung werden sie der Zukunftsproblematik, die als solche überall erkannt wird, verschieden inne. Während restaurative Reaktionen, die grundsätzlich genauso möglich sind wie reformerische, revolutionäre oder neuschöpferische, naturgemäß die Vielfalt der Ursprünge wieder hervortreten lassen, zeigen die auf Utopie gerichteten oder die Herausforderungen des säkularen Fortschrittes annehmenden Richtungen gewisse Übereinstimmungen. Die historischen Kontakte zwischen den Religionen, die zahlreicher werden, je weiter die Zeit fortschreitet, tun ein übriges, um Übereinstimmungen über die apokalyptischen, eschatologischen oder auch futurologischen Zukunftsentwürfe hinaus herzustellen. Die von den neuen Positionen aus notwendig werdenden Besinnungen auf die je eigene Tradition müssen, je kritischer sie diese faktisch befragen oder in Frage stellen, desto übereinstimmender spiritualistisch werden. Das allmähliche Zusammenrücken der Vergangenheits- wie der Zukunftsproblematik für den homo religiosus, politicus, oeconomicus schließlich läßt die Verhältnisse zwischen Ideologie und Religion, Religion und Religionskritik, Religionsentstehung und Säkularisierung immer präziser dialektisch werden. Die Weiterentwicklung des Phänomens und des Begriffes der Religion außerhalb verfaßter Religionen ist unter anderem ein Ausdruck dieses Sachverhalts.

§ 17. Alt und Neu

Sofern es sich um Reformen oder Revolutionen innerhalb bestehender Religionen handelt, zeigt sich die klassische Alternative, ob das noch nie Dagewesene erstmalig oder das gute Alte neu zur Geltung gebracht werden soll. Orientalische wie christliche Sekten, zwischen denen ohnehin phänomenologisch nur wenig Unterschiede bestehen, belegen dies in gleicher Weise. Religiöse Gründungen wie die Divine Light Mission, die Krishna-Bewegung und die Transzendentale Meditation z. B. sind mit keinem ihrer Charakteristika so neu, wie sie zu sein vorgeben. Sie sind es weder innerhalb der Tradition, die sie erweitern, weiterführen oder erneuern wollen, nämlich des Hinduismus – dieser hat seit der ersten Hälfte des 19. Jahrhunderts eine große Zahl von Reformbewegungen hervorgebracht, in denen sich in verschiedensten Zusammensetzungen und Variationen im Prinzip bereits das findet, was auch diese „neuen" Gründungen kennzeichnet. Noch sind diese Gründungen neu oder auch nur andersartig im Vergleich mit ähnlichen Bewegungen in so verschiedenen Gebieten wie der einstmals christlichen westlichen Welt einerseits, im shintoistischen oder buddhistischen Japan andererseits. Die offizielle christliche Kirchengeschichte wird von ihren Anfängen an von spiritualistischen Erneuerungs- oder Protestbewegungen mit immer neuen Gestalten begleitet, die für sich die Würde eines neuen Apostels, des im Johannesevangelium verheißenen Parakleten oder gar des wiedergekommenen Christus in Anspruch nehmen. Entsprechendes zeigen die Mahdi-Erwartungen im Islam bis hin zum Bahā'ismus. Nur in Japan sind solche Tendenzen anscheinend nicht so alt.

Die Gründe für die Übereinstimmungen, die so weit gehen, daß man hier von einem universalen Religionstyp sprechen kann, liegen auf zwei Ebenen: Einmal sind sie mit dem Allgemeingültigkeitsanspruch dieser Religionen selbst gegeben, der eine Fülle von gedanklichen Verallgemeinerungen, von Abstrahierungen aus der jeweiligen historisch gewachsenen und von jeder anderen ursprünglich klar unterscheidbaren Tradition, von bewußten Reduktionen der mannigfachen Inhalte auf relativ wenige, für das Verständnis einer möglichst großen Zahl potentieller Anhänger berechnete Glaubenselemente mit sich bringt. Zum anderen steht, je weiter die Neuzeit voranschreitet, auch die Gründung von Religionen im Zeichen der weltweiten Begegnung von Kulturen und Zivilisationen und hat an deren gegenseitiger Beeinflussung teil. Über die Rolle des Hinduismus wurde schon gesprochen. Der Buddhismus brachte nach Japan ähnliche Prinzipien mit, die dort mit einer einheimischen Grundlage zum religiösen Pluralismus zusammenliefen. In Europa und noch mehr in Nordamerika schließlich haben eine Fülle von Sekten, mehr von den protestantischen als von den katholischen und orthodoxen Kirchen abgespaltene, Anleihen bei orientalischen Religionen gemacht, und diese kamen ihnen ihrerseits so sehr entgegen, daß man von einer Mission Asiens im Abendland hat sprechen können.

Sowohl die Erneuerungen unter dem Vorherrschen der großen religiösen Traditionen als auch die traditionsübergreifenden universalistischen Neubildungen können also eine breite historische Vorbereitung für ihr Gelingen voraussetzen und tragen selbst noch zur Bereicherung und Vermehrung von Bedingungen für den Erfolg künftiger religiöser Gründungen mit Neuheitsanspruch bei.

Schwieriger und mit den bisher ausgebildeten Kategorien historischer Erkenntnis noch kaum faßbar sind die Dinge bei den Krisenkulten und prophetischen Bewegungen. Es liegt auf der Hand, daß religiös-soziale Inhalte, denen die historische Vergünstigung vorenthalten blieb, langzeitige Metamorphosen durchlaufen zu dürfen, bei Einbeziehung in eine gegenwärtige Konfiguration mit ganz heterogenen Herausforderungen wie eruptive Anachronismen wirken müssen. Nur weil ein Wille da ist, sie in die Tat umzusetzen, bedeutet das nicht automatisch ihren Tod – im Gegenteil. So kommt man zur Kennzeichnung vorläufig kaum um Paradoxien herum, etwa „moderne Archaik" oder „nativistische Futurologie". Unter diesen oder ähnlichen Stichworten kann man heute eine reiche Phänomenologie erheben. Diese trägt übrigens auch zur historischen Psychologie des Abendländers etwas bei.

§ 18. Messianismus und Millenarismus

Historische Bedingungen für das Entstehen von Messianologien liegen für uns am deutlichsten im alten Israel und im alten Iran zutage. Aber dies sind nicht die einzigen, und neuerdings scheint sich die Einsicht durchzusetzen, daß Messianismus überall möglich war, und zwar nicht nur in Hochkulturen, sondern auch bei Naturvölkern. Potenzierungen verschiedenen Grades kamen zustande, wenn Messianismen verschiedener Herkunft aufeinandertrafen. Faktisch am bedeutendsten wurden die Verschmelzungen der nativistischen mit den islamischen und den christlichen Messianismen; da die mit beiden zusammenhängende Apokalyptik, die hier deutlich dem Zoroastrismus verpflichtet ist, an irgendeiner Stelle der eschatologisch-mythologischen Chronologie das Tausendjährige Friedensreich kennt, haben sich den neuen Messianismen auch zahlreiche Kennzeichen des Millenarismus mitgeteilt.

Zu beachten ist, daß die jüdisch-christliche Messianologie sowohl zum großen Teil die historische Wurzel der sunnitisch- und der šiʻitisch-islamischen ist, als auch ein erstes Mal jenes charismatisch geladene Milieu kennzeichnet, das später immer von neuem eine Person, die sich berufen wußte, reizte, dem Reich, das keinen Platz auf dieser Welt hatte, *U-topia*, zu politischer Realität zu verhelfen. Jede dieser Personen übernimmt damit, religionspsychologisch gesprochen, letztlich die Rolle des Propheten Mohammed, der seinerseits die Rollen Jesu und Abrahams wenn nicht übernahm, so doch nachahmte und verwandelte. Denn er verstand sich ausdrücklich als das Siegel auf der Reihe der Propheten, welche den Willen Gottes bisher allen Völkern außer den Arabern gebracht hatten, und damit als denjenigen Gesandten, der nun nicht nur die zeitlich letzte, sondern auch die sachlich abschließende, weil im Wahrheitsgehalt reinste Offenbarung zu verkünden habe. Die dadurch herbeigeführte Auflösung des Glaubens an das Ereignis von Heilsgeschichte in die Nachweisbarkeit einer Reihe weltgeschichtlicher Manifestationen ist das Hauptkennzeichen nachchristlicher Religionen, des Islam ebenso wie des Bahāʼismus und des Mormonentums, der christlichen Sekten ebenso wie der Stammesprophetien. Bei ihnen allen erklärt sich so ihre Immunität gegen diejenigen messianischen Ansprüche, die ihnen jeweils vorausgingen, letztlich gegen den christlichen. Wo man das Gottesreich einer einstmals jüdisch-christlichen Tradition chiliastisch erfahrbar machen will, kann man sich nicht mehr mit seiner Verheißung begnügen, und wo Mohammed oder ein neuerer Stifter da war oder ein endzeitlicher Gesandter erwartet wird, kann man nicht mehr zu jenem Jesus zurück, der in der Abfolge der Propheten nur einen Platz unter mehreren einnimmt.

Materialisierungen der Zukunftshoffnung gehen damit Hand in Hand. Sie können in Emanzipationen bis hin zu neuen Staatsgründungen konkretisiert werden, in denen sich dann das Problem des Verhältnisses zwischen Politik und Religion auf einer neuen Stufe stellt, sie können aber auch schlechterdings abergläubisch werden. So wird von den Adventisten berichtet, daß sie ihren Anhängern erzählen, der Herr Jesus werde wiederkommen und die Atombombe zur Explosion bringen. Die Adventisten aber würden sich gerade in ihren Kirchen befinden und so gerettet werden. Nicht nur die Adventisten, auch viele andere erzählen ihren Anhängern, im Himmel werde nur Englisch gesprochen. Daraus entsteht dann die Hoffnung, daß die Beherrschung des Englischen in den Himmel, mindestens aber in den Besitz des Cargo-Geheimnisses führe. Nicht zuletzt deshalb wird in aller Welt von bisher schriftlosen Völkern wie besessen Lesen, Schreiben und Englisch gelernt, damit man das Cargo bestellen kann, und damit man es richtig adressieren kann, nachdem die Weißen es beim Güterumschlag so unendlich oft fertiggebracht haben, die richtigen Adressen abzureißen und Adressen an sich selbst darauf zu kleben.

Die ergreifende Ambivalenz, daß man die Weißen haßt und gleichzeitig wünscht, selbst weiß zu werden, läßt sich als Anverwandlung entsprechend materialisierter Zukunftserwartungen bei vielen sektiererisch missionierenden Vorläufern von Krisenbewegungen verstehen, wie das Beispiel der Kitawala zeigt. Sehr oft ist es aber auch so gewesen, daß die nachchristliche Geisteshaltung nicht in der missionierenden Gruppe schon gegeben war, sondern durch ein fast zwangsläufig eintretendes Mißverständnis der an sich sachgemäßen christlichen Predigt zustande kam. Aus der Hoffnung auf das Kommen Gottes wird dann planende Erwartung; es gibt keine Theologie, welche die Hoffnung immer neu als den Akt erscheinen läßt, in dem das Unverfügbare als das Heiligende, das Segnende und das Heil zur Gegebenheit kommt (K. Rahner), ohne daß ihm der Charakter des radikal Unverfügbaren genommen wird. Es ist von farbigen Völkern schlechterdings nicht zu verlangen, daß sie wohlwollend unterstellen, für die fremden Prediger sei „Weiß" nur ein Symbol für Unschuld und Vollkommenheit gewesen, und die fremden Kolonisatoren hätten mit dem Hinweis auf das Gottesreich nur das Heil der schwarzen Seelen, nicht aber die Ablenkung von der gegenwärtigen Ausbeutung im Auge gehabt. Nein, jetzt will man über das Gottesreich verfügen, indem man sich von der Unterdrückung befreit. Ist dies auch nur zum Teil gelungen, sind die betreffenden Menschen von da an gegen die christliche Hoffnung abermals immun. Und sie sind außerstande, für die Segnungen der westlichen Zivilisation und die kirchliche Entwicklungshilfe wie für unverdiente Gnadengeschenke zu danken.

Nicht nur der Christ, sondern jeder Angehörige der westlichen Zivilisation muß unter anderem all dieses beachten, wenn er den politischen und wirtschaftlichen Faktoren, die in der gegenwärtigen Selbstdarstellung der islamischen und der Dritten Welt am eindeutigsten zutage treten, einen nuancierten Stellenwert geben will. Damit ist ihm immer noch nicht zu der Entscheidung verholfen, welche Konsequenzen er nun ziehen muß.

§ 19. Die traditionskritische Funktion neuer Offenbarungen

Was Datierung und Art des Beginns neuer Bewegungen anlangt, so fällt zweierlei auf: einmal, wie häufig es mit einer „Offenbarung" beginnt, zum anderen, in welchen Stereotypen in den Primär- und Sekundärberichten – einschließlich wissenschaftlicher Darstellungen – von solchen Offenbarungen die Rede ist. Häufig wird nur das Wort „Offenbarung" gebraucht, und um genauer zu erfassen, was vorgegangen ist, müßte man einerseits wissen, welche historische Fracht dieser Begriff durch die religiöse Erziehung des späteren Offenbarungsempfängers erhalten hat, andererseits, welche Vereinfachung, Abkürzung oder Interpretation sich Berichterstatter oder Rechercheure damit erlauben. Manchmal heißt es noch allgemeiner, die betreffende Persönlichkeit habe einen Auftrag erhalten, eine neue Heilslehre zu verkünden, oder sie sei dessen innegeworden, daß ihr und ihrer Mitmenschen Leben vervollkommnet werden müsse. Hier bleibt der Sozialpsychologie wie der Quellenkritik noch ein weites Feld. Dasselbe gilt, wenn auch in geringerem Maße, für die Angaben, die etwas genauer von Intuition, Inspiration, Audition und Vision sprechen oder gar zwischen diesen Modalitäten und Kombinationen von ihnen unterscheiden. Korrekturen sind sicher noch angebracht, aber im groben läßt sich folgendes sagen:

Bei Bewegungen, die aus dem Islam hervorgegangen sind, scheinen Vision und Audition keine konstitutive Rolle zu spielen. Das belegen die so weit auseinanderliegenden Erscheinungsformen wie Babismus und Bahā'ismus in Persien, die Black Muslims in den USA. Im *Babismus* gelten Abhandlungen, die der Šaiḫī Ḥusain von Bušrūye auf seiner Pilgerfahrt nach Mekka geschrieben hatte, als Offenbarung, und wenn schon bei der Abfassung ein Faktor angelegt gewesen sein sollte, der die sufische Tradition sprengt, dann bestand er allenfalls in der Besonderheit dessen, was der Meister dieses Ḥusain, eben der Bāb, unternommen hatte, um zu neuen Erkenntnissen vorzudringen: er hatte sich häufig heftig kasteit und sein Haupt stundenlang unbedeckt der Sonne ausgesetzt, um seinen Geist durch Leiden aus der Gebundenheit an das Gewöhnliche hinauszuführen. Keine Berufung auf eine Vision findet sich bei dem wichtigsten Schüler des Ḥusain von Bušrūye, des Mirza Ḥusain 'Alī Nūrī, der unter dem Namen Bahā'ullāh die Verkündigung des Bāb zu einer Weltreligion umgestaltete, ohne den Bab je gesehen zu haben. Obwohl andere Legitimierungen näher gelegen hätten als die Tatsache, daß er einer der gleichsam geistlichen Enkel des Bab war, genügte es für ihn und seine späteren Anhänger, daß er – nach 1852 in Bagdad – autoritativ erklären konnte, die vom Bāb mit den Worten „Der, den Gott öffentlich beglaubigen wird" angekündigte Persönlichkeit zu sein.

Bei den *Black Muslims* steht am Anfang wohl das Legitimationsprinzip der Drusen, da es wahrscheinlich ist, daß der erste Propagator, der aus Syrien eingewanderte W. D. Fard, von ihnen herkam. Bei Eliah Mohammed, der mit Fard von 1930-1934 in Detroit zusammenlebte, änderte sich dies, indem er Fard fast messianisch überhöhte und sich auf das von ihm Gelernte wie auf eine Geheimlehre berief. Der Größere, der sich von Eliah Mohammed trennte,

Malcolm Little, brachte dann als Malcolm X vornehmlich durch Analyse die wirtschaftliche und politische Lage der Schwarzen im weißen Amerika zu einer Evidenz, die die Eindeutigkeit einer Offenbarung hatte. So ist bei den Black Muslims ganz anders als bei den Bābīs und Bahā'īs die islamische Tradition abgelegt worden.

Visionen und Auditionen hingegen scheinen Kennzeichen von Traditionsüberwindung überall da zu sein, wo durch die angestammte Religion ekstatisches, spiritistisches oder spiritualistisches Erleben vorgegeben waren. Das ist nicht nur bei nordamerikanischen Indianern, Melanesiern und Afrikanern der Fall, sondern auch im Bereich von Hinduismus, Mahāyāna-Buddhismus, Taoismus und Shintoismus, ja selbst im Christentum. Die vier nichtchristlichen Religionen transformieren oder konservieren, jede in ihrer Weise, volkstümliche Substrate von Geisterglauben in den von ihnen bedeckten Gebieten; verchristlichte Weiterführungen des spätantiken Spiritualismus einschließlich der Gnosis, aktualisierende Auslegungen der ins Synoptikerzeugnis eingegangenen altpalästinischen Dämonologie, Anerkennung der Visionen des Paulus und anderer können, am Ende als christliche Spezifika, mit jenen heidnischen Phänomenen konvergieren und in Missionsgebieten sogar verschmelzen.

So disponiert der *Peyote*-Kaktus, dessen kultischer Gebrauch schon 1516 durch die Chronik des B. Sahagun für die Chichimeken Mexikos bezeugt ist, zu qualifizierteren Visionen und Levitationserfahrungen als in den Jahrhunderten zuvor, nachdem der alte Referenzrahmen doppelt verändert und damit paradox strukturiert, nämlich verchristlicht und antibiblisch-europäerfeindlich geworden war. In diesem Sinne wurden und werden nicht nur die großen Propheten des Peyote-Kultus motiviert – der Begründer John Wilson von den Delaware-Indianern, bekannt auch als Big Moon, Moon-Head oder Nischkuntu, seit 1885; Albert Hensley und John Rave von den Winnebago-Indianern seit 1910 und 1940 –, sondern grundsätzlich alle Gemeindeglieder, auch wenn sie verschiedenen Stämmen angehören; damit mag es zusammenhängen, daß als Geber oder Inhalt der Visionen die fast personifizierte Peyote-Pflanze, Götter, Ahnen, der (Heilige) Geist (Gottes) oder Christus genannt werden können. Was hier Peyote bewirkt, ermöglicht in der *Geistertanz-Bewegung* die Trance, die durch alte schamanistische Techniken, bei Tänzen oder in der Bergeinsamkeit erzeugt wird: seit Begründung der Geistertanz-Bewegung durch *Wovoka* von den Paviotso-Indianern im Jahre 1889 sind unter den Arapaho (Sitting Bull), den Crow (Sword Bearer), den Winnebago, Kiowa, Apachen, Creek, Paluse und Cherokee eine ganze Reihe von Persönlichkeiten bekannt geworden, die offenbar nur gesteigert repräsentieren, was grundsätzlich jedem Angehörigen der Bewegung möglich ist. Ähnlich liegt es bei den geistlichen Vettern der Geistertänzer, den *Shakers*, seit ihren Propheten John Slocum, Nakai'doklini und B'iañk'i, vor allem bei den Apachen und den Kiowa. Bei Geistertänzern und Shakers werden die visionären Kenntnisse mehr durch Seelenreisen ins Geisterreich als durch Herabkunft oder irdische Erscheinung der Offenbarungsgeber erlangt beschrieben; also lebt hier der alte Entsendungsschamanismus weiter.

In Ozeanien, wo Visionärstum nicht so weitgehend an ekstatische Techniken gebunden ist, erscheint das Offenbarungserlebnis stärker auf die Begründer der Bewegung beschränkt. So führt sich die Vorstufe der Cargo-Kulte, die *Tuka*-Bewegung, auf visionäre Aufträge von Stammesgöttern zurück die Ndugomoi seit 1882 auf der Fidschi-Insel erhielt. Der wichtigste oder jedenfalls am bekanntesten gewordene *Cargo*-Kult vor dem Zweiten Weltkrieg, der des Mambu seit 1937 auf Nordguinea, arbeitet mit der gleichen Legitimation, und bei dem am besten beschriebenen Cargo-Kult nach dem Zweiten Weltkrieg, dem des Paliau seit 1945 auf der Admiralitätsinsel Manus, ist Jesus an die Stelle der heimischen Götter getreten.

Verbreitet ist das visionäre Berufungserlebnis auch bei den halbpaganen Kirchen in Afrika, für die hier nur die *Nazareth Baptist Church* als Beispiel stehe. Ihr Gründer Isaiah Shembe sah vor 1911 in zahlreichen Visionen Menschen, Geister/Engel und Jehova, sein Sohn Johannes Galilee Shembe berief sich auf die Visionen des Vaters, spätere Anhänger haben die Visionen wieder neu, sogar von Tafeln, von denen sie die Lieder ablesen können, die eigentlich Isaiah Shembe gedichtet hat.

Innerhalb des Hinduismus fällt die Bedeutung von Visionärstum weniger auf, weil die integrative Kraft des sozialen Systems es hier von vornherein nicht zu Systemüberschreitungen kommen läßt wie bei den bisher erwähnten Erscheinungen. Immerhin tritt der Fall des Śrī Aurobindo, dessen integraler *Yoga* im Aśram von Pondicherry weiterlebt, deutlich hervor: Vāsudeva, Nārāyana und Krishna sind es, die ihm seit 1893 im Gefängnis und sogar im Gerichtssaal, wo er sich als Nationalist und Teilnehmer an einem Attentat in Muzaffapur einer Verhandlung stellen muß, immer wieder erscheinen, und zwar durch seine Mitgefangenen hindurch. Hier liegt es nahe, daß eine Interpretation elender und geschändeter Kreaturen als solcher voraufgegangen ist, die der ethischen Entwicklung zu einem suprahumanen und supramentalen Status fähig sind. – Die *Nempo-Shinkyō*-Religion in Japan führt sich auf eine Erscheinung Amida Buddhas zurück, die im Jahre 1924 dem Ogura Raigan zuteil wurde, die *Issai-shu*-Religion auf eine Erscheinung Buddhas vor Baba Kakushin, und der Patriarch der *Shingon*-Schule des Buddhismus Kōbō Daishi soll dem Yasaka Kakushō erschienen sein.

Der Taoismus hat, allerdings im Rahmen einer Symbiose mit Konfuzianismus, französischem Christentum und Buddhismus, wie sie so vielleicht nur im Vietnam der zwanziger Jahre möglich war, gleich über einen ganzen Kreis von Spiritisten in Saigon eine Religion hervorgebracht, die sich mit ihrem Angebot von Vervollkommnung und Höherentwicklung in diesem Leben und danach einer großen Anziehungskraft auf ästhetische Individualisten erfreut. Ihre ersten großen Repräsentanten aus taoistischer Tradition, Phu Van Chieu und dann der Mandarin Lé Van Trung, wurden von jener Spiritistengruppe, zu der

vornehmlich mittlere Beamte der französischen Kolonialregierung in Cochin-
china gehörten, erst adoptiert, und zwar auf Anweisung von *Cao-Dai*, dem
„obersten Palast", dem Urheber und Inhalt aller Offenbarungen, der unter den
Geistern, die in den Séancen zu erscheinen pflegten, besonders erstrahlte. Sein
Name wurde schließlich als der des höchsten Gottes verstanden und durch
dessen offenes Auge symbolisiert.

Auf dem ganzen Erdball am produktivsten ist in der Bildung neuer Gruppierungen, die sich auf visionäre Offenbarung an eine Persönlichkeit zurückführen, die dadurch zum Stifter wurde, der Shintoismus geworden. Es dürfte
kein Zufall sein, daß auch die meisten der buddhistischen Neubildungen in
seiner Nachbarschaft in Japan entstanden, und neben diesen legitimiert sich die
Mehrzahl der über vierhundert anerkannten und eingetragenen Religionsgemeinschaften, die es in Japan gibt, genauso. Es sind mehr Frauen unter den
Stiftern als anderswo, so die Zimmermannsfrau Nakayama Miki, die schon
1838 nach einer Offenbarung des Elterngottes die *Tenri*-Religion begründete;
Nao Deguchi, die Stifterin der *Omoto*-Religion, welcher der Himmelsgott und
Weltschöpfer erschien; Kitamura Sayo, die nach dem visionären Auftrag einer
männlichen und einer weiblichen *Shintō*-Gottheit, das Reich Gottes zu errichten, die *Tanzende Religion* ins Leben rief.

Schließlich ist nicht zu verkennen, daß auch die stattlichen Bevölkerungs-
gruppen in hochzivilisierten Ländern, die auf U(nknown) oder I(nterplanetarian)
f(lying) o(bjects), Ufo's oder Ifo's, fixiert sind, etwas schauen oder schauen wollen, das ihnen Kunde aus einer anderen Welt bringt oder wenigstens deren
Existenz bezeugt.

§ 20. Gesellschaftliches oder religiöses Sein?

Eine der aktuellsten Interpretationen für religiöse Neubildungen der Gegenwart
ist die – oft zu selbstverständlich formulierte – Auffassung, daß hier sozial-
revolutionäre Bewegungen im religiösen Gewand auftreten. Die religiöse Hoffnung wäre demnach Kompensation und Ausdruck für die enttäuschte Erwartung eines besseren irdischen Lebens; neue religiöse Emotion würde freigesetzt,
wenn die politische Struktur einer Gesellschaft zerstört wird; die traditionale
Gesellschaft beginne die Entwicklung ihres Nationalbewußtseins notwendig
mittels Religion u. ä. Diese Aussagen treffen oft den wesentlichen Tatbestand,
aber zu häufig werden Phänomene unter das Erklärungsschema gepreßt, die
anders zutreffender zu interpretieren sind und die dann, um der Stimmigkeit
der Theorie willen, entweder geändert oder unterdrückt werden.

Die Frage nach der Gültigkeit der Religion stellt sich hier in einer spezifischen Weise, nämlich als Frage nach ihrem Verhältnis zur viel evidenteren
Wirklichkeit der sehr diesseitigen Industrienationen, zur wirtschaftlichen Ar-

mut in unterentwickelten Ländern und zu den emanzipatorischen Kräften in den Staaten der Dritten Welt. Von den Wissenschaften, die zwar nicht vom Gültigkeitsproblem ausgehen, aber inhaltlich doch damit zu tun haben, wenn auch unter anderen Vorzeichen, ist es vor allem die anglo-amerikanische Sozialanthropologie, die in den religiösen Neubildungen ihr natürliches Untersuchungsfeld findet. Ihre wissenschaftlichen Aussagen über die der Religionsbildung zugrundeliegenden Verhältnisse sind fast schon automatisch in jedes Interpreten Munde. Dabei unterlaufen ad hoc Definitionen des Religiösen und ganze Theorien, die manchmal sehr linear funktionalistisch sind oder auch, anspruchsvoller, auf ein substanziales Verständnis von Religion zielen. Allein, so sehr dies erst einmal um der Differenziertheit der angestrebten Analysen willen zu begrüßen ist, es werden damit Entstehung, Rolle, Wandelbarkeit und Verschwinden von neuer Religion letztlich ebensowenig erklärt, wie mit der Bezeichnung derselben Methode durch die verschiedenen Wörter Soziologie, Anthropologie, Ethnologie keine unterschiedlichen Aspekte eröffnet werden.

Deshalb sind deutlichere Einsichten und stringentere Erklärungen zu erwarten, wenn man zunächst die materiellen Gegebenheiten und ihr – als solches nicht mehr materielles – Verhältnis zueinander in den verschiedenen Gesellschaften, Völkern und Staaten als eine Basis oder einen Unterbau betrachtet, die Religion – wie die Kultur im allgemeinen und z. B. die jeweiligen Rechtsverhältnisse – als einen Überbau; dies freilich in dem Sinne, wie ein Haus nur dann dasteht, wenn sich über dem Fundament ein Dach erhebt und das Dach, um ein solches zu sein, ein Fundament benötigt, nicht aber in dem Sinne, daß die Religion als etwas Gleichgültiges oder gleichgültig zu Machendes nachzuweisen oder zu entlarven sei. Unsere Kultur hat genug schreckliche und gute Zeugnisse von der Eigendynamik eines solchen Überbaus wie der Religion hervorgebracht, daß es zu einfach ist, sie immer nur soziologisch zu reduzieren. Es kann der Religionssoziologie bei solchen Vereinfachungen und oft auch wegen mangelnder Detailkenntnis leicht passieren, daß sie von ihrer soziologischen Theorie (die ja auch zum Überbau gehört) auf die Basis schließt und davon dann die Religionsbildung abliest. Die Frage nach der Gültigkeit bleibt so spirituell wie zuvor, nur daß die Spekulation jetzt quasi auf eine Vorstellung von der Basis verlagert ist. Sie trägt so nur wenig zur Klärung des Entstehungsprozesses religiöser Bildungen bei; erst im Zusammenhang einer solchen Klärung aber kann man dann auch vom materialistischen Standpunkt aus sachlich begründet der Frage nachgehen, wieviel Verselbständigung, Eigenmaterialität, Wechselwirkung etc. der Religion zugestanden werden muß.

Die historischen Wirklichkeiten, um deren Erkenntnis es geht, variieren in der Welt natürlich enorm. Man kann im Hinblick auf die religiösen Neugestaltungen jedoch drei Typen der Verbindung zwischen religiöser Organisation und Schaffung der materiellen Lebensbedingungen bilden. Der erste Typ ist geprägt vom Segmentcharakter der Gesellschaften in der sog. Dritten Welt, soweit sie nicht Hochkulturen oder Hochreligionen hervorgebracht hat, der zweite vom Übergangscharakter der Gesellschaften namentlich in Süd-, Südost- und Ostasien, der dritte von der Säkularisation in den Ursprungsgebieten der westlichen Zivilisation. Keineswegs sind diese Prägungen geographisch sauber voneinander abgrenzbar: Säkularisation gibt es überall, segmentäre Gesellschaften überlebten selbst in bäuerlich gebliebenen Zonen Europas, erst recht Asiens bis heute, und in spezifischen Übergängen befindet sich auch die sog. Dritte Welt. Auch sind segmentäre Gruppierungen oft von durchgeformten feudalen oder gar hierarchischen Organisationen überlagert; oft wurden mit der Industrialisierung ihre zivilisatorischen Begleiterscheinungen exportiert und inmitten solcher Gesellschaften fast heimisch gemacht. Aber es lassen sich die genannten Prägungen in bestimmten Gebieten doch konzentrierter als in anderen konstatieren, und gerade unter dem Aspekt der Wechselwirkung zwischen der jeweiligen Formation und ihrer Religion werden sie noch deutlicher.

Daß eine Gesellschaft segmentär ist, bedeutet, daß ihre sozialen Einheiten – Einwohnerschaften von Bergtälern oder Flußniederungen, Stämme, Klane, Dörfer – klein sind und ihre Gesamtheit durch sie so einfach gegliedert ist wie ein Kreis durch seine Segmente. Ihre Gesamtheit ist also eine Ordnungskategorie des Betrachters; sie konkretisiert sich, wie z. B. in Melanesien, weder in einem Staat noch in einer anderen zentralen oder auch nur föderativen politischen Institution. Die kleinen sozialen Einheiten erzeugen ihre pflanzlichen und tierischen Produkte sowie Gebrauchsgegenstände für sich und tauschen etwaigen Überfluß gegen Erzeugnisse ihrer Nachbarn. Sie können mit diesen in Feindschaft leben, lassen aber, wenn exogam, deren Nachkommenschaft mit der eigenen Heiratsverbindungen eingehen. Das läßt darauf schließen, daß sie gemeinsame Interessen haben, und da sie außerdem noch oft derselben Kultur oder Sprachgruppe angehören, sollte man wohl politische Organisationen oder nationale Verbindungen zwischen ihnen erwarten. Aber gerade dergleichen entsteht nicht, und dementsprechend gibt es nur die Räte der Ältesten oder anderer Prominenter, aber nicht oder nur in Ausnahmefällen Häuptlinge, Könige, Polizei, Miliz, Verwaltungsbeamte. Es sind also weder Personen noch Institutionen da, welche eine aktive Vertretung der gemeinsamen Interessen in jenem kritischen Moment wahrnehmen können, wo dazu, oft erstmals in der Geschichte solcher Gesellschaften, akute Notwendigkeit besteht, nämlich beim Andringen der Europäer.

Dann ist oft nur ein einziger Ansatz zur Integration der segmentären Gesellschaft gegeben, nämlich ein Kult. Aber seine Riten und Inhalte reichen nicht mehr aus, sie müssen das Ideal des vergangenen Anfangs zu einem solchen der Zukunft modifizieren, und unter den Personen, welche die Riten und Inhalte tradieren, muß mindestens eine fähig sein, zum Propheten zu werden. Lebensmitteldeputate, deren Anlage die Fülle zu gewinnender Freiheit symbolisiert, können zugleich eine Ressource zum Durchhalten kollektiven Widerstands sein. Das Geschehen als Basis ist klar. Dennoch ist auf einen dergestalt millenarisch gewordenen Kult, der die integratorische Funktion übernimmt, für welche kein Staat da ist, die Alternative „religiös, ökonomisch oder politisch?" eigentlich gar nicht anwendbar, und als Überbauphänomen ist er nur in dem Maße meßbar, wie er Elemente „profaner" wirtschaftlicher und politischer Programmatik enthält, die er allerdings häufig aus sich entlassen kann. Vor der Gestalt des Propheten schließlich fällt die Voraussetzung, es könne sie nur im Einflußbereich einer genuin prophetischen Religion wie Judentum, Christentum, Islam geben, in sich zusammen. Diese Form der Millenarisierung autochthoner Kulte findet sich oft unter den Anfängen der Einrichtung von Kolonialherrschaften.

Die Millenarisierung ist jedoch nicht auf solche Frühphasen beschränkt. Es gibt sie auch in entwickelteren Phasen auf der Eingeborenen- wie auf der Erobererseite. Wo etwa einerseits die segmentäre Gesellschaft die Berieselung ihrer Felder und die Abwehr von Fluten durch große, staatlich geregelte Wasserbauten garantiert bekommt und dafür in Kauf nehmen muß, unter einer hierarchischen Organisation, ja einer Despotie zu stehen – so in Ostafrika und Polynesien –, und wo man andererseits nicht mehr der unqualifiziert abenteuernden Ausbeutung huldigt, sondern sich genötigt sieht, mit den Verwaltern und Repräsentanten solcher hydraulischen Agrikulturen Bündnisse einzugehen, erfüllt der Millenarismus andere Funktionen und nimmt andere Gestalten an. Er richtet sich nun primär gegen die herrschende Klasse in der eigenen Gesellschaft. Das hat Konsequenzen für die Aufsplitterung der Mythologie, die nicht mehr länger die der ganzen Gesellschaft sein kann, und für die produktive Weiterentwicklung ihrer für die Beherrschten verwertbaren Teile.

Die Gesellschaften in Süd-, Südost- und Ostasien befinden sich in vielfältigen Entwicklungsstadien. Diese Stadien kann man in dem engeren Sinne der Ablösung einer Produktionsweise durch eine andere (der asiatischen durch eine feudalistische, der asiatischen oder feudalistischen durch eine frühkapitalistische, der feudalistischen oder frühkapitalistischen durch eine sozialistische), aber auch in dem weiteren Sinne des Umbruchs zwischen einheimischer Tradition einerseits, westlicher Zivilisation und Ideologie gleich welchen Inhalts andererseits, als „Übergänge" verstehen. Für die Bestimmung des Verhältnisses zwischen Gesellschaftlichem und Religiösem ist es zweitrangig, ob man diesen Übergangscharakter im engeren oder im weiteren Sinne definiert. Entscheidend ist, daß die sozialen Einheiten und die Menschen in ihnen, welche die Übergänge durchzustehen haben, in einem Ausmaß und in einer Tiefe zwischen dem Überlieferten, Bekannten und dem Eingedrungenen, Fremden, Ausgleiche finden müssen, daß sich weder allein die Auslegung des Alten noch allein die Konversion zum Neuen als Hilfe zur Erlangung solcher Ausgleiche erweist, sondern nur ein Denken in Allgemeinheiten und Oberbegriffen. Dieser Sachverhalt gilt zunächst für die Funktion geistiger Gebilde in Alltagsleben und Kultur allgemein, er ist aber auf die Behandlung von Religion in Übergangsgesellschaften direkt anwendbar. Das Problem der Entstehung von Religion stellt sich hier bei weitem nicht so original wie in segmentären Gesellschaften; es ist die Gegebenheit von Religion, die nicht in Zweifel steht und die in nahezu alle Auseinandersetzungen mit einbezogen werden muß. Die Notwendigkeit, sich auch hier zu Allgemeinheiten und Oberbegriffen durchzuringen, erklärt zu einem guten Teil sowohl die Entstehung von synkretistischen und universalistischen Neubildungen gerade in Übergangsgesellschaften, als auch die Eignung spezifisch asiatischer Inhalte für solche Neubildungen, auch wenn diese außerhalb von Übergangsgesellschaften entstanden sind oder dort ihre größte Wirkung entfalten.

Die Ursprungsgebiete der westlichen Zivilisation schließlich sind nicht die einzigen, die das Phänomen des Säkularismus aufweisen. Bei Naturvölkern gab es schon vor deren Begegnung mit Mission und westlicher Zivilisation den Menschen, der sich außerhalb der rituellen Gesamtordnung des Lebens stellte und seine Welt nicht nach mythischen Mustern, sondern erfahrend-denkerisch interpretierte. Die Mission hat diesen Ansatz z. T. sogar ausgeweitet, indem sie die christliche Botschaft auf das Individuum hin verengte und damit die öffentlichen Bereiche der funktionalen Gestaltungskraft von Technik, ökonomischer Organisation und politischem Kalkül allein überließ. Auch in Traditionen, die in die heutigen Übergangsgesellschaften eingegangen sind, finden sich Zeugnisse für Säkularismus: z. B. sind in Indien neben der Lokāyatalehre noch andere Systeme atheistisch, und in Konfuzianismus, Buddhismus und bestimmten Formen des Shintō sind Möglichkeiten enthalten, die Würde des menschlichen Lebens gerade in seiner Profanität zu sehen. Doch ist in all diesen Fällen die säkulare Haltung vornehmlich die Abweichung von der religiösen, der Protest oder die Häresie innerhalb des Systems, nicht das Grundkennzeichen des Systems selbst. Säkularismus als Systemstruktur entstand erst auf dem Boden der europäischen Aufklärung des 17. und 18. Jahrhunderts. Sie hatte zwar bei den Fragestellungen angesetzt, bei denen die griechische Aufklärung des 5. Jahrhunderts v. Chr., die hellenistische Naturwissenschaft, die islamische Philosophie und der lateinische Averroismus bis zum 13. Jahrhundert n. Chr. auch schon angesetzt hatten, aber eine allgemeine, systemkonstituierende Erkenntnis von naturhaften und geschichtlich-soziologischen Gesetzmäßigkeiten war daraus nicht erwachsen. Dies geschah auf dem Boden der neuzeitlichen Rationalität. Naturwissenschaft und Technik verschafften deren Resultaten größeres Gewicht als denen jeder anderen Säkularisierung. Der Geltungsdrang dieser Resultate zielt auf Totalität. Dies ist legitim, der Säkularismus ist keine „Kategorie geschichtlichen Unrechts". Dennoch kann jener Totalitätsanspruch als totalitär empfunden werden, und dann stellt sich das Problem der Religion aufs Neue.

Die von der Säkularisation in den Ursprungsgebieten der westlichen Zivilisation geprägte Gesellschaft scheint die tragfähigsten Beispiele für die grundsätzliche Einsicht zu liefern, daß die Religionsgeschichte nicht zu Ende ist und durch keinen noch so kollektiven Beschluß beendet werden kann. Dies wird schon durch die Beobachtung bestätigt, daß die traditionellen, die reformierten, die neuen Religionen ihre Anhänger finden und nach menschlicher Voraussicht weiterhin finden werden. Aber auch die Verhältnisse, die heute zu einer Ausweitung des Religionsbegriffs zwingen, gestatten hier eine Prognose. Weltauffassungen, Philosophien, wissenschaftliche und unwissenschaftliche Deutungsmuster und von all dem bedingte Verhaltensweisen – alle Theorien und Praktiken, die sich selbst gar nicht als Religion verstehen, können in konkreten Situationen, Urteilen oder Entscheidungen Funktionen übernehmen, von denen die Religionsgeschichte lehrt, daß Religionen sie hatten und haben können. Religionskritik, die immer auch Gesellschaftskritik, Gesellschaftskritik, die immer auch Religionskritik ist, eröffnet, je rigider sie nichtreligiöse Positionen setzen will, als deren unentbehrliche Widerlager theoretische Räume, die sich fast wie von selbst mit neuer Religion füllen. An diesem Vorgang ist zunächst und vor allem der Entscheidungskampf innerhalb der Grundalternative beteiligt, ob eher Erhaltung oder eher Überwindung des Bestehenden zum Heil führt – eine Alternative, die immer wieder an die alte Ambivalenz der Religionen erinnert, eine bestehende Weltordnung entweder zu bestätigen oder unter ein Gericht zu stellen.

Neben diesem Kampf, der sich vornehmlich in stabilisierenden oder emanzipatorischen, restaurierenden oder revolutionären Handlungen abspielt, sind an der Auffüllung religionsfreier Räume die „geistigen Gebilde" beteiligt. Ihre Erzeuger dürfen nicht vergessen, daß sie von den materiellen Produkten leben, die auf dem Kampfplatz geschaffen werden, auf dem es um die neuen, weiterführenden oder die alten, restaurativen Kräfte geht, und daß nur, wenn die Rückzahlung ihrer geistigen Produkte an die Arbeiter gelingt, von einem legitimen Vermächtnis der Religionsgeschichte gesprochen werden kann. Unter dieser Bedingung sind die Trivialliteratur und die Jahrhundertdichtungen, eine bestimmte Aussagenlogik, die Psychoanalyse, die religionspädagogische Debatte zu nennen: sie scheinen zu reflektieren oder den Grund zu legen für die Religion dessen, der vergangene Zeiten in seinem eigenen Leben zu rekapitulieren, und dessen, der Orte zu durchreisen vermag, als gelange er jeweils grundsätzlich über die bekannte Welt hinaus; die Religion dessen, der unter Zwängen steht, die Religion des Liebenden, des Mathematikers und des Kindes. Der Einsicht in die Unbeendbarkeit der Religionsgeschichte entspricht allerdings keine historische Mechanik, welche garantiert, daß ein solcher Zerfall aus einer größeren Einheit in verschiedene Religionsarten die Energien freisetzt, die zu einer neuen Gemeinschaft der Menschen führen werden. Was zur Erlangung dieses Ziels nötig ist, entzieht sich dem historischen Urteil.

Literatur

I. Grundsätzliches

Im Vorwort wurde festgestellt, daß eine Aktualisierung dieses Kapitels nicht sinnvoll sei, und zu welchem Zweck der Wiederabdruck dennoch erfolgt. Für diesen Zweck ist weder das alte noch ein neues, etwa nach 1974 erschienene Titel anführendes Literaturverzeichnis erforderlich. Es ist aber zugunsten der neuen Fragestellung an der Zeit, grundsätzlich den Sinn einer Bibliographie für ein Sachgebiet zu klären, das keine eigenen Quellen hat, und dessen Darstellungsform keine eigene Textgattung ausgebildet hat.

Unter diesen Voraussetzungen führt es gegenwärtig am weitesten, „Sekundärliteratur" – man erlaube, davon zu sprechen auch wo es keine Primärliteratur gibt – unter dem Gesichtspunkt auszusuchen, daß sie dem Leser zu eigenständiger Auffindung und Beschreibung von Weltdeutungen und von Widerstreitverhältnissen verhilft. Eine derartige Bemühung soll sich hier, zwischen den beiden Religionskapiteln, auf die Religion beschränken. Wie anderwärts so ist auch hier darauf hinzuweisen, daß die Aufgabe im Bereich der letzteren einfacher ist als in jedem anderen Bereich. Denn prinzipiell geschieht Weltdeutung in jeder Religion (Formstudie, § 3). Daß dies der Fall ist, bedeutet jedoch nicht, daß man an dieser Stelle anhalten müßte. Denn auf der nächst prinzipiellen Ebene tauchen nun die Fragen auf, ob das für jede Religion gilt, und ob die Deutung immer denselben Sinn hat (siehe auch Formstudie § 27). Folgende Antworten, die hiermit zugleich zur Veri- oder zur Falsifizierung freigegeben werden, seien angeboten, und zwar mit der Maßgabe, daß die entscheidenden Ausdrücke metasprachlich verstanden werden sollen.

Von seiten einer „kleinen" Religion wird keine Weltdeutung vorgenommen. Wenn zu ihr nur relativ wenige Menschen gehören, wenn die mythische Überlieferung spärlich ist und nur Themen aus dem Alltag und mit kleinem Gesichtskreis tradiert, wenn nicht erkennbar ist, daß wenigstens potentiell irgendwo so etwas wie eine Weltdeutung angelegt ist, dann scheidet diese Religion aus unserer Fragestellung aus. – Was jedoch da, wo eine Weltdeutung vorliegt, den Sinn derselben anlangt, so kann er außerordentlich vielfältig sein. Das darf angesichts des Gewichtes, das bei dem gegenwärtigen Kenntnis- und Forschungsstand auf Religion als Deutungskraft überhaupt gelegt werden mußte, nicht übersehen werden. Selbstverständlich überträgt sich die Farbe der Kultur, von der eine Religion umgeben ist, irgendwie auf die Deutung. Sie kann geradezu die Metaphorik steuern. Es kann auch erst die Nötigung zur Metaphernverwendung sein, die die Deutungen vielfach voneinander abstechen läßt.

Hieraus ergaben sich folgende Grundsätze für die Auswahl der Literatur und die damit ausgesprochene Empfehlung für die Weiterarbeit. Material zu „kleinen" Religionen wird nicht geboten. Eine Begründung für eine Weglassung, die bedeutet, daß eine Religion vom Autor für klein gehalten wird, muß aus Platzgründen unterlassen werden. Wenn jedoch mehrere „kleine" Religionen in einem größeren Kreis zusammengehören, wird über den letzteren eine Information gegeben.

Wenn Literatur angegeben werden kann, ohne problematisiert zu werden, dann zielt sie dorthin, wo der Sinn einer Deutung zu vermuten ist. Dabei wird es sich um möglichst große Komplexe handeln. Entweder die Religion ist „groß", dann wurden Monographien bevorzugt, die eine Religion im Ganzen oder wenigstens nach ihren hauptsächlichsten Überlieferungen darstellen, da am ehesten dann, wenn auf der potentiellen Deuterseite ein möglichst vollständiger kultureller Rückhalt besteht, zu erwarten ist, daß eine Weltdeutung vorgenommen wird oder angestrebt wird und gegenüber anderen eine Eigenart darstellt. Oder die Größe ergibt sich aus unserer Zusammenschau, dann fällt der Umfang der zitierten Literatur relativ größer aus. Es wurden auch einige mehr allgemein-, politisch- und kulturhistorisch ausgerichtete Werke berücksichtigt, für deren Neuigkeiten der Leser selbst die relevantesten religionskundlichen Bezüge herstellen kann. Man bedenke immer, daß es sich um eine Bibliographie zum religionskundlichen Ausschnitt aus der Weltdeutungsproblematik handelt.

Es ist kein Nachteil, daß darin ab und zu eine Sicht vertreten wird, die von der im Kapitel gebotenen abweicht, da bei Darstellungen, die allgemeiner gehalten sind, etwaige auf einen Punkt zu bringende Kontroversen generell auf eine hier nicht behandelte Ebene verwiesen wurden.

II. Übergreifende Einzelinformationen:

EZW = Evangelische Zentralstelle für Weltanschauungsfragen, Berlin und Stuttgart – REMID = Religionswissenschaftlicher Medien- und Informationsdienst e. V., Marburg. – ThK = Theologie im Kontext. Informationen über theologische Beiträge aus Afrika, Asien, Ozeanien, und Lateinamerika, hsg. vom Missionswissenschaftlichen Institut Missio e.V., Aachen. Wer neueste und solide Informationen braucht, erhält sie bei einer dieser drei hervorragend arbeitenden Unternehmungen, soweit sie überhaupt erhältlich sind. – DG = Diederichs Gelbe Reihe. Quellen und neue Selbstdarstellungen mit Quellenwert. – RM = Die Religionen der Menschheit, begründet von CHRISTEL MATTHIAS SCHRÖDER, herausgegeben von PETER ANTES, HUBERT CANCIK, BURKHARD GLADIGOW und MARTIN GRESCHAT. In dieser Serie von Standardwerken orientiert man sich zuerst am besten, wenn man eines der Themen, die in Kap. V skizziert werden, aus der historischen Entwicklung heraus weiter bearbeiten will. – ER = The Encyclopedia of Religion, hsg. von MIRCEA ELIADE – CHARLES J. ADAMS – JOSEPH M. KITAGAWA – MARTIN E. MARTY – RICHARD P. MCBRIEN – JACOB NEEDLEMAN – ANNEMARIE SCHIMMEL – ROBERT M. SELTZER – VICTOR TURNER, 15 Bände und ein Indexband, New York 1987. Enthält u. a. große monographische Artikel, die z. T. im Indexband zu größeren Einheiten zusammengestellt und erläutert werden .

Über die RGG = *Die Religion in Geschichte und Gegenwart,* ab 1999 in 4. Auflage in acht bänden, das LThK = *Lexikon für Theologie und Kirche* und das EKL = *Evangelisches Kirchenlexikon,* 1986 bis 1997 in fünf Bänden, sind an anderer Stelle leicht die wichtigsten Auskünfte einzuholen.

III. Aus der Erstauflage übernommene Angaben

Es brauchten von den Einzelpublikationen nur drei Titel stehen gelassen zu werden, weil sie nahezu ausschließlich die Grundlage für eine der Zusammenfassungen dieses Kapitels waren (BECHERT für § 2; MOONEY für § 15, LALIVE D'EPINAY für § 16, die letzteren beiden aus Platzgründen leider viel zu unvollständig). – Von den Sammelwerken wurde SDG stehengelassen, weil die dort von der Sacheinteilung des ganzen Werkes („sowjetisch" – „demokratisch") her vorgenommenen Einschätzungen religionsgeschichtlicher Dinge und Themen manch originellen Gesichtspunkt hervorgebracht haben, der in dieser Form als Forschungsresultat kaum je wieder vorgetragen werden dürfte. Außerdem bleiben die Artikel forschungs- und zeitgeschichtlich – man denke an die „Widerstreit-Haltung" in der Lage von Religionsgemeinschaften in sozialistischen Ländern – interessant. In SDG = der Enzyklopädie *Sowjetsystem und demokratische Gesellschaft,* hsg. von CLAUS-D. KERNIG, 6 Bände, Freiburg 1966-1972, sind für die Kenntnis der Stellung des Marxismus zu den Religionen sowie aus zeitgeschichtlichen Gründen (siehe oben) folgende Artikel, alle mit reichen Literaturangaben, besonders wichtig: GEORGES M.-M. COTTIER – GUSTAV A. WETTER: „Atheismus"; HANS BRAKER – CONSTANTIN REGAMEY, „Buddhismus"; CLAUS D.

KERNIG – PETER MEINHOLD – ROBERT WERNER: „Christentum"; ERWIN ADLER – CYRILL B. PAPALI, „Hinduismus"; GEORGES B. ANAWATI – STEFANO VIRGULIN – GEOFFREY E. WHEELER: „Islam"; ZVI GITELMAN –EZRA MENDELSOHN – REINHARD RÜRUP: „Juden"; JOSÉ GÓMEZ CAFFARENA – MIRCEA ELIADE – IRING FETSCHER –VITTORIA MACONI – STEFANO VIRGULIN: „RELIGION"; ETHEL und STEPHEN PORTER DUNN: „Religionssoziologie"; GÜNTER PLUM, „Widerstandsbewegungen"; ZVI RUDI: „Zionismus".

IV. Einbettung der Religion in ethische Problemzusammenhänge und die Weltgeschichte

REINFRIED HÖRL (Verantw.) – WOLFGANG WUNDEN (Redaktion): *Funk-Kolleg Religion*, 2 Bde und 14 Studienbegleitbriefe, Gütersloh und Tübingen 1985

KARL OTTO APEL –DIETRICH BÖHLER –GERD KADELBACH (Hsg.): *Funkkolleg Prakt. Philosophie I Ethik*, 2 Bde u. 13 Studienbegleitbriefe, Frankfurt/M., Weinheim, Basel 1984

WERNER CONZE – KARL-GEORG FABER – AUGUST NITSCHKE (Hsg.), *Funk-Kolleg Geschichte*, 2 Bde und 13 Studienbegleitbriefe, Frankfurt/M., Weinheim, Basel 1980/81

V. Judentum

ARNULF H. BAUMANN (Hsg.): *Was jeder vom Judentum wissen mu ß* (Siebenstern TB 1063), Gütersloh 1983 und aus dem Literaturverzeichnis die Teile „Israel – Volk, Gottesvolk, Staat und Land" und „Jüdischer Glaube und jüdisches Leben"

HOWARD M. SACHAR: The Course of Modern Jewish History, New York 1990 (vom 18. Jahrhundert bis zur Gegenwart)

Günter Mayer – Hermann Greive – Jakob J. Petuchowski – Philipp Sigal – Leo Trepp: *Das Judentum* (RM 27), Stuttgart 1994

VI. Islam

W. MONTGOMERY WATT – ALFORD T. WELCH:*Der Islam I: Mohammed und die Frühzeit – Islamisches Recht – Religiöses Leben* (RM 25,1; übers. von SYLVIA HÖFER), Stuttgart 1980

W. MONTGOMERY WATT – MICHAEL MARMURA: *Der Islam II: Politische Entwicklungen und theologische Konzepte* (RM 25,2), Stuttgart 1985

MUNIR D. AHMED – JOHANN CHRISTOPH BÜRGEL – KONRAD DILGER – KHALID DURÄN – PETER HEINE – TILMAN NAGEL – BIANCAMARIA SCARCIA AMORETTI – ANNEMARIE SCHIMMEL – WIEBKE WALTHER: *Der Islam III: Islamische Kultur – Zeitgenössische Strömungen – Volksfrömmigkeit* (RM 25, 3), Stuttgart 1990

PETER ANTES: *Ethik und Politik im Islam*, Hannover 1982

HEINZ HALM: *Die Schia*, Darmstadt 1988

VII. Christliche, jüdische und islamische Mystik

KURT RUH: Geschichte der abendländischen Mystik, bisher 3 Bde, München 1990-1996 Hildegard von Bingen siehe I. Kapitel, Anm. 4

GERSHOM SCHOLEM: *Ursprung und Anfänge der Kabbala*, Berlin 1962

MARTIN BUBER: *Schriften zum Chassidismus* (Werke, Bd. 3), München und Heidelberg 1963

ANNEMARIE SCHIMMEL: *Mystische Dimensionen des Islam, Köln 1985*

– *Gärten der Erkenntnis* (DG 37), Düsseldorf – Köln 1982

RICHARD GRAMLICH: *Die schiitischen Derwisschorden Persiens.* Erster Teil: *Die Affiliationen,* Zweiter Teil: *Glaube und Lehre,* Dritter Teil: *Brauchtum und Riten* (Abhandlungen für die Kunde des Morgenlandes XXXVI, 1-4 und XLV, 2), Wiesbaden 1965, 1976, 1981

– *Islamische Mystik. Sufische Texte aus zehn Jahrhunderten,* Stuttgart 1992

Zu VIII-X. Literatur asiatischer Religionen

WILLIAM THEODORE DE BARY – WING-TSIT CHAN – BURTON WATSON: *Sources of Chinese Tradition*, New York ⁴1963

– / – RYUSAKU TSUNODA – DONALD KEENE: *Sources of Japanese Tradition*, New York ⁵1961

– / – STEPHEN N. HAY – ROYAL WEILER – ANDREW YARROW: *Sources of Indian Tradition*, New York ⁴1964

VIII. China bis zur Gegenwart

WOLFGANG FRANKE – BRUNHILD STAIGER (Hsg.): *China Handbuch*, Opladen 1978

JOSEPH T. CHEN: *The May Fourth Movement in Shanghai*, Leiden 1971

WERNER EICHHORN: *Die Religionen Chinas* (RM 21), Stuttgart 1973 (mit Überblick bis zur Gegenwart)

MECHTHILD LEUTNER: *Geburt, Heirat und Tod in Peking. Volkskultur und Elitekultur vom 19. Jahrhundert bis zur Gegenwart*, Berlin 1989

HUBERT SEIWERT: *Volksreligion und Nationale Tradition in Taiwan*, Stuttgart 1985

IX. Japan und Korea

HORST HAMMITZSCH – LYDIA BRÖLL (Hsg.): *Japan-Handbuch*, Wiesbaden 198

JOSEPH M. KITAGAWA: *Religions of the East*, Philadelphia 1960

ICHIRO HORI: *Folk Religion in Japan. Continuity and Change*, Chicago – London 1968

FRITS VOS: *Die Religionen Koreas* (RM 22, 1), Stuttgart 1977

X. Indien

JAN GONDA: *Die Religionen Indiens II: Der jüngere Hinduismus* (RM 12), Stuttgart 1963

ANDRÈ BAREAU – WALTHER SCHUBRING – CHRISTOPH VON FÜRER-HAIMENDORF: *Die Religionen Indiens III: Buddhismus. Jinismus – Primitivvölker* (RM 13), Stuttgart 1964

HEINRICH ZIMMER: *Philosophies of India*, Princeton 1974

XI. a) Buddhismus

HEINZ BECHERT: *Buddhismus, Staat und Gesellschaft in den Ländern des Theravada-Buddhismus* Bd. 1, Frankfurt/M. u. Berlin 1966; Bd. 2 u. 3 Wiesbaden 1967 und 1973

HANS WOLFGANG SCHUMANN: *Buddhismus. Stifter, Schulen und Systeme*, Olten/Freiburg ⁴1980

– *Buddistische Bilderwelt. Ein ikonographisches Handbuch des Mahayana- und Tantrayana-Buddhismus*, Köln 1986

– *Der historische Buddha. Leben und Lehre des Gotama* (DG 73), München 1988

HEINRICH DUMOULIN: *Geschichte des Zen-Buddhismus.* Band 1: *Indien und China*, Band 2: *Japan*, Bern und München 1985/86

XI. b) Tibet und der Buddhismus

GIUSEPPE TUCCI – WALTHER HEISSIG: *Die Religionen Tibets und der Mongolei* (RM 20), Stuttgart 1970

Tantra in Tibet. Das Geheime Mantra des Tsongka-pa, hsg. von JEFFREY HOPKINS, eingeleitet vom 14. DALAI LAMA, übers. von BURKHARD QUESSEL (DG29), München 1994

Das Totenbuch der Tibeter. Herausgegeben von FRANCESCA FREMANTLE und CHÖGYAM TRUNGPA, übers. von STEPHAN SCHUHMACHER (DG 6), München 1988

GESHE LHÜNDUB SÖPA – JEFFREY HOPKINS: *Der tibetische Buddhismu, übersetzt von* BURKHARD QUESSEL (DG 13), München 1995,

XII. Südamerika

MARIANO DELGADO – BRUNO POCKRANDT – HORST GOLDSTEIN: *Gott in Lateinamerika. Texte aus fünf Jahrhunderten. Ein Lesebuch zur Geschichte*, Düsseldorf 1991
HANS-JÜRGEN PRIEN: *Die Geschichte des Christentums in Lateinamerika*, Göttingen 1978
CH. LALIVE D'EPINAY: *Haven of the Masses. A study of the Pentecostal Movement in Chile*, London 1969.

XIII. Nordamerika

WALTER KRICKEBERG – HRRMANN TRIMBORN – WERNER MÜLLER – OTTO ZERRIES: *Die Religionen des Alten Amerika* (RM 7), Stuttgart 1961
J. MOONEY: The Ghost-Dance Religion and the Sioux Outbreak of 1800, Chicago und London 1965
RUTH M. UNDERHILL: *Red Man's Religion. Beliefs and Practices of the Indians north of Mexico*, Chicago University Press 1965 = ND) [3197]
FRED EGGAN (Hsg.): *Social Anthropology of North American Tribes* (enlarged edition), Chicago 1977
ALBERT MÖSSMER: *Die Mormonen. Die Heiligen der letzten Tage*, Solothurn 1995

XIV. Ozanien und Australien

WALDEMAR STÖHR – PIET ZOETMULDER: *Die Religionen Indonesiens* (RM 5,1), Stuttgart 1965
HANS NEVERMANN – ERNEST A. WORMS – HELMUT PETRI: *Die Religionen der Südsee und Australiesns* (RM 5, 2), Stuttgart 1964
ANDREAS HÖFER – GERNOT PRUNNER – ERIKA KANEKO – LOUIS BEZACIER – MANUEL SARKISYANZ: *Die Religionsn Südostasiens* (RM 23), Stuttgart 1972
MIRCEA ELIADE: *Australian Religions. An Introduction*, Ithaca – London 1973

XV. Vergleichende Ethnologie:

HERMANN SCHULZ: *Stammesreligionewn. Zur Kreativität des kulturellen Bewußtseins*, Stuttgart 1993
ERNST DAMMANN: *Die Religionen Afrikas* (RM 6), Stuttgart 1963
KARL JETTMAR – SCHUYLER JONES – MAX KLIMBURG: *Die Religionen des Hindukusch* (RM 4, 1), Stuttgart 1975

XVI. Bewußte Weltdeutung in der Bahai-Religiom:

The Proclamation of BAHA'ULLAH *to the Kings and Leaders of the World*, Haifa 1972
UDO SCHAEFER, *Die mißverstandene Religion*, Frankfurt/M. 1968
– *Was es heißt, Baha'i zu sein*, Frankfurt/M. 1973
– *Der Baha'i in der modernen Welt. Strukturen eines neuen Glaubens*, Hofheim-Langenhain 1978

XVII. Enorm ertragversprechender Zugang von der Religionssoziologie aus:

WOLFGANG SCHLUCHTER (Hsg.): *Max Webers Studie über das antike Judentum* (stw 340), 1981
– *Max Webers Studie über Konfuzianismus und Taoismus* (stw402), 1983
– *Max Webers Studie über Hinduismus und Buddhismus* (stw473), 1984
– *Max Webers Sicht des antiken Christentums* (stw 548), 1985
– *Max Webers Sicht des Islams* (stw 638), 1987
– *Max Webers Sicht des okzidentalen Christentums* (stw 730.), 1988

VI. Kapitel: Ein neuer oder ein alter Religionstyp? Mythos und Messianismus in der nachchristlichen Religion

Einleitung: Definitionen und Methodische Leitsätze

Definitionen

1. „Divergent" (Entlehnung des part. praes. act. von mittellat. *divergere*) sind zwei Dinge, die sich von einem gemeinsamen Ausgang in verschiedene Richtung entwickeln oder entwickelt haben. „Divergierend" ist das Partizip, das erst im Deutschen vom entlehnten Infinitiv des genannten Verbums gebildet ist; es bedeutet dasselbe wie „divergent" und wird in dieser Arbeit vermieden.

2. „Divers" (Entlehnung des part. perf. pass. von *divertere*) sind zwei Dinge, die von vornherein voneinander abgekehrt bzw. getrennt sind.

3. „Divergibel" (bewußter Neologismus zu „divergieren") ist ein Ding, das auseinandergezogen bzw. von sich selbst hinweggezogen, -bewegt oder -geführt werden kann oder zu einer Spaltung hin bzw. von sich selbst hinwegstrebt. Es können dabei zwei Dinge entstehen, deren Verhältnis zueinander das der Differenz ist, die bei Aufnahme überwiegend heterogener Eigenschaften ins Differierte praktisch zur Diversität werden kann. Das ursprüngliche Ding kann auch ganz verschwinden.

4. „Different" können Dinge sein, die potentiell oder virtuell verschieden sind.

5. „Konvergibel" sind zwei (ursprünglich divergente oder diverse, aber nicht differente) Dinge, die (wieder oder erstmalig) zusammengebracht werden können oder selbst zueinander tendieren.

6. „Konvertibel" (= konversibel, das vermieden wird) ist ein Ding, das umgekehrt werden kann, und zwar zu einem diversen Ding hin.

7. „Revertibel" (= reversibel, das vermieden wird) ist ein Ding, das umgekehrt werden kann, und zwar zu einem divergiblen Ding hin.

8. „Konversion" und „Reversion" werden entsprechend gebraucht.

9. „Anaklisis" ist die Hinneigung aus einer Gegenwart zu einem Uranfang oder gar das Aufstützen auf den Uranfang zwecks Bestimmung der Gegenwart.

Methodische Leitsätze

1. Unter den Begriff „Religion" fallen christlicher Glaube und herkömmlicher Weise sogenannte nichtchristliche Religionen.

2. Die Kategorien, in denen das Verhältnis von christlicher und nachchristlicher Religion analysiert wird, und die Terminologie, in der es dann beschrieben

werden muß, können nur solche sein, die aus der europäischen Religions-, Philosophie- und Kirchengeschichte stammen.

2.1. Unter diesen Kategorien und Terminologien sind diejenigen am geeig-netsten, die sich dieser ihrer Herkunft am kritischsten bewußt sind.

2.1.1. Diese geeignetsten Kategorien nebst Terminologie sind am ehesten die neukantianischen.

3. Mit dem Begriff der Geschichte ist der der historischen Kontinuität ge-setzt.

3.1. Historizität ist bezeugtes faktisches Vorkommen in der vergangenen Zeit.

3.1.1. Geschichtlichkeit ist die Beschaffenheit eines punctum mathematicum in der Zeit, das sich zu früheren puncta mathematica diskontinuierlich verhält, dessen Verhältnis zu gleichzeitigen puncta mathematica durch nichts vorgege-ben ist, und zu dem sich spätere puncta mathematica diskontinuierlich verhal-ten.

4. Für die Verhältnisbestimmung von christlicher zu nachchristlicher Reli-gion ist als Hilfsmittel die Verhältnisbestimmung der Geschichtlichkeit des Bekenners christlicher zur Geschichtlichkeit des Bekenners nachchristlicher Religion ungeeignet.

A. Die vier Arten Verhältnisse zwischen christlicher und nichtchristlicher Religion

Das klassische Thema der Stellung des Christentums in der Allgemeinen Reli-gionsgeschichte läßt sich differenzierter und damit klärender behandeln, wenn man dem christlichen Glauben nicht die nichtchristlichen Religionen als insge-samt andere gegenüberstellt, sondern in der Reihe der letzteren gewisse histo-rische und geographische Aspekte beachtet, von denen aus sich eine mögliche Pauschalantwort nach dem Verhältnis zum Christentum jeweils modifiziert und damit präzisiert. Es wird damit zugleich die nicht mehr zeitgemäße Klas-sifikation „Christlich – Nichtchristlich" aufgehoben, die schon, als man sie theologisch noch unbefangen anwandte, doch wenigstens logisch wegen ihrer Übereinfachheit nicht gleichermaßen für angemessen hätte gehalten werden dürfen. Vier präzisierende Aspekte ergeben sich.

§ 1. Religionen gleichen oder verwandten Ursprungs, d.h.: Divergente
(= *Religionen der Bibel und ihrer mittelmeerisch-vorderasiatischen Umwelt*)

Die Religion Israels steht in ihren älteren Teilen zu den Religionen west-semitischer Nomaden, Halbnomaden und Kulturlandbewohner, anders auch zu denen Kleinasiens und Ägyptens und in ihren jüngeren Teilen zu denen Mesopotamiens und des achämenidischen Iran in einer Skala von divergenten Verhältnissen. Dasselbe gilt für das Verhältnis des antiken Judentums zu den Religionen Israels, des Hellenismus und des parthischen Iran sowie für das Verhältnis des Urchristentums zu denselben Größen einschließlich des Judentums, vielleicht auch der Alten Kirche zur älteren griechischen und römischen Religion. Da in all diesen Divergenzen auch historische Kontinuitäten verborgen sind – für das alte Israel sei erinnert an den Vätergott und den Bundesschluß, für das jüngere an Königtum, Weltschöpfungslehre und Gesetzgebung, für das Judentum an Weisheitslehre und Eschatologie, für das Christentum an Gemeindeleben, Messianismus und Gnadenlehre –, geben sie nur bedingt eine Hilfe für eine sachgemäße Konfrontation des Christentums mit Religionen, die von ihm divers sind.

§ 2. Religionen verschiedenen Ursprungs, d. h.: Diverse
(= Judentum/Christentum und außermittelmeerische Stammes- und Schriftbesitzerreligionen)

Bei diesen wäre es für eine dogmatische Besinnung unerheblich, ob das Christentum, bei dem im Blick auf den Messianismus hier auch sein jüdisches Erbe in Erinnerung behalten werden muß, mit diesen missionarisch in Kontakt getreten ist oder nicht. Weil es de facto wohl immer der Fall war, mag die Missionsgeschichte die Übersicht erleichtern. Wir haben es zunächst mit den Religionen Alteuropas, sodann mit den Religionen Mittelamerikas, Indiens, Chinas und Japans einschließlich des überregionalen Buddhismus sowie mit den Stammesreligionen der vier außereuropäischen Erdteile und des Stillen Ozeans zu tun. Das Verhältnis zu diesen Religionen stellt den zuständigen Wissenschaften einschließlich der evangelischen Theologie andersartige Aufgaben als das zu den in § 1 genannten, was sich nicht zuletzt in einem historischen Urteil ausdrückt, nach dem die dort genannten Religionen in verschiedener Weise in den Prozeß der Entstehung des Christentums hineingehören, während die sogleich in § 3 zu nennenden Religionen es mit dem fertigen Christentum zu tun haben und dies bei missionarischem Kontakt sogar ihrerseits verändern können (westeuropäisches, indisches, afrikanisches Christentum usw.).

§ 3. Religionen auf Grund von und weiterhin mit gleicher oder verwandter Entwicklungsmöglichkeit, d.h.: Divergible
(= Judentum/Christentum und nachchristliche Religionen)

Der Vorgang der Veränderung leitet schließlich über innerchristliche Häresien zur Metamorphose des Christentums, zu Religionen, die nicht mehr christlich,

d. h. different geworden sind. Damit soll nicht gesagt sein, daß diese Metamorphose unter allen Umständen als eine vom Christentum her gesehen rein endogene aufzufassen ist. Manchmal muß man der Bestimmungskraft dessen, was aus den diversen Religionen in die Metamorphose eingegangen ist, größeren Einfluß zubilligen als den innerchristlichen Anlagen zur Metamorphose. Auch in diesem Falle aber ist es gerechtfertigt, von nachchristlicher Religion zu sprechen. – Das Vorhandensein von Anlagen zur Metamorphose innerhalb des Christentums soll als seine Divergibilität bezeichnet werden. Es ist wichtig, daß man sich auch damit befaßt, nachdem vom christlichen Verhältnis zu den divergenten und den diversen Religionen der Sache nach, wenn auch mit anderen Worten, schon oft die Rede gewesen ist.

§ 4. Religionen auf Grund zunächst verschiedener, aber weiterhin übereinstimmender Entwicklungsmöglichkeiten, d.h.: differente (= z. B. *Religionen in Rückzugsgebieten im Verhältnis zu Religionen auf Territorien großer historischer Auseinandersetzungen)*

Es handelt sich um mehr als um das pedantische Auffüllen einer logischen Richtigkeitstafel, wenn man den Differenzstatus, der de facto z. B. als Resultat der Aktivierung von Divergibilität erreicht werden kann, prinzipiell als einen autonomen bestimmt. Die drei bisher genannten Religionsarten haben gemeinsam, daß ihre historische Entwicklung von ihren je eigenen Voraussetzungen ausgeht und im weiteren Verlauf ihren je eigenen Gesetzen folgt. Die Antriebsfaktoren wirken als endogene, auch wenn sie irgendwann einmal von außen aufgenommen worden sind. Dieser Sachverhalt bestimmt das Wesen ihrer historischen Veränderung, und alle Berührungen, Auseinandersetzungen und weitere in Frage kommenden Interaktionen werden von da aus bestimmt. Es gibt aber auch eine Veränderungsform, die sich lediglich als Assimilation oder als Distinktion vollzieht. Die „Antriebsfaktoren" sind und bleiben exogene, die historischen „Veränderungen" entbehren der Spontaneität und bleiben insofern nur als abgeleitete – oder sekundäre, falls es primäre gäbe – wirksam. Konkrete Religionen oder Religionsbildungen, auf die eine solche Beschreibung von vornherein zutrifft, lassen sich hier nicht nennen, da es sich, soweit ersichtlich, statt um Merkmale eher um die Auswirkungen einer Situation oder bestimmter Bedingungen handelt, unter die grundsätzlich jede Religion geraten kann. Möglicher Weise fallen die dabei entstehenden Charakteristika nur unter die Kategorie der Historizität, nicht unter die der Geschichtlichkeit. In jedem Falle ist es wichtig, auf das Auftreten solcher Charakteristika zu achten. Möglicher Weise wird man dann z. B. die Steigerung der Intensität einer Meditation nicht nur besser, als man es früher vermochte, aus einer veränderten Situation erklären, in die der oder die Meditierende gebracht worden ist, sondern diese Veränderung überhaupt erst als eine solche erkennen.

B. Abriß zweier korrespondierender Theorien I: Der Mythos

§ 5. Einführung anhand der Unterscheidungen
(a) Mythische und magische Valenz, (b) Das Mythische und der Mythos

(a) Von mythischer Valenz wird hier und im folgenden gesprochen, wenn ein Mythos auf die, die ihn tradieren oder sich in das von ihm Erzählte einordnen, Kraft, Geltung oder Macht ausübt (*valet*). Diese mythische Valenz ist außerhalb des Mythos im Prinzip nichts weiter als magische Valenz, und zwar in einem geringeren Grade.[1] Man muß sich, bildlich gesprochen, eine Stufenleiter vorstellen, die bei einem sehr geringen Grade potentieller Kraft beginnt und zu einem höheren aufsteigt. Die Stärke des letzteren muß man definieren. Für den einen oder anderen Zwischengrad steht eine besondere Bezeichnung zur Verfügung. In diesem Fall ist es für einen solchen Grad die mythische Valenz, so benannt, weil der Mythos per definitionem nicht dieselbe Kraft haben soll wie ein Zauberspruch, dem man ohne Bedenken magische Valenz zuerkennen würde, aber mehr Kraft als z. B. ein Märchen.

Hat man verstanden, was magische Valenz ist, dann kann man von da aus gewisse Gegebenheiten zwecks Interpretation in die mythische Sphäre oder aus derselben übersetzen. Was z. B. gewohnheitsmäßig und allgemein als kontagiöse Magie umschrieben wird, kann im mythischen Zusammenhang die Bedeutung der mythischen Valenz für eine Gruppe bezeichnen, die damit ihre Selbstdarstellung pflegt. Was man imitative Magie nennt, kommt im mythischen Bereich in der kreativen Wiederholung von archetypischem Urzeitgeschehen zum Ausdruck. Es ist die mythische Valenz, kraft derer ein Mythos das, was er erzählt, gegenwärtig macht. Er *ist* damit gegenwärtig. In erster Linie berichtet er keine Tatsachen, sondern wird dadurch, daß er formuliert wird, selbst zur Tatsache.[2] Deshalb trennt der Mensch, dem dieser Mythos gilt, d. h. der von ihm ganz und gar betroffen ist, zwischen dem Bericht und seinem Inhalt nicht. Der Mythos ist in diesem Fall mehr als eine Erzählung, d. h. die Erzählung ist nur eine, wenn auch die wichtigste seiner Erscheinungsformen, vornehmlich als feierliche Rezitation. Dem Eingeweihten kann sich der Mythos auch in einer Kulthandlung, in einem Bilde und selbst in einem ornamenthaften Emblem manifestieren. So ist gezeigt worden, daß die sakralen Zeichnungen der Ngadju-Dajak auf Borneo nicht etwa Illustrationen zu einer Mythenerzählung, sondern eigenständige Erscheinungsformen des Mythos sind. Der Mythos ist also das Urzeitgeschehen oder das urzeitliche Heilsgeschehen selbst, er ist es kraft der mythischen Valenz. Diese prägt hiermit aber auch die Gegenwart und bestimmt die Zukunft.[3]

(b) Die Bezeichnung „Mythos" sollte, der Grundbedeutung des griechischen Wortes entsprechend, für etwas Formuliertes reserviert werden. Folgerichtig muß man das Konstituens mythenschaffender oder -rezipierender

Epochen oder Interessen „das Mythische" nennen.[4] Um dies genauer zu
schildern, kann man sich einige Einsichten zunutze machen, welche die
neuere Religionswissenschaft zwar eigentlich für den Mythos gewonnen hat,
die aber, da sie dabei nur den Mythos mit mythischer Valenz im Auge hatte,
primär für das Mythische gelten dürften, das diese Valenz verleiht. „Das
Mythische" ist ein Kollektivbegriff mit derselben semantischen Struktur wie
z. B. das Wahre, das Gute, das Schöne, das Böse, das Heilige, und natürlich
auch wie das Magische. Man kann einem solchen Begriff, der weder ein
Phänomen noch eine Verallgemeinerung darstellt, doch Phänomene, oder
Merkmale, oder Eigenschaften von Dingen unterordnen, die „mythische" zu
nennen man Gründe hat. Derart besonnen angewandt, kann „das Mythische"
auch zur Bestimmung z. B. einer Erzählung als Mythos mithelfen. Gesetzt den
Fall, das wäre geschehen, was ist dann ein Mythos? Offenbar nicht jener
manchmal auch so genannte „Mythos", der nur in Distanz erzählt wird oder
rein literarisch geworden ist. Der Mythos sollte vielmehr wesentliche Merkmale mit dem Mythischen teilen.

Einige Definitionsversuche wurden von einem hochgebildeten Gelehrten
gesammelt, der selbst zu der nüchternen Minimaldefinition kommt: „Mythos
ist die heilige Erzählung von den Geschehnissen in der Urzeit oder in der
eschatologischen Zukunft, die noch dem Heute zugrundeliegen und die eine
Aussicht auf die Zukunft bieten."[5] Diese Definition soll später implizit weiter-
verwendet werden. Hier kommt es vor allem darauf an, daß da, wo es z. B. um
das Heilige geht, nach moderner ethnologischer Einsicht[6] nicht eigentlich die
Erzählung heilig ist (sie ist es natürlich auch), sondern das Urzeitgeschehen
selbst, natürlich nur in der Sicht dessen, der auf es zurückblickt bzw. es sich
vergegenwärtigt. Entsprechendes gilt für das Mythische. Mit diesem kann man
auch ein gewisses Bewußtsein und Denken charakterisieren, sodaß es für das
Verstehen dort gleichsam zu lokalisieren ist, weiterwirkt bzw. gegenwärtig gehalten wird. Es macht ebenso den Mythos mit mythischer Valenz zu etwas
Gegenwärtigem, wie es das Verhältnis mancher moderner Strömungen zu den
„Anfängen" vor Gebrochenheit bewahrt und damit unkritisch macht. In dieser
unformulierten Weise entfällt noch die Alternative, ob Spiel oder Begründen-
wollen das treibende Motiv ist.

Das Mythische hat eine andere Alternative in sich, die von enormer Tragweite ist. Es kann entweder Mythos werden, und dafür ist Ratio nötig. Oder es kann
das Irrationale schlechthin repräsentieren, dann nämlich, wenn es, wie schon der
Name „das Irrationale" sagt, keine Ratio in sich birgt, von keiner Ratio geleitet,
oder geformt, oder gestaltet wird. Der Mythos, für den künftig nicht mehr mit-
gesagt zu werden braucht, daß er ist, was er ist, weil immer irgendwie die Ratio
zu seiner Gestalt gehört, wird der Gegenstand von § 6 sein. An dieser Stelle ist
noch zu besprechen, was es mit dem Fehlen der Ratio auf sich hat. Dies ist am
besten an dem sich gleichermaßen ergebenden Gegensatz zum Logos zu illustrie-

ren. Während ursprünglich Logos das Wort als „gedachtes, sinnvolles, überzeugendes" und Mythos „das Wort von dem, was geschehen ist oder geschehen soll, das Wort, das Tatsachen berichtet oder durch seine Aussprache Tatsache werden muß, das autoritative Wort"[7] bedeutet, während also ursprünglich Mythos wie Logos vom gleichen Wert waren, hat der Logos zunehmend eine Erhöhung seiner Bedeutung erfahren, während Mythos mehr und mehr in einem minderen, ja geradezu gegenteiligen Sinn gebraucht werden konnte. „Das Geschehen, von dem der Mythos berichtete, erschien im Laufe der Zeit unglaubwürdig, so daß man bei dem Wort immer mehr an unwahre, erfundene, unglaubwürdige und phantastische Geschichten dachte. Dem Wort, das ursprünglich als unbedingt wahr, unantastbar, über jeden Zweifel erhaben galt und das voll Achtung aufgenommen wurde, begegnete man nun mit Mißtrauen, Zweifel und der herabwürdigenden Überlegenheit, die Unwahrem zukommt."[8]

Auch dem als unwahr empfundenen Mythos werden wir zumindest Ratio nicht absprechen können, weil er formuliert ist. Aber ihm fehlt die mythische Valenz. Unformuliert aber haben wir das Irrational-Mythische vor uns, und dies nicht nur in negativer, sondern manchmal auch in positiver Wertung. Will man für diese ein Substantiv statt eines substantivierten Adjektivs, so bietet sich „die Mythik" an. Dies trifft z. B. für die Valenz des hellenistischen und des gnostischen Bewußtseins zu.

Mythos, und diesen noch dazu in verschiedenem Sinne – in jedem Falle sollte dieser Begriff, dem ursprünglichen Sinn des griechischen Wortes gemäß, für etwas reserviert bleiben, was formuliert ist, vielleicht sogar nur für etwas, das erzählt. Die Valenz des Mythischen, wie oben skizziert, kann diesem Mythos zugehören, sie kann ihm aber auch fehlen. Diese beiden Alternativen fächern sich aber nun jede wieder zweifach auf, indem nämlich ein Mythos evidentermaßen entweder mit einer Absicht erzählt werden kann, die über sein bloßes Erzähltwerden hinausgeht, oder aber mit einer Absicht, die sich im Erzähltwerden erschöpft, zu einem bestimmten Zweck also oder im Spiel. Und die Absicht kann entweder etwas Gegenwärtiges aus etwas Früherem oder mit Blick auf etwas Späteres begründen wollen. Diese Begründungen können wieder von zwei Arten sein, deren eine man leider oft in einem unglücklichen tautologischen Zirkel mythisch, und deren andere man gern logisch nennt. Damit sind die Definitionsschwierigkeiten aufgerissen, in denen wir stehen. Wie kommen wir weiter?

Hilfe erwarten wir zunächst von dem, was vorläufig „archaischer Mythos" genannt werden soll. Zur Definition des Begriffs „archaisch" ist zweierlei zu bemerken: 1. Er ist nur bedingt chronologisch zu verstehen. Zeugnisse für ihn finden wir nämlich bei den sog. Naturvölkern der Jetztzeit, für die ein historischer Wandel seit der Urzeit des Menschen grundsätzlich in Rechnung zu stellen ist, wenn wir seine einzelnen Stadien auch nicht kennen. Doch da sie unter dem Machtgefälle von benachbarten oder überlagernden Hochreligionen oder höheren Kulturen mit ihren Überlieferungen oft „unter Grund" gegangen sind, kann man gelegentlich Glaubensgut aus älteren Schichten fast unversehrt heben. Man kommt damit zwar nicht in die Urzeit des Menschen, aber doch in historisch zu beglaubigende Perioden zurück[9], ins Neolithikum[10] oder sogar in das Jungpaläolithikum.[11] 2. Von dieser geringen chronologischen Verankerungsmöglichkeit abgesehen, soll der Mythos archaisch heißen, weil er Völkern von geringerer Zivilisationsstufe eigen ist, also „Menschen mit armer Technik" zur Beherrschung der Natur.[12] Was man eine „arme Technik" genannt hat, ist eine „alte Technik". Unter den Menschen, die gezwungen sind, sich ihrer weiterhin zu bedienen, sind hier solche gemeint, die überdies von Haus aus weder Schrift noch eine festgefügte Priesterklasse besitzen.[13] Der Ausdruck „archaisch" tritt damit an die Stelle des früher gebrauchten, unsachgemäßen Ausdrucks „primitiv".

Die entscheidende Frage für die richtige Einordnung des archaischen Mythos ist nun die, ob er Welterklärung und Gegenwartsbestimmung für den Menschen leistet, und falls ja, inwiefern diese beiden Leistungen auch für uns intellektuell nachvollziehbar sind. Das heißt, um das Problem sogleich auf das Verhältnis zu dem entscheidenden und in diesem Zusammenhang kontroversen Alternativbegriff zuzuspitzen: inwiefern er Ratio enthält und inwiefern nicht. Auf der leugnenden Seite steht hier namentlich Lucien Lévy-Bruhl mit seiner These von der prälogischen Welt der Primitiven;[14] Für die bejahende Seite gelten Richard Thurnwald[15] und Adolf E. Jensen[16] unangefochten als Hauptrepräsentanten.

§ 6. Kleine Typologie I: Mythos mit Ratio
(a) und *mit* mythischer, (b) *ohne* mythische Valenz

Um zu begründen, warum im folgenden die Theorien von Thurnwald und Jensen benutzt werden, sei auf die von beiden mitbegründete Einsicht der modernen Ethnologie verwiesen, daß das, was man als „primitives Denken" bezeichnet hat, das „Normaldenken schlechthin" ist, während das logische oder kontrollierte Denken als eine „verhältnismäßig isolierte Ausnahme" angesehen werden muß. So hält man in der Ethnologie „die Affekttönung der Empfindung und demgemäß die starke Verwandtschaft von Empfindung und Gefühl im primitiven Denken für eine primäre Erscheinung, die affektfreie Empfindung für ein sekundäres, isoliertes Sonderphänomen, zu dessen Verabsolutierung der Wissenschaftler nur darum neigt, weil er es selbst kultiviert."[17]

(a) Von der Feldforschung wurde immer wieder festgestellt, daß die sog. Naturvölker durch ihr Denken und Handeln deutlich zeigen, daß sie zu Verknüpfungen durchaus in der Lage sind; man nennt diese Verknüpfungen bzw. das verknüpfende Denken gern unüberlegt in einem Atemzuge „logisch, rational, kausal".[18] Zwischen diesen Verknüpfungsarten muß im weiteren streng unterschieden werden. Was die Fähigkeit zur Verknüpfung im allgemeinen anlangt, so zeigt sie sich besonders dort, wo es sich um praktische Dinge und überblickbare Zusammenhänge handelt.[19] Sie zeigt sich dementsprechend auch daran, wie in einem Mythos überblickbare Zusammenhänge hergestellt werden. Verf. hat deshalb, der Notwendigkeit zur Unterscheidung von logisch, rational, kausal noch uneingedenk, die These erwogen, daß es einen Mythos ohne Logos nicht gibt, möchte diese These aber doch nicht wagen. Vielmehr soll in einem Mythos, in welchem mehr diskursiv entwickelnd als das Absolute umfassend gedacht wird, die mitbestimmende Komponente eines solchen Mythos „ratio" genannt werden, wobei das Wort „Ratio", unerachtet der Tatsache, daß es das Wort „Logos" übersetzen konnte, als weniger metaphysisch, im Denken neutraler und in der Anwendung funktionaler empfunden wird denn Logos. Statt jener erwogenen These, es gebe keinen Mythos ohne Logos, erscheint es nun richtiger zu sagen, es gebe keinen Mythos ohne Ratio. Diese These trifft, wie noch genauer gezeigt werden wird, sowohl für den archaischen wie für den hochkulturlichen wie auch, als Spezialfall des letzteren, für den griechischen Mythos zu. Sie bezeichnet überdies evident den Unterschied zu dem, was oben „das Mythische" genannt wurde – dies hat keine Ratio. Ratio hat ein Mythos also einfach dadurch, daß er formuliert ist. Das ist es auch, wodurch er sich vom Ritus (nicht vom Ritual!) und vom Kultus (nicht von kultischen Formularen, Anweisungen, Rubriken) unterscheidet.[20]

Für die Altvölker ist der Mythos selbstverständliche Wahrheit und Wirklichkeit. Die Tatsache aufgezeigt zu haben, daß er dennoch oder gerade deshalb zum Spiel erzählt worden sein kann, ist das Verdienst des bedeutenden Buches von Adolf E. Jensen „Mythos und Kult bei Naturvölkern". Er faßt den Mythos wie den Kult als „gestaltete Welterkenntnis" auf, wobei das Erzählen von Mythen selbst, wie das Ballspielfest der Uitoto in Südamerika zeigt, eine ausgesprochene Kulthandlung sein kann.[21] In der Festlegung des Motivs der Gestaltung als Spiel trägt Jensen keine Bedenken, den Darlegungen von J. Huizinga über den Spielcharakter von Kulten[22] zu folgen.[23] Und was für den Kult gilt, gilt mutatis mutandis auch für den Mythos. Auch er wird frei erzählt, und wenn dies auch mit einer bestimmten Absicht geschieht, nämlich zu vergegenwärtigen und den Menschen der jeweiligen Gegenwart in ihn einzubeziehen, so ist dies doch kein naturhafter oder materieller Zweck, sondern entspringt dem menschlichen Bedürfnis, Ordnung zu schaffen wie im Spiel und im Kult. Auch der Mythos schafft und ist Ordnung, er grenzt die Gemeinde oder die Gruppe oder den Stamm, die er einbezieht, von andern ab, er verhüllt etwas in Symbolen und zieht Ausmalungen an sich. Viele Beispiele aus Naturvölkern könnten dies belegen.[24] Aber auch der hochkulturliche Mythos, etwa der griechische bis zum 6. Jh. v. Chr. und der babylonische wie der ägyptische[25], gehört offenkundig hierher; denn das Spezifikum der sog. Hochkulturen gegenüber den archaischen, sich durch Beziehung auf Geschriebenes in einer neuen Dimension zu sich selbst verhalten zu können, macht im Bereich des Mythos keinen Unterschied aus.

Den Mythos mit Ratio und mythischer Valenz, der zur „Begründung" von irgendetwas erzählt wird, betrachtet Jensen als Mythos im Stadium der Anwendung, das er gegenüber dem Stadium des Spieles für grundsätzlich sekundär hält (S. 80-103). Dieser Chronologie wollen wir uns nicht anschließen, da die Aktivität und Wirkungskraft eines Mythos, die seinen spielerischen Formen vielleicht weniger eignet als seinen angewandten, unbedingt als primäres Merkmal erhalten bleiben muß. Typologisch aber ist dieser Unterschied richtig, wie das von Jensen selbst beigebrachte Material zeigt. Hierher gehören nicht so sehr die Mythen, die die Schöpfung der Welt und des Menschen zum hauptsächlichen Gegenstand haben – sie wären eher der kultnahen Gruppe zuzuordnen –, als vielmehr diejenigen, die Mannigfaches schildern: (1) das Leben in der Urzeit, (2) den ersten Sündenfall und den damit zusammenhängenden Ursprung des Todes, (3) die Sintflut sowie die verschiedenen anderen Formen der Strafe für das Urvergehen, (4) die Entstehung der Jagd, (5) die Anfänge der Tierhaltung und der Viehzucht, (6) die Herkunft der Nutzpflanzen, (7) die Gewinnung des Feuers, (8) die erste Nahrungsbereitung und (9) die Entstehung der Urgewerbe, (10) den Ursprung des Geschlechtslebens, (11) die Urfamilie.[26] Zur Illustration sei hier nur angeführt, was Jensen über die Tötung der sog. Dema-Gottheiten ausführt.[27] Es handelt sich um Gottheiten, die sich, im Unterschied zu der am ausgeprägtesten bei Viehzüchtern sich findenden Gestalt des Hochgottes oder des Höchsten Wesens, in Pflanzerkulturen finden und am ehesten als Kulturbringer bzw. Grundleger des pflanzerischen Weltbildes zu bezeichnen sind. Die Marind-anim in Neu-Guinea haben einen gemeinsamen Namen für die Gesamtheit der Urzeitwesen und für die göttlich-schöpferischen Gestalten unter ihnen. Sie nennen sie „Dema", und deshalb erscheint Jensen der Name einer Dema-Gottheit als gemeinsame Bezeichnung für sie zweckmäßig, weil er die Einheitlichkeit einer Gottesidee dartun kann, welche einen gemeinsamen Namen für sie rechtfertigt.

Die Dema wirken in der „Urzeit" und werden bald als menschengestaltig (oft weiblich), bald als tier- oder pflanzengestaltig beschrieben. Unter ihnen sind es die Dema-Gottheiten, die durch ihr schöpferisches Wirken das Seiende und die Seinsordnung hervorrufen und damit zugleich die Urzeit beenden. Das geschieht insbesondere dadurch, daß die Dema-Gottheit von anderen Dema, die nicht Gottheiten sind, getötet wird. Aus ihrem Leibe entstehen insbesondere die Nutzpflanzen, deren die betreffende Kultur zu ihrem Weiterleben bedarf; um deren Existenz zu begründen, wird der Mythos erzählt. Aber nicht nur dies – er wird darüber hinaus zur weiteren Erhaltung der Fruchtbarkeit direkt angewandt. Dramatische Aufführungen der Urzeit-Vorgänge bis hin zu den zahlreichen Tötungsritualen einschließlich der Kopfjagd sichern die Fortexistenz der getöteten Dema-Gottheit in den Nutzpflanzen oder im Totenreich, ohne daß dabei die Dema-Gottheit im uns aus dem Hochgottglauben geläufigen Sinne gegenwärtig würde, so daß es z. B. sinnlos wäre, zu ihr zu beten.

Auch hier, wie schon beim griechischen Mythos, darf man sich nicht scheuen, „hochkulturliche" Mythen dazuzustellen. Jensen selbst nennt den iranischen Mythos vom menschlichen Prototypen Gayomard, den er einleuchtend als Dema bezeichnet. M. E. gehören auch der Attis-, der Adonis- und der Osirismythos hierher, natürlich nur auf der Stufe, wo sie von sterbenden Vegetationsgöttern handeln, was Attis, Adonis und Osiris ja nicht überall und nicht von Anfang an gewesen sind.

(b) Bereits bei Völkern, die noch im Mythos leben, klafft oft schon ein Riß zwischen ihm und dem Leben, der die Gegenwärtigkeit bzw. Tatsache-Werdung des Mythos aufhebt und diesen damit seiner mythischen Valenz beraubt. Der Mythos im eigentlichen Sinne ist damit zerstört. Dies kann durch endogene Degeneration geschehen. Es hat sich bei den Griechen seit und durch Homer ereignet. Dasselbe Phänomen aber kommt durch übermächtige Einwirkungen von außen zustande. Überall dort z. B., wo die Einflüsse der technischen Zivilisation, die christliche oder die islamische Mission das religiössoziale Gefüge eines Altvolkes gewandelt haben, ist der Mythos nur weniger oder mehr Erzählung. Mag er auch noch so mit Ehrfurcht betrachtet werden, er ist für die betreffenden Völker das, was er auch für den Fremden und Außenstehenden ist: bestenfalls sakrale Literatur. So kommt es zu einer Bestimmung des Mythos, die der für wirklich betroffene Menschen gültigen genau entgegengesetzt ist und auf die Depravation hinausläuft, die wir als eine Möglichkeit schon des Mythischen erkannt haben: der Mythos wird zum Nichtwirklichen schlechthin, zum Phantasiegebilde oder – wie man z. B. im Duden lesen kann – zur „Götter-, Helden-, Dämonensage, zur Dichtung, zum Erdichteten". Nicht nur die Griechen, auch die Naturvölker kennen das „Mythologisieren, d. h. sie können bestimmte Geschichten in das Gewand des Mythos kleiden. So ist bei mehreren Altvölkern des indonesischen Archipels nachgewiesen worden, daß sie zwischen Mythen, die sie betreffen, und Mythen, von denen sie sich distanziert fühlen, sogar begrifflich klar unterscheiden können."[28] Es würde dem eingebürgerten Sprachgebrauch widersprechen und auch von der Sache her kaum zu vertreten sein, wollte man die letzteren „Pseudo"-Mythen nennen. Auch daß sie häufig „explanatorisch" oder „ätiologisch" sind, verleiht ihnen keine Uneigentlichkeit. Denn unter ihnen gibt es ja erst recht solche, die zum Spiel erzählt werden, wie wir soeben gesehen haben. In dieser Form bleiben sie Mythos mit Ratio, aber ohne mythische Valenz. Rein lexikalisch kann man sie sogar in die Nähe zum Logos rücken – beide Wörter bedeuten ja zunächst „das Wort"–, aber wichtiger ist die phänomenologische Frage, ob sie die Möglichkeit zur Inhärenz nicht nur der Ratio, sondern vor allem des Logos verloren oder behalten haben und damit zum Alogischen oder aber zum Mythos mit Logos neigen.

Zum Mythos mit Ratio und ohne mythische Valenz stellt derjenige, der zur Erklärung von etwas erzählt wird, einen interessanten Spezialfall dar. Zunächst bestätigt sich schon unser unter ganz anderen Voraussetzungen unternommener Versuch, diesen Mythos mit Ratio von einem mit Logos zu unterscheiden. Diese Unterscheidung kann man im Anschluß an Bronislaw Malinowskis Buch „Myth in Primitive Psychology" (1926) durchführen, welchem das Verdienst zukommt, die Bedeutung des Mythos zur Rechtfertigung und Bestätigung von Institutionen, Riten und Sitten herausgestellt zu haben. Es zeigt sich nämlich, daß es in den von Malinowski und ihm nahestehenden Forschern untersuchten Berichten zahlreiche Erzählungen gibt, bei denen es nicht um ein primäres „Begründen", sondern um ein sekundäres „Erklären" geht, die also explanatorischer Art sind. Wir dürfen deshalb das „Erklären" als Funktion der Ratio vom „Begründen" als Funktion des Logos unterscheiden. Mythen der ersteren Art haben keine Erscheinungen zum Gegenstand, die für die Existenz ihrer Erzähler und Hörer von grundlegender und entscheidender Bedeutung sind. Sie beziehen sich oft auf Unwesentliches und Nebensächliches, weshalb auch ihre Wahrheit dann nicht allzu wichtig genommen wird. Bei Naturvölkern finden sie sich oft in begründende Mythen mit mythischer Valenz hineingewoben[29].

§ 7. Kleine Typologie II: (Mythisch invalenter oder valenter) Mythos (a) mit Logos, (b) als symbolische Form

(a) Die Distinktion zwischen logisch und rational, zu der wir uns vom ethnologischen Befund her veranlaßt sahen, wird von der Philosophie als vollzogen angeboten und paßt in alle weiteren Überlegungen aufs Glücklichste. Das reine Denken, in welchem sich Philosophie vollzog und wahrhaftes Sein einzig gewahrt wurde, das *noein* und *légein*, denen *nous* und *lógos* entsprechen, ist ein anderes als das Denken der Naturvölker. Was Logos ist, geht für uns am besten aus Georg Mischs[30] Beschreibung des metaphysischen Wissens in der griechischen Anschauung des Kosmos hervor; sie lautet: „Das Erscheinen des Absoluten in der Allgegenwärtigkeit des vernehmbaren Sinnes (Logos) in und hinter dem Gestaltenwandel der Welt und dem Kräftespiel der Seele auf dem heldenhaften Wege einer von der Weltbefangenheit freien Lebensbejahung."[31] Mischs Interpretation von Logos, die hier weiter nicht verfolgt werden kann, leistet nicht nur deshalb so viel, weil sie zugleich auch ein Denken charakterisiert, wie es sich anders im Mythos ausdrückt, sondern weil sie den Logos, obwohl er ein abstrakter Begriff ist wie das Eine, das Alles, das eine Weise, das Absolute, das absolut Unendliche, und mit diesen Begriffen vom griechischen Anfang der abendländischen Philosophie an in satzmäßigen Formulierungen seine Stelle hat, neben national-religiösen Namen für das Unnennbare bei den Indern und

Chinesen verständlich machen kann, deren Mythos gleichfalls von dem der Naturvölker unterschieden werden muß. Neben den griechischen Einsatz beim Kosmos stellt Misch den indischen Einsatz beim Subjekt: „Die Blickumkehr nach innen und das Erschauen des Absoluten auf dem Wege der Versenkung in das eigene Selbst: die Auflösung des religiösen Lebensbezuges von Seele und Gott in die ursprüngliche Einheit beider, des Atman und des Brahman"[32], und den chinesischen Einsatz bei der Gemeinschaft: „Das Waltenlassen des Absoluten zwischen den Menschen auf dem Wege des unwillkürlichen, gewaltlosruhigen Wirkens: das vollkommene Gemeinschaftsleben nach dem Vorbild der göttlichen Weltordnung in Abkehr von den politischen Machtverhältnissen." Es steht dafür ein Wort aus dem gewöhnlichen Sprachgebrauch, Tao, das metaphysische Würde erlangt hat, ungleich dem indischen Brahman, das aus der sakralen Sphäre stammt, aber gleich dem griechischen Logos. Zwischen Brahman und Logos gibt es jedoch andere Ähnlichkeiten. Für die drei metaphysischen Urworte Brahman, Tao, Logos soll deshalb stellvertretend das letztere stehen, wo es um einen Mythos geht, der in anderer Weise als die indische, chinesische, griechische Philosophie mit einem dieser Urworte zu tun hat.

Auch der Mythos mit Logos ist formuliert und sieht darin dem Mythos mit Ratio zum Verwechseln ähnlich. Aber nicht dadurch, daß er formuliert ist, hat er Logos, sondern dadurch, daß er eine Gegenwart aus dem illud tempus oder ein Eschaton aus der Gegenwart anders begründet, als es der Mythos mit Ratio tut. Der letztere ist, vom modernen Standpunkt aus betrachtet, unkontrollierter als der Mythos mit Logos, er folgert aus dem post hoc ein propter hoc oft unberechtigter Weise und schließt auf Grund seines ihm eigentümlichen Symbolverständnisses, in welchem häufig äußere Formen und Entsprechungen genügen, um Zusammenhänge annehmen zulassen, auch gern aus räumlicher Nähe auf kausale Zusammenhänge.[33] Man darf diese Eigenart das aitiologische Element nennen und es, obwohl die zweite Hälfte des Adjektivs aitiologisch genau so klingt, vom logischen Element unterscheiden. Ein logisches Element hat ein Mythos dann, wenn er die Einsicht in die grundsätzliche Problematik der Konstatierung von Kausalzusammenhängen hinter sich hat und dementsprechend kontrollierter und reflektierter begründet. Demgegenüber kann man auch von hier aus sagen, daß ein Mythos mit Ratio nicht begründet, sondern nur erklärt.

Der Mythos *mit* Logos, aber *ohne* mythische Valenz dürfte vornehmlich bei Platon vorliegen, so gewiß es bei diesem auch wohl den nur erklärenden oder nur spielenden Mythos gibt, beide ebenfalls ohne mythische Valenz. Was aber Platon in den sog. mythischen Dialogen der Mitte erzählt, sind Mythen, die eben das zentrale Thema der betreffenden Dialoge wesenhaft begründen, die irdische Unsterblichkeit und die Existenz der Idee im Symposion, die Unzerstörbarkeit der Seele im Phaidon, die Dämonie des Lebens im Phaidros. Und in Platons Alter wird die geschichtliche Existenz im Politikos sowie die Natur-

ordnung im ganzen im Timaios und Kritias mit Mythen bestimmt. Auf demselben Niveau scheint auch der griechische Mythos in seiner Aufnahme durch
die griechischen Kirchenväter zu stehen, wenn es stimmt, daß die Kirchenväter
ihn nicht nur als sakrale Literatur aufgenommen und entsakralisiert an das
mittelalterliche und neuzeitliche Europa weitergegeben haben, daß er ihnen
auch nicht nur Ausgangspunkte für literarische Metaphorik gab, sondern daß
er auch, natürlich ohne mythische Valenz, ihre eigenen Aussagen nach ihrer
Meinung begründend vorbildete, z. B. solche über Christus durch die anti-
typisch interpretierbaren Mythen von Orpheus, Herakles, Apollon, Amor.[34]

Den Mythos *mit* Logos und *mit* mythischer Valenz haben sehr klar die
Gnostiker der Spätantike ausgebildet. Das Verhältnis zwischen Mythos und
Logos hat hier die Form, daß symbolisierende und abstrakte Begriffe oft aus-
tauschbar sind, und daß der Mythos von der Präexistenz bis zur Auflösung das
Schicksal der Welt und des Menschen ebenso erklärt wie in seiner Eigenart –
Verfallenheit und Erlösungsmöglichkeit – begründet. Die mythisch vergegen-
wärtigende Valenz ist aufs prägnanteste dadurch gegeben, daß die gnostischen
Mythen als Ausgestaltung des erlösenden Rufes verstanden werden, der ei-
nerseits an profilierter Stelle in ihnen selbst vorkommt und andererseits in
Gnosis bringender Predigt oder in kultisch-sakramentaler Darstellung oder in
beidem an die Menschen ergeht.

(b) Der Mythos stellt sich uns in seinen ratio- und in seinen logoshaltigen
Typen als das dar, was Ernst Cassirer eine „symbolische Form" genannt hat.
„Unter einer ‚symbolischen Form' soll jene Energie des Geistes verstanden
werden, durch welche ein geistiger Bedeutungsgehalt an ein konkretes sinnliches Zeichen geknüpft und diesem Zeichen innerlich zugeordnet wird. In diesem Sinn tritt uns die Sprache, tritt uns die mythisch-religiöse Welt und die
Kunst als je eine besondere symbolische Form entgegen. Denn in ihnen allen
prägt sich das Grundphänomen aus, daß unser Bewußtsein sich nicht damit
begnügt, den Eindruck des Äußeren zu empfangen, sondern daß es jeden Eindruck mit einer freien Tätigkeit des Ausdrucks verknüpft und durchdringt.
Eine Welt selbstgeschaffener Zeichen und Bilder tritt dem, was wir die objektive Wirklichkeit der Dinge nennen, gegenüber und behauptet sich gegen sie in
selbständiger Fülle und ursprünglicher Kraft .... Es ist eine falsche, freilich
immer wiederkehrende Tendenz, den Gehalt und die ‚Wahrheit', die sie (sc. die
Bilder und Zeichen der jeweils in sich geschlossenen mythischen, religiösen,
künstlerischen Welt) in sich bergen, nach dem zu bemessen, was sie an Dasein – es sei nun inneres oder äußeres, physisches oder psychisches Dasein – in
sich schließen, statt nach der Kraft und Geschlossenheit des Ausdrucks selbst.
Sie alle treten zwischen uns und die Gegenstände; aber sie bezeichnen damit
nicht nur negativ die Entfernung, in welche der Gegenstand für uns rückt,
sondern sie schaffen die einzig mögliche, adäquate Vermittlung und das Medium, durch welches uns irgendwelches geistige Sein erst faßbar und verständlich

wird."[35] Diese Worte drücken nicht nur die prägende und weltbewältigende Kraft von Ratio und Logos im Mythos aus, wie wir sie von anderen Ausgangspunkten aus erkannt haben, sie helfen außerdem, mit weiteren Symbolisierungen von Welterkenntnis umzugehen.

§ 8. Mythos und Sprache

Mit dem Bisherigen ist es beileibe nicht getan, weil sich spätestens jetzt Überlegungen aufdrängen, die allgemeiner sind; sie lassen sich zwar auch in die Typologie des Mythos einordnen, doch reicht ihre Aussagekraft über die eines Mythos hinaus. Dem soll wenigstens in Kürze nachgegangen werden. Die wichtigste Frage ist, ob die symbolische Form des Mythos bereits bei der Verwendung der symbolischen Form der Sprache entsteht, bzw. ob die symbolische Form des Mythos nur bei Verwendung mathematisch-logischer Symbole vermieden werden kann. Ist doch dem normalen Menschen der Mythos in einer Sprache gegeben, die ihm spontan verständlicher ist als die Sprache der modernen Wissenschaft.

Dies wirft die Frage auf, ob Mythos zwangsläufig entsteht, wenn wir sprechen. Man kann das nicht mehr so meinen wie Max Müller, der einmal sagt: „Die Mythologie ist unvermeidlich, sie ist eine inhärente Notwendigkeit der Sprache, wenn wir in der Sprache die äußere Form des Gedankens erkennen: sie ist, mit einem Wort, der dunkle Schatten, welchen die Sprache auf den Gedanken wirft, und der nie verschwinden wird, solange sich Sprache und Gedanken nicht vollständig decken, was nie der Fall sein kann."[36] Hier hat die Inhärenz von Mythos in der Sprache ihren Grund in einem Gebrechen des Geistes und nicht in seiner Gestaltungskraft. Messen wir dagegen, wie seit Kant allein möglich, die Sprache nicht an der Vollständigkeit oder Unvollständigkeit, mit der sie einen Gedanken deckt, sondern an Art und Tendenz ihres eigenen Gestaltens, dann wird sie zu einem Symbol, das eine eigene Welt des Sinnes erschafft und aus sich hervorgehen läßt wie der Mythos auch. Es ist dann weder die Frage, wie sich beide, Sprache und Mythos, zu dem einen absoluten Sein verhalten, das hinter ihnen steht, noch ob sich das eine auf das andere zurückführen läßt, sondern wie sich beide wechselseitig ergänzen und bedingen. Hier gilt, daß die Sprache die Gegenstandswelt geistig anders aufbaut als der Mythos, insofern sie nicht nur etwas ausdrückt wie dieser, sondern auch etwas distanziert darstellt und damit zugleich in selbständiger Weise an der Gestaltung und Gliederung der theoretischen Welt beteiligt ist. Die Affinität zum Mythos bleibt aber in dieser Zwischenstellung noch bestehen. Nach Meinung der physikalischen Naturwissenschaft ist bei der Lösung der ihr gestellten Aufgabe die Sprache deshalb hinderlich, und sie hat sich ihrer darum einfach entledigt. Ist damit wohl wirklich das Verdikt über die Sprachbegriffe gespro-

chen, sie könnten sich prinzipiell leichter in mythischen Ausdruck zurück-
entwickeln als in Denkbegriffe verwandeln? Wenn tatsächlich Einmütigkeit
besteht oder doch herbeigeführt werden könnte, daß die Sprache des Mythos
uns von vornherein verständlicher ist als die Sprache der Wissenschaft, wenn es
aber andererseits nicht zu leugnen ist, wie total wir der Wissenschaft heute
verpflichtet sind – ist dann der Mythos als symbolische Form der mathematisch-wissenschaftlichen Erkenntnis überhaupt noch gleichwertig? Diese Fragen werden wir im Anhang, § 2 zu beantworten versuchen.

C. Abriß zweier korrespondierender Theorien II: Der Messianismus

§ 9. Einführung anhand der Unterscheidungen
(a) Bewegungen mit und ohne Messiasgestalt, (b) Bewegungen vor und
nach Entstehung des Christentums

Die nachchristlichen messianischen Bewegungen sind, zusammen mit nicht-
messianischen, auch unter den Bezeichnungen „nativistische", „Reform-",
„Massen-", „charismatische", „Revitalisations"-Bewegungen, „religiöse Wiederbelebungen", „Sektenbildungen", „utopische" oder „chiliastische" Gemeinschaften, „Revolutionen" u. ä., sehr früh in zahllosen Einzelberichten beschrieben worden. Darüber hinaus wurden sie auch schon zusammengestellt,
anfangsweise klassifiziert und analysiert. Aus einer Wiener Dissertation ging ein
großer Katalog[37] hervor, nachdem in den zehn voraufgehenden Jahren[38] die
Cargo-Kulte im pazifischen Raum und vergleichbare Bewegungen in Südafrika[39] zusammengeschaut worden waren. Bereits die nüchternen Titel dieser
Arbeiten zeigen die sachliche Betrachtungsweise an, zu der es endlich gekommen ist.[40] Neuerdings gibt es außerdem Arbeiten, die unter Beschränkung auf
paradigmatisches Material gute Analysen vornehmen.[41]

(a) Es ist gleich anfangs zu betonen, daß der Gesichtspunkt, die meisten
dieser Bewegungen als messianische zu behandeln, nur einer unter vielen anderen ist. Der Begriff ist hier in seiner ursprünglichen Bedeutung problematisch.
Vor allem bedeutet die Bezeichnung „messianisch" nicht immer, daß ein Messias oder messianischer Prophet die zentrale Rolle spielt. Es liegt letztlich derselbe Befund vor wie im antiken Judentum. Dort gab es bekanntlich Strömungen,
Schulen, oder auch nur Texte, in deren Eschatologie unbedingt ein „Messias"
hineingehört, und andere, bei denen gerade das nicht der Fall ist. Es ist von
daher nur die Berechtigung abzuleiten, überhaupt von „messianischen" Bewegungen zu sprechen, getreu unserem Sprachgebrauch, der mit dem Adjektiv
mehr Dinge attributiv zu charakterisieren erlaubt als mit dem zuviel manifest
machenden Substantiv. (In Überschriften kann man trotzdem nur „Messia-

nismus" sagen.) In den neuzeitlichen Bewegungen tritt manchmal der Stifter, der anfänglich allerdings wohl immer nachzuweisen ist, später zurück, und die Bewegung darf nur deshalb weiterhin „messianisch" heißen, weil man auch die Heilszeit, der sie entgegenstrebt, qualifizierend eine messianische zu nennen gewohnt ist. Man muß aber bei solchen Aussagen methodisch besonders vorsichtig sein. Man darf weder eine paradiesische *Urzeit* und eine *kommende* Heilszeit ineinander projizieren noch allein von einer *Heilszeit* sprechen, wenn nur eine nichtalltägliche Zukunftsvorstellung vorliegt. Und wenn – in Fällen, die eher nach § 16a gehören – zwei Traditionen zusammentreffen, von denen nur eine messianisch ist, dann muß die letztere sich nicht unbedingt durchhalten, sie kann auch verschwinden. Ein Beispiel für Nichtbeachtung solcher Regeln: Aus dem Zusammentreffen des vorstalinistischen Bolschewismus mit den rein nativistischen Schamanismen sibirischer und einiger altaischer Völker sei eine „hyperboräische (= Projektion in die Urzeit!) Eschatologie (= sakrale Nachvalutierung der Zukunft!)" entstanden.

(b) Ob etwas vor oder nach dem Aufkommen des Christentums entstanden ist, ist mehr als eine bloß chronologische Angelegenheit. Das „nach" hat nur da rein chronologischen Charakter, wo für eine „n. Chr." entstandene Größe weder ein Anteil an noch ein Anstoß aus der Geschichte des Messianismus nachzuweisen ist. Doch rückt sogar die Ethnologie immer stärker Einsichten in den Vordergrund, auf Grund derer sie für gewisse Veränderungen konstatiert oder postuliert, daß selbst in ihren Forschungsdomänen so etwas wie Anteil oder Anstoß irgendwann und irgendwo doch stattgefunden habe: Die Religionen Afrikas oder der Südsee im Jahre 1966 seien auch da, wo sie vom mittelmeerischen Messianismus und seinen Differenzierungen unberührt geblieben sind, keine unveränderten Manifestationen der Religion der Steinzeit, sondern sie seien nachchristlich. Solche Postulate können auch schon Nachweise sein. Sie sind deshalb ernst zu nehmen, weil sie davor bewahren können, angesichts nativistischer Mythen und Messianismen an Paradigmen archaischer und damit auch vorchristlicher Religion zu denken, bei deren anzustrebender oder bereits geschehener Überwindung durch das Christentum dieselben Divergenzverhältnisse als Handlungs- oder Erklärungsmodell gebraucht werden könnten wie schon bei der Entstehung des Christentums selbst.

Wichtig ist also nicht, ob bestimmte historische Bildungen zeitlich nach einem einzigen Punkt, d. h. später als das In-die-Welt-Treten oder als die fertige Ausbildung des Christentums, entstehen. Wichtig ist vielmehr, ob solche Bildungen aufeinander folgend jeweils nach bestimmten kritischen Punkten in und entlang der ganzen Geschichte des Christentums auftreten. Das „Nach" gewinnt damit selbst historische Perspektive und hat mit dieser in der Geschichte des Messianismus prinzipiellen Charakter.

Das bedeutet konkret: Von den eigentlich entscheidenden, weil neue Größen anzeigenden Phänomen der Metamorphose und der Diskontinuität der

Einfachheit halber einmal abgesehen, gehören historisch zusammen der jüdische Messianismus in seinen nationalen wie in seinen transzendierenden Formen, als deren Messiasse der Davidssohn und der Menschensohn die bekanntesten sind; der christliche Messianismus, der zunächst die Reich-Gottes- und die Menschensohn-Erwartung weiter- und sie dann in die Hoffnung auf die Wiederkunft Christi überführt; die Verzeitlichungen und Materialisierungen dieser Hoffnung in den Ketzerbewegungen der Alten Kirche und des Mittelalters; die Gnostisierung dieser Hoffnung und ihre Ausrichtung auf Verklärung dieser Welt im russischen Christentum; die Überbietung dieser Hoffnung im Islam und die Ausziehung ihrer messianischen Linie in seinen chiliastischen Mahdi-Erwartungen; die Ökonomisierung dieser Hoffnung und ihr endgültiger Übertritt über die Schwelle zu einer beabsichtigten revolutionären Praxis im Marxismus; endlich und schließlich die prophetisch-nativistischen Bewegungen in den Stammesreligionen der Jetztzeit.

Schon die wechselnden Interferenzen in dieser Ereignisgruppe machen oft den Eindruck, als prallten hier ganz heterogene und deshalb unversöhnliche Gegensätze aufeinander, und als führten oft gerade sie in tragische Ausweglosigkeiten. Dennoch wäre es ein Irrtum, anzunehmen, es handele sich um diverse Dinge. Bei der Mehrzahl von ihnen sieht man ja mit dem ersten Blick, daß sie historisch zusammengehören. Aber statt dessen mit der Kategorie „divergente" Messianismen zu arbeiten, geht auch nicht an, weil alle außer dem eindeutig biblisch gebliebenen vergangen sind, bevor sie zu einer stabilen Aufstellung solcher Relationen etwas Überzeugendes beitragen konnten. Der Prozeß der Entstehung der biblischen Messianologie ist mit dem Prozeß der Auseinandersetzung derselben mit einer anderen Messianologie nur zu vergleichen, wo letztere wirklich von ihr divers abweicht (z.B. indisch-gnostische Messianologie) oder mindestens mehr diverse als divergente Strukturen aufweist (z.B. einige mediterran-gnostische).

Angesichts der Schwierigkeiten, bereits hier genauere Identifikationen vornehmen, ja oft schon: richtige Namen geben zu können, beschränken sich erst recht die beiden folgenden Überblicke auf Hervorhebung solcher Einzelheiten, die sich zur Gewinnung einigermaßen verläßlicher Kriterien eignen.

§ 10. Kurze Geschichte I: Divergente und divergible Messianismen

Versteht man die divergiblen messianischen Bewegungen als unter dem Gesetz der Verzeitlichung von Eschatologie stehend, dann treten sie für uns in einen großen, zweifachen historischen Zusammenhang ein. Er enthält einmal die immer wieder aus der christlichen Gemeinde hervor- und herausbrechenden Versuche, das verheißene Heil gegenwärtig zumachen, es herbeizuzwingen, zu verweltlichen oder in anderer Weise darüber zu verfügen; christliche Häresien solcher Art sind die Montanisten in Phrygien im 2. Jh. nach Christus, in den beiden folgenden Jahrhunderten in Nordafrika die Donatisten mit der militanten Untergruppe der Circumcellionen, im 7. Jahrh. in Syrien und Kleinasien die Paulikianer, aus denen nach ihrer Verpflanzung auf den Balkan im 10. Jahrh. die Bogomilen hervorgingen, nach ihnen und z.T. mit ihnen historisch zusammenhängend vom 11. Jahrh. bis zum 14. Jahrh. im nördlichen Balkan, Oberitalien, Südfrankreich, Flandern und am Niederrhein die Katharer und Albigenser, wenig später mit ihnen sich zeitlich und geographisch überschneidend und im sozialrevolutionären Impuls berührend die Waldenser, Hussiten, Taboriten und Wiedertäufer.

Der hier gemeinte Zusammenhang enthält zum anderen die anti- oder mindestens nichtchristlichen Konkurrenzbildungen. Als solche sollten mehr, als es in der Kunde vom Urchristentum und der Alten Kirche gemeinhin geschieht, die sog. Mysterienreligionen der Spätantike und die nichtchristliche Gnosis verstanden werden, namentlich wo ein Prophet die Effektivität seiner Erlösungsbotschaft an die Nachfolge seiner eigenen Person bindet: von zahlreichen ohne historische Wirkung gebliebenen Hierophanten über die Stifter, Leiter oder Propheten bestimmter heterodox-jüdischer und judenchristlicher Gruppen in den syrisch-palästinensischen Randgebieten bis zu Mani, dem Stifter einer als historische Größe untergegangenen Weltreligion, des Manichäismus.

Chronologisch als nächstes ist hier dann eine lebendig gebliebene und mächtig gewordene Weltreligion zu nennen, der Islam. Er ist nicht, wie Adolf von Harnack einmal gesagt hat, eine christliche Häresie. Aber sein Prophet verstand sich als das Siegel auf der Reihe der Propheten, welche den Willen Gottes bisher allen Völkern außer den Arabern gebracht hatten, und damit als denjenigen Gesandten, der nun nicht nur die zeitlich letzte, sondern auch die sachlich abschließende, weil im Wahrheitsgehalt reinste Offenbarung zu verkünden habe. Die dadurch herbeigeführte Auflösung des Glaubens an das Ereignis von Heilsgeschichte in die Nachweisbarkeit einer Reihe weltgeschichtlicher Manifestationen macht den Islam zum Musterbeispiel einer nachchristlichen Religion und erklärt seine Immunität gegen diejenigen messianischen Ansprüche, die ihm vorausgingen. Wo er das christliche Gottesreich chiliastisch erfahrbar machen will, kann er sich nicht mehr mit seiner Verheißung begnügen, und wo der Mahdi erwartet wird, glaubt man nicht mehr zu jenem Jesus zurück zu können, der in der successio prophetica nur einen Platz unter mehreren einnimmt. – Außerdem gehören hierher eine Reihe jüdischer Versuche, den gekommenen Messias darzustellen, da Jesus Christus es ja nicht sein konnte[42].

Während es sich beim Verhältnis des Islam zum marxistischen Kommunismus um eine messianische Verwandtschaft handelt (siehe gleich § 11), sind die Propheten Afrikas, die aus dem Islam hervorgegangen sind, nur als von diesem angeregt zu betrachten[43]. Von der ganzen Geschichte des islamischen Messianismus aus sind Anstöße auf schwarzafrikanische Gebiete – Senegal, Sudan, Ostafrika, Nigeria, Kamerun – ausgegangen. Katesa Schlosser beschreibt vom Beginn arabischer Herrschaft oder islamischer Mission in Afrika an bis zum zweiten Weltkrieg deren 36, Guariglia 25. Wieviele Prophetien seit dem zweiten Weltkrieg hinzugekommen sind, ist derzeit (1997/98) nicht zu ermitteln. Soweit sie sich deutlich charakterisieren lassen, sind diese Propheten, wie auch kaum anders zu erwarten, in dreierlei Gestalt aufgetreten: in der des Mahdi, der des auferstandenen Jesus, und der eines Vorläufers des Mahdi. In allen drei Fällen können sich nativistische Traditionen, wenn auch verwandelt, so durchgesetzt haben, daß die Bewegungen nicht mehr als islamisch zu betrachten sind.

§ 11. Kurze Geschichte II: Diverse und differente Messianismen

Das ganz besondere Verdienst, die messianischen Komponenten im Christentum, in den sozialrevolutionären Ideen und im dogmatischen Marxismus Rußlands in ihrem Verhältnis zueinander und zu den Staatsidealen des Orients weitgehend geklärt zu haben, gebührt Emanuel Sarkisyanz. In einem beispiellosen Werk[44] brachte er mit unglaublicher synthetischer Kraft nicht nur die einschlägige wirkliche Literatur, sondern auch die oft noch wichtigeren, aber viel schwerer auf die Ebene wissenschaftlicher Argumentation zu hebenden Dokumente zusammen: Traktate, Zeitungsnotizen, stenographische Aufzeichnungen von Reden und Parlamentsdebatten, Flugblätter, Prospekte, Augenzeugenberichte, mündliche Aussagen von Personen, die nur ihren kleinen Lebenskreis überblicken, Plakate, Photos und Embleme, die ohne Worte Bände sprechen wie z. B. die französische Revolutionskokarde am Turban des osmanischen Kalifen. Die auf die zentral- und nordasiatischen Völkerschaften bezüglichen Partien dieses Buches ergänzte Sarkisyanz durch zwei weitere, wichtige Monographien.[45] Doch dürfen die bisher überwiegenden Interpretationen, die entweder mehr ethnologisch oder soziologisch oder psychologisch oder allgemein historisch oder missionskundlich oder politikwissenschaftlich sind, durch die speziell religionsgeschichtliche ergänzt werden, so wenig diese von den anderen auch getrennt werden kann, und so oft sie dementsprechend bei diesen schon mit zur Sprache kommt.

So darf im Zusammenhang des qualifizierten „nach" der Religionshistoriker auch den Marxismus nennen. Es genügt heute wohl, an den oft gemachten Hinweis auf den eschatologischen oder Gottesreich-Charakter der klassenlosen Gesellschaft und auf die messianische Rolle des Proletariats und seiner ecclesia militans, der kommunistischen Partei, welche zu dieser Gesellschaft hinführt, zu erinnern. Am wichtigsten erscheint in diesem Zusammenhang noch immer der Nachweis von Sarkisyanz, daß der Bolschewismus der vorstalinistischen

Periode chiliastisch gerichtet war, und daß in ihm das mit dem Ende der Geschichte verbundene Ideal einer allmenschlichen Vereinigung aller Glaubenslehren, ein Echo des von Dostojewski und Solowjow eschatologisch formulierten russischen – im Mittelalter zuweilen allgemein christlichen – Traumes der Weltvereinigung und Weltverklärung noch nachhallte. Die Beschleunigung der als unmittelbar bevorstehend gedachten Weltkatastrophe und des mit ihr verbundenen Endes der aus Klassenkämpfen bestehenden Geschichte war damals das Ziel der russischen Asienpolitik und der russischen Außenpolitik überhaupt. Indessen scheint es, daß der russische Marxismus im engeren Sinn nur dann als messianisch zu bezeichnen ist, wo – wenn einmal äußerste Kürze erlaubt ist – sein byzantinisches Erbe noch lebendig ist (was heute nicht mehr der Fall ist), und wo er auf christliches und auf nachchristliches, vor allem islamisches Erbe trifft, das seinerseits messianische Möglichkeiten bereithält. Bestätigungen kann man auch in den als parallel anzusehenden Tatsachen erblicken, die in den beiden folgenden Absätzen angeführt werden.

Nachchristliche Tradition ist für Aufnahme kommunistischen Gutes sehr bereit. Ein deutliches Beispiel liegt in einem Glaubensbekenntnis aus Ghana vor, welches das Apostolikum travestiert[46]. Hier fällt die messianische Rolle nicht dem Kwame Nkrumah, sondern der nationalistischen Volkspartei zu, nebenbei gesagt vielleicht ein Grund, warum Kwame Nkrumah, der dort ja den Platz Gottes des Vaters einnimmt, sich nicht als Erlöser zu einer einzigen Gruppe gesandt weiß, sondern sich auch, vielleicht mit Entsendung eines neuen Messias, über ein anderes Volk setzen kann.

Eine nativistisch gewordene Bewegung ist grundsätzlich zur Verbindung mit dem zur Diversität tendierenden Kommunismus ebenso bereit wie eine islamisch gebliebene. Ein eindeutiges Beispiel bietet bisher kein afrikanisches Land – die Erscheinungen im Ägypten Nassers und im Ghana Kwame Nkrumahs waren mehrdeutig –, wohl aber Indonesien, dessen Unabhängigkeitskampf 1950 abgeschlossen war. In Minangkaban (Sumatra) wurde während der starken kommunistischen Revolutionswelle von 1926 der Kapitalismus mit dem *daǧǧāl* (Antichrist) identifiziert, welcher auch hier vom Mahdi bezwungen werden sollte. Dieser ist also mit den kommunistischen Gegnern des Kapitalismus identisch. Das ist ein klassischer Fall von mahdistisch-kommunistischem Synkretismus unter chiliastisch-nativistischem Antrieb.

Wirklich divers im Verhältnis zur jüdisch-christlichen Eschatologie sind aber erst die Weltzeitalterlehre des Hinduismus und der Messianismus der in seiner Mitte aufgekommenen Reform, des Buddhismus; denn nach der Tradition doch wohl einer Majorität habe der historische Buddha den Bodhisatva Maitreya als seinen Nachfolger prophezeit.[47] Divers sind überwiegend auch die nativistischen Messianismen, bei denen es in einzelnen Fällen außerordentlich schwierig festzustellen ist, inwieweit sie von den diversen hochkulturlichen und den sogleich zu nennenden divergiblen Messianismen abhängen, und inwieweit sie ursprüngliche Ansätze haben. Die letztere Möglichkeit wird außer für Ozeanien und Südafrika noch für das Südsaharagebiet, für Mittel- und Südamerika und für den zentralasiatischen Lamaismus diskutiert.

§ 12. Messianismus und Zeit

Das Verständnis von Zeit ist für die, die es haben, wie für die, die es untersuchen, auf eine ungewohnte Weise in Bezug zur nachchristlichen Religion zu setzen. Von ihr kann man nur im Hinblick auf das Christentum im Singular, d. h. typisierend sprechen. Diese Typisierung aber beinhaltet zugleich, was sie typisch macht. Sie gibt damit tertia comparationis für einen Vergleich mit dem Christentum her: das Selbstverständnis der nachchristlichen Gegenwart aus dem Rückblick auf den mythischen Anfang und dem Vorblick auf die messianische Zukunft. Das sind Zeitdimensionen. Die Untersuchung ihrer beiden Bezugspunkte ist durch Einbeziehung dessen zu erweitern, womit sie gesetzt werden, durch eine Untersuchung also von Mythos und Messianismus. Damit wir jedoch beim Verhältnis des christlichen zum nachchristlichen Verständnis von Mythos und Messianismus nicht in jene Kategorie des Vergleichs abgleiten, die es mit diversen Gegenständen zu tun hat, müssen wir uns zunächst klarmachen, inwiefern wir es mit different gewordenen Gegenständen zu tun haben.

Für ein historisches Verständnis schon der Dinge selbst ist es von entscheidender Bedeutung, festzustellen, ob es sich um das allgemeine Phänomen oder um einen Spezialfall dessen handelt, was man in der Ethnologie und Soziologie „Akkulturation" nennt. „Akkulturation umfaßt" zunächst, nach einer weithin akzeptierten gemeinsamen Definition von Robert Redfield, Ralph Linton und M. J. Herskovits[48], „jene Phänomene, die sich ergeben, wenn Gruppen von Individuen verschiedener Kultur miteinander in ständigen direkten Kontakt treten, woraus Veränderungen in den ursprünglichen Kulturformen entweder einer oder beider Kulturgruppen resultieren." Ein bedeutender Spezialfall dieses allgemeinen Phänomens aber liegt vor, wenn eine der Kulturen, die aufeinandertreffen, eine messianische Tradition als Bestandteil hat und durchsetzen will.

Im ersteren, allgemeinen Falle hat man sich das Entstehen einer Vorstellung von geschichtlicher Zeit bei ursprünglich geschichtslosen Völkern etwa folgendermaßen vorzustellen.[49] Die Geschichtslosigkeit kommt am besten in den Vorstellungen vom Geschick des Toten zum Ausdruck. „In den Augen der Primitiven hört der Tote nicht zu sein auf. Sein Leben hat nur insofern ein Ende genommen, als es sich um sein Erdenwandeln handelt; es findet anderswo seine Fortdauer."[50] So ist der Tod kein absolutes Aufhören von etwas Altem und dementsprechend die Geburt auch nicht die Entstehung von etwas ganz Neuem.[51] Der Vergehende und der Werdende stehen in „inniger Partizipation"[52], die „Kraft" des Gestorbenen umgibt das Dasein des Geborenen. Werden und Vergehen ereignen sich nicht nur im Leben des Menschen, sondern auch in der Gruppe, ja auch der Natur und des Kosmos immer an demselben, das somit gleich bleibt, und dessen Sein zyklisch ist. Vergangenes wird im Kult gegenwärtig, Zukünftiges im Mythos ans Gegenwärtige herangezogen. „Ein zukünftiges Ereignis liegt ... nicht klar und deutlich in dieser oder jener Entfernung auf der Linie des zukünftigen Zeitverlaufs; es wird unklar als zukünftig vorgestellt und empfunden ... wie es im allgemeinen ihre (sc. der Naturvölker) Sprachen bezeugen, die recht arm an Mitteln sind, um die verschiedenen Arten des Futurums auszudrücken"[53].

Man kann sich nun vorstellen, wie ein solches Weltbild mit zyklischem Zeitverständnis allein dadurch aufgebrochen wird, daß eine andere Welt darin einbricht. Diese erweist sich ja schon durch ihre bloße Existenz und Ankunft als etwas Neues, auf das die Vergangenheit hinzielte, und ragt schon durch ihr weiteres Dasein beharrlich aus dem Zyklus heraus. So schildert der schweizerische Missionar H. Schärer, der längere Zeit unter den Dajaks auf Borneo gearbeitet hat, den Zusammenstoß der einheimischen Kultur und Religion mit der westlichen Welt.[54] „Dieser bedeutet für den Dajak eine Katastrophe, aus der zugleich eine eschatologische Erwartung geboren wird. Das Leben ist unsicher und unheilvoll geworden, da die größten und notwendigsten kosmischen Opfer, Kopfjagd und Sklavenopfer, nicht mehr dargebracht werden können. Die Hexen dürfen nicht mehr getötet werden. Die Folgen der gestörten göttlichen Ordnung sind Trockenheit und Überschwemmungen, Mißwuchs und Hungersnot. Die Priestergesänge zum dajakischen Totenritual zeigen, wie man versucht, diese Lage geistig zu deuten und zu bewältigen. Man erwartet eine neue Heilszeit, wo die fremden Eindringlinge verschwinden und die alten Ordnungen wieder aufgerichtet werden. Da wird man aufs neue die großen kosmischen Opfer darbringen, und die Welt wird erneuert werden". – Man kann natürlich sagen, daß damit sich ja doch wieder das zyklische Denken davor bewahrt habe, linear zu werden. Doch könnte eine genauere Beschreibung des Zukunftsbildes zeigen, wie es sich von der Eschatologie des ursprünglichen Totenrituals, die es durchaus gab, unterscheidet.[55] Und ein weiterer Beleg dafür, daß ein neues Zeitverständnis entstanden ist, liegt in der Tatsache, daß die Bemühungen, die Bedingungen für den Anbruch der neuen Heilszeit zu schaffen, der unmittelbare Beginn nationalistischer Bewegungen werden können.

Der oben benannte zweite oder Spezialfall, darin bestehend, daß eine der Kulturen, die aufeinandertreffen, eine messianische Tradition als Bestandteil hat und durchsetzen will, wird in § 17 a behandelt.

D. Nachzeichnung der Grundrisse nachchristlicher Religion

§ 13. Einführung anhand des Aufweises von
(a) Ausmünden der Geschichtlichkeit in Anaklisis, (b) Festigung
anaklitischen Verhaltens durch Einhalten ritueller Verpflichtungen

(a) Die historische Dimension im Ganzen läßt sich über den Messianismus besser erhellen als über den Mythos,; denn der letztere bekommt eine gewisse Homogenität dadurch, daß sich mit ihm der Mensch aus der Geschichte heraushebt. Würde man den Mythos selbst methodisch zur Grundlage des historischen Mythosverständnisses machen, könnte als seine Darstellung theoretisch nur eine Geschichte geschichtsfremden oder geschichtsfeindlichen Verhaltens herauskommen. Ob sie prinzipiell überhaupt geschrieben werden kann, ist fraglich. Umgekehrt ist der Messianismus, wie sich bei der Erörterung des „Nach" (§ 9 b) bereits zeigte, in historischeren Kategorien erfaßbar als der Mythos. Er gestattet damit auch eher als dieser eine historische Ordnung der Religionsformen, in denen er – und hin und wieder dann auch ein Stück Mythos, wenn es integral dazugehörig – enthalten ist. Wenn keine messianische Gestalt eine Rolle spielt, möge der Begriff des Messianischen im Sinne von § 9a etwas weiter gefaßt verstanden werden, insofern, als auch das messianische Verhalten einer ganzen Gruppe oder das Hinstreben auf eine messianische Zukunft überhaupt dazuzurechnen ist.

Die hiermit genannten Gründe, für eine Deskription dieselben Größen als Anhaltspunkte zu nehmen, deren Charakter als geschichtliche (usw.) bereits festgestellt worden ist, ergeben in dieser Form zwar eine ansehnliche Korrespondenz, aber dieselbe ist begrifflich ganz leer. Es besteht ein außergewöhnlicher Anreiz, diese Relation theologisch wie mythologisch zu füllen. Die Füllung der Korrespondenz von Mythos und Messianismus auch als historischer Leitgrößen besteht darin, daß sie als eine Verklammerung derselben verstanden wird. Man hat sich gewöhnt, diese an Wichtigkeit garnicht zu überschätzende mentale Operation, die gleichzeitig ein historisches Phänomen ist, eine *Anaklisis* (= Zurückneigung, -wendung, Sich-An- oder Zurücklehnen) zu nennen. Es ist das Verdienst von W. E. Mühlmann, darauf immer wieder hingewiesen zu haben.[56]

Die bisher gebrachten Beispiele dürften genügen, um zu zeigen, daß nachchristliche Religion durch anaklitisches Denken zu dem wird, was sie ist. Es ist etwas viel Widerstrebenderes als in vorchristlichen zyklischen Zeitauffassungen, was hier zurückgebogen wird, nämlich die Zeit, die doch im Feuer der jüdisch-christlichen Apokalyptik schon geradlinig gemacht und gehärtet worden war. Leider ist dann aber auch das Resultat der Anaklisis härter als die Zyklen, die einmal von der christlichen Eschatologie aufgesprengt worden waren.

Über alle bisher en passant genannten Gründe hinaus, weshalb gerade Mythos und Messianismus als Wesensmerkmale nachchristlicher Religion zusammengestellt wurden, ist also eine Gemeinsamkeit beider aufzuweisen, die Anaklisis. Einige ihrer Aspekte liegen theoretisch einfach. Wir können sie in der Frage zusammenfassen, ob nicht jede symbolische Form, auf deren Gebrauch als denkende Wesen wir angewiesen bleiben, uns in Anaklisis geleitet, nötigt oder zwingt. Für den Mythos ist die Frage nach allem, was bisher angeführt wurde, am unbedenklichstensten zu bejahen, ja Mircea Eliade kann in seinen sämtlichen Büchern[57] seine Mytheninterpretation vom Spielen des Mythos *in illo tempore* und damit von der Notwendigkeit her aufbauen, daß *illud tempus* gegenwärtig gemacht werden muß – eher dadurch, daß sich der Mensch dort hineinlehnt, statt daß er es in seine Zeit hineinbeschwört. Die Kunst ist anaklitisch, fast so evident wie der Mythos und tiefenpsychologisch sogar noch leichter verifizierbar als dieser, kraft der in all ihren Produkten auch immer wiedererkennbaren Reproduktivität ihres Bildens, sei dies nun als Abbilden seit Urzeit bekannter Bilder, sei es als Anwendung seit Urzeit möglicher Gestaltungskraft verstanden. Und die mathematische Symbolik ist es auf Grund ewiger Gültigkeit der Zahlen und ihrer Relationen. Gehört also das Leben in der Anaklisis zu unserer menschlichen Konstitution?

Wenn die Frage so allgemein gestellt wird, ist sie entweder nur mit einer umfassenden historischen Anthropologie oder mit einem universalgeschichtlichen Entwurf zu beantworten. Es läßt sich aber, gerade auf Grund von Einsichten aus einem solchen Entwurf, schon sagen, daß es nicht die Geschichtlichkeit gewisser Faktoren als solcher ist, die die Geschichte schlechthin immer wieder in Anaklisis münden läßt. Das letztere geschieht nur aus Teilabläufen heraus, wie sie z.B. gegen das zu erahnende Ende einer bedeutenden Epoche zustandekommen. Dabei können sich die Nötigungen, in „die gute alte Zeit" zurückzublicken, dermaßen häufen, daß sie mindestens von den Betroffenen internalisiert und damit konstitutionell werden. Alles weitere hängt von den Prämissen ab, die aus den widerstreitenden Theorien über Vererbung und Anlage zu gewinnen sind.

(b) Es sollte keine Frage mehr sein, daß man die Religionsgeschichte pragmatisch nach dem Wesen des Menschen befragen darf, um darin Vorbilder und Anhaltspunkte für die eigene Ethik zu finden. Im Zweifel ist die letztere zukunftsorientiert, für alles Neue offen, kurz: nicht anaklitisch, sondern proklitisch. Dergleichen dient neuerdings sogar als Kriterium, was man in „Lebensgestaltung, Ethik, Religion" aufnehmen soll. Es soll nun gar nicht geleugnet werden, daß man da sehr gut fündig werden kann. Aber sehr leicht kann man die in der Religionsgeschichte waltenden ethischen und anderen Kräfte fehlinterpretieren. Der Grund dafür liegt darin, daß man es sich kaum vorstellen kann, wie der alte *homo religiosus* oder *non religiosus* mit einem Rückhalt im Früheren leben kann, der eines der Elemente ist, die nach und nach als stillschweigendes Vorzeichen für jedwede Form von Ideologie erkannt worden sind. Und doch muß man es sich vorstellen. Was heute Ideologie ist, war früher eine

allen Dingen gegenüber absolut adäquate Bewußtseinshaltung. Wie daraus unter
gewissen Umständen Ideologie werden konnte, dürfte geklärt sein.[58]

Diesen neu entstandenen Sachverhalt hat man vor allem bei den kritischen
Fragen nach der Herkunft der Kategorien zu berücksichtigen, mittels derer die
Tendenz religionsgeschichtlicher Forschung nur zu leicht mit der Tendenz derer unter ihren Gegenständen, die Konservatismus, Reaktion und Ideologiebereitschaft enthalten, kurzgeschlossen werden kann. Für die Forschung ist dazu
ein kritisches Prinzip zu entwickeln, mit dem sie sich selbst entideologisiert.
Denn das ist nötig angesichts des Tatbestandes, der hier festzuhalten ist. Er
besteht in der Festigung anaklitischen Verhaltens durch Einhalten ritueller
Verpflichtungen. Diese Behauptung läßt sich durch eine ganz einfache Analogie
begründen. Analog zur Frage nach der Legitimität eines Redens in den absolut
gesetzten Kategorien von Raum und Zeit steht die Frage nach der Legitimität
rituellen Handelns ebendort und ebendann; die Frage ist hier sogar noch selbstverständlicher, denn der Raum, in dem der Ritus sich abspielt, ist wahrnehm-
bar, und die Zeit, die bei der Ausführung eines Rituals vergeht, ist meßbar.

Diese Analogie ließe sich am gründlichsten durch Vergegenwärtigung des
Problems angehen, ob die rituelle Handlung im Range einer symbolischen
Form der mythischen Erkenntnis gleichwertig ist. Die Antwort darauf wäre in
diesem Falle aber nicht erstrangig, sondern zweitrangig wichtig; denn an erster
Stelle stünde diesmal nicht die Diagnose, sondern die Affirmation. Ihr Inhalt
wäre durch Erfüllung der Aufgabe zu beschaffen, bei sämtlichen nachchristlichen religiösen Bewegungen und Institutionen nach dem ausgeübten Ritus zu
fragen, falls er nicht in einer öffentlichen Handlung vor aller Augen liegt. Es
läßt sich voraussagen, daß es keine Willkür wäre, die Beteiligung einer Person
an einem gemeinschaftlichen Ritus zum Kriterium der Zugehörigkeit zu dieser
Gemeinschaft zu erheben. Die empirische Grundlage für die Feststellung ent-
sprechender Tatsachen wäre schon jetzt über alles Erwarten groß. Jedenfalls
bedeutet der Ausdruck „Messianismus" im Untertitel dieses Buches, daß mit
den beiden Kapiteln V und VI nur solche Personen und Gemeinschaften erfaßt
sein sollen, die nicht unbedingt über ihren Messias, oder über das derzeitige
Gemeindeoberhaupt, oder über Gott derselben Meinung sind, sondern denen
es unbedingt darauf ankommt, eine rituelle, eine „messianische" Verpflichtung
zu erfüllen. Es kommt weder darauf an, wer diese aufstellte, noch darauf, ob die
liturgische Theorie mit einem Mythos übereinstimmt, den die Gemeinschaft
tradiert. Zugehörigkeit bedeutet nicht Mitkennen oder Mitdenken, sondern
Mitmachen.

§ 14. Hauptsächliche Merkmale I:
Vergegenwärtigung des Anfangs im Mythos

Ein Mythos von der in § 5 dargelegten Art ist geeignet, denen, die in ihm und
durch ihn leben, einen Uranfang zur Tatsache werden zu lassen. Die ersehnens-

werten Eigenschaften, die der Uranfang haben muß, entstammen der Kultur, in der sich der Vorgang abspielt. Von außen stellt sich dieser als innerer Rückzug der Betroffenen aus ihrer historischen Situation dar, als ein Verzicht auf Veränderung der Situation, die für die Entstehung eines Messianismus gerade das Entscheidende ist. Nachdem dazu soeben auf die Funkion des Rituellen hingewiesen wurde, ist hier der Ort, das mentale Gegenstück zu präsentieren, den Mythos unter einem neuen Gesichtspunkt. Er, der natürlich noch mehr Aspekte und Facetten hat, darf ohne Gefahr der Verkennung nur dann als eine mentale Befähigung zum Leben in der Anaklisis neben den Kultus gestellt werden, wenn man eben dies zum Auswahlprinzip erhebt. Dann besteht die affirmative Haltung zum Tatbestand Anaklisis in einer Wahl einer „Vergegenwärtigung des Anfangs", die nicht für das einzig Wichtige gehalten wird, das nur der Mythos zu bieten hat. Denn:

„Die ethnologische Religionsforschung der letzten Zeit hat uns mit der hohen Bedeutung vertraut gemacht, welche der Verbindung von Mythos, Kult und ‚Urzeit' zukommt. Ein in der Urzeit von einem Kulturbringer gestiftetes Heil, sei es die Bringung des Feuers, der Nutzpflanze o. dgl., wird im kultischen Akt mimisch oder pantomimisch oder als ‚Mysterienspiel' stets neu vergegenwärtigt; es ist also der Kult, der Gegenwart und Urzeit in eins setzt, und es ist ein immer erneuter Rückgriff auf jene Urzeit vonnöten, um das Heil erneut zu sichern und inzwischen geschehenes Unheil zu löschen ... In anderen Zeugnissen finden wir restaurative mit revivalistischen Motiven verknüpft ... Entschieden betont ist die Wiederkehr einer mythischen Urzeit in den Koreri-Prophetien."[59]

Insbesondere geht es um den mythologischen Topos „Verkehrte Welt", der noch in diesem Jahrhundert in Ozeanien ganz neu entstanden ist. Heute ist dieser Topos gebildeten Ideologen nativistischer Revolutionen nicht nur als Jugenderinnerung, sondern auch theoretisch bekannt. Eventuell bilden sie die Theorie selbst und wenden sie in historischen Begriffen zur Diagnose ihrer Lage sachgerecht an.[60] Der Topos ist oft in den Mythen *der* Bezugspunkt, gegen den kontrastierend die Urzeit vergegenwärtigt wird. Dabei ist es beinah selbstverständlich, daß dies zugleich den Inhalt einer Prophetie ausmacht, welche die Wiederkehr der Urzeit ankündet. Die Wiederherstellung der vorgesehenen Besitzverhältnisse – das Cargo der Eingeborenen – spielt darin am erklärlichsten die Hauptrolle. Erschütternd ist die Hoffnung, daß die Weißen farbig sein und die Farbigen die Farbe der Vollkommenen, weil mächtigen Weißen annehmen werden, und manchmal grotesk die Umkehrung der Ordnung der Natur: der Himmel ist unten, Erde oben, Kokosnüsse (die wertvoller sind als Kartoffeln) kann man nun bequemer in der Erde ernten, Kartoffeln dafür auf den Bäumen usw.

In Europa bieten das beste Beispiel diejenigen Mythologien, welche die romantischen Nationalideologien durch Rekurs auf eine Urzeit fundieren woll-

ten, in welcher der Volksgeist, das Urvolk, die Ursprache, die Urheimat der
Deutschen (hier im neoromantischen Nationalsozialismus des 20. Jh. mit seiner Mythologisierung der deutschen Vorgeschichte!), Finnen, Ungarn, Tsche-
chen, Polen usw. noch rein und unverfälscht da waren[61] oder wenigstens dage-
wesen sein sollen. Ja, die ungarischen Gottheiten des dunklen und des lichten
Weltaspekts, Armány und Hadúr, sind sogar von den ungarischen Romantikern Alexander Székely von Aranyosrákos (1823) und M. Vörösmarty (1825)
erfunden worden, jedoch unter so kongenialer Anknüpfung an die wirklichen
Glaubensanschauungen, daß diese Gottheiten tatsächlich im Volksglauben lebendig werden konnten. Ähnlich wurden die lettische und die litauische Mythologie von nationalen Romantikern angereichert. Wenn auch diese Natio-
nal-Ideen, obwohl sie sich oft mit echter Geschichtsforschung verbanden, nur
selten das historisch Richtige trafen, so haben sie doch oft genug hervorgebracht, was sie für urzeitlich hielten. Hier wird besonders deutlich, wie eine
mythologische Sinngebung nach messianischer Aktivierung rufen kann.

Im universalem Rahmen liegt dasselbe sogar im marxistischen Interesse an
der Urgeschichte vor, das direkt romanhafte Darstellungen der kommunistischen
Anfänge der Menschheit produziert hat und die ethisch (natürlich nicht soziologisch und technisch) gleichen Produktionsverhältnisse wie damals wiederher-
stellen will.

§ 15. Hauptsächliche Merkmale II:
Wiederbringung des Anfangs durch den Messias

Vergegenwärtigung eines Anfangs geschieht selbstverständlich überall, wo messianische Persönlichkeiten in Mythen von einer paradiesischen Zeit oder einem
paradiesischem Land berichten, die oder das es wiederzugewinnen gelte. Weil
aber hier nicht bereits diese Erzählung die gesuchte Vergegenwärtigung enthält,
sondern nur der Anstoß zu bestimmter Aktivität ist, müssen wir sie als messianische Wiederbringung von der mythischen Vergegenwärtigung unterscheiden.

So gleich im frühesten bekannten Beispiel: In der ersten Hälfte des 16.
Jahrhunderts, um das Jahr 1539, hat die Besetzung von Küstenstrichen des heutigen Brasilien durch die Portugiesen Indianer ins Landesinnere abgedrängt
und dort ihre Medizinmänner veranlaßt, das baldige Ende der weißen Herrschaft und die Rückkehr zur mythischen Urzeit zu verkündigen. Sie finde statt,
wenn man zum „Land der Unsterblichkeit und der ewigen Ruhe" aufbreche.
Dies geschah in den sog. Tupi-Wanderungsbewegungen, die zehn Jahre lang
Tausende von Kilometern kreuz und quer durch das Gebiet zwischen Amazo-
nas, Anden und Pampas führten. Von der ersten dieser Wanderungen, die alle
den Charakter eines „eschatologischen Aufbruchs" tragen, ist sogar eine messianische Führerpersönlichkeit bekannt, ein „Medizinhäuptling" namens Viarazu

oder Curaraci, der zu jenem Kultheros hinführen wollte, der sich von der Erde zurückgezogen habe und sein Volk erwarte.

Am klassischsten gibt der hinduistische Begriff der Kāla, des Kreislaufs der Zeit, welcher immer wieder auf den Ausgangspunkt zurückkommt, dieser Denkweise Ausdruck. Hier ist die Idee des Heilbringers verbunden mit der Lehre von den Avatāras oder Herabstiegen (nicht: Inkarnationen) des Gottes Vishnu. An seine vergangenen Avatāras wird sich die künftige anschließen, in der er Kalki ist. „Dieser wird zu Ende der gegenwärtigen Weltperiode kommen und wird ein neues ‚goldenes Zeitalter‘ heraufführen. Kalki ist ein Teil von Vishnus Wesenheit, in gewisser Hinsicht kann man also von der Wiederkehr eines Heilbringers sprechen, der in der Vergangenheit schon einmal erschienen war. Die indische Kosmologie unterscheidet vier Weltzeitalter (yuga): Krtayuga (goldenes Zeitalter), Tretāyuga und Dvāpara-yuga (zunehmende Verschlechterung), Kaliyuga (jetzige Periode). Am Ende des letzteren wird Kalki ein neues Krtayuga heraufführen. Die Weltzeiten sind also zyklisch angeordnet in vier Etappen. Am Ende der letzten Etappe biegt es zurück zur ersten.“[61a]

In manchen islamischen Bewegungen, insbesondere den mahdistischen, liegt etwas Ähnliches vor. Die islamische Urstiftung, die Zeit der Hidschra, in die sich ja übrigens alle diese Bewegungen zurückverfolgen lassen, soll vom jeweiligen Mahdi wiedergebracht werden, wobei z. T. der Kampf Mohammeds gegen seine Feinde in Mekka bis in Details kopiert wird. Hier ist besonders interessant, wie Eschatologien, deren Zusammenhang mit der auf eine endgültige Zukunft hinzielenden jüdisch-christlichen ja nachgewiesen ist, anaklitisch werden, vielleicht auf Grund derselben spannungsreichen Situation, die schon den Islam als ganzen aus der jüdisch-christlichen Zeitvorstellung hat herausfallen lassen.

§ 16. Systemtheoretische Gesichtspunkte zur
(a) Kumulation messianischer Traditionen, (b) Säkularisierung als
Komplexitätsreduktion

(a) Islamisches und kommunistisches Sendungsbewußtsein haben sich selbstverständlich gegenseitig bemerkt. Ganz abgesehen davon, daß man bei unbefangener Durchmusterung der imamitischen Bewegungen in der islamischen Geschichte auch noch eine ganze Reihe anderer außer den schon von L. Massignon so charakterisierten Qarmaten als kommunistisch bezeichnen muß, haben islamische Modernisten wie marxistische Theoretiker eine ganze Reihe von Möglichkeiten zur Herstellung von Übereinstimmungen aufgezeigt, die am durchsichtigsten werden, wenn man sie als auf dem gemeinsamen Nenner des Messianismus stehend betrachtet. Die gegenseitigen sowjetisch-ideologischen und arabisch-sozialistischen, nur mit Einschränkung „islamisch“ zu nennenden Annäherungen und ihre Fortsetzungen in den wichtigsten GUS-Staaten sowie die zahlreichen daraus hervorgegangenen praktisch-politischen Kooperationen sind bekannt. Hier geht es darum, diejenigen messianischen Richtungen zu charakterisieren, die aus den beiden bzw. den vier Entwicklungslinien (in § 10 und 11) herausfallen, weil sie infolge von Begegnungen und Auseinandersetzungen mit ihresgleichen die Tendenzen divergent, divergibel, divers und different verloren haben und sehr komplex geworden sind.

Am eindrücklichsten zeigt sich dies, wo Messianismen der divergiblen Gruppe nicht aufeinander, sondern auf solche der diversen Gruppe treffen, so das russische Christenum auf den lamaitischen Buddhismus in Tibet vor der Oktoberevolution, oder neue islamische auf Hindu-Gruppen. Entstanden sind neue synkretistische Formen, deren ältere Pendants aus der Ismailiya bekannt sind, aber auch ein ganz neuer, einst brisanter buddhistisch-marxistischer Synkretismus in Tibet und der Revolution in Burma; in Indonesien, besonders auf Java, kam es zu Zusammenstößen von Nativisten, Hindus, Muslimen. Wenn in dem einen Element die Nachchristlichkeit bereits potenziert war und sich mit heterogenen, oft stärkeren Elementen vereinigt hatte, sind meist neuartig differente Messianismen entstanden.

Von neuartig oder im zweiten Grade different gewordenen Messianismen muß man auch bei den Cargo-Kulten sowie bei den christlich oder islamisch angeregten Bewegungen Afrikas sprechen. Was die ersteren anlangt, so kennt man inzwischen in der Südsee und in Australien mehr als achtzig. Manchmal wird nicht eine Gesellschaft nach westlichem, sondern gerade nach althergebrachtem autochthonen Modell angestrebt, manchmal die Ankunft des Cargo nicht durch Anlage von Musterdörfern, sondern durch Vernichtung alles dessen vorbereitet, was da ist, z. B. riesige Viehschlachtungen, welche das betreffende Volk total ruinierten und dem Hungertod auslieferten. Die Entwicklungsmöglichkeiten vom religiösen zum rein politischen Führer werden manchmal wahrgenommen, manchmal nicht. In manchen Fällen wird vielleicht eine nativistische Bewegung anderswo nachgeahmt, wo ein direkter christlicher Anstoß gar nicht vorlag. Eindeutige Travestien christlichen Guts scheinen in Afrika häufiger zu sein als in Polynesien. So unterlegten die Kikuyu den christlichen Hymnenmelodien, die sie gelernt hatten, revolutionäre und, wie man gedankenlos sagte, „blutrünstige" Texte und sangen sie bis weit in den Mau-Mau-Aufstand hinein, der auf diese Weise mit vorbereitet wurde, in aller Öffentlichkeit. Während des Unabhängigkeitskampfes an der Goldküste entstand das travestierende Glaubensbekenntnis. Messianische Bewegungen solcher Art, die nicht mehr inspiriert christliche Kirchen genannt werden dürfen, die es daneben natürlich auch und sehr überzeugend gibt, hat man in Afrika etwa dreißig gezählt. Eine von ihnen, in Ghana, führte zu einer Unabhängigkeitsbewegung, die erfolgreich war.[62]

Würden auf dem Papier oder in einem imaginären sozio-ethnologischen Laboratorium alle Menschen, alle populistischen Akte, alle Doktrinen, Mythen, Programme festgehalten, aufbewahrt, vorgezeigt und untersucht, dann würden die gesammelten Materialien sich zu einem gewaltigen, sozial-religiös-politischen Gebilde ordnen lassen, das sich als Musterobjekt für Systemtheorie direkt anbietet.[63]

(b) Es würde sich aber kein Mensch mehr darin zurechtfinden, vielleicht umso weniger, je mehr er selber zum Entstehen dieses gewaltigen Komplexes beigetragen hat. Dann ist die Stunde nicht fern, wo der Intellekt und das Gemüt des Einzelnen nach Vereinfachung verlangen. Diese ist am leichtesten zu haben, indem man nicht mehr mitmacht, doch das läßt eine Majorität sehr selten zu. Zwar kann es, bevor sie erwacht und Restriktionen verhängt, durch die Überlastung der nunmehrigen Minorität, die einst die aktive Elite einer Revolution gewesen war, erst einmal zu einem halb öffentlichen sozialen Dämmerzustand kommen, der den neugierigen Besucher fragen läßt, warum man denn auf den Straßen überhaupt nichts von einer Revolution sehe, von der man doch so viel gehört und gelesen habe. Schon dieser Stand der Dinge kann ausreichen, um die wichtigsten programmatischen Gedanken vergessen zu machen und die Gründe, die zu ihrem Aufkommen geführt haben, anders zu bewerten als vor der Revolution. Dann ist, von außen gesehen, das System bereits zusammengebrochen. Der innere Zusammenbruch kann folgen, wenn eine Reaktion, Konterrevolution oder dergleichen sich ans Werk macht.

Der Sozialwissenschaftler kennt den Fall und konstatiert nüchtern: Wieder einmal hat sich ein System reduziert, weil es zu komplex geworden ist. Er hat recht. Sozial kann sich die Reduktion so auswirken: Die messianischen Führer stammen nicht mehr aus allen Schichten bis hin zur Priesterkaste, sondern eine einzige Gruppe, Klasse, Kaste, Gewerkschaft oder Partei erkämpft für sich das Monopol, die Kandidaten zu stellen. Und mit dem ursprünglichen christlichen Element kann unter solch neuen Verhältnissen dreierlei geschehen. Es kann unversehrt bestehen bleiben, es kann „paganisiert", d. h. zu einer einfachen politischen Devise werden, und es kann nicht mehr erkennbar sein, was dem Verschwinden gleichkommt. Dann hat die Entwicklung zur Säkularisation geführt. Diese ist tatsächlich hin und wieder das Syndrom einer Komplexitätsreduktion, die einem überlasteten sozialen System einfach widerfahren kann. Es sind nicht immer dieselben vielen Wurzeln mit im Prinzip immer derselben aus ihnen herausgewachsenen Säkularität, die das Kennzeichen des überstandenen Wandels zur Moderne ist. Es kann auch die manchmal sehr simple nachchristliche Religion sein, durch die unser Jahrhundert sich wandelt, und zwar indem sie einen Sonderfall des Säkularismus vorbereitet oder auch selber herbeiführt.

E. Religionssoziologische Resultate und ethisch-theologische Aufgaben

§ 17. Die beiden Doppelrollen des Christentums
(a) Zweifach realisierbare Ideologiebereitschaft,
(b) Ambivalente Stellung der Theologie zur Ideologisierung

(a) Die nachchristliche Religion setzt eine Ideologiebereitschaft voraus, die von innen (auch „endogen" oder „autogen" genannt) oder von außen (= exogen) realisierbar ist. Das, was man endogen oder autogen nachchristlich nennen darf, kann schon in der missionierenden Gruppe vorgegeben sein, es kann aber auch durch ein fast zwangsläufig eintretendes Mißverständnis der an sich sachgemäßen christlichen Predigt zustandekommen. Soziologisch gesehen liegt hier der Spezialfall von Akkulturation zugrunde, wo von der einen Seite eine messianische Tradition durchgesetzt werden soll. (Der erste, allgemeinere Fall ist in § 12 behandelt.) Ugo Bianchi glaubte nicht nur zu bemerken, daß neue Propheten im allgemeinen eingeborene Ex-Christen sind und oft in Gegenden auftreten, die schon mehr oder minder stark vom Wirken der Missionare erfaßt waren, sondern daß dies besonders in Gebieten geschah, die von Protestanten kolonisiert und missioniert worden sind. „Die freie und begeisterte Interpretation der Bibel, insbesondere des Alten Testaments (das prophetisch-kriegerische Element), sowie gewisse Formen des Erlöserkultes, insofern sie die manchmal zur Ekstase neigende Mentalität des Primitiven anzusprechen vermögen, können zweifellos das Entstehen freier prophetischer Kulte eher begünstigen als die hierarchisch-sakramentale Ordnung der katholischen Kirche. Hinzu kommt, daß die organisatorische Freiheit und die Tendenz zur Aufspaltung in Denominationen der protestantischen Kirchen der Bildung neuer und autonomer Religions- oder Kultgemeinschaften sowohl auf organisatorischer als auch auf dogmatischer Ebene entgegenkommt. Wenn dies in die primitiven Mentalitäten Eingang gefunden hat, ist es ein weiterer Anlaß zu prophetischen Kulten; ebenso kann es in gebildeten Eingeborenenkreisen Anlaß zu Kultgemeinschaften sein, die durchaus christlich bleiben wollen und ihren sozialreligiösen Protest auf die Ebene der wirklichen Organisation beschränken: man denke an die Zunahme der negerchristlichen Kirchen in den protestantischen Eingeborenenkreisen Südafrikas."[64] Aber eben hier ist daran zu erinnern, daß oft gerade in den missionarisch aktivsten Sekten die biblische Verheißung als Idealtyp einer christlichen Gesellschaft, die Mission als menschliche Ermöglichung der Wiederkunft Christi und die Heilszeit als ein chiliastisch idealisiertes und universal aktiviertes Corpus Christianum verstanden wird; wo in diesem Sinne gepredigt wird, kann der neu entstehende Messianismus sehr massiv und exklusiv, ja gegen die Personen, die ihn verhindern wollten, sogar brutal werden.[65]

Angesichts dessen wird häufig gefragt, ob die Hypothese zutreffe, daß nur die Immunisierung des Christlichen einen derart rigiden Zustand herbeizuführen vermöge, oder ob nicht die bloße Tatsache, daß das Christentum Mitläufer der in die „Dritte" oder „Vierte" Welt einbrechenden Emissäre der „Ersten" Welt ist, vollkommen genügt, um einen Zustand der „Anaklitisierung", der Ideologisierung, und was der Kennzeichen mehr waren, zu erklären. Das letztere ist richtig, besagt aber nicht, daß das erstere nicht vorkommt. Entscheidend im zweiten Falle aber ist es, daß der Europäer das Neue schlechthin repräsentiert und damit die Tatsache herausstellt, daß es ein Neues und also überhaupt ein Morgen gibt. Daneben kann die Präsenz des Christlichen unerheblich sein, sie kann aber auch von den unkirchlichen Eroberern oder Kolonisatoren selbst nicht gewünscht werden. In den Wechselfällen eines solchen Prozesses kann das christliche Element, obwohl es ihn nicht induziert hat, doch seine Identität verlieren. Insofern darf man sagen, daß in solchen Fällen das Christentum seine Ideologisierung nicht autogen hervorgebracht, sondern eine solche durch Fahrlässigkeit gegenüber den exogenen Faktoren mittelbar, von Fall zu Fall in verschiedenem Ausmaß, herbeigeführt hat.

(b) Über all dem vergißt man leicht, daß es zweierlei theologische Fähigkeiten gibt: diejenige, an der Herbeiführung einer *Ideologisierung* des Christlichen mitzuwirken, und die andere, die Ideologisierung zu überwinden. Es liegt nahe, daß die christliche Theologie besser als andere bereits zu *erkennen* vermag, wie aus der Hoffnung auf das Zukommen Gottes eine elementare menschliche Erwartung wird, wie man nach ihr greift, wie sie vorbereitet wird. Und die christliche Theologie kann erklären, daß wenn auch nur ein wenig von dieser Erwartung realisiert wird, die betreffenden Menschen von da an gegen die christliche Hoffnung mehr oder weniger immun sind. Die Theologie muß sich dazu verhalten. Sie hat es manchmal getan, indem sie durch ungebrochene Fortsetzung der christlichen Predigt nach der bisher geübten Methode den Adressaten der Verkündigung die letzten noch vorhandenen oder herstellbaren Ingredienzen zum Säkularisation und Ideologien freisetzenden Prozeß als dasjenige Mittel eingegeben hat, das ihnen zur völligen Immunisierung gegen das Christentum noch fehlte. Sie hat aber manchmal auch die Geister geprüft und das Gute behalten. Das ist kein intellektueller oder akademischer Vorgang, sondern Bestandteil einer Auseinandersetzung, die den lebendigen Vertreter der Theologie das Leben kosten kann. Auch die Theologie spielt eine Doppelrolle.

§ 18. Nachchristlichkeit als (a) Immunität gegen jede Konvergenz mit
        christlich gebliebener Religion, (b) Paganisierung

Zusammenfassend gefragt: Was heißt „nachchristlich", was ist eine – oder fragt man richtiger: Was ist *die* ? – nachchristliche Religion? Man kann von ihr durchaus im Singular sprechen, aber nur im Hinblick auf das Christentum. Dann typisiert man. Diese Typisierung aber beinhaltet zugleich, daß die nachchristliche Religion auch als Antityp verstanden werden kann. Man braucht es, nebenbei gesagt, kaum noch zu betonen, daß man sich hier auf einer anderen Ebene bewegt als auf derjenigen, wo die Frage gestellt wird: Ist die nachchristliche Religion ein alter oder ein neuer Religionstyp? Daß als Antwort nur ein „Sowohl – Als auch" in Frage kommt, ist wohl klar.

(a) Wenn das Verhältnis zwischen christlicher und nachchristlicher Religion historisch soweit geklärt erscheint wie möglich, dann hat im Prinzip nicht mehr der Religionshistoriker, sondern der theologische Systematiker das Wort. Der letztere hat darüber nachzudenken, ob die Erschöpfungsneigungen zu mythologischer Anaklisis und messianologischer Verzeitlichung in der christlichen Verkündigung vermeidbar oder unvermeidbar angelegt sind. In den bisherigen Erörterungen haben sich rein aus der Sache heraus eine Reihe von Konfrontationsexperimenten ergeben, die indirekt schon die Antwort enthalten dürften. Es hat sich gezeigt, daß eine Konfrontation nachchristlicher und christlicher Religion mit dem Ziel, sie konvergieren zu lassen, unmöglich ist. Das wäre nur auf dem Wege einer Weiterentwicklung beider möglich, wobei die nachchristliche Religion prinzipiell bleiben könnte, was sie ist, während die christliche nachchristlich werden müßte. Wenn aber von den zwei zusammenzuführenden Dingen eines seine Identität verliert, fällt der Begriff der Konvergenz dahin. Nicht beide sind konvergibel, sondern dasjenige, das seine Identität verliert, ist divergibel. De facto ist freilich die Divergibilität, mit der wir es hier zu tun bekommen, nicht rein und endogen. Elemente aus der konfrontierten Religion sind daran beteiligt. Wenn aber nicht als konvergible, dann wäre zu untersuchen, als wie geartete sonst.

Dazu ist gelegentlich erörtert worden, ob von dem hiermit erreichten Punkt aus die nachchristliche Religion dennoch ihrerseits divergibel ist. Wenn man sich vorstellt, wie das aussehen könnte, dann tut sich, vorausgesetzt man hält am Thema, nämlich den Gründen für die Entstehung des Nachchristlichen fest, nach geschehener Entstehung eine Perspektive mit immer denselben Wiederholungen auf. Insofern ist dies eine schematisch-konsequenzmacherische Frage. Dennoch sei sie kurz erörtert. Unter den fünf Arten, in die Ernst Dammann „Das Christusverständnis in nachchristlichen Kirchen und Sekten Afrikas"[66] einteilt, findet sich eine, in der Christus zwar in rechtgläubiger Weise verstanden, aber durch andere vorwaltende Randerscheinungen isoliert bzw. überschattet wird (so z. B. Geburt eines wundervollen Kindes und dessen himmlische Taufe als Akaboha II. nach dem Tode des Propheten Akaboha I. in der Musama Disco Christo Church in Ghana), und eine, in der Christus auch theoretisch nurmehr eine Randerscheinung ist (so z. B. in der Nazareth Baptist Church des Jesaja Schembe). In diesen Fällen ließe es sich denken, daß eine Gruppe sich einfach stärker auf das ja vorhandene Christusverständnis konzentriert und die verdrängenden Elemente nebst dazugehörigen Praktiken wie göttliches Heilen und Fasten fallen läßt. Dies wäre ein anderer Fall, als wenn z.B. – dies die beiden andern von Dammann genannten Fälle außer der völligen Übereinstimmung mit dem Christusverständnis der Mutterkirche – die Übertragung von bestimmten Zügen des historischen Jesus oder des biblischen Christus auf den Sektenführer wieder rückgängig gemacht würde, oder als wenn Aussagen, die im Christentum auf Christus bezogen werden, ganz und gar auf eine politische Persönlichkeit oder Institution umgedeutet werden wie in dem bereits erwähnten Bekenntnis zu Kwame Nkrumah und seiner Partei. Der Ausgangspunkt wäre in den beiden erstgenannten Fällen die divergible nachchristliche Religion; die differente Religion, die durch Herstellung von Ausschließlichkeit für das Bekenntnis zum Sohn als der zweiten Person der Trinität, zur göttlichen Geburt Christi, zur Auferstehung Christi und zur Rettung der Seele durch Christus und zu Christus als dem einzigen Mittler entstehen würde, wäre das Christentum, eventuell neben der ursprünglichen Gruppe. Dieser Fall, in dem wir es wohl einfach mit Reform zu tun hätten, liegt jedoch einfach im Verhältnis zu jenen, wo keine einfache Addition fremder Elemente, sondern eine Vermischung mit diesen oder eine totale Metamorphose der christlichen Substanz oder beides vorliegt, wo man also in herkömmlichen Termini, vorausgesetzt man will zum wahren Christentum rufen, nicht auf Reform, sondern auf Bekehrung dringen würde. Dieser Begriff aber ist unter solchen Voraussetzungen nicht mehr gültig, denn eine *Be*-kehrung ist keine *Rück*-kehr. Gerade um die letztere aber handelt es sich hier. Sie würde einen Vorgang voraussetzen, den man ja nach Aspekt eine Metamorphose zum anaklitischen Denken oder eine Selbst-Ideologisierung nennen kann.

(b) Die zum Eingang dieser Erörterung gestellte Frage ist deshalb schematisch, weil die Divergibilität der nachchristlichen Religion faktisch nur eine „Reversibilität" sein könnte. Die damit theoretisch ausgesprochene Möglichkeit einer Rückwendung zum genuin christlichen Zustand aber liefe auf die Konvergenz mit demselben hinaus – er müßte in diesem Falle in der Nähe der Rückwendungswilligen selbständig institutionalisiert vertreten sein – und unterliegt damit derselben verneinenden Beurteilung. Richtig wäre die Frage so gestellt: Findet nach Eintreten des nachchristlichen Zustandes – es sei einmal versuchsweise angenommen, daß man diesen Zeitpunkt einigermaßen zuverlässig bestimmen kann – eine weitere Entwicklung in Fortsetzung der bis dahin eingeschlagenen Richtung statt? Diese Frage ist zu bejahen. Es handelt sich um den religionsgeschichtlich, auch für die Antike, gut aufgearbeiteten Vorgang der Paganisierung, eventuell Repaganisierung. Meistens wird die religiöse Überlieferung, in der man früher gelebt hatte, wieder aufgenommen, und zwar in einer Weise, die die latente Überzeugung verrät, daß eine erneute Konkurrenz mit dem Christentum diesmal zu seinen Ungunsten ausgehen würde. Denn die neu belebte heidnische Tradition, so müßten ihre Vertreter es jedenfalls sagen, ist jetzt um so viel höher reflektiert, oder die Institutionen sind um soviel umsichtiger entwickelt, die Aussagen über Gott lassen so viel mehr mitklingen als früher, daß nunmehr das Heidentum sich insgesamt auf einer religiös höheren Stufe befindet als das Christentum.[67]

§ 19. Ansätze zu einer (a) Revision des Missionsverständnisses, (b) für ein in intersozietärer Erkenntnis mündendes Handlungssystem

(a) In der Missionstheologie hat sich seit der Erstpublikation 1967 so viel geändert, daß die damals formulierten Einwände überholt sind. Die Änderungen sind nicht auf Grund dieser Einwände erfolgt, sondern auf Grund davon unabhängiger theologischer Arbeit an den Begriffen der Bekehrung, der Absolutheit des Christentums und der Toleranz.[68] Man wird also der nachchristlichen Religion gegenüber ebensowenig von der Voraussetzung ausgehen, daß hier die christliche Botschaft dem Menschen ganz neu begegnet, wie man diese Voraussetzung auch dem sog. modernen Säkularismus gegenüber nicht mehr machen würde. Kaum ein theologischer Zweifel besteht noch daran, daß jede moderne Äußerung an Andersgläubige die historisch fundierte Einsicht in die vielschichtigen Verflochtenheiten und Zusammenhänge in sich aufnehmen und ausdrükken muß, welche die Christenheit mit all jenen Bekenntnissen verbinden, an die sie sich jemals gewandt hat. Für den Begriff, in den man eine solche Form von Äußerung zu bringen hätte, entfällt der des Rufes zur „Konversion" oder „Bekehrung", was sich nach dem bisher Gesagten von selbst versteht. Darunter gehört auch die „Begegnung"; denn die Grundtatsache für das Zustandekommen einer Begegnung, das Nichtvorgegebensein irgendwie prädisponierender Ereignisse oder Sachverhalte, besteht nicht mehr. Bestehen bleibt der Begriff des „Dialogs", vorausgesetzt daß er sich nicht der Illusion hingibt, denjenigen in den Rang eines gleichberechtigten Partners erheben zu können, der lange Zeit als niederer Absenker der missionierenden Kirche bzw. Kultur betrachtet wurde und sich nun selbst von ihr getrennt hat, um sie zu überhöhen. Man kann also, wenn man in der Anaklisis mit Recht eine Gefahr erblicken sollte, sich ganz in den Bereich möglicher fahrlässiger Entstehung desselben begeben und braucht keine potentiellen Gründe in der Gestalt des vom Europäer Mitgebrachten zu suchen – wohlgemerkt: in der Gestalt christlicher Botschaft, habe der Europäer nun den Beruf des Missionars oder einen anderen.

(b) Was hier zu stehen käme, müßte den Umfang dieses ganzen Beitrages noch einmal haben, um die Aufgabe in einem dem Übrigen proportional angemessenenem Umfang darlegen zu können. Besonders wichtig scheint mir der neu in die Debatte geworfene Begriff des „synkretistischen Handelns" zu sein.[69] Richtig wird dazu festgestellt, daß der Synkretismus ein Konfliktfeld derer ist, die davon betroffen und zu handeln genötigt sind, der „Eingeborenen" und der Fremden, der Missionare und der autochthonen Christen, aber auch der Mitglieder einer Kirchengemeinschaft überhaupt. Man muß sich zunächst darüber klar werden, daß man de facto bereits immer in einem be-

stimmten Handeln begriffen ist. Meist wird es die unproblematische Alltagsverständigung sein – ein tatsächlicher Tatbestand (man muß hier pleonastisch
werden), zu dessen Bestehen die Menschheit sich noch nicht genug beglück-
wünscht hat. Es ist möglich, in dieser Alltagsverständigung die Dinge, Verhältnisse, Situationen zu erkennen und von diesem Kleinsten aus, das man auch
leben oder vorleben kann, das was im Verhältnis dazu das Größte ist, zu interpretieren, auszulegen oder zu lehren. Es kann auch einmal erforderlich sein, es
zu verschweigen, aber es muß dann so geschehen, daß dafür nicht irgendein
affirmierender Ersatz beschafft wird. Geschieht letzteres doch, dann löst sich,
ehe man sich dessen versieht, der fällige Schritt zu vereintem Tun in Nichts auf.
„Gerade dies jedoch hat die praktische Philosophie stets als ein Hauptproblem
betrachtet, wie aus richtiger Einsicht konsequentes Tun folgt. Der aristotelische
Ansatz bei einem angemessenen Handlungsbegriff wird beispielsweise erst verständlich, wenn man ihn als Antwort auf die Folgenlosigkeit und Täuschungs-
gefahr der sokratischen Dialoge liest. ... Die praktische Philosophie des Aristoteles besteht (hingegen) darauf, daß die Eudaimonia eines ‚gelungenen Lebens‘
nicht Gegenstand intersubjektiv vermittelbarer Erkenntnis, sondern der unmittelbar mit der Handlungsnatur des Menschen gegebene letzte Horizont
sinnvoller Praxis ist. Wenn das Handeln sich gemäß der Strukturanalyse des
Worumwillen als Zielrealisierung im Vollzug nur richtig versteht, stößt es von
selber an den Horizont eines den Lebenszusammenhang im Ganzen stiftenden
Worumwillen, das alle einzelnen Aktivitäten umwillen jeweils eingeschränkter
Ziele umfaßt."[70]

Die folgenden Vorschläge können bei diesem Sachstand nur auf der rein
akademischen Ebene diskutiert werden. Die eigentlichen Schwierigkeiten beginnen erst, wenn die hier nur simulierten Dialog- und Belehrungssituationen
sich in der sozialen Wirklichkeit beweisen und bewähren müssen.

§ 20. Erarbeitung (a) eines autonomen interreligiösen Vorverständnisses, (b) von Gültigkeitsgraden für anaklitisches Denken und Verhalten

(a) Es versteht sich von selbst, daß am Anfang eines Dialoges oder einer sonstigen Kommunikation zwischen Gesellschaften eine gewisse Kenntnis der Traditionen der anderen Seite stehen muß. Ohne diese Vorgabe würden sich gar
keine Fragen stellen. Dieses Woraufhin etwaiger Befragung steht außerhalb des
eigentlichen Methodenproblems. Aber sobald man nur einen kleinen Schritt
weitergeht, beginnt es. Es droht mit dem Fehler zu beginnen, daß das Vorverständnis zum theoretischen Fundament für alle weiteren Unternehmungen
gemacht wird, daß es also gleichsam den ganzen beabsichtigten Interaktions-
prozeß auf jede nur einzubildende Weise antizipiert. Auf diese Weise konnten
eine ganze Reihe von Appellen, die inhaltlich durchaus das Richtige sagten, nur

Appell bleiben. Gerade gegenüber der nachchristlichen Religion ist dies eklatant geschehen. Man wußte einfach nicht das Richtige damit anzufangen, daß nur in ihr der Mensch sich ungebrochen zu dem verhält, was er für seine Anfänge hält; daß nur in ihr Propheten und Messiasse neue Nationen, die dabei entstehen, in die Zukunft führen; daß nur in ihr die Stellung der Messiasse massiver wird, als es die Jesu Christi jemals sein kann, weil diese Messiasse Bestandteil des Mythos geworden sind; daß nur in ihr der Mythos wirkungsmächtige Tatsache wird, weil er als Ideologie nativistischer und oft nationalistischer Bewegungen fungiert.

Statt alledem, wie gesagt, mit Appellen gegenüberzutreten, wäre etwa folgendes Verfahren zu erproben.[71] Wenn die Alltagskommunikation so weit eingespielt ist, daß sich die Partner oder Gruppen oder Gesellschaften aneinander gewöhnt haben, ohne sich anzuöden, kann auf beiden Seiten eine Art Studium vonstatten gehen. Kommunikation erfordert dringlich die Erarbeitung eines eventuell gegenüber oder in Durchdringung mit dem Mythos, auf jeden Fall im Verhältnis zur Mathematik stichhaltigen Religionsbegriffs[72]. Er muß diesen Anforderungen auch im sprachlichen Ausdruck genügen. Danach sind die messianologischen Entwürfe mit dem Ziel zu befragen, ob die kritische Denkhaltung, die Kosmos, Mythos, Zeit und Geschichte sein läßt, was sie sein müssen, in der Form festgestellt werden kann, daß etwaige theologische Normen nicht die Plausibilität in Frage stellen, in der die Aufgabe lösbar sein könnte. Sie ist es, wenn man sich klar macht, daß die Rückgängigmachung einen Index für den Grad der Schwierigkeit darstellt, die durch die Verfestigung des Status der Nach- oder Nebenchristlichkeit zu einer Ideologie entstanden ist.

Die Forscher hätten folgendes zu berücksichtigen: Aufgabe der Trennung von geschichtlicher und kosmischer Welt[73] und damit der bequemen theologischen Rückzugsmöglichkeit auf die erstere; gegenseitige Integration der Zeitbegriffe beider Welten; Feststellung der inneren Zusammenhänge der so erarbeiteten Zeitbegriffe mit den möglichen Raumvorstellungen; Festlegung, welche Zeit-Raum-Struktur „Mythos" konstituieren soll; Prüfung, ob für diesen die Bestimmung als symbolische Form aufrechterhalten werden kann, und welcher Grad von Berechtigung ihm neben dem Gefüge der mathematischen Symbole zukommt. Dies, oder Ähnliches – hier sind wirklich Experten gefragt – wäre als Gegenstand eines hermeneutisch verifizierbaren „Vorverständnisses" durchzuarbeiten.

(b) Was besagt dieses alles für das Anaklisis-Problem? Die Lösungsmöglichkeit ist zu hoch angesetzt worden, wenn man gleich mit der letzten Konsequenz beginnt, der mechanistischen der Rückschaltung oder Reversion. Sie besagt: Nachdem sich der christliche Messianismus in die diversen nativistischen oder hochkulturlichen Überlieferungen eingeschaltet und ihre eschatologischen Ansätze weiterentwickelt oder in ihnen ganz neue Eschatologien geschaffen hat, nachdem der christliche Messianismus seinerseits auf diese Weise verzeitlicht und materialisiert worden ist, kommt es darauf an, die Verzeitlichungen und Materialisierungen in jenen eschatologischen Schwebezustand zurückzuschalten oder zu revertieren. Dies würde nicht mehr und nicht weniger bedeuten, als sofort zum theologisch konsequentesten Status überzugehen, der Stück für Stück als das Gegenteil dessen definiert worden ist, was psychologisch, konstitutionell, denkerisch mit dem Menschen im Laufe des Älterwerdens geschieht. Hier bekäme der dem „Vorverständnis" entsprechende Verfahrensschritt unter folgender Voraussetzung eine unerwartete Funktion.

Die Aporie der Aufhebbarkeit des anaklitischen Denkens hatte sich früher gegliedert (1) in die Frage nach der Notwendigkeit oder gar Zwangsläufigkeit einer Entstehung von Mythos als symbolischer Form; (2) in die Frage nach der Eignung von Existenzialien zur Beseitigung von Mythos; (3) nach der Legitimität eines Redens in den absolut gesetzten Kategorien von Raum und Zeit. Die beiden anderen Punkte sind ausgegliedert worden, da sie entweder bis auf weiteres nicht lösbar sind, oder nicht zum Problem gehören, oder zwar lösbar sind, aber mit rein intellektuellen Resultaten auf das Handeln keinen Einfluß ausüben. Punkt (1) findet sich erörtert im Anhang, § 1. Von Punkt (2) findet sich das Problem des absoluten Raumes erörtert im Anhang, § 3, und das Problem der absoluten Zeit im Anhang, § 4. Nur Punkt (1) bleibt stehen.

Klar tritt dann eine Analogie zu einem Postulat hervor, die nur aufgestellt werden und Funktion gewinnen kann, weil es die Möglichkeit handlungstheoretischer Umstellung gibt. Analog zur Frage nach der Notwendigkeit oder gar Zwangsläufigkeit einer Entstehung von Mythos als statisch-symbolischer Form steht die Frage nach der Notwendigkeit[74] der Aufnahme rituellen Handelns als beweglicher symbolischer Form, oder: als symbolischer Gestalt, oder: als Bewegungsgestaltung und Bewegungsgestalt vom Range einer symbolischen Form (ein akzeptabler Ausdruck ließe sich finden). Dergleichen wird man wahrscheinlich mehrheitlich fürs erste für verzichtbar halten, doch aus rein theoretischen Gründen mag es hier seinen Platz behalten. Es ist nur wichtig, daß überhaupt ein legitimer Ort für das hier in Rede stehende Handeln gefunden wird. Er kann dann verschieden besetzt werden, nachdem der erste Grad sozusagen mit „Offenlegung des interessierten Vorverständnisses und vorverständniskritischem Vollzug der Auslegung" zubereitet worden ist. Es ist *Anaklisis ersten Grades, wenn man schon während des Vorverständnis-Prozesses im Angesicht des Partners sich in die eigene Überlieferung zurücklehnt.* Von da aus können die „Geltungsansprüche" geprüft und nach beiden Seiten die „Anerkennungswürdigkeit des Interpretierten" festgesetzt werden. Greifen wir die wichtigste Komponente im „Geltungsanspruch" auf, das Gelten, so stehen wir auf einem Grade analog dem in früherer neukantianischer Religions- und Erziehungsphilosophie „Gültig" genannten. Anaklisis ersten Grades ist gültig. Man kann dann, in Gottes Namen, den darunterliegenden Grad als den der Gleichgültigkeit festsetzen und etwa so beschreiben:

„Nicht nur in der Dritten und Vierten Welt, sondern auch bei uns übt die Nachchristlichkeit eine vitale, weil mit einem urtümlichen Weltverhalten lockende Anziehungskraft aus. Wenn wir diese Diagnose in die Analyse unseres Alltagsverhaltens und seines nunmehr hervorgetretenen Unterschiedes zum problembeladenen Verstehen einbeziehen, kann sich nur ein – nicht unbedingt, aber möglicher Weise richtiges – Feld von Handlungsregeln ergeben. Dieses wäre entweder ein Produkt schwacher Ableitung aus dem Vorverständnis der Dinge, oder eine Voraussetzung für den Spezialfall der intersozietären, nämlich der alltäglichen Erkenntnis. Deren Inhalt zugleich zu einem Handlungsinhalt zu machen, dürfte jedenfalls eher möglich sein, als sich einen solchen durch einen Appell an den guten Willen aufnötigen zu lassen. Das Gewollte wäre ein Grad der Gleichgültigkeit anti-anaklitischen Forderungen gegenüber."

Über dem Grade der Gültigkeit gäbe es dann den der Endgültigkeit. Dieser Status halte einerseits den Blick in die Zukunft offen und bewahre andererseits die Arbeit an der Zukunft vor menschlicher Illusionierung wie auch vor Desillusionierung. Analog zur Frage nach der Eignung von Existenzialien zur Beseitigung von Mythos steht hiermit die Frage nach der Eignung punktuellen, kurzzeitigen, spontanen, sprunghaften Handelns zur Ertötung rituellen Handelns oder zur Verhinderung seines Entstehens. Diese gelebte Weise der vielschichtigen Auseinandersetzung bereits mit anaklitischen Tendenzen würde die End- oder Letztgültigkeit der betreffenden Postulate dokumentieren. Das kann genau dieselbe ekklesiogene Neurose produzieren wie das in einer unendlichen Serie von existenzialistischen Entscheidungsakten vermeintlich zu realisierende Offenhalten der Zukunft, wie der Verzicht auf die Illusion des Alltagsglücks, und dergleichen. Immerhin, in den klaren kantischen Gültigkeitskategorien gesprochen, muß man diesen Grad zum theoretisch endgültigen oder theologisch letztgültigen erklären.

Indessen: Ganz genau genommen, besteht eine Aporie mit Bezug auf das anaklitische Denken und Verhalten nicht ausschließlich für dessen Aufhebbarkeit, sodaß erst diese in einer Dialektik von Unaufhebbarkeit und Aufhebbarkeit aufgehen würde. Diese Dialektik besteht vielmehr von vornherein. Man kann sie nur als Freigabe des Handelns an seine eigenen Gesetze verstehen. Steht bei den Gültigkeitserwägungen immer die Notwendigkeit im Hintergrund, auf Herausforderung zu einer anderen Sprache mindestens die Gleichgültigkeit als Sünde zu verstehen, so würde sich hier zeigen, daß jenes freigegebene Handeln auch in seiner äußersten synkretistischen Konsequenz keine Sünde sein kann. Von hier aus wäre das nächste Mal die Theorie zu entwickeln. Here is God's plenty.

Fußnoten

[1]   Es werden hier als weiterhin gültig vorausgesetzt die Beschreibungen der verschiedenen Arten von Magie bei JAMES G. FRAZER, *The Golden Bough, Part I: The Magic Art and the*

Evolution of Kings, vol. I, ³London 1911, S. 52-219. Die Korrekturen, die THEODOR H. GASTER, *The Golden Bough (A new Abridgment of the Classic Work by Sir James George Frazer)*, New York 1961, S. 73-82 im Sinne der neueren Forschung daran anbringt, betreffen nicht die Grundeinteilung, die oben zur Differenzierung der mythischen Valenz herangezogen wird.

2   Hauptsächlich nach WALTER F.OTTO, „Der Mythos", in: *Studium generale 8*, 1955.

3   WALDEMAR STÖHR a. a. O. (gleich in Anm. 6), S. 161

4   Dazu vgl. JAN DE VRIES, *Forschungsgeschichte der Mythologie*, Freiburg/München 1961. Hier geht aus gutgewählten Zitaten aus den Werken von Mythenforschern seit der griechischen Antike klar hervor, daß es eine häufig in neuem Mythos resultierende Affinität ist, die sich verstehend und apperzipierend auf den älteren Mythos richtet. Deshalb werden oben Epochen, die Mythen schaffen, und solche, die sie forschend oder unkritisch rezipieren, auf einer Ebene gesehen.

5   THEODOR P. VAN BAAREN, *Menschen wie wir. Religion und Kult der schriftlosen Völker*, Gütersloh 1964, S. 185.

6   WALDEMAR STÖHR, *Die Religionen der Altvölker Indonesiens und der Philippinen*, in: Die Religionen der Menschheit, Bd. 5, 1, hsg. von CHRISTEL MATTHIAS SCHRÖDER, Stuttgart 1965, S. 161; da ich es besser nicht sagen könnte, habe ich oben einige der ausgezeichneten Formulierungen von Stöhr S. 161-163 wörtlich übernommen.

7   WALTER F. OTTO (S. oben Anm, 2), S. 263.

8   FERDINAND HERRMANN, *Symbolik in den Religionen der Naturvölker*, Stuttgart 1961, S. 125 (ein Buch, dem ich für dieses Thema sehr viel verdanke).

9   So W. E. MÜHLMANN, *RGG*³ Bd. IV, Sp. 1367; in Anlehnung an ihn auch das Folgende bis zum Schluß des Absatzes.

10 Ca. 8100/7800-3000/2900 v. Chr.

11 Ca. 80 000-8100/7800 v. Chr. (nach den im *Abriß der Vorgeschichte*. bei R. Oldenbourg, München 1951, und in der „Historia Mundi" Bd. 1, Bern 1952 zugrundegelegten Chronologien).

12 RICHARD THURNWALD, zitiert nach MÜHLMANN a. a. O.

13 C. A. SCHMITZ, *Religionsethnologie*, Frankfurt 1964, S. 1.

14 LUCIEN LÉVY-BRUHL, *Les fonctions mentales dans les sociétés inférieures*, 1910, 7. Aufl. 1922 (deutsch: *Das Denken der Naturvölker*, 2. Aufl. 1926); *La mentalité primitive*, 1921, 4. Auflage 1925 (deutsch: *Die geistige Welt der Primitiven*, 1927, 2. Aufl. 1959); *L'âme primitive*, 1927 (deutsch: *Die Seele der Primitiven*, 1930); *La mythologie primitive*, 1935; teilweiser Widerruf im posthum herausgegebenen Nachlaß: *Les carnets de Lucien Lévy-Bruhl*, 1949. WERNER MÜLLER, *Die Religionen der Indianervölker Nordamerikas* (Die Religionen der Menschheit Bd. 7), 1961, S. 173, bestreitet, daß es sich hier um einen Widerruf handelt.

15 RICHARD THURNWALD, *Des Menschengeistes Erwachen, Wachsen und Irren*, Berlin 1951; „Geistesverfassung der Naturvölker", in: *Lehrbuch der Völkerkunde*, 3. Aufl. hsg. von LEONHARD ADAM und HERMANN TRIMBORN, Stuttgart 1958, S. 30-39.

16 ADOLF E. JENSEN, *Hainuwele*, Frankfurt a. M. 1939; *Das religiöse Weltbild einer frühen Kultur*, Stuttgart 1948, Neuausgabe: *Die getötete Gottheit* (Urban-Bücher 90), Stuttgart 1966; *Mythos und Kult bei Naturvölkern*, Wiesbaden 1951, 2. Aufl. 1959.

17 WILHELM E. MÜHLMANN, *Methodik der Völkerkunde*, Stuttgart 1938, S. 214.

18 Z. B. HERRMANN a. a. O. (Anm. 6) S. 9 („logische und kausale Verknüpfungen"); WILHELM SCHMIDT, Historia Mundi Bd. 1, S. 442 („Wenn das Denken der Völker der Urkultur auch nicht besonders zaubergetränkt ist, sondern in seinen Grundrichtungen

rational und logisch bleibt, so zeigt ihre Sprache doch, daß es affektbetont und oft
affektgetränkt ist".).

[19] HERRMANN a. a. O. S. 9.

[20] Auf die vielverhandelte Frage nach der Priorität von Kultus oder Mythos ist jüngst
SIEGFRIED MORENZ, *Ägyptische Religion* (Die Religionen der Menschheit, Bd. 8), 1960,
S. 87, für den ägyptischen Bereich eine einleuchtende Antwort gelungen. Die sog.
Opfersprüche der Pyramidentexte umkleiden die Riten der Darbringung für den toten
König, der seinem Wesen nach zu den Göttern zählt. Oft knüpft ein Opferspruch an
die dargebrachte Gabe in der Form an, daß er mit einem Wortspiel auf sie hindeutet,
in welchem die ähnlich klingenden Wörter die Substanz der Darbringung und eine
gestaltete Götterwelt bezeichnen und zueinander in Beziehung setzen. Mit dem Bezug
auf eine gestaltete Götterwelt werden kleinste Elemente mythischer Erzählungen geschaffen. „Das ist es, was im ägyptischen Bereich für die Frage nach dem zeitlichen
Verhältnis von Kultus und Mythos eine Antwort zugunsten des ersteren zwar nicht
exakt beweist, aber nahelegt."

[21] JENSEN a. a. O. S. 54.

[22] JAN HUIZINGA, *Homo ludens*, 3. Aufl. Amsterdam 1939.

[23] Spiel kann ein Kult deshalb sein, weil es freies Handeln ist, nicht befohlen, weder durch
physische Notwendigkeit noch durch sittliche Pflicht auferlegt und insofern überflüssig. Spiel findet ferner, wie Kult, innerhalb einer gewissen räumlichen Begrenzung statt.
Der Spielplatz ist formal von einem Kultplatz nicht zu unterscheiden. Deshalb schaffen
Kult und Spiel Ordnung und sind Ordnung. Spannung, Neigung zur Separation und
das Bedürfnis nach Verkleidung sind weitere, dem Spiel und Kult gemeinsame Merkmale. Die Alternative zwischen Ernst und Spiel, wobei man den Ernst gar noch dem
Kult zuschlägt, ist ganz falsch. Vgl. die Zitate aus HUIZINGA S. 21-30 bei JENSEN S. 64
und JENSENS Zuspitzung (mehr auf den Kult, weniger auf den Mythos) S. 62

[24] Vgl. z. B. HERMANN BAUMANN, *Schöpfung und Urzeit des Menschen im Mythos der afri-
kanischen Völker,* Berlin 1936. Texte bei RAFFAELE PETTAZZONI, *Miti e Leggende*I: „Africa",
„Australia", Torino 1963, S. 1-408.

[25] Übersetzungen der Texte in: M. ELIADE – M. LAMBERT – P. GARELLI – M. LEIBOVICI –
M. VIEYRA – A. CAQUOT – J. BOTTÉRO, *Quellen des Alten Orients* I: „Die Schöpfungs-
mythen", deutsch von ELISABETH KLEIN, Einsiedeln/Zürich/Köln 1964. Nach H. DON-
NER (in einem unpublizierten Vortrag) gehören hierher aus Mesopotamien vor allem
das am Neujahrsfest vorgetragene Enuma Elisch, (aber nicht das Gilgamesch-Epos!)
und das neubabylonische Fragment CT VI 5 über die Anthropogonie, aus Ägypten die
Kosmogonien von Heliopolis und Hermopolis (dazu Totenbuch 17 und 175 bzw. 77
und 54) und die „rationalisierte" Götterlehre von Memphis (mit der „Kleinen ägyptischen Genesis" in der Lehre für Merikare), alles die Theogonie (= Darstellung des
uranfänglichen, grundlegenden Handelns und Leidens der Götter), Kosmogonie,
Anthropogonie enthaltend.

[26] Vgl. HERRMANN a. a. O. S. 124. HERRMANN nennt auch noch die Einführung der Riten
und Sitten, die ich jedoch lieber mit MALINOWSKI gleich unter (b) stelle.

[27] *Mythos und Kult*, S. 107-164, und *Die getötete Gottheit* passim.

[28] STÖHR a. a. O. (oben Anm. 6), S. 162.

[29] Ein Beispiel bei P. WIRZ, *Die Marind-anim von Holländisch-Süd-Guinea,* 2 Bde, Hamburg 1922 und 1925, S. 80-83, wo in einem Mythos, der die Entstehung des Feuers
begründet, das Aussehen der von ihm verbrannten Vögel erklärt wird. Im hochkulturlichen Bereich dürfte hierher gehören der apokalyptische Mythos des Judentums,

in welchem zwar ein ätiologisches Element zum Zug kommt, indem gefragt wird, wie es dazu kam, daß dieser Äon böse geworden ist, der aber in kritischer Distanz erzählt und in keinerlei Kult anschaulich dargestellt wird (E. LOHSE in einem unpublizierten Vortrag). Ferner gehören hierher die allegorischen Mythen, mit denen eine gegebene Größe erklärt werden soll, die nach Meinung des Erzählers etwas „anderes sagt" –, als sie jetzt in zusammengeronnener Begrifflichkeit oder Anschauung darstellt. Als dieses „andere" wird eben ein Mythos ermittelt, der zum zu erklärenden Gegenstand hinführt. Die allegorische Mythopoiia des Griechentums, des Hellenismus, des Barock und der Romantik sind darin prinzipiell gleich. Es handelt sich hier also um das genaue Gegenteil der symbolischen oder allegorischen Erklärung gegebener Mythen, wie man sie in Griechenland schon seit dem 6. Jh. v. Chr. kennt.

[30] GEORG MISCH, *Der Weg in die Philosophie*, Leipzig und Berlin 1926; 2. Aufl. (enthält die Neubearbeitung und Erweiterung nur des ersten Teils der 1. Aufl) München 1950.

[31] 1. Aufl. S. 54, 2. Aufl. S. 329. Zum Logos 1. Aufl. S. 54-59, 82-84, 273-399 passim, 2. Aufl. S. 329-389, 391-393. Vergleich mit dem Platz der Urworte in der Philosophie: 1. Aufl. S. 54, 2. Aufl. S. 329.

[32] 2. Aufl. S. 189; dafür in der 1. Aufl. S. 41: „Die Verwirklichung des Absoluten in der Blickumkehr nach innen auf dem indischen Wege der Versenkung in das Ich: Auflösung ....". Gleich darauf die Charakterisierung des Tao: 2. Aufl. S. 254, etwas kürzer 1. Aufl. S. 50. Vergleich Tao – Logos nur in der 2. Aufl. S. 309.

[33] Nach F. HERRMANN a. a. O. S. 9.

[34] Die Schlagworte zur Bezeichnung der platonischen Mythen stammen aus KURT SCHILLING, *Platon – Einführung in seine Philosophie*, Reutlingen 1948, S. 168-211, 277-96, die Thesen über den Mythos bei den Kirchenvätern aus einem unveröffentlichten Vortrag von CARL ANDRESEN und dessen Artk. „Christliche Mythendeutung", in: *Lexikon der Alten Welt*, Zürich und Stuttgart 1965, Sp. 2044. Eindeutiger gehören hierher die Mythen, die in älterer indischer und chinesischer Tradition wurzeln und in den fünf alten Upanishaden und im Shi-ching aufbewahrt sind, vgl. MISCH 2. Aufl. S. 118f. und 153.

[35] *Der Begriff der symbolischen Form im Aufbau der Geisteswissenschaften*, in: Vorträge der Bibliothek Warburg, Bd. 1 (1921/22), Leipzig/Berlin 1923, S. 11-39, dort S. 15 Diese Worte mögen als Zusammenfassung der „Philosophie der symbolischen Formen" stehen, über deren außerordentliche Bedeutung für unser Thema in diesem Zusammenhang leider nicht mehr gesagt werden kann.

[36] MAX MÜLLER, *Über die Philosophie der Mythologie* (wieder abgedruckt als Anhang zur deutschen Ausgabe von M. MÜLLERs *Einleitung in die vergleichende Religionswissenschaft*, 2. Aufl. Straßburg 1876), ohne Seitenzahl zitiert von E. CASSIRER, *Sprache und Mythos*, urspr. Studien der Bibliothek Warburg 6, 1925, jetzt in: Wesen und Wirkung des Symbolbegriffs, Darmstadt 1956, S. 76. Das Folgende in bewußter Anlehnung an Cassirers Gedanken und Sprachgebrauch.

[37] GUGLIELMO GUARIGLIA, *Prophetismus und Heilserwartungs-Bewegungen als völkerkundliches und religionsgeschichtliches Problem*, Horn-Wien 1959.

[38] In den Arbeiten von F. C. KAMMA, *De Messianse Koreribewegingen in het Biaks-Noemfoorse cultuurgebied*, Den Haag 1954; PETER WORSLEY, *The Trumpet shall sound. A Study of ,Cargo'-Cults in Melanesia*, London 1957 und I. LEESON, *Bibliography of Cargo Cults and Other Nativistic Movements in the South Pacific*, Sydney 1952)

[39] Durch BENGT SUNDKLER, *Bantu-Prophets in South Africa*, London 1948, 2. Aufl. 1961)

[40] Früher konnte man Titel finden wie „Eine papuanische Schwärmerei" (G. BERGMANN, *Neuendettelsauer Missionsblatt* 91, 1934) oder *Die Lügenpropheten des Kaffernlandes* (A.

KROPF, Berlin 1891).

[41] Hervorheben ist W. E. MÜHLMANN, *Chiliasmus und Nativismus. Studien zur Psychologie, Soziologie und historischen Kasuistik der Umsturzbewegungen,* Berlin 1961. Bahnbrechend war H. J. MARGULL, *Aufbruch zur Zukunft. Chiliastisch-messianische Bewegungen in Afrika und Südostasien,* Gütersloh 1962.

[42] Erwähnt sei nur Bewegung und Lehre des Sabbatai Zwi. Klassische Darstellung nunmehr: GERSHOM SCHOLEM, *Sabbatai Zwi. Der mystische Messias,* ins Deutsche übertragen von ANGELIKA SCHWEIKHART, Frankfurt/M. 1992.

[43] KATESA SCHLOSSER, *Propheten in Afrika,* Braunschweig 1949, daraus das folgende.

[44] *Rußland und der Messianismus des Orients. Sendungsbewußtsein und politischer Chiliasmus des Ostens,* Tübingen 1955

[45] *Geschichte der orientalischen Völker Rußlands bis 1917,* München 1961, und die Kapitel 25-27, die von Burma handeln, baute er jüngst zu einem weiteren grundlegenden Werk aus: *Buddhist Backgrounds of the Burmese Revolution,* Den Haag 1965.

[46] Zitiert bei MARGULL S. 69 und DAMMANN S. 15.

[47] D. SCHLINGLOFF, *Die Religion des Buddhismus,* Bd. 2 (Slg. Göschen 770), Berlin 1963, S. 76. E. ABEGG, *Der Messiasglaube in Indien und Iran,* Berlin u. Leipzig 1928, S. 145 u. 149 mit Anm. 1 setzt dagegen diese Messiaserwartung nicht früher als im 2. Jh. vor Chr. an.

[48] In: „A Memorandum for the Study of Acculturation", *American Anthropologist* 38 (1935) S. 149-152, zitiert von R. LINTON, *Nativistic Movements* (ebenda 45, 1943, S. 230-242), deutsch in: C. A. SCHMITZ (Hsg.), *Religionsethnologie,* Frankfurt 1964, S. 390-403, dort S. 391 Anm. 2.

[49] Unter geschichtslosen Völkern verstehen wir hier nicht solche, die sich nicht verändern, denn sie gibt es nicht; sondern solche, die sich nicht in einer solchen Weise zu sich und ihrer faktischen Vergangenheit verhalten, daß ein historisches Bewußtsein entsteht. Wir glauben, uns dabei auf Aussagen von Lucien Lévy-Bruhl stützen zu dürfen, weil seine nicht akzeptierte These von der prälogischen, d. h. auch prärationalen Welt der Primitiven auf diese Aussagen keinen Einfluß hat.

[50] L. LÉVY-BRUHL, *Die Seele der Primitiven,* Düsseldorf/Darmstadt 1956, S. 279.

[51] MARGULL S. 28, dort auch die Zitate der Anm. 50 und 52.

[52] L. LÉVY-BRUHL S. 351.

[53] L. LÉVY-BRUHL, *Die geistige Welt der Primitiven,* Düsseldorf/Darmstadt 1959 (Nachdruck der Ausg. München 1927), S. 106 mit Anm. 1.

[54] H. SCHÄRER, *Die missionarische Verkündigung auf dem Missionsfeld,* Basel 1946; *Die Gottesidee der Ngadju-Dajak in Süd-Borneo,* Leiden 1946. Zusammenfassung bei STÖHR (oben Anm. 4) S. 18-34 (mit Ergänzungen aus unpubliziertem Material) und C. M. EDSMAN, Art. „Eschatologie I", *RGG* 3.Aufl. Bd. 2, 1958, Sp. 654. Die letztere wird in diesem Zusammenhang und im Sinne STÖHRS, d. h. unter Weglassung des nicht plausibel gemachten christlichen Faktors wörtlich zitiert, um gleichzeitig die Grundverlegenheit aufzuzeigen, in der die Teile „Religionsgeschichtlich" in der RGG notgedrungen stehen: ihre Beispiele sind sehr oft, in diesem Fall wohl nur chronologisch, nachchristlich und würden nicht an den Anfang, sondern an den Schluß der betr. Sammelartikel gehören.

[55] Näheres bei STÖHR S. 31-34.

[56] Näheres siehe in der Formstudie § 12 mit Anm. 17.

[57] Vor allem: *Der Mythos der ewigen Wiederkehr,* Düsseldorf 1953; *Mythen, Träume und Mysterien,* Salzburg 1961; *Die Religionen und das Heilige,* Salzburg 1954, S. 438-493. Die Sprache könnte auf Grund der in ihrer bloßen Äußerung mitgegebenen Voraussetzung

anaklitisch sein, kraft ihres Erinnerns an einmal gefundene Ausdrücke und Sinne verstanden zu werden.

[58] Zur Definition siehe die Formstudie § 3 mit Anm. 9.

[59] MÜHLMANN S. 294

[60] Als Beispiel stehe FRANTZ FANON in seinem Hauptwerk *Les damnés de la terre*, Paris 1961, finden sich folgende aufschlußreiche Sätze (zitiert nach der deutschen Übersetzung des Kapitels „Von der Gewalt", in: Kursbuch 2, August 1965, hsg. von H. M. ENZENSBERGER, S. 1-55): „Die Atmosphäre von Mythos und Magie verhält sich, indem sie mir Angst macht, wie eine unzweifelhafte Realität. Indem sie mir Schrecken einjagt, integriert sie mich in die Traditionen, in die Geschichte meines Landstriches oder meines Stammes, aber gleichzeitig beruhigt sie mich, sie gewährt mir einen Status, stellt mir einen Bürgerbrief aus. Das Geheimnis ist in den unterentwickelten Ländern immer eine Sache des Kollektivs: es gründet ausschließlich auf Magie. Wenn ich mich in dieses unentwirrbare Geflecht einspinne, wo die Handlungen sich mit kristallklarer Permanenz wiederholen, so finde ich die Fortdauer einer mir gehörigen Welt, einer uns gehörigen Welt bestätigt" (S. 17).

[61] M. DE FERDINANDY, „Die Mythologie der Ungarn", in: *Wörterbuch der Mythologie* Bd. 2, hsg. v. H. W. HAUSSIG, Stuttgart 1965, S. 221 und 230). J. BALYS und H. BIEZAIS, „Baltische Mythologie", in: *Wörterbuch der Mythologie* Bd. 2, S. 386 und 390).

[61a] MÜHLMANN, Chiliasmus, S. 298

[62] Nur am Rande seien die etwa 150 Geistertanzbewegungen in Nordamerika erwähnt, die, weil hier das Ventil in politische Einlinigkeit nicht offenstand, ein religionspsychologisch äußerst differenziertes Phänomen darstellen, und die etwa 30 Heilserwartungsbewegungen in Mittel- und Südamerika, teilweise schon aus der frühen Missionszeit. In den Geistertanz-Bewegungen Nordamerikas sind die Tendenzen, das Alte, von den Weißen Unterdrückte wieder hervorzuholen, oft zu erkennen.

[63] NIKLAS LUHMANN, *Funktion der Religion*, Frankfurt/M. 1977, S. 305-316; DERS. *Soziale Systeme*, Frankfurt/M. 1984. Reg. s.u. Komplexität

[64] UGO BIANCHI, *Probleme der Religionsgeschichte*, Göttingen 1964, S. 28f. Zu den südafrikanischen Kirchen vgl. auch B. SUNDKLER, *Bantu-Prophets in South-Africa*, London 1948, ²1961, wo eine einprägsame Typologie der afrikanisch-nativistischen Bewegungen gegeben ist. Sie wird modifiziert von W. J. KNOOB, *Ethnologische Aspekte der religiösen Bewegung im südlichen Afrika*, bei MÜHLMANN, *Chiliasmus*, S. 87-103.

[65] Beispiele von den Zeugen Jehowas, den Adventisten und pfingstlerischen Gruppen bei MARGULL S. 37 Anm. 38.

[66] In: *Messianische Kirchen, Sekten und Bewegungen im heutigen Afrika* (Beih. der ZRGG 10), Leiden 1965, hsg. von E. BENZ, S. 1-22. In der gleichen Publikation gibt H.-J. GRESCHAT eine instruktive Bibliographie S. 105-127.

[67] Die §§ 17 und 18 haben einige theologisch und religionsgeschichtlich interessante Resultate zusammengefaßt. Es gibt andere wissenschaftliche Gebiete und Interessen, die hier ebenfalls viel beisteuern könnten. Entsprechend darf nunmehr darauf hingewiesen werden, daß zwar in den §§ 19 und 20 einige Aufgaben gestellt oder zusammengestellt sind, daß dies aber weder bedeutet, das Thema sei erst dann komplett abgehandelt, wenn eine Aufgabe formuliert bzw. gestellt wird, oder daß, wenn doch eine Aufgabe unbedingt dazugehören sollte, es eine rechtgläubig christliche sein müsse. Diese läßt sich nur zu leicht verführen, ihre für Theorien nicht unwichtige Kritik an der Normenvorgabe durch das, was historisch „am Anfang war", den Betroffenen als einen bereits geschehenen, nachweisbaren Schaden einzureden. Es kann damit das Angebot einher-

gehen, den Angeredeen den Schaden, den sie erlitten haben, wieder abzunehmen. Das wäre auf Grund alles bisher Gesagten nur dann zu akzeptieren, wenn die bisher zur Sache vorgelegten Theoriefragmente als „Seelsorge durch Wissenschaft" wirken sollten. Das kommt gelegentlich vor (das Gegenteil davon allerdings häufiger), war hier aber nicht beabsichtigt. Die §§ 19 und 20 sollen sich vielmehr in demselben theoretischen Rahmen halten, innerhalb dessen die Untersuchung bisher geführt wurde. Auch die theologisch formulierten Aufgaben sind davon nicht ausgenommen, da sie auf derselben Argumentationsebene liegen (sollen!) wie andere, nichtchristliche sozialethische Ansätze.

[68] Es genügt, zu verweisen auf KARL MÜLLER – THEO SUNDERMEIER (Hsgg.), *Lexikon missionstheologischer Grundbegriffe*, Berlin 1987. Die drei oben genannten Begriffe sind hier wichtige Lemmata, verfaßt von H. WAGNER (*Bekehrung*) und F. WOLLINGER (*Absoluthheitsanspruch; Toleranz, Religionsfreiheit*).

[69] HERMANN P. SILLER (Hsg.), Suchbewegungen. Synkretismus – Kulturelle Identität und kirchliches Bekenntnis

[70] RÜDIGER BUBNER, *Handlung, Sprache und Vernunft. Grundbegriffe praktischer Philosophie*, Frankfurt/M. 1976, Neuausgabe (stw 382) 1982 mit Anhang „Rationalität als Lebensform" (S. 295-316), daraus S. 312f das obige Zitat. RÜDIGER BUBNER, *Geschichtsprozesse und Handlungsnormen. Untersuchungen zur Praktischen Philosophie*, Frankfurt/M. (stw 463) 1984, besonders das Kapitel A VI „Geschichte als Methodenobjekt" (S. 130-155; Auseinandersetzung mit H. Rickert, C. G. Hempel, A. Danto und N. Luhmann).

[71] Das folgende ist dem „Wissenschaftlichem Team" KARL OTTO APEL-DIETRICH BÖHLER (Leitg.)/Deutsches Institut für Fernstudien an der Universität Tübingen (Hg.), „Funkkolleg" Praktische Philosophie/Ethik, Weinheim/Basel 1980 verpflichtet. Insbesondere die 10. und die 11. Kollegstunde: GÜNTHER BUCK/DIETRICH BÖHLER, „Probleme menschlichen Handelns und Verstehens", und DIETRICH BÖHLER, „Philosophischer Diskurs im Spannungsfeld zwischen Theorie und Praxis", in: *Studienbegleitbrief* 4, S. 44-71; 5, S. 11-33 lassen sich mit bestimmten gegenstandsbedingten Varianten auf das obige Problem übertragen. Ich kann hier nur vom über das „Vorverständnis" Gesagten Gebrauch machen. Das oben Zitierte nach BÖHLER, *Studienbegleitbrief* 4, S.11F

[72] Für deutsche Anfänger: ALFRED NORTH WHITEHEAD, *Abenteuer der Ideen*, übers. von EBERHARD BUBSER, Frankfurt/M. 1971, mit der „Einleitung" von REINER WIEHL S. 7-71; *Process and Reality. An Essay in Cosmology*, New York 1929, Nachdruck in den Harper Torchbooks 1960. *An Introduction to Mathematics*, New York 1958; *Religion in the Making*, New York 1926; WILLIAM A. CHRISTIAN, *An Interpretation of Whitehead's Metaphysics*, New Haven 1959, und die Dissertation von THOMAS BEELITZ, *Die dynamische Beziehung zwischen Erfahrung und Metaphysik. Eine Untersuchung der Spekulativen Philosophie von Alfred North Whitehead im Interesse der Theologie* (Kontexte 8), Frankfurt/M. – Bern 1991.

[73] Etwa im Sinne von CARL-FRIEDRICH VON WEIZSÄCKER, *Die Geschichte der Natur*, Göttingen 1954.

[74] Der kurze, überaus gehaltvolle Artikel von SIGMUND FREUD, „Zwangshandlungen und Religionsübungen" (1907), in: *Studienausgabe*, hsg. von ALEXANDER MITSCHERLICH – ANGELA RICHARDS – JAMES STRACHEY, Bd. 7: *Zwang, Paranoia und Perversion*, Frankfurt/M. 1973, S. 11 bzw. 13-21, könnte bei Weglassung dessen, was die Totem-und-Tabu-Theorie vorbereiten hilft – gegen die damit nichts gesagt sein soll, die nur nicht hierher gehört – für einen rein bewegungstheoretischen Ansatz sehr wichtig werden

Anhang zu *Ein neuer oder ein alter Religionstyp?*

Ausgegliederte, ungelöst gebliebene Probleme

§ 1. Aus dem Theoriebereich „Der Mythos" I.

Zu Hauptteil § 5 (a): „Das Mythische und der Mythos":
Anaklisis, symbolische Form und der Begriff der Existenzialien

Die Existenz(ial)philosophie und die Existenz(ial)theologie haben den eindrucksvollen Versuch unternommen, zu leugnen, daß das Leben in der Anaklisis *per definitionem* zur geistig-menschlichen Konstitution gehört. Hier bemüht man sich, in existenzialer Interpretation des Mythos Existenzialien freizulegen, Grundstrukturen also, die den Aufbau der Existenz bestimmen bzw. existenzielles Verhalten überhaupt erst ermöglichen. Denn: „Alle Explikate, die der Analytik des Daseins entspringen, sind gewonnen im Hinblick auf seine Existenzstruktur. Weil sie sich aus der Existenzialität bestimmen, nennen wir die Seinscharaktere des Daseins *Existenzialien*. Sie sind scharf zu trennen von den Seinsbestimmungen des nicht daseinsmäßig Seienden, die wir *Kategorien* nennen. ... Existenzialien und Kategorien sind die beiden Grundmöglichkeiten von Seinscharakteren."[1] Diese Definition rechtfertigte wohl die Frage, ob die Existenzialien auch symbolische Formen sind, zumal sie später als Kritik derjenigen Ontologie aufgefaßt werden konnten, die den Menschen von den nicht für ihn entwickelten Strukturen her bestimmt. Dagegen gesetzt, gewinnen jene auf den Menschen hin entworfenen Daseinscharaktere , als eher auf die apriorisch-phänomenologische Seite gehörig[2], noch deutlicher ein den symbolischen Formen vergleichbares Profil.

Dem Unbefangenen war es selbstverständlich, daß sich eine solche Interpretation der menschlichen Existenz in der modernen wissenschaftlichen Welt nicht mehr mythisch und nicht mehr mythologisch ausdrücken darf. Existenz(ial)philosophie und -theologie haben es, namentlich in ihren Vulgarisationen, weit darin gebracht. Unerachtet ihrer Überzeugung, das menschliche Dasein so konkret schildern zu können wie nur möglich, machen sie den Menschen in der punktuellen Verfallenheit seines Da, mit ihrem Ruf zur Entscheidung ohne Rückbeziehung auf Maßstab oder Gewohnheit, mit ihrer Perhorreszierung von Erinnerung oder Illusion zur wenigstens zeitweilig beglückenden Überwindung der Zeitlichkeit zum Allerabstraktesten, was man sich im Bereich des Menschlichen vorstellen kann. Damit wird aber die Anaklisis, die Hinneigung zu allem, was das menschliche Leben von Urzeiten und Urgründen her farbig macht, abgeschnitten – für den Existentialisten durchaus wünschenswert. Die Dürftigkeit des existenzialen Wortschatzes ist dafür ein ganz positives Indiz Nur der letzte Schritt, der zu mathematischen Symbolen, die aus der Existenz nun gar nichts mehr abbilden, wird damit nicht getan. Man bedient sich vielmehr im

Ganzen weiterhin der Sprache, deren infizierbares Verhältnis zum Mythos wir erkannt haben, und die in jedem Falle symbolische Form bleibt. Was besagt das für die ursprünglich sicher unanaklitisch gemeinten Existenzialien, für Befindlichkeit, Verfallenheit, Angst, Sorge, Zeitlichkeit – und auch für die christliche Antwort, daß die das menschliche Leben umgebende Macht weder das zeitliche Sein noch das Nichts, sondern Gott ist?

Haben die Existenzialien an dem teil, was die Sprache zur symbolischen Form macht, so ist zu fragen, ob sie damit auch deren Affinität zum mythischen Ausdruck teilen, oder ob die Tendenz der Sprache zur Beteiligung am Aufbau der theoretischen Welt die Existenzialien dieser Affinität entzieht. Man kann die Frage auch so stellen: „Wenn die Existenzialien symbolische Formen sind, haben sie als solche mytho-logischen oder mathematisch-wissenschaftlichen Charakter?" Für das erstere sprechen alle die Beobachtungen, die im Zusammenhang mit der sog. Heideggerschen Kehre angestellt worden sind. Unter unserem Gesichtspunkt stellt sie sich allerdings nicht so sehr als eine Kehre, als vielmehr als innere Konsequenz aus der Mythologisierbarkeit der Existenzialien dar.[3] Kennzeichnend für den nicht zu der Schule Gehörigen waren s. Zt. die Rhapsodien über die Wirklichkeit und Wirksamkeit des zeitweilig sogar mit y geschriebenen Seyns.[4] Für das letztere, die prinzipielle, wenn auch nicht immer gewahrte Immunität der Existenzialien gegen Myth(olog)isierbarkeit, spricht ihre unbezweifelbare Eignung zur Beschreibung von ausschließlich gegenwärtiger Faktizität, die sowohl der Zukunft als etwas Zukommendem gewärtig ist als auch vergangen Faktischem direkt und unvermittelt zu begegnen vermag. Die Gebrochenheit der Möglichkeit zur Historiographie, die ja auf historische Dimensionierung, Chronologie usw. nicht verzichten kann, im Raum der Existenzialphilosophie ist gerade ein Indiz dafür, daß es hier gelungen ist[5], sinngebende Begriffe unanaklitisch zu machen.

Die Alternative wird aber überhaupt hinfällig, wenn die Existenzialien gar nicht an dem teilhaben, was die Sprache zur symbolischen Form macht, wenn sie also, kurz gesagt, keine Sinnträger sind. Diese Möglichkeit besteht angesichts der Isoliertheit der Existenzialien vom Sprachgefüge als einer sinngebenden ganzheitlichen Struktur

Die logistische Kritik der Wiener Schule an Heidegger hat dies genauer zeigen wollen. Lehrreich im einzelnen, wenn auch wohl wegen des Metaphysikbegriffes und dem Absehen von der Geltung wahrer Sätze in jeder möglichen Welt im Ganzen nicht mehr zu akzeptieren ist der damals epochemachende Aufsatz über den Vorrang der logischen Analyse vor der Metaphysik.[6] Die Entwicklung, die Carnap seitdem durchgemacht hat, schildert Günter Patzig im „Nachwort" und durch die „Bibliographie" zum Neudruck der schon zu einem Klassiker gewordenen „Scheinprobleme".[7] In diesem Zusammenhang gehört selbstverständlich auch der inoffizielle Hauptrepräsentant der Wiener Schule.[8] Seine Position wird verteidigt von dem in diesem Buch mehrfach zitierten Mathematiker, als habe er dessen Thematik bereits geahnt.[9] Nicht vergleichbar prognostisch, aber durchaus mit *claivoyance*[10] wird anläßlich der Vollendung der neopositivistischen Sprachphilosophie in der Semiotik von Charles Morris zur Wandlung der Wahrheitsproblematik von Husserl zu Heidegger eine Parallele in der Entwicklung der analytischen Philosophie auf-gewiesen.

Inhaltlich kann ich auf diese insgesamt für die mythisch-sprachlichen Pro-bleme unendlich wichtigen Beiträge nicht eingehen – sie dürften nur dann, wenn sie ausgewertet und für jenes Problem sozusagen aufbereitet wären, an einer Stelle stehen, an der auch sonst gewisse Dinge weitergetrieben werden. Aber sie sind weder aufgearbeitet noch aufbereitet, und deswegen stehen sie in einem Anhang unter einem eindeutig negativen Titel. Ich meine oft, diese Aufarbeitung wäre meine Sache gewesen; denn die dem allen zugrundliegende Frage, ob die Existenzialien symbolische Formen sind oder nicht, wurde m. W. erst recht von Fachphilosophen nicht für so wichtig gehalten, jedenfalls nicht so öffentlich diskutiert, daß andere davon erfahren hätten. Wahrscheinlich ist inzwischen selbst die Fragestellung überholt. Ich stelle jetzt fest, daß ich dafür mein ganzes Leben anders hätte organisieren müssen. Aber ich sitze noch im-mer auf demselben sprach- und existenzphilosphischen Platz und wiederhole und ergänze die pauschale Beurteilung von vor dreißig Jahren – sie hat es trotz allem verdient, nicht vergessen zu werden, damit ein(e) andere(r) sie aufneh-men kann. Wenn nämlich die diesbezügliche Kritik an Heidegger richtig ist, dann führen die Existenzialien nicht nur aus dem Mythos, sondern aus *jeder* symbolisierenden Form- und Sinngebung heraus. Sie sind dann kategorial-analytisch nicht verwertbar. Den Mythos, oder die mythische Redeweise, muß man dann unter anderen Gesichtswinkeln studieren. Man hat es ja auch getan, Was herauskam, ist nicht schlecht, aber daß das fehlt, wovon hier geredet wur-de, das merkt man doch.

§ 2. Aus dem Theoriebereich „Der Mythos" II.

Zu Hauptteil § 7 (b): „Der Mythos als symbolische Form":
Über die Gleichwertigkeit des Mythos als symbolischer Form und der mathe-matisch-wissenschaftlichen Erkenntnis

Von vornherein ist die Frage zu bejahen, daß jedwede theoretische Weltan-sicht, sofern sie überhaupt auf diesen Namen Anspruch erheben darf, damit beginnen muß, die Gebilde des mythischen Bewußtseins zu verabschieden.[11] Gerade dann aber müssen wir mit Ernst Cassirer sagen: „Der Untergang der *Inhalte* des mythischen Bewußtseins bedeutet keineswegs zugleich notwendig den Untergang der geistigen *Funktion*, der sie entstammen. Nichts von den mythischen *Gebilden* braucht sich in die Wirklichkeit der Erfahrung und in den Kreis ihrer Gegenstände hinüberzuretten – und dennoch kann sich zeigen, daß jene Potenz des Geistes, deren erste konkrete Äußerung der Mythos war, sich in einer bestimmten Hinsicht behauptet, und daß sie, innerhalb der neuen ›Dimension‹ des theoretischen Selbstbewußtseins, in neuer Gestalt, in einer Art von Metamorphose, weiterlebt und weiterwirkt"[12]. Nun ist aber die Potenz des menschlichen Geistes nicht überall und immer auf die Erlangung wissenschaftlicher – und das heißt in diesem Zusammenhang: mathematisch -wissenschaftlicher – Erkenntnis gerichtet, sondern ebensooft auf Bewältigung von Lebensproblemen, welche in ihrer Entferntheit von erkenntnistheoretischer Reflexion denen analog sind, die ein ausschließlich mythisches Bewußtsein zu bewältigen hatte. Entsprechend entstehen heute neue Mythen[13]. Der Mythos erweist sich damit als eine Lebensform, die zwar nicht das ausdrückt, was in der modernen Naturwissenschaft ausgedrückt wird, aber doch zum Ausdruck dessen, was die Wirklichkeit fordert, notwendig ist. Mit Recht wurde deshalb in der vorigen[14] wie in der jetzigen Generation[15] mit verschiedener Zielrichtung gefragt, warum überall und unter allen Umständen der Mythos preisgegeben werden soll[16]. Wir fügen hinzu, daß sich Leben im Mythos genauso mit Bejahung der modernen Naturwissenschaft und Teilhabe an ihren Ergebnissen vereinigen lassen sollte, wie große Logiker, z. B. Leibniz, Pascal, Bolzano und Scholz, die Theologie mit der Mathematik vereinigt haben.[17]

§ 3. Aus dem Theoriebereich „Der Messianismus" I

Zu Hauptteil § 10: „Divergente und divergible Messianismen":
Die Entmythologisierung des Neuen Testaments
   Die historische Perspektivlosigkeit des Mythos hat es von je her einfacher gemacht, typologische Differenzierungen vorzunehmen, statt seine wirkliche Geschichte zu schreiben. Trotz dieser einfacheren Sachlage ist in der Theologie die sog. Entmythologisierungsdebatte mit Hilfe eines ganz obsoleten Mythosbegriffes eingeleitet und lange Zeit auf derselben Grundlage weitergeführt worden. Obwohl sich seit den siebziger Jahren hier vieles positiv verändert hat, dürfte die vorliegende Arbeit noch nicht genutzt, bzw. der Nachweis ihrer Nutzlosigkeit noch nicht erbracht worden sein. Um das eine oder das andere vielleicht doch noch herbeizuführen, folgen hier einige Hinweise.
   Aus dem reichen Katalog von Beispielen für mythisches Denken, den Bultmann in seinem Aufsatz „Neues Testament und Mythologie" gibt, erfreut sich jenes einer besonderen Beliebtheit, daß „mythologisch die Vorstellungsweise ist, in der z. B. Gottes Jenseitigkeit als räumliche Ferne gedacht wird"[18]. Falls dieser Satz richtig ist, wirft er die Frage auf, ob man vielleicht Mythos einschließlich Anaklisis vermeiden kann, wenn man aus dem naiven Gefühl, in der Welt eines Raumes beheimatet zu sein, herausfindet. Hierzu ist zunächst zusagen, daß dazu auch eine Reflexion auf die Ausdrucksweise nötig ist, mit deren Hilfe dieser Weg gefunden werden soll. In dem angeführten Beispiel ist sie nicht erfolgt. Ich jedenfalls empfinde den Ausdruck „Jenseitigkeit" als in genau dieselbe (naive?) Raumkategorie gehörig wie „räumliche Ferne". Doch

kann ich mir auch Empfindungen vorstellen, für welche der Ausdruck „Jenseitigkeit" ein rein funktionaler ist. Klarheit gewinnt man hier m. E. nur, wenn
man im Nachvollzug der Diskussion moderner Naturwissenschaftler mit der
langen Reihe von Raumtheoretikern und nicht-theoretischen Raumvorstellungen ermittelt, mit welchem Typus von physikalischer Raumvorstellung man
es jeweils zu tun hat. Albert Einstein hat die beiden Grund-Typen einmal
folgendermaßen definiert[19] : Der Raum ist entweder die Lagerungs-Qualität
der Körperwelt oder der container aller körperlichen Objekte. Im ersten Falle
ist der Raum ohne körperliches Objekt undenkbar. Im zweiten, logisch gewag-
teren Falle kann ein körperliches Objekt nicht anders als im Raum gedacht
werden. Der Raum erscheint dann als eine gewissermaßen der Körperwelt über-
geordnete Realität. Wir sprechen in diesem letzteren Falle vom absoluten Raum.
Die Geschichte der Vorstellung vom absoluten Raum führt[20] vom Peripatetiker
Straton v. Lampsakos (300 v. Chr.) über Proklos und Johannes Philoponos zu
ihrem Hauptrepräsentanten Isaak Newton und läuft in der Äthertheorie des 19.
Jh. aus. Ich könnte nun im einzelnen zeigen, daß die Raumvorstellung jedes
Mythos die des absoluten Raumes ist, und von da aus, daß es der Begriff des
absoluten Raums ist, welcher, unerachtet seiner zeitweiligen Unentbehrlichkeit
auch für die Entwicklung der theoretischen Physik[21], extrem leicht mythisierbar
ist. Implizit lehrt dies die Religionsphänomenologie, indem sie die integrale
Angewiesenheit des mythischen Ausdrucks auf räumliche Projektion zeigt. Die
eindeutigsten expliziten Beispiele, welche die Religionsgeschichte kennt, sind
die räumliche Komponente im iranischen Zurvan akarana[22] und im hellenistischen Aion[23] sowie der hebräische *maqom* im palästinischen Judentum seit dem
3. Jh. v. Chr.[24], und unsere Beobachtung kann sich keine schönere Bestätigung
wünschen als den Nachweis von Max Jammer[25] über den Einfluß der in der
Kabbala weitergeführten *maqom*-Vorstellung auf die Theorien des Henry More
und von diesem auf Locke und Newton.

Unsere Frage, ob bereits mythisch gedacht wird, wenn die Anschauungsform des absoluten Raumes benutzt wird, muß also bejaht werden. Die Aporie
liegt dann weiterhin nicht in der Beantwortbarkeit dieser Frage, sondern darin,
wie konsequent in religiöser Rede die Gegenposition durchzuhalten ist. Bei
dieser handelt es sich die vorhin mit Einstein zuerst genannte, nach welcher
also der Raum keine Realität hat, sondern nur durch Lage und Ordnung der
Körper bestimmt ist. Ihre Geschichte beginnt mit einem andern Aristoteliker,
Theophrast, und führt über Neuplatoniker (Jamblichos, Syrianos, Damaskios)
und einer Gruppe von Mutakallimun (hier den Vertretern der islamischen
Atomenlehre) bis zu Leibniz und Huyghens und von da bis zur modernen
Relativitätstheorie.[26] Es ist nicht nötig, in den mathematischen Symbolen der
letzteren zu reden. Ernst Cassirer hat in seiner großartigen Auseinandersetzung
mit Einstein gezeigt,[27] wie man bei voller Anerkennung des ganzen durch die
Relativitätstheorie aufgebrachten Fragenkomplexes wie grundsätzlich auch sei-

ner Antworten dieselben Grundgedanken auch in geisteswissenschaftlicher Terminologie – und ich würde sagen: vorläufig am besten in der des logischen Idealismus, der neukantianischen – ausdrücken kann. Wie schwierig es aber ist, darin nur in den Kategorien des Bezugsraumes zu reden, zeigt Leibniz in seinem Briefwechsel mit Clarke, der den absoluten Raum annimmt. Leibniz[28] vergleicht den Raum mit einem System genealogischer Linien, einem Stammbaum, in dem jeder Person ein Ort zugewiesen wird. Die Annahme eines absoluten Raumes ist nach Leibniz an sich ganz und gar analog einer Hypostasierung eines solchen Systems genealogischer Beziehungen. Daran muß ich denken, wenn ich höre, daß man von Gott, um Mythik zu vermeiden, vom „Woher meines Umgetriebenseins"[29] redet. Dieser Ausdruck, wiewohl sicherlich als Bezug gemeint, führt eine Raumkategorie ein, wo vorher keine war, und hypostasiert sie. Damit ist er leichter mythisierbar, als der Begriff „Gott" es ist.

Im übrigen wäre das Entmythologisierungsprogramm überzeugender, wenn an den meisten Stellen statt von Mythos vom Mythischen als dem Magischen die Rede wäre. Umgekehrt hat, da das nicht der Fall ist, die Entmythologisierungsdebatte einen Mythosbegriff produziert, der als religionsgeschichtliche Realität des 20. Jh.s ernstgenommen und analysiert werden muß.[30]

§ 4. Aus dem Theoriebereich „Der Messianismus" II

Zu Hauptteil § 12: „Messianismus und Zeit":
Die eventuell mythisierbare absolute Zeit und die Zeit als Form a priori der inneren Anschauung

Die Grundfrage lautet neuerdings viel grundsätzlicher als früher, ob die verhandelte Zeitform mit derjenigen, in die der Messianismus hineingehört, irgendetwas zu tun hat. Nur mangels eines besseren Ansatzes wird die Frage nach dem Muster des Raumproblems gestellt und lautet, ob bereits mythisch gedacht wird, wenn die Anschauungsform der absoluten Zeit gebraucht wird. Würde die Frage bejaht, könnte ein Kontrahent die Gegenposition zu dieser Zeitauffassung formulieren, nämlich die relative mathematische Zeit als Koordinate und vektorielle Größe. Doch scheinen es irritierender Weise manchmal die Theoretiker des absoluten Raumes zusein, die man als Definitoren der relativen Zeit wiederfindet; das vermag der Religionshistoriker bei antiken Autoren wie Aristoteles und Proklos noch zu erkennen – in der modernen Physik liegen die Dinge für ihn so schwierig, daß er sich eines Urteils enthalten muß. Für unser Problem wäre es besonders wichtig festzustellen, inwieweit der aus der Geistes- und Wissenschaftsgeschichte bekannte Anteil des Christentums an der Auslegung von Zeit[31] zur Konzeption des relativen, und inwieweit er zur Konzeption des absoluten Zeitbegriffs geführt hat. Diese Disjunktion gilt sowohl für den Zeitbegriff der abendländischen Geschichtsphilosophie und des Historismus in den Geisteswissenschaften[32] als auch für den der Naturwissenschaft, von deutlichen Ansätzen eines Entropiebegriffs in den späten Schriften

des Christen Johannes Philoponos[33] bis hin zur Relativitätstheorie, die der Mathematiker Hermann Weyl die so mit dem naiven Zeitbewußtsein konfron-
tiert: „Anschauliches (Zeit-) Kontinuum und mathematische Begriffswelt sind
einander so fremd, daß die Forderung des Sichdeckens als absurd zurückgewie-
sen werden muß."[34].

Vielleicht genügt für unsere Zwecke[35] aber dieses beides: a) eine genauere
Unterscheidung der negativen und der positiven Evidenz des sinnlichen Charakters der Zeit, etwa in die Richtung: die Zeitvorstellung ist kein Begriff,
sondern eine Anschauung, für die es wesentlich ist, da sie als unendlich vorgestellt werden kann.[36] Unendlichkeit ist aber als völliger Gegensatz zur Abgeschlossenheit einer Mythisierung ungünstig; b) eine Analyse des anschaulichen
Zeitkontinuums selbst und seiner existenzialen Scheinalternative, der Zer-
hackung in lauter punktuelle Situationen, um herauszufinden, was es eigentlich
ist, das den Rückfall in Anaklisis[37] immer wieder prinzipiell ermöglicht.[38]

Fußnoten zum Anhang

[1] MARTIN HEIDEGGER, *Sein und Zeit*, Tübingen 1957, S. 44 und 45.

[2] CARL F. GETHMANN, „Existenzialien", in: *Enzykl Philosoph Wiss Theor* Bd.1, Mannheim/
Wien/Zürich 1980, S. 619 f.

[3] Mythische Redeweise in HEIDEGGERS Aufsatz „Das Ding", in: *Gestalt und Gedanke*
(Jahrb. der Bayr. Akademie der Schönen Künste Bd. 1), München 1951, S. 128ff, diagnostiziert KURT REIDEMEISTER, *Die Unsachlichkeit der Existenzphilosophie*, Berlin/Göttin-
gen/Heidelberg 1954, S. 15 und 19ff.

[4] So schrieb HEIDEGGER etwa von 1935-1940 „zur Unterscheidung des Seins selbst von
dem Sein als der bloßen Wahrheit des Seienden" (OTTO PÖGGELER, *Der Denkweg Martin
Heideggers*, Pfullingen 1963, S. 143f.).

[5] Man denke an den § 76 in HEIDEGGERS „Sein und Zeit" über den existenzialen Ursprung der Historie aus der Geschichtlichkeit des Daseins.

[6] RUDOLF CARNAP, „Überwindung der Metaphysik durch logische Analyse der Sprache",
in: *Erkenntnis* Bd.2, 1931, S.219-241.

[7] RUDOLPH CARNAP, *Scheinprobleme der Philosophie*, Frankfurt/M. 1966. Ich habe Günter
Patzig für viel Beratung und Kontrolle zu diesem Fachgebiet zu danken.

[8] LUDWIG WITTGENSTEIN, *Tractatus Logico-Philosophicus*, London 1922, 9. Aufl. 1962.

[9] KURT REIDEMEISTER in der eben in Anm. 3 zitierten Arbeit, S. 10-17 („Positivismus und
Existenzphilosophie") und S. 18-32 („Die Einheit des Denkens in Philosophie und
Wissenschaft")

[10] Von KARL OTTO APEL, „Sprache und Wahrheit in der gegenwärtigen Situation der
Philosophie", in: *Philosophische Rundschau* Bd.7, 1959, S. 161-184

[11] ERNST CASSIRER, *Philosophie der symbolischen Formen* Bd. 3: Phänomenologie der Erkenntnis, 4. Aufl. Darmstadt 1964, S. 91. Dieser Satz könnte genauso von R. Bultmann
stammen, aber nicht der folgende.

[12] CASSIRER a. a. O. S. 92f.

[13] So hat sie z. B. ROLAND BARTHES in seinem Büchlein *Mythen des Alltags* (edition
Suhrkamp 92), Frankfurt 1964 oder für die Wirtschaft EUGEN BÖHLER, *Der Mythus in*

Wirtschaft und Wissenschaft, Freiburg 1965, untersucht. Für beide Autoren überschneidet sich der Begriff des Mythos mit denen des Irrationalismus und der Ideologie und muß dementsprechend kritisch aufgedeckt werden. Für Barthes ist Mythos ein „semiologisches System" (S. 88-96), essentieller von bürgerlichen, „rechten" (S. 138-147) als von revolutionären, „linken" Gesellschaften (S. 134-138) zur Entpolitisierung ihrer Aussagen (S. 130-133) benötigt. Für Böhler ist Mythos die Summe der aus der Zukunftserwartung resultierenden Gefahren der Selbsttäuschung, in denen der Mensch seine zukünftigen, insbesondere wissenschaftlichen und wirtschaftlichen Möglichkeiten immer wieder überschätzt. Mit unseren Kategorien vom logisch und rational formulierten Mythos ergeben sich überraschende Übereinstimmungen, man vgl. bei Barthes die Geschichten von Einsteins Gehirn (S. 24-26) oder die Landschaftsschilderungen des Guide Bleu (S. 59-63), bei Böhler den in zahllosen einschlägigen Programmen niedergelegten Mythos vom Großraum (S. 169-200), der Börse und der Wirtschaftssysteme (S. 159-161), der Zentralisation, der Zollsenkung, des Wohlstandes usw.

[14] KURT GOLDAMMER, „Die Frage der Entmythologisierung im Lichte der Religionsgeschichte und in der Problemstellung der Missionsreligionen", in: *ThLZ* 78, 1953, Sp. 749-764.

[15] KURT RUDOLPH, „Der Beitrag der Religionswissenschaft zum Problem der sog. Entmythologisierung" (1970), ergänzt in: DERS., *Geschichte und Probleme der Religionswissenschaft* (= StudHistRel 53), Leiden 1992, S. 157-182.

[16] Zu der der unsrigen ganz ähnlichen Aporie, in die Goldammer mündet, vgl. H.-W. BARTSCH, „Der gegenwärtige Stand der Entmythologisierungsdebatte", in: *Kerygma und Mythos* Bd. 1, Hamburg [4]1960, S. 271.

[17] Dazu vgl. HEINRICH SCHOLZ, *Mathesis Universalis. Abhandlungen zur Philosophie als strenger Wissenschaft,* hsg. von H. HERMES, FRIEDRICH KAMBARTEL, JOACHIM RITTER, Basel/Stuttgart 1961, insbes. „Leibniz" (S. 128-151), „Pascals Forderungen an die mathematische Methode" (S. 115-127), „Die Wissenschaftslehre Bolzanos" (S. 219-267) und „Das theologische Element im Beruf des logistischen Logikers" (S. 324-340).

[18] *Kerygma und Mythos* (oben Anm. 16) S. 22 Anm. 2.

[19] Vorwort zu MAX JAMMER, *Das Problem des Raumes,* Darmstadt 1960, S. XIII (vier Sätze nicht wörtlich).

[20] Wie SAMUEL SAMBURSKI, *Das physikalische Weltbild der Antike,* Zürich und Stuttgart 1965, S. 381-390 zeigt.

[21] Vgl. JAMMER S. 102-137.

[22] Vgl. R. C. ZAEHNER, *Zurvan. A Zoroastrian Dilemma,* Oxford 1955, Reg. s.v.„Space".

[23] Statt vieler Zeugnisse vgl. den 11. Traktat des *Corpus Hermeticum* (p. 147-167 NOCK), dazu A.-J. FESTUGIÈRE, *La Révélation d' Hermès Trismégiste* Bd. 4, Paris 1954, S. 151-199.

[24] E. LANDAU, *Die dem Raum entnommenen Synonyma für Gott,* Zürich 1888; A. MARMORSTEIN, *The old rabbinic doctrine of God,* Bd. 1, London 1927.

[25] A. a. O. S. 33-50.

[26] SAMBURSKI S. 380-386; JAMMER S. 22-26, 55-101, 138; WERNER GENT, *Die Philosophie des Raumes und der Zeit,* 2 Bde., Hildesheim [2]1962, passim

[27] E. CASSIRER, *Zur Einstein'schen Relativitätstheorie,* Berlin 1921; *Philosophie der symbolischen Formen* Bd. 3 (oben Anm.11), S. 524-560.

[28] G. W. Leibniz, *Hauptschriften zur Grundlegung der Philosophie,* übers. v. A. BUCHENAU (Philos. Bibliothek 107), hsg. v. E. CASSIRER, Hamburg [3]1966, S. 184-186 (5.Brief an Clarke); zitiert und erklärt bei JAMMER S. 127 und bei E. Cassirer, *Philosophie der symbolischen Formen* Bd. 3, S. 434; W. GENT a. a. O., Bd. 1, S. 170-182. Leibniz, im 3. Brief an

Clarke geäußerte Meinung wird neben die von Theophrast gestellt bei SAMBURSKI S. 380f.

[29] HERBERT BRAUN, „Die Problematik einer Theologie des Neuen Testaments", in: *ZThK* Beiheft 2, Sept. 1961, S. 1-18, dort S. 18.

[30] Einen Anfang machen die Greifswalder Dissertation von G. STEEGE, *Mythos, Differenzierung und Selbstinterpretation,* Hamburg 1952 (behandelt auch Autoren außerhalb der Debatte), und die Mainzer Dissertation von G. BACKHAUS, *Kerygma und Mythos bei David Friedrich Strauß und Rudolf Bultmann,* Hamburg 1956, bes. S. 22-27 und 41-50.

[31] Vgl. KARL LÖWITH, *Weltgeschichte und Heilsgeschehen,* Stuttgart [4]1961, bes. S. 11-26 und 168-185; WILHELM KAMLAH, *Christentum und Geschichtlichkeit,* Stuttgart/Köln [2]1951; R. G. COLLINGWOOD, *The Idea of History,* New York/Oxford [6]1963, S. 46-85.

[32] FRIEDRICH MEINECKE, *Die Entstehung des Historismus,* München 1959, S. 45-53 und Reg. s. v. „Christentum"; REINHARD WITTRAM, *Das Interesse an der Geschichte,* Göttingen [2]1963, S. 58-69 und passim; REINHOLD NIEBUHR, *Faith and History,* New York 1949, deutsch: *Glaube und Geschichte,* München 1951, S. 28-54 und 191-213.

[33] SAMBURSKI S. 395-397. Neu und vorzüglich ist jetzt CLEMENS SCHOLTEN, *Antike Naturphilosophie und christliche Kosmologie in der Schrift ‚De opificio mundi' des Johannes Philoponos* (Patristische Texte und Studien 45), Berlin/New York 1996. Leider gehört nur der Raum, nicht die Zeit zu Scholtens Thema.

[34] HERMANN WEYL, *Das Kontinuum. Kritische Untersuchungen über die Grundlagen der Analysis,* Leipzig 1918, S. 83. Vgl. dazu GENT Bd. 1, S. 9, und CASSIRER Bd. 3, S. 471ff.502.

[35] Ausgehend am besten von CASSIRERS Interpretation der mythischen (*Philosophie der symbolischen Formen* Bd. 2, [4]1963, S. 129-144), der sprachgegebenen (Bd. 1, S. 170 bis 183) und der modernen (Bd. 3, S. 189-221) Zeitanschauung.

[36] Man wird unschwer bemerken, daß es sich darum handelt, die „transzendentale Erörterung der Begriffe Raum und Zeit" aus der Kritik der reinen Vernunft" neu zu verstehen und anzuwenden.

[37] Er scheint mir im christlichen Bereich z.B. häufig in der vom Mythos der ewigen Wiederkehr nicht sehr verschiedenen Auffassung vom Kirchenjahr stattzufinden. Neue Möglichkeiten, vor dem Hintergrund des überwundenen, aber stets noch gewußten Mythos dennoch unanaklitisch zu reden, werden aufgetan von WOLFGANG TRILLHAAS, „Uneigentlichkeit und Sachgemäßheit der religiösen Sprache", in: *Neue Zeitschrift für systematische Theologie u. Religionsphilosophie* 8, 1966, S. 152-168.

[38] Mein früherer Vorschlag, eine „Rückschaltung" oder „Reversion" vorzunehmen, wurde durchaus im Bewußtsein einer gewissen Peinlichkeit gemacht, daß ein Begriff aus der Mechanik bemüht werden mußte, um ein Bild abzugeben, unter dem man sich am leichtesten vorstellen kann, was gemeint ist. Das hat das Bild, gelegentlichem Vernehmen nach, auch geleistet, aber was in Wirklichkeit vorzugehen habe, war damit natürlich absolut nicht gesagt. Zum rein theoretischen Status meiner Aussage darf ich bemerken, daß sie sich formell nur auf den Messianismus bezog. Da könnte eine „Rückschaltung" prinzipiell in mehreren Schritten vor sich gehen, deren erster am besten darin bestünde, der nachchristlich gewordenen Messianologie eine neue, genuin biblische und genuin systematisch-theologische Christologie gegenüberzustellen. Das wäre ein durchaus übliches Verfahren, nicht mehr als ein Buch, immerhin ein Buch „im Widerstreit". Ob aber ein Buch überhaupt das leisten könnte, was hinter jenem Vorschlag steht, das weiß niemand. Es braucht hier aber nicht diskutiert zu werden; denn der Vorschlag war ohnedies unmöglich. Er bezieht das Leben des Menschen nicht ein – jeder weiß, wohin es in einer Christologie gehört. In der hier gewählten Terminologie würde es sich um eine bis auf den Grund gehende Umstellung der

anaklitischen Lebenshaltung handeln, und dagegen habe ich diesmal Lebenserfahrung aufgeboten. Wenn man sich ihrer aber nicht geniert, dann sieht man, daß sie den Therien zwar eine geringere Reichweite zubilligt, als sie faktisch haben, daß man ihnen gerade in seiner Lebenserfahrung Raum geben muß. Dann darf zu Ehren des hiermit grundsätzlich widerrufenen Status daran erinnert werden, daß er einerseits den Blick für die Zukunft offener hält als jede andere Eschatologie und natürlich als jede Futurologie oder Prognostik, und daß er andererseits die menschliche Illusionierung wie die menschliche Desillusionierung jeglicher Einstellung zur Zukunft schlechterdings unterläuft.

Theoretisch kritisiert diese Position dreierlei: (a) Sie relativiert solche Modernitätsansprüche, die gerade noch für die mythologischen und messianologischen Kontrapunkte ihres eigenen Geschichtsverständnisses zuständig sind – am liebsten, wenn sie in der Gesellschaft vorkommen, zu der diese Ansprüche selbst gehören –, die aber andere Säkularsierungsgründe nicht nachvollziehen können. (b) Sie kann der modernen naturwissenschaftlichen Weltansicht zwar Folgerichtigkeit und Legitimität in der bestehenden Säkularität bescheinigen - und dafür gleiches Wohlwollen eintauschen –, muß ihnen aber gleichzeitig klar machen, daß es lediglich die von der christlichen Botschaft mitverursachte Säkularität ist, innerhalb der sich alle Beteiligten bewegen. (c) So sehr die nachchristliche, von Mythos und Messianismus geprägte Welt noch während sie erforscht wird Sympathie genießt, so muß man ihr doch auch sagen, daß sie sich selber für die „Erste Welt" vernehmlicher und verständlicher äußern müßte, als es geschieht. Wenn die bisher gewonnenen Erkenntnisse durchgehalten werden sollen, dann ist das nur mit einer Umkehr des bisherigen Verhältnisses zwischen Theorie und Praxis möglich.

4. Gruppe:
Schreiberweisheit – Literatur – Belehrung

Das Umschreiben von Wahrheiten aus erstorbenem Glauben und das »Vorahmen« von Aussichten für die Lebensweisen des 20. Jahrhunderts

Einführung

Wir haben für die Literatur nicht die bisherige einfache, sondern eine doppelte Fragestellung vorauszusetzen. Es war schon der Mühe eines Nachweises wert gewesen, etwaige Beziehungen zwischen der Gegenwartsliteratur und der Gnosis aufzuzeigen und nach Möglichkeit zu untersuchen, welcher Art diese Beziehungen sind. Da kann man jetzt nicht konkurrierend dazu die Beziehungen der Literatur zur Weltdeutung thematisieren, als sei der Trainingsplatz Literatur für jede Übung gut. Es muß zuerst die Gnosisfrage um ihrer selbst willen wenigstens soweit geklärt werden, daß sie gelöst werden oder wenn nicht, seriös bleiben kann, und dasselbe muß auch um der Stellung und Lösungsmöglichkeit der Weltdeutungsfrage willen geschehen: Nichts kann überzeugen, das auf einem Trümmerfeld geschieht.

In Kap. II sollte eine bestimmte Art von Reaktion auf dualistisches Denken ausgemacht werden, zu der eine monistische Philosophie fähig sei. Es wäre falsch, für die Literatur die *Frage analog zu stellen*; denn was hier auf eine bestimmte Herausforderung antworten könnte, ist nicht das literarische Werk – steht dieses doch ganz auf derselben Fertigkeitsstufe, auf der auch Gnosis und Alchemie stehen. Es ist vielmehr das potentielle literarische Produkt, auf das man, wenn überhaupt, dieselben heuristischen Prinzipien anzuwenden hat, die in gewisser Weise gnostische und alchemistische Texte neu zum Sprechen brachten. Würden wir dergleichen direkt und sogleich bei der modernen Literatur versuchen, so läge die Versuchung einer verfrühten Restauration von Werten nur allzu nahe: die Aufstellung einer *Kulturkritik*, von der auch die Literatur betroffen wäre, geschähe nur zum Schein – nur, damit die von ihr vertretenen Werte am Ende umso unkritisierbarer, gleichsam homöopathisch stabilisiert, dastünden. So sollten wir diesmal lieber unseren Blick auf Texte richten, in denen *analog kritisierbar* das Innewerden eines allgemeinen Verfalls – vergleichbar dem des Paganen in der Spätantike, das hinter ihrer zweideutigen Sicherung durch das gnostische und durch das alchemistische Werk steht – zu seinem folgerichtigen Ausdruck, und zu nichts als zu diesem, getrieben worden ist. Der Ausgangspunkt, das potentielle literarische Produkt, ist identisch mit einer bestimmten Auffassung von Zeit: von ihr aus bis zum fertigen literarischen Werk wäre die Untersuchung zu führen. In der Fülle der Literatur, die dieses Kriterium erfüllt, lassen sich vier Romane ausmachen, die eine Affinität zum gnostischen Zeitverständnis haben, die eher Reaktion darauf als Nachwirkung der fertigen Gnosis ist. Von einem dieser Romane ist einmal festgestellt worden, daß in ihm unser Jahrhundert selbst seinen Ausdruck findet. Das gilt auch für die drei anderen.

Es dürften also keine Bedenken bestehen, mit denselben Werken jetzt zur nächsten Frage überzugehen – ja die Gnosis-Affinität der Romane scheint, wenn man für die Gnosis die Weltdeutungsaufgabe für besonders selbstverständlich hält, sogar von sich aus ein solches Verfahren zu verlangen. Nun fehlt in Fritz Mauthner's Zusammenstellung der „Welt"-Komposita erstaunlicherweise die Weltliteratur und die Weltsprache. Es ließen sich wohl bildungssoziologische Gründe dafür finden, aber sie gehören auf ein anderes Blatt. Gegenwärtig müssen wir uns um eine eigene Definition bemühen – falls sie nötig und in der gebotenen Kürze möglich ist.

„Weltliteratur" ist eine Qualitätsbezeichnung und bedarf u. E. keiner Definition. „Weltsprache" ist als gemeinsames Charakteristikum der in VII und VIII vorkommenden Autoren immer neu erwägenswert. Letztlich erweist es sich als passend, wenn damit ausgedrückt werden soll, daß in jeder konkreten Sprache, in der eine Solidarität bekundet oder eine von der ganzen Menschheit zu lösende Aufgabe gestellt, oder angesichts einer Hungersnot oder eines Krieges die internationale Solidarität beschworen wird, derselbe Tenor zu vernehmen ist. Vielleicht darf man bei der Sprache bis zu Fähigkeiten solcher Personen gehen, die nicht Schriftsteller oder Dichter sind, und bei denen der Umgang mit dem Wort doch zum Beruf gehört: der Redner bzw. Politiker, der Interessenvertreter, der Schulmann, und wer auch immer häufig öffentlich reden muß und es meistens, wer weiß woher, auch recht gut kann. Dies ist eine Problemanzeige, die man auch so formulieren kann: In den Kategorien der literarischen Rhetorik wäre zu allem, was in diesem Buch vorkommt, noch viel, viel mehr zu sagen.

Als Darstellungsform steht für die Weltdeutung – wie übrigens auch für die Gnosis – die *Mimesis* an oberster Stelle. Mimesis, ein griechisches Wort, heißt „Nachahmung". Kraft der enormen Anzahl und Varietät der Dinge, die nachgeahmt werden können – vom kleinsten Gebrauchsgegenstand bis zur größten ethischen Haltung –, der vielen Gründe und Zwecke, aus denen nachgeahmt wird, und der oft unvergleichbaren Resultate der Nachahmungen ist Mimesis zu einem Schlüsselwort zahlreicher Wissenschaften geworden, in dem sich ihr Wesenreichstes verdichten kann.[1]

---

[1]   Ein gute Übersicht im Dienste einer eigenen erziehungswissenschaftlichen Position

Die Erzählung und der Roman sind beide sehr wichtige Vermittler von Mimesis. Der Unterschied zwischen Erzählung und Nacherzählung scheint wichtig zu sein, die zweite Bezeichnung legt den Gedanken an Mimesis näher. Nachdem „in Deutschland die vor allem in der angelsächsischen Welt entwik-kelten sprachanalytischen Theorien der Narrativität rezipiert worden" sind „und ebenso, in erster Linie aus Frankreich, die Forschungen zur linguistischen Cha-rakteristik erzählender Texte"², ist sicher zu den Gründen, die den Religions-historiker bewogen haben, bestimmte Romane in den Zusammenhang der Themen dieses Buches zu stellen, noch viel Wichtiges hinzuzufügen. Das Fol-gende ist ein Vorschlag, für den die bisher vorausgesetzten Kriterien ein wenig abgewandelt, manchmal aber auch nur zusammengelegt zu werden brauchten.

Wenn man für Marcel Proust ein Deutungsziel angeben will, muß man sagen „die Zeit". Soll man angeben, in welchem Sinne, oder auf Grund welches Zeitbegriffes, kann man nur auf die durch und durch mit reichen Rückblicken, Vorauserwägungen, Anachronismen versehenen, grenzüberschreitenden dia-chronen Vergleiche verweisen, in die alles, alles gefaßt ist, was da erzählt wird. Proust kann die Welt deuten, weil er die Welt kennt, und indem er ihren flüchtigen Charakter, ihre Traumhaftigkeit, die Zeitlichkeit und Verschwin-densbereitschaft einer jeden Situation, einer jeden Person, eines jeden Wertes, eines jeden Unwertes erzählend aufweist. „Erzählend" sind auch regelrechte philosophische Passagen, die streckenweise dem Wissenschaftler in Sachen Zeit die Theorieaufgabe abnehmen. Weil das alles umfassender nicht gedacht wer-den kann, konstituiert es „Welt". An dieser Konstitution ist der Erzähler pro-duktiv beteiligt. Deshalb fallen hier der Aufweis des Deutungsobjekts und die Deutung selber zusammen.

„Einen" Widerstreit anzugeben, in dem Proust's Roman stehen könnte – da hätte man lange zu raten. Der literaturwissenschaftlich und tiefenpsychologisch gar nicht, philosophisch ein wenig geschulte Leser kann nur folgendes tun. Er stellt sich vor, wie gut Dilthey und wie gut Proust das Leben gekannt haben könnten, und kommt vergleichend darauf, daß es in den 1920-er Jahren kom-plizierter war als in den 1880-er Jahren, und daß es dem, der es kennen will, nach 1920 schwerere Aufgaben stellt als nach 1880. Dann vergegenwärtigt sich der Leser, was Dilthey sagt über den Widerstreit zwischen Gedanken, die zu einer Doktrin oder einem System geronnen sind, und dem Leben, zu dem die Gedanken einmal gehört haben, aus dem sie hervor-, oder von dem sie hinweg gegangen sind. Der Leser ermittelt dann das Größenverhältnis, in dem das

---

bieten GUNTER GEBAUER und CHRISTOPH WULF, *Mimesis. Kultur – Kunst – Gesellschaft* (rde 497), Reinbek bei Hamburg 1992.
² HERMANN LÜBBE im Vorwort zur Neuauflage von WILHELM SCHAPP, *In Geschichten verstrickt. Zum Sein von Mensch und Ding*, Wiesbaden 1976

Leben nach früherer lebensphilosophischer und nach späterer Proust'scher Sicht zueinander stehen, und stellt sich dann von einem in die entsprechenden Relationen gesetzten philosophischen System aus, das er kennt, den Proust'schen Roman vor. Dann zeigt sich: Er ist eine Weltdeutung, in gewisser Hinsicht sogar die Weltdeutung schlechthin. Aber in einem Widerstreit? Widerstreit wogegen? Man könnte einen Gegenpol nur konstruieren, denn das Werk selber, universal wie es ist, könnte ihn allenfalls nur enthalten.

Man bestätigt sich vielleicht sein eigenes Urteil, wenn man James Joyce's Ulysses-Roman daneben hält. Dieser deutet nicht. Er wurde unter einem anderen Gesichtspunkt in das Kapitel aufgenommen. Das schließt nicht aus, daß ein Vergleich mit Proust unter dem hier erfragten Gesichtspunkt sinnvoll ist (während unter demselben wie auch von den beiden Autoren her gesehen Robert Musil aus dieser Betrachtung ausscheidet). Er zeigt, was mit Kraft des Gedankens und der Imagination zusammengebracht, oder als Eines erlebt werden kann. Die Allegorie der Odyssee, wenn denn der Roman einmal als solche verstanden werden darf, eröffnet weder die damalige noch die gegenwärtige Zeit in ihrer Zeitlichkeit, sondern macht sie eher rätselhaft. Selbst, wenn der Ulysses-Roman deuten würde, so wäre sein Deutungsgegenstand nicht die Welt, in welchem Verständnis auch immer. In *einem* Widerstreit freilich kann man Joyce's Werk sehen: zum rechtgläubigen Talmudisten, zum homerischen Menschen (dem mancher Homer-Philologe zugeordnet werden darf), zum katholischen Priester. Sie alle zusammen sind abermals nicht „die Welt".

Und Thomas Mann? Die Josephs-Romane deuten. Ihr Autor will offenbar schon in der Rolle des weisen Eliezer die Welt deuten, indem er die Abrahamiten nicht nach ihren Verabredungen mit Vertretern der Neuen Welt fragt. Thomas Mann optiert für das Alte, das durch die Zeit der Erzväter ebenso gültig repräsentiert wird wie durch die Zeit, da der Mythos entstand. Es ist die Zeit, da die Welt ihre ersten Konturen erhielt, in die von Anfang an die Ahnen des auserwählten Volkes hineingehören. – Haben wir uns jetzt nicht verrannt? Thomas Mann, der Hochdifferenzierte, der Erfüller von Vermächtnissen eins Wagner, Nietzsche, Dostojewski, Freud, – Thomas Mann, der Moderne schlechthin, Thomas Mann der Humorist ein Parteigänger nicht von Esra oder Jochanan ben Sakkai, sondern von Abraham und Mose? Ja. Es ist kein Zweifel. Man braucht für den Nachweis der Weltdeutung garnicht das Auserwählte Volk als Repräsentanten der „Welt" zu sehen, obwohl es genügen würde. Es werden genügend Reflexionen über Gott, die Schöpfung, die Menschheit, die Welt angestellt, die es erlauben, von Weltdeutung zu reden.

Thomas Mann steht im Widerstreit zu allen Autoren, die den Mythos, der weit ist, und die Erwählung eines Volkes in einem Menschen, die eng ist, nicht auf einen und denselben Zeitpunkt fallen lassen wollen. Lion Feuchtwanger würde zu diesen Kritikern wohl nicht gehören, denn seine Josephus-Trilogie deutet die Welt vom Mittelpunkte der Geschichte her. Feuchtwanger kann sich mit dem Auserwählten Volk als Welt begnügen, weil er voraussetzt, daß die Geschichte dieses Volkes die Mitte der Geschichte und der Welt darstellt. Er steht damit im Widerstreit zu allen Darstellungen einschließlich der von Thomas Mann, welche die als Vorbild deutbaren Geschlechter ganz am Anfange der Geschichte Israels leben lassen. Auch für diese Sicht stellt sich irgendwann die Frage nach einem Wertentscheid für Alt oder Neu, etwa so:

Welches Licht ist besser, das Neue, von dem die Juden wollten, daß Gott es dereinst über die Völker leuchten lassen werde, oder das Alte, von dem schon die Ägypter zu wissen meinten, daß es ihren König immer gut geleitet, ja ihn manchmal geradezu vertreten habe, das aber in Wirklichkeit dazu ausersehen war, den Weg zu beleuchten, auf dem Israel von Ägypten ausgehend das gelobte Land finden werde? – Was war für die Juden zur Zeit Jesu besser? Nach Meinung der Einen die Zeit des Mose, oder die der Erzväter; denn da wurden die Maßstäbe für alle Zeiten gesetzt. Nach Meinung der Anderen die Zeit der Griechen und Römer; denn da erst konnte die Identität des Juden wirklich herauskommen. Und was hält der jüdische Schriftsteller von heute für besser, das damals Alte oder das damals Neue? Was folgt daraus für seine eigene Stellung als Bürger (nicht: Mitbürger!) eines heutigen Staates oder einer heutigen Nation? Das Weltbürgertum des Flavius Josephus damals, und das Weltbürgertum Lion Feuchtwangers heute, gewinnt weltdeuterische Dimensionen. Das soll positiver klingen als bisher und bedeutet: Deutungen, die nur aus einem Diskurs, oder nur aus einem Gedanken bestehen, sind heutzutage nur in der Literatur noch vertretbar.

Warum lesen wir gleich gern Joyce's Ulysses und Homer's Odyssee, die Josephsromane und den Pentateuch, Feuchtwangers Trilogie und Josephus' Beschreibung des Jüdischen Krieges, Prousts „Auf der Suche nach der verlorenen Zeit" und im Prinzip jedes alte Buch, in dem ein Gedanke steht, der einem von dem seinigen wie z.B. im Übersetzungsband 3, Seite 2967 nahekommt: „Die Menschheit ist sehr alt. Erblichkeit, Kreuzungen in den Familien haben gewisse schlechte Gewohnheiten oder fehlerhafte Reflexe mit unüberwindlicher Kraft begabt. Irgendeine Person niest oder atmet schwer, wenn sie an einen Rosenstrauch vorübergeht; eine andere bekommt einen Ausschlag, wenn sie frische Farbe riecht; viele leiden an Koliken, sobald sie eine Reise antreten müssen; und Enkel von Dieben, die vielleicht selber Millionäre und noch dazu freigebig sind, können der Versuchung nicht widerstehen, um fünfzig Francs zu stehlen." Das bleibe so stehen. Was für ein Menschenbild man akzeptiere, hängt davon ab, was für ein Mensch man sei.

Was geschieht eigentlich, wenn Thomas Mann in der Novelle „Das Gesetz" eine „Legislatur" beschreibt, als wäre sie heute erforderlich geworden? Nimmt er die ganze Säkularisierung auf seine Kappe, oder vollzieht er sie selbst, oder zeigt er, daß alles Gerede über sie Unsinn ist, weil eine Religiosität, aus der die Säkularisierung herausgeführt habe, nie bestand? Bei jedem Schriftsteller, der

Ähnliches tut, wenn auch keiner so gut wie der Genannte, kann man das, was er tut, nur als eine umfassende Kulturtransskription begreifen.

Bevor wir etwas Entsprechendes über Proust sagen, müssen wir uns zur Anerkennung der philosophischen Paradoxie bequemen, daß unter bestimmten Umständen etwas Richtiges (die analytisch arbeitenden Philosophen sagen natürlich „Wahres") herauskommen kann, wenn man „the application of an unknown principle" vornimmt. Für den Kulturbereich, mit dem wir uns gerade befassen, sagte Analdo Momigliano einmal Analoges über das Hellenistische Judentum, als man grammatisch, literarisch und torakundlich das richtige, das hebräische und aramäische Judentum zu rekonstruieren, seine Zeugnisse durch „Rück"-Übersetzung aus dem Griechischen „wieder"zugewinnen versuchte. Man braucht eine besondere Daseinskategorie, um das zu begreifen, was sich „hinter" jenem philosophischen Schluß und „hinter" diesem Gegenstand althistorischer Forschung verbirgt. Denn Nichts kann es nicht sein. Man weiß es, oder man weiß es nicht. Nun also:

Proust transskribiert die Kultur, die da ist, wie und wenn man sich ihrer erinnert. Diese Kultur ist nur so „da". Aber sie ist Nichts, sobald man versucht, sie zu retransskribieren. Ohne daß dies geschieht, kann sich im Leser die Meinung bilden, wie er leben soll. „Proust-Leser wissen mehr" – dieser Slogan stimmte. Sie wissen, wo die Chancen und die Gefahren der Jetztzeit liegen. Fassen wir es, nun auch die anderen einschließend, annäherungsweise in kurze Beschreibungen, einige eng beieinander liegend, die nur daran erinnern können, was anderswo über das Alte und das Neue, und was in der Überschrift für diese vierte Gruppe von Weltdeutungen im Widerstreit steht:

„Das Umschreiben alter Wahrheiten des Glaubens in eine die Lebensweisheiten erneuernde Nacherzählung" oder „Das Umschreiben von Erkenntnissen alter Weisheit in die Neues schaffende Nacherzählung" oder „Das Umschreiben alter Wissens- und Weisheitserkenntnisse in die Neues schaffende Nacherzählung", aber auch „Die Umwandlung alter wissenschaftlicher und weisheitlicher Erkenntnisse in die Erzählung des ewig Neuen." Aus jedem der in diesem Abschnitt genannten Autoren kann man eine Anthologie zusammenstellen, die eine dieser Thesen belegt oder gar Praktikables bringt. Aber wir täten damit wahrscheinlich allen Beteiligten einen Bärendienst. Denn noch Anderes ist zu bedenken, mit dem zusammen erst eine derart pragmatische Befragung nicht lächerlich wäre.

Wer gern im 20. Jahrhundert lebt, muß mit demselben auf jegliche Prognostik verzichten, weil die benötigten Daten zu viele und die noch vorstellbaren Werte zu zweideutig geworden sind. Er kann bestenfalls darauf aufmerksam machen, daß die Verbindlichkeit von werthaften Entscheidungen in großen Romanen oder mittels ihrer weder in ihrem Inhalt noch in der Weltanschauung ihrer Helden oder Autoren besteht. Sie liegt vielmehr unauffällig darin, daß die großen Schriftsteller wie weise Mitglieder alter Schreiberwerkstätten –

oder auch wie die Schreiber der Weisheitsschulen – auf Weltsprache als den in jeder Sprache formulierbaren Gemeinsinn setzen. Sie lassen nicht einmal die Frage zu: „Ist die Mimesis als unsere bare Erzählung eine die großen Taten der Menschheit nachahmende oder eine die noch viel größeren Aufgaben ,vorahmende' Weltdeutung?" Erzählen die Romanciers schließlich doch, dann nur, aber meisterlich und am Ende auch mit indirekt konzedierter Wirkung nur dann, wenn kein Verdacht aufkommen kann, es solle ein Vorbild aufgebaut, eine Untat angeprangert, eine positive Botschaft verkündet werden, da es keine gibt, der das Schicksal des Veraltens zu ersparen wäre.

Bleibt das Weltbürgertum. Nimmt man die Stichworte „Weltliteratur" und „Weltsprache" auf, dann ist man sogleich in gesellschaftlichen Zusammenhängen, in oder aus denen sich das Weltbürgertum einfach entwickelt zu haben scheint. Und im Altertum, im Kleinen vielleicht schon vor Alesander dem Großen, im großen Stil aber nach ihm, war es anscheinend im Prinzip schon ebenso – bestimmte historisch einmalige Dinge in beiden Zeiten immer ausgenommen. Fragt man aber nach dem Begriff, seiner Entstehung, seiner Geschichte, dann sieht man beschämt, daß sich gar nichts wie selbstverständlich entwickelt hat, sondern daß zuerst ein intellektueller Mut dazu gehörte, daß das Weltbürgertum sich „begriff". Denn kein Geringerer – und kein Früherer! – als Philo von Alexandrien scheint den Begriff geprägt zu haben: „Dieser Anfang ist, wie ich sagte, höchst bewunderungswürdig, da er die Weltschöpfung schildert, um gleichsam anzudeuten, daß sowohl die Welt mit dem Gesetz als auch das Gesetz mit der Welt in Einklang steht, und daß der gesetzestreue Mann ohne weiteres ein Weltbürger ist, da er seine Handlungsweise nach dem Willen der Natur regelt, nach dem auch die ganze Welt gelenkt wird" (*De opificio mundi* I 3, übers. von J. KOHN). Es wird noch lange dauern, bis man den Diogenes auf die Frage nach seinem Heimatort antworten läßt: „Ich bin ein Weltbürger" (Diog. Laert. 6, 63). In welchem Sinn empfindet sich unsereiner als Kosmopolit, im jüdischen oder im kynischen? Es schien geraten, die Weltbürgerdimension als neues Thema erst durch den modernen Autor eröffnet zu sehen und das Nachdenken darüber zu verschieben, warum Feuchtwanger es für nötig gehalten haben mag, seinen Helden auch noch bis zum geistigen Rivalen des Alexandriners zu steigern:

„In diesen Tagen schrieb Josef den Psalm, der späterhin der Psalm des Weltbürgers genannt wurde:

O Jahve, gib mir mehr Ohr und mehr Auge,
Die Weite deiner Welt zu sehen und zu hören.
O Jahve, gib mir mehr Herz,
Die Vielfalt deiner Welt zu begreifen,
O Jahve, gib mir mehr Stimme,
Die Größe deiner Welt zu bekennen.

Merkt auf, Völker, und hört gut zu, Nationen.
Spart nicht, spricht Jahve, mit dem Geist, den ich über euch ausgoß.
Verschwendet euch, geht die Stimme des Herrn,
Denn ich speie aus denjenigen, der knausert.
Und wer eng hält sein Herz und sein Vermögen,
Von dem wende ich mein Antlitz.

Reiße dich los von deinem Anker, spricht Jahve.
Ich liebe nicht, die im Hafen verschlammen.
Ein Greuel sind mir, die verfaulen im Gestank ihrer Trägheit.
Ich habe dem Menschen Schenkel gegeben, ihn zu tragen über die Erde
Und Beine zum Laufen,
Daß er nicht stehen bleibe wie ein Baum in seinen Wurzeln.

Denn ein Baum hat nur *eine* Nahrung,
Aber der Mensch nähret sich von allem,
Was ich geschaffen habe unter dem Himmel.
Ein Baum kennt immer nur das gleiche;
Aber der Mensch hat Augen, daß er das Fremde in sich einschlinge,
Und eine Haut, das andere zu tasten und zu schmecken.

Lobet Gott und verschwendet euch über die Länder.
Lobet Gott und vergeudet euch über die Meere..
Ein Knecht ist, wer sich festbindet an in einziges Land.
Nicht Zion heißt das Reich, das ich euch gelobte,
Sein Name heißt: Erdkreis.

So machte sich Josef aus einem Bürger Judäas zum Bürger der Welt und aus
dem Priester Josef ben Matthias zu dem Schriftsteller Flavius Josephus.“

VII. Kapitel: Leben aus künftiger Vergangenheit. Lebensläufe = Zeitläufte in der Sicht von vier Jahrhundertromanen

Einleitung: Schlußfolgerungen aus Verfallserfahrungen

Wer sich lange mit einem Gegenstand beschäftigt hat, möchte gern ein Vermächtnis sehen, das ihm hinterlassen worden sei, oder noch besser: er möchte hoffen, er habe mit seiner Arbeit ein solches Vermächtnis bereits erfüllt. An Formulierungen von Vermächtnissen der Antike haben wir in unserer westlich-bürgerlichen Zivilisation ein halbes Jahrtausend lang keinen Mangel zu leiden brauchen. Würde es für den, der damit nichts Rechtes mehr anfangen kann, eine Neuerung bedeuten, wenn man den Eigenwert einer Spätzeit entdeckt, den Haut-Goût des Abgelagerten damit verschwinden läßt und gleichzeitig Volks- und Stammestraditionen würdigt, in denen sich ähnliche Aufbrüche vorbereiteten wie heute in der „Dritten Welt"? Wohl kaum. Man hätte zu schnell wieder einfach ein Muster, das man auf den sozialen Wandel der Gegenwart nur aufzulegen braucht – und umgekehrt. Die alte Zeit wäre dann der Typos der heutigen, die heutige Zeit wäre der Antitypos der damaligen. Die Deutung, die man durch dieses reziproke Zeitverständnis zu gewinnen meint, wäre in Wirklichkeit die traditionale Einholung einer Befreiungsbewegung, die darauf angelegt ist, an nichts gebunden zu bleiben.

Diese letzte in der langen Reihe von Paralysierungen durch Interpretation darf nicht stattfinden. Die einzige Möglichkeit, frei für alles zu werden, besteht darin, die Erfahrung des Zerfalls durchzuhalten. Es wäre der Zerfall jeglicher menschlicher Selbstverwirklichung in die Grundbestandteile jeder Art von Personwerdung. Anzahl und Qualität dieser Grundbestandteile sind das einzige, was bleiben wird, der endlichen Anzahl physikalischer Elemente im periodischen System vergleichbar. In der ausgehenden Antike ist diese Zerfallserfahrung, soweit wir sehen, erstmalig in einem weltgeschichtlichen Ausmaß gemacht worden. Wir, die wir sie wieder machen, werden uns nicht an dem Prozeß orientieren dürfen, der das Mittelalter entstehen ließ. Und wir haben diesen Orientierungsverzicht ohne den Vorwurf zu leisten, als hätte man den Fehlschlag, den wir uns damit ersparen wollen, in jener kritischen Zeit bereits voraussehen können. Wir müssen schon solche Zerfallsprodukte anerkennen, aus denen das, woraus sie zerfallen sind, nicht mehr rekonstruiert werden kann, die aber wirkliche Produkte sind und dennoch als solche keine Maßstäbe setzen. Man kann diese Zeiterfahrungen auch in vier Jahrhundertromanen machen.

1. Marcel Proust, Auf der Suche nach der verlorenen Zeit

Bei der Lektüre von Marcel Proust, *A la recherche du temps perdu*[1] fragt man sich: Wer ist so empfindsam, daß er Situation und Umstände wiedererkennt und erlebt, in denen die Ereignisse der Vergangenheit nicht nur einfach erinnert, sondern buchstäblich gegenwärtig werden? Eine erotische Furcht hält die meisten – Männer mehr als Frauen – davon ab, diese Empfindsamkeit lebendig zu erhalten, auch wenn das Leben selbst auf dem Spiel steht. Inhalt dieser erotischen Furcht ist es, durch den lebendigen harten Vergleich zwischen der vergangenen Erfahrung eigener Liebe, mehr noch der unverhofft sich präsentierenden Erfahrungen der Geliebten, und einer neuen Liebe um die Süße der Ekstase betrogen zu werden. Doch wer diesen Schmerz nicht zu ertragen lernt, wird anfällig für Verführung und Mißbrauch. Wer die Vergangenheit in sich zu Ende kommen lassen und sein altes Selbst auflösen kann, bleibt Herr seiner Zeit und überbeansprucht sich nicht. Proust sagt dazu:

> „Aber kaum hatte ich den ersten Knopf meiner Stiefeletten berührt, als die Brust mir von einer unbekannten, göttlichen Gegenwart schwoll, Schluchzen schüttelte mich, und Tränen stürzten aus meinen Augen hervor. Das Wesen, das mir zu Hilfe kam, das mich aus dieser Dürre der Seele rettete, war das gleiche, das mehrere Jahre zuvor in einem Augenblick gleicher Not und Einsamkeit, in einem Augenblick, da ich nichts mehr von mir besaß, eingetreten war und mich mir selbst wiedergegeben hatte, denn es war ich selbst und mehr als ich (wie ja das Gefäß mehr als der Inhalt ist) und brachte mir dieses mein Ich zurück." (S. 2256)

Anders der, der seine Zuflucht in der Vergangenheit sucht. Ist dies nicht analog zu manch einer Erfahrung der Zeit in der Spätantike? Diese Erfahrung war ambivalent. Dort, wo sich ein Kurzschluß mit der früheren Manifestation des Wunderbaren ereignete, wurde das erlebende Selbst entweder zerrissen, oder es konnte genau an diesem Punkt geheimnisvoll zur Ruhe kommen.

So gibt es Abschnitte, die lauten: „Bedeutsam ist das Wiedererleben eines vergangenen Momentes, nicht dieser Moment selbst."[2] An diesen Punkten des Wiedererlebens, die eine „Erneuerung' und eine Befreiung bewirkten, trafen Vergangenheit und Gegenwart mit einem solchen Gefühl der Wirklichkeit aufeinander, daß Proust kaum wußte, in welcher Zeit er lebte." Diese Sätze klingen wie eine säkularisierte Version der Begegnung zwischen dem transzendenten Selbst, das durch einen Erlöser der Vergangenheit repräsentiert wird, und dem weltlichen Selbst, das vom Ruf dieses Erlösers getroffen wird. Was damals als Unsterblichkeit verstanden wurde, ist für Proust die Freistellung von der Zeit. Wie im Gnostizismus der konkrete Mensch durch die Verallgemeinerung in den Typus des Selbst, das als ein gefallenes in allen Individuen bejammernswert wurde, eine Entpersönlichung erlebte, so ist es manchmal „keineswegs deutlich, ob Proust selbst oder ein anderes Wesen, das zeitweise an seine Stelle tritt, diese seligen Momente erlebt."[3]

> „Ich ging sehr rasch über das alles hinweg, da mich weit zwingender die Aufgabe rief, nach dem Grunde jenes Glücks, dem Wesen der Gewißheit zu forschen, mit der es mich überwältigte – eine in früherer Zeit zunächst noch hinausgeschobene Untersuchung. Diese Ursache aber erriet ich nunmehr, wenn ich untereinander jene verschiedenen beseligenden Eindrücke verglich, die das gemeinsam hatten, daß ich sie zugleich im gegenwärtigen Augenblick und in einem entfernten erlebte, bis schließlich die Vergangenheit auf die Gegenwart übergriff und ich selbst sofort nicht mehr unsicher war, in welcher von beiden ich mich befand; in der Tat war es so, daß das Wesen, das damals in mir jenen Eindruck verspürt hatte, ihn jetzt in dem wiederfand, was es an Gemeinsamem zwischen einem Tage von ehemals und dem heutigen gab, was daran außerhalb der Zeit gelegen war; es war ein Wesen, das nur dann in Erscheinung trat, wenn es auf Grund einer solchen Identität zwischen Gegenwart und Vergangenheit sich in dem einzigen Lebenselement befand, in dem es existieren und die Essenz der Dinge genießen konnte, das heißt außerhalb der Zeit. Dadurch erklärte sich, daß meine Sorgen um meinen Tod in dem Augenblick ein Ende gefunden hatten, in dem ich unbewußt den Geschmack der kleinen Madeleine wiedererkannte, weil in diesem Augenblick das Wesen, das ich zuvor gewesen war, außerzeitlich wurde und daher den Wechselfällen der Zukunft unbesorgt gegenüberstand. Nur außerhalb des Handelns und unmittelbaren Genießens war dieses Wesen zu mir gekommen, hatte es sich manifestiert, sooft das Wunder einer Analogie mich der Gegenwart enthob." (S. 3951f)

Ähnlich wie der antike Gnostiker, der entdeckte, daß in seiner Lebensseele ein höheres Ich schlummerte, konnte Proust „zwei Ich unterscheiden – ein gewöhnliches, alltägliches Ich, das in diesen kurzen Momenten der Ekstase irgendwie beiseite gestoßen wird", und ein anderes „Ich", von dem er als von „cet être" spricht, „diesem Wesen, dem wirklichen Ich, das normalerweise tot zu sein scheint, das aber in diesen unsagbaren Heimsuchungen des Unendlichen lebendig wird."[4]

> „Das Wesen, das in mir wiedergeboren war, als ich derart vor Glück erbebend das Geräusch vernahm, das zugleich dem Löffel, der den Teller berührt, und dem Hammer eigen ist, mit dem man auf ein Rad klopft, sowie das Gemeinsame auch in der Ungleichheit der Pflasterung des Guer-

mantesschen Hofes und der des Baptisteriums der Markuskirche verspürte, dieses Wesen nährt sich einzig von der Essenz der Dinge und findet in ihr allein seinen Bestand und seine Beseligung. Es kümmert traurig dahin bei der Beobachtung der Gegenwart, in der die Sinne ihm jene Essenz nicht zur Verfügung zu stellen vermögen, bei der Betrachtung einer Vergangenheit, die der Verstand ihm ausgedörrt verabfolgt, bei der Erwartung einer Zukunft, die der Wille aus Bruchstücken der Gegenwart und der Vergangenheit zusammensetzt, denen er noch dazu ihren Wirklichkeitsgehalt entzieht, da er von ihnen nur beibehält, was dem utilitaristischen, eng auf Menschliches beschränkten Zweck entspricht, den er ihnen zuerkennt. Sobald aber ein bereits gehörtes Geräusch, ein schon vormals eingeatmeter Duft von neuem wahrgenommen wird, und zwar als ein gleichzeitig Gegenwärtiges und Vergangenes, ein Wirkliches, das gleichwohl nicht dem Augenblick angehört, ein Ideelles, das deswegen dennoch nichts Abstraktes bleibt, wird auf der Stelle die ständig vorhandene, aber gewöhnlich verborgene Wesenssubstanz aller Dinge frei, und unser wahres Ich, das manchmal seit langem tot schien, aber es dennoch nicht völlig war, erwacht und gewinnt neues Leben aus der göttlichen Speise, die ihm zugeführt wird. Eine aus der Ordnung der Zeit herausgehobene Minute hat in uns, damit er sie erlebe, den von der Ordnung der Zeit frei gewordenen Menschen wieder neu erschaffen. Man kann aber wohl verstehen, daß dieser nun Vertrauen zu seiner Freude faßt, selbst wenn der einfache Geschmack einer Madeleine nicht logischer Weise die Gründe für diese Freude zu enthalten scheint, verstehen auch, daß das Wort Tod keinen Sinn für ihn hat; was könnte er, der Zeit enthoben, für die Zukunft fürchten?" (S. 3952f)

Prousts säkularisierte gnostische Erfahrungen zeigen, wie sich eine Welt verhalten muß, die einerseits davon absehen soll, einfach ihr Erbe zu verzehren, und andererseits in sich schon eine Vergangenheit als gegenwärtig auffindet, die jedes Sinnes und jeder Vernunft entleert ist.

„In welchem Augenblick wir sie auch betrachten, immer hat unsere seelische Ganzheit nur einen beinahe fiktiven Wert trotz der umfangreichen Bilanz ihrer Reichtümer, denn bald stehen die einen, bald die anderen nicht zu unserer Verfügung, und zwar die effektiven Schätze ebensowenig wie diejenigen der Einbildungskraft ..." (S. 2257)
„... als Ganzes unsichtbar wie ein Bauwerk, von dem man wegen des Nebels oder der großen Entfernung nur einzelne Partien undeutlich wahrnehmen kann. Daher heftet sich dann eine gewisse Schwermut an die Kenntnis solcher Werke wie an alles, was zu einem Zustandekommen an die Zeit gebunden ist." (S. 699)

Was wir eingangs den Ausgangspunkt, das mit einer bestimmten Auffassung von Zeit identische potentielle literarische Produkt nannten, hat ein früher Interpret tatsächlich als den nucleus erfaßt, von dem aus bis zum fertigen literarischen Werk eine Untersuchung sich führen läßt[5]: „Es ist deutlich, daß diese Mitteilungen uns einen Einblick in die innerste Schicht von Prousts Erlebnisweise und künstlerischer Arbeit gewähren. Wir sehen hier wieder, daß das primäre Element seiner Kunst nicht psychologische Analyse, sondern eine sinnlich-seelische Aneignung bestimmter Wirklichkeitsausschnitte ist. Der geistige Prozeß, aus dem Prousts Kunst erwächst, ist ein besonders gearteter Sehen, eine intensive Tiefenschau, eine im Blick auf die äußeren Dinge erfolgende Bewußtseinskonzentration ... Es handelt sich dabei um eine Form der Wahrnehmung, die in unserer alltäglichen Erfahrung nicht oder nur ganz ausnahmsweise vorkommt. Sie liegt an jener Grenze, wo das normale Wachbewußtsein in andere Bewußtseinszustände übergeht. Sie deckt sich mit dem, was die Psychologie der Mystik in einem genau umschriebenen Sinne ‚Kontemplation' nennt."

2. James Joyce, Ulysses

Unter den vielfältigen Interpretationen[6] von James Joyce's Ulysses[7] wählt der Religionsgeschichtler gern die, die Joyce mehr oder weniger in eine Linie mit den Allegorisierungen Homers durch die Stoiker und Neuplatoniker, die christlichen Apologeten, Gnostiker, Kirchenväter und die Humanisten stellt. Aber diese Linie ist diskontinuierlich, denn von allen seinen „Vorläufern" weicht Joyce ab und geht über sie alle hinaus. Es gibt nur eine Analogie, und sie stellt den großen Roman unter das Thema, das wir hier verfolgen. Die Apologeten und die Kirchenväter machten die Wanderungen des Ulysses zu einer Allegorie der wandernden, irrenden, gefährdeten, verführbaren Seele; aber sie taten es im katholischen anstatt im dualistischen Sinn von Gnosis. Ähnlich machte auch Joyce die Wanderungen des Leopold Bloom durch Dublin an einem einzigen Tag, Donnerstag dem 16. Juni 1904, zu einer Demonstration, wie süße Erfüllung des Lebens schon in der Alltagserfahrung *vor* der gnostischen und christlichen Seligkeit der Seele im Jenseits gefunden werden kann. Deshalb müssen so verschiedene Dinge wie die *Odyssee* und die Eucharistie zusammengebracht und damit parodiert werden. Die beiden Parodien sind ineinander verflochten; solche Verflechtungen sind dem Leser von gnostischen Texten vertraut. Einerseits gibt es die Parodie der *Odyssee*, von der Telemach-Episode (am Turm, acht Uhr morgens) bis zur Penelope-Episode (im Bett, zwei Uhr nachts). Andererseits gibt es die der Eucharistie von Mulligans *Introitus* bis zu Marions letztem Evangelium (hier das *Evangelium der Erde*). Für Joyce zeigen und symbolisieren beide gleichzeitig, wie kolossal und ungeheuer der gewöhnliche Tag ist.

Das ganze ist ein Epos, in dem ein Leben und eine Welt durchquert werden, ohne daß von einer einzigen Komponente behauptet wird, sie sei zwingend nötig. Anders als im Katholizismus, der einen Auftrag von der ausgehenden

Antike erhielt und ihn erfüllte, geschieht hier nichts zwangsweise oder mit Notwendigkeit: weder die Bedeutung der determinierenden Orte, deren jeder seinen besonderen Genius hat, – noch das Verhalten, das wert ist, die entscheidenden Handlungen nachzuahmen, die alle einzeln ritualisiert werden können, – noch die schicksalsschwangeren menschlichen Begegnungen, in denen die Beteiligten typisiert werden. Alles ist travestiert, auch die christliche Erfüllung. Selbstzerstörerisch werden ein Dutzend Stile ausprobiert, wie in der synkretistischen Austauschbarkeit der Begriffe und Bilder und wie in der Hin- und Rückübersetzbarkeit dessen, was von einer Sprache in die andere gesagt werden sollte. Auch in der weiteren Dimension pervertieren außer dem langen odysseeischen Tag und der rituellen Ordnung ein anderer monströser Weg und ein anderer diabolischer Gottesdienst den Fortgang und die Liturgie in ihr Gegenteil, wie vordem im Hexensabbat und der Schwarzen Messe. Aber wie sehr diese korrespondierenden Formen auch ineinander verwoben sind, sie erschöpfen die Symbolik des Werks bei weitem nicht. Joyce schafft Verbindungen nicht nur mit der Odyssee und der Eucharistie, sondern auch mit der Bibel, dem Talmud und wahrscheinlich sogar mit der Kabbala.[8]

„Zubereitung des Frühstücks (Brandopfer): Darmkongestion und prämeditierende Defäkation (Allerheiligstes): das Bad (Ritus des Johannes): die Beerdigung (Ritus des Samuel): die Annonce des Alexander Keyes (Urim und Thummim): das frugale Mittagessen (Ritus des Melchisedek): Besuch des Museums und der Natonalbibliothek (Ort der Heiligkeit): Bücherjagd längs der Bedford Row, Merchants Arch, Wellington Quay (Simchath Torah): Musik im Ormond Hotel (Shira Shirim): Krach mit einem ungeschlachten Troglodyten in Bernard Kiernans Lokal (Holokaust): eine leere Zeitspanne mit Droschkenfahrt, Besuch in einem Hause der Trauer, Abschied (Wüste): Erotismus, veranlaßt durch weiblichen Exhibitionismus (Ritus des Onan): die langwierige Entbindung der Mina Purefoy (Keuchopfer): Besuch in dem liederlichen Hause der Bella Cohen, Tyrone Street 82, Suff, und dann Streit und Handgemenge in der Beaver Street (Armageddon): nächtliche Wanderung nach und von der Kutscherkneipe, Butt Bridge (Sühnetod).“

Das berühmte Schlußkapitel, Penelopes sehnsuchtsvolle Erwartung des zurückkehrenden Gatten (=Marions *Evangelium der Erde*), löst die *Odyssee* in Raum und Zeit auf; auch Stile, Ereignisse, Bilder und alles, was wieder aus dem gesamten Epos auftaucht, werden aufgelöst und miteinander vermischt. Damit bleibt das Ende der Geschichte offen, aber ihre Materialien bestehen weiter. Es läßt sich kein definitiver Schluß ziehen. Der Zustand des Zerfalls kann anhalten, es könnte aber auch, wie die Auflösung eines Kristalls, die Vorbereitung zu einem neuen Heterogramm einer Apokatastasis sein.

3. Robert Musil, Der Mann ohne Eigenschaften

Als Robert Musil gebeten wurde, seinen großen Roman *Der Mann ohne Eigenschaften* [9] selbst zu beschreiben, sagte er: „Es ist keine Beichte, sondern eine Satire" und gleichzeitig „Es ist keine Satire, sondern eine positive Konstruktion". Und wirklich gewinnt das, was Musil Parallelhandlung nennt – nämlich der Plan, nach dem die Inhalte des ganzen Buches arrangiert sind –, seinen satirischen Ton durch die Organisation in ein Koordinatensystem.[10] Und gerade dieses System macht alle Parallelisierungen satirisch, angefangen bei den parallelisierten Jubiläen des österreichischen und des deutschen Kaisers bis zu allen kleineren.

Der zweite Handlungsstrang steht in einer mathematisch konstruierten Parallele zum ersten und ist in seiner Parallelität eine Satire nicht im Geist der Handelnden, sondern in dem des Beobachters. Läßt er nicht an eine Welt sekundärer Bedeutung denken, die in allen Details einer Welt der primären Bedeutung nachgebildet ist, wie sie uns in den entwickeltesten und komplizierten gnostischen Systemen vorliegt? Es ist natürlich nur dieses Prinzip der Parallelkonstruktion, das auf diesen Zusammenhang verweist; aber in dieser Konstruktion ist auch eine Beziehung zwischen den essentiellen und den imaginären Ereignisebenen enthalten, denen für eine Analogie zur gnostischen Distanz von einem monistischen System der Allegorien nur der Dualismus fehlt. Es stellt sich also heraus, daß gerade die mathematisch-technische Intelligenz – für die die Zahl und nicht irgendein Attribut der Schlüssel zur Welt ist – die menschlichen Handlungen und Taten in einer solchen Weise begreift, daß einzelne lediglich als Parallelen von anderen erscheinen. In gnostischen Systemen handeln konkrete fleischliche Gebilde parallel zu dem, was für sie von pleromatischen oder diabolischen Hypostasen vollzogen wurde.

Satire tritt nun an die Stelle der früheren Abwertung, und Kontrafaktur ersetzt Abwärtsentwicklung: so werden neue Kriterien zugänglich, mit denen sich wahr und falsch unterscheiden lassen. Deshalb können die vielen Hysteriker und falschen Propheten des Buches als Folie für das Bemühen dienen, mit dem der Haupteld Ulrich eine Utopie des richtigen Lebens entwerfen möchte. Paradoxerweise scheinen gerade jene Stoffe zu zerfallen, die offensichtlich dazu bestimmt waren, das Falsche schön zu machen; das Wahre aber, denn es ist berechnet, entwickelt sich, wie in der Architektur und Musik des Barock, in einer Überfülle von Formen, die nicht Staunen, sondern Glück auslöst. Dies ist eine neue Legitimierung des Pythagoreismus: das Empfinden ist nicht etwas Vages und Zufälliges, sondern erwächst am reinsten aus der Symmetrie. Man kann dies als Botschaft auffassen: eine Welt, in der immer mehr und zum Schluß alles berechnet werden muß, sollte für diese Art Pythagoreismus aufnahmefähig bleiben.

Berechenbar scheint auch der Platz der Dinge in der Geschichte zu sein.

> „Welche sonderbare Angelegenheit ist doch Geschichte! Es ließ sich mit
> Sicherheit von dem und jenem Geschehnis behaupten, daß es seinen Platz
> in ihr inzwischen schon gefunden hatte oder bestimmt noch finden werde;
> aber ob dieses Geschehnis überhaupt stattgefunden hatte, das war nicht
> sicher. Denn zum Stattfinden gehört doch auch, daß etwas in einem be-
> stimmten Jahr und nicht in einem andern oder gar nicht stattfindet; und es
> gehört dazu, daß es selbst stattfindet und nicht am Ende bloß etwas Ähnli-
> ches oder seinesgleichen. Gerade das ist es aber, was kein Mensch von der
> Geschichte behaupten kann, außer er hat es aufgeschrieben, wie es die Zei-
> tungen tun …" (S. 299f)

Die eigentliche Ereignisebene, auf der die Geschichte sich abspielt, ist also die
imaginäre. Hier geschieht eine Zeit, in der weniger geschieht, als daß das Vergangene seine Plätze bekommt, in der sich aber das Mögliche, das Wünschens-
werte und in allem das Künftige entwerfen läßt[11].

4. Thomas Mann, Joseph und seine Brüder

In seiner Josephs-Tetralogie[12] nimmt Thomas Mann zur Textgrundlage die
Genesis, so wie sie heute vorliegt. Die von der literarkritischen und formge-
schichtlichen Forschung erarbeiteten Erkenntnisse bleiben scheinbar unbe-
rücksichtigt. Scheinbar heißt: Zwar bleiben die Endgestalten, welche die Überlieferungen aus den verschiedenen Quellen in der Schlußredaktion erhalten
haben, in ihrem Fürsichsein durchaus gegenwärtig. Aber was in der Philologie
zum Ausgangspunkt für Quellenscheidungen und Traditionsanalysen diente,
wird bei Th. Mann zu verschiedenen Ausprägungen übereinstimmender Erlebnisse der ältesten Erzähler und ihrer Helden. Das Gnosis-Zeit-Problem liegt
demgegenüber auf einer anderen Ebene. Was das anlangt, so muß man im
Roman und in den Vorarbeiten und theoretischen Werken dazu natürlich zwischen Gnosis als einem historischen Phänomen und als einer rudimentären
Disposition nach Art eines neognostischen Systems unterscheiden, wie Thomas
Mann es von Bachofen und Mereschkowski übernommen hat.[13] Gnosis als
historisches Phänomen kann nach dem Erlösungsbegriff definiert werden, für
den die Konsubstantialität und die persönliche Distinktion zwischen dem Erlöser und dem Erlösten zentral ist. Aber im gnostisch inspirierten Denken von
Bachofen, Mereschkowski und Thomas Mann wird diese Vorstellung von
Gnosis nicht reproduziert, sondern eher in Analogien dargestellt. Diese Analogien bestehen zwischen den Orten in einem gedanklichen System, von denen
aus jüngere Interpretationen in beträchtlichem Umfang auf ältere Traditionen

reprojiziert werden, sodaß in deren Bereich eine Art unwirklicher, neuer Synkretismus entsteht.

Ähnliches hatte schon der antike Gnostizismus getan; die genannten modernen Autoren sind ihm hierin gefolgt, und das hängt mit ihrer Abhängigkeit von altchristlichen und mittelplatonischen Autoren zusammen, die unsere Hauptquellen waren, bevor die Nag-Hammadi-Texte entdeckt und ediert wurden.

Das Denken jener Autoren wurde zuvor von Schelling vertreten und war von ihm in der *Philosophie der Mythologie* bereits so fundamental gemacht worden, daß ein heterogener theoretischer Impuls nötig gewesen wäre, um seine Prinzipien zu erschüttern und historische Differenzierungen zuzulassen. Ein solcher Impuls aber war für Thomas Mann und seine Autoritäten nicht wichtig. Die Autoren des 19. und 20. Jahrhunderts unterscheiden sich jedoch von den antiken Gnostikern darin, daß sie anders als die letzteren nicht durch Fakten, die durch Reprojektion erst geschaffen worden waren, beweisen wollten, daß ihr eigener Mythos eine originelle und primäre Offenbarung sei. Dennoch können auch sie dem Zusammenhang ihrer eigenen Bildungstradition mit den hellenistischen Synthesen des früheren klassischen Erbes nicht entgehen. Dies erklärt, warum sie die klassische und die hellenistisch-gnostische Tradition als eine Einheit sahen.

Thomas Manns Hintergrundmaterial war ihm überwiegend durch die christliche Tradition, auch die christliche Theologie, vermittelt worden. Es fragt sich nun, wie weit die Interpretationen dieses Hintergrundes an diese besondere Vermittlung gebunden bleiben, und wie weit sie durch die direkte Rezeption des Dionysischen sich davon wegbewegten. Es ist schon gezeigt worden, daß es Nietzsches Verständnis des Dionysischen war, das von Thomas Mann wiederholt und akzentuiert wird. Dies trifft für die Motive des Tragischen, der Passion und des Opfers, aber auch für die Rückstrahlungen der Ideen von Gericht und Versöhnung bei beiden Autoren zu. Die phänomenologischen Beziehungen zum christlichen Denken, die hier auftauchen, sind von einer ganz anderen Art als diejenigen, die die Haltung gegenüber dem Dionysischen in der Alten Kirche bestimmten. Diese neuen Beziehungen lassen das Dionysische nicht als *praeparatio evangelica*, sondern als Manifestation von Welt und Seele erscheinen, in denen sich Gott selbst offenbaren kann. Aber es kann nur ironisch bestätigt werden, daß diese Manifestationen zweifelhafte Lokalisierungen göttlicher Erscheinungen sind, und dies ist eine ganz legitime theologische Würdigung in der Ironie Thomas Manns. Es wäre deshalb falsch, Thomas Manns Lösung dieses Orientierungskonflikts zwischen Schopenhauer, Nietzsche und Richard Wagner als nichtchristlich zu bezeichnen.

Aber innerhalb dieser Behandlung des Stoffes kann nicht nur die mythologische Verbindung von Christus und Dionysos als selbstverständlich vorausgesetzt werden, sondern auch die zwischen diesen und den anderen leidenden

Göttern Tammuz und Osiris, und auch dem nun keineswegs leidenden, aber betrügerischen Hermes – eine Götterverschmelzung (Theokrasie), die Thomas Mann durch Karl Kerényi halb angepriesen und halb aufgenötigt wurde. Unter diesen Kennworten liefern Johann Jakob Bachofen und Edgar Dacqué in der Sicht Thomas Manns diametral entgegengesetzte mythologische Reflexionen über Schopenhauers Immanentismus, in denen der ganze Zusammenhang als eigentlich dialektische Wechselbeziehung zwischen „Gott ist Licht, Geist, Transzendenz" einerseits und „Gott ist sinnliches Begehren, Sein, Immanenz" andererseits erscheint. Mereschkowski machte es Thomas Mann leicht, Nietzsche in einem christlichen Sinn richtigzustellen: „Nicht Dionysos ‚oder' der Gekreuzigte, sondern ‚gegen' den Gekreuzigten". In diesem Kontext wird klar, wie gnostische und mythische Strukturen des Denkens tatsächlich an dem teilhaben, was nach der romantischen Vermittlung und der Rezeption durch die Anreger Thomas Manns als Amalgam der Vorstellungen von der Welt und vom Leben bezeichnet werden muß. Hierhin gehören Thomas Manns gewagte Reprojektionen, die die Zeit der alttestamentlichen Patriarchen zum Ziel haben. Gerade dieses Bezugssystem erlaubt es ihm, während er Baal, El, Elohim, den Gott der Väter, und Jahwe behandelt, dazwischen andere Parallelen zu den semitischen Theokrasien zu zitieren. Innerhalb dieser Parallelen konnte er außerdem Adonis, Attis, Osiris durch ein halb panbabylonisches, halb panägyptisches Raster sehen.

Hiermit ist zugleich gesagt, daß dieser Methode auch die biblische Gottesvorstellung unterliegt. Historisch gesehen, haben die mit ihrem jeweiligen Vätergott im Kulturland an verschiedenen Stellen sich einzeln niederlassenden Stämme – die Abrahamsleute in Mamre, die Isaaksleute in Beerseba, die Jakobsleute in Bethel – den Vätergott mit vorgefundenen Numina verschmolzen. Diese, die damit ihrerseits verändert wurden, waren zur Zeit der endgültigen Landnahme bereits Hypostasen des kanaanäischen Deus otiosus El geworden; dies aber erst seit der Kanaanisierung des Landes, während sie vorher einzelne lokal gebundene Numina gewesen sein müssen. Nachdem nun die neolithischen und chalkolithischen Numina entweder in der frühen und mittleren oder in der späteren Bronzezeit zu kanaanäischen Gottheiten geworden und als solche weiter mit verschiedenen Vätergöttern verschmolzen waren, stieß der Sinai-Gott Jahwe, den eine von Ägypten heraufziehende Stammesgruppe als eifersüchtigen, grimmig-grausamen Herrn mit sich gebracht haben muß, auf das Ergebnis dieser Theokrasien. Er duldete keinen Gott neben sich und verdrängte so alle Stammesgötter, indem er einige ihrer Funktionen übernahm – so verbanden sich die Schöpferqualität und die Vatereigenschaften Els mit dem Führer- und Bundesgott der Nomaden! –, einige Namen sich als Hypostasen unterordnete und einige Göttergestalten nebst ihren Eigenschaften ganz unterdrückte. Auf all das reflektiert Thomas Mann nicht, sondern scheint zunächst naiv die letzte Stufe in der Gestaltung dieser Göttergeschichte in der Form zu akzeptieren, wie sie in der biblischen Schlußredaktion des Deuteronomisten vorliegt: die Ahnherren und Stammeseponymen sind samt ihren Gottesoffenbarungen, in welche die an den verschiedenen Orten geschehenen Theokrasien bereits eingegangen sind, in chronologische Reihenfolge gebracht, zu Vater, Sohn und Enkel geworden. Die einzelnen Kultlegenden sind historisierend zu einer Offenbarungsgeschichte aneinandergereiht.

Die historischen Differenzen, die bisher aufgezeigt wurden, setzen wir zwar interpretativ selbst, sie sind aber in dem jeweiligen literarischen Werk schon angelegt. Mit dieser gedanklichen Einschränkung können wir sie zu einer fundamentalen Differenz in jenem Mythenkreis in Beziehung setzen, dem sich Thomas Mann nähert. Es geht um die Unterscheidung zwischen der altägyptischen, altmesopotamischen und kanaanäischen Mythologie einerseits – natürlich in der von der Geschichte der Forschung entwickelten Form, in der sie Thomas Mann vermittelt wurde –, und ihrer hellenistischen und gnostischen Transformation andererseits. So unzweifelhaft Thomas Mann sich auch hier das späte Stadium der Überlieferung zur Vorlage genommen hat – man weiß, daß er es tat, obwohl er die literar- und überlieferungsgeschichtlichen Verhältnisse kannte –, so deutlich ist doch zugleich, daß er ihre rudimentär historisierende Intention in seiner Darstellung erheblich umgestaltete. Die historisierten Stoffe, die in chronologischer Reihenfolge erzählten Einzelberichte, interessieren ihn nämlich nur und gerade um der immer wiederkehrenden Identität der Motive willen. Diese ist es, die von Fall zu Fall hervorgehoben und so zum Programm der Erzählung wird, zum Programm von Thomas Manns Erzählung. Die darin zum Ausdruck kommende neue Intention ist gegenüber jeder Geschichtskontinuität und -kausalität feindlich; wenngleich sie die Quellenscheidung insofern nicht ganz ignoriert, als diese ja die in einer echten Geschichte überflüssige oder jedenfalls unglaubwürdige Übereinstimmung der Motive festhält, so macht sie doch die Historisierung der Schlußredaktoren wieder rückgängig. Man kann fast sagen: diese Intention remythisiert die Historisierung. An die Stelle der Verbindlichkeit einer zeitlich je neu und individuell unvergleichlich verlaufenden Geschichte treten Geschehenstypen, die sich wiederholen.

Und ganz entsprechend tritt die in der Reprojektion durch Thomas Mann transformierte synkretistische Stufe des sogenannten orientalischen Mythos an die Stelle ihrer wirklichen archaischen Vorläufer – sofern man diese überhaupt rekonstruieren kann. Ein erstes wichtiges Anzeichen dafür ist der Umstand, daß das manichäische System, das natürlich nicht „manichäisch" genannt wird und ohne die manichäischen Eigennamen vorkommt, im Vorspiel des Romans so behandelt wird, als sei es der archaische orientalische Mythos vom Urmenschen selbst (was er übrigens im gelehrten religionsgeschichtlichen Katechismus der Bultmannschule tatsächlich war). Ein weiteres wichtiges Anzeichen für eine Reprojektion solcher Art ist, daß Thomas Mann die Frage nach dem ersten

Anfang der Welt vermeidet, die sich für die Autoren der Priesterschrift und damit auch für die Redaktoren der Genesis, die hier als Historiker gefordert waren, stellen mußte. Wo jedes angenommene Geschehen nur der Nachvollzug oder die Wiederholung eines voraufgehenden ist, werden Zeit und Anfang unauslotbar. (Der häufige, namentlich im 4. Stück des Vorspiels ausgeführte Rekurs auf Atlantis ist kein Gegenbeweis. In Atlantis liegt für Thomas Mann nicht der Uranfang der Historie, der er übrigens auch in der Antike niemals war. Für die Antike wie für Thomas Mann ist Atlantis eine Chiffre für das Uranfängliche vor der Historie.)

Wenn nun aber auch die geschehenstypische Sicht nicht mehr historisierend ist, wie oben gezeigt wurde, so ist sie doch andererseits auch nicht vollkommen ahistorisch, etwa im Sinne einer Psychologie der Archetypen, wie man nun vielleicht meinen könnte. Beides ist verbunden: das Typische wiederholt sich im Geschehen, ist je nur in ihm vorhanden; es ist nicht die Konkretisierung oder Materialisierung eines allzeit himmlisch gegenwärtigen Archetypos. Das Archetypische ist vielmehr das Frühere, das sich wiederholt, die Urwahrheit, die doch als geschehen und wiederholbar gedacht und gefordert ist. Die von der kerygmatischen Theologie forcierte Unterscheidung von Mythos und Geschichte, mit der es ohnehin nicht zum besten bestellt war, darf nicht vergessen lassen, daß der Mythos erzählt (Geschehendes, Geschehenes); er ist nicht allein das „Ideelle" im Gegensatz zum „Geschichtlichen".

Aber die von Thomas Mann vollzogenen Synthesen hatten selbst ihre Modelle und Anregungen. In der Bildungsgeschichte sind die Grundlagen für diese Synthesen, die wie unter einem Zwang zur Reprojektion stehen, aufgedeckt worden; sie wurden vor allem von Bachofen, Mereschkowski und Dacqué gelegt. (Mit solchen durch Reprojektion entstandenen Synthesen gehen, wie wir nicht vergessen sollten, manche astrologischen Muster des Pan-Babylonismus einher.) Schon vor ihnen waren von Goethe und Schleiermacher mit Verweis auf Spinoza verschiedene Grundmodelle vorgegeben. Für Thomas Mann kam aber die entscheidende Anregung von einer viel späteren Position her, nämlich aus dem Verständnis des Pantheismus und Mystizismus, das Paul Tillich in der Tradition von Schleiermachers Denken entwickelte. Wir konzentrieren uns zunächst einmal darauf – auch wenn wir nicht verpflichtet sind, uns mit den von diesen großen Namen vertretenen Traditionen zu beschäftigen –, indem wir zeigen, was die grundlegende Annahme solcher Synthesen, d.h. des neosynkretistischen Mythos, von uns verlangt. Danach können wir dann zu einem abschließenden Punkt kommen.

Drei Mythosbegriffe müssen voneinander unterschieden werden, und das führt zu drei Bedeutungen der erforderlichen Entmythologisierung. Zunächst haben wir einen Reflexionsgrad, bei dem der Mensch sich nur im Spiegel des Göttlichen erkennt; hier führt Entmythologisierung das Menschliche auf sich selbst zurück (angelegt, aber nicht zu Ende geführt in der Schule C.G. Jungs).

Zweitens gibt es den (pseudo?-)mythischen Ansatz, nach dem das Göttliche nur in die weltlichen Beziehungen verwoben erscheint; hier produziert Entmythologisierung einen Gegensatz zwischen der göttlichen und der menschlichen Welt (Bultmanns Position). Drittens haben wir die Metamorphose des Göttlichen in das Menschliche und umgekehrt; hier beseitigt die Entmythologisierung die Basis dieser Metamorphosen, so daß sowohl die Theologie als auch die Anthropologie freigesetzt werden können. Dies ist die Ebene, auf der Thomas Mann arbeitet; doch sollte man unbedingt beachten, daß seine Erzählungen nur halbwegs auf die resultierende Theologie und Anthropologie hindeuten. Dies kann selbstverständlich leicht an dem Hermes-Thema wie auch an dem Tammuz-Thema gezeigt werden, profunder aber an jenen biblischen Erzählungen, in denen Biographien und Familiengeschichten mythisiert werden.

Die Annahme eines reinen Mythos ist an sich fragwürdig, nicht nur weil wir mindestens im Mittelmeer-Raum auch bei immer weiterem Zurückdringen nichts finden können, das als reiner Mythos zu bezeichnen wäre; aber es genügt, daß immerhin hier der Befund eklatant ist: der fertige, zusammenhängende Mythos – so der von Adonis, Attis, Osiris – scheint ein ausgesprochen spätes Phänomen zu sein. Vollständige Mythen – man denke an Plutarchs Schrift über Isis und Osiris – begegnen erst in hellenistischer Zeit! Es ist die Frage, ob Mythos überhaupt je anders als mythologisch (Wortsinn!) gegeben sein kann. Denn die Erzählung eines solchen reflektiert ja immer schon auf seinen Logos, sie will ihn bewußt und braucht ihn, um verstanden zu werden.

Thomas Mann hat offenbar ebendieses erkannt und gemeint. Sein Verständnis findet Gestalt in Eliezer, dem Lehrer, dem Erzähler, der auf nicht ganz geklärte Weise entweder als er selbst oder als Wiederholer seiner (früheren) Gestalt jeweils Lehrer, ja Mythologe ist. Diese erzählende Gestalt vertritt in Person und mythologischem Programm die Ablehnung eines archetypischen Mythos. In ihr gewinnt die Frage, ob nicht ein jeglicher archaischer Mythos eine Fiktion, die Unterscheidung von archaischem Mythos und Kunstmythos unsachgemäß und jeder unmythologische Mythos eine bare Velleität, eine gewollte Rückverankerung eigenen Selbstverständnisses in der prärationalen Vergangenheit sei, auch dichterisch endlich die ihr gebührende Virulenz.

Für unsere letzte Frage ist die Beobachtung wichtig, wie das Aufgreifen der Patriarchengeschichten als Modelle füreinander in der Tetralogie konstituiert und durchgeführt wird. Der moderne Dezisionismus ist daran gewöhnt, Glaubwürdigkeit aus der Annahme zu gewinnen, daß akut entscheidende Situationen in einem Feld wiederkehrender Gelegenheiten vorbereitet werden, wie sie sich auch in den Wiederholungen jener Biographien und Geschichten ereignen. Durch solche Art von Eigenstolz schafft der moderne Mensch dann totalitäre Umstände. Dieser Dezisionismus wird durch grundlegende menschliche Daten untergraben, die Thomas Mann in seinem Werk evaluiert. Aber wie wird im Rahmen dieser menschlichen Grunddaten die Entscheidung zugunsten der

Gewöhnung und damit Perversität und Falschheit verhindert, die sich in Jahr-
tausenden eingeschlichen haben? *Durch Ironie.*

Denn die Ironie macht allein durch das Aussprechen des Anerkannten dessen Auftreten als das Normale zweifelhaft. Ironie ist der moderne legitime Erbe
der antiken Selbst-Entmythologisierung und bedarf des Korrelats der massiven
Remythologisierung nicht mehr. Diese Ironie enthält in sich die Tendenz, so
viele homöopathische Dosen des Mythos oder doch wenigstens der Mythologie
zu behalten, daß keine wesentlich neuen Mythen entstehen können – Mythen,
die notwendig dogmatisch oder verlogen werden müßten. Die Ironie ist alles
andere als Verächtlichmachung ihres Gegenstandes; sie hätte als Kontrapunkt
zwischen der im Roman geschilderten mythologischen Distanziertheit der Personen von der vermeintlich rein mythischen Überlieferung und dem modernen
Selbstverständnis eine positive Funktion. Sie entlarvt die Selbstobjektivierung
des Mythos, die eine Funktion seines Verbindlichkeitsanspruchs ist, als Velleität.
Die positive Funktion der so bereits ironisch angelegten mythologischen Redeweise würde konkret etwa darin bestehen, die Schwierigkeiten zu überwinden,
die damit gegeben sind, daß „das Wort" in einer Gestalt zu uns kommt, in der
wir ihm nicht naiv gehorchen können, ohne zu bedenken, *wie* es auf *uns* kommt
und wirkt. (Die dialektische Theologie hat es gerade in jener Zeit diskutiert.) So
gewinnt die ironische Remythologisierung geradezu hermeneutischen Charakter. Die weitverbreitete Kritik an der Josephs-Tetralogie geriete ins Wanken,
und Thomas Manns Verwunderung über die schlechte Aufnahme seines Buches bei den Theologen könnte sich als begründeter erweisen als deren Ablehnung des Romans.

Diese Implikationen von Thomas Manns Werk schließen auch das Politische ein. Wir können sie als letzten Hinweis darauf nehmen, daß mit einem
kritischen Ansatz gegenüber Synthesen – auch gegenüber synthetischen Mythen, die schon durch ihren Charakter immer Gefahr laufen, ideologisch zu
werden – eine Position der demokratischen Verantwortung in der Handhabung auch anderer großer geistiger Erbschaften als derjenigen gewonnen werden kann, die sich der Herausforderung des synthetisch-gnostischen Denkens
öffneten und durch sie eigentlich erst begründet wurden.

Fußnoten

[1] Ursprünglich 15 Bände, 1913-1927; Neuausgabe von P. CLARAC und A. FERRE, 3 Bde, Paris 1954. Dazu Cl. MAURIAC, *Marcel Proust in Selbstzeugnissen und Dokumenten,* Reinbek 1958. Deutsche Zitate aus *Auf der Suche nach der verlorenen Zeit,* deutsch von EVA RECHEL-MERTENS, 10 oder 3 Bände, Frankfurt/M. 1979ff bzw. 1967.

[2] R. C. ZAEHNER, *Mysticism Sacred and Profane,* Oxford 1967, S. 56, geringfügig verändert; so auch das folgende Zitat.

[3] ZAEHNER a. a. O., MAURIAC, S. 138f und viele andere.

[4] ZAEHNER S. 57

[5] E.R. CURTIUS, *Marcel Proust,* Stuttgart 1925 (Bern 1952, Frankfurt/M. 1961, S. 78f.

[6] Wieder von E.R. CURTIUS, *James Joyce und sein Ulysses,* Zürich 1929; weitere verzeichnet bei J. PARIS, *James Joyce in Selbstzeugnissen und Bilddokumenten,* Reinbek 1960.

[7] Zuerst erschienen in Paris (!) 1922; Englische Standardausgabe: New York 1934, korrigiert 1961.

[8] J. Joyce, *Ulysses,* New York 1934, S. 728f., deutsch: *Ulysses,* übers. von H. WOLLSCHLÄGER, Frankfurt/M. 1975, S. 927, oder von G. GOYERT, München (dtv – Sonderreihe 49. 50) 1968; dort S. 750f obiges Zitat (aber „Keuchopfer" falsch für „Hebopfer", engl. *heave offering).*

[9] Ursprünglich Bd. 1 1930, Bd. 2 1933, Bd. 3 aus dem Nachlaß 1943. Erste einbändige Ausgabe: Hamburg 1952.

[10] Mehr bei W. BERGHAHN, *Robert Musil in Selbstzeugnissen und Bilddokumenten,* Reinbek 1963.

[11] Dazu A. SCHÖNE, „Zum Gebrauch des Konjunktivs bei Robert Musil", in: *Euphorion* 55, 1961, S. 196-220.

[12] Die vier Romane erschienen 1933, 1934, 1936, 1943. Erste Gesamtausgabe in 2 Bänden: Stockholm 1948.

[13] Der Kürze halber sei nur verwiesen auf K. SCHRÖTER, *Thomas Mann in Selbstzeugnissen und Bilddokumenten,* Reinbek 1964. Das Folgende jedoch nach der Göttinger Dissertation (1978) von K. BORCHERS, *Mythos und Gnosis im Werk Thomas Manns. Eine religionswissenschaftliche Untersuchung,* Hochschulverlag Freiburg 1980 (wo S. 423-27 auch eine Interpretation des Verf.s zitiert ist, die die obige ergänzt).

Hinweis auf das VIII. Kapitel

Die Übersicht sieht in den waagrechten Spalten jeweils vier Schritte „durch die Geschichte hindurch" vor (= diachrone Gruppen). In dieser Reihenfolge sind die Textabschnitte in Kap. VIII angeordnet. Die andere Anordnung bietet die Ereignisse oder Zustände, wie sie „in der Geschichte zur gleichen Zeit" erscheinen (= synchrone Gruppen). So werden die Abschnitte zur Kontrolle in einer Übersicht in kleinerer Ausführung S. 337 unten geboten. Die Lektüre erfolgt also dort, von der Tabelle aus gesehen, „gegen den Strich".)

Es sei nun vorausgesetzt, daß beide Tabellen von links nach rechts gelesen werden. Der Leser soll sich damit Rechenschaft geben, welches Verfahren er mehr als eine seinem mitgebrachten historischen Bewußtsein unangemessene Nötigung empfindet: entweder chronologisch viermal wieder von vorn zu beginnen, bis er in der Lage ist, zwischen Beginn und Schluß jeder Diachronie eine „historische Kontrapunktik" zu erkennen, oder auf jeder historischen Stufe nur einmal, dafür aber in verschiedenen Bereichen, d.h. insgesamt länger zu verweilen, bis er einer solchen Anordnung folgend von Fall zu Fall je einmal eine historische Tiefendimension wahrnimmt.

Anordnung nach Diachronien und Synchronien	A) Antikenbegriff, Judaismus, Hellenismus- und Romidee	B) Flavius Josephus und sein Jahrhundert	C) Europäisches Geschichtsbild und jüdische Existenz	D) Lion Feuchtwanger und das 20. Jahrhundert
a) Von der Antike zu ihren heutigen Deutungen	I Epochen und gleitende Gegenwarten der „Antiken" 1	V Der „jüdische Krieg" als epochale Vertreibung 2	IX Antijüdische Josephus-Rezeption durch 16 Jahrhunderte 3	XIII Geschicke der Feuchtwanger seit Beginn der Neuzeit 4
b) Vom antiken Judentum zu seiner heutigen Bedeutung	II Das frühe Judenttum als nachisraelische, jüdische Antike 5	VI Josephus' unangefochtener „Räuber" Johannes von Gischala 6	X Westeuropäische Zumutungen an die jüdische Identität 7	XIV Der historische Roman als hermeneutisches Mittel 8
c) Vom alten Nativismus zum heutigen Nationalismus	III Jüdische Nativitas im Hellenistischen Orient 9	VII Josephus' Historiographie, Autobiographie und Apologetik 10	XI Friedrich Schillers verkannter „Räuber" Moritz Spiegelberg 11	XV Jüdischer Nativismus als antifundamentalistisches Paradigma 12
d) Vom Alten Römertum zum heutigen Weltbürgertum	IV Geschehende Römerherrschaft und römische Herrschaftstruktur 13	VIII Verrat am Alten = Prophezeihung des Neuen? 14	XII Die Aussage von Feuchtwanger's Josephus-Trilogie 15	XVI Kosmopolit und Staatsbürger – Alternative oder Doppelideal? 16

VIII. Kapitel: Zwischen Nativismus und Nationalismus. Zeitgeschichtliche Nacharbeiten zu Flavius Josephus' „Jüdischer Krieg" und Lion Feuchtwanger's Josephus-Trilogie

Einleitung: Zeitgeschichte synchron und diachron

„Zeitgeschichte", um deren Nacharbeit es gehen soll, kann hier das erste und auch das zwanzigste Jahrhundert sein: Wie sah es zur Zeit des Josephus und um den jüdisch-römischen Krieg aus der Sicht des Historikers aus, und wie weicht die Interpretation davon ab, die aus der Freiheit des Schriftstellers kommt? Wie sieht es zur Zeit Lion Feuchtwangers und um die Weimarer Republik, die Judenverfolgung, den Zweiten Weltkrieg und die beiden Deutschlands danach aus der Sicht von uns Zeitgenossen aus, und welche Interpretation ergibt sich aus dem historischen Muster vom geistigen und militärischen Kampf des jüdischen Volkes gegen das römische Imperium, der äußeren und der inneren Emigration unter dem tyrannischen Wahn von Cäsaren?

Anordnung nach Synchronien und Diachronien	a) Von der Antike zu ihren heutigen Deutungen	b) Vom antiken Judentum zu seiner heutigen Bedeutung	c) Vom alten Nativismus zum heutigen Nationalismus	d) Vom Alten Römertum zum heutigen Weltbürgertum
A) Antikenbegriff, Judaismus, Hellenismus- und Romidee	I Epochen und gleitende Gegenwarten der „Antiken" 1	II Das frühe Judenttum als nachisraelische, jüdische Antike 5	III Jüdische Nativitas im Hellenistischen Orient 9	IV Geschehende Römerherrschaft und römische Herrschaftstruktur 13
B) Flavius Josephus und sein Jahrhundert	V Der „jüdische Krieg" als epochale Vertreibung 2	VI Josephus' unangefochtener „Räuber" Johannes von Gischala 6	VII Josephus' Historiographie,, Autobiographie und Apologetik 10	VIII Verrat am Alten = Prophezeihung des Neuen? 14
C) Europäisches Geschichtsbild und jüdische Existenz	IX Antijüdische Josephus-Rezeption durch 16 Jahrhunderte 3	X Westeuropäische Zumutungen an die jüdische Identität 7	XI Friedrich Schillers verkannter „Räuber" Moritz Spiegelberg 11	XII Die Aussage von Feuchtwanger's Josephus-Trilogie 15
D) Lion Feuchtwanger und das 20. Jahrhundert	XIII Geschicke der Feuchtwanger seit Beginn der Neuzeit 4	XIV Der historische Roman als hermeneutisches Mittel 8	XV Jüdischer Nativismus als antifundamentalistisches Paradigma 12	XVI Kosmopolit und Staatsbürger – Alternative oder Doppelideal? 16

Sollten sich diese beiden Fragen nicht in der Verschlungenheit wiederholen, in der Feuchtwanger sie behandelt, dann mußten sie in die Gleichzeitigkeiten von damals und von heute auseinandergelegt werden. Waren diese chronologischer Natur, so wiesen sie doch auch auf Ebenen sachlicher Übereinstimmung, die jeder der beiden Epochen voraufgingen und für deren Verständnis miterörtert werden mußten. Da drohten sich aber die Sachthemen ähnlich wie die Zeiten ineinander zu verschlingen. Um auch sie auseinander zu halten, konnten sie nur in Einheiten gegliedert werden, bei denen nicht davon abgesehen werden durfte, daß sie je ihre eigene Geschichte haben. Dieses Nebeneinander von Nachzeitigkeiten – es ergaben sich vier an Zahl – wirkte auf die Gliederung der beiden sachlichen und chronologischen Gleichzeitigkeiten zurück. Die Gesamtgliederung des Themas hat also sechzehn – der Natur jeder Sache nach verschieden lange – Einheiten ergeben. Sie können nun sowohl in der synchronischen wie in der diachronischen Reihenfolge gelesen werden. Der Leser wird gebeten, die eigentlich unmögliche Quadratur des Kreises der Probleme ausnahmsweise als einen Versuch zu akzeptieren, ihrer Lösung näher zu kommen.

A. Von der Antike zu ihrer heutigen Deutung

§ 1 = I: Epochen und gleitende Gegenwarten der „Antiken"

„Antike heute" – diese Wortaddition stellt auf der Längsachse der Weltgeschichte eine Verbindung zwischen etwas Früherem und etwas Späterem her. Diese Verbindung beginnt nicht an einem unendlich frühen Nullpunkt, sondern erst da, wo der Mensch in der früheren Zeit Ideen denkt, Werte schafft, Kulturtaten vollbringt, die irgendwann in der späteren Zeit wieder aufgenommen und erneuert werden. Dann endet die Verbindungslinie, was nicht ausschließt, daß sie danach noch weiter gezogen werden kann. Die frühere Zeit ist nun die Antike derjenigen, in die die Verbindung mündet.

Es sind viele Zeiten denkbar, die eine frühere zu ihrer Antike haben, und für einige ist es tatsächlich bezeugt. Zum Ausgang der mittelassyrischen Suprematie über das Zweistromland kam es mit Nebukadnezar I. (ca. 1130-1110 v. u. Z.) zu einer „babylonischen Renaissance", die als ihre „Klassik" die seit fünfhundert Jahrev verstrichene Hammurabi-Zeit ansah. Für die Assyrer, denen ihr König Assurbanipal (ca. 668-631) seine umfassende Bibliothek zusammenstellte, waren es zweitausend Jahre früher, als die Königsannalen einsetzten und man die erste Niederschrift der Mythen, den ersten Erlaß der Gesetze annehmen durfte, ohne die man nicht leben konnte. Im gleichzeitigen Ägypten (unter Psammetich I., ca. 664-610), wo wir sinnreich von „saitischer Renaissance" reden, war es ähnlich. Im gleichzeitigen Juda und achthundert Jahre später für die erste Christenheit war verpflichtendes antikes Erbe, was Mose und die Propheten auf die eigene Zeit geweissagt hatten. Noch einmal ein halbes Jahrtausend danach war Antike für die gegen das Christentum unterliegende Welt die Gründung Roms. Für die islamische Welt ist geradezu „klassische Antike" in allen Zeiten und Regionen die Zeit Mohammeds und seiner ersten Genossen.

Meistens ist es die spätere Zeit, die sich, und zwar ganz für eigenes erfühltes oder erkanntes Bedürfnis, ihre Antike wählt. Das kann kongenial mit dem Erbe, aber auch gegen dessen Sinn geschehen. Die Wahl, mit der sich die Epoche der Medici die Antike schuf, die in Verlängerung der Verbindungslinie auch die unsere geworden ist, war im Prinzip wohl kongenial. Die Wahl, durch die ein einziges Volkstum zur Antike von Ganzheitsbewegungen gemacht werden soll, wie zum Beispiel Alldeutschtum, Panslawismus, Panarabismus es sind, war und ist es wohl nicht. Ganz selten ist es aber auch eine frühere Epoche, die Eigenes, das sie dessen für wert hält, selbst zu einem Vermächtnis erklärt, zu einem Erbe bündelt. Sie erwartet dann, die Antike solcher Epochen zu sein, die es antreten werden. Diese Erwartung braucht sich nicht zu erfüllen, sie kann es aber. Für beides bietet die chinesische Geschichte reichlich Beispiele, die alle zeigen, daß dort, wo eine Hinterlassenschaft bewußt so gestaltet wird, daß sie entweder ewig dauern kann oder sich im Unterbrechungsfalle einem ferneren „Heute" als Antike anbietet – daß dort immer Religionspolitik oder Ideologie oder imperiales Sendungsbewußtsein im Spiele ist. Das gilt auch für den Fall eines historischen Mißerfolgs wie den des weltgeschichtlichen Gelingens, der zu unserem Thema führt.

Für das sassanidische Großkönigtum, das vierhundert Jahre lang für die Ewigkeit seiner eigenen Sendung sorgte – man denke an das Zeugnis der Herrschernamen, die zugleich die des obersten Gottes waren, bis zum Protektorat über höfische und priesterliche Schriftkultur, aber auch an die blutige Verfolgung Andersgläubiger und von da bis zur Erleuchtung auch des letzten Alltagswinkels mit den hierarchisch gestaffelten, stets brennenden Feuern, die „die Wahrheit" repräsentierten –, für diese Dynastie hat sich die Erwartung nicht erfüllt. Für keinen folgenden Schahinschah war ihre Sendung verbindlich, und nicht nur, weil er inzwischen nicht mehr Zarathustra-Anhänger, sondern Muslim war; der letzte Schah, der Muslim Reza Pahlawi, griff tausend Jahre über die Sassaniden- in die Achämenidenzeit zurück, um sie zur Antike seines Volkes zu machen.

Die Erwartung eines gewissen Römertums hingegen, eine Sendung für die Zukunft zu haben, oder: eine römische Selbstgewißheit, die Antike künftiger Epochen darzustellen, hat sich vielfach erfüllt (siehe § 13 oder IV).

§ 2 oder V: Der „Jüdische Krieg" als epochale Vertreibung

Das römische Sendungsbewußtsein, das auch literarisch vielfachen Ausdruck
fand, setzte sich in seiner ganzen Dimension zum ersten Male mit der Niederwerfung des jüdischen Aufstandes und der Eroberung Jerusalems faktisch durch.
Zwar erlaubten der römische Senat und der Kaiser den Juden, in der Stadt
wohnen zu bleiben, aber das Heer zerstörte den Zweiten Tempel und tat damit
etwas, was Rom bis dahin noch nie getan hatte: es nahm einem Volk sein
Zentrum. Die drei großen Wallfahrten zum Passa-, zum Wochen- und zum
Laubhüttenfest, die alljährlich möglichst alle Juden aus der Zerstreuung oder
Emigration, in der viele auf Grund widriger frühererr Umstände schon lebten,
im Lande zusammenführen sollten und dies in gewaltigen Ausmaßen auch
immer wieder taten, konnten nun nicht mehr stattfinden. Es gab keinen Grund
mehr, in Israel zu wohnen. Wenn auch noch genügend waffenfähige Männer
mit ihren Familien im Lande blieben, um sechzig Jahre später mit dem Aufstand des Bar Kochba den zweiten jüdisch-römischen Krieg führen zu können,
und wenn auch Rom seinen imperialen Machtwillen erst nach dessen Verlust
für die Juden formell vollstreckte, indem es Judäa endgültig zur römischen
Provinz machte und seine eingeborenen Bewohner daraus verbannte – das für
das Römerreich wie für das Judenvolk seine jedem neue Epoche einleitendes
Ereignis war der erste, der eigentliche jüdisch-römische Krieg.

Für die Juden bestand die neue Epoche in ihrer Existenz als Weltvolk. „Jüdische Geschichte beginnt ... ungefähr ... mit dem Jahre 1500 vor der gewöhnlichen Zeitrechnung. Das heißt also, es sind über dreitausend Jahre, die dieses
Volk nun lebt, so lange wie Indien und sein Volk, wie China und sein Volk ...
Wieso hat dieses Volk fortdauern können? ... Der wesentliche Grund ... ist
der, ... daß es im Laufe der Zeit den geistigen Inhalt, aus dem es Kräfte der
Persönlichkeit schuf – Kräfte, welche die Persönlichkeit nachher gestalteten
und prägten –, immer gewahrt hat. Aber ein weiterer Grund ist der: es lebte
nicht nur in einem Kontinent, sondern in den Kontinenten. Sein Gebiet war so
groß, daß es in einem gewissen Sinn zwar immer angreifbar, aber nie zerstörbar
war; wenn ein Gebiet betroffen wurde – das andere Gebiet wurde nicht betroffen und blieb frei." Für die Auffassung nicht nur der jüdischen, sondern der
ganzen Geschichte, deren Ermöglichung das Werk des Historikers Josephus
markiert, hatte das noch eine besondere, gleichfalls epochale Konsequenz:
„Gegenüber ... den Grundsätzen, den Prinzipien, welche galten, ist ein ganz
anderes Prinzip aufgestellt worden. ... gegenüber dem Polytheismus der Moral,
d.h. der besonderen Moral für die Großen und der Moral für die Kleinen, ...
wurde die *eine* Moral hingestellt, die für alle gilt. ... Wo sonst überall der Sieger
Geschichte schrieb und sagte, was Recht in der Geschichte sei, ist hier zum
ersten Mal Geschichte vom Standpunkt des Besiegten, des Unterlegenen aus
geschrieben worden: eine Revolution" (Leo Baeck).

§ 3 oder IX: Antijüdische Josephus-Rezeption durch sechzehn Jahrhunderte

Der Blick, den Josephus in und mit seinem Buch „Der Jüdische Krieg" aus seiner Zeit in die jüdische Zukunft tat, war von der Rolle geleitet, die er selbst bei deren Gestaltung spielen wollte. Das war nicht eindeutig die Rolle des Besiegten. Aus dessen Sicht Geschichte zu schreiben, steht deshalb bei ihm wohl als Möglichkeit im Hintergrund, aber realisiert hat er diese nur halb. Damit hat er es seinen christlichen Lesern und Tradenten – die Juden lasen ihn nicht und wollten mit ihm nichts zu tun haben – sehr leicht gemacht, ihn ganz in einem Sinne aufzunehmen, der nun gewiß nicht mehr der seine war.

Der Josephustext ist nie verlorengegangen und brauchte deshalb auch nie wiederentdeckt zu werden. Im Gegenteil, er stand in einer Überlieferungs- und Rezeptionstradition, die genauso fest und ununterbrochen war wie die kirchliche, die mit der Redaktion des Neuen Testamentes beginnt. In ihren Anfängen steht die Redaktion der – ursprünglich wohl vorwiegend aramäischen, mündlichen – Tatsachenüberlieferungen, die Josephus vornimmt, in einer bemerkenswerten Verzahnung mit der neutestamentlichen Redaktionsschicht, die noch dieselben Tatsachen aufbewahrt, aber dann in einem ganz anderen, christlichen Sinne fortgeführt wird.

Der gemeinsame Anfang bei beiden ist die Zerstörung Jerusalems. Ihre Tatsache und ihr Verlauf wird im Neuen Testament in prophetische Untergangs- und Gerichtsaussagen, deren einige vom historischen Jesus stammen können, die in jedem Fall aber alle den ersten sechs Jahrzehnten unserer Zeitrechnung angehören, hineinredigiert. Man konnte sie fortan in der synoptisch-apokalyptischen Jesusrede als nachweisbar in Erfüllung gegangene Weissagung lesen, während es für unsere historisch-kritische Forschung die eindeutigsten *vaticinia ex eventu* sind, die das Schrifttum des apostolischen wie des nachapostolischen Zeitalters kennt. Diese Texte aber sind bis in einzelne Wortfolgen hinein verwandt mit Passagen, in denen Josephus Eintreten, Einzelheiten, Sinn und Folgen des Untergangs von Jerusalem beschreibt. (Die beiden griechischsprachigen Sekretäre des Josephus, deren Stil man sogar hat unterscheiden wollen, und gewisse griechischsprachige Redakteure aramäischer Teile der Evangelienüberlieferung müssen aus der gleichen sprachlichen Schule stammen.) Deshalb und von da an war Josephus' Buch über den jüdischen Krieg von Anfang an wichtig und entfaltete seine Aussagekraft im Verlauf der Jahrhunderte in Richtungen, die weit über die Absichten ihres Autors hinausgingen, zum Teil sogar im Inhalt beträchtlich von ihnen abwichen. Etwa fünf solcher Richtungen treten deutlich hervor.

Die erste Richtung tritt in ein Verhältnis gegenseitiger Unterstützung zur christlichen Tendenz, die Zerstörung Jerusalems als Strafe Gottes an den Juden zu deuten. Zwar war es für Josephus nur die Quittung für die Politik bestimmter jüdischer Parteiungen gewesen, die anders gehandelt hatten als er es für

richtig hielt. Aber solch differenzierende Sicht konnte noch nicht die heilsgeschichtliche Perspektive sein, die sich nach und nach, und nicht zuletzt unter
ausdrücklicher Berufung auf Josephus, ausbildete.

Eine zweite Richtung machte Josephus schlechthin zum Zeugen für die
Wahrheit des Christentums. Diese war auch durch den Fall Jerusalems mitgesetzt, bestand aber darüber hinaus in der umfassenden Widerlegung des Judentums. Josephus bestätigte diese Wahrheit um so unbestreitbarer, als er damit
gegen sein eigenes Volk zeugte und zu seinen Lebzeiten die Ächtung, nach seinem Tode das Totschweigen seitens seiner Glaubensgenossen hinzunehmen
hatte.

Drittens bestätigte Josephus im Prinzip das göttliche *jus talionis.* Er demonstrierte, wie Gott die Sünden der Väter an ihren Kindern heimsuchte. Für
die christliche Satisfaktionslehre lag ein entscheidendes Argument zu eigenen
Gunsten darin, daß das, was als Sünde des Neuen Israel vorbehaltlich eines
Gnadenerweises etwa zu erwarten war, auch schon im Alten Israel geschehen
konnte.

Die vierte und fünfte Lesetendenz folgt sogar ganz neuen historischen Vorgaben. Christliche Herrscher sollten Strafexpeditionen ins Heilige Land unternehmen dürfen, und zwar genau die Römischen Kaiser deutscher Nation, die
die Nachfolger der alten römischen Kaiser waren, die einst, wie von Josephus
beschrieben, dasselbe getan hatten. Und: für das mittelalterliche Hofamt der
Kämmerei, für das die *servitus Judaeorum* unabdingbar war, legitimierte Josephus
die Verhältnisse, die in diese *servitus* gemündet waren, nämlich die Zerstreuung
der Juden, ihre Rechtlosigkeit und den Zwang, mit allen, auch mit von den
Christen verfemten Mitteln zu dienen, wo sie konnten, um sich ihr Leben zu
erhalten. Die Kammerknechtschaft bestand vor allem in der Sorge für den
Schatz des Herrschers und der Verantwortung für die Kosten der Hofhaltung.

Man kann sich keine klarere Illustration des christlichen Antijudaismus
vorstellen als diese Wirkungsgeschichte des Bellum Judaicum. Sie verläuft
zudem noch auf Nebengleisen, wo die Theologie zurücktritt. Weil Josephus
für das alles steht, was dieser Theologie wichtig war, ist er der „Wahrheitsliebende" und „Weise", dessen Bellum Judaicum sich als Kompendium für diese
Tugenden wie für moralisierende Deutungen der Geschichte empfiehlt. Sein
Werk wird für einige ein christliches Erbauungsbuch, zum Hilfsbuch der
Judenmission, ja zum „Fünften Evangelium" und zur „Kleinen Bibel". Für den
Volksglauben ist Josephus der Arzt, dessen Kunst sich an den Gebresten des
Titus bewährt. Für die Gelehrten gilt er als einer der ganz großen Historiker
des Altertums; schon Hieronymus lobte ihn – er nennt ihn „Graecus Livius".

Mit alle dem waren die Wirkung des Bellum und der Vita, war die Ununterbrochenheit, in der diese Bücher gelesen wurden, war die Breite der Leserschichten und die Vielfalt der Weiterschreiber, Nachahmer und Zusammenfasser bis in die Zeit des Barock von Ausmaßen, die nur von Geschicken

der Aeneis und der vierten Ekloge Vergils übertroffen wurden. Erst in der
Aufklärung und noch einmal in der Gegenwart änderte sich das Bild.

§ 4 oder XIII: Geschicke der Feuchtwanger seit Beginn der Neuzeit

Nimmt man die Reformation in Deutschland als die erste Epoche, die in allem
eindeutig und endgültig neuzeitlich ist, dann gibt es sofort zu Beginn der Neuzeit einen für beide Aspekte unseres Generalthemas gleich wichtigen Punkt. Er
ist vom mittelalterlichen Erbe der „Rache für unseren Erlöser" bestimmt, das
die Reformatoren keineswegs geschmälert, sondern nur anders eingewechselt
hatten, und in ihm treffen sich eine volkstümliche Variante der alten antijüdischen Josephus-Rezeption und die Initialbedingung für die Entstehung
einer ganz neuen volkstümlichen Fähigkeit, den „Jüdischen Krieg" mit anderen
Augen lesen zu lehren: der Fähigkeit Lion Feuchtwangers.

Zu Beginn dichtete der berühmte Hans Sachs (1494-1576) mit ausdrücklicher Berufung auf das, was „Josephus klar beschreyben thut", unter anderem
folgendes: „Der köstlich Tempel wurd verbrend,/ Die stat zerstört, da nam ein
end/ Ir regiment und priesterthum/ wol durch des keysers sun Titum./ So wurd
der tod Christi gerochen,/ Wie Christus vorhin het gesprochen:/ Ir töchter von
Jerusalem ...". Die vielgelesenen und -gehörten Verse, zu denen dem wackeren
Poeten alles geriet, was er las, haben sich hier, im Falle der Lektüre des „Jüdischen Krieges", in das Volksgut Antijudaismus umgesetzt. Es war derselbe Geist,
der um eben die Zeit, da dies in Nürnberg geschah, nämlich im Jahre 1555, aus
einer anderen fränkischen Stadt, Feuchtwangen an der Sulzach, die Juden ver-
trieb. Die meisten von ihnen, die in Schwabach und Fürth, in Sulzbürg in der
Oberpfalz und Pappenheim im Altmühltal unterkamen, nannten sich fortan
die „Feuchtwanger". Das Ereignis wurde, wie für alle, die von dergleichen betroffen werden, so auch für die, die mit einem fränkischen Ortsnamen als Juden
kenntlich blieben, das Ende ihrer Familienjugend. Die Kunde von anderem
Vergangenen, das diesem Ende glich, bekam nun zwangsläufig Anteil an den
Erinnerungen von immer schon Erwachsenen. Sie wurden dazu erst recht im
zwanzigsten Jahrhundert, wo sich die Dinge nicht nur glichen, sondern schlimmer wiederholten.

Aus dem Fürther Zweig gründete Elkan Feuchtwanger (1823-1902), der als
Goldschmied und Seifensieder zugleich Kaufmann war, eine Margarinefabrik
mit seinem Namen in Haidhausen bei München, von wo aus Niederlassungen
in Rumänien, Holland und Ägypten gelangen. Sein Sohn Sigmund Aaron Meir
Feuchtwanger (1854-1916), als Juniorpartner der Firma zunächst Geschäftsfüh-
rer der Kairoer Niederlassung, wandelte das Unternehmen nach dem Tode des
Vaters in „Saphirwerke AG" um und widmete sich persönlich mehr und mehr
dem fachkundigen Sammeln von Briefmarken und Büchern. Dabei wuchsen
besonders hebräische Drucke und Handschriften sowie zeitgenössische deut-

sche Literatur, über deren Studium Sigmund zu einem weit belesenen Kenner jüdischer Geschichte wurde, zu einer bedeutenden Bibliothek heran, die nach dem Tode ihres Besitzers laut Testament der Oxford University Library übereignet wurde. 1883 heiratete Sigmund die Darmstädter Kaufmannstochter Johanna Bodenheimer (1864-1926). Als erstes ihrer neun Kinder wurde am 7. Juli 1884 Lion Jacob Arje Feuchtwanger in München geboren.

Lion besuchte dort die Volksschule Sankt Anna, das Wilhelm-Gymnasium und die Ludwig-Maximilians-Universität. Dann ging er zur Fortsetzung seines Studiums der Germanistik und der Philosophie an die Berliner Universität. Ironisch sagt „Der Autor über sich selbst (1935)": „Er wurde von insgesamt 98 Lehrern in 211 Disziplinen unterrichtet, darunter waren Hebräisch, angewandte Psychologie, Geschichte der oberbayerischen Fürsten, Sanskrit, Zinseszinsrechnung, Gotisch und Turnen, nicht aber waren darunter englische Sprache, Nationalökonomie oder amerikanische Geschichte. Der Schriftsteller L.F. brauchte 19 Jahre, um von diesen 211 Disziplinen 172 vollständig in seinem Gedächtnis auszurotten." Im Jahre 1912 heiratete er Marta Löffler und reiste mit ihr sogleich über die Schweiz – dort wurde ihr einziges Kind, eine Tochter geboren, die nur zwei Monate lebte – und Südfrankreich nach Italien und Tunesien. Dort wurde das Ehepaar vom Ausbruch des Krieges überrascht und das erste Mal in seinem Leben interniert. Ebenfalls das erste Mal in ihrem Leben gelang ihnen eine Flucht. Über Italien konnten sie nach München zurückkehren. Dort wurde Lion zum Militär eingezogen, aber nach einigen Monaten aus gesundheitlichen Gründen wieder entlassen.

In seiner Vaterstadt entwickelten sich persönliche Beziehungen zu den Anführern der bayrischen Räterepublik. 1925 siedelten die Feuchtwangers nach Berlin über, wo die Lebenssicherung durch beider elterliches Vermögen nach und nach durch den Ertrag von Lions wachsendem literarischen Erfolg abgelöst wurde. Er brachte ihm auch Vortragseinladungen nach Frankreich, Spanien, England und den USA. Dort erfuhr er, diesmal nicht überrascht, von der nationalsozialistischen Machtergreifung, kehrte deshalb nicht nach Berlin zurück, sondern ließ sich in Sanary-sur-mer an der französischen Mittelmeerküste nieder. Hier mußte er die Verbrennung seiner Bücher auf dem Berliner Opernplatz, seine Ausbürgerung, die Beschlagnahme von Haus und Vermögen sowie die Aberkennung seines Doktorgrades durch die Berliner Universität zur Kenntnis nehmen.

Über seine Identität in schweren Zweifel versetzt, schrieb er, noch 1933, den Essay „Nationalismus und Judentum." Und zwei Jahre später wählte er für seine Rede auf dem Internationalen Kongreß zur Verteidigung der Kultur in Paris das Thema „Von Sinn und Unsinn des historischen Romans." Er tat es als außergewöhnlicher Meister dieser Gattung, der er selbst inzwischen geworden war. „Jud Süß" (Schauspiel 1918, Roman 1925) und die beiden ersten Josephus-Romane lagen vor.

1940 wurde Lion Feuchtwanger das zweite Mal in seinem Leben interniert, nämlich im französischen Konzentrationslager Les Milles, und wieder gelang die Flucht, diesmal über Spanien und Portugal nach New York. Von dort konnte er in Los Angeles Wohnung nehmen und 1943 nahe dabei, in Pacific Palisades, ein Haus erwerben. Dort arbeitete er, bis er am 21.Dezember 1958-74-jährig – in Los Angeles starb. In seinem und ihrem Hause führte Marta Feuchtwanger das Erbe ihres Mannes als Lion Feuchtwanger Memorial Library weiter.

Auch wer, statt dort gewesen zu sein, nur das kleinere Glück hatte, von einer Fernsehsendung durch diese Bibliothek geführt zu werden, der konnte ahnen, welche Mittel dazu beigetragen haben, daß Lion Feuchtwanger als Meister des historischen Romans nach seiner Emigration noch größer wurde und das Urteil Lügen straft, daß historische Romane „alles verderben". „Zugänglich, genießbar, spannend, unschwerfällig bei aller Gediegenheit der historischen Fundamentierung …, außerordentlich gebildet, ein gelehrter Philolog und firmer Historiker" (Thomas Mann), eröffnet er heute auch eine Deutung der Antike, zu der nur ein erwachsener Jude autorisiert ist. Er hatte unter seinesgleichen keinen Vorgänger, der zugleich deutend in seiner Zeit stand. Denn, so schrieb Bertolt Brecht im Juni 1949 in einem „Gruß an Feuchtwanger", „wie selten ist es, daß der Kenner alter Kulturen eine neue zu erkennen weiß!"

B. Vom antiken Judentum zu seiner heutigen Bedeutung

§ 5 oder II: Das frühe Judentum als nachisraelische, jüdische Antike

Die eigene Antike als eine von mehreren Antiken zu sehen, setzt Distanzierung von der Historie voraus; im Erleben des Vergangenen als eigener Antike wird diese Sichtweise von der des historischen Romans konterkariert. Die Frage, was eine jüdische Antike sein könne, ist Ausdruck eines dialektischen Verhältnisses der Schwierigkeiten beider Sichtweisen.

Weil die Juden kein selbstverständlicher Teil der europäischen Gesellschaft waren, hat ihre Antike nicht mit zu derjenigen gehört, die die nichtjüdische Mehrheit für sich reklamiert, und auch für die Altertumswissenschaft war die „Antike jüdisch" nicht selbstverständlich. Verstand sie mit den Juden Israel bzw. die Zeit des Ersten Tempels als ihre Antike, dann erfolgte dieEinbeziehung in „unsere" Antike zusammen mit dem Alten Orient eher additiv, wie bei Eduard Meyer; hier kommt erst durch die Achämenidenfeldzüge gegen die Griechen eine Art historischer Klammer zustande. Verstand die Altertumswissenschaft aber die nachexilische Zeit bzw. die Zeit des Zweiten Tempels als jüdische Antike, dann galt es, deren Verflechtung in die hellenistische Welt in die historische Dimension aufzunehmen, in der der Hellenismus auch für das eingebürgerte Bild der Antike – und das selbst dann, wenn ihr das Judentum amputiert bleiben würde – mehr zu sein hat als ein auslaufendes Griechentum, das die durch die Achämeniden verklammerten Territorien des Alten Orients und unseres klassischen Altertums überlagert hat.

Für beide historischen Ansätze spielte auch eine ungute Arbeitsteilung noch eine Rolle. Die kritische Forschung zur antiken jüdischen Geschichte ist im 18. und 19. Jahrhundert ganz überwiegend von der protestantischen Bibelwissenschaft geleistet worden. Das ist ein Verdienst, aber es hatte erhebliche Fehler. Insbesondere ein Stück heilsgeschichtlicher Sicht, nach der das Neue, das ein Altes ablöst, das Christentum sei, hat Israel oder das Judentum mit diesem schlicht zu Ende gehen lassen. Was es zum Schluß noch gab, war also das „Spätjudentum" – eine unmögliche historische Kategorie nicht nur angesichts der Tatsache, daß das Judentum bis heute existiert, sondern auch im Vergleich zu positiv-inhaltlichen Bezeichnungen, die man anderwärts gebraucht („Spätantike" als volksneutraler Epochenbegriff ist etwas anderes): niemand kommt auf die Idee, statt „Hellenismus" oder „Byzanz" etwa „Spätgriechenland", statt „Deutschland" etwa „Spätgermanien" zu sagen.

Die Kontinuität der jüdischen Geschichte und die historische Identität der israelitischen und jüdischen Religion erlauben nur eine einzige Unterscheidung, die tiefer greift als ein einfaches chronologisches Früher oder Später: das ist die Existenz oder Nichtexistenz des Tempels. Eine Nation, die auf ein Zentralheiligtum hinorientiert ist, unterscheidet sich religionssoziologisch beträchtlich von einer Nation mit anderen Institutionen; eine Religion, in der Priester blutige Opfer darbringen, fällt phänomenologisch unter einen anderen Typus als eine Religion ohne dieses Merkmal. Eine solche Sicht, die mit der christlichen Deutung des Verlustes der jüdischen Staatlichkeit und der Zerstörung des Tempels nichts zu tun hat, stimmt in ihrer Ideologielosigkeit mit derjenigen einer säkularen „Wissenschaft des Judentums" überein, die nicht zuletzt auch der historischen Kenntnis des Judentums die Kategorien einer normalen Altertums- und Geschichtswissenschaft zunutze machen wollte.

Ein dafür maßgebendes frühes Werk, Heinrich Graetz's „Die Konstruktion der jüdischen Geschichte" (1846), hat gerade den Tempelverlust aus der heilsbzw. unheilsgeschichtlich-theologischen Sicht herausgenommen. Wenn davon auch eher das Einrücken der mittelalterlichen und neuzeitlichen Diaspora-Geschichte in die historische Perspektive profitierte, das Judentum bekam damit auch eine Antike. Es wurde für Lion Feuchtwangers Sicht derselben maßgebend, daß sein Bruder Ludwig (1885-1947) zu Beginn seiner Leitung des Jüdischen Lehrhauses in München (1936) das Werk von Graetz neunzig Jahre nach dessen Erscheinen neu herausgegeben hat.

§ 6 = VI: Josephus' unangefochtener „Räuber" Johannes von Gischala

In der Geschichte, die Flavius Josephus schreibt, kommt ein Mann vor, der, wenn es nach ihm gegangen wäre, den Jüdischen Krieg nicht zum Beginn einer neuen Epoche in der Geschichte seines Volkes hätte werden lassen, der der jüdischen Antike ein anderes Gesicht gegeben hätte. „In der Antike" war er der Gegenspieler des Josephus, „heute" hat er zu ganz gegensätzlichen Bewertungen des Geschehens, in dem er seine Rolle spielte, herausgefordert. Wirkungsgeschichtlich stellt er im 18. Jahrhundert einen Punkt dar, an dem zwei Umbrüche in der Aneignung sichtbar werden, die danach objektiv gegeneinanderlaufen sollten. Es ist Johannes, der Sohn des Levi, von dem Josephus bei der ersten Erwähnung (2,575) sagt, daß er auf seinen Befehl den Ort Gischala nach eigenem Plan, oder auf eigene Kosten, befestigte.

Für Josephus ist es ausgemacht, daß Johannes von Gischala, noch radikaler als die Sikarier, sein Vaterland in unendliche Leiden stürzte, weil er selbst Gott entgegentrat, indem er verbotene Speisen auftischen ließ und in seiner ganzen Lebensführung von den väterlichen Reinheitsvorschriften abwich (7,262-264). Zunächst war er als (*lestes*, als) Räuber, ein Einzelgänger gewesen, dann brachte er eine (*synhodia*, eine bunte) Gesellschaft von 400 wagemutigen, nach Körperkraft und Entschlossenheit ausgesuchten Kerlen zusammen, mit denen er das von Josephus verwaltete Galiläa brandschatzte (2,585-590). Damit wurde er für Josephus interessant, hielt sich aber alle Möglichkeiten zwischen Kooperation und Rivalität offen, indem er das jederzeit zu widerrufende oder zu bestätigende Gerücht ausstreute, dieser werde die jüdische Sache an die Römer verraten. Als die Galiläer auch unter schwierigsten Umständen darauf bestanden, nur selbsterzeugtes, d.h. rituell reines Öl zu verbrauchen, kaufte er anderwärts amphorenweise billiges Öl auf, gab es den Galiläern als ihr Eigenprodukt aus und verkaufte es zum achtfachen Preis. Josephus und Johannes von Gischala müssen mehr und mehr in Tricks und Täuschungen wetteifern, um Anhänger auf ihre Seite zu bringen. Josephus mimt den Konzilianten, bittet Leute des Gegenspielers zu einem Koalitionsgespräch in sein Haus und läßt sie blutüberströmt mit herausquellenden Gedärmen wieder nach draußen stoßen. Johannes feiert krank, läßt sich von Josephus Heilbäder in Tiberias bewilligen und gibt vom Bett aus Befehl, ihn umzubringen, als dieser kommt, um nach dem Rechten zu schauen.

Es bilden sich zwei bewaffnete Parteien unter den Aufständischen gegen Rom (2,591-646). Die des Josephus scheint sich aufgelöst zu haben, als dieser nicht mehr mitmacht, die des Johannes geht Zweckbündnisse ein und löst sie wieder. Johannes wird zum großen Strategen im aussichtslosen letzten Kampf. Neben ihm steht der andere Große, Simon bar Giora, ebenso Zielscheibe von Josephus' Polemik, der nach anfänglicher Rivalität zu den Zeloten sich mit ihnen einigt und bei der Verteidigung des Tempels auch vor Grausamkeit gegen die eigenen Leute nicht zurückschreckt. Er gilt den Römern als der eigentliche feindliche Feldherr und wird deshalb nach Mitführung im Triumphzug in Rom hingerichtet (7,154).

Um den Kampf zu bestehen, so argumentiert Johannes von Gischala, sei es genau so, wie man im Kampf für Gott auch Gottes Eigentum verwenden dürfe, auch erlaubt, die Verteidiger des Tempels aus dem Tempel zu verpflegen. Er läßt deshalb priesterlich verwahrten Wein und Öl, das zur Ausgießung über die Brandopfer bestimmt ist, an seine Leute verteilen, und viele Weihegeschenke und gottesdienstliches Gerät läßt er einschmelzen (5,562-565), gewiß um daraus Geld zu machen. Zuletzt zieht er sich mit seiner Abteilung in den Tempel zurück (6,71), wird in den Gängen gefangengenommen (6,433f) und von Titus mit anderen nach Rom geschickt, da er ihn im Triumphzug vorführen will (7,118). Das ist sehr wahrscheinlich geschehen. Von seinem Ende hören wir nichts. Es kann sein, daß er nach einer Zeit als Sklave freigelassen wurde und nach Judäa zurückkehren durfte.

Es fällt auf, daß Josephus das ganze Werk hindurch seinen Gegenspieler, mit Mörder und Betrüger angefangen, mit so vielen Schimpfworten bedenkt, daß man daraus ganze Lasterkataloge zusammenstellen kann, daß er aber, wenn es um Tatsachen geht, von sich selbst eindeutig Scheußlicheres zu berichten weiß. So will er einem Gefangenen von der Gegenpartei beide Hände abhauen lassen, und als der ihn anfleht, ihm doch eine Hand zu lassen, gestattet er es huldvoll mit der Auflage, der Mann solle sich dann aber die eine Hand, die in jedem Fall herunter müsse, mit der anderen Hand, die dranbleiben dürfe, bitte selber abhacken; was der Verzweifelte aus Angst, Josephus werde sonst eigenhändig die zuerst angeordnete Leibesstrafe vollziehen, tatsächlich fertigbringt (2,642ff). Solche Dinge erzählt er von Johannes nicht. Ja, wo er, beim Tempelsakrileg, dramatisch klagt, der Jude sei hier schlimmer als die römischen Kaiser, die den Tempel stets geehrt hätten, und wären sie nicht selbst gegen seine Schänder eingeschritten, dann hätten diese vom Abgrund verschlungen werden müssen – da zeigt heutige Nachprüfung, daß es sich bei dem Eingeschmolzenen nur um die Ersatzgeräte für das tägliche Tamidopfer sowie um solche Weihegaben handelte, deren Verkauf erlaubt war, wenn der Erlös für Reparaturen am Tempel verwendet wurde. Und das Brandopferöl verzehren die Leute des Johannes von Gischala nicht nur, sie salben sich auch damit (5,562-566).

Mit der großen Rede, in der Josephus, in Hörweite vor den Mauern stehend, seine Vaterstadt zur Übergabe auffordert, wendet er sich rhetorisch ganz an Johannes von Gischala. Er ist der selbstverständliche Adressat auch für den Feldherrn Titus, in dessen Auftrag Josephus zugleich spricht. Noch seiner Niederschrift ist zu entnehmen, daß Johannes ihn mit Beschimpfungen unterbrochen hat. Er muß sich als von Gott Beauftragten ausgegeben haben, weil Josephus ihn unter die Verurteilten rechnet, die er trotzdem retten will. Dafür riskiert er noch schlimmere Schmähungen als die, die er von Johannes hören muß (6, 108). Für sie kommt als Urheber nur Gott in Frage. Höher kann ein von sich überzeugter Gottesmann seinen Gegner nicht einschätzen.

§ 7 oder X: Westeuropäische Zumutungen an die jüdische Identität

Die Kriegsgefangenen, die im jüdisch-römischen Krieg gemacht wurden, hatten dasselbe Schicksal wie ihre Väter, die im Jahre 63 v. u. Z. in die Hand der Armee des Pompejus gefallen waren. Sie folgten in den verschiedensten Diensten – als Sklaven der Eroberer wie als Freie, als Soldaten, Kaufleute und Ärzte – dem römischen Heer in den Okzident und auch ins Rheinland. Genaue historische Daten sind für die Anfänge nicht zu gewinnen, denn die epigraphischen und archäolgischen Belege sind zu spärlich. Schon im Mittelalter scheinen die Juden selbst zur Orientierung über ihre Anfänge so viel an Urkunden, Grabinschriften, Synagogengerät vermißt zu haben, daß Legenden aushelfen mußten. Eine davon hat deutliche Beziehungen zu dem, was Josephus berichtet: Germanische Vangionen hätten unter Vespasian und Titus im Jüdischen Krieg Dienst getan und dafür als Beute jüdische Mädchen erhalten; sie hätten sie mit in ihre Heimat genommen, und ihre Kinder, von den Müttern jüdisch erzogen, seien zum Stamm der Juden an Rhein und Main geworden (Chronicon Wormatiense).

Bereits diese Legende zeigt, was auch die Geschichte der Juden im Rheinland tausendfach bestätigt, seit sie mit dem Beginn des 4. Jahrhunderts aus dem Dunkel tritt: die Juden müssen sich unter total neuen Verhältnissen absolut anders definieren, als es von ihnen in der hellenistischen und römischen Welt gefordert war. Aber ihre Identität wandelt sich nicht; sie wird nur größer, breiter, tiefer. Sie wird wahrscheinlich zur komplexesten, die ein Volk überhaupt haben kann. Was von der feindlichen christlichen Umwelt als Verschlagenheit, Untreue gegen sich selbst und so weiter – der Katalog der gewollten Mißverständnisse ist bekannt – interpretiert wird, sind nicht Identitätswandlungen, sondern Rollenwechsel. Neue Rollen werden den Juden immer wieder zugemutet.

Sie übernehmen sie in einer solchen Weise, daß man nicht begreift, wie unter ihnen selbst in der Neuzeit das Argument entstehen konnte, daß im Lichte der lebendigen Kultur, die auf der Erneuerung der hebräischen Sprache in Palästina und der dort begünstigten jüdischen Phantasie und Kreativität gründe, das Judentum die geistige Leere des Lebens im Exil erkennen und sich daher entschließen würde, die Schale des Exils nun auch ganz zu „leeren" (zu diesem hier nochmals gewendeten Bilde siehe § 15 oder XII), d.h. nach dem Zion zu ziehen. Es war nicht nötig, in Zion ein geistiges Zentrum zu schaffen, um das kulturelle Leben der Mehrheit der jüdischen Nation, die aus unterschiedlichen Gründen in der Diaspora blieb, am Leben zu erhalten. Zion brauchte weder der Mittelpunkt eines Kreises noch ein Brennpunkt in einer Ellipse zu sein. Als geistiges Zentrum konnte man Zion überall finden und die hebräische Sprache überall sprechen.

§ 8 oder XIV: Der historische Roman als hermeneutisches Mittel

In dem 1935 in Paris gehaltenen Vortrag über den „Sinn und Unsinn des historischen Romans" bezieht sich Feuchtwanger auch auf Friedrich Nietzsche's Schrift „Vom Nutzen und Nachteil der Historie für das Leben". Was sich bei Nietzsche als „Erinnerung" vollzieht, der Rückgriff des erkennenden Subjekts aufs Vergangene, wird bei Feuchtwanger zu dem Moment, das die Schwierigkeit einer distanzierten Sicht auf die Vergangenheit, die er und jedermann als bloßer Historiker haben würde, zu einer dialektischen macht. Die Dialektik kann nur fallweise aufgehoben werden, nämlich immer dann, wenn es gelingt, den literarischen Stoff zu finden, der das Erleben jener Bewegung freigibt, die sich im Zusammenkommen von Vergangenheit und Gegenwart vollzieht.

Wird der Stoff gestaltet, stellen sich die beiden Pole der Dialektik wieder her. In der großen Roman-Parabel „Der falsche Nero" (Amsterdam 1936) wird der Stoff zum Distanzierungsmittel. Kaiser Nero – wieso sich gerade an ihn so deutliche Hoffnungen auf einen *redivivus* geheftet haben, lernt der bloße Historiker auch bei seiner Beschäftigung mit dem Antichristen immer wieder nur mit Mühe und meist wahrscheinlich falsch – erhält einen Doppelgänger. Dieser erschwindelte Cäsar agiert mit zwei Anhängern, Knops und Trebon, in der römischen Provinz Syrien und ihren Nachbarländern – dort, woher der politische Messias des Erdkreises kommen sollte (siehe Teil 10 oder VII und Teil 14 oder VIII) und wo Feuchtwanger sich durch seine Studien für die Josephus-Trilogie profund auskannte. Das gräßliche Triumvirat wird mit seinen Verhaftungen, Ausplünderungen, Mißhandlungen und Ermordungen Mißliebiger in den Städten am Euphrat, in der Kommagene und im Gebiet von Edessa zum satirisch verfremdeten Typus eines gegenwärtigen Dreierbundes, bestehend aus Hitler, Goebbels und Göring. Die Distanzierung ist nicht zuletzt deshalb nötig, weil auch der Abschluß und das Ende des antiken Vorganges gesehen werden soll.

Der „Jud Süß" hingegen bringt das in der Vergangenheit Erlebbare an die Gegenwart heran. Feuchtwanger hat sich hier weitgehend an die Quellen gehalten, aber die Anschaulichkeit, die das protestantische Württemberg des frühen 18. Jahrhunderts mit dem katholischen Fürsten Karl Alexander und seinem halbjüdischen Camerarius Süßkind Oppenheimer durch viele romanhafte Details erhält, ist psychologischer Natur. Erlebbar wird das ausdrückliche Bekenntnis des „Helden" zum Judentum, erlebbar auch das exemplarische Schicksal des jüdischen Volkes, das die es verfolgende Umwelt an Intelligenz und Virtuosität des Agierens zu übertreffen genötigt ist. Aber was hier „am Ende" sichtbar wird, hat keinen Abschluß: das jüdische Leidenscharisma in Zeiten der Verfolgung.

Der Emigranten-Roman „Exil" (zuerst erschienen Amsterdam 1940, zur Zeit der Internierung des Autors in Les Milles) läßt einmal mehr erkennen, daß das Exil im jüdischen Denken eine Bedeutung erhalten hat, die über eine rein historische Erfahrung weit hinausgeht – war doch Exil gleichbedeutend mit den ungeordneten Umständen des Daseins überhaupt geworden. Hatten diese Umstände früher in der Zerstörung des Tempels, in der Verwüstung des Zion und in der Heimatlosigkeit Israels Gestalt angenommen, so jetzt in der von Nazideutschland erzwungenen Exilierung. Es war schwerer geworden als je zuvor, sich über deren Sinn und Dauer zu verständigen; denn die Möglichkeit einer gleichen Bedrohung in neuen Gastländern, damals Frankreich und Spanien, war hinzugekommen, und da diese die Juden zugleich in die Situation des Klassenkampfes hineinstellte, konkretisierte sich das Problem ins Riesengroße am jüdischen Verhältnis zu dem Lande, wo der Klassenkampf als beendet galt, der Sowjetunion. Der Name, den die Trilogie erhielt, indem „Exil" den beiden früheren Romanen „Erfolg. Drei Jahre Geschichte einer Provinz" (Berlin 1930) und „Die Geschwister Oppermann" (Amsterdam 1933) sinngebend nachgeordnet wurde, nämlich „Wartesaal", könnte dann die Hoffnung, das Volk Gottes möchte nach den ungeordneten Umständen des Daseins die Ruhe finden, die ihm immer noch vorhanden ist, säkularisiert ausdrücken.

C. Vom alten Nativismus zum heutigen Nationalismus

§ 9 oder III: Jüdische Nativitas im Hellenistischen Orient

Der Schriftsteller Flavius Josephus stellte, im ersten Jahrhundert u. Z. in der Stadt Rom lebend und schreibend, in seinem Buch „Die jüdischen Altertümer" die Geschichte seines Volkes in der Art einer Geschichte der anderen Völker seiner Zeit dar, die bis dato nichts oder nichts Zuverlässiges von den Juden gewußt hatten. Gerade als – eventuell selbst Sonderarten einschließende – Art neben anderen Arten konnte es eine besondere Geschichte sein. Josephus hätte damit die heutige, wertbetonte Sammelbezeichnung des griechisch-römischen Altertums als „Antike" sprengen können, aber dafür war er nicht „klassisch" genug.

Damals sollten durch ihn nicht zuletzt diejenigen Juden sprechen, die mit ihrer Geburtenfolge, ihrer Nativitas, etwas Besonderes in der alten Welt darstellten – in einer Welt, deren östlicher Teil, aus der Josephus auch herstammte, von den darüber- und dareingekommenen Griechen zu einer neuen Kultur gemacht worden war. Wir nennen diese Kultur die hellenistische und betonen

damit ein in der Tat auffälliges Einheitsmoment, das seinen eindeutigsten Ausdruck im Gebrauch der griechischen Sprache fand. Die Heimat der meisten
hellenistischen Juden war die ganze Ökumene, die bewohnte Welt, so wie es für
eine Minderheit von ihnen, und für die zeitweilig in ihnen fast ganz verschwin-
denden nicht-hellenistischen Juden, ein bestimmtes Land war, das zu jener Zeit
meist Palästina hieß.

Aus den Juden, deren Nativitas nicht mehr in einer begrenzten Landschaft
wurzelte, sprach nach ihrer Meinung der geheime Wunsch aller Menschen,
deren Zusammengehörigkeit durch ihre gemeinsame Beheimatung in der Ökumene begründet war: derjenige nämlich, den Lichtglanz Gottes schon untereinander, schon bei sich zu haben. Die Juden hätten ihn aus Palästinaa zu ihnen,
zu den Völkern gebracht, statt daß die Völker selbst dorthin wallfahrteten, um
dieses Licht auf dem Zion zu schauen, wozu, kurz bevor die Griechen ins Land
kamen, der Dritte Jesaja (Kap. 60) noch aufgerufen hatte. Es gab andere durch
Geburt zusammengehörige Menschenklassen oder -arten, genannt „Nationen",
die aus ihren enger begrenzten Heimatländern oder -landschaften solche geheimen nationalen Wünsche vernehmen ließen: zum Beispiel aus der Persis mit
den „Orakeln des Hystaspes" eine national-iranische, aber sibyllinisch stilisierte
Apokalyptik; aus Baktrien mit Münzlegenden eine eindrucksvoll bezeugte bo-
denständige, auch indische mit griechischen Göttern gleichsetzende Königsideologie; aus Babylonien die „Chaldaika" des Bel-Priesters Berossos, der die
mesopotamische Ur- und Urflutgeschichte als Welt-, Menschen- und Kultur-
schöpfung der Herrschaftsfolge der seleukidischen Dynasten vorschaltete; aus
Syrien das Geschichtswerk des gelehrten Philon von Byblos, der die eigene, der
griechischen und der biblischen oft ähnliche Mythologie auf das phönizische
Original eines zwölfhundert Jahre früher schreibenden Priesters Sanchunjathon
zurückführte; aus Anatolien die Botschaft einer Mysterienreligion nach einhei-
mischem Ritual, das den iranischen Gott Mithra als Kämpfer gegen „den Okzident" in Dienst nahm; aus dem jüdischen Palästina eine umfassende priesterliche und schriftgelehrte Institutionalisierung seiner Thorah, die nun die
„Väterlichen Gesetze" der Nachbarn nachweislich an Alter und Weisheit über-
bot; aus Ägypten die heilige Landeskunde des heliopolitanischen Priesters
Manetho, der die ptolemäischen Herrscher seines Landes diskret zu Parvenus
erklärte, indem er die Reihe ihrer pharaonischen Vorgänger sogleich mit Göttern und Halbgöttern beginnen ließ, sowie Weissagungen eines Töpfers und
eines Propheten, dazu einen aus alten ägyptischen Göttern neugeschaffenen
Sarapis, dem auch die Griechen zugeführt werden sollen, und vieles andere.

Diese Äußerungen bezeugen also nicht eindeutig die hellenistische Einheits-
kultur, sondern gewisse Elemente, die in ihrer Mischung nicht aufgegangen
waren, hier und dort auch solche, die sich in sozialpsychischen Tiefenschichten
erst ganz neu bildeten. Wir erkennen solche Schichten heute in antikolonialen
Bewegungen der sog. Dritten Welt wieder, mit der unter einigen ideolo-

giegeschichtlichen und sozialstrukturellen Hinsichten der Hellenistische Orient als dritte neben der griechischen und römischen Welt vergleichbar ist. Unter den vielen Namen, die solche Bewegungen erhalten haben, sagt der „Nativismus" wegen des erkennbar bleibenden Bedeutungszusammenhanges mit den lateinischen Wörtern für das Geborenwerden, die auch hinter dem Wort „Nation" und seinen Ableitunge stehen, das Wesentlichste aus. „Nativismus" ist kein neues, modisches Wort. Schon Johann Gustav Droysen, von dessen Definition, historischer Sicht und inhaltlicher Beschreibung des Hellenismus bis heute das meiste richtig geblieben ist, gebraucht es, und wohl nicht zufällig im Zusammenhang mit den hellenistischen Juden. Er sagt:

„Man sieht in dem Judentum dieser Zeit der Septuaginta sich eine Umbildung vollziehen, die in Philo völlig ausgereift dasteht usw. Kurz, wenn man die geistige Entwicklung dieser Jahrhunderte verfolgt, erkennt man die ganz eigenartige Bedeutung dieser hellenistischen Zeit mit ihrem Gegensatz gegen das ausschließlich hellenische (= griechische, C.C.) und das verachtete barbarische Wesen, die Schaffung und Begründung einer Daseinsweise, in der das allgemein Menschliche sich über den *Nativismus* und den Stammcharakter der bisherigen Bildungen erhebt, eine Durchgärung, eine Theokrasie und Ethnokrasie …"

Allerdings: Droysen charakterisiert hier am Judentum etwas, das den Nativismus gerade hinter sich läßt. Dieser selbst ist dann aber dasselbe Phänomen, das wir heute so nennen. Für die Septuaginta und ihren großen philosophischen Benutzer und allegorischen Ausleger Philon von Alexandrien trifft die Charakteristik Droysens sicher zu. Er dürfte seine Gründe gehabt haben, den Josephus für beides, den Nativismus wie den ins allgemein Menschliche übergehenden Hellenismus, nicht mitzunennen.

§ 10 oder VII: Josephus' Historiographie, Autobiographie und Apologetik

Ein Teil der jüdischen Geschichte ist Josephus' Leben, Teil insbesondere des jüdischen Krieges. In dessen Darstellung schildert er viel mehr Zeitabschnitte aus seiner Vita als in seiner Autobiographie, die zu neun Zehnteln dem halben Jahr gewidmet ist, in dem er als eine Art Gouverneur in Galiläa an den Kriegsvorbereitungen bis zum Eintreffen der römischen Legionen unter Vespasian teilnahm. Daß er sich mit seinem Todfeind Johannes von Gischala nicht in seiner Vita, sondern im Geschichtswerk auseinandersetzt, hat etwas von „sine ira et studio" an sich, soviel Zorn und Eifer in diesem Rahmen dann auch mitspricht. In der autobiographischen Schrift hätte das anders ausgesehen: mit dem rhetorisch-dramatischen Stil konnte Josephus auch die Unzuverlässigkeit übernehmen, die für politische Memoiren typisch ist, und auf deren Rechnung wäre das Bild gegangen, das er von seinem innenpolitischen Kontrahenten zeichnete.

Josephus stellt als Geschichtsschreiber das Jüdische als ein Art unter anderen Volksarten dar, für die Nikolaus von Damaskus das Nämliche besorgt hat. Dieser darf deshalb auch ebenso wie die Bibel benutzt werden. Man muß es wahrhaben, daß das genügt. Die Theologie der Offenbarung hat ihr eigenes Recht, aber die Herstellung einer differentia specifica Judaica unter einem genus proximum wie Menschheit, Kultur oder Religion braucht sie nicht zu leisten. *Patrioi Nomoi*, wie alle Völker sie haben, sind bei den Juden einfach von evident besserer Qualität. Als Herodes der Große römische Zirkusspiele einführt, braucht bloß gesagt zu werden: „Für die Fremden war dieser Aufwand und der Anblick der gefährlichen Kämpfe eine Augenweide und ein Gegenstand der Bewunderung; für die Einheimischen dagegen bedeutete es eine offenbare Auflösung der bei ihnen in so hoher Ehre gehaltenen väterlichen Sitten. Denn es schien ihnen offenkundig gottlos zu sein, Menschen den wilden Tieren vorzuwerfen zur Schaulust anderer Menschen, und genau so gottlos kam es ihnen vor, die Landesbräuche mit fremden Gewohnheiten zu vertauschen" (ant. 15,274f).

Theokratie und Prophetismus sind keine Manifestationen des Überweltlichen, es sind jüdische Eigenschaften. Wenn Josephus sich als Propheten darstellt, dann maßt er sich nichts an, als ob ihm Pharisäer und Schriftgelehrter nicht genüge, sondern er will als Jude überzeugen. Prophetische Orakel sind per se zweideutig, der Jude hat Eindeutigkeit herzustellen. Josephus zieht für die Akklamation, die er dem Vespasian und seinem Sohn Titus als künftigen Cäsaren und Autokratoren zuteil werden läßt (bell.3,402; siehe Teil 14 oder VIII), noch bei seiner ans Masochistische grenzenden Schilderung der Eroberung Jerusalems zu seiner Bestätigung eine Weissagung heran, die er in die Nähe eines Propheten rückt, auf den er nun zurückblickt; dieser habe sieben Jahre und fünf Monate geschrieen, bis er von einem Wurfgeschoß zu Tode getroffen wurde, und was die Juden am meisten zum Kriege aufgestachelt habe, sei eine zweideutige Weissagung gewesen – Josephus wertet sie mit dem Wort *amphibolos* (bell.6,312) genauso kritisch wie der eindeutige Römer Tacitus (a.a.O., § 2) mit seinem *ambages* –, die die Juden auf einen aus ihrem Volk bezogen hätten, während doch Vespasian gemeint gewesen sei, der in Judäa zum Kaiser ausgerufen wurde. Zweideutig wie Orakel sind, braucht man sich auch nicht auf sie zu berufen. Schriftgelehrsamkeit hat geeignetere Objekte. Josephus' Legitimation als Propheten mit denselben Quellen zu belegen, die auch für uns den wahren oder den falschen Propheten bezeugen, ist verlorene Liebesmüh. Unsere Wissenschaft muß Bibelstellen (u.a. Gen. 49,10; Num. 24,17; Sach. 1,18f; Dan. 7,14; 8,22;9,27) herbeizitieren, aus denen sich eine solche Legitimation nur gezwungen ableiten läßt, und sie muß auf vage Berichte des Sueton (Vesp. 4), des Tacitus (Hist. 5,13) und des Cassius Dio (Epitome des Buches 65 bei Xiphilinos 203,8-30) von Orakeln verweisen, denen zufolge der neue Herrscher aus dem Osten kommen würde. Solche Orakel können aber ihrerseits erst ausdrücken, wie ein geistiger Widerstand gegen Griechen und Römer in einen politischen Anspruch umgesetzt worden ist. „Dann wird der Orient herrschen und der Okzident dienen", heißt es in der auf diese Stufe gehörigen Schicht der Orakel des Hystaspes. Sie wurden im nativistischen Sinne weitergeschrieben, nicht im Sinne eines westlichen Machthabers, der zufällig auf dem Territorium des Orients zu Macht gelangt ist und diese also auch im Interesse der dort Einheimischen nicht ausüben wird.

Apologetik ist für Josephus nicht das Sich-Wehren eines Angegriffenen, der mit dem Rücken zur Wand steht. Es ist eine Sparte der Darstellung der jüdischen Art. Josephus' Schrift „Gegen Apion" ist heute auch eine Quelle für hellenistische Nativismen, vor allem des Berossos und des Manetho (siehe § 9 oder III). Wer seine Sache überzeugend darstellt – dazu gehört natürlich, daß er nicht nur über seine eigenen Leute das Richtige sagt, sondern auch über die Juden –, der wird zustimmend zitiert (es ist Berossos), wer das Gegenteil tut, wird abgelehnt. Damit ist Josephus ein diaspora-jüdischer Nativist. Seine Menschenklasse gehört, wie die anderen auch, durch Geburt zusammen, aber im Unterschied zu den anderen Menschenklassen hat die Heimat der seinigen keine Grenze. Indessen: nicht alle Kennzeichen eines solchen Nativisten liegen von vornherein fest. Man muß von Fall zu Fall ein neues festsetzen.

§ 11 = XI: Friedrich Schiller's verkannter „Räuber" Moritz Spiegelberg

SPIEGELBERG aufspringend … Sauf Bruder sauf – was meinst du, wenn wir uns beschneiden ließen, Juden würden, und das Königreich wieder aufs Tapet brächten?

MOOR. Hahaha! Nun merk ich, warum du schon gegen Dreyviertel Jahr eine hebräische Grammatik herumschleifst.

SPIEGELBERG. S-ßkerl! Just deswegen. Aber sag, ist das nicht ein schlauer und herzhafter Plan? Wir wollen sie im Tal Josaphat wieder versammeln, die Türken aus Asien scheuchen, und Jerusalem wieder aufbauen. Alle alten Gebräuche müssen wieder aus dem Holzbügel hervor. Die Bundslade wird wieder zusammengeleimt. Brandopfer die schwere Meng. Das neue Testament wird hinausvotirt. Auf den Messias wird noch gewartet, oder du, oder ich, oder einer von beyden – –

MOOR. Hahaha!

SPIEGELBERG. Nein! lach nicht. Es ist hol mich der Teufel mein Ernst. Wir sezen dir eine Taxe aufs Schweinefleisch, daß fressen kann, wer zahlt, und das muß horrend Geld abwerfen. Mittlerweile lassen wir uns Zedern hauen aus dem Libanon, bauen Schiffe, und schachern mit alten Borden und Schnallen, das ganze Volk.

MOOR. Saubere Nation! Sauberer König!

SPIEGELBERG. Drauf kriegen wir dir die benachbarten Ortschafften, Amoriter, Moabiter, Russen, Türken und Jethiter, ohne Schwerdstreich, unter den Pantoffel. Dann, mußt du wissen, wir sind mächtig im Feld, und der Würge-engel reutet vor uns her, und mäht sie dir nieder wie Spizgras. – Und haben wir erst um uns herum Feyerabend gemacht, so kommen wir uns selbst zwischen Jerusalem und Samaria in die Haare – du, König Moor von Israel, ich, König Spiegelberg von Juda und zausen einander wacker herum im Wald Ephraim, und wer Sieger ist geht her, läßt die Dächer abdecken und beschläft die Kebsweiber des andern, daß da zugaffen alle zwölf Stämme Israel.

Das ist ein Auszug aus einem Schauspiel „Die Räuber", das unter der fingierten Ortsangabe „Frankfurt und Leipzig" im Jahre 1781 anonym erschien. Auf eigene Kosten hatte der Autor es drucken lassen. Von ihm forderte der Mannheimer Theaterdirektor von Dalberg viele Kürzungen und Milderungen des Ausdrucks, dann werde er es zur Aufführung annehmen. Der Autor gab nach und wagte es nun, sein Incognito zu lüften – Friedrich Schiller. Für die Aufführung nahm Dalberg auch noch eigene Änderungen vor. Diese Bühnenfassung, die auch im Druck erschien, verdroß Schiller so, daß er selbst eine „zwote Auflage" redigier-te, die bei Tobias Löffler in Mannheim 1782 erschien. Darin ist von diesem Teil der Szene nur die Aufforderung Spiegelbergs an Karl Moor geblieben, statt des Plutarch „den Josephus" zu lesen. Alles andere hatte Schiller im Umfang des Druckbogens, in dem es zuerst gestanden hatte, herausgenommen, wie er es auch mit anderen Bogen tat. Der zitierte Dialog gehört in den „unterdrückten Bogen B".

Hintergründe in Württemberg, wo im Jahre 1738 der Jud Süß hingerichtet worden war, die „Räuber"-Konzeption nach Inhalt und Namen, die schlecht-hin revolutionäre Wende in der Josephus-Rezeption, das Juden- und Historien-bild nicht nur des Dramatikers, sondern auch des Aufklärers und Geschichts-professors Friedrich Schiller – all das muß an dieser Stelle leider auf sich beruhen bleiben. Auf die Aufsätze im Literaturverzeichnis sei besonders verwiesen; ihnen wäre noch manches hinzuzufügen.

Hier gilt es nur zu sehen, wie ein jüdischer Nativist, unter den Herausforde-rungen Westeuropas, auch aussehen konnte: Moritz Spiegelberg ist noch in Schillers Schlußfassung als Jude gekennzeichnet. Wir sehen auch, daß der Zion – das „Königreich" – nicht unter allen Umständen in Palästina liegt, sondern dort, wo die Umstände nach sozialen Reformen schreien. Und daß Schiller für den, der sie vollbringen will, aber verfehlt, eine bessere Bezeichnung hat als wir mit dem „Terroristen" und daß der „Räuber" für ihn einen anderen Wert hat als für Josephus (siehe Teil 6 oder VI).

Vielleicht ist sogar die ganze Räuber-Konzeption Schillers eine Umwertung des Räuberbildes des Josephus, die den wirklichen historischen Umständen besser gerecht wird. Im Jahre 1906 wollte Albert Bassermann, der sich selbst als

„Laien auf diesem Gebiet" bezeichnete, auf Grund verblüffender Anklänge von Schillers Letztfassung an Johann Friedrich Cotta's Übersetzung „Des fürtrefflichen Jüdischen Geschichtschreibers Flavii Josephi sämmtliche Werke" (Tübingen 1735) nachweisen, daß Moritz Spiegelberg dem Johannes von Gischala und Karl Moor dem Simon bar Giora nachgezeichnet sei. Der einzige, der das Thema wieder aufgenommen hat, Philipp F. Veit, dem Hans Mayer folgt, hat Bassermannns These nicht akzeptiert. Heute, nach weiteren zwanzig Jahren, wo nicht nur der Unterdrückte Bogen B, sondern noch manches andere bekannt ist, dürfte sie sich dennoch erhärten lassen.

§ 12 oder XV: Jüdischer Nativismus als antifundamentalistisches Paradigma

Die „sozialpsychische Tiefenschicht" der nativistischen Bewegungen, die mit den Mitteln des Romanschriftstellers ebensogut, wenn nicht besser aufzufinden sein dürfte wie mit denen der verschiedenen Wissenschaften, liegt im Nationalismus gleichsam noch eine Schicht tiefer. Der Nativismus ist zwar ein Vorläufer des Nationalismus – der antike einfach, weil es Nationalismus im modernen Sinne noch nicht gab, der moderne deshalb, weil seine Träger, wenn auch in wenigen Generationen, die Geschichte erst nachholen müssen, die anderwärts zu dem Nationalismus geführt hat, der von den Zu-kurz-Gekommenen nun nachgeahmt, übernommen, überboten werden soll. Aber der Nativismus bleibt auch erhalten: er ist seinerseits eine Tiefenschicht, wenn auch eine oberhalb der sozialpsychisch noch komplexeren, im Nationalismus.

Diejenigen politischen Theorien, die im Nationalismus den entscheidenden Integrationsfaktor für die Nationsbildung erblicken, rechnen dabei wohl auch mit Nativismus, lassen aber den Typ von Nationalismus außer acht, dessen Infrastruktur in einem Nativismus von der Art des jüdischen besteht. Wenn ein einheitliches Territorium, das real oder virtuell vorhanden ist, als konstitutiv für den Begriff der Nation gilt, dann stellt der jüdische Nativismus die Frage nach dessen Grenzen. Der Glaube an Gemeinsamkeit von Geschichte und Abstammung wird von der jüdischen Nativitas beispielhafter vertreten als von jeder anderen, weil sie Jahrhunderte lang ohne eine gemeinsame Regierung ausgekommen ist, derer die anderen wenn nicht real, so doch virtuell zu ihrer Stützung immer bedurften. Deswegen ist auch ein jüdischer Nationalstaat nicht auf Geringschätzung oder Feindseligkeit gegenüber fremden Nationalitäten angewiesen, die sonst geradezu ein Fundament für Nationsbildung sind.

An diesem Tatbestand hat die jüdische Literatur einen besonderen Anteil. Sie repräsentiert nicht, wie Literatur es sonst tut, mit Sprache und Sitten zusammen ein integratives Moment eines bestimmten Nationalismus. Sie ist vielmehr ein von einer bestimmten Sprache und bestimmten Sitten unabhängiges Phänomen. Damit repräsentiert sie einen bestimmten Nativismus.

Der seit der Antike nicht unterbrochene jüdische Nativismus zeigt noch der Gegenwart, daß Stolz über Errungenschaften der nationalen Politik oder die Wertschätzung zwischen Nationszugehörigen auf anderen Fundamenten ruhen können, statt selbst Fundamente zu sein, und deshalb schon der Erwägung, ob sie verraten werden sollten, gar nicht unterliegen. Er zeigt es umso beispielhafter, als Herrschaftsstrukturen wie die römischen, an die verraten werden könnte, sich fundamentaler behauptet haben.

D. Vom alten Römertum zum heutigen Weltbürgertum

§ 13 oder IV: Geschehende Römerherrschaft und römische Herrschaftsstruktur

Die historische Überzeugung eines gewissen Römertums, eine Sendung für die Zukunft zu haben, und der Erfolg, der dieser Überzeugung tatsächlich beschieden war (siehe Teil 1 oder I), lassen sich sehr oft durch ein- und dasselbe Dokument belegen. Am 31. Oktober 1921 hielt der bedeutende Latinist Richard Heinze in Leipzig seine berühmt gewordene Rektoratsrede „Von den Ursachen der Größe Roms". Darin sagte er unter anderem:

„Die Ursachen der Größe Roms müssen in der Gesamtstruktur der römischen Seele gesucht werden. Um diese zu erfassen, wird man Wege verfolgen müssen, die die neuere Psychologie der Persönlichkeit erschlossen hat ... Nach der höchsten Wertsetzung, die der einzelne für sich vollzieht, unterscheidet Spranger als ideale Typen den ökonomischen, den theoretischen, den ästhetischen und den religiösen Menschen, sodann, von individueller auf das Gebiet gesellschaftlicher Seelenhaltung übergehend, den sozialen und den Machtmenschen, den er auch als politischen bezeichnet, weil der Staat, wenn auch keineswegs das einzige, doch das vornehmste Gebiet der Machtentfaltung ist ... Es ist ein seltsam tiefsinniger Zug der römischen Gründungslegende, daß sie das neue Gemeinwesen von einem Göttersohn gegründet, also schon durch seinen Gründer nicht in einem anderen Volkstum verwurzelt, von den ersten Anfängen an in feindlichen Gegensatz zu allen Nachbarn stellt ... Virgil läßt es in einem prachtvollen, von nationalem Stolz durchleuchteten Eingangsbilde der Aeneis vor Roms Gründung schon als den Willen des Schicksals verkünden, daß diese Stadt über den Erdkreis gebieten solle: dies Schicksal war nichts anderes als der Wille des Volkes selbst. Der civis Romanus dünkt sich kraft dieses Bürgerrechts allein jedem anderen Erdbewohner überlegen" (S. 5-23).

Zur Zeit des Augustus ist „dem römischen Machtgedanken gleichsam die letzte Weihe und ein idealer Gehalt gegeben worden, indem es als der Wille der göttlichen Vorsehung gedeutet wurde, daß Rom über das Weltall gebiete, um ihm den Frieden zu geben. ‚Tu regere imperio populos Romane memento, haec tibi erunt artes, pacique imponere morem, parcere subjectis et debellare superbos': ‚du bist ein Römer – dies sei dein Beruf: die Welt regiere, denn du bist ihr Herr; dem Frieden gib Gesittung und Gesetze, begnadige, die sich dir gehorsam fügen, und brich im Krieg der Rebellen Trotzt'. So läßt Virgil den Geist des alten Anchises prophetisch seine Nachkommen, die dereinstigen Römer, mahnen" (S. 25).

„Das zum Herrschen geborene Volk hat eben aufs Gehorchen sich meisterlich verstanden. … Die Römer alter Zeit sind … Machtmenschen, der einzelne wie das Volk als Ganzes, und die Macht, nach der sie verlangten, ist anerkanntes Höherstehen, Herrsch- und Befehlsgewalt" (S. 33-35).

Der richtig dargestellte Sachverhalt gehört in die Epoche, die durch den jüdisch-römischen Krieg von 66-70 u. Z. gewendet wurde. Nimmt man die Kategorie der „Lebensform", in der das Römertum hier beschrieben wird, einmal hin, dann läßt sich in der Tat zu seiner „nationalen Geistesrichtung" nicht nur „in der Geschichte der Kulturvölker kaum ihresgleichen" finden (S. 5f), sondern auch kein größerer Gegensatz denken als die „nationale Geistesrichtung" des Judentums. Diese enthält möglicherweise als die ursprünglichste, sicher aber als die zur Zeit der kriegerischen Begegnung bestimmte „psychische Struktur" die des Exils. Alle anderen im frühen Glauben Israels enthaltenen Vorstellungen, wie Monotheismus und Messianismus, scheinen Parallelformen in den verwandten Nachbarkulturen zu haben, das Symbol des Exils aber ist – seit der babylonischen Gefangenschaft – die zutiefst jüdische, die dem jüdischen Volk eigenste Schöpfung, mit dem die gesamte geschichtliche Erfahrung des Judentums vergeistigt wird.

Die römische Geistesrichtung steht auch in engster zeitliche Nähe zu der „Persönlichkeit", die aus dem Volk mit der entgegengesetzen Geistesrichtung kam, die auf dessen Seite an jenem jüdisch-römischen Krieg teilnahm und sich die Aufgabe stellte, diesen für beide Seiten durch historische Darstellung verbindlich zu deuten. Wenn diese Deutung denselben Bestand haben sollte wie die geschichtliche Wirkung ihres Gegenstandes (siehe Teil 2 oder V), konnte und durfte sie nicht in demselben Sinne nativistisch sein wie die anderen Geistesrichtungen, die dem römischen Herrschaftswillen widerstanden.

Die dargestellte Geistesrichtung blieb aber nicht die römische. Richard Heinze vertrat sie zustimmend wie viele andere vor und neben ihm, die damit die gleichgebliebene Struktur des römischen Herrschaftswillens repräsentierten. In jenem Jahre 1921 wurden neben dem Sachwalter der Größe Roms aber auch andere Positionen vertreten, die mit einer Herrschaftsstruktur, die jetzt durch die Siegermächte des Ersten Weltkrieges praktiziert wurde, wieder einmal zurechtkommen mußten. In stiller Übereinstimmung machten sich die Zionisten und die Juden in aller Welt daran, den Ausdruck „Exil" mit seinem negativen Beiklang aus dem jüdischen Sprachgebrauch zu streichen und ihn durch den freundlicheren Ausdruck „Diaspora" zu ersetzen, um so an die freiwillige Zerstreuung der Juden in der griechisch-römischen Zeit zu erinnern.

§ 14 oder VIII: Verrat am Alten = Prophezeiung des Neuen?

In einem ganz kurzen Vorgang verdichtet sich der Wechsel, mit dem der Repräsentant des Judentums – denn als solcher versteht Josephus sich – auf die Seite derjenigen Antike tritt, von der er genau wie der Repräsentant der anderen Seite, der römische Kaiser, überzeugt ist, daß sie im Fortgang der Geschichte nicht, wie die hiermit verlassene Sonderart des Judentums in Vergessenheit zurückbleiben, sondern für die Zukunft verbindlich werden wird. So sieht unter der Perspektive neu festzustellender Volksidentität die Begrüßung des Vespasian als künftiger Kaiser durch Josephus aus, die für andere Generationen, oder unter anderen Perspektiven, der Ansatz für Deutungen war, in denen sich mit einer Eindeutigkeit, wie sie sonst selten möglich ist, die Deuter jeweils selbst enthüllen. Man hat von einem Rätsel, von merkwürdigen Umständen, vom Opportunismus, vom Verrat des Josephus gesprochen, und entsprechend stellen sich doch deutsche Philologen und Historiker dar, wenn sie daraus ihre Schlüsse auf die Zwielichtigkeit oder Schwäche von Josephus' Charakter ziehen. Man hat aber auch von einer legitimen Erkenntnis eines gesetzestreuen Juden gesprochen, die er in einer „Kraftleistung" in eine messianische Weissagung für den heidnischen Feldherrn und damit in eine Korrektur der Mißleitung seines Volkes umgesetzt habe, die diesem durch falsche Propheten zuteil geworden sei.

Der eigentliche Vorgang ist, wie gesagt, ganz kurz (bell. 3,383-408). Die Römer marschieren an, die galiläischen Aufständischen geraten durcheinander, Vespasian kann die Städte Sepphoris und Gabara einnehmen, um weitere Orte, die notdürftig und rasch befestigt werden, wird getrennt gekämpft, wobei es die Strategie jeder Seite ist, Teile der anderen zu binden. Josephus wählt dafür die Bergstadt Jotapata und hält es dort mit seiner Truppe 47 Tage aus, dann steht der Fall der Festung bevor. Die Soldaten machen Anstalten, wie es in diesem Kriege öfter geschah, sich selbst umzubringen. Josephus wandelt diesen sträflichen Vorsatz in eine Aufforderung zu gegenseitiger Tötung um und kann sie durchsetzen, weil er gleichzeitig durch das Los entschieden haben will, wer sich dem Schwert des Nächsten darzubieten habe. So bringen sich alle gegenseitig um, was ihnen durch den Glauben erleichtert wird, der gemeinsame Tod mit Josephus, ihrem Feldherrn, dem ja dasselbe widerfahren werde, sei noch süßer als das Leben. Josephus scheint diese Aussicht bestärken zu wollen, indem er bis zuletzt wartet, daß die Reihe an ihn selber kommt. Als nur noch er selbst und ein anderer übrig geblieben sind, kann nur noch er diesen oder dieser ihn umbringen, und dem letzten bliebe nur noch der einem Juden verbotene Selbstmord. So beschließen beide, am Leben zu bleiben. Sie werden gefangengenommen, Josephus wird zu Vespasian gebracht und sagt zu ihm in Gegenwart seines Sohnes Titus, er sei beileibe nicht ein normaler Kriegsgefangener, sondern als Künder von großen Ereignissen von Gott gesandt; es lohne nicht mehr, daß Vespasian ihn zu einem Nachfolger Neros schicke, denn er, Vespasian und sein

Sohn Titus würden bald selbst Kaiser sein. Vespasian traut dem zunächst nicht, entsinnt sich dann eigener Gedanken an die Thronbesteigung, die Gott ihm schon früher eingegeben habe, läßt Josephus in Gewahrsam nehmen und sammelt derweil Zeugnisse für seine sonstige Glaubwürdigkeit. Diese bestätigt sich endgültig nach zwei Jahren, als Vespasian von den Legionen in Ägypten und Judäa tatsächlich zum Kaiser ausgerufen wird. Er schenkt daraufhin dem Josephus als „Diener der Gottesstimme" die Freiheit. Dieser nutzt sie, indem er sich dem Gefolge des Kaisers anschließt und ihn nach Ägypten begleitet. Dort wechselt er in das Gefolge des Titus über und kehrt mit diesem nach Palästina zurück.

Hier handelt er mit letzter Konsequenz: er stellt sich an die Mauer des belagerten Jerusalem und – so stilisiert er es jedenfalls später schriftlich – hält eine große Rede an die Einwohner, in der er sie mit Begründungen, in denen Pragmatik, Aufruf göttlicher Providenz und Appell an elementare Überlebensinstinkte ineinander übergehen, zur Übergabe der Stadt auffordert. Wir kennen den Gegenspieler, dessen Autorität die Eingeschlossenen gegen diese Überredungskunst bis zum Tode gefeit macht (siehe Teil 6 oder VI). Der kaiserlichen Gunst für Josephus tut das keinen Abbruch. Er geht nach Beendigung des Krieges mit Titus nach Rom, darf dort im ehemaligen Hause des Kaisers wohnen und sogar dessen Gentilnamen Flavius annehmen, erhält das römische Bürgerrecht, eine jährliche Pension und Güter in Judäa, für die er keine Steuern zu zahlen braucht. In Rom kann er seine Bücher schreiben.

War das Einsicht in die Sinnlosigkeit der Revolution, die im Falle des Mißlingens nur zu Blutvergießen und Untergang, im Falle des Gelingens nur zur Errichtung einer Herrschaft führen kann, deren totalitärer Charakter demjenigen gleichkommt, durch den die abgeschaffte Herrschaft sich verhaßt gemacht hatte? Oder war es Ablenkung von eigener elementarer Todesangst durch Übersetzung des Problems ins Große, wo es unbedenklich und sogar hochmoralisch ist, sich um das Leben von Mitmenschen zu sorgen? Oder war es der Durchbruch einer umfassenderen Einsicht, des Inhalts nämlich, daß die Wahrheit auf der anderen Seite liegt und daß deshalb die eigene auf keinen Fall siegen darf, nicht einmal dann, wenn es zu den schlimmen Konsequenzen von zuviel Blutvergießen und neuem Totalitarismus nicht kommen würde?

Josephus bereitet seinen Schritt durch Begründungen und Überlegungen vor und nach, die alle diese Alternativen ehrwürdig zu unterlaufen scheinen: er stellt sich als Propheten dar und bietet dafür sowohl Traditionen der früheren Prophetie seines Volkes als auch eine Aktualisierung derselben als das Gebot seiner historischen Stunde auf. Indessen: diese Erörterungen unterliegen denselben Fragen und erheben das Problem in einen noch grundsätzlicheren Rang. Josephus spricht von einer Inspiration durch Schriftworte, aber es wird nicht klar, an welche er gedacht hat, und nicht einmal bei seiner Niederschrift verwendet er entsprechende Texte (siehe Teil 10 oder VII).

So muß man sich an die einfache Oneiromantik halten, deren Kunst Josephus gleichfalls für sich in Anspruch nimmt. Er hat Träume, in denen er Offenbarungen empfängt, darunter auch solche, in denen Gott ihm die über die Juden hereinbrechenden Schicksalsschläge und das künftige Geschick der römischen Kaiser zeigt; selbstverständlich ist er auch imstande, durch Deutung den Sinn der Träume eindeutig zu machen, über deren ursprüngliche Zweideutigkeit er sich, wie es zum Schulwissen des ganzen antiken Traumdeuterstandes gehört, durchaus im klaren ist. Noch in seinem Bericht stellt er Zufall oder göttliche Vorsehung anheim, die ihn für sein ganzes Handeln überhaupt erst am Leben gelassen haben könnten, und führt es damit an einen Punkt, wo man nicht mehr entscheiden kann, ob der Zufall bzw. die Vorsehung ihm oder ob er alledem selbst ein wenig nachgeholfen hat. Mit der Prophetie sind wir also erst recht nicht auf einem unangreifbaren Gelände. Wir stehen vielmehr bei einer Dialektik von Prophetie und Verrat.

Von hier aus ist der, der die neue Glaubensart, die richtige Weltanschauung, die wirkliche Ordnung der Dinge schaut und prophezeit und sie dann selbstverständlich auch aktiv herbeizuführen sucht, in der Position, von wo aus er prophezeit, ein Verräter. Schon der alttestamentliche Prophet ist es, der seinem jüdischen König ankündigt, der Erfolg des Assyrers werde zeigen, wo Gott steht. Es hat keinen Sinn, dann den Josephus auf die Rolle des Verräters festzulegen, deren ihn die ehrbare Bürgerkritik „heute" bezichtigt, oder auf die Rolle des der Wahrheit verpflichteten Propheten, der man gerecht zu werden meint, indem man sich selbstlos in „Die Antike" stellt. Es handelt sich um eine in die Schöpfungsordnung eingebaute ethische Ur-Aporie, aus der niemals und nirgends in der Welt unbescholten herauszukommen ist.

§ 15 oder XII: Die Aussage von Feuchtwanger's Josephus Trilogie

Wenn man aus der europäischen Geschichte die Herrschaftsverhältnisse hervorhebt, die römisch strukturiert geblieben sind, und sie dann daraufhin betrachtet, wie die jüdische Existenz in ihr aussieht, dann bietet sie ein erstaunlich gleichbleibendes Bild. Deshalb durfte Lion Feuchtwanger die Dialektik von nativistischem Verrat und Römerprophetie, die das Werk des historischen Josephus enthüllt, kongenial darin einzeichnen. Daß er es auch konnte, hängt außer mit der irreduziblen Genialität des gelehrten Schriftstellers mit seinem genealogischen Verständnis eines mit seinem Gegenstande typisch gewordenen Geschickes zusammen.

Josephus' Leben ist uns genauer nur so weit bekannt, wie er es in seiner Vita und in den autobiographischen Passagen seines Bellum beschreibt. Feuchtwangers Aufriß folgt dem im Ganzen und stellt zwischen den dichter und den dürftiger dokumentierten Zeitabschnitten gleiche Proportionen her. Entsprechend karger und quellennäher bei den ersteren, umfangreicher und romanhafter bei den letzteren sind die Ergänzungen, die er vornimmt. Den ersten Band der Trilogie, „Der jüdische Krieg", der erstmalig im Jahre 1932 erschien, gliedert er in fünf gleich große Bücher, die als Titel die Namen einer palästinischen Landschaft und der vier wichtigsten Städte der hellenistischen Welt tragen, zwischen denen er seine Handlung wechseln läßt. Er beginnt mit „Rom", das die erste historische Station im Leben des Josephus ist, von der nach summarischen Angaben über seine Geburt in Jerusalem und seinem Aufwachsen in Palästina wir tatsächlich wissen: Josephus weilte von 64-66 in einer politischen Mission in der großen fernen Stadt, um die Freilassung einiger jüdischer Priester zu erwirken. Feuchtwangers zweites Buch heißt „Galiläa", und dorthin war Josephus auch wirklich zurückgekehrt, um gleich bei den ersten Unruhen, die sich gegen die römische Besatzung erhoben, dabeizusein.

Die Kongenialität mit dem alles entscheidenden Vorgang ist so gekonnt, weil die von Josephus sich selbst durch Vespasian unterstellte Motivation, er wolle eventuell ja nur sein Leben retten, und die anfänglichem Zweifel weichende Zuversicht Vespasians, die ihm vorausgesagte Thronbesteigung werde sich mit der von früheren Vorzeichen angekündigten Herrschaft schon decken, im alten Text (bell. 3,399-408; siehe Teil 14 oder VIII) genauso nachvollziehbar lesbar sind wie im neuen:

„In Josef unterdes arbeitete es in rasender Eile. Angesichts dieses Römers, der sein Leben in der Hand hielt, kamen plötzlich Sätze wieder herauf, die er seit langem hatte hinuntersinken lassen, die Sätze der schweren, einfältigen Männer aus der Schenke von Kapernaum." (Dort waren die Gedanken geäußert worden, die die Wissenschaft heute, längst nicht so plausibel, in eine literarisch-prophetologische Traditionsgeschichte zu bringen sucht, siehe Teil 10 oder VII. Jetzt die immer mögliche Motivation:) „Fiebrig spannte er sich, es ging um sein Leben, und was jene dumpf geahnt hatten, das sah er auf einmal blitzhaft klar und scharf. ‚Es gibt nicht viele Propheten in Judäa', erwiderte er, ‚und ihre Sprüche sind dunkel. Sie haben uns verkündet, der Messias gehe aus von Judäa. Wir haben sie mißverstanden und den Krieg begonnen. Jetzt, wo ich vor Ihnen stehe, Konsul Vespasian, in diesem Ihrem Zelt, weiß ich die richtige Deutung.' Er verneigte sich voll großer Ehrerbietung, aber seine Stimme blieb nüchtern und voll Maß. ‚Der Messias geht aus von Judäa: aber er ist kein Jude. Sie sind es, Konsul Vespasian'" (Bd. 1, S. 193f). „Hastig, in seinem Innern, während er auf Antwort wartete, betete er: Gott, mach, daß der Römer mir glaubt ..., dann ... läßt sich deine Stadt und dein Tempel vielleicht noch retten. ... Der Römer sagte nur: ‚Na, na, na. Nicht so heftig, junger Herr.' (Dann, nach einer kurzen Zwischenszene:) ‚Anderenteils gibt es gut verbürgte Geschichten von der verblüffenden Zuverlässigkeit gewisser Hellseher. Und was den gestaltlosen Gott der Juden anlangt, der in seinem dunkeln Allerheiligsten in Jerusalem wohnt: warum soll er (Titus, der in der Szene anwesend ist) es in den

Wind schlagen, wenn dieser jüdische Gott ihm Dinge mitteilen läßt, die sich so
gut zu den eigenen Plänen schicken?'" (S. 195f).

Bald darauf endet das Buch „Galiläa". Bis zur Eskalation des Krieges, in der
Josephus seine führende Rolle schon nicht mehr spielen wird, schaltet Feuchtwanger die Bücher „Cäsarea" und „Alexandrien" ein, die palästinische Küstenstadt als die in einer Phase des Waffenstillstands angenommene Zwischenstati-
on, in der dem Josephus sein Patriotismus fragwürdig wird, und die ägyptische
Küstenstadt als den Ort, der ihm zeigt, welche Symbiosen griechische, römische
und jüdische Mentalität eingehen können. Von hier an kommen Feuchtwangers Gründe zum Zuge, mit seiner Vorlage nicht mehr kongenial zu sein:
Alexandrien macht Josephus zum Kosmopoliten. Das ist sogar der letzte Sinn
seines Übertritts auf die römische Seite:

„Ja, er hatte recht gehabt mit seiner Prophezeiung: Vespasian war wirklich
der Messias. Die Erlösung freilich durch diesen Messias vollzog sich anders, als
er gedacht hatte, langsam, hell, nüchtern. Sie bestand darin, daß dieser Mann
die Schale des Judentums zerschlug, auf daß ihr Inhalt über die Erde verströmte
und Griechentum und Judentum ineinander schmolzen. In Josefs Leben und
Weltbild drang immer mehr von dem hellen, skeptischen Geist dieser östlichen
Griechen. Er verstand nicht mehr, wie er früher hatte Abscheu spüren können
vor allem Nichtjüdischen. Die Heroen des griechischen Mythos und die Propheten der Bibel schlossen einander nicht aus, es war kein Gegensatz zwischen
den Himmeln Jahves und dem Olymp des Homer. Josef begann die Grenzen zu
hassen, die ihm früher Auszeichnung, Auserwähltheit bedeutet hatten. Es kam
darauf an, das eigene Gute überfließen zu lassen in die andern, das fremde Gute
einzusaugen in sich selbst.

Er war der erste Mensch, eine solche Weltanschauung beispielhaft vorzu-
leben. Er war eine neue Art Mensch, nicht mehr Jude, nicht Grieche, nicht
Römer: Ein Bürger des ganzen Erdkreises, soweit er gesittet war" (Bd. 1, S.
274f). In diesen Tagen schrieb Josephus den „Psalm vom Weltbürger" (S. 282f).

Es folgt, nun wieder streng entlang dem Bezeugten, das Buch „Jerusalem",
in dem die Schlußphase oder der eigentliche Krieg sich mit der Zweideutigkeit
des einstigen jüdischen Generals und nunmehrigen passiven Beobachters der
Schlacht um die heilige Stadt verschlingen.

Der zweite Roman, „Die Söhne", zuerst im Jahre 1935 erschienen, sieht
Josephus ganz in Rom, wo er nach dem Krieg auch wirklich, wie es scheint
ununterbrochen, seinen literarischen Arbeiten gelebt hat. Auch dieser Band hat
fünf Bücher, in denen das, was Josephus erlebt hat, und das, was aus der Zeitgeschichte nach dem Jahre 70 bekannt ist, erheblich freier reflektiert werden
muß. Es geschieht in den Büchern „Der Schriftsteller", „Der Mann", „Der
Vater", „Der Nationalist" und „Der Weltbürger".

Im dritten Roman, „Der Tag wird kommen", entfernt sich Feuchtwanger
am weitesten von der geschehenen Geschichte. Er hat ihn nach seiner Flucht aus

dem Internierungslager „Les Milles" in den USA beendet und ließ ihn in eng-
lischer Übersetzung 1942, in deutscher Sprache erst 1945 erscheinen. Er besteht
aus zwei Büchern. Das Erste ist „Domitian" betitelt, von dem Josephus am
Schluß seiner Vita noch berichten konnte, daß er ihm Bürgerrecht und Jahres-
pension gewährt habe. Feuchtwanger greift die bekannten antijüdischen Gesetze und Taten Domitians, von denen die Begünstigung des Josephus so sehr
absticht, grundsätzlich auf und stellt den Kaiser immer grandioser als Typus
Adolf Hitlers dar:

„Jetzt war es dem Josef klar, worum es ging. Domitian wollte sich, ehe er die
Sprößlinge Davids erledigte, auch noch von einem seiner Opfer bestätigen lassen, daß er recht daran tue, es zu beseitigen. Vorsichtig sagte er: ‚Julius Cäsar
hätte vor dem Tribunal der Geschichte sicher gute und schlagende Gründe
vorbringen können, um die Tat des Augustus zu verurteilen.'" (Es ging vorher
um die Beseitigung des Cäsarion, Sohnes des Julius Cäsar und der Kleopatra,
durch Augustus.) „Augustus seinesteils hätte wohl nicht weniger gute Gründe
gewußt, seine Tat zu rechtfertigen.' Domitian lachte ein kleines Lachen. Auch
über das Antlitz des Blinden" (des Senators Messalin, der Domitian und Josephus
eingeladen hat, damit dieser dem Kaiser „aus dem Manuskript seines Ge-
schichtswerkes die Kapitel über den jüdischen König David vorlese") „ging ein
Lächeln, und er anerkannte: ‚Gut geantwortet. Allein was uns hier interessiert,
ist nicht das Urteil des Cäsar, auch nicht das Urteil des Augustus, sondern nur
Ihr Urteil, mein Flavius Josephus'. Und: ‚Finden Sie', wiederholte er langsam,
jedes Wort unterstreichend, ‚daß Augustus recht daran tat, als er den Prätendenten Cäsarion beseitigte?' Er neigte das Ohr dem Josef hin, begierig. Josef biß
sich auf die Lippen. Schamlos und geradewegs sprach der Mann aus, worum es
ging, um die Beseitigung unliebsamer Prätendenten, um seine, des Josef, Beseitigung" (Bd. 3, S. 150).

Diesmal läßt Feuchtwanger den Josephus wenig später den „Psalm vom
Mut" schreiben (S. 156-158) – nicht direkt eine Absage an den Kosmopolitismus, aber doch Zeugnis des Gewinnens einer neuen Identität: Josephus – und
Feuchtwanger – rühmen „den, der in der Schlacht seinen Mann steht", sagen
„Heil dem Manne, der den Tod auf sich nimmt", „der sagt, was ist". „Denn das
ist der Mut, zu dem Gott ja sagt." Das weist schon auf das zweite Buch des
dritten Romans. Es heißt „Josef" und macht sich die Selbstverständlichkeit zu
Nutze, daß dieser von seinem eigenen Ende nichts berichten kann. Da es auch
niemand anderes tut, hat Feuchtwanger die Freiheit, den Josephus sterben zu
lassen, wo er will. Er läßt es nicht in Rom, sondern in Palästina geschehen, wo
er vor seinem Tode – er wird, an das Pferd einer berittenen Patrouille gebunden, geschleift und dann zum Sterben an den Wegrand gelegt – Johann von
Gischala wiedertrifft. Jetzt kommt er mit ihm in langen Gesprächen zu voller
Übereinstimmung über alle jüdischen Dinge.

In einer anderen, nicht weit von Gischala gelegenen galiläischen Stadt, in

Safed, hatte fünfzehnhundert Jahre nach diesem Geschehen – es war zugleich dasselbe Jahrzehnt, in dem die jüdischen Bürger der deutschen Stadt Feuchtwangen das Geschick der Zerstreuung ereilen sollte – der große Kabbalist Isaak Luria (1534-1572) sein tiefsinniges System entworfen. In der messianischen Zeit, so denkt er, werde Israel aus der Zerstreuung zu sich selbst zurückkehren und damit ineins die Menschheit und Gott befreien. Die Menschheit ist im Ersten Menschen, dem *Adam Rischon*, und die Gottheit ist im Urmenschen, dem *Adam Qadmon*, verkörpert – die Gottheit aber erst, nachdem Gott, der ein Unendlicher, ein *En Sof* ist, sich auf sich selbst beschränkt, sich zusammengezogen hat, um den freien Raum zu schaffen, dessen der Urmensch bedarf. Er bildet sich aus den Lichtern, die dem *En Sof* entstrahlen, und soll diese eigentlich durch seine Körperteile wie in Gefäßen zurückhalten. Doch das hineinströmende Licht ist zu mächtig, sehr viele Gefäße zerbrechen, und ihre fallenden Scherben reißen sehr viele an ihnen haftende Lichtfunken hinab in die Tiefe: die Materie für eine Gegenwelt des Bösen ist bereit. Eine Urkatastrophe, das „Zerbrechen der Gefäße", die *Schewirat ha-Kelim*, ist also schuld daran. Wiederherstellung, *Tiqqun* des Zerbrochenen, d.h. des Urmenschen, ist selbstverständlich gefordert, und die Nachkommen des *Adam Rischon*, die Menschheit, hat sie zu vollbringen und ist dazu auch befähigt. Aber die Ursünde des Ersten Menschen läßt den *Tiqqun* nicht zum guten Ende kommen, ja, er muß, durch diese Wiederholung des Bruches der Gefäße von einer noch tieferen Stufe aus nötig geworden, in der geschichtlichen Welt vom Menschen, vom Juden, ganz neu angefangen werden.

Es fällt auf, daß Feuchtwanger in den Gedanken, die er seinen Josephus haben läßt, das Bild vom „Zerbrechen der Gefäße" verwendet. Aber es ist hier keine Katastrophe, sondern eine Wohltat, und nicht nur für die Menschen-Menschheit, die des überströmenden Lichtes teilhaftig wird, sondern auch für die Juden-Menschheit, die sich aus- und von sich selbst etwas abgibt. Aus dem Leidensgeschick des Exils ist das Glück des freiwilligen Kosmopolitismus geworden. Aber das Paradoxe ist: nur er kann verraten werden, indem man ihn zurücknimmt. Die Rückführung aus dem erzwungenen Exil hingegen ist eine Befreiungstat; denn in ihr wird das Versprengte der Zusammengehörigkeit zugeführt, zu der es allerursprünglichst bestimmt ist ganz wie die Scherben zum heilen Gefäß und wie die Lichter zum universalen Leib des Urmenschen. Wenn also Feuchtwanger seinen Josephus sich mit Johannes von Gischala dort einigen läßt, wo beide hingehören, und vielleicht sogar darüber, daß sie dort hingehören – ist das Verrat am Kosmopolitismus oder Rückkehr zum Ursprünglichen? Ist Rückkehr auch Verrat?

§ 16 = XVI: Kosmopolit und Staatsbürger – Alternative oder Doppelideal?

Margret Boveri hat in ihrem großen Werk über den Verrat im 20. Jahrhundert auch die „Elemente des Religiösen" aufgewiesen, die bei den großen Abtrünnigkeiten im Spiele sind. Während es im Kleinen sehr oft um triviales Spielen um den größeren Vorteil geht – liege dieser nun im Erhalt von mehr Geld, im Umgang mit dem faszinierenderen Mann oder der schöneren Frau, dem Genießen der interessanteren Spionage –, geht es im Großen oft um eine Rückkehr wie um eine Bekehrung: von der Glaubenslosigkeit zum Kommunismus oder zu einer oder der anderen Form des Christentums (oder beide Male umgekehrt), von den dekadenten zu den sozialistischen Werten (oder umgekehrt – die letzteren sind dann die bürokratisch-grauen, die ersteren die lebendig-farbigen), von der Resignation zur Offenheit für ein Neues, das da kommen soll. Arthur Koestler hat – dies wird als authentische Dokumentation solcher Hintergründe zitiert – als Ausgangspunkt für alle seine Bekehrungen und Abtrünnigkeiten die Sehnsucht nach dem Absoluten genannt, die er als Kind in einem ersten mystischen Erlebnis erfuhr: er lag auf dem Rücken, blickte in den Himmel und hatte die Vorstellung von einem Pfeil, der, die Schwerkraft überwindend, in den Himmel schießt, um ins Unendliche zu fallen. Die Tatsache, daß die Unendlichkeit ein unlösbares Rätsel war, empfand er als unerträglich. Die Jagd nach dem entschwundenen Pfeil wurde zum Inhalt seines Lebens. Traumähnliche Erlebnisse enthüllen ihm immer wieder die geheime Ordnung der Dinge, die es in wirkliche Wirklichkeit zu überführen gilt. Dies bringt ihn einmal, in Francos Spanien, ins Gefängnis. Die traumhafte Schau der Dinge, wie sie sein sollten, mitsamt ihrer Herbeiführung in der Welt der Dinge, die nicht sind, wie sie sein sollten, kann hier nur als Verrat gelten. Ein anderer Interpret des Abfalls, Whittaker Chambers, zeigt, wie sogar die ganze Weltanschauung – in seinem Falle das Christentum –, zu der man abfällt, als Waffe im politischen Kampf gegen das System benutzt werden kann, dem der Verräter einst angehörte. Das ist etwas Grundsätzlicheres als der psychologische Renegatenhaß. Es ist die Manifestation der Eindeutigkeit der Überzeugung dessen, der im Sowohl-als-Auch nicht mehr leben kann.

Für die Einzelperson scheint die Unmöglichkeit jeder anderen Manifestation anthropologisch endgültig zu sein. Besteht eine gleiche Endgültigkeit auch im Leben der Völker, der Nationen, der Staaten? Im gleichen Jahre 1907, als Feuchtwanger in München mit einer kritischen Studie über „Heinrich Heines Fragment ‚Der Rabbi von Bacherach' " zum Dr.phil. promoviert wurde, erschien auch das erste der drei berühmt gewordenen Hauptwerke Friedrich Meinecke's „Weltbürgertum und Nationalstaat". In dem für die Diskussion bis heute grundlegend gewordenen ersten Kapitel „Allgemeines über Nation, Nationalstaat und Weltbürgertum" kommt unter den vielen treffenden Beispielen der jüdische Fall nicht vor. Gesteht man zu, daß das von einem in einer anderen

Welt Lebenden zunächst wohl nicht zu verlangen war, so muß man sich doch wundern, daß dieser Fall auch in den folgenden zwanzig Jahren, bis zur 7. Auflage von 1928, und in den 466 späteren handschriftlichen Änderungen und Zusätzen zu dieser Auflage nicht berücksichtigt worden ist. Aber man schüttelt den Kopf mit Respekt, denn falsch ist nichts geworden: was „das Judentum" an Erscheinungen bot, die von der Balfour Declaration (1917) bis zur Ausrufung des Staates Israel (1948) nur noch einmal überdeutlich hervortraten, hätte hineingepaßt – von der historischen Einteilung „in Kulturnationen und Staatsnationen" über die „ganz individuelle und eigene Seite", „das Eigentümliche der Einzelnation" bis zu dem Leben von „Angehörigen verschiedener Kulturnationen" „innerhalb einer echten Staatsnation" einerseits, bis zu der Zugehörigkeit von Mitgliedern einer „größeren umfassenderen Kulturnation" zu verschiedenen „Nationalstaaten" andererseits. Hier, im Leben der Völker, ist die politisch unzweideutige Manifestation eines Sowohl-als-Auch offenbar möglich.

Sie erscheint so umso mehr, als der große Historiker, der bewußt „die Konfrontierung seiner weiteren Entwicklung" „mit der ursprünglichen Konzeption" auf die „Vor- und Nachworte der späteren Auflage(n) beschränkt", gerade „als der Weltkrieg ausbrach" (!), im Vorwort zur dritten Auflage (1915) schreiben konnte, „das Doppelideal von Weltbürgertum und Nationalstaat" werde „durch diese Formen erhalten". Denn die Tatsachen, daß heute in ganz unerwarteter Anzahl nicht nur Kulturnationen blutig darum kämpfen, entweder zugleich Staatsnationen zu werden oder in mehrere Nationalstaaten sich zu spalten, sondern sogar solche Kulturnationen jeweils mehrere sein wollen, von denen alle Welt bisher gedacht hatte, daß sie nur jeweils eine seien oder zu ein- und derselben Nationalkultur gehörten – auch diese Tatsachen desavouieren das Doppelideal von Weltbürgertum und Nationalstaat nicht prinzipiell, sondern nur von Fall zu Fall. Es gibt zwei Größen, für die es nicht notwendig zum Scheitern verurteilt ist. Die eine ist das Ganze der Gemeinschaft der Nationen, von denen die meisten entweder in der einen oder aber in der anderen Form leben. Und mitten darin sind immer noch Nationen bekannt, die als ganze entweder in der einen oder auch in der anderen Form leben können. Man muß nur beide Male genauer sagen: das nicht desavouierte Doppelideal ist ein kollektives.

Unmöglich wird es erst, wenn es Einzelpersonen ein und derselben Nation sind, die in der einen oder auch in der anderen Form leben sollen. Denn sie können es nicht. Hier ist das Doppelideal ein individuelles, und es wird notwendig desavouiert. Aber es läßt sich aufrechterhalten. Ja: verurteilte Ideale sind sogar die reinsten. Das individuelle Doppelideal des Kosmopoliten und des Staatsbürgers gehört dazu. Aufrechterhalten läßt es sich nur in der Zugehörigkeit zu einer unverwechselbaren, am Leben bleibenden Kultur. Sichtbar ist es bis auf weiteres nur in der Einzelexistenz des Schriftstellers, der eine „Antike jüdisch" hinter sich hat.

Literatur

Zu 1 oder I

SCHMÖKEL, Hartmut, Geschichte des Alten Vorderasien (Handbuch der Orientalistik Abt.
1, Bd. 2, Abschn. 3), Leiden 1957, S. 52-69 („... sumerische Renaissance") und S. 187-
212 („... babylonische Renaissance").
DONNER, Herbert, Geschichte des Volkes Israel und seiner Nachbarn in Grundzügen (Das
Alte Testament Deutsch, Erg.-Reihe Bd. 4/1 u. 2), Göttingen 1984 u. 1986, S. 363f.
(„saitische Renaissance").

Zu 2 oder V

BETZ, Otto/HAACKER, Klaus/HENGEL, Martin (Hrsg.), Josephus-Studien (Festschrift Otto
Michel), Göttingen 1974.
AVI-YONAH, Michael, Geschichte der Juden im Zeitalter des Talmud. In den Tagen von
Rom und Byzanz (Studia Judaica Bd. 2), Berlin 1962, S. 1-84 (Verhältnis der Juden zu
Rom bis zum 3. Jahrhundert).
BAECK, Leo, Epochen der jüdischen Geschichte (Studia Delitzschiana Bd. 16), Stuttgart
1974, S. 23 und 26 (Zitate).

Zu 3 oder IX

MICHEL, Otto/BAUERNFEIND, Otto, Flavius Josephus, De bello Judaico. Der jüdische Krieg.
Zweispachige Ausgabe ..., 3 (4) Bde, Darmstadt 1959-1969.
SCHRECKENBERG, Heinz, Josephus und die christliche Wirkungsgeschichte seines ‚Bellum
Judaicum', in: Aufstieg und Niedergang der römischen Welt II, Bd. 21/2, Berlin 1984,
S. 1106-1217 (grundlegend).
RINDFLEISCH, Ruth, Lion Feuchtwangers Josephus-Trilogie. Gestaltungsprobleme und
Entwicklungstendenzen beim literarischen Erfassen der Held-Volk-Beziehungen im
Roman mit vergangenheitsgeschichtlichem Stoff des deutschen bürgerlichen Realismus
von 1932/33 bis 1945, Greifswald 1969.

Zu 4 oder XIII

KELLER, Adelbert von/GÖTZE, Edmund (Hrsg.), Hans SACHS, Werke, 26 Bde, Tübingen
1870-1908 (ND Hildesheim 1964), Bd. 27: Registerband, Hildesheim 1982 (Zitat aus
Bd. 1, S. 321f. nach SCHRECKENBERG S. 1153).
PISCHEL, Joseph, Lion Feuchtwanger. Versuch über Leben und Werk (Reclam 631), Leipzig
1976.
MANN, Thomas, Freund Feuchtwanger, in: Autobiographisches, hrsg. von Hans BÜRGIN,
Frankfurt a.M. 1968, S. 401-404.
BRECHT, Bertolt, Gruß an Feuchtwanger, in: Gesammelte Werke Bd. 19, Frankfurt a.M.
1967, S. 488f.

Zu 5 oder II

FELDMAN, Louis H., Flavius Josephus Revisited: the Man, His Writings and His Significance,
in: Aufstieg und Niedergang der römischen Welt II, Bd. 21/2, Berlin 1984, S. 763-862.
HOFFMANN, Christhard, Juden und Judentum im Werk deutscher Althistoriker des 19. und
20. Jahrhunderts (Studies in Judaism in Modern Times. vol. 9), Leiden 1988,

KUSCHE, Ulrich, Die unterlegene Religion. Das Judentum im Urteil deutscher Alt-
testamentler (Studien zu Kirche und Israel Bd. 12), Berlin 1991.

Zu 6 oder VI

UNNIK, Willem Cornelis van, Flavius Josephus als historischer Schriftsteller (Franz-Delitzsch-
Vorlesungen 1972), Heidelberg 1978.
SCHALIT, Abraham (Hrsg.), Zur Josephus-Forschung (Wege der Forschung Bd. 84), Darmstadt 1973.
HEUBNER, Heinz/FAUTH, Wolfgang, P. Cornelius Tacitus, Die Historien, Kommentar zum
fünften Buch, Heidelberg 1982.
LEVY, Jacob, Wörterbuch über die Talmudim und Midraschim Bd. 1, Berlin und Wien
1924 (ND Darmstadt 1963), S. 316: Gusch-Chalab, dt. etwa „Milchklumpen, -masse",
ist die aramäische Form des Ortsnamens Gis-chala.

Zu 7 oder X

SCHILLING, Konrad (Hrsg.), Monumenta Judaica. 2000 Jahre Geschichte und Kultur der
Juden am Rhein, Handbuch (= Beiträge zu einer Geschichte der Juden in Deutsch-
land), Köln 1963.
Bildarchiv Preußischer Kulturbesitz (Hrsg.), Juden in Preußen. Ein Kapitel deutscher
Geschichte, Berlin/Dortmund 1981.
NACHAMA, Andreas/SCHOEPS, Julius H./VOOLEN, Edward van (Hrsg.), Jüdische Lebens-
welten. Essays, Berlin/Frankfurt a.M. 1991.

Zu 8 oder XIV

FEUCHTWANGER, Lion, Vom Sinn und Unsinn des historischen Romans (1935), in: Ernst
LOEWY (Hrsg.), Exil. Literarische und politische Texte aus dem deutschen Exil 1933-
1945, Stuttgart 1979, S. 872-877.
FEUCHTWANGER, Lion, Jud Süß (1925), Berlin/Weimar 1959.
FEUCHTWANGER, Lion, Der falsche Nero (1936), Berlin/Weimar [3]1980.
ARNOLD, Heinz L. (Hrsg.), Text und Kritik. Zeitschrift für Literatur, Heft 78/80: Lion
Feuchtwanger, München 1983 (S. 133- 145: Werkverzeichnis und Sekundärliteratur, von
W. MÜLLER-FUNK).

Zu 9 oder III

NIESE, Benedictus (ed.), Flavii Iosephi Opera, vol. I-IV: Antiquitates Iudaicarum libri I-XX
et vita, Berlin 1887-1890 (ND 1955); deutsch:
CLEMENTZ, Heinrich (Übers.), Des Flavius Josephus Jüdische Altertümer, 2 Bde, Halle/
Berlin o.J. (1899; ND Köln o.J.).
DROYSEN, Johann G., Historik (1857-1883), hrsg. von R. HÜBNER, München 1937, = [5]1967,
S. 90 (Zitat nach Hinweisen auf Alexandrien, Pergamon, Baktrien, Indien, unermeß-
lichen – nach S. 252 zum Kosmopolitismus führenden – Aufschwung des Handels,
Erblühen des städtischen Lebens, Eindringen griechischer Bildung nach Rom).
EDDY, Samuel K., The King is Dead. Studies in the Near Eastern Resistance to Hellenism
334-31 B.C., Lincoln/Nebraska 1961.
COLPE, Carsten, Von der Ausbreitung des Griechentums zur Enthellenisierung des Orients,
in: W. HEINRICHS (Hrsg.), Orientalisches Mittelalter (Neues Handbuch der Literatur-
wissenschaft Bd. 5), Wiesbaden 1990, S. 31-67.

Zu 10 oder VII

REINACH, Théodore (texte établi) et BLUM, Léon (traduit), Flavius Josèphe, Contre Apion, (Collection Budé), Paris 1930.

NIESE, Benedictus (ed.), Flavii Iosephi Opera vol. IV, Berlin 1890 (ND 1955), p. 321-389: Iosephi vita; deutsch: DesFlavius Josephus Kleinere Schriften (Selbstbiographie – Gegen Apion – Über die Makkabäer), Halle o.J.

COLPE, Carsten, Hystaspes, in: Reallexikon für Antike und Christentum, Bd. 16, 1994, Sp. 1056-1082.

MISCH, Georg, Geschichte der Autobiographie, Bd. 1: Das Altertum, 1. Hälfte, Bern ³1949, S. 328-341.

Zu 11 oder XI

BASSERMANN, Albert, Schillers ‚Räuber‘ und Josephus, in: Studien zur vergleichenden Literaturgeschichte Bd. 6, Berlin 1906, S. 346-355.

STUBENRAUCH, Herbert (Hrsg.), SCHILLER's Werke. Nationalausgabe, 3. Bd.: Die Räuber, Weimar 1953, S. 243-246 („Unterdrückte Vorrede"), und S. 247-256 („Unterdrückter Bogen B").

MAYER, Hans, Der weise Nathan und der Räuber Spiegelberg. Antinomien der jüdischen Emanzipation in Deutschland, in: Jahrbuch der deutschen Schillergesellschaft, 17. Jahrgang, Stuttgart 1973, S. 253-272.

VEIT, Philipp F., Moritz Spiegelberg. Eine Charakterstudie zu Schillers ‚Räubern‘, ebenda S. 273-290.
Ich verdanke diese Hinweise Peter MICHELSEN.

Zu 12 oder XV

MOLNÁR, Miklós, Internationalismus, in: Sowjetsystem und demokratische Gesellschaft, Bd. 3, Freiburg 1969, Sp. 265- 292.

MENDELSOHN, Ezra/GITELMAN, Zvi/RÜRUP, Reinhard, Juden, ebenda Sp. 369-408.

MOMMSEN, Hans/MARTINY, Albrecht, Nationalismus, Nationalitätenfrage, ebenda Bd. 4, 1971, Sp. 623-695.

BURIAN, Peter/MOMMSEN, Hans, Nationalstaat, ebenda Sp. 713-740.

Zu 13 oder IV

HEINZE, Richard, Vom Geist des Römertums, hrsg. von Erich BURCK, Leipzig und Berlin 1938.

KLINGNER, Friedrich, Vom Geistesleben im Rom des ausgehenden Altertums, Halle an der Saale 1941.

PÖSCHL, Victor, Römischer Staat und griechisches Staatsdenken bei Cicero, Berlin 1936.

FUCHS, Harald, Der geistige Widerstand gegen Rom in der antiken Welt, Berlin 1938.
Vor allem ist hier die Forschung von Richard FABER zu nennen, die an anderer Stelle zitiert wird.

Zu 14 oder VIII

SCHLATTER, Adolf, Kleinere Schriften zu Flavius Josephus, hrsg. von K.H. RENGSTORF, Darmstadt 1970.

UNNIK, Willem Cornelis van, Flavius Josephus als historischer Schriftsteller (Franz-Delitzsch-Vorlesungen 1972), Heidelberg 1978.

CANETTI, Elias, Masse und Macht (Fischer TB 6544), Frankfurt 1960, S. 258-268 („Die Rettung des Flavius Josephus").

VIDAL-NAQUET, P., Flavius Josephus ou Du bon usage de la trahison, Paris 1979.

Zu 15 oder XII

FEUCHTWANGER, Lion, Der jüdische Krieg. Die Söhne. Der Tag wird kommen, Berlin/ Weimar 1960. 1962. 1968; ³1979.

JAHN, Werner, Die Geschichtsauffassung Lion Feuchtwangers in seiner Josephustrilogie, Rudolstadt 1954.

SCHÄFER, Peter, Adam in der jüdischen Überlieferung, in: W. STROLZ (Hrsg.), Vom alten zum neuen Adam. Urzeitmythos und Heilsgeschichte, Freiburg, 1986, S. 69-93 (S. 86-89: Lurianische Kabbala).

Zu 16 oder XVI

BOVERI, Margret, Der Verrat im XX. Jahrhundert, 4 Bde, Hamburg 1956-60 Bd. 3, S. 112-114 (Elemente des Religiösen), S 115f (Der Verlust der Sünde), S. 116-118 (Mystisches Erlebnis und militantes Verhalten).

MEINECKE, Friedrich, Weltbürgertum und Nationalstaat, München ⁸1962, S. 1-26 und 451-454 (mit S. IX-XXXI: Einleitung des Herausgebers Hans HERZFELD).

Die Autoren, die in dieser Bibliographie erscheinen, wurden in das Register am Schluß des Bandes nicht aufgenommen.

Nachweise

Zu I

Die Erstfassung erschien unter dem Titel „Von der Lichtdeutung im Alten Orient zur Lichtontologie im Mittelalterlichen Europa" in: GIULIA SFAMENI GASPARRO (Hsg.), Ἀγαθὴ ἐλπίς. *Studi storico-religiosi in onore di Ugo Bianchi*, Rom (Bretschneider) 1994, S. 79-102. Der Artikel wurde erweitert. Vorgeschaltet war ein Bericht über

Eine heutige Erfahrung und die Tradition des sehenden Denkens

In der eindrucksvollen Autobiographie seiner ersten zwanzig Lebensjahre, in die auch eine aufregende Tätigkeit in der Résistance gegen die deutsche Besetzung Frankreichs im zweiten Weltkrieg fiel, berichtet der Philosoph Jacques Lusseyran, wie er im Alter von acht Jahren infolge eines Unfalles erblindete.[1] Den Zustand nach Genesung von der Operation bis hin zum Mannesalter beschreibt er so:

> „Unversehens verdichtete sich die Substanz des Universums wieder, nahm aufs neue Gestalt an und belebte sich. Ich sah, wie von einer Stelle, die ich nicht kannte und die ebensogut außerhalb meiner wie in mir liegen mochte, eine Ausstrahlung ausging, oder genauer: ein Licht – das Licht. Das Licht war da, das stand fest … Nicht ich war das Licht, dessen war ich mir wohl bewußt. Ich badete im Licht, einem Element, dem mich die Blindheit plötzlich näher gebracht hatte … Niemals … gab es für mich ein Gegenteil des Lichts. Die Sehenden sprechen immer von der Nacht der Blindheit, und das ist von ihrem Standpunkt aus ganz natürlich. Aber diese Nacht existiert nicht. Zu keiner Stunde meines Lebens – weder im Bewußtsein noch selbst in meinen Träumen – riß die Kontinuität des Lichtes ab … Das Licht breitete seine Farben auf Dinge und Wesen. Mein Vater, meine Mutter, die Leute, denen ich auf der Straße begegnete oder die ich anstieß, sie alle waren in einer Weise farbig gegenwärtig, wie ich es niemals vor meiner Erblindung gesehen hatte … Ein solch beständiges und intensives Licht überstieg meine Begriffe in einem Maße, daß ich manchmal an ihm zweifelte … Da raffte

---

[1] LUSSEYRAN, JACQUES: *Et la lumière fut*, Paris 1963; dt.: *Das wiedergefundene Licht*, Frankfurt/M. – Berlin – Wien 1981, S. 19-23

ich all meine Energie, all meinen Willen zusammen und versuchte, den
Strom des Lichtes aufzuhalten, so wie man versucht, den Atem anzuhalten.
Sogleich entstand eine Trübung, oder besser: ein Strudel. Aber auch dieser
Strudel war in Licht getaucht … Es gab keine Flucht mehr, ich war der
Gefangene dieser Strahlen, ich war zum Sehen verdammt … Dennoch gab
es Zeiten, in denen das Licht nachließ, ja fast verschwand. Das war immer
dann der Fall, wenn ich Angst hatte … Was der Verlust meiner Augen nicht
hatte bewirken können, bewirkte die Angst: sie machte mich blind. Dieselbe Wirkung hatten Zorn und Ungeduld … Die schlimmsten Folgen aber
hatte die Boshaftigkeit. Ich konnte es mir nicht mehr leisten, mißgünstig
und gereizt zu sein, denn sofort legte sich eine Binde über meine Augen, ich
war gefesselt, geknebelt, außer Gefecht gesetzt; augenblicklich tat sich um
mich ein schwarzes Loch auf, und ich war hilflos. Wenn ich dagegen glücklich und friedlich war, wenn ich den Menschen Vertrauen entgegenbrachte
und von ihnen Gutes dachte, dann wurde ich mit Licht belohnt."

Die Neurophysiologie ist mittlerweile in der Lage zu erklären, wie es zu einer
solchen organischen Hilfe für den Geschlagenen kommen kann. Sie läßt ihm
die Freiheit, für eine Gnade zu danken, sie läßt aber auch eine weite Möglichkeit offen, mit der wir uns beschäftigen wollen: es handelt sich um eine *gedeu-
tete* Erfahrung, um eine Erfahrung, in der das Sehen und der psychosoziale
Referenzrahmen, innerhalb dessen es stattfindet, unauflöslich zusammengehören. Das Phosphen, oder die Wahrnehmung ohne äußeren Reiz, hat die Deutung nicht erzeugt, wäre aber andererseits ohne eine solche wohl auch nicht
wirklich. Dieser Sachverhalt läßt sich auf die Religion anwenden.

Zu II

Es handelt sich um die beiden ersten, erweiterten und durch Überarbeitung den
Leitideen dieses Buches angepaßten Teile von „Die Herausforderung des
gnostischen Denkens für Philosophie, Alchemie und Literatur", in: D. BÖHLER
(Hsg.), *Ethik für die Zukunft. Im Diskurs mit Hans Jonas,* München (Beck)
1994, S. 129-149, dort bis S. 142 Abs. 1 (hier ausführlicher; zum dritten Teil siehe
unten Kap. VII). Als Antwort auf mehrere zweifelnde Rückfragen, auch von
JONAS selbst, ist dem Kapitel ein Nachtrag angehängt.

Zu III und IV

III: Unveröffentlicht. Außer speziell für dieses Kapitel unternommenen Studien liegen zugrunde die beiden ebenfalls unveröffentlichten Vorträge „Hermetische und alchemistische Strömungen unter Absolutismus und Aufklärung",
gehalten im Rahmen der Ringvorlesung „Religionsgeschichte naturwissenschaftlicher Entwicklungen" in Tübingen am 4. Dezember 1986, und „Astrologie als Oberschichtenwissenschaft und als Gebildetenreligion", gehalten auf
der 19. Jahrestagung der Deutschen Vereinigung für Religionsgeschichte (The-

ma: „Die Religion von Oberschichten"), 3. bis 7. Oktober 1988 in Hannover. IV: Unter dem gleichen Titel veröffentlicht in dem zu II genannten Buch von D. BÖHLER, S. 80-104. Dem Kapitel ist ein Nachtrag angehängt. Zum gemeinsamen Nenner der Kapitel III und IV vergleiche man die „Einführung" zur „2. Gruppe".

Zu V

Unter demselben Titel zuerst veröffentlicht in J. P. ASMUSSEN/J. LAESSOE in Verbindung mit C. COLPE (Hsg.), *Handbuch der Religionsgeschichte*, Bd. 3, Göttingen 1974, S. 441-523.

Zu VI

Unter dem Titel „Das Phänomen der nachchristlichen Religion in Mythos und Messianismus" zuerst veröffentlicht in: C. H. RATSCHOW (Hsg.), *Der christliche Glaube und die Religionen*. Hauptvorträge des Evangelischen Theologen-Kongresses Wien 26.-30. September 1966, Berlin (Töpelmann) 1967 = Neue Zeitschrift für Systematische Theologie und Religionsphilosophie Bd. 9, 1967, S. 42-87. Zur Umarbeitung vergleiche man das Vorwort.

Zu VII

In dieser Form unveröffentlicht. Zugrunde liegt der dritte Teil des zu Kap.II zitierten Aufsatzes, dort S. 142-149, hier so erweitert, daß er ein Pendant zu Kap. VIII bilden kann.

Zu VIII

Zuerst in: RICHARD FABER/BERNHARD.KYTZLER (Hsg.), *Antike heute*, Würzburg 1992, S. 155-182 unter dem Titel „Zwischen Nativismus und Römertum. Zeitgeschichtliche Nacharbeiten zu Flavius Josephus' ‚Jüdischem Krieg' und Lion Feuchtwanger's Josephus-Trilogie".

Autorenregister

Der Benutzer des Registers wird gebeten, zur Ergänzung auch die Bibliographien im Anschluß an die Kapp. V und VIII nachzuschlagen, sowie für die Abkürzungen das Verzeichnis zur Theologischen Realenzyklopädie von Siegfried Schwertner

JACQUES WAARDENBURG

Classical Approaches to the Study of Religion

Aims, Methods and Theories of Research

Introduction and Anthology

1999. 23 x 15,5 cm. XXIV, 742 pages. Paperback.
DM 48,–/öS 350,–/sFr 45,–/approx. US$ 28.00
• ISBN 3-11-016328-4

(Religion and Reason 3)

This compendious volume consists of two parts: a magisterial essay tracing
the rise and development of the academic study of religion from the mid-
nineteenth century to the mid-twentieth, referring to the work of some 170
scholars; and an anthology of texts of over 40 well-known scholars, in which
they present the particular approach, theory, and methods that they used in
their own distinctive contributions to that study.

The pieces selected for this book by Professor Waardenburg have been taken
from the discipline of Religious Studies as well as from other disciplines relevant to the field (anthropology, sociology, and psychology, to name three).
Three extensive indexes serve to locate the names cited along with the con-
cepts and topics treated in the book.

Jacques Waardenburg, the editor, taught at the University of California, Los
Angeles, and the University of Utrecht in the Netherlands before he was
offered the chair in Religious Studies at the University of Lausanne in Switzer-
land. He compiled this book at the beginning of the Seventies, a time when
there swirled about the universities lively international discussions on the
nature of the field of religious studies. The field is well established today, and
a new generation of readers and students will turn to these classic formulations
by those who defined it.

Price is subject to change

WALTER DE GRUYTER GMBH & CO. KG
Genthiner Str. 13 · D-10785 Berlin
Tel. +49 (0)30 2 60 05-0
Fax +49 (0)30 2 60 05-251
Internet: www.deGruyter.de

W
DE
G
de Gruyter
Berlin · New York